吴晗讲明史

吴晗 著

中国华侨出版社
北京

图书在版编目（CIP）数据

吴晗讲明史 / 吴晗著. —北京：中国华侨出版社，2020.6（2023.7 重印）
ISBN 978-7-5113-8201-6

Ⅰ.①吴… Ⅱ.①吴… Ⅲ.①中国历史—研究—明代 Ⅳ.①K248.07

中国版本图书馆 CIP 数据核字（2020）第 078214 号

吴晗讲明史

著　　者：吴　晗
责任编辑：姜　婷
策　　划：周耿茜
责任校对：刘　坤
封面设计：一个人·设计
经　　销：新华书店
开　　本：710 毫米×1000 毫米　1/16 开　印张：32　字数：490 千字
印　　刷：三河市华润印刷有限公司
版　　次：2020 年 6 月第 1 版
印　　次：2023 年 7 月第 5 次印刷
书　　号：ISBN 978-7-5113-8201-6
定　　价：98.00 元

中国华侨出版社　北京市朝阳区西坝河东里 77 号楼底商 5 号　邮编：100028
发行部：(010) 64443051　　传　真：(010) 64439708
网　址：www.oveaschin.com　　E-mail：oveaschin@sina.com

如果发现印装质量问题，影响阅读，请与印刷厂联系调换。

出版说明
吴晗讲明史

吴晗是我国著名的历史学家、社会活动家、现代明史研究的开拓者和奠基者之一。他曾任云南大学、西南联合大学、清华大学教授，北京市副市长，中国科学院历史研究所学术委员，中国科学院哲学社会科学部学部委员，北京市政协副主席等职。

吴晗一生著述颇丰，著有《历史的镜子》《朱元璋传》《胡惟庸党案考》等。

《吴晗讲明史》涵盖了明朝的政治、经济、文化等各个方面的内容，以丰富详实的史料为依据，为我们真实展现了大明王朝三百年的历史面貌和发展脉络。

本书不仅是一本历史知识读物，还具有极高的学术价值。我们精心编排后出版，一方面为广大历史爱好者提供解读明朝历史的契机，另一方面是对吴晗诚挚的纪念，纪念他为推动我国历史研究做出的贡献。

目录

第一章 太祖建国：大明王朝登上历史舞台

元帝国的崩溃 / 002

红军之起与元之内讧 / 009

明太祖之起事与削平群雄 / 017

明太祖之建国与开国规模 / 025

国号大明 / 036

定都南京 / 043

第二章 帝国纪事：记忆里的辉煌与叹息

胡惟庸党案考 / 048

靖难之役 / 081

锦衣卫和东、西厂 / 084

迁都北京 / 087

郑和的七次航海 / 092

明成祖生母考 / 102

东林党之争 / 115

明成祖仁宗景帝之死及其他 / 126

第三章 审视现状：博弈中寻求生存与发展的机会

明初的恐怖政治 / 130

明初统治阶级内部的斗争 / 142

"北虏"、南倭问题 / 150

建州女真问题 / 159

资本主义萌芽问题 / 166

晚明"流寇"之社会背景
  ——"殷鉴不远，在夏后之世" / 174

第四章 制度体系：承袭传统还是寻求创新

明代的科举情况和绅士特权 / 188

明初卫所制度之崩溃 / 191

明代的军兵 / 200

明初的学校 / 238

元明两代之"匠户" / 258

明代的殉葬制度
  ——"美德组成的黄金世界"之一斑 / 272

第五章 世情写真：大明王朝的社会状态

明初社会生产力的发展 / 276

历史上的国民身份证——路引 / 305

明代之粮长及其他 / 310

明代之农民 / 326

明代汉族之发展 / 350

明代的奴隶和奴变 / 357

记大明通行宝钞 / 363

第六章 人物论说：他们定格在历史的框架里

况钟和周忱 / 376

明代民族英雄于谦 / 386

海瑞 / 395

戚继光练兵 / 402

献身于祖国地理调查研究工作的徐霞客 / 404

关于魏忠贤 / 409

爱国学者顾炎武 / 415

第七章　艺文品评：字里行间闪烁出智慧的光芒

《明史》小评 / 422

读史杂记
　　——《明史》/ 429

《金瓶梅》的著作时代及其社会背景 / 437

《朝鲜李朝实录》中之李满住 / 468

谈迁和《国榷》/ 489

第一章
太祖建国：大明王朝登上历史舞台

元帝国的崩溃

元朝覆灭，被逐出中国，是被汉族用武力推翻的结果，是元帝国的自然崩溃的必然结局。

元代的社会组织，是不合理的，不健全的。在文化方面，蒙古族比汉族落后，落后的控制先进的；在人口方面，蒙古族人数很少，汉族却人口众多，以少数统治多数。元的皇室、贵族、僧侣、官吏、商人、地主所组成的统治阶级，和用以维持政权的庞大军队，一切的费用均由被征服的汉人、南人负担。汉人、南人的生命、财产由统治者任意处分，在政治上享受差别待遇，在同为被征服者的色目人之下。汉人、南人的一部分被强迫做奴隶，世世子孙都为政府及其主人服役。统治阶级一方面是大地主，拥有全国最大部分的土地；汉人、南人除一小部分外，大多被迫失去土地降为贫农及佃户。国内最大的商业经营操纵在回鹘人手中，他们还替蒙古贵族经营惊人的高利贷，挤取汉人、南人的血汗。元政府并下令没收汉人、南人的军器马匹，不许汉人、南人集党结会，各地遍驻戍军，武装弹压，用以防止汉人、南人的叛乱。①

对汉人、南人实行军事统治的后果，一方面不待说种下民族间的深刻仇恨，同时统治者也因之松懈了警备征服地的情绪，耽溺于生活服用之享受，日渐腐化，替自己掘下待终的坟墓。

元世祖（1260—1294）继承成吉思汗的事业，继续用武力征服南宋国，建立元帝国。这个帝国的规模是由他开始奠定的。他在位的几十年是元代的

---

① 详见拙著《元代之社会》，载清华大学《社会科学》第1卷第3期。

极盛时代，同时也由他的登基而种下元帝国崩溃和覆亡的因素。

按蒙古族的习惯，合罕（即皇帝）的产生须由库利尔台（Khuriltai）选举。库利尔台在蒙古语中为聚会之义，凡国家有重大事件，须召集贵族大臣开库利尔台决定之。除选举合罕外，凡出征外国、颁布法令均有召集库利尔台之举。据可信记载，蒙古族自俺巴孩（Ambakhai）合罕以来即用选举制度。前合罕对其后继者有指名之惯例，但无左右库利尔台之权力。合罕之位，不但非父子世袭，即前合罕发表其所希望之后继者时，亦不必由己子中选之，而是由其他皇族选出的。1189年铁木真（Temudjin）由库利尔台选举为蒙古合罕，始称成吉思合罕（Chingis Khaghan）。1206年统一北方民族，敖嫩河源地所开之库利尔台，同样尊号，举行第二次即位礼。成吉思合罕生前，指定第三子斡哥歹（Ogede）为后继人。成吉思合罕死后，1229年秋于怯绿涟河曲雕阿拉（即 Kerülen 河之 Kodeghü-aral，Kodeghü 为荒野草原之意，aral 为岛之意）召开库利尔台，推戴斡哥歹为合罕。斡哥歹合罕（即太宗）初指定其子曲出（Guchu）为后继人，曲出死，更指定曲出之子失烈门（Shiramun）。但斡哥歹合罕死后，皇后朵咧格捏（Döregene）称制，召开库利尔台，不依指定，改选己子贵由即定宗为合罕。不为皇族中最有势力之拔都大王所赞同。定宗死，拔都以与太宗后人不合之故，拥立成吉思合罕第四子拖雷（Tului）之子蒙哥（Müngge），虽经成吉思合罕儿子察阿歹（Changhadai）系及太宗后人之反对，卒召开库利尔台立为合罕，是为宪宗。即位后对反对派大加屠杀，由此察阿歹汗国及斡哥歹汗国始不附。宪宗崩时，末弟阿里不哥（Arigu Bukha）居守和林，中弟忽必烈（Khubilai）率师征宋，得宪宗死的消息，即回军在开平开库利尔台，即蒙古合罕之位。阿里不哥亦于漠北开库利尔台自立，内乱以起。宪宗诸子及察阿歹系诸王均附阿里不哥，太宗孙合失大王子海都（Khaitu）亦起兵助之，阿里不哥虽于至元元年（1264年）势蹙来降，但海都仍拥兵与察阿歹后王笃哇联合抗中央。至元二十四年（1287年）诸王乃颜叛于辽东，诸王哈丹等应之。由此钦察汗国、斡哥歹汗国、察阿歹汗国联为一系以与中央作战，数十年中兵祸相仍，蒙古大帝国在事实上已经瓦解了，忽必烈合罕（世祖）及其子孙所领有的只是东方一部分的土地而已。①

世祖即位以后，库利尔台的形式虽然保存，但在实质上则已完全废弃，改选举制为世袭，采用汉人制度预立太子。至元十年（1273年）二月立嫡长子真金（Chinkin）为皇太子，在册命中指明过去的内乱的原因是库利尔台制度的失败，他说：

> 仰惟太祖皇帝遗训，嫡子中有克嗣服继统，预选定之，是用立太宗英文皇帝，以绍隆丕构。自时厥后，为不显立冢嫡，遂启争端。②

制度虽然改变，但贵族大臣的势力仍足以左右帝室，成宗以后诸帝全由大臣拥立，再照例由库利尔台通过。世祖太子真金早薨，未及即位，真金子成宗（铁穆耳）方抚军北边，玉昔帖木儿拥之即位。成宗崩，丞相哈剌哈孙拥真金孙武宗、仁宗相继即位。仁宗立英宗为皇太子，英宗后为铁失所弑，拥立世祖长孙晋王甘麻剌子也孙铁木儿为泰定帝。泰定帝崩于上都，丞相倒剌沙立其皇太子阿剌吉八为皇帝，枢密使燕铁木儿则立武宗子文宗，力战破上都军。文宗后让位其兄明宗，燕铁木儿弑明宗，仍立文宗。后文宗、宁宗相继死，皇后卜答失里已遣人迎明宗长子妥懽帖睦尔入京，欲付以位，而燕铁木儿不愿，遂不得立，燕铁木儿死，元顺帝始立。③ 政变内乱，相继不已，帝位的继承，全由权臣操纵，引起帝国的分裂和统治权之动摇，元统治集团核心的内部矛盾日益尖锐，终至崩溃而不可收拾。

世祖自平宋后，即从事于海外之侵略。至元十九年（1282年）命阿塔海、范文虎、忻都、洪茶丘等率兵十万出海征日本，遇飓风破舟，丧师而还。帝大怒，欲再征日本，遣王积翁往招谕，为舟人杀于途，始终不得要领乃止。又兴安南之役、占城之役、缅甸之役、爪哇之役。安南用兵三次（1284—1294）最后师还，几为所邀截，从间道始得归。出兵缅甸两次（1282—1287）丧失了七千军队。打占城（1282—1284）时舟为风涛所碎者十之七八，深入为所截，力战始得归。打爪哇（1292年）也占不到便宜。

---

① 参见箭内亘：《蒙古库利尔台之研究》；《元史纪事本末》二，北边诸王之乱；赵翼：《廿二史劄记》卷二九，《元代叛王》。
② 《元史》卷一一五，《裕宗传》。
③ 《廿二史劄记》卷二九，《元诸帝多由大臣拥立》；《元史纪事本末》卷一九至二二。

统计数十年中，无岁不用兵。用兵的军费无从设法，就从百姓头上打主意，任用善于剥削的商人做财政官，中统三年（1262年）即以财赋之任委阿合马，典铁冶，增盐税，小有成效，拜平章中书政事。又立制国用使司，以阿合马领使事。已复罢制国用使司，立尚书省，以阿合马平章尚书省事。奏括天下户口，下至药材榷茶，亦纤屑不遗，其所设施，专以掊克敛财为事。逋赋不蠲，征敛愈急，天下之人，无不思食其肉。阿合马死，又用卢世荣，亦以增多岁入为能，盐铁、榷酤、商税、田课凡可以弄到钱的都千方百计搜括。世荣诛死后，又用桑哥，再立尚书省，改行中书省为行尚书省，六部为尚书六部，以丞相领尚书兼统制使，奏遣忻都、阿散等十二人理算六省钱谷，以刑爵为贩卖，天下骚然，至元二十八年（1291年）始伏诛。总之，世祖在位的三十几年，几乎和这三位财政家相终始。[①] 因侵略海外而极力搜括民财，任用以理财见长的官吏，造成一种贪污刻薄的吏治空气。

除用兵外，对于诸王和僧侣的负担，也对促进元统治集团的崩溃起了作用。

上文曾说过合罕之举出须经库利尔台的同意，而库利尔台之最主要人物即为帝室同族的诸王及贵族重臣。诸王贵族例有岁赐，如察阿歹大王位岁赐银一百锭（锭五十两），缎三百匹，绵六百二十五万，常课金六锭六两。斡真那颜位岁赐银一百锭，绢五千九十八匹，绵五千九十八斤，缎三百匹，诸物折中统钞一百二十锭，羊皮五百张，金一十六锭四十五两，又有岁例外之赐予，如中统四年（1263年）赐公主巴古银五万两。至元二年（1265年）赐诸王只必帖木儿银二万五千两，钞千锭。至元四年（1267年）赐诸王玉龙答失银五千两，币三百，岁以为常。其非时之赐予，如武宗以金二千七百五十两，银十二万九千二百两，钞万锭，币帛二万二千二百八十四匹奉兴圣宫，赐皇太子（弟仁宗）亦如之。又有朝会之赐予，元贞二年（1296年）定太祖位下金千两，银七万五千两；世祖位下金各五百两，银二万五千两，余各有差。成吉思合罕的宗族后人遍布欧亚，这几笔开支的数目是无法计算

---

① 参见《廿二史劄记》卷三〇，《元世祖嗜利黩武》；《元史纪事本末》卷七，《阿合马、桑、卢之奸》；《元史》卷二〇五，《奸臣传》。

的。单就库利尔台会后一项赐予算，如武宗至大元年（1308年）中书省臣言朝会应赐予者为钞总三百五十万锭，已给者百七十万，未给者犹百八十余万，两都所储已罄。至大四年（1311年）仁宗即位时的赐予总数是金三万九千六百五十两，银百八十四万九千五十两，钞二十二万三千二百七十九锭，币帛四十七万二千四百八十八匹。① 这一年的额外赏赐是钞三百余方锭。② 僧侣的费用也占国家支出之大部。赵翼记：

> 古来佛事之盛，未有如元朝者。邵戒三谓元起朔方，本尚佛教，及得西域，世祖欲因其俗以柔其人，乃即其地设官分职，尽领之帝师。初立宣政院，正使而下，必以僧为副，帅臣而下亦必僧俗并用。于是帝师授玉印，国师授金印，其宣命所至，与朝廷诏敕并行，自西土延及中夏，务屈法以顺其意，延及数世，浸以成俗，至于积重而不可挽……帝师体制之僭，虽亲王太子不及也……仗卫之侈，虽郊坛卤簿不过也……土木之费，虽离宫别馆不过也……供养之费，虽官俸兵饷不及也……财产之富，虽藩王国戚不及也……威势之横，虽强藩悍相不过也。③

并且时代愈后，僧侣势力愈大，费用也愈多。至大三年（1310年）张养浩上疏言僧侣之病国云：

> 古者十农夫而闲民或一，今也十闲民而农夫仅一焉。欲民无饥寒之道逸矣。今释老二氏之徒，畜妻育子，饮醇啖腴，萃逋逃游惰之民，为暖衣饱食之计，使吾民日羸月瘵，曾不得糠秕蓝缕以实腹盖体焉。今日诵藏经，明日排好事，今日造某殿，明日构某宫，凡天下人迹所到，精蓝胜观，栋宇相望，使吾民穴居露处，曾不得茎茅撮土以覆顶托足焉……谬论生死，簧鼓流俗，聚徒结党，使人施五谷以为之食，奉丝枲以为之衣，纳子弟以为之童仆，构木石以为之庐室，而人见其不蚕不稼，不赋不征，声色自如，而又为世所钦，为国家所重，则莫不望风奔效，髡首漫游，所以奸民日繁，实本于此。臣尝略会国家经费三分为率，僧居二

---

① 参见《新元史》卷七八，《食货志·赐赉下》。
② 参见《元史》卷二四，《仁宗本纪》。
③ 《陔余丛考》卷一九，《元时崇奉释教之滥》。

焉。以之犒军则卒有余粮，以之赈民则民有余粟，以之裕国则国有余资。①

僧侣的耗费竟占国家经费的三分之二，可能夸大了一些，但毕竟是一个很大的支出。试以具体的事实作证，以内廷佛事一项而论，至元中内廷佛事之目每岁仅百有二，大德七年（1303年）再立功德司，其目增至五百有余。十年中增至五倍。以内廷佛事的费用一项而论，据延祐四年（1317年）宣徽院会计，岁贡以斤计者面四十三万九千五百，油七万九千，酥二万一千八百七十，蜜二万七千三百，他物称是。延祐五年（1318年）前各寺做佛事，日用羊至万头。②元代的国家财政岁出岁入总数，据至大四年（1311年）的报告，每岁支出钞六百余万锭，土木营缮百余处计钞数百万锭，北边军需又六七百万锭，又加上内降旨赏赐三百余万锭，总计约需钞二千万锭。岁入常赋则仅钞四百万锭，其中京师者又只二百八十万锭。而且同年十一月份国库所存只十一万锭。③岁出竟超过岁入十分之八，这个国家是维持不了的。当时弥补的办法之一是饮鸩止渴，预卖盐引和动支钞本，例如至大元年（1308年）的办法：

二月乙未，中书省臣言，陛下登极以来，赐赏诸王，恤军力，赈百姓，及殊恩泛赐，帑藏空竭，豫卖盐引。今和林、甘肃、大同、隆兴、两都军粮，诸所营缮及一切供亿，合用钞八百二十余万锭。往者或遇匮急，奏支钞本。臣等固知钞法非轻，曷敢动，然计无所出，今乞权支钞本七百一十余万锭以周急用，不急之费姑后之。④

结果是阻滞盐法和钞法，扰乱金融，国家和人民都受其弊。另一办法是力口税，延祐元年（1314年）的课额已比元初时增五十倍。⑤中叶以后，课税较世祖时代亦增二十余倍，即色银之赋亦增至二十余倍。⑥可是国家财政仍不免入不敷出，陷于破产的地位。《元史》陈思谦传记：

---

① 《归田类稿》卷二，《时政书》。
② 参见《陔余丛考》卷一九，《元时崇奉释教之滥》。
③ 参见《元史》卷二四，《仁宗本纪》。
④ 《元史》卷二二，《武宗本纪》。
⑤ 《元史》卷二〇五，《铁木迭儿传》。
⑥ 《新元史》卷六八，《食货志序》。

至顺二年（1331年）九月上言，户部赐田诸怯薛支请，海青狮豹肉食，及局院工粮，好事布施，一切泛支，以至元三十年以前较之，动增数十倍。至顺经费，缺二百三十九万余锭。[①]

柯劭忞论元代财政，以为"夫承平无事之日而出入之悬绝若此，若饥馑洊臻盗贼猝发，何以应之。是故元之亡亡于饥馑盗贼。盖民穷财尽，公私困竭，未有不危且乱者也"[②]，是说得很中肯的。

[①]《元史》卷一八四。
[②]《新元史》卷六八，《食货志序》。

红军之起与元之内讧

至正十一年（1351年）五月民军刘福通陷颍州，奉韩林儿诈称宋徽宗后人颁发诏书，略曰：

> 蕴玉玺于海东，取精兵于日本，贫极江南，富称塞北。

前两句指宋广王走崖山，丞相陈宜中走倭。后两句指出蒙古人统治下的掠夺结果，说明起义的动机。前两句是政治的宣传，后两句则为经济的解剖。"时天下承平已久，法度宽纵，贫富不均，多乐从乱，不旬月众殆数万人。"①

韩山童生于白莲教世家，倡弥勒佛下生之说：《元史·顺帝本纪》：

> 初滦城人韩山童祖父以白莲会烧香惑众，谪徙广平永平县。至山童倡言天下大乱，弥勒佛下生，河南及江淮愚民皆翕然信之。刘福通与杜遵道、罗文素、盛文郁、王显忠、韩咬儿等复鼓妖言，谓山童实宋徽宗八世孙，当为中国主，福通等杀白马黑牛誓告天地，欲同起兵为乱，事觉，县官捕之急，福通遂反，山童就擒。其妻杨氏其子韩林儿逃之武安。②

起义时以红巾为号，故号红军。以烧香礼弥勒佛，又号香军。③ 同年八月萧县李二及老彭、赵君用攻陷徐州。李二号芝麻李，亦以烧香聚众起义。蕲州罗田县徐真一（寿辉）与麻城人邹普胜等起义，亦以红巾为号。④ 又有

---

① 参见叶子奇：《草木子》卷三上，《克谨篇》。
② 《元史》卷四二。
③ 参见权衡：《庚申外史》。
④ 参见《元史》卷四二，《顺帝本纪》。

北琐红军，南琐红军：

> （刘福通起兵）河、淮、襄、陕之民翕然从之。故荆、汉、许、汝、山东、丰、沛以及两淮红军皆起应之。起颍上者推杜遵道为首，陷朱皋，据仓粟，从者数十万，陷汝宁、光、息、信阳。起蕲黄者彭莹玉和尚推徐真逸为首，陷德安、沔阳、安阳、武昌、江陵、江西诸郡。起湘、汉者推布三王、孟海马为首，布三王号北琐红军，奄有唐、邓、南阳、嵩、汝、河南府。孟海马号南琐红军，奄有均、房、襄阳、荆门、归、峡。起丰、沛者推芝麻李为首。①

几个月内，湖南、湖北、河南、安徽、江苏、山东诸地纷纷起事，不约而同地都称红军，把元帝国拦腰而断，南北不通。元人记红军起后，"当时贫者从乱为归"②。可见这是一种贫农的结合。再看前后红军和非红军的起事领袖的身份，如方国珍和张士诚是贩私盐的；陈友定是农人，曾为佣于富家；韩林儿的祖父被罪迁谪；陈友谅为渔家子；徐寿辉（真一）是贩布的；明玉珍家世代务农；朱元璋是游方穷和尚；没有一个是出身于有产阶级的。③

应该指出，至正十一年（1351年）红军的大起义，只是最后一次的大爆发，事实上在元代前期已有此种秘密组织，并曾陆续发生过几次暴动。红军是白莲教徒的武装团体，所崇拜的偶像是弥勒佛。元崇信宗教。白莲教也被准许公开传教，成宗时（1295—1307）曾特降圣旨受政府的保护。并建有寺院，有报恩堂、复一堂、清应堂诸祠宇。以都掌教为首领。④ 武宗至大元年（1308年）五月丙子禁白莲社，毁其祠宇，以其人还隶民籍。⑤ 至治二年（1322年）五月癸卯又下诏禁白莲佛事。⑥ 从此白莲教便成秘密团体，不能公开活动。弥勒佛下生当有天下的预言，也早在泰定二年（1325年）便已流行。《元史》记：

> 泰定二年六月，息州民赵丑厮、郭菩萨妖言弥勒佛当有天下，有司

---

① 权衡：《庚申外史》。
② 叶子奇：《草木子》卷三上，《克谨篇》。
③ 参见钱谦益：《国初群雄事略》。
④ 参见《元典章》卷三三，《礼部六·白莲教》。
⑤ 参见《元史》卷二二，《武宗本纪》。
⑥ 参见《元史》卷二八，《英宗本纪》。

以闻。命宗正府、刑部、枢密院、御史台及河南行省官杂鞫之。①
后被杀。② 至元三年（1337年）弥勒教徒起事河南：

> 二月棒胡反于汝宁信阳州。棒胡本陈州人，名闰儿。以烧香惑众，妄造妖言作乱，破归德府鹿邑，焚陈州，屯营于杏冈。命河南行省左丞庆童领兵讨之。己丑，汝宁献所获棒胡弥勒佛、伪宣敕、紫金印、量天尺。③

同年朱光卿等起兵于广东，自拜其徒为定光佛：

> 正月癸卯广州增城县民朱光卿反，其党石昆山、钟大明率众从之，伪称大金国，改元赤符。命指挥狗札里、江西行省左丞沙的讨之。四月己亥惠州归善县民聂秀卿、谭景山等造军器，拜戴甲为定光佛，与朱光卿相结为乱，命江西行省左丞沙的捕之。④

据至正二十六年（1366年）朱元璋讨张士诚檄所数元廷罪状：

> 近睹有元之末，王居深宫，臣操威福，官以贿成，罪以情免。宪台举亲而劾仇，有司差贫而优富。庙堂不以为忧，方添冗官，又改钞法，役数十万民，湮塞黄河，死者枕藉于道，哀苦声闻于天，致使愚民误中妖术，不解偈言之妄诞，酷信弥勒之真有，冀其治世，以苏其苦。聚为烧香之党，根据汝、颍，蔓滋河、洛，妖言既行，凶谋遂逞。焚荡城郭，杀戮士夫，荼毒生灵，无端万状。⑤

按此檄文中所指弥勒为一事，烧香又为一事，弥勒为佛教中之重要人物，相传"弥勒菩萨应三十劫，当成无上正真等正觉"⑥。应人世三十次，佛薄伽梵灭度后八百年，胜军王都有阿罗汉名难提蜜多罗在般涅槃前预言人寿七万岁时，十六阿罗汉既护法藏毕，造窣堵波赞叹已，至宰堵波金地之中，入般涅槃，释迦牟尼正法遂灭：

> 次后弥勒如来应正等觉出现世间时，瞻部州广博严净，无诸荆棘，

---

① 《元史》卷一九，《泰定帝本纪》。
② 参见《新元史》卷一九，《泰定帝奉纪》。
③ 《元史》卷三九，《顺帝本纪》。
④ 《元史》卷三九，《顺帝本纪》。
⑤ 祝允明：《九朝野记》。
⑥ 《增一阿含》第四二品，《八难品》、《八大人念经》。

谿谷堆阜，平正润泽，金沙覆地，处处皆有清池茂林，名华瑞阜，及众宝聚，更相辉映，甚可爱乐。人皆慈心修行十善，以修善故，寿命长远，丰乐安稳。士女殷稠，城邑邻次，鸡飞相及，所营农稼，一营七获，自然成实，不须耘耨。①

这是佛教徒幻想的极乐园，也是农民所最渴望的理想世界。烧香则为白莲教徒必须举行的仪式。白莲教徒有政治的目的，可是缺少一个组织和吸引农民参加起义的终极目标。弥勒佛下生的预言已经流传了快一千年，为农民所熟知，其意义即等于救世主。白莲教徒就利用这传说，宣传弥勒已经降生为尘世主宰，其使命即为解除现在农民身受之一切疾苦。农民久困于异族统治下之苛征重敛，一听有能使他们"所营农稼，一营七获"并且"自然成实，不须耘耨"的救世主出来，自然死心塌地信仰，一致加入去追求这理想的乐园了。

红军中势力最大的是韩林儿、芝麻李、徐寿辉三支，韩林儿最先起，兵力最强。芝麻李不久即为元所灭。徐寿辉的势力后分二系，一为陈友谅，一为明玉珍。非红军中最强的是张士诚、方国珍、陈友定三支。红军的目的是推翻元政府的政权，从异族压迫之下解放自己，和元政府完全处于敌对的不两立的状态。非红军则无一定宗旨，起事的目的只是为自己个人的生命安全，割据一隅，恣意于生活的享受。和元政府的关系也以利害为转移，时降时叛，时合时离。和红军则处于敌对状态，互相攻击。

在元政府方面，贵族和官吏为保持自己的地位和身家，当然竭力拥护政府坚决抗拒红军，但是，正如上文所说，腐化了的军队和官吏，大部分失去作战能力和意志，事实上和红军作战的是各地的地主，他们出私财，募"义"军，用全力保卫自己的家族和家产，间接地也替元政府支持了十几年。各地的"义"军倏起倏灭的不可胜计，如东莞李氏、凌氏：

> 东莞李氏尤豪于诸族。朝政不行，盗贼蜂起，富民各专武断，聚兵自卫。既而各据乡土，争为长雄，或更相攻掠，井邑萧然。凌氏亦结民

---

① 《大阿罗汉难提蜜多罗所说法住记》。

为保，内援官军，外击强盗，里人赖之以安。①

龙泉胡氏：

　　至元壬辰，江、淮傲扰，盗贼蔓延闽、浙，由建之浦城、松溪入龙泉。公（胡深）叹曰：浙水东地气白矣，生民无所赖，祸将及矣。乃集乡民共为守御计而结寨于湖山。②

京山刘氏：

　　至正辛卯两河乱。（京山人刘则礼）割财募兵，隶四川平章爻著麾下，攻安陆、襄、樊、唐、邓，悉讨平之。兄弟子侄多死于兵。③

临川陈氏：

　　元至正十二年壬辰大盗起江、汉间，郡县相继陷，聚落民争揭竿为旗以应寇。（陈）天锡顿足曰：事急矣，可奈何！即跃马入郡城白监郡完者帖木儿曰：天锡家世以义声著吴越间，今天下大乱，贼以红巾帕首，呼啸成群，所蹯蹈处绝无一人御者。天锡虽不才，愿竭忠以报国家。自度乡里健儿，一呼之间，可得千人，甲胄糗粮，当一一自给，不以烦县官。教以坐作击刺进退之法可用，或攻或守，惟明公所命。即从所请，奖励者甚力。天锡还，朝夕聚兵训练如前谋。④

江阴许氏：

　　至正十二年十月红巾陷江阴州。州大姓许普字德昭与其子如章聚无赖恶少，资以饮食。贼四散抄掠，诱使深入，歼而埋之。战于城北之祥符寺，父子皆死。⑤

其他地方官吏所率之军队，亦多由地主私军改编。如王宣之黄军：

　　淮东豪民王宣请募城墅赶勇惯捷者，可以攻城，前后得三万人，皆黄衣黄帽，号曰黄军。脱脱用以攻徐州，一鼓克之。⑥

答失八都鲁所统之义丁：

---

① 王叔英：《静学文集》卷二，《凌府君行状》。
② 王祎：《王忠文公文集》卷二二，《故参军缙云郡伯胡公行述》。
③ 李继本：《一山文集》卷六，《刘则礼传》。
④ 宋濂：《翰苑别集》卷九，《元赠进义副尉金溪县尉陈府君墓铭》。
⑤ 陶宗仪：《辍耕录》。
⑥ 权衡：《庚申外史》。

至正十二年五月用宋廷杰计，召募襄阳官吏及土豪避兵者，得义丁二万，编排部伍，败贼于蛮河。①

各地地主不约而同的组织私军，抵抗农民起义军攻击，形式上是红军和元政府作战，而本质上则为农民和地主的战争。内中势力最大，和红军相持最久的是起自沈丘的察罕帖木儿父子。《元史·察罕帖木儿传》：

察罕帖木儿字廷瑞，系出北廷。幼笃学，尝应进士举，有时名，居常慨然有当世之志。至正十一年盗发汝、颍，焚城邑，杀长吏，所遇残破，不数月，江淮诸郡皆陷。朝廷征兵致讨，卒无成功。十二年察罕帖木儿奋义起兵，沈丘之子弟从者数百人。与信阳之罗山人李思齐合兵，同设奇计袭破罗山。事闻，朝廷授察罕帖木儿中顺大夫、汝宁府达鲁花赤。于是所在义士俱将兵来会，得万人，自成一军，屯沈丘，数与贼战，辄克捷。

察罕帖木儿以至正十五年（1355年）定河北，十七年（1357年）定关陕，十九年（1359年）复汴梁，定河南，韩林儿遁走，檄书始能达江浙。以兵分镇关陕、荆襄、河洛、江淮，而重兵屯太行……营垒旌旗所望数千里，谋大举以复山东。正在准备东征的时候，和另一支抵抗红军的有力军队孛罗帖木儿发生地盘的冲突。内战以起。②

孛罗帖木儿为答失八都鲁之子，答失八都鲁是元政府的世将，红军起后，率义丁复襄阳。至正十五年（1355年）攻克亳州，韩林儿遁走。数和刘福通作战，均有功。③死后子孛罗帖木儿领其众，移镇大同。晋冀之地皆察罕帖木儿所平定，孛罗帖木儿欲据晋冀，两军交战数年，元政府几次派人为之讲和，至正二十一年（1361年）冬兵始解。时察罕帖木儿已进占山东大部，至正二十二年（1362年）围攻益都，为降人田丰、王士诚所刺死，子扩廓帖木儿代领其兵，攻克益都，山东悉平。而孛罗帖木儿复以兵来争晋冀，内战又起。④

---

① 《元史》卷一四二，《答失八都鲁传》。
② 参见《元史》卷一四一，《察罕帖木儿传》。
③ 参见《元史》卷一四二，《答失八都鲁传》。
④ 《元史》卷一四一，《察罕帖木儿传》；卷二〇七，《孛罗帖木儿传》。

这时候元政府和宫廷内也发生重大的政变，丞相脱脱于至正十二年（1352年）出兵攻徐州，擒芝麻李后，威名大震。与幸臣哈麻交恶，至正十四年（1354年）脱脱率大兵征张士诚，围高邮，城垂破，为哈麻所潜贬死，士城势复振。① 哈麻为相后，谋废元顺帝立皇太子爱育失里达腊，事发诛死。② 太子母高丽奇皇后和皇太子仍图废立，遣宦者朴不花喻意于丞相太平，太平不肯，为皇太子所恶，潜杀之。③ 时扩廓帖木儿正和孛罗帖木儿相持，于是皇太子的亲信丞相搠思监及朴不花倚扩廓帖木儿为外援，皇帝的亲信贵臣老的沙为皇太子所怒，逃奔孛罗帖木儿军中。皇太子怨孛罗帖木儿匿老的沙，搠思监、朴不花等遂诬孛罗帖木儿与老的沙等图谋造反，至正二十四年（1364年）四月下诏扩廓帖木儿举兵讨伐。孛罗帖木儿知道不是元顺帝的主张，采取主动，先举兵进攻大都，元顺帝杀搠思监、朴不花，孛罗帖木儿始还大同。皇太子出走，再征扩廓帖木儿兵讨孛罗帖木儿，攻大同，孛罗帖木儿又率兵向大都，皇太子战败逃太原，孛罗帖木儿入京师，拜中书右丞相。至正二十五年（1365年）皇太子调扩廓帖木儿及诸路兵进讨，孛罗帖木儿战败，被刺死于宫中。④ 太子奔太原时，欲用唐肃宗灵武故事自立，扩廓帖木儿不赞成，及孛罗帖木儿死，扩廓帖木儿还京师，奇皇后谕旨令以重兵拥太子入城，胁元顺帝禅位，扩廓帖木儿又不肯。因此扩廓帖木儿为太子所恨。⑤ 至正二十六年（1366年）扩廓帖木儿奉命总天下兵出乎江、淮，檄关中四将军会师大举。李思齐以与察罕帖木儿同起义兵，得檄大怒，不肯受命，下令一甲不得出武关。张思道、孔兴、脱列伯三军亦不受节制，连兵力拒扩廓帖木儿。

相持经年数百战不分胜负。元顺帝谕扩廓帖木儿罢兵，专力南征，扩廓帖木儿不听。其部下骁将貊高、关保叛归元政府，和李思齐等合。元顺帝乃尽削扩廓帖木儿官，分其兵隶诸将，并令关保戍太原。扩廓帖木儿怒，尽杀

---

① 参见《元史》卷一三八，《脱脱传》；卷二〇五，《哈麻传》。
② 参见《元史》卷二〇五，《哈麻传》。
③ 参见《元史》卷一四〇，《太平传》；卷二〇，《朴不花传》。
④ 参见《元史》卷二〇七，《孛罗帖木儿传》；卷二〇四，《朴不花传》。
⑤ 参见《明史》卷一二四，《扩廓帖木儿传》。

元政府所置官吏，元顺帝令诸将四面讨之。时朱元璋兵已下山东，收大梁，元兵方忙于内战，列城望风降遁。兵逼潼关，李思奇等仓皇解兵西归，而貊高、关保亦皆为扩廓帖木儿所擒杀。元顺帝大恐，又复扩廓帖木儿官，令与李思齐等分道南征，一个月后，朱元璋兵已逼大都，元帝北走。扩廓帖木儿仍拥兵西北，图谋恢复，洪武元年（1368年）败明将汤和于韩店，北出雁门欲攻北平，明将徐达、常遇春乘虚攻太原，扩廓帖木儿还救大败，以十八骑遁去。明兵遂西入关，李思齐以临洮降，张思道、张良臣败死。洪武三年（1370年）明徐达大败扩廓帖木儿于沈儿峪，扩廓帖木儿奔和林，时元顺帝已死，皇太子继位，复任以国事。洪武四年（1371年）明复遣大将徐达、李文忠、冯胜将十五万人出塞攻扩廓帖木儿，至岭北与扩廓帖木儿遇，明兵大败，死者数万人。明年扩廓帖木儿复攻雁门，以明兵严备不得入。后随宣光帝徙金山，洪武八年（1375年）卒。①

元顺帝北走后，他的子孙虽失去在中原的政权，可是在漠北却仍是合罕。明前期国力强时，数出兵北讨，蒙古族逐渐北徙。自明成祖五次北征以后，明兵力渐衰，国防线渐由开平内移，三卫弃而辽东和宣、大的声援隔绝，东胜、兴和徙而边防虚，蒙古族又渐南移，至入居河套，边墙之外，即为敌国。三百年中汉人和蒙古人的战争迄未停止。"北虏"的威胁致使明用全力防御北边，遍设戍兵，置九边要塞，国力为之疲敝，为明一代的大患。

---

① 《元史》卷一四一，《察罕帖木儿传》；《明史》卷一二四，《扩廓帖木儿传》。

明太祖之起事与削平群雄

元政府的政变和内战，给红军以发展的好机会。红军的内讧和与非红军的混战，又给后起的红军领袖朱元璋以发展的好机会。朱元璋在称帝后三年发表一道文件，说明他取天下于群雄之手，而不是从元取得的。他说：

> 当元之季，君晏安于上，臣跋扈于下，国用不经，征敛日促，水旱灾荒，频年不绝，天怒人怨，盗贼蜂起，群雄角逐，窃据州郡。朕不得已，起兵欲图自全。及兵力日盛，乃东征西讨，削除渠魁，开拓疆宇。当是时，天下已非元氏有矣。向使元君克畏天命，不自逸豫；其臣克尽乃职，罔敢骄横，天下豪杰曷得乘隙而起。朕取天下于群雄之手，不在元氏之手。①

他是起义于濠州的红军领袖郭子兴的部下，郭子兴死后，代为领袖，直隶于韩林儿，受宋的官爵，用龙凤年号，是红军中后起的一支有力的部队。可是一到红军领袖因内讧而军力锐减，韩林儿失去根据地来投奔以后，就立刻抛去红军的宗教意味的宣传，严厉地加以指示。在至正二十六年（1366年）讨张士诚的檄文中，公开地抨击红军：

> 致使愚民误中妖术，不解偈言之妄诞，酷信弥勒之真有，冀其治世，以苏其苦，聚为烧香之党，根据汝、颍，蔓延河、洛。妖言既行，凶谋遂逞，焚荡城廓，杀戮士夫，荼毒生灵，无端万状。②

前一部分斥红军为妖言为妖术，后一部分以采恐怖手段，屠杀地主——

---

① 《明太祖实录》卷五三。
② 祝允明：《九朝野记》。

有产阶级为红军的罪状。接着他说：

> 元以天下钱粮兵马大势而讨之，略无功效，愈见猖獗，终不能济世安民。是以有志之士，旁观熟虑，乘势而起。或假元氏为名，或托香军为号，或以孤军独立，皆欲自为，由是天下土崩瓦解。余本濠县之民，初列行伍，渐至提兵，灼见妖言不能成事，又度胡运难与立功，遂引兵渡江。

指斥元政府无力济世安民，最后把自己的立场和红军分开，不愿分担红军所负的责任。可是这时候在名义上他还是韩林儿的臣下，在这文件的开首还不能不用"皇帝圣旨，吴王令旨"，末后也不能不用龙凤十二年（1366年）的年号。同年十二月他采取更进一步的手段，彻底消灭了红军的残余势力，授意部下大将廖永忠沉韩林儿于瓜步。① 宋亡后，他听取了幕中儒生的劝告，把这次革命解释为民族解放运动，喊出驱逐蒙古人的口号。原来韩林儿在起事时虽假托宋后，国号也用宋的旧称，以图收拾民心，可是这时离南宋亡国已久，实际作用不大。后来就索性不提宋后的话，专意于弥勒救世的宣传，虽然吸引了大量穷苦农民，对地主阶级和知识分子来说，不但没有作用还招致强烈的抗拒。为了发展和扩大革命力量，这时候就不得不放弃宗教性的弥勒佛出世的口号，代替以能为农民和地主阶级都能接受的新口号。鲜明地指出这次革命是被压迫民族争取解放的战争，集合汉族和各族人民的力量。同时也给予知识分子及旧地主官吏以安全的保障，取得他们的合作。至元二十七年（1361年）十月丙寅檄谕齐、鲁、河、洛、燕、苏、秦、晋之人以北伐之意曰：

> 自古帝王临御天下，中国居内以制夷狄，夷狄居外以奉中国，未闻以夷狄居中国治天下者也……当此之时，天运循环，中原气盛，亿兆之中，当降生圣人，驱逐胡虏，恢复中华，立纲陈纪，救济斯民……方今河、洛、关、陕虽有数雄，忘中国祖宗之姓，反就胡虏禽兽之名，以为美称，假元号以济私，恃有众以要君，阻兵据险，互相吞噬，反为生民之巨害，皆非华夏之主也……予恭天承命，罔敢自安，方欲遣兵北逐胡

---

① 参见钱谦益：《太祖实录辨证》。

虏，拯生民于涂炭，复汉官之威仪……归我者永安于中华，背我者自窜于塞外。盖我中国之民，天必命中国之人以安之，夷狄何得而治哉？①

这是一个创时代的转变，是朱元璋之所以成功的条件之一。

红军诸领袖之所以失败，第一是地主阶级的顽强抵抗，第二是红军内部的分裂。红军之发动地为河南、湖北一带，起事后诸领袖人自为战，不相统属，并各自称帝称王，互相攻略。至正十五年（1355年）刘福通等立韩林儿为帝，国号宋，年号龙凤（1355—1366年），建都于亳。至正十八年（1358年）迁都汴梁。至正十九年（1359年）察罕帖木儿破汴梁，韩林儿退据安丰。至正二十三年（1363年）吴张士诚将吕珍破安丰，韩林儿奔滁州依朱元璋。宋势力最盛时，四出略地，所至无不摧破，至正十七年（1357年）分兵三道，关先生、破头潘、冯长舅、沙刘二、王士诚趋晋、冀，白不信、大刀敖、李喜喜趋关中，毛贵出山东，刘福通则率众出没河南北。白不信一支被察罕帖木儿、李思齐所破，走入蜀。毛贵一支则陷济南、蓟州，略柳林，直逼大都，元政府至议迁都以避之。关先生一支则分军为二，一出绛州，一出沁州，逾太行，破辽、潞，陷冀宁，掠大同、兴和塞外诸郡，至陷上都，毁诸宫殿，转掠辽阳，抵高丽，复折回陷大宁，犯上都。李喜喜余部则陷宁夏，掠灵武诸边地。红军出没于黄河以北，东至高丽，北至和林，西至宁夏的广大地区。可是初建国时，红军上层领袖就争权夺利，互相残杀，丞相杜遵道用事，平章政事刘福通阴令甲士擒杀之，自为丞相，国事均决于刘福通，其他诸将俱与刘福通同起事，率不肯遵约束，刘福通不能制，兵虽盛，威令不行。所攻城邑，亦不能守，随得随失。接着在山东最得民心的毛贵为赵均用所杀，赵均用又被续继祖所杀，所部自相攻击。远征诸大将李喜喜、关先生等转战万里，亦多走死。于是在北为蒙古军队所围剿，在南又受张士诚的攻击，安丰破后，势力就完全消灭。②

起自湖北的徐寿辉（1351—1360）于至正十一年（1351年）称帝，国号天完，建元治平，都蕲水。后迁都汉阳。分兵四出，陷饶、信，连陷湖、

---

① 《明太祖实录》卷二六；王世贞：《诏令杂考》一。
② 参见《明史》卷一二二，《韩林儿传》；《国初群雄事略》卷一，《韩林儿》。

广、江西诸郡，东南发展至杭州、太平诸路。天完和宋一样，同样地陷于内讧的局面。至正十七年（1357年）丞相倪文俊谋杀徐寿辉自立，不克，奔黄州。其将陈友谅杀倪文俊代其位，至正二十年（1360年）弑徐寿辉自立为帝，国号汉，改元大义（1360—1363），尽有江西、湖、广之地。① 徐寿辉别部明玉珍略地四川，闻徐寿辉被杀，自立为陇蜀王，以兵塞瞿塘，绝不与陈友谅通，至正二十三年（1363年）即皇帝位于重庆，国号夏，建元天统（1362—1366）。②

陈友谅势力方盛时，朱元璋起兵据集庆路，取太平，和陈友谅接界。陈友谅陷池州，朱元璋遣将击取之，由是结仇，连兵不解。陈友谅大将赵普胜守安庆，最骁勇，为朱元璋所间，陈友谅杀普胜，并其军。恃其兵强，欲东取应天，约张士诚从东面夹攻，朱元璋惧两面受敌，以计促陈友谅先发兵，大败之于龙湾。陈友谅部下诸将因赵普胜被杀，多不安，于光、欧普祥、吴宏、王溥、胡廷瑞等纷纷以所守地来降，陈友谅疆土日蹙。至正二十三年（1363年）陈友谅发兵来围洪都，与朱元璋军遇于鄱阳湖，大战三日，陈友谅兵败中矢死，大将张定边挟其次子陈理奔还武昌，立为帝。至正二十四年（1364年）二月朱元璋亲督师围武昌，陈理出降，汉亡。③ 明玉珍在位五年死，子明昇嗣位方十岁。诸大臣皆粗暴不肯相下，大将万胜以私憾杀知院张文炳，内府舍人明昭复矫皇后旨杀万胜。胜为玉珍开国大将，功最高，人心多不平，保宁镇守平章吴友仁举兵杀明昭，入执国政，朝事大坏。洪武四年（1371年）明将汤和、廖永忠、傅友德等伐蜀，昇出降，夏亡。④

在非红军的集团中，张士诚以被地主凌侮起事：

> 以操舟运盐为业，缘私作奸利。常鬻盐诸富家，富家多凌侮之，或负其值不酬。而弓手丘义尤窘辱士诚甚。士诚愤，即帅诸弟及壮士李伯升等十八人杀义，并灭诸富家，纵火焚其居。入旁郡场招少年起兵，盐

---

① 参见《明史》卷一二三，《陈友谅传》；《国初群雄事略》卷三，《天完徐寿辉》。
② 参见《明史》卷一二三，《明玉珍传》；《国初群雄事略》卷五，《夏明玉珍》。
③ 参见《明史》卷二三，《陈友谅传》；《国初群雄事略》卷四，《汉陈友谅》。
④ 参见《明史》卷一二三，《明玉珍传》。

丁方苦重役，遂共推为主。①

士诚陷泰州、高邮。至正十四年（1354年）自称诚王，国号大周，建元天祐。至正十六年（1356年）陷平江、湖州、松江、常州诸路，改平江为隆平府，自高邮来都之。时朱元璋亦下集庆，境遂相接。士诚遣将攻镇江，徐达败之于龙潭。朱元璋亦遣将来攻常州，士诚大败，由此交兵不已。士诚所据要塞长兴、常州、江阴相继失，兵不得四出，不得已请降于元。乘间袭取杭州，所据地南抵绍兴，北逾徐州，达于济宁之金沟，西距汝、颍、濠、泗，东至海二千余里，带甲数十万。至正二十三年（1363年）九月复自立为吴王。士诚无远图，自据吴后，渐奢纵怠于政事，诸将帅日夜歌舞自娱，偃蹇不用命，不以军务为意，及丧师失地还，亦概置不问，已复用为将。陈友谅约士诚夹攻应天，士诚欲守境观变，虽许而兵不出。及陈友谅既平，朱元璋遂大发兵取吴，至正二十七年（1367年）九月破平江，擒张士诚，吴亡。②

浙东的方国珍的起事，和张士诚很相像，其对元政府的态度，也和张士诚同样的反复不定。《明史》记：

> 元至正八年，有蔡乱头者行剽海上，有司发兵捕之。国珍怨家告其通寇，国珍杀怨家，遂与兄国璋，弟国瑛、国珉亡入海，聚众数千人，劫运艘，梗海道。

地方官往讨为所败，胁使请于朝，授定海尉。未几复叛，再又降元为海道漕运万户，进行省参政，据有温、台、庆元之地。以兵和张士诚相攻，至士诚亦降元，始罢兵。朱元璋取婺州，与国珍接境，国珍惧不敌，自请纳土，未几又反复不受命。张士诚被擒后，朱元璋将朱亮祖、汤和取浙东，国珍不能抗，奉表降。③

非红军领袖中始终效忠于元政府的是陈友定。友定以乡农立功为黄土寨巡检，十年中以军力镇压农民起义，扩充地盘，西拒陈友谅，北拒朱元璋，累官至平章，尽有福建八郡之地。方国珍败降后，朱元璋即发兵由海陆两道

---

① 《明史》卷一二三，《张士诚传》。
② 参见《明史》卷一二三；《国初群雄事略》卷七，《周张士诚》。
③ 参见《明史》卷一二三，《方国珍传》；《国初群雄事略》卷八，《方谷真》。

入闽，洪武元年（1368年）明兵取建宁、延平二路，友定被执死。①

在这样一个混战局面之下，红军出身的朱元璋竟能推翻元政府，统一全国，解放汉人、南人和各族人民，建立大明帝国。成功的基本原因是及时提出民族革命的口号，取得全民支持。他出自于贫农之家，很懂得农民的心理。青年时代过的是漂流乞食的生活：

> 年十七父、母、兄相继殁，贫不克葬，里人刘继祖与之地乃克葬，即凤阳陵也。太祖孤无所依，乃入皇觉寺为僧。逾月游食合肥，凡历光、固、汝、颍诸州，三年复还寺。

起兵后极力团结知识分子，学习过去历史经验和儒家的政治理论。至正十三年（1353年）破滁州后即得名儒范常，留置幕下。范常首先劝他整饬兵纪：

> 诸将克和州，兵不戢。常言于太祖曰：得一城而使人肝脑涂地，何以成大事？太祖乃切责诸将，搜军中所掠妇女还其家，民大悦。②

至正十五年（1355年）渡江取太平后，又得耆儒李习、陶安。陶安批评当时诸领袖的行为，独推重他的不乱杀人：

> 海内鼎沸，豪杰并争，然其意在子女玉帛，非有拨乱救民安天下心。明公渡江，神武不杀，人心悦服，应天顺人，以行吊伐，天下不足平也。③

至正十六年（1356年）克集庆，立即宣布政纲，他说：

> 元政渎扰，干戈蜂起，我来为民除乱耳。其各按堵如故。贤士吾礼用之，旧政不便者除之，吏毋贪暴殃吾民。④

这正是农民所渴望的政治。地主阶级因为地方治安得以保持，也对新政权表示好感。至正十七年（1357年）克徽州后，耆儒朱升劝他"高筑墙，广积粮，缓称王"⑤。至正十八年（1358年）克婺州后，得学者范祖干、叶

---

① 参见《明史》卷一二四，《陈友定传》；《国初群雄事略》卷一二，《陈友定》。
② 《明史》卷一三五，《范常传》。
③ 《明史》卷一三六，《陶安传》。
④ 《明史》卷一，《太祖本纪》。
⑤ 《明史》卷一三六，《朱升传》。

仪、许元等十三人，至正二十年（1360年）复征学者刘基、宋濂、叶琛、章溢，为其定策安民，及取天下大计。农民、地主和知识分子参加了起义，并且拥护这个政权，是他之所以成功的最大原因。其次，不乱杀人，节俭朴素，和军事指挥上争取主动。

在天下平定后，他曾自述成功的原因：

> 朕遭时丧乱，初起乡土，本图自全。及渡江以来，观群雄所为，徒为生民之患，而张士诚、陈友谅尤为巨蠹，士诚恃富，友谅恃强，朕独无所恃，惟不嗜杀人，布信义，行节俭，与卿等同心共济。初与二寇相持，士诚尤逼近，或谓宜先击之，朕以友谅志骄，士诚器小，志骄则好生事，器小则无远图。故先攻友谅。鄱阳之役，士诚卒不能出姑苏一步，以为之援。向使先攻士诚，浙西负固坚守，友谅必空国而来，吾腹背受敌矣。二寇既除，北定中原。所以先山东，次河洛，止潼关之兵，不遽取秦陇者，盖扩廓帖木儿、李思齐、张思道皆百战之余，未肯遽下，急之则并力一隅，猝未易定。故出其不意，反旆而北。燕都既举，然后西征，张、李望绝势穷，不战而克，然扩廓犹力战不屈，向令未下燕都，骤与角力，胜负未可知也。①

这是一个公正的自白。

至正二十七年（1367年）冬天的时候，红军势力除僻处四川的夏国以外，已全部消灭，非红军方面，张士诚已被扑灭，方国珍来降。北面则已派徐达、常遇春乘元军内战北伐，南面则汤和、廖永忠已逼福州，两路大军均势如破竹，天下指日可定。朱元璋遂以至正二十八年为洪武元年（1368年），即皇帝位，定有天下之号曰明，是为明太祖。

洪武元年（1368年）陈友谅定平后，即命廖永忠率舟师取广东，广东行省左丞何真迎降。广西亦继定。北征军方面以次定山东、河南，八月入大都，元帝北走。十二月扩廓帖木儿走甘肃，山西平。洪武二年（1369年）八月徐达克庆阳，斩张良臣，陕西平。洪武四年（1371年）元平章刘益以辽东降。明昇降，四川平。时元后梁王把匝剌瓦尔密犹据云南，纳哈出据辽

---

① 《明史》卷三，《太祖本纪》。

东。洪武十四年（1381年）遣傅友德、沐英定云南。洪武二十年（1387年）复大举讨纳哈出，时大宁已为明所取，纳哈出和蒙古政府的呼应断绝，势竭来降，始成大一统之业。

明太祖之建国与开国规模

蒙古人在中国所实施的种族压迫政策引起了汉族的反感，发生一场战争，二十年的民族革命，终于被逐回蒙古去。这教训，明太祖是很记得的。他北征时的口号虽然是"驱逐胡虏"，但其意义只限于推翻异族的统治权，对蒙古人、色目人并不采歧视的态度。在北征檄文中并特别提出这一点说：

> 如蒙古、色目虽非华夏族类，然同生天地之间，有能知礼义，愿为臣民者，与中国之人抚养无异。①

即位以后，蒙古、色目的官吏和汉人同样登用，中央官如以靼鞑指挥安童为刑部尚书，以咬住为副都御史，以忽哥赤为工部右侍郎②，以高昌安为吏部侍郎③。外官如以高昌安为河东盐运司同知，以脱因为兼州知府，以道同为番禺知县。④ 军官如以鞑靼酋长孛罗帖木儿为庐州卫指军佥事，仍领所部鞑官二百五十人。⑤ 即亲军中亦有蒙古军队，如洪武五年（1372年）之置蒙古卫亲军指挥使司，以答失里为佥事。⑥ 洪武二十二年（1389年）特设泰宁、朵颜、福余三卫于兀良哈之地，以居降胡。⑦ 时蒙古人、色目人多改为汉姓，与汉人无异，有求仕入官者，有登显要者，有为富商大贾者。⑧ 洪武

---

① 王世贞：《弇山堂别集》卷八五。
② 参见《明太祖实录》卷一九九。
③ 参见《明太祖实录》卷二〇二。
④ 参见《明史》卷一三八，《周祯传》；卷一四〇，《道同传》。
⑤ 参见《明太祖实录》卷一九〇。
⑥ 参见《明太祖实录》卷七一。
⑦ 参见《明太祖实录》卷一九六。
⑧ 参见《明太祖实录》卷一〇九。

三年（1370年）曾一度下诏禁止擅改汉姓：

> 四月甲子禁蒙古、色目人更易姓氏，诏曰：朕尝诏告天下，蒙古诸色人等皆吾赤子，果有材能，一体擢用。比闻入仕之后，或多更姓名。朕虑岁久，其子孙相传，昧其本源，诚非先王致谨氏族之道。中书省其告谕之，如已更易者听其改正。①

但此项法令不久即自动取消：

> 永乐元年九月庚子，上谓兵部尚书刘俊曰："各卫鞑靼人多同名，无姓以别之，并宜赐姓。"于是兵部请如洪武中故事，编置勘合，给赐姓名，从之。②

可知在洪武时代已有编置勘合、给赐姓名之举。其唯一的限制为特立一条蒙古人、色目人的婚姻法：

> 凡蒙古、色目人听其与中国人为婚姻，务要两相情愿。不许本类自相嫁娶，违者杖八十，男女入官为奴。其中国人不愿与回回、钦察为婚姻者，听从本类自相嫁娶，不在禁例。③

这禁例的用意一面是要同化蒙古人、色目人，另一面是防止其种类之繁殖。法令虽然颁布，可是实行的程度，也许和禁改汉姓一样，实际上并不发生效力。在生活习俗方面，太祖登基后立刻下令将衣冠恢复如唐制，并禁止生活习惯之蒙古化：

> 洪武元年二月壬子，诏复衣冠如唐制。其辫发、椎髻、胡服（男袴褶窄袖及辫线腰褶，妇女衣窄袖短衣，下服裙裳）、胡语、胡姓，一切禁止。④

元制尚右，吴元年（1367年）十月令百官礼仪尚左。⑤ 元人轻儒，至有九儒十丐之谣，谢枋得记：

> 滑稽之雄以儒为戏者曰：我大元制典，人有十等，一官二吏，先之

---

① 《明太祖实录》卷五〇。
② 《明成祖实录》卷三三。
③ 《明律》卷六，《户律》。
④ 《明太祖实录》卷三〇。
⑤ 参见《明史》卷一，《太祖本纪》。

者贵之也,贵之者,谓有益于国也。七匠八娼九儒十丐,后之者贱之也,贱之者,谓无益于国也。嗟乎卑哉!介乎娼之下丐之上者今儒也。①

郑思肖说:

鞑法:一官二吏三僧四道五医六工七猎八民九儒十丐。②

这虽都是宋末遗老的话,但元人也有同样记载,余阙《贡泰父文集序》:

至元初奸回执政,乃大恶儒者,因说当国者罢科举,摈儒士。其后公卿相师,皆以为当然,而小夫贱隶亦以儒为嗤诋。当是时士大夫有欲进取立功名者,皆强颜色,昏旦往候于门,媚说以妄婢,始得尺寸。③

可见儒者在元代之被摈斥。而明则在太祖初起时已重儒者,建国以后,大臣多用儒生,后来流弊至以科举为入官之唯一途径。反之,元人重吏:

国初有金、宋,天下之人,惟才是用,无所专主,然用儒者为居多也。自至元以下始浸用吏,虽执政大臣亦以吏为之。自是中州小民,粗识字能治文书者,得入台阁供笔札,累日积月皆可以致通显。④

方孝孺《林君墓表》也说:

元之有天下,尚吏治而右文法。凡以吏仕者捷出取大官,过儒生远甚。⑤

因法令极繁,案牍冗泛,故吏得恣为奸利,为弊最甚。明典即革此弊,从简、严法令下手:

吴元年十一月壬寅,上谓台省官曰:近代法令极繁,其弊滋甚。今之法令正欲得中,毋袭其弊。如元时条格极繁冗,吏得夤缘出入为奸,所以其害不胜。今立法正欲矫其旧弊,大概不过简、严下手,简则无出入之弊,严则民知畏而不敢轻犯。⑥

洪武十二年(1379年)又立案牍减繁式颁示诸司:

初元末官府文移案牍最为繁冗,吏非积岁莫能通晓,欲习其业,必

---

① 《叠山集》卷六,《送方伯载归三山序》。
② 《心史》卷下,《大义略》。
③ 《青阳文集》卷四。
④ 《青阳文集》卷四,《杨君显民诗集序》。
⑤ 《逊志斋集》卷二二。
⑥ 《明太祖实录》卷二七。

以故吏为师。凡案牍出入，惟故吏之言是听。每曹自正吏外，主之者曰主文，附之者曰帖书曰小书生，骫文繁词，多为奸利。国初犹未尽革。至是吏有以成案进者，上览而厌之曰：繁冗如此，吏焉得不为奸弊而害吾民也。命廷臣议减其繁文，著为定式，镂版颁之，俾诸司遵守。①

自后吏员遂为杂流，其入仕之途惟外府、外卫、盐运司首领官，中外杂职、入流未入流官，由吏员、承差等选。② 这是一个大变化，一面用严法重刑来肃清元代所遗留的政治污点，《明史》说：

> 太祖惩元纵弛之后，刑用重典。凡官吏人等犯枉法赃者不分南北，俱发北方边卫充军。

采辑官民过犯，条为《大诰》、《续诰》，后又增为《三编》，诸司敢不急公而务私者，必穷搜其原而罪之。凡所列凌迟、枭示、种诛者无虑千百，弃市以下万数。《三编》稍宽容，然所记进士、监生罪名自一犯至四犯者犹三百六十四人，幸不死还职，率戴斩罪治事。郭桓之狱，直省诸官吏系死者数万人：

> 郭桓者户部侍郎也。帝疑北平二司官吏李彧、赵全德等与桓为奸利，自六部左、右侍郎下皆死，赃七百万，词连直省诸官吏，系死者数万人。核赃所寄借遍天下，民中人之家，大抵皆破。

空印之狱，也施行了一次官吏的大屠杀：

> 十五年，空印事发。每岁布政司、府州县吏诣户部核钱粮、军需诸事，以道远，预持空印文书，遇部驳即改，以为常。及是，帝疑有奸，大怒，论诸长吏死，佐贰榜百戍边。③

由此中外官吏均重足累息以"不保首领"为惧，以生还田里为大幸。④

元的统治虽然被推翻，但是元统治机构的组织方式大部分被保存下来，这是因为元的统治机构组织方式基本上因袭唐、宋，便于镇压人民。最明显的是官制和教育制度，一直沿用到朱元璋统治集团内部发生矛盾，展开剧烈

---

① 《明太祖实录》卷一二六。
② 参见《明史》卷七一，《选举志》。
③ 《明史》卷九四，《刑法志》。
④ 参见《明史》卷一三八，《杨靖传》附《严德珉传》。

的斗争以后才放弃了旧的机构，建立新的统治机构。

中央的官制，在洪武十三年（1380年）以前，大抵依据元制，行政最高机关为中书省，置左、右丞相，平章政事，左、右丞，参知政事等官，下设吏、礼、户、兵、刑、工六部为执行机关。监察最高机关则为御史台，置御史大夫、御史中丞等官。军政最高机关改元之枢密院为大都督府，置左、右都督，同知都督等官。洪武十三年（1380年）胡惟庸党案发生后，更改官制，提高皇权，集中军政庶务一切权力在皇帝个人手中。废中书省不设，提高六部地位，使得单独执行政务，改御史台为都察院，分大督府为五军都督府，均直隶于皇帝。地方行政则置行中书省，设行省平章政事等官，改路为府，设知府，州设知州，县设知县。洪武九年（1376年）改浙江、江西、福建、北平、广西、四川、山东、河南、陕西、湖广、山西诸行省俱为承宣布政使司，后增设云南、贵州为十三布政使司（北平后改为京师，与南京称为两京，直隶中央），置布政使参政、参议诸官；司法则仍元制，置各道提刑按察司，设按察使及副使、佥事领之。军政则置都指挥使司十三（北平、陕西、山西、浙江、江西、山东、四川、福建、湖广、广东、广西、辽东、河南），行都指挥使司三（陕西、山西、福建），后增都司三（云南、贵州、万全，北平改为大宁），行都司二（四川、湖广），置都指挥使领之，掌一方军政。①

在兵制方面，元代内廷设左、右、前、后、中五卫，卫设都指挥使，下设镇抚所、千户所、百户所，以总宿卫诸军。又因各族兵设阿速、唐兀、贵赤、蒙古、西域、钦察诸卫亲军都指挥使司。外则万户之下置总管，千户之下置总把，百户之下置弹压，立枢密院以总之。军士则蒙古壮丁无众寡尽签为兵，汉人则以户出军，定入尺籍伍符，不可更易，死则役次丁，户绝别以民补之。② 明兴后，中外皆用卫所制，亲军都尉府（后改为锦衣卫）统左、右、前、后、中五卫，其下有南、北镇抚司。又别置金吾前、后，羽林左、右，虎贲左、右，府军左、右、前、后十卫，以时番上，号亲军。外则革诸

---

① 参见《明史》卷七六，《职官志》。
② 参见《元史》卷九八，《兵志》；卷八六，《百官志》。

将，袭元旧制枢密、平章、元帅、总管、万户诸官号，度要害地，系一郡者设所，连郡者设卫，大率五千六百人为卫，千一百二十人为千户所，百有十二人为百户所。所设总旗二，小旗十，大小联比以成军。卫以指挥使领之，外统之都指挥使司，内则统于五军都督府。这是依元亲军制扩充的。征伐则命将充总兵官，调卫所军领之。既旋则将上所佩印，官军各回卫所，将无专兵，兵无私将。这又是模仿唐代的府兵制度。① 其内军之分配训练则又略近汉制，刘献廷说：

> 明初军制仿佛汉之南、北军。锦衣等十二卫卫宫禁者，南军也。京营等四十八卫巡徼京师者，北军也。而所谓春秋班换，独取山东、河南、中都、大宁者，则又汉调三辅之意也。②

军士则行垛集令，民出一丁为军。三丁以上，垛正军一，别有贴户，正军死，贴户丁补。外又有从征，有归附，有谪发。从征者，诸将所部兵，既定其地，因为留成。归附则是元和陈友谅、方国珍、张士诚的降兵。谪发以罪迁隶为兵者。其军皆世籍。③

在教育制度方面，元制于京师立国子学、蒙古国子学、回回国子监，教授汉、蒙、回学术。监设祭酒、监丞、博士、助教，教授生徒。地方则诸路、府、州、县皆置学，其他先儒过化之地，名贤经行之所，与好事之家出钱粟赡学者并立为书院。凡师儒之命于朝廷者曰教授，路府上中州置之。命于礼部及行省、宣慰司者曰学正、山长、学录、教谕，路州县及书院置之。又有医学及阴阳学教授专门人才。生徒皆廪饩于官，诸学皆有学田。各行省设儒学提举司，提举凡学校之事。④ 明代完全接受这制度，于京师设国子监，府、州、县、卫、所皆建儒学，生员各地皆有定额。生员考试初由地方官吏主持，后特设提举学政官以领之。士子未入学者通谓之童生，入学者谓之诸生（有廪膳生、增广生、附学生之别），三年一次考试，以诸生试之直省曰乡试，中试者为举人。次年以举人试之京师曰会试，中试者再经皇帝亲自考

---

① 参见《明史》卷八九,《兵志》。
② 《广阳杂记》卷一。
③ 参见《明史》卷九〇,《兵志》。
④ 参见《元史》卷八一,《选举志·学校》。

试曰殿试，分三甲，一甲只三人，曰状元、榜眼、探花，赐进士及第；二甲若干人，赐进士出身；三甲若干人，赐同进士出身。状元授修撰，榜眼、探花授编修，二、三甲考选庶吉士者皆为翰林官。其他或授给事、御史、主事、中书、行人、评事、太常、国子博士，或授府推官、知州、知县等官。举人、贡生不第、入监而选者，或授小京职，或授府佐及州县正官，或授教职。由此入仕必由科举，而科举则必由学校，《明史》说：

> 盖无地而不设之学，无人而不纳之教，庠声序音，重规叠矩，无间于下邑荒徼，山陬海涯，此明代学校之盛，唐、宋以来所不及也。①

学校的教育和科举的范围，元初许衡即提议罢诗赋，重经学。皇庆二年（1313年）中书省臣言：

> 夫取士之法，经学实修己治人之道，词赋乃搞章绘句之学。自隋、唐以来，取人专尚词赋，故士习浮华。今臣等所拟，将律赋省题诗小义皆不用，专立德行明经科，以此取士，庶可得人。帝然之。②

由此专重经学，"四书"、"五经"成为学者的宝典、入仕的津梁。至明更变本加厉，专取"四书"、"五经"命题取士，又特定一种文体，略仿宋经义，然代古人语气为之，体用排偶，通谓之制义。③ 解述指定限于几家的疏义，不许发挥自己见解。文章有一定的格式，思想又不许自由，这是明代科举制度的特色。学校和科举打成一片，官吏的登用必由科举，而科举则必由学校，政治上一切人物均由学校产生，而训练这些未来政治人物的工具，却是过去几千年前的古老经典，这些经典又不许用自己的见解去解释去研究。选用这一些政治人物的方法，却是一种替古代人说话，替古代人设想，依样画葫芦的八股文。这个办法从元传到明，明传到清，束缚了多少人的聪明才智，造成了无量数的八股政治家，是一个消磨民族精力的最大损失。

红军之起，是要求经济的、政治的、民族的地位之平等，就政治的和民族的要求来说，目的是达到了。在经济方面，虽已推翻了蒙古人、色目人对汉族的控制特权，但就汉族和各族人民而说，地主对农民的剥削压迫完全没

---

① 《明史》卷六九，《选举志》。
② 《元史》卷八一，《选举志·科目》。
③ 参见《明史》卷七〇，《选举志》。

有改变。

在上文曾经说元末的地主是拥护旧政权的,在混乱的局面之下,他们要保存自己的地位,便用尽可能的力量组织私军来抵抗农民的袭击。等到新政权建立,事实证明能够保持地方秩序的时候,他们便毫不犹疑地参加了新政权,竭力拥护。同时一大批新兴的贵族、大臣、官吏获得了大量的田地,成为新的地主。新兴的政权和旧政权一样是为地主服务的。虽然在表面上不能不对农民做了一些让步,以便恢复和发展生产,巩固自己的统治。但在实质上,依然骑在农民的头上,吮吸农民的血汗。但是在革命的过程中,他们又不得不靠地主的财力和他们合作。在这矛盾的关系之下,产生了对地主的双重矛盾政策。他们一面仍旧和地主合作,让地主参加政治,如登用富户,见《明史·选举志》:

俾富户者民皆得进见,奏对称旨,辄予美官。[1]

洪武八年(1375年)特下诏举富民素行端洁达时务者。[2] 如用地主为粮长:

洪武四年九月丁丑,上以郡县吏每遇征收赋税,辄侵渔于民。乃命户部令有司科民田土,以万石为率。其中田土多者为粮长,督其乡之赋税。且谓廷臣曰:此以良民治良民,必无侵渔之患矣。[3]

《明史》记:

粮长者,太祖时令田多者为之,督其乡赋税。岁七月州县委官偕诣京师勘合以行。粮万石长、副各一人,输以时至,召见语合,辄蒙擢用。[4]

但在另一方面,则又极力排除地主势力。排除的方法第一是迁徙,如初年之徙地主于濠州:

吴元年十月乙巳,徙苏州富民实濠州。[5]

---

[1] 《明史》卷七一,《选举志》。
[2] 参见《明史》卷二,《太祖本纪》。
[3] 《明太祖实录》卷六八。
[4] 《明史》卷七八,《食货志·赋役》。
[5] 《明太祖实录》卷二六。

建国后徙地主实京师,《明史》记:

> 太祖惩元末豪强侮贫弱,立法多右贫抑富。尝命户部籍浙江等九布政司、应天十八府州富民万四千三百余户,以次召见,徙其家以实京师,谓之富户。①

第二是用苛刑诛灭,方孝孺《采苓子郑处士墓碣》:

> 妄人诬其家与权臣(胡惟庸)通财。时严党与之诛,犯者不问实不实,必死而覆其家。当是时浙东西巨室故家多以罪倾其宗。②

不问实不实,必诛而覆其家,这是消灭地主的另一手段。

对农民方面,在开国时为了应付农民过去的要求和谋赋税之整顿,曾大规模地举行土地丈量:

> 元季丧乱,版籍多亡,田赋无准。明太祖即帝位,遣周铸等百六十四人复浙西田亩,定其赋税。复命户部核实天下土田。③

以后每平定一地后,即派人丈量土地,如:

> 洪武五年六月乙巳,命户部遣使度四川田,以蜀始平故也。④

洪武十九年(1386年),又再丈量一次,方孝孺《贞义处士郑君墓表》:

> 洪武十九年,诏天下度田,绘疆畛为图,命太学生莅其役。⑤

量度田亩方圆,次以字号,悉书主名及田之丈尺,编类为册,状如鱼鳞,号曰鱼鳞图册。另一方面则调查人口,编定黄册:

> 洪武十四年诏天下编赋役黄册。以一百一十户为一里,推丁粮多者十户为长,余百户为十甲,甲凡十人。岁役里长十人,甲首一人,董一里一甲之事,先后以丁粮多寡为序。

黄册以户为主,详具旧管、新收、开除、实在之数为四柱式。而鱼鳞图册以土田为主,诸原阪、坟衍、下隰、沃瘠、沙卤之别毕具。以鱼鳞图册为经,土田之讼质焉;黄册为纬,赋役之法定焉。凡买卖田土,备书税粮科

---

① 《明史》卷七七,《食货志》。
② 《逊志斋集》卷二二。
③ 《明史》卷七七,《食货志》。
④ 《明太祖实录》卷七四。
⑤ 《逊志斋集》卷二二。

则，官为籍记之，毋令产去税存，以为民害。① 这法度虽然精密，可是地主舞弊的方法也随之而进步，农民仍然和过去一样，要负几重义务，生活之困苦，并不因政权之转换而稍减。②

最后，元代滥发交钞的结果，财政破产，民生困瘁。《元史》记：

> 至正十一年置宝钞提举司，掌鼓铸至正通宝钱，印造交钞，令民间通用。行之未久，物价腾踊，价逾十倍。又值海内大乱，军储供给，赏赐犒劳，每日印造，不可数计。舟车装运，轴轳相接，交钞之散满人间者无处无之。昏软者不复行用，京师料钞十锭易斗粟不可得。既而所在郡县皆以物货相贸易，公私所积之钞，遂俱不行，人视之若弊楮，而国用由是遂乏矣。③

原来在初行钞法时，钞本和钞相权印造，钞本或为丝，或为银，分存在中央和地方，所以钞和物货能维持稳定的比率，流通无阻。到末年钞本移用一空，却一味印发，用多少就印多少，自然物价愈高，钞价愈跌，导致不能行使市面了。明兴以后，仍沿其弊。洪武初年铸大中通宝钱，商贾用钞惯了，都不愿用钱。洪武七年（1374年）设宝钞提举司，造大明宝钞，命民间通行，分六等，曰一贯，曰五百文，四百文，三百文，二百文，一百文。每钞一贯，准钱千文，银一两，四贯准黄金一两。禁民间不得以金银物货交易，违者罪之。可是并无钞本，政府唯一的准备是允许用钞交纳赋税，初期凭政治的威力，虽然滥发，钞法尚通，后来钞价渐跌，钱重钞轻，一贯只值钱一百六十文，物价愈贵，政府虽屡次想法改进钞的价值，严禁其他货币行使，可是仍不相干。宣德初年米一石至用钞五十贯，成化时钞一贯至不值钱一文。这是蒙古人传给明代的一个最大祸害。

在这样一个局面之下，农民并没有从革命中得到什么好处，也许比从前还更糟，可是新的统治权并不因此而发生动摇。这有两个原因可以解释，第一是已经经过几十年的战争，农民已经厌倦了，不能再忍受那样的生活了，暂时能够苟安一下，虽然还是吃苦，也比在兵火之下转侧强一点。并且壮丁

---

① 参见《明史》卷七七，《食货志》；梁方仲：《明代鱼鳞图册考》，载《地政月刊》，第8期。
② 参见吴晗：《明代之农民》，载《益世报史学》，第12~13期。
③ 《元史》卷九七，《食货志·钞法》。

多已死亡，新统治者的军力超过旧政府远甚，农民只好屈服。第二是战争的结果，天然地淘汰了数以千万计的人口，空出了大量无人耕种的土地，人口比过去少，土地却比过去多，农民生活暂时得到一个解决。元末残破的情形试举一例：

> 丁酉（1357年）十一月甲申，元帅缪大亨取扬州克之。青军元帅张明鉴降。明鉴日屠城中居民以为食，至是按籍，城中居民仅余十八家。知府李德林以旧城虚旷难守，乃截城西南隅而守之。①

这是至正十七年（1357年）的事，扬州是江南最繁富的地方，几年的战争，便残破如此，其他各地的情形可想而知。土地空旷的情形也举一例：

> 洪武三年（1370年）六月丁丑，济南府知府陈修及司农官上言：北方郡县近城之地多荒芜，宜召乡民无田者垦辟，户率十五亩，又给地二亩，与之种蔬。有余力者不限顷亩，皆免三年租税。其马驿、巡检司、急递铺应役者各于本处开垦，无牛者官给之。守御军在远者亦移近城。若王国所在，近城存留五里以备练兵牧马，余处悉令开耕。从之。②

可是一过几十年，休养生息，人口又飞快地增加，土地又不够分配，同时政府的军力也逐渐衰敝，政治的腐化，政府和地主的苛索，又引起了接连不断的农民革命。③

---

① 《明太祖实录》卷五。
② 《明太祖实录》卷五三。
③ 参见吴晗：《明代之农民》。

国号大明

吴元年（1367年，元顺帝至正二十七年）十二月，朱元璋的北伐大军已经平定山东，南征军已降方国珍，移军取福建，水陆两路都势如破竹。一片捷报声使应天的文武臣僚欢天喜地，估计着自己的强大的军事力量，各族人民渴望统一的拥护和支持；估计着元朝政府的无能、腐败，元朝将军们正在疯狂地进行你死我活的内战，统一全国已经是算得出日子的事情了。为了适应这新的局面，必须建立全国性的统治政权，从过去历史实际得出的结论，王只是局部地区的统治者，全国性的统治者应该称皇帝，以此，吴王应该改称皇帝，王府臣僚自然应该提高一级作新皇朝的将相了。

一切都商量好了，准备好了，中书省左丞相宣国公李善长领头率文武百官奉表请元璋作皇帝，十天后，元璋搬进新盖的宫殿，把要作皇帝的意思，祭告于上帝皇祇说："惟我中国人民之君，自宋运告终，帝命真人于沙漠，入中国为天下主，其君臣父子及孙百有余年，今运亦终。其天下土地人民，豪杰分争。惟帝赐英贤为臣之辅，遂戡定群雄，息民于田野，今地周回二万里广。诸臣下皆曰生民无主，必欲推尊帝号，臣不敢辞，亦不敢不告上帝皇祇。是用明年正月四日于钟山之阳，设坛备仪，昭告帝祇，惟简在帝心：如臣可为生民主，告祭之日，帝祇来临，天朗气清。如臣不可，至日当烈风异景，使臣知之。"[①]

这篇祭告文把元朝蒙汉地主阶级联合政权的倾覆和自己皇朝的建立，都推到上帝身上。前朝的建立和倾覆是天命，自己作皇帝也是天命。上帝的意

[①] 《明太祖实录》卷二十四。

旨是不可违背的，秉承上帝意旨作皇帝的权力自然也是不可违背的，他就凭这个上帝命令来统治全国人民，叫人明白违背他就是违背上帝，把神权和世俗政权结合在一起。至于挑的日子，当然是经过研究的，刘基是当时有名的天文学家，一直到今天，民间还流传着有关他的许多怪异传说。但据朱元璋对刘基儿子讲的话："他的天文，别人看不着。他只把秀才的理来断，到强似他那等（天文家）。鄱阳湖里到处厮杀，他都有功。"[①] 看来刘基对气象预测是有专长的，在他那个时代所达到的科学水平，几天以内的气象变化看来是可以掌握的。刘基预测正月初四是天气好的日子，元璋的祭告文里便有充分信心让上帝来选择他配不配当皇帝，承天命了。

即位的礼仪也决定了。这一天先告祀天地，即皇帝位于南郊，丞相率百官和都民耆老拜贺舞蹈，连呼万岁三声，礼成。具皇帝卤簿仪仗威仪导从，到太庙追尊四代祖父母、父母为皇帝皇后，再祭告社稷。宗教仪式都做完了，于是皇帝服衮冕，在奉天殿受百官朝贺，这样就算成为合法的正统的皇帝了。

这一天的天气当然很好，日朗风和。烈风异景，连一点影子也没有，上帝批准了。

皇帝办公的正殿名为奉天殿，皇帝诏书的开头规定用"奉天承运"四字。[②] 原来元朝皇帝诏书的开头用"长生天气力里，大福荫护助里"，文言译作"上天眷命"，朱元璋以为这口气不够谦卑，改为"奉天承运"，表示他的一切行动都是"奉天"而行的，他的皇朝是承方兴之"运"的，谁敢反抗天命？谁又敢于违逆兴运？

洪武元年（1368年）正月初四日，朱元璋定有天下之号曰大明，建元洪武。以应天为京师。

奉天殿受贺后，立妃马氏为皇后，世子标为皇太子。以李善长、徐达为左右丞相，各文武功臣都加官进爵，授予庄田。皇族死的活的全都封王。一霎时闹闹攘攘、欢欢喜喜，新朝廷上充满了蓬蓬勃勃的新气象，新京师里平

---

① 刘仲璟：《遇恩录》。
② 《明太祖实录》。

添了几百千家新地主、新贵族,历史上出现了一个统一的新朝代。

皇族和其他文武官僚、地主家族组成新的统治阶级,代表这阶级执行统治的机构是朝廷。这朝廷是为朱家皇朝服务的,为地主阶级的利益服务的,朱家皇朝的建立者朱元璋,给他的皇朝起的名号是大明。

大明这一朝代称号的决定,事前曾经过长期的考虑。

历史上的朝代称号,都有其特殊的意义。大体上可以分作四类,第一类用初起的地名,如秦、汉;第二类用所封的爵邑,如隋、唐;第三类用当地的物产,如辽(镔铁)、金;第四类用文字的含义,如大真、大元。大明应该属于第四类。[1]

大明的意义出于明教。明教本有明王出世的传说,经过五百多年公开和秘密的传播,明王出世成为民间所熟知的预言。韩山童自称明王起事,败死后,他的儿子韩林儿继称小明王。西系红军的别支明昇也称小明主。朱元璋原来是小明王的部将,害死小明王,继之而起,国号大明。[2] 据说是刘基出的主意。

朱元璋部下分红军和儒生两种人,也就是农民和地主两个系统,到建国以后,原来由农民出身的将帅也都成为新地主了。这一朝代称号的采用,使两个系统的人都感觉满意。就出自红军诸将的观点来说,他们大多数起自淮西,受了彭莹玉的教化,其余的不是郭子兴的部曲,就是小明王的故将,或天完和汉的降将,总之,都是明教徒。用大明作新皇朝的称号,第一表示新政权是继承小明王的,所有明教徒都是一家人,应该团结在一起,共享富贵;第二告诉人民以明王已经在世,只此一家,其他的全是冒牌,不要相信;第三使人民安心,老实本分,享受明王治下的和平合理生活。就出自地主的儒生集团的观点来说,他们固然反对明教,和红军处于敌对地位,用尽心机,劝诱朱元璋背叛明教,放弃阶级斗争,暗杀小明王,另建新朝代。可是,对于这一朝代称号,用儒家的看法来理解。明是光明,是火,分开是日

---

[1] 赵翼:《廿二史札记》卷二十九,《元建国始用文义》。朱国祯:《涌幢小品》卷二:"国号加大,始于胡元,我朝因之,盖返左衽之旧,自合如此,且以别于小明王也。其言大汉、大唐、大宋者,乃外夷及臣子尊称之词。"

[2] 孙宜:《明初略》四:"国号大明,承林儿小明号也。"祝允明:《野记》卷一。

月二字，古礼有祀"大明"，朝"日"夕"月"的说法，千多年来"大明"和日月都是朝廷的正祀，无论是列作郊祭或特祭，都为历代皇家所重视，儒生所乐于讨论的。而且，新朝是起于南方的，和以前各朝从北方起事平定南方的恰好相反，拿阴阳五行之说来推论，南方为火，为阳，神是祝融，颜色赤，北方是水，属阴，神是玄冥，颜色黑。新朝建都金陵，是祝融的故墟。① 元朝建都北平，起自蒙古大漠。那么，以火制水，以阳消阴，以明克暗，不是恰好相胜？再则，历史上的宫殿名称有大明宫、大明殿，古神话里"朱明"一词又把皇帝的姓和朝代称号联在一起，尤为巧合。因此，儒生这一系统也赞成用这一朝代称号。这两种人出发点不同，结论却取得一致。②

在元末二十年的波澜壮阔的阶级斗争中，被统治者组织武装力量，所标榜的是"明王出世"和"弥勒降生"的预言。朱元璋是深深明白这类预言、这类秘密组织的鼓动意义的。正因为他是明教徒，正因为他曾崇奉弥勒佛，正因为他是从明教和弥勒教的秘密传播得到机会和成功，成为新兴的统治者，他要把手创的这份产业永远保持下去，传之子孙世代，决不许可别人学他的榜样，危害他的统治。而且，大明已经成为皇朝称号了，更不能容许对这称号有所亵渎。因此，他作皇帝的第一年，就用诏书禁止一切邪教，特别是白莲社、大明教和弥勒教。接着把这禁令写成法律条文，《大明律·礼律·禁止师巫邪术》条规定："凡师巫假降邪神，书符咒水，扶鸾祷圣，自号端公、太保、师婆，妄称弥勒佛、白莲社、明尊教、白云宗等会，一应左道乱正之术，或隐藏图像，烧香集众，夜聚晓散，佯修善事，煽惑人民，为首者绞。为从者各杖一百，流三千里。"句解："端公、太保，降神之男子；师婆，降神之妇人。白莲社如昔远公修净土之教，今奉弥勒佛十八龙天持斋念佛者。明尊教谓男子修行斋戒，奉牟尼光佛教法者。白云宗等会盖谓释氏支流派分七十二家，白云持一宗如黄梅、曹溪之类是也。"明尊教即明教，牟尼光佛即摩尼。《昭代王章·条例》："左道惑众之人，或烧香集徒，夜聚晓散，为从者及称为善友，求讨布施，至十人以上，事发，属军卫者俱发边

---

① 袁文新《凤阳新书》卷一，《太祖本纪》。
② 吴晗：《读史札记·明教与明朝》。

卫充军，属有司者发口外为民。"善友也正是明教教友称号的一种。《招判枢机·定师巫邪术罪款》说："有等捏怪之徒，罔顾明时之法，乃敢立白莲社，自号端公。拭清风刀，人呼太保。尝云能用五雷，能集方神。得先天，知后世。凡所以煽惑人心者千形万状。小则人迷而忘亲忘家，大即心惑而丧心丧志，甚至聚集成党，集党成祸，不测之变，种种立见者，其害不可胜言也。"① 明确指出封建皇朝对人民秘密结社的恐惧，必须严刑禁止。温州、泉州的大明教，从南宋以来就根深蒂固流传在民间，到明初还"造饰殿堂甚侈，民之无业者咸归之"。深为封建皇朝所忌恨，便借口它名犯国号，教堂被毁，教产被没收，教徒被逐归农。② 宋、元以来的明州，也改名为宁波。③ 明教徒在严刑压制之下，只好再改换名称，秘密活动，成为民间的地下组织了。这一系列措施，显示了当时阶级斗争的情况。元末农民起义，是通过秘密宗教的组织活动发动起来的，目的是推翻蒙汉地主统治阶级，现在，明封建皇朝用严刑取缔、压制秘密宗教，目的却是维护、巩固封建皇朝的统治，但是，阶级斗争是不能用封建政权的法令压制下去的，只要封建政权的性质不变，阶级斗争就永远不会停止，"野火烧不尽，春风吹又生"，这是人类社会历史发展的必然规律，是任何人也阻止、抗拒不了的。

弥勒教等秘密宗教在民间传播的情况，特别是江西地区的情况，从朱元璋在洪武十九年诰诫人民的话里可以看出来。他说，"元政不纲，天将更其运祚，而愚民好作乱者兴焉。初本数人，其余愚者闻此风而思为之，合共谋倡乱。是等之家，吾亲目睹……秦之陈胜、吴广，汉之黄巾，隋之杨玄感、僧向海明，唐之王仙芝，宋之王则等辈，皆系造言倡乱者。致干戈横作，物命损伤者多。比其事成也，天不与倡乱者，殃归首乱，福在殿兴。今江西有等愚民，妻不谏夫，夫不戒前人所失，夫妇愚于家，反教子孙，一概念诵南无弥勒尊佛，以为六字，又欲造祸，以殃乡里……今后良民凡有六字者即时烧毁，毋存毋奉，永保己安，良民戒之哉！"④ 他也讲历史的经验教训，把从

---

① 《昭代王章》；《明律》十一，《礼》一。王世贞、沈士谦：《名卿绩纪》卷三《李善长传》。
② 宋濂：《芝园续集》四，《故岐宁卫经历熊府君墓铭》；何乔远：《闽书》七，《方域志》。
③ 吕毖：《明朝小史》卷二。
④ 明太祖：《大诰三编》，造言好乱第十二。

陈胜、吴广以来直到元末农民起义，都归结为"作乱"、"倡乱"，后果是"物命损伤者多"，也就是破坏社会生产力，阻止社会发展、前进，立场是十分坚定的。还特别指出凡是造言首事的都没有好下场。"殃归首乱"，他自己呢，是后起的跟从的，是叛变了农民革命的，成了事业，所以"福在殿兴"。他苦口劝人民脱离弥勒教，不奉六字。劝人民不要首事造祸，翻来覆去地说。但是，他所说的"愚民"，还是好作乱，还是"闻此风而思为之"。从洪武初年到永乐七年（公元1409年），小明王在西北的徒党仍然很活跃，王金刚奴自称四天王，其党田九成自称后明皇帝，年号仍用龙凤。何妙顺号天王，高福兴自称弥勒佛。帝号和年号都直接继承小明王，根本不承认朱元璋的统治，前后攻破屯寨，杀死官军。直到洪武三十年九月，才被镇压下去；单是"胁从"被宥为军的就有四千多人，规模之大是可想而知的。① 此外，龙凤十一年八月，罗平县蓝丑儿诈称彭莹玉，"造妖言以惑众"，铸印章，设官吏。洪武三年九月，青州民孙古朴等自号黄巾贼，袭击莒州，杀同知牟鲁。六年正月蕲州王玉二聚众烧香起事。四月罗田县王佛儿自称弥勒佛降生，传写佛号。十一年正月五开洞"蛮"吴面儿以"邪法惑人"起事，直到十八年七月才被汤和以计诱捕，俘获四万余人。十二年四月成都嘉定州眉县彭普贵也以"妖言惑众"起兵。闰五月，陈友谅余部王玉儿起事。十四年八月四川广安州山民有自称弥勒佛者，"集众惑人"。十九年五月，福建将乐县阳门庵僧彭玉琳初名全无，用行脚至新淦，自号弥勒佛祖，烧香聚众，作白莲会，自称晋王，置官属，建元天定。二十一年五月，袁州府萍乡县民有自称弥勒佛"惑民者"。七月，宁都卫擒获大笑山"妖贼"伪招讨周三官等三十一人械送京师。二十四年三月袁州分宜县民以"左道惑众"。九月，宁波府有僧称白莲宗，会合男女，聚众烧香。② 起义地点包括陕西、山东、四川、江西、福建、浙江、湖广等省，都是过去弥勒教、明教、白莲社长期活动过的地方。特别是西系红军的根据地蕲州、罗田，不但在洪武朝，直到永乐时，还在发生反抗斗争。如永乐四年蕲州广济县"妖僧"守座聚男女立白

---

① 《明成祖实录》卷九十；沈德符：《野获编》卷二十九，《再僭龙凤年号》。
② 均见《明太祖实录》。

莲社，毁形断指，假神煽惑被杀。七年在湘潭，十六年在保定，都有弥勒教徒起事失败的记录。湘潭的起事头目是从江西来的。保定的头目演说"应劫"、"五公"诸经，发展到真定、容城、山西洪洞等县人民皆受戒约。① 以后直到明亡，这些秘密宗教仍然不断在各地传播和暴动。

只要封建地主阶级仍然在统治，通过秘密宗教组织起来的农民暴动就永远不会停止，封建朝廷的法令和暴力镇压是无能为力的。

---

① 《明成祖实录》卷五十六、九十六、二百。

定都南京[①]

明太祖定都南京的重要理由，是受经济环境的限制。第一因为江浙富饶为全国冠，所谓"财赋出于东南，而金陵为其会"[②]。定都于此，可省转运的劳费。第二是吴王时代所奠定的宫阙，不愿轻易弃去。且若另建都邑，则又须重加一层劳费。第三从龙将相都是江淮子弟，不愿轻去乡土。洪武元年（1368年）四月取汴梁后，他曾亲到汴梁去视察，觉得虽然地位适中，可是四面受敌，形势还不及南京。[③] 而在事实上则西北未定，为转饷屯军计，不能不有一个军事上的后方重镇以便策应。于是仿成周两京之制，以应天（金陵）为南京，开封（汴梁）为北京。洪武二年（1369年）八月陕西平，九月以临濠（安徽凤阳）为中都。事前曾和群臣集议建都之地：

> 上召诸老臣问以建都之地，或言关中险固，金城天府之国。或言洛阳天地之中，四方朝贡，道里适均。汴梁亦宋之旧京。又言北平元之宫室完备，就之可省民力。上曰：所言皆善，惟时有不同耳。长安、洛阳、汴京实周、秦、汉、魏、唐、宋所建国。但平定之初，民力未苏息，朕若建都于彼，供给力役悉资江南，重劳其民。若就北平，要之宫室不能无更，亦未易也。今建业长江天堑，龙蟠虎踞，江南形胜之地，真足以立国。临濠则前江后淮，以险可恃，以水可漕，朕欲以为中都。

[①] 南京，旧名建业、建康、金陵，元为集庆路，明太祖克集庆后，以为应天府。洪武二年（1369年）以为南京。洪武十一年（1378年）改为京师。成祖北迁后，以为南京，以北京为京师。文中为行文便利计，除引原文处仍其原称外，一律称南京。
[②] 丘濬：《大学衍义补·都邑之建》。
[③] 参见刘辰：《国初事迹》。

何如？君臣称善。至是始命有司建置城池宫阙，如京师之制焉。①

在营建中都时，刘基曾持反对的论调，以为凤阳虽帝乡，非建都之地。②

洪武八年（1375年）四月罢营中都。③

洪武十一年（1378年）诏以南京为京师。④ 太祖对于建都问题，已经踌躇了十年，到这时才决定。可是为着要控制北边，仍时有建都的雄心。选定的地点仍是长安、洛阳和北平。当时献议都长安的有胡子祺：

> 洪武九年监察御史胡子祺上书请都关中，帝称善。遣皇太子巡视陕西，后以太子薨，不果。⑤

他的理由是："天下形胜地可都者四：河东地势高，控制西北，尧尝都之，然其地苦寒。汴梁襟带河、淮，宋尝都之，然其地平旷，无险可凭。洛阳周公卜之，周、汉因之，然嵩、邙非有函、终南之阻，涧、瀍、伊、洛非有泾、渭、灞、浐之雄。夫据百二山河之胜，可以耸诸侯之望，举天下莫关中者也。"⑥ 皇太子巡视陕西在洪武二十四年（1391年），则太祖在洪武十一年（1378年）定都南京以后，仍有都长安之意。皇太子巡视的结果，主张定都洛阳：

> 太祖以江南地薄，颇有建都之意。八月命皇太子往视关洛。皇太子志欲定都洛阳，归而献地图。明年四月以疾薨。⑦

郑晓记此事始末，指出迁都的用意，在控制西北：

> 国朝定鼎金陵，本兴王之地。然江南形势终不能控制西北，故高皇时已有都汴、都关中之意，以东宫薨而中止。⑧

《明史》记：

> 太子还，献陕西地图，遂病，病中上言经略建都事。⑨

---

① 黄光昇：《昭代典则》。
② 参见《明史》卷一二八，《刘基传》。
③ 参见《明史》卷二，《太祖本纪》。
④ 参见《明史》卷四〇，《地理志》。
⑤ 《明史》卷一四七，《胡广传》。
⑥ 《明史》卷一一五，《兴宗孝康皇帝传》。
⑦ 姜清：《姜氏秘史》卷一。
⑧ 郑晓：《今言》卷二七四。
⑨ 《明史》卷一一五，《兴宗孝康皇帝传》。

是则假使懿文不早死，也许在洪武时已经迁都到洛阳或长安了。又议建都北平：

> 逮平陕西，欲置都关中。后以西北重地，非自将不可。议建都于燕。以鲍频力谏而止。①

何孟春记鲍频谏都北平事说：

> 太祖平一天下，有北都意。尝御谨身殿，亲策问群臣曰："北平建都可以控制边塞，比南京何如"？修撰鲍频对曰："元主起自沙漠，立国在燕，今百年，地气天运已尽，不可因也。南京兴王之地，宫殿已完，不必改图，《传》曰在德不在险也。"②

明太祖晚年之想迁都，次要的原因，是南京新宫风水不好，顾炎武记：

> 南京新宫吴元年作。初大内填燕尾湖为之，地势中下，南高而北卑，高皇帝后悔之。二十五年《祭光禄寺灶神文》曰：朕经营天下数十年，事事按古有绪。维宫城前昂后洼，形势不称，本欲迁都。今朕年老，精力已倦。又天下新定，不欲劳民。且兴废有数，只得听天。惟愿鉴朕此心，福其子孙。③

由此看来，从洪武初年到洪武二十四年（1391年）这一时期中，明太祖虽然以南京作国都，可是为了控制北边的国防关系，仍时有迁都的企图。迁都北边最大的困难是漕运艰难，北边硗瘠，如一迁都，则人口必骤然增加，本地粮食不能自给，必须仰给东南，烦费不资。次之重新创建城池宫阙，人力和财力也耗费过多。懿文太子死后，这老皇帝失去勇气，从此就不再谈迁都了。

---

① 孙承泽：《春明梦余录》卷一。
② 何孟春：《余冬录》卷二。
③ 《天下郡国利病书》卷一三，《江南一》。

第二章
帝国纪事：记忆里的辉煌与叹息

胡惟庸党案考

一、《明史》所记之胡惟庸

　　胡惟庸事件是明代初叶的一件大事,党狱株连前后十四年,一时功臣宿将诛夷殆尽,前后达四万余人。① 且因此和日本断绝国交关系,著之《祖训》。② 另一方面再三颁布《昭示奸党录》、《臣戒录》、《志戒录》、《大诰》、《世臣总录》诸书,谆谆告谕臣下,以胡惟庸为前鉴。③ 到明成祖时代,还引这事件来诫谕臣下,勿私通外夷。④ 明代诸著作家的每一部提及明初史迹的著述中,都有这事件的记载。清修明史且把胡氏列入奸臣传。⑤ 在政治制度方面,且因此而永废丞相,分权于六部、五府、都察院、通政司、大理寺等衙门。⑥ 在这事件的影响方面说,一时元功宿将皆尽,靖难师起,仅余耿炳文、吴祯等支撑御侮,建文因以逊国。⑦ 综之,从各方面说,无论是属于政治的,外交的,军事的,制度的,易代的,这事件之含有重大意义,其影响及于有明一代,则无可置疑。

　　《明史》记此事颠末云:

　　　　自杨宪诛,帝以惟庸为才,宠任之。惟庸亦自励,尝以曲谨当上

---

① 《明史》卷九四,《刑法志》;卷一三二,《蓝玉传》。
② 《皇明祖训》首章;《明史》卷三一二,《日本传》。
③ 《皇明大政记》卷三。
④ 《明政统宗》卷七。
⑤ 《明史》卷三〇八。
⑥ 《皇明祖训》首章;《高皇帝实录》卷一二九。
⑦ 《弇州史料后集》卷六一。

意，宠遇日盛。独相数岁，生杀黜陟，或不奏径行。内外诸司上封事，必先取阅，害己者辄匿不以闻。四方躁进之徒及功臣武夫失职者争走其门，馈遗金帛名马玩好不可胜数。大将军徐达深嫉其奸，从容言于帝。惟庸遂诱达阍者福寿以图达，为福寿所发。

御史中丞刘基亦尝言其短。久之，基病，上遣惟庸挟医视，遂以毒中之。基死，益无所忌。与太师李善长相结，以从女妻其从子佑。

学士吴伯宗劾惟庸既得危祸。自是势益炽。

其定远旧宅井中忽生石笋，出水数尺，谀者争引符瑞。又言其祖父三世冢上，皆夜有火光烛天。惟庸益喜自负，有异谋矣。

吉安侯陆仲亨自陕西归，擅乘传。帝怒责之曰："中原兵燹之余，民始复业，籍户买马，艰苦殊甚。使皆效尔所为，民虽尽鬻子女，不能给也。"责捕盗于代县。平凉侯费聚奉命抚苏州军民，日嗜酒色。帝怒，责往西北招降蒙古，无功。又切责之，二人大惧。惟庸阴以权利胁诱二人，二人素戆勇，见惟庸用事，密相往来。尝过惟庸家，酒饮酣，惟庸屏左右言："吾等所为多不法，一旦事觉，如何！"二人益惶惧，惟庸乃告以己意，令在外收集军马。

又尝与陈宁坐省中阅天下军马籍，令都督毛骧取卫士刘遇贤及亡命魏文进等为心膂，曰："吾有所用尔也。"

太仆寺丞李存义者善长之弟，惟庸婿李佑父也。惟庸令阴说善长，善长已老，不能强拒，初不许，已而依违其间。

惟庸益以为事可就，乃遣明州卫指挥林贤下海招倭与期会。又遣元故臣封绩①致书称臣于元嗣君，请兵为外应，事皆未发。

会惟庸子驰马于市，堕死车下，惟庸杀挽车者。帝怒，命偿其死。惟庸请以金帛给其家，不许。惟庸惧，乃与御史大夫陈宁、中丞涂节等谋起事，阴告四方及武臣从己者。十二年九月占城来贡，惟庸等不以闻，中官出见之，入奏。帝怒，切责省臣，惟庸及广洋顿首谢罪，而微委其咎于礼部，礼部又委之中书，帝益怒，尽囚诸臣，穷诘主者。未几

---

① 《列卿记》卷一，《胡惟庸传》引《实录》作封续，北平图书馆藏《实录》作封绩。

赐广洋死。广洋妾陈氏从死,帝询之,乃入官陈知县女也。大怒曰:"没官妇女只给功臣家,文臣何以得给?"乃敕法司取勘。于是惟庸及六部堂属咸当坐罪。

明年正月,涂节遂上变告惟庸,御史中丞商暠时谪为中书省吏,亦以惟庸阴事告。帝大怒,下廷臣更讯,词连宁、节。廷臣言节本预谋,见事不成,始上变告,不可不诛。乃诛惟庸、宁并及节。

惟庸既死,其反状犹未尽露,至十八年李存义为人首告,免死安置崇明。十九年十月林贤狱成,惟庸通倭事始著。

二十一年蓝玉征沙漠,获封绩,善长不以奏。至二十三年五月事发,捕绩下吏,讯得其状,逆谋大著。会善长家奴卢仲谦首善长与惟庸往来状,而陆仲亨家奴封帖木亦首仲亨及唐胜宗、费聚、赵雄(明按:"雄"当作"庸",以赵庸封南雄侯致误,《李善长传》可证。)三侯与惟庸共谋不轨。帝发怒,肃清逆党,词所连及,坐诛者三万余人,乃为《昭示奸党录》布告天下,株连蔓引,迄数年未靖云。①

惟庸通倭事,《明史》云:

先是胡惟庸谋逆,欲借日本为助,乃厚结宁波卫指挥林贤,佯奏贤罪,谪居日本,令交通其君臣。寻奏复贤职,遣使召之。密致书其王,借兵助己。贤还,其王遣僧如瑶率兵卒四百余人,诈称入贡,且献巨烛,藏火药刀剑其中。既至,而惟庸已败,计不行。帝亦未知其狡谋也。越数年,其事始露,乃族贤,而怒日本特甚,决意绝之,专以防海为务。②

与李善长谋逆事,《明史》云:

京民坐罪应徙边者,善长数请免其私亲丁斌等,帝怒按斌,斌故给事惟庸家,因言存义等往时交通惟庸状。命逮存义父子鞫之,词连善长云:"惟庸有反谋,使存义阴说善长,善长惊叱曰:'尔言何为者?审尔,九族皆灭!'又使善长故人杨文裕说之云:'事成当以淮西地封为

---

① 《明史》卷三〇八,《胡惟庸传》。
② 《明史》卷三二二,《日本传》。

王。'善长惊不许,然颇心动。惟庸乃自往说,善长犹不许。久之,惟庸复遣存义进说,善长叹曰:'吾老矣,吾死,汝等自为之。'"

或又告善长云将军蓝玉出塞至捕鱼儿海,获惟庸通沙漠使者封绩,善长匿不以闻。于是御史交章劾善长。而善长奴卢仲谦等亦告善长与惟庸通贿遗,交私语。狱具,谓善长元勋国戚知逆谋不发举,狐疑观望,怀两端,大逆不道。会有言星变,其占当移大臣,遂并其妻女弟侄家口七十余人诛之。而吉安侯陆仲亨、延安侯唐胜宗、平凉侯费聚、南雄侯赵庸、荥阳侯郑遇春、宜春侯黄彬、河南侯陆聚等皆同时坐惟庸党死。而已故荥阳侯杨璟、济宁侯顾时等追坐者又若干人。帝手诏条列其罪,傅著狱词,为《昭示奸党三录》布告天下。[1]

谷应泰记胡惟庸被诛前又有云奇告变一事:

正月戊戌,惟庸因诡言第中井出醴泉,邀帝临幸,帝许之。驾出西华门,内使云奇冲跸道勒马衔言状,气方勃,舌驶不能达意,太祖怒其不敬,左右挝捶乱下,云奇右臂将折,垂毙,犹指贼臣第弗为痛缩。上悟,乃登城望其第,藏兵复壁间,刀槊林立。即发羽林掩捕考掠,具状磔于市。[2]

综结以上的记载,胡惟庸党案的构成及经过是:

(1) 胡惟庸擅权罔上。

(2) 谋刺徐达。

(3) 毒死刘基。

(4) 与李善长相结交通。

(5) 定远宅井生石笋,祖墓夜有火光,因有异志。

(6) 结陆仲亨、费聚为助。

(7) 收纳亡命。

(8) 令李存义、杨文裕说李善长谋逆。

(9) 遣林贤下海招倭,倭使如瑶伪贡率兵为助。

---

[1] 《明史》卷一二七,《李善长传》。
[2] 《明史纪事本末》卷一三,胡蓝之狱。

(10) 遣封绩称臣于元求援。

(11) 惟庸杀挽车者，太祖责偿死。

(12) 阻占城贡使，被罪。

(13) 私给文官以入官妇女坐罪。

(14) 涂节上变。商暠白其私事。

(15) 请上幸第谋刺，为云奇所发。

(16) 狱具伏诛。胡党之名起。

(17) 林贤狱成。

(18) 李善长被杀。

(19) 对日绝交。

(20) 胡党株蔓数万人，元功宿将几尽。

以下试参证中日记载，说明这一事件的真相和明代初叶中日间的国际关系。

二、云奇告变

胡惟庸党案的真相，到底如何，即明人亦未深知，这原因大概是由于胡党事起时，法令严峻，著述家多不敢记载此事。到了事过境迁以后，实在情形已被淹没，后来的史家只能专凭《实录》，所以大体均属相同。他事有不见于《实录》的，便只能闭户造车，以讹传讹，所以极多矛盾的同时记载。正因为这许多记载之暧昧矛盾，所以当时人便有怀疑它的。郑晓以为："国初李太师、胡丞相、蓝国公诸狱未可知。"[1] 王世贞是明代的一个伟大精核的史学家，他的话应该可信了，他说：

> 胡惟庸谋逆，阴约日本国贡使以精兵装巨舶，约是日行弑，即大掠库藏，泛舟大海，事泄伏诛。上后却日本之贡以此。[2]

他的儿子王士骐却不惜反对他的话，对这事件深为质疑，他以为：

> 按是年（十三年）诛丞相胡惟庸，廷臣讯辞第云使林贤下海招倭

---

[1] 《今言》卷一四四。
[2] 王世贞：《史乘考误》。

军，约期来会而已。不至如野史所载，亦不见有绝倭之诏。本年日本两贡无表，又其将军奉丞相书辞意倨慢，故诏谕之。中云："前年浮辞生衅，今年人来匪诚"，不及通胡惟庸事，何耶？近年勘严世蕃亦云交通倭虏，潜谋叛逆，国史谓寻端杀之，非正法也。胡惟庸之通倭，恐亦类此。①

由此可见这事件的可信程度正如徐阶所授意的严世蕃狱词一样。按《明史》载世蕃狱具，徐阶以为彰主过，适所以活之，为手削其草。② 略云：

> 曩年逆贼汪直勾倭内讧，罪在不宥。直徽州人，与罗龙文姻旧，遂送十万金世蕃所，拟为授官……龙文亦招聚王直通倭余党五百余人谋于世蕃。班头牛信亦自山海卫弃伍北走，拟诱致北虏，南北响应……③

于是覆勘实以："交通倭虏，潜谋叛逆，其有显证"上，严家由是方倒。狱辞中通倭诱虏二事，恰好作胡惟庸事件的影子。

在以上所引的史料中，冲突性最显著的是《明史》所记涂节、商暠告变和《纪事本末》所记的云奇告变二事。因为假使前者是真，则惟庸已得罪被诛，无请临幸谋刺之可能。假使后者是真，则惟庸亦当日被诛，无待涂、商二人之告发。质言之，两件告发案必有一件是假，或者两件都假，断不能两件都真。现试略征群籍，先谈云奇事件。

谷应泰关于云奇的记载，确有所本。此事最先见于雷礼所引《国琛集》。④ 记述与谷氏小有异同。其文云：

> 太监云奇南粤人。守西华门，迹胡惟庸第，刺知其逆谋。胡诳言所居井涌醴泉，请太祖往观，銮舆西出，云虑必与祸，急走冲跸，勒马衔言状。气方勃崒，舌蹇不能达。太祖怒其犯跸，左右挺捶乱下，云垂毙，右臂将折，犹奋指贼臣第。太祖乃悟，登城眺顾，见其壮士披甲伏屏帷间数匝，亟返樉殿，罪人就擒。召奇则息绝矣。太祖追悼奇，赐赠葬，令有司春秋祀之。墓在南京太平门外，钟山之西。

---

① 《皇明驭倭录》卷一。
② 《明史》卷三〇八，《严嵩传》。
③ 王世贞：《国朝丛记》，严世蕃供辞。
④ 《国朝列卿纪》卷一，《胡惟庸传》附录。

自后王世贞撰《胡惟庸传》即引此文，不过把"诳言所居井涌醴泉"改为："伪为第中甘露降。"① 把地下涌出来的换成天上掉下来的罢了。邓元锡索性把他列入《宦官传》，以为忠义之首，不过又将名字改成云奇。② 傅维麟本之亦为立专传③，仍复其名为云奇。其他明清诸著述家如陈建④、严从简⑤、邓球⑥、尹守衡⑦、彭孙贻⑧、谷应泰⑨，日人如饭田忠彦⑩等，均深信不疑，引为实录。

在上引的诸家记载中，有一个共通的可疑点。这疑点是云奇身为内使，所服务地点与胡惟庸第相近，他既知胡氏逆谋，为什么不先期告发，一定要到事迫眉睫，方才闯道报警呢？这问题彭孙贻氏把它弥缝解答了。他说：

> 时丞相胡惟庸谋大逆，居第距门甚迩。奇刺知其事，冀欲发未有路，适惟庸谩言所居井涌醴泉，邀上往赏，驾果当西出，奇虑必有祸，会走犯跸……

总算勉强可以遮过读者的究诘。但据以上诸书所记，惟庸请明太祖到他家里来看醴泉或甘露的日子是洪武十三年正月戊戌。据《明史》惟庸即以是日被诛。⑪ 这样当天请客，当天杀头，中间并未经过审讯下狱的阶段，在时间上是否发生问题呢？这问题夏燮曾引《三编质实》证明其不可能，他说：

> 考《实录》正月癸巳朔，甲午中丞涂节告胡惟庸谋反，戊戌赐惟庸等死。若然，则正月二日惟庸已被告发，不应戊戌尚有邀帝幸第之事。⑫

我们在时间上的比较，已知此事非真。如再从事实方面考核，南京城高数仞，胡惟庸第据文中"壮士匿屏帷（或厅事）间"决非无屋顶——露天

---

① 《弇州别集》，《胡惟庸传》。
② 邓元锡：《皇明书》卷一三，《宦官传》。
③ 傅维麟：《明书》卷一五七，《胡惟庸传》；卷一五八，《云奇传》。
④ 《皇明从信录》卷七。
⑤ 《殊域周咨录》卷二。
⑥ 《皇明泳化类编》卷一二七，防细。
⑦ 《皇明史窃》，《宦官传》。
⑧ 《明史纪事本末补编》五，宦官贤奸。
⑨ 《明史纪事本末》卷一三。
⑩ 饭田忠彦：《野史》卷二八二，《外国传》一。
⑪ 《明史》，《太祖本纪》二。
⑫ 《明通鉴》卷七，考异。

可知（《有学集》一〇三引《明人纪载》说：南京城西华门内有大门北向，其高与诸宫殿等，后门甍栋具在，曰旧丞相府，即胡惟庸故第）。无论西华门离胡第怎样近（事实上愈近只能看屋脊），就譬如在景山山顶罢，故宫就在足下，除了黄澄澄的屋瓦以外，我们能看出宫殿内的任何事物出来吗？同理，胡第非露天，就使明太祖真有登过城这一回事，又何从知道胡第伏有甲兵，此甲兵且伏在厅事中、屏帷间！

据《国琛集》说胡惟庸第在西华门内——禁中。王世贞《旧丞相府志》颇疑其非是。考《昭示奸党第二录》载卢仲谦供，谓胡惟庸私第在细柳坊，按《洪武京城图志》：广艺街在上元县西，旧名细柳坊，一名武胜坊。又考《街市图》：广艺街在内桥之北，与旧内相近。则惟庸私第之不在禁中明甚。再按《实录》：丙午八月（1366）拓建康城；初旧内在建康旧城中，因元南台为宫，稍庳隘，上乃命刘基等卜地，定新宫于钟山阳。戊申正月（1368）自旧内迁新宫。由是知明太祖之迁居新宫在洪武元年，旧内固近惟庸第，新宫则在建康城北，云奇事件如在洪武十三年，则根本为不可能。

由以上的推断，云奇事件之无稽荒谬，已决然无可疑。不过这一传说又从何发生的呢？云奇与胡惟庸虽无关系，但这事件的本身是否有存在的可能性呢？这两疑问，何孟春氏的《云奇墓碑》[①] 将给我们以一个满意的解答。

> 南京太平门外钟山西有内官享堂一区，我太祖高皇帝所赐，今加赠司礼监太监云公奇葬地也。案旧碑公南粤人，洪武间内使，守西华门。时丞相谋逆者居第距门甚迩，公刺知其事，冀因隙以发。未几，彼逆臣言所居井涌醴泉……

> 公所遭谋逆者旧状以为胡蓝二党。夫胡惟庸之不轨在洪武十三年，蓝玉在二十六年，胡被诛后，诏不设丞相，至蓝十四年矣。春敢定以胡为是，以补旧碑之缺，备他日史官之考证。

可见胡惟庸谋逆的真相，明初人就不大清楚。旧碑阙以存疑，尚不失忠实态度。何孟春自作聪明，硬断定为胡惟庸，后此史官，虽以此事不见《实录》，亦援引碑文，定为信谳，自王世贞以下至彭孙贻、饭田忠彦等都笃信其事，

---

① 《国朝献征录》卷一一七，《何孟春赠司礼监太监云公奇墓碑铭》。

因讹传讹，结果当然是到处碰壁，怎么也解释不出时间性与空间的不可能和事实上的矛盾了。钱谦益《明太祖实录辨证》三说："云奇之事，国史野史，一无可考。嘉靖中朝廷因中人之请而加赠，何孟春据中人之言而立碑。"所谓中人，潘柽章以为是高隆。他说：

> 云奇事起于中官高隆等，相传为蓝玉时事。而何孟春从而附会之，以为玉未尝为丞相，故又移之胡惟庸。凿空说鬼，有识者所不道。①

他疑心云奇事件是由邵荣三山门谋逆之事衍变来的。他说：

> 然考之史，惟平章邵荣尝伏兵三山门内欲为变，上从他道还，不得发。与墓碑所称相类。三山门在都城西南与旧内相近，上登城眺察，难悉睹也。岂云奇本守三山门，讹而为西华耶？或云奇以冲跸死，而宋国兴之告变踵至耶？事有无不可知，史之阙文，其为是欤？②

三、如瑶藏主之贡舶

《明史》所记之如瑶贡舶事，明清人记载极多。日人记载则多据中籍迻译，虽间有疑其支离者，亦仅及派使者之为征西或幕府，对于事实本身，则均一致承认。

关于胡惟庸通倭之明清人记述，其主要事实多根据《实录》及《大诰》，《明史》和《实录》更不过详略之异，大体一无出入。文中洋洋洒洒据口供叙述胡惟庸的罪状，于通倭投虏事，仅有二句：

> 惟庸使指挥林贤下海招倭军，约期来会。又遣元臣封绩致书称臣于元，请兵为外应。③

惟庸诛后数日，在宣布罪状的演辞中，亦未提及通倭一字：

> 己亥，胡惟庸等既伏诛，上谕文武百官曰："……岂意奸臣窃国柄，枉法诬贤，操不轨之心，肆奸欺之蔽，嘉言结于众舌，朋比逞于群邪。蠹害政治，谋危社稷，譬堤防之将决，烈火之将然，有滔天燎原之势，

---

① 《国史考异》卷二之一一。
② 《国史考异》卷二之一一。邵荣谋反事见《明史》卷一二五，《常遇春传》。
③ 《明太祖高皇帝实录》卷一二九。

赖神发其蠹，皆就殄灭……"①

于罢中书省诏中，亦只及其枉法挠政诸罪：

> 癸卯，罢中书省，诏曰："……丞相汪广洋、御史大夫陈宁昼夜淫昏，酣歌肆乐，各不率职，坐视废兴。以致胡惟庸私构群小，贪缘为奸，或枉法以贿罪，或挠政以诬贤，因是发露，人各伏诛……"②

即在十六年后，太祖和刘三吾的谈话中，胡惟庸的罪状，也不过只是擅作威福和僭侈：

> 二十八年十一月上谓翰林学士刘三吾等曰："奸臣胡惟庸等擅作威福，谋为不轨，僭用黄罗帐幔，饰以金龙凤纹。迩者逆贼蓝玉，越礼犯分，床帐护膝，皆饰金龙，又铸金爵为饮器，家奴至于数百，马坊廊房，悉用九五间数，僭乱如此，杀身亡家。"③

惟庸诛后七年，始于所颁《大诰》中提及林贤：

> 维十九年十二月望皇帝三诰于臣民曰："……帝若曰前明州卫指挥贤私通惟庸，劫倭舶，放居倭，惟庸私使男子旺借兵私归贤，贤将辅人乱，不宁于黔黎，诛及出幼子。"④

在洪武二十八年九月所颁《祖训》中⑤，方才正式列出惟庸通倭的记载，其文云：

> 四方诸夷皆限山隔海，僻在一隅，得其地不足以供给，得其民不足以使令，若其自不揣量，来挠我边，则彼为不祥。彼既不为中国患，而我兴兵轻犯，亦不祥也。吾恐后世子孙，倚中国富强，贪一时战功，无故兴兵，致伤人命，切记不可。但胡戎与西北边境，互相密迩，累世战争，必选将练兵，时谨备之。
>
> 今将不征诸夷国名列后：
>
> 东北：朝鲜国

---

① 《明太祖高皇帝实录》卷一二九。
② 《明太祖高皇帝实录》卷一二九；《明太祖文集》卷二，《废丞相大夫罢中书诏》。
③ 《皇明大事记》卷九，高皇帝御制及纂辑诸书。
④ 《名山藏》，《刑法记》。
⑤ 《皇明大事记》卷九。

正东偏北：日本国（虽朝实诈，暗通奸臣胡惟庸，谋为不轨，故绝之。）

正南偏东：大琉球国　小琉球国

西南：安南国　真腊国　暹罗国　占城国　苏门答剌

西洋国　爪洼国　湓亨国　白花国　三弗齐国　浡泥国①

考《明史·胡惟庸传》谓："十九年十月林贤狱成，惟庸通倭事始著。"查《实录》十九年十月条不载此事。胡惟庸罪状中之通倭一事，据史言发觉在十九年，其唯一之根据为当时官书《大诰三编》。据此则十九年以前不当有绝倭之事，而事实上却相反。《祖训》之成，据《大事记》所言第一次编成于洪武二年。② 第二次在六年五月。③ 第三次在二十八年九月，重定名为《皇明祖训》，其目仍旧，而更其《箴戒》章为《祖训》首章。④ 由是可知最后定本即仍洪武六年之旧，不过把原来《箴戒》章改成首章而已。胡惟庸事败在洪武十三年正月，通倭事发在十九年十月，不应先于洪武六年绝倭！细绎《祖训》文意，知其大旨不过戒子孙勿务远略损国威，所列不征之国，亦以其阻绝海洋，不易征服，于胡惟庸事，初无关涉。盖日本之被列为不征之国事在洪武六年以前，在洪武十九年到二十八年这时期中方把胡惟庸事加入，作为佐证。后来读史的人不留心，把不征之国和胡惟庸事因《祖训》先后放在一起，就混为一事，并误为有因果关系。因胡惟庸狱词和《大诰》所载，辗转附会，惟庸之通倭谋逆及明廷因之与日绝交数事，遂成信谳了。

《国朝列卿记》所记全用《实录》原文，明代向例于《实录》修成后即焚稿扃史馆中，不为外人所见。所以后来人的记载大部分可说都是根据《列卿记》这部书。

因为《皇明祖训》、《大诰》和《实录》中的记载，出于朝廷。后来的

---

① 《皇明祖训》首章，5页。
② 《皇明大事记》卷九，封建。
③ 《皇明大事记》卷九，高皇帝御制及纂辑诸书。
④ 《皇明大事记》卷九，封建。

史家便都一致相信，以为事实。自郑晓①、郎瑛②、章潢③、邓元锡④、茅瑞征⑤、茅元仪⑥、陈仁锡⑦、张复⑧、叶向高⑨、方孔炤⑩、黄道周⑪及《制御四夷典故》⑫诸书，一致以为太祖朝之中日绝交，是因为如瑶贡舶事件；如《苍霞草》所记：

> 已复纳兵贡艘中助逆臣胡惟庸，惟庸败，事发，上乃著《祖训》示后世毋与倭通。

《吾学编》、《制御四夷典故》、《皇明世法录》、《图书编》诸书云：

> 十五年归廷用又来贡，于是有林贤之狱，曰故丞相胡惟庸私通日本，盖《祖训》所谓日本虽朝实诈，暗通奸臣胡惟庸，谋为不轨，故绝之也。是时惟庸死且三年矣。十七年如瑶又来贡，坐通惟庸，发云南守御。

渡边世祐《室町时代史》（页二三五）亦谓：

> 时明胡惟庸谋反，使宁波之指挥官请援于征西将军。征西府使僧如瑶率精兵四百余人伪入贡赴之。谋觉，胡惟庸伏诛，逮林贤狱起，我邦通谋事发觉，太祖大怒，尔后一时交通遂绝。

何乔远⑬、郑若曾⑭、严从简⑮诸人记林贤与如瑶之事迹较详尽，《名山藏·王享记》云：

> 丞相胡惟庸得罪惧诛，谋诸倭不轨，奏调金吾卫指挥林贤备倭明

---

① 《吾学编》，《皇明四夷》上，《日本》。
② 《七修类稿》卷五，《日本》。
③ 《图书编》卷五〇，《日本国》。
④ 《皇明书》卷一六六，《日本传》。
⑤ 《皇明象胥录》卷二，《日本》。
⑥ 《武备志》卷二三〇，《日本考》。
⑦ 《潜确类书》卷一三，《日本》。
⑧ 焦竑：《皇明人物考》附录，张复：《南倭考》。
⑨ 《苍霞草》卷一九，《日本考》。
⑩ 《全边略记》卷九，《海略》。
⑪ 《博物典汇》卷二〇，《日本》。
⑫ 《制御四夷典故》，《日本国考略》。
⑬ 《名山藏》，《王享记》一，《日本》。
⑭ 《筹海图篇》卷二。
⑮ 《殊域周咨录》卷二。

州。阴遣宣使陈得中谕贤送日本使出境，则诬指为寇以为功。贤听惟庸计，事觉，惟庸佯奏贤失远人心，谪居之倭中。既惟庸请宥贤复职，上从之。惟庸以庐州人李旺充宣使召贤，且以密书奉日本王借精锐人为用，王许之。贤还，王遣僧如瑶等率精锐四百余人来，诈献巨烛，烛中藏火药兵器。比至惟庸已败，上犹未悉贤通惟庸状，发四百余人云南守御……十五年惟庸事觉，上追怒惟庸，诛贤磔之。于是名日本曰倭，下诏切责其君臣，暴其过恶天下，著《祖训》绝之。

所记恰与《大诰》合。《筹海图编》亦采此说，而误以胡惟庸为枢密使，为王士骐所讥。① 且以为先于洪武十六年诏绝日本，二十年如瑶事发，时代与各书歧异。日人辻善之助据之以为怀良亲王已于前四年卒，足证使非征西所遣。② 书中标明日使为归廷用，足补何氏之缺：

日本使归廷用入贡方物，厚赏回还，明州备倭指挥林贤在京随驾，时交通枢密使胡惟庸，潜遣宣使陈得中密与设谋，令将归廷用诬为倭寇，分用赏赐。中书省举奏其罪，流贤日本。洪武十六年诏绝日本之贡。贤流三年，逆臣胡惟庸暗遣人充宣使，私往日本取回，就借练精兵四百，与僧如瑶来献巨烛，中藏火药兵具，意在图乱，上大怒，磔贤于市，乃降诏责其君臣，绝其贡。

《殊域周咨录》本之，而以为十三年发如瑶云南守御，林贤事发则在洪武二十年。日人饭田忠彦③、荻野由之④、辻善之助⑤、栗田元次及木宫泰彦⑥和德人希泊鲁秃（Sicboldt）⑦ 诸人所记大率根据以上所引。

李开先所记则与诸书微异，其所撰《宋素卿传》云⑧：

自洪武年间因胡惟庸通倭密谋进寿烛，内藏刀箭。将夷以铜甑蒸

---

① 《皇明驭倭录》卷一。
② 辻善之助：《海外交通史话》卷一五，303 页。
③ 《野史》卷二八二，《外国传》一，明上。
④ 《日本历史讲话》，563~565 页充。
⑤ 《海外交通史话》，303 页。
⑥ 《综合日本史概说》三二，《足利时代之外国关系》；《中日交通史》下卷，第七章，《日本使之往来与胡惟庸事件》。
⑦ 《异国丛书》四，《日本交通贸易史》，263 页。
⑧ 李中麓：《闲居集》，文九。

死,绝其进贡。

这是他把永乐三年十一月日本使者自治倭寇的记载①和如瑶贡舶事件混在一起误为一事的错误。

以上诸家所记都属于胡惟庸使林贤通倭,如瑶伪贡事件。王世贞一流的史家所记,则与此异:

> 日本来贡使,私见惟庸,乃为约其王,令舟载精兵千人,伪为贡者,及期会府中,力掩执上,度可取,取之;不可,则掠库物泛舸就日本有成约。②

以下便接着叙云奇事件,把这两件事发生连带关系。他在另一记载中又说:

> 十三年丞相胡惟庸谋叛,令(日使)伏精兵贡舸中,计以表裹挟上,即不遂,掠库物,乘风而遁。会事露悉诛。而发僧使于陕西四川各寺中,著训示后世,绝不与通。③

又把这事件和如瑶发生关系。陈仁锡④、朱国桢⑤诸人都相信这一说,引为定谳。稍后谷应泰、夏燮等,便兼采两家矛盾之说,并列诸事,作最完备之记录。⑥

读了以上诸家记述之后,最后我们试一持与当时的官书一核,看到底哪些史料是可靠的,哪一些是不可靠的,《大诰三编》说:

> 前明州卫指挥林贤出海防倭,接至日本使者归廷用入贡方物。其指挥林贤移文赴都府,都府转奏,朕命以礼送来至京。廷用王事既毕,朕厚赏令归,仍命指挥林贤送出东海,既归本国。不期指挥林贤当在京随驾之时,已与胡惟庸交通,结成党弊。及归廷用归,惟庸遣宣使陈得中密与设计,令林指挥将廷用进贡舡只,假作倭寇舡只,失错打了,分用朝廷赏赐,却仍移文中书申禀。惟庸佯奏林指挥过,朕责指挥林贤就贬

---

① 《明史》卷三二二,《日本传》。
② 王世贞:《弇州别集》,《胡惟庸传》。
③ 王世贞:《日本志》。
④ 《皇明世法录》卷八五,《韩国公传》。
⑤ 《开国臣传》卷二,《韩国李公传》。
⑥ 《明史纪事本末》卷三一,《胡蓝之狱》;《明通鉴》卷七。

日本。居三年，惟庸暗差庐州人充中书宣使李旺者私往日本取回，就借日本国王兵，假作进贡来朝，意在作乱。其来者正使如瑶藏主左副使左门尉右副使右门尉，率精兵倭人带甲者四百余名——倭僧在外——比至，胡惟庸已被诛谬，其日本精兵，就发云南守御。洪武十九年朕将本人命法司问出造反情由，族诛了当。呜呼人臣不忠者如此！①

又云：

其指挥林贤年将六旬，又将辅人为乱，致黔黎之不宁，伤生所在，岂不得罪于天人者乎！遂于十九年冬十月二十五日将贤于京师大中桥及男子出幼者皆诛之，妻妾婢之。②

我们且不推敲这事件的本身是否可靠，明太祖这样一个枭桀阴忮的人的话——一面之辞是否可信，光和其他的记载比较，至少以下几件事是明太祖或胡惟庸所未曾想及的。这几点是：

（一）诈献巨烛，烛中藏火药兵器的聪明主意。

（二）日本贡使私见惟庸，约贡千人相助绑票的事。

（三）时间的矛盾。

（四）归廷用十五年之再贡发觉事。

（五）奏调林贤备倭明州事。

（六）三年前惟庸初由右丞改左，正得宠眷而反惧诛事。

四、胡惟庸之罪状

洪武十三年正月胡惟庸被诛时的罪状是：

（一）毒死刘基。

（二）阻隔占城贡使。

（三）私给文臣以没官妇女。

（四）枉法挠政，朋比为奸。

刘基事据《明史》本传说：

---

① 潘柽章：《国史考异》卷二之一三，《大诰三编》，39页，指挥林贤胡党第九。
② 潘柽章：《国史考异》卷二之一三，《大诰三编》，39页，指挥林贤胡党第九。

>　　基在京病时，惟庸以医来，饮其药，有物积腹中如拳石。其后中丞涂节首惟庸逆谋，并谓其毒基致死云。①

据《胡惟庸传》，则惟庸之毒基，实为太祖所遣：

>　　御史中丞刘基亦尝言其短，久之，基疾，上遣惟庸挟医视，遂以毒中之。

据《行状》所述，基未死前且曾以被毒状告太祖，太祖不理：

>　　洪武八年正月，胡丞相惟庸以医来视疾，饮其药二服，有物积腹中如拳石，遂白于上，上亦未之省也，自是疾遂笃。三月上以公久不出，遣使问之，知其不能起也，特御制文一通，遣使驰驿送公还乡，里居一月而薨。②

即由史臣纂修之《实录》，也说太祖明知刘基被毒事：

>　　御史中丞涂节言前诚意伯刘基遇毒死，广洋宜知状。上问广洋，广洋对以无是事。上颇闻基方病时，丞相胡惟庸挟医往候，因饮以毒药。乃责广洋欺罔，不能效忠为国，坐视废兴……③

由上引诸记载，参以《明史·刘基传》所叙胡惟庸与基之宿怨，乘隙中伤，太祖对基怀疑事。可知胡惟庸之毒基，确受上命，所以刘基中毒后，虽质言情状，亦置不理。并且派人看他会不会死，直到确知他必定要死，方派人送他回家。我们看汪广洋之死是为涂节告发，胡惟庸之被罪，也和刘基死事牵连，但在宣布胡氏罪状时，却始终没提起这事。由此可见"欲盖弥彰"，涂节之所以与胡惟庸骈戮东市，其故亦正在是。

关于阻隔占城贡使事，《明史》云：

>　　洪武十二年占城贡使至都，中书不以时奏，帝切责丞相胡惟庸、汪广洋，二人遂获罪。④

《实录》载此事较详，其文云：

>　　二年九月戊午，占城国王阿答阿者遣其臣阳须文旦进表及象马方

---

① 《明史》卷一二八，《刘基传》。
② 《皇明名臣琬琰录》卷七，黄纪委（伯生）：《诚意伯刘公行状》。
③ 《明太祖实录》卷一二八。
④ 《明史》卷三二四，《占城传》。

物,中书臣不以时奏。内臣因出外,见其使者以闻,上亟召见,叹曰:"壅蔽之害,乃至此哉!"因敕责省臣曰:"朕居中国,抚辑四夷,彼四夷外国有至诚来贡者,吾以礼待之。今占城来贡方物既至,尔宜以时告,礼进其使臣,顾乃泛然若罔闻知,为宰相辅天子出纳帝命,怀柔四夷者固当如是耶!"丞相胡惟庸、汪广洋等皆叩头谢罪。①

《明史》言:"帝怒,切责省臣,惟庸及广洋顿首谢罪,而微委其咎于礼部,礼部又委之中书,帝益怒,尽囚诸臣,穷诘主者。"《高皇帝文集》卷七载《向中书礼部慢占城入贡第二敕》云:

> 敕问中书礼部必欲罪有所证。古有犯法者犯者当之,此私罪也。今中书礼部皆理道出纳要所,九月二十五日有慢占城入贡事,向及省部,互相推调,朕不聪明,罪无归著,所以囚省部,概穷缘由,若罪果有所证,则罪其罪者,仍前推调,未得释免。

旨意极严重,接着就是涂节上变告反,由此可见惟庸已于十二年九月二十五日下狱,到十二月又发生汪广洋妾陈氏从死事,再下法司取勘,涂节窥见太祖有欲杀之意,逢迎上变,遂于次年正月被诛。

庚午诏书中所指的"枉法朋比",《明史》所记无实事可征。李善长狱后数年方发觉,此时当不能预为周纳。惟吴伯宗事别见其本传云:

> 胡惟庸用事,欲人附己,伯宗不为屈。惟庸衔之,坐事谪居凤阳,上书谕时政,因言惟庸专恣不法,不宜独任,久之必为国患,辞甚剀切。帝得奏召还,赐衣钞。②

则伯宗自以坐事谪徙,亦未尝得"危祸"也。刘崧事见《高皇帝文集》七《召前按察副使刘崧职礼部侍敕》云:

> 奸臣弄法,肆志跳梁,拟卿违制之责。迩者权奸发露,人各伏诛。
> 卿来,朕命官礼部侍郎,故兹敕谕。

其朋比事,当时人的记载,《国初事迹》中,有这样一条:

> 杨宪为御史中丞。太祖尝曰:"杨宪可居相位。"数言李善长无大

---

① 《明太祖实录》卷一二六;《皇明大事记》卷一三四,《夷朝贡》。
② 《明史》卷一三七,《吴伯宗传》。

才。胡惟庸谓善长曰："杨宪为相，我等淮人不得为大官矣。"宪因劾汪广洋不公不法，李善长奏排陷大臣，放肆为奸等事，太祖以极刑处之。①刘辰曾佐太祖戎幕，所记当得之见闻，较可征信。且善长、惟庸均为淮人，惟庸之进用，又为善长所援引，为保全禄位树立党援计，其排斥非淮系人物，又为势之所必至。不过据这一条史料的引证，也仅能证明惟庸之树党而已。《高皇帝文集》卷十六《跋夏珪长江万里图》文中有指摘惟庸受贿语，不过尽他所能指摘的也还不过是一幅不甚著名的图。其文云：

> 洪武十三年春正月奸臣胡惟庸权奸发露，令法司捕左右小人询情究源，良久，人报左丞赃贪淫乱甚非寡欲。朕谓来者曰：果何为实，以验赃贪？对曰：前犯罪人某被迁，其左相犹取本人山水图一轴，名曰《夏珪长江万里图》。朕犹未信，遣人取以验，去不逾时而至，吁！微物尚然，受赃必矣。

促成惟庸谋反的动机，据《明史》说是：

> 会惟庸子乘马于市，堕死车下，惟庸杀挽车者，帝怒，命偿其死。惟庸请以金帛给其家，不许。惟庸惧，乃与御史大夫陈宁、中丞涂节等谋起事，阴告四方及武臣从己者。

此文全据《实录》，而略其下一段。今补列如下：

> 上日朝，觉惟庸等举措有异，怪之，涂节恐事觉，乃上变告。②

据上文所申述，我们知道惟庸于十二年九月下狱取勘，《实录》所记太祖自己在朝堂上觉察惟庸举措，事实上为不可能。《宪章录》③、《皇明法传录》④诸书因其矛盾，舍去不录，《明史》因之。我们如再细心检讨一下，就可以知道不但《实录》之事后增饰和《明史》诸书之截短取长是靠不住，即其所记之惟庸子死事，也是同样的叫人不敢相信。如王世贞记惟庸狱起前之所谓促成谋反之动机云：

> 会其家人为奸利事，道关榜辱关吏，吏奏之，上怒，杀家人，切

---

① 刘辰：《国初事迹》（《金华丛书》本）。
② 《明太祖实录》卷一二九。
③ 薛应旂：《宪章录》卷七。
④ 陈建：《皇明通纪法传全录》卷七。

责,丞相谢不知乃已。

又以中书违慢,数诘问所由。惟庸惧,乃计曰:"主上鱼肉勋旧臣,何有我耶!死等耳,宁先发,毋为人束,死寂寂。"①

同样地在叙述同一事件,并且用同一笔法,所叙的事却全不相符,一个说是惟庸子死,一个说是惟庸家人被诛。显见这两种不同的记载是出于两种不同的来源,由此又可知胡惟庸事件在明嘉靖以前是怎样一个纷乱矛盾的样子了。

《高皇帝文集》卷七有《谕丞相枉序班敕》,所谓丞相当即指惟庸言,但细绎敕意,亦只是责其刑罚不中而已。敕云:

传曰:刑罚不中,则民无所措手足。今日序班奏,昨晚一使自山西至,一使自太仓来省,引进将至与姓名,且曰郎中教只于此处候丞相提奏引见,已而终不见,郎中复唤,于是不敢引见,是有丞相怪责,不由分诉,刑及二十而肤开,甚枉之。因序班奏枉,试释之,若为上者教人正其事而后罪人不行,此果刑罚之中乎?

总之,在上文所引述的史料中,我们找不出有"谋反"和"通倭"、"通虏"的具体的记载。这正好像一个故事,时间越后,故事的轮廓便越扩大,内容也越充实。到了洪武二十三年后胡惟庸的谋反便成铁案,装点得有条有理了。钱谦益引《昭示奸党三录》说:

自洪武八年以后,惟庸与诸公侯约日为变,殆无虚月,或候上早朝,则惟庸入内,诸公侯各守四门,或候上临幸,则惟庸扈从,诸公侯分守信地,皆听候惟庸调遣,期约举事。其间或以车驾不出而罢,或以宿卫严密,不能举事而罢,皆惟庸密遣人麾散,约令再举,五年之中,期会无虑二百余。②

考《太祖本纪》胡惟庸以洪武六年七月壬子任右丞相,十年九月辛丑改左。③ 其时惟庸正被恩眷,得太祖信任。《高皇帝文集》二载是时《命丞相大夫诏》:"朕平天下之初,数更辅弼,盖识见浅薄,任非其人。前丞相汪广

---

① 《国朝献征录》卷一一。
② 《太祖实录辨证》卷三。
③ 《明史》卷二,《太祖本纪》二。

洋畏懦迂滑，其于申冤理枉，略不留意。以致公务失勤，乃黜为岭南广省参政，观其所施，察其自省。今中书久阙丞相，御史台亦阙大夫，揆古稽今，诚为旷典，特命左丞相胡惟庸为中书右丞相，中丞陈宁为右御史大夫。且惟庸与宁自广洋去后，独署省台，协诚匡济，举直措枉，精勤不息，故任以斯职。播告臣民。"云云。据《奸党录》所言，则不特《实录》所记惟庸诸谋叛动机为子虚，即明人诸家所言亦因此而失其立足点。因为假使惟庸已蓄意谋叛，其行动且早至被诛之五年前，且屡试屡败，则何以史文又曲为之隐？于《奸党三录》所云"五年之中期会为变无虑二百余次"一事至不著一字！何以《明史》及《弇州别集》诸书仅著其"以祥瑞自喜有异谋"、"令费聚陆仲亨收集军马"、"收集亡命"、"通倭欸房"、"被责谋起事"诸近疑似暧昧之刑法上所谓"意图"的记载，而及略其主要之已举未遂行为！

《实录》记李善长狱事，尤暧昧支离，使人一见即知其捏造。盖其所述谋反情事，皆援据当时狱辞，其不可信，又无待究诘。且即以所叙和《昭示奸党录》所条列善长诸招一校，亦有未核。①《实录》云：

> 太仆寺丞李存义者，善长之弟，惟庸之婿父也。以亲故往来惟庸家。惟庸令存义阴说善长同起，善长惊悸曰："尔言何为者！若尔，九族皆灭。"存义惧而去，往告惟庸，惟庸知善长素贪，可以利动。后十余日，又令存义以告善长，且言事若成，当以淮西地封公为王，善长虽有才能，然本文吏计深巧，佯惊不许，然心颇以为然，又见以淮西之地王已，终不失富贵，且欲居中观望，为子孙后计，乃叹息起曰："吾老矣，由尔等所为。"存义还告，惟庸喜，因过善长，善长延入，惟庸西面坐，善长东面坐，屏左右欸语良久，人不得闻，但遥见颔首而已。惟庸欣然就辞出，使指挥林贤下海招倭军约期来会，又遣元臣封绩致书称臣于元，请兵为外应。②

《明史》别据明人所记以为说善长以封王者为其故人杨文裕。③ 于其冤

---

① 《有学集》卷一〇四。
② 《明太祖实录》卷一二九。
③ 《明史》卷一二七，《李善长传》。

抑，特载解缙所代草之王国用奏疏剖解甚明。① 钱谦益据当时招辞谓：

> 洪武十年九月惟庸以逆谋告李存义，使阴说善长，未得其要领。乃使其旧人杨文裕许以淮西地封王，是年十一月，惟庸亲往说善长，善长犹趑趄未许，即国史所记惟庸西面坐善长东面坐者是也。然此时善长未许，至十二年八月，存义再三往说，善长始有：我老了你每自做之语。②

在上载的两项文件的矛盾中，最显著的是时间问题。《实录》说惟庸几经游说善长，得其赞许后，方进行通倭欺虏二事，《实录辨证》据当时口供考定为洪武十二年八月事。惟庸被诛在次年正月，离定谋只是五个月间的事。下狱在九月，离定谋更仅一月。据《明史·日本传》、《名山藏·王享记》、《筹海图编》诸记载，惟庸先遣林贤为明州卫指挥，再佯奏其罪谪日本，使交通其君臣，再请宥贤复职，以李旺召之，且以密书奉日本王借精锐人为用。然后有如瑶藏主之贡舶事件。林贤在日本的时间，《大诰三编》和《筹海图编》都说是三年。其回国在洪武十六年后，这当然是不可靠。（郑若曾连胡惟庸卒年都弄不清楚，以为是洪武二十年间事）。不过无论如何，照那时代的航海情形，这一来一往总非一二月可办。据雷礼记如瑶第一次来华之时日为洪武十四年七月戊戌③，正值惟庸败后一年，事颇巧合。不过我们所注意的是胡惟庸能否在死后再派人去召回林贤，在定谋和被诛的五个月中要容纳至少三年以上的时间才办得到的事实是否可能？通倭事发的年月据《明史》说是在洪武十九年十月，但除当时的官书《大诰》外，我们翻遍《实录》也找不出有这项记载的存在。即在钱谦益所引胡党供辞中亦不及此事。同时在日本方面，除了引征中国的记载外，亦不著如瑶使节之任何事实。甚至在中日双方的若干记载中，有的连日本使者和派遣者的本身都有无数异说。这到底是什么缘故呢？很明显的，此种不被当事人所注意的时间问题，因为事实的本身，出于故意捏造或附会，事后编制，只图假题入罪，便不能顾及时间上的冲突。更因为所附会周纳的故事见于朝廷所颁发的《大诰》，大家不敢不相信，载诸记录，因讹传讹，遂成铁案了。

---

① 《明史》卷一二七，《李善长传》。
② 《太祖实录辨证》四。
③ 《皇明大政记》卷三。

惟庸私通外夷的第二件事是通虏。《明史》说：

> 遣故元臣封绩致书称臣于元嗣君，请兵为外应……二十一年蓝玉征沙漠，获封绩，善长不以奏，至二十三年五月事发，捕绩下吏，讯得其状，逆谋大著。

《李善长传》亦言：

> 将军蓝玉出塞至捕鱼儿海，获惟庸通沙漠使者封绩，善长匿不以闻。

嗣后王世贞①、朱国桢②诸人所记，均据之以封绩为元臣或元遗臣。这一些记载的根据都很有来历，《实录》记：

> 封绩河南人，故元臣来归，命之官，不受，遣还乡又不去，谪戍于边，故惟庸等遗书遣之。惟庸诛，绩惧不敢归，蓝玉于捕鱼儿海获绩，善长匿不以奏。

按《昭示奸党录》所载封绩供辞：

> 封绩招云："绩系常州府武进县人。幼系神童。大军破常州时被百户掳作小厮，拾柴使唤。及长，有千户见绩聪明，招为女婿。后与妻家不和，被告发迁往海南住。因见胡、陈擅权，实封言其非；为时中书省凡有实封到京，必先开视，其有言及己非者即匿不发，仍诬罪其人。胡丞相见绩所言有关于己，匿不以闻，诈传圣旨，提绩赴京，送刑部鞫问坐死。胡丞相著人间说，你今当死，若去北边走一遭，便饶了你。绩应允，胡丞相差宣使送往宁夏耿指挥（忠）、居指挥、于指挥（琥）、王指挥等处，耿指挥差千户张林、镇抚张虎、李用转送亦集乃地面，行至中途，遇达达人爱族保哥等就与马骑，引至火林，见唐兀不花丞相，唐兀不花令儿子庄家送至哈剌章蛮子处，将胡丞相消息备细说与：著发兵扰边，我奏了将京城军马发出去，我里面好做事。"

《国史考异》二引《庚午记书》亦云：

> 于琥（都督于）显男。先在宁夏任指挥时，听胡、陈分付，囚军封

---

① 《弇州别集》，《李善长传》。
② 《开国臣传》卷二，《韩国李公传》。

绩递送出京，往草地里通知消息。后大军克破胡营，获绩究问，二人反情，由是发觉。

与《实录》、《明史》、《弇州别集》、《开国臣传》及明代诸记载家如黄金①、陈仁锡②、何乔远、雷礼诸人所言无一相合。由是知不但封绩非元臣，非河南人，非胡惟庸亲信，且与李善长亦始终无涉。不但上述诸正史及野记无一可信，即上引之封绩供辞亦不必实有，因为明代兵制初不集中兵力于首都，而于沿边要隘及内部冲区设卫分镇，明初尤重视北边防务，以燕王棣守北边，隶以重兵，自后九边终明一代为防虏重镇。即有侵轶，初无用于京军之调动，假使真有封绩使元这一件事，胡惟庸自身任军国大政，反说出这样荒谬绝伦的话，理宁可通！

由上引证，可知所谓通倭通虏都是"莫须有"的事。上文曾说过：胡惟庸事件正像一个在传说中的故事，时间越后，故事的范围便越扩大。根据这个原则，我们试再检校一下胡惟庸私通外夷这一捏造的故事的范围的扩大。

在时代较前的记载中，胡惟庸私通外夷的范围，仅限明代一代所视为大患的"南倭北虏"。稍后便加上一个三佛齐，再后又加上一个卜宠吉儿，最后又加上一个高丽。

《太祖实录》洪武三十年中，载胡惟庸通三佛齐事：

> 三十年，礼部奏诸番国使臣客旅不通。上曰："……近者安南、占城……西洋、邦嗒剌等凡三十国，以胡惟庸谋乱，三佛齐乃生间谍，给我使臣至彼。爪哇国王闻知其事，戒饬三佛齐，礼送还朝。是后使臣商旅阻绝，诸国王之意，遂尔不通……"
>
> 于是礼部咨暹罗王曰："……我朝混一之初，海外诸番莫不来庭。岂意胡惟庸造逆，通三佛齐，乃生间谍，给我信使，肆行巧诈……可转达爪哇，俾以大义告于三佛齐，三佛齐原系爪哇统属，其言彼必信，或能改过从善，则与诸国咸礼遇之如初，勿自疑也。"③

永乐五年诏敕陕西官吏，又有通卜宠吉儿事：

---

① 黄金：《皇明开国功臣录》卷一，《李善长传》。
② 《皇明世法录》卷八五，《韩国公传》。
③ 《明太祖实录》；《皇明大事记》卷一三；《皇明驭倭录》卷一。

八月敕陕西行都指挥使司陈敬等及巡按监察御史，禁止外交。

> 上曰："臣无外交，古有明戒，太祖皇帝申明此禁，最为严切。如胡惟庸私往卜宠吉儿，通日本等处，祸及身家，天下后世，晓然知也……"①

高岱记太祖朝事，说胡惟庸和高丽也有关系：

> 十七年甲子三月上因高丽使来不遵臣礼，以贿结逆臣胡惟庸，事觉，遣其使还。以敕谕辽东守将唐胜宗、叶升，令绝高丽，勿通使命。②

这样，胡惟庸私通外夷，东通日本高丽，西通卜宠吉儿，南通三佛齐，北通沙漠，东西南北诸夷，无不与胡惟庸之叛逆，发生关系。

五、明初之倭寇与中日交涉

如瑶贡舶事件，记载纷纭，多不可信。举其矛盾处之显著者如使节之派遣者或以为征夷将军源义满，或以为征西将军怀良亲王。明人如郑晓③、雷礼④、章潢⑤、何乔远⑥、李言恭⑦、陈仁锡⑧、王士骐⑨、邓元锡⑩、茅瑞征⑪、严从简⑫、方孔炤⑬诸人均以为助胡惟庸谋逆者为怀良亲王。茅元仪、叶向高诸人则以为派遣如瑶来华者为征夷将军。《日本考》云：

> 十三年再贡皆无表，以其征夷将军源义满所奉丞相书来，书倨甚，命锢其使。明年复贡，命礼臣为檄，数而却之。已复纳兵贡艘中助逆臣胡惟庸。惟庸败，事发，上乃著《祖训》示后世，毋与倭通。⑭

---

① 涂山：《明政统宗》卷七。
② 高岱：《鸿猷录》卷六。
③ 《吾学编》，《大政记》一；《皇明四夷考》上，《日本》。
④ 《皇明大政记》卷三。
⑤ 《图书编》卷五〇，《日本国考》。
⑥ 《名山藏》，《王享记》一，《日本》。
⑦ 《日本国考》卷二，《朝贡》。
⑧ 《皇明世法录》卷七五，《海防》，《日本》。
⑨ 《皇明驭倭录》卷一。
⑩ 《皇明书》卷一六六，《日本传》。
⑪ 《皇明象胥录》卷二，《日本》。
⑫ 《殊域周咨录》卷二。
⑬ 《全边略记》卷九，《海略》。
⑭ 《武备志》卷二三，《四夷》八。

此以贡舶之来为在十四年后，时胡惟庸已死垂二年，叶向高所记全同。①日人松下见林采其说，谓：

> 明太祖答日本征夷大将军曰"前奉书我朝丞相"，丞相谓胡惟庸也。又《武备志》曰："征夷将军源义满所奉丞相书来，已复纳兵贡艘中助胡惟庸。"观此则义满助胡惟庸者也。②

荻野由之反之，肯定如瑶为怀良所遣。③ 希泊鲁秃则不特坚持怀良遣使之说，且著其遣使之年为元中元年（洪武十七年，1384）并云：

> 胡之谋图被发觉，诛三族，如瑢（即如瑶，刊讹）不知入明，故被捕流云南，数年之后，被宥归国。④

小林博氏亦主是说，且记此阴谋之发觉时间为弘和二三年间（明洪武十五、六年，1382—1383）。⑤ 迁善之助则误据《筹海图编》所记，以贡舶为洪武二十年事，而断云：

> 时怀良亲王死已四年，良成亲王继任，无出兵海外之余裕，此事恐为边陲倭寇之首魁所为。⑥

他知道怀良的卒年，因以断定贡舶非其所遣，同时他却忘记了胡惟庸也已死了八年，这事如何能同胡惟庸发生连系！木宫泰彦亦主二十年之说，且以怀良之遣使事为必有。他说：

> 此所指日本国王系指怀良亲王，细读《明史》，自能了解。此事不见于日本国史，但弘和元年曾有为亲王使者抵明之僧，由当时亲王对明之强硬态度，与弘安以来养成之冒险的风气推之，想必有此事也。⑦

所说纯据想象，虚构楼阁，不足置信。

在另一方面的各家记载纷歧，也不一而足，如如瑶贡舶所纳兵士或以为四百人（《名山藏》、《明史》诸书），或以为千人（《弇州别集》、《献征录》

---

① 《苍霞草》卷一九，《日本考》。
② 《异称日本传》卷中八，46页。
③ 《日本历史讲话》，563～565页。
④ 《日本交通贸易史》，263页（"异国丛书"本）。
⑤ 《详说日本历史》，285页。
⑥ 《海外交通史话》，303页。
⑦ 《日支交通史》下，《征夷府与明朝之交涉》。

诸书），通倭之经过，或以为使林贤下海招约（《明史》），或以为适日本贡使来因与私约（《弇州别集》），林贤狱具或以为在洪武十九年十月（《明史》），或以为在洪武十五年（《皇明书》、《制御四夷典故》、《皇明世法录》），或以为在二十年（《殊域周咨录》），如瑶末次来华或以为在十七年（《皇明书》），或以为在十九年（《大政记》），或以为在二十年（《筹海图编》）。如瑶末次来华之谪徙地方或以为发陕西（《明史纪事本末》），或以为发云南（《名山藏》、《殊域周咨录》），或以为发川陕（《日本国志》），如瑶所率精兵或以为尽被诛夷（《献征录》、《明史纪事本末》），或以为尽发云南守御（《皇明书》、《名山藏》）。种种歧异矛盾，指不胜屈。

如瑶贡舶事在《日本国史》既无足征，中籍所记又荒唐如此，由此可知这本是一件莫须有的事，如瑶即使真有其人，也不过只是一个通常的使僧，或商贩，和胡惟庸党案根本无关。

向来中日两方的记载都以为明初中日绝交的主要原因是如瑶贡舶事件。上文既已论及如瑶贡舶之莫须有，以下试略一述中日初期交涉之经过，以说明其绝交前后之情势，从反面证明在此情势中实无容纳如瑶贡舶事件之可能。

明初中日两方之所以发生外交关系的原因，在中国方面是因为倭寇出没，请求制止，在日本方面则可说完全是基于经济的关系。

《明史》说：

> 明兴，高皇帝即位，方国珍、张士诚相继诛服，诸豪亡命往往纠岛人入寇山东滨海州县。①

日本在王朝之末，纪纲大乱，濑户内海，海贼横行，至镰仓时代不绝。南北争乱之顷，其势逾逞。伊豫之住人村上三郎左卫门义弘者统一近海海贼为之首长，义弘死后，北昌显家之子师清代为首长，率其党以掠夺为事。②入寇者以萨摩、肥后、长门、三州之人居多，其次则大隅、筑前、筑后、博多、日向、摄摩、津州、纪伊、种岛，而丰前、丰后、和泉之人亦间有之，

---

① 《明史》卷三二二《日本传》，卷九一《兵志》；《闽书》卷一四六，《岛夷志》。
② 渡边世祐：《室町时代》，234页；《日本海上史论》，《日明交通与海贼》。

盖因商于萨摩而附行者，其来或因贡舶，或因商舶。① 随风所之，南至广东，北至辽阳，无不受其荼毒。② 由是海防成明代大政，设戍置寨，巡捕海倭，东南疲于奔命。③

明廷要解决倭患，只有三个办法：上策是用全国兵力，并吞日本以为藩属，倭患不扫自除。中策是以恩礼羁縻，示以小惠，许以互市，以其能约束国人为相对条件。下策是不征不纳，取闭关政策。努力防海，制止入犯。在这三个办法中，最难办到的是下策。因为中国海岸线延长二万里，倭寇可以随处侵入，中国却没有这财力和兵力来到处设防，即使可能，兵力太单了也不济事。上策也感觉困难，因为中国是一个大陆国，没有强大的海军，要征服这一倔强的岛国，简直办不到。并且基于过去隋、元二代的历史教训，也不敢轻易冒这大险。元吴莱曾作了一篇《论倭》的文章，反复地说明伐倭之无益和大海之阻隔，要征服它是不可能的事。他建议应当遣使往谕，以外交的手腕去解决倭寇问题。④ 这篇文章影响到明代的对日政策，明太祖差不多全盘地接受了他对元朝的劝告和建议，毅然地抛弃上策，把日本列为十五不征之国之一，著在《祖训》。

但是，一个国家要能行使它的统治权，先决问题是这个国家的统一。不幸在这时期，日本国内陷于南北分裂的对峙局面，政治上的代表人物，在北朝是征夷将军源义满，在南朝是征西将军怀良亲王，北朝虽愿和中国通商，解决它财政上的困难，南朝却以倭寇为利，且以政治地位的关系，也不肯让北朝和明有任何外交关系。以此，明廷虽经几度的努力，终归无效，结果仍不得不采取下策，行闭关自守之计。

第一次的倭寇交涉完全是恐吓性质，洪武二年三月明廷派吴用、颜宗鲁、杨载、吴文华使日，到征西府责以倭寇责任诏书云：

　　……间者山东来奏，倭兵数寇海边，生离人妻子，损害物命，故修书特报正统之事，兼谕越海之由。诏书到日，如臣奉表来庭，不臣则修

---

① 《图书编》卷五〇，《日本国序》。
② 李言恭：《日本考》。
③ 《明史》卷九一，《兵志》。
④ 《续文章正宗》卷五，吴莱：《论倭》。

兵自固，永安境土，以永天休。如必为寇盗，朕当命舟师扬帆诸岛，捕绝其徒，直抵其国缚其王，岂不代天伐不仁者哉！惟王图之。①

怀良的答复是杀明使五人，拘留杨载、吴文华两人，三个月方才放回②。

三年三月又作第二次交涉，以莱州府同知赵秩往谕，委婉劝导中含有恐吓的意味，诏书说：

……蠢尔倭夷，出没海滨为寇，已尝遣人往问，久而不答，朕疑王使之故扰我民，今中国奠安，猛将无用武之地，智士无所施其谋，二十年鏖战精锐，饱食终日，投食超距，方将整饬巨舟，致罪于尔邦，俄闻被寇者来归，始知前日之寇，非王之意，乃命有司暂停造舟之役。

呜呼！朕为中国主，此皆天造地设，华夷之分。朕若效前王恃甲兵之众，谋士之多，远涉江海，以祸远夷安靖之民，非上帝之所托，亦人事之不然。或乃外夷小邦故逆天道，不自安分，时来寇扰，此必神人共怒，天理难容，征讨之师，控弦以待；果能革心顺命，共保承平，不亦美乎！……③

一面又派前曾使日之杨载送还捕获之日本海贼僧侣十五人，想用示惠的手腕，使日本自动地禁捕倭寇。这一次的交涉，总算博得相当的成功。洪武四年十月怀良遣其臣僧祖来进表笺，贡方物，并僧九人来朝。又送至明州、台州被掳男女七十余口。④

日使祖来到南京后，明廷向之经过几度的咨询，才恍然知日本国内分裂情形，怀良并非日本国王，以前几次的交涉，不幸都找错了对手。⑤

明廷于是改变方针，想和北朝直接交涉。洪武五年五月特派僧仲猷祖阐、无逸克勤为使，以日僧椿庭海寿、权中巽为通事，使者一行八从，送祖来回国。⑥先是建德二年（洪武四年）肥后守菊池武光奉怀良亲王起兵谋复

---

① 何乔远：《闽书》卷一四六，《岛夷志》；《皇明驭倭录》卷一。
② 《修史为征》卷一，《大明皇帝书》。
③ 《皇明驭倭录》卷一。
④ 《皇明驭倭录》卷一，《明史·日本传》。
⑤ 瑞溪周凤：《善邻国宝记》上。
⑥ 《皇明驭倭录》卷一，《明史·日本传》。

筑紫，与今川贞世（了俊）战于镇西，败绩，贞世寻为镇西探题，势力方盛。① 怀良由博多移于肥后之菊池。明使一登岸，新设的北朝守士官见其与祖来同来，以为是征夷府向中国乞师回来的使节，因加以拘辱。② 不久即遣送至京，滞留二月，始就归途。③ 途经征西府，怀良愤其秘密入京，及颁示大统历有使奉正朔之意，复加拘辱。④ 七年五月始还南京。⑤

这一次对北朝交涉的结果，北朝因连年征战，帑藏奇绌，正盼能和中国通商，解决财政上的困难，所以明使一至京，便完全容纳禁倭之请，一面因征西府梗中日商道，派兵来攻。⑥ 一面派僧宣闻溪（揔州太守圆宣）净业喜春备方物来贡，又送还所掳中国及高句丽民百五十人。这是征夷府第一次遣明的使节，不幸因无正式国书，征南之举又失败，道路不通，被明廷疑为商人假冒，以拒绝接待。⑦

同年大隅守护之岛津氏久和征西府之菊池武政都遣使来贡，冀图通商，明廷以其非代表国家，且不奉正朔，均却之。又以频入寇掠，命中书移牒责之。⑧

洪武八年七月征西府遣僧延用文圭（归廷用，圭廷用）奉表贡马及方物，表词倔强负固。⑨ 此时明廷对日方有进一步之了解，他们知道日本南朝在利用倭寇，万不肯加以禁止，自闭财源。北朝虽极盼通商，并愿禁倭，但为南朝所阻，无力制止，其他派使入贡者又全是不能代表政府的大名藩士和唯利是图的商人。外交解决的途径至此全穷，在事实上不能不放弃中策，予日本以经济上的封锁，一面严修海防为自卫之计了。

明廷虽已决计绝日，但在表面上仍和日本派来的正式使节虚与委蛇，希

---

① 《日本外史》卷七，足利氏上。
② 宋濂：《翰苑续集》卷七，《送无逸勤公出使还乡省亲序》。
③ 《花营三代记》。
④ 木宫泰彦：《日支交通史》，《征西府与明朝之交涉》；《明史·日本传》。
⑤ 《明史·日本传》。
⑥ 《日本外史》卷五，楠木氏附北昌氏。
⑦ 《明史·日本传》；《大明会典》卷一〇五，主客清吏司。
⑧ 《皇明驭倭录》卷一；《明史·日本传》。
⑨ 《皇明驭倭录》卷一。

望能得外交上的转机。洪武十三四年间和征夷、征西两方打了几次笔墨官司。① 征西府的挑战倔强态度，给明廷以极大的侮辱。明廷极力容忍。② 以后通使较稀，但仍未完全断绝外交关系。西元1383年怀良亲王死，北朝势旺，忙于国内之统一运动，和明廷的关系因之暂时停止。

根据以上简约的叙述，可知明初即已列日本为十五不征之国之一，其地位和朝鲜、安南、爪哇、渤泥诸国同。明廷之所以决意绝日的原因是倭寇频繁，日政府不能禁止，无再向请求或恫吓之必要。且绝日的动机肇于洪武八年，在三次交涉失败之后，在胡惟庸死前五年。胡氏死后中日亦未完全断绝国交，时有使节往来。洪武十九年后的中日关系疏淡，则以倭患较稀，日本国内政治势力发生变化之故。由此可知一切关于胡惟庸和明初中日国际关系之传说，均系向壁虚造，毫无根据。

六、胡惟庸党案之真相

据上文所论证，我们知道关于中日关系部分：

（一）明初明廷通好日本的真正原因，纯为请其禁戢倭寇。在日本方面，征西府借海贼寇掠所得支撑偏局，一面虚与明廷委蛇，借得赏赐贸易之大利，故态度倔强，有恃无恐。征夷府极盼能和明廷缔结正当的外交关系，盼能因而达通商的愿望，但因政局不统一，且阻于南朝之割据，没有禁倭的力量。兼之明廷数度来日的使节，都因不明国情而发生严重的误会。日本使节则因其非代表整个国家，不能禁倭，且有时无正式国书和商人冒名入贡因而入寇的暧昧，使明廷不敢接待。在明初十数年中虽努力交涉，用尽外交上恫吓讲理示惠的能事，但倭寇仍不因之少减，对方仍蛮不讲理，明廷不得已，改采下策，却仍藕断丝连，企图贯彻前策。

（二）明太祖列日本于十五不征之国，事在洪武六年以前，和如瑶贡舶及绝交事根本无关。

（三）如瑶贡舶事纯出捏造。即使有如瑶其人，亦与胡案无任何联属。

---

① 《明太祖实录》卷一三二；《明太祖文集》二，卷一六《设礼部问日本国王，日本将军》。
② 《明史·日本传》。

（四）林贤下海招倭事，据记载上之矛盾及时间上之不可能，亦可决为必无。虽证出官书，不足置信。

关于胡案部分：

（一）云奇事件出于中人附会，也许即由邵荣谋叛事转讹。

（二）刘基被毒，出于明太祖之阴谋。胡惟庸旧与刘基有恨，不自觉地被明太祖所利用，胡下狱后涂节窥见明太祖欲兴大狱之意旨因以此上告，商暠亦受朝廷指，发其阴事，胡案因起。同时涂节等因触明太祖私隐，亦被杀灭口。

（三）占城贡使事及汪广洋妾从死事都只是胡惟庸和廷臣连带下狱的偶然口实，不过借此使人知胡失宠，无形中示意言官使其攻击胡氏，因以罗织成狱的一个过程而已。

（四）李善长狱与封绩使元事根本无关系。《明史》诸书所记封绩事最荒谬不可信。李善长之被株连，其冤抑在当时解缙所代草之王国用疏辞辨之甚明。

胡惟庸的本身品格，据明人诸书所记是一个枭猾阴险、专权树党的人。以明太祖这样一个十足地自私惨刻的怪杰自然是不能相处在一起。一方面深虑身后子懦孙弱，生怕和他自己并肩起事的一般功臣宿将不受制驭，因示意廷臣，有主张地施行一系列的大屠杀，胡案先起，继以李案，晚年太子死复继以蓝案。胡惟庸的被诛，不过是这一大屠杀案的开端。

胡案的组织过程，根据当时的公私记载，很显然地摆露在我们的目前。在胡案初起时胡氏的罪状只是擅权植党，这条文拿来杀胡惟庸有余，要用以牵蔓诸勋臣宿将却未免小题大做。在事实上有替他制造罪状的必要。明代的大患是南倭北虏，人臣的大罪是结党谋叛，于是明太祖和他的秘书们便代替胡氏设想，巧为造作，弄一个不相干的从未到过北边的江苏人封绩，叫他供出胡惟庸通元的事迹，算作胡党造反的罪状。后来又觉得有破绽，便强替封绩改籍为河南人，改身份为元遗臣，又叫他攀出李善长，引起第二次屠杀。一面又随便拣一个党狱中人林贤，捏造出一串事迹，算他通倭。恰巧胡惟庸死后不久，日使或日商来华因无国书被明廷诘责，他们就把这两件事并为一事，装点成有因果关系，再加上洪武六年前所纂的《皇明祖训》中的文证，这反情便成铁案了。同时中日关系因倭寇问题恶化，明廷感于外交的失败，不得不采取下策，闭关自守，却又不愿自承失败，贻讥藩属，就大事宣传名正言顺地把绝倭的责任诿在莫须有先生如瑶的头上。为取信于天下后世计，又把事特别写在《大诰》中叫全国人读，一面又在《祖训》首章加入小注，于是胡惟庸之通虏通倭，成为信谳，明廷也从此脱卸了外交失败的耻辱。

除上文所说的政治的国际的关系之外，胡案构成的因素，还有经济的阶级的关系在鼓动着。

明初连年用兵，承元疲敝之后，益以兵荒天灾，国库奇绌。一面又因天下未定，不能不继续用兵。明太祖及其部属大抵都出身卑贱，自来就不满于一般专事兼削的地主巨商，因此除不断用徙富民的政策以夺其田产以益军实外，又不断地寻出事来择肥而噬，屡兴大狱的目的只是措财筹款，最显著的如《明史·刑法志》所记郭桓事件：

> 郭桓吏部侍郎也。帝疑北平二司官吏李彧、赵全德等与桓为奸利，自六部左右侍郎下皆坐死。赃七百万，词连直省诸官吏，系死者数万人，覈赃所寄借遍天下，民中人之家大抵皆破。

只是一疑心，就筹出七百万的大款，这是一件最便当的生财大道。又如空印事件：

> 十五年空印事发。每岁布政司府州县吏诣户部覈钱粮军需诸事，以道远预持空印文书，遇部驳即改以为常。及是帝疑有奸，大怒，论诸长吏死，佐贰榜百戍边。

也只是一疑心，把天下的财政官长都杀了，杀头与籍没相连，这一疑心又自然地筹了一笔大款。胡案、蓝案的副目的也不外此，在这一串党狱中，把一切够得上籍没资格的一起给网进去，除了不顺眼的文官、桀骜的宿将以外，他所特别注意的是由大地主充当的粮长和大富豪充当的盐商，如《大诰三编》所举出的于友、李茂实、陆和仲和他书所记的浦江郑氏、苏州沈氏诸狱，均足以证明此狱的动机。

另一方的明太祖自身出身寒贱，寄迹缁流，且又赋性猜嫌，深恐遭知识分子所讥刺。在他初起事的时候，不能不装作礼贤下士的神气，借作号召，及至大事已定，便不惜吹毛求疵，屡兴文字之狱。又恐知识分子不为所用，特颁《大诰》，立寰中士夫不为君用之目。一面算是严刑示威，一面却也不无带着一些嫉视的阶级意识。《大诰》中所列文士得罪者不下千人。在胡蓝二狱中所杀的几万人中大部分属于知识分子，其中之著者如宋濂以一代帝师匡翊文运，仍不惜曲为归纳，以其孙慎与胡党有连为辞，流之致死。其他同时诸文士，凡和明太祖稍有瓜葛的也都不得善终，赵瓯北《廿二史劄记》曾替他算过一笔草账。另外，他却极力设学兴教，进用宋讷一流刻薄寡恩的教师，用廪禄刑责造就出一批听命唯谨的新知识分子出来，作皇帝个人的驯仆，来代替老一辈的士大夫。这是明太祖巩固君权的方法，也是这几次大狱的起因。

靖难之役

明太祖在位三十一年（1368—1398），皇太子标早卒，皇太孙允炆继位，是为惠帝（1368—1402）。时太祖诸子第二子秦王樉、第三子晋王㭎都已先死，第四子燕王棣、第五子周王橚和齐、湘、代、岷诸王都以叔父拥重兵，多不法。朝廷孤立。诸王中燕王最雄桀，兵最强，尤为朝廷所嫉。惠帝用黄子澄、齐泰计谋削藩，讨论应该先向谁动手：

> 秦欲先图燕，子澄曰："不然。周、齐、湘、代、岷诸王在先帝时尚多不法，削之有名。今欲问罪，宜先周。周王，燕之母弟[①]，削周是削燕手足也。"[②]

定计以后，第一步先收回王国所在地之统治权，下诏："王国吏民听朝廷节制，唯护卫官军听王。"[③] 建文元年（1399年）二月又下诏诸王毋得节制文武吏士。[④] 收回兵权及在王国之中央官吏节制权。洪武三十一年（1398年）八月废周王橚为庶人。建文元年（1399年）四月湘王柏惧罪自焚死，齐王榑、代王桂有罪，废为庶人。六月废岷王楩为庶人。

燕王棣智勇有大略，妃徐氏为开国元勋徐达女。就国后，徐达数奉命备边北平，因从学兵法。徐达死后，诸大将因胡惟庸、蓝玉两次党案诛杀殆尽。燕王遂与秦、晋二王并当北边御敌之任。洪武二十三年（1390年）正

[①] 懿文太子标、秦王樉、晋王㭎，李淑妃出。燕王棣、周王橚，硕妃出。参见吴晗：《明成祖生母考》，载《清华学报》，第10卷第2期。
[②] 《明史》卷一四一，《黄子澄传》。
[③] 《明史》卷一四一，《齐泰传》；谷应泰：《明史纪事本末》卷一五。
[④] 参见《明史》卷四，《恭闵帝本纪》。

月与晋王率师往讨元丞相咬住、太尉乃儿不花，征虏前将军、颍国公傅友德等并听节制。三月师次迤都，咬住等降。①获其全部而还，太祖大喜。是后屡率诸将出征，并奉命节制沿边士马，威名大震。②洪武二十四年（1391年）四月督傅友德诸将出塞，败敌而还。洪武二十六年（1393年）三月冯胜、傅友德备边山西、北平，其属卫将校悉听晋王、燕王节制。洪武二十八年（1395年）正月率总兵官周兴出辽东塞，自开原追敌至甫答迷城，不及而还。洪武二十九年（1396年）率师巡大宁，败敌于彻彻儿山，又追败之于兀良哈秃城而退。洪武三十一年（1398年）率师备御开平。③太祖死后，自以为三兄都已先死，论序当立，不肯为建文帝下。到周、湘诸王相继得罪，遂决意反，阴选将校，勾军卒，收才勇异能之士，日夜铸军器。④建文元年（1399年）七月杀政府所置地方大吏，指齐泰、黄子澄为奸臣，援引《祖训》，入清君侧，称其师曰靖难。

兵起时建文帝正在和方孝孺、陈迪一些文士讨论周官法度，更定官制，讲求礼文。当国的齐泰、黄子澄也都是书生，不知兵事，以旧将耿秉文为大将往讨。八月耿秉文兵败于滹沱河，即刻召还，代以素不知兵的勋戚李景隆。时燕王已北袭大宁，尽得朵颜三卫劲骑而南。景隆乘虚攻北平不能克，燕王回兵大破之。建文二年（1400年）四月燕王又败景隆兵于白沟河、德州，进围济南，三月不克，为守将盛庸所掩击，大败解围去。九月盛庸代李景隆为大将军。十二月大败燕兵于东昌，燕大将张玉战死，精锐丧失几尽。建文三年（1401年）燕兵数南下，胜负相当。所攻下的城邑，兵回又为朝廷拒守。燕王所据有的地方，不过北平、保定、永平三府。恰好因建文帝待宫中宦官极严厉，宦官被黜责的逃奔燕军，告以京师虚实。十二月后复出师南下。朝廷遣大将徐辉祖（达子，燕王妃兄）据山东，与都督平安大败燕兵，燕军正预备逃回北平，建文帝又轻信谣言，以为燕兵已退，一面也不信任徐辉祖，召之还朝。前方势孤，遂接连战败。燕兵乘胜渡淮趋扬州，江防

---

① 参见《明史》卷三，《太祖本纪》。
② 参见《明史》卷四，《成祖本纪》。
③ 参见《明史》卷三，《太祖本纪》。
④ 参见《明史》卷一四五，《姚广孝传》。

都督陈瑄以舟师迎降,速渡江围南京,谷王穗及李景隆开金川门迎降,宫中火起,建文帝不知所终。燕王入南京即帝位,是为成祖(1402—1424)。①

成祖入南京后做的第一件事,是对主削藩议者的报复,下令大索齐泰、黄子澄、方孝孺等五十余人,榜其姓名曰奸臣,大行屠杀,施族诛之法,族人无少长皆斩,妻女发教坊司,姻党悉戍边。方孝孺之死,宗族亲友前后坐诛者至八百七十三人。② 万历十三年(1585 年)释坐孝孺谪戍者后裔凡千三百余人。③ 第二件事是尽复建文中所更改的成法和官制,表明他起兵的目的,是在拥护祖训,和建文帝擅改祖制之罪。④ 由此《祖训》成为明朝一代治国的经典,太祖时所定的法令,到后来虽然时移事变,也不许有所更改。太祖时所曾施行的制度,也成为一代的金科玉律,无论无理到什么地步,也因为是祖制而不敢轻议。内中如锦衣卫和廷杖制,最为有明一代的弊政。为成祖所创的有宦官出使、专征、监军、分镇的制度,和皇帝的侦察机关东、西厂。

---

① 参见《明史》卷三,《恭闵帝纪》;卷四,《成祖奉纪》;卷一四四,《盛庸传》;卷一二六,《李文忠传》;卷一二五,《徐达传》;《明史纪事本末》卷一六。
② 参见《明史纪事本末》卷一八。
③ 参见《明史》卷一四一,《方孝孺传》。
④ 参见《明史》卷四,《成祖本纪》;《燕王会旨》。

第二章 帝国纪事:记忆里的辉煌与叹息 \ 083

锦衣卫和东、西厂[①]

锦衣卫和东、西厂，明人合称为厂卫。锦衣卫是内廷的侦察机关，东、西厂则由宦官提督，最为皇帝所亲信，即锦衣卫也在其侦察之下。

锦衣卫初设于明太祖时，是皇帝的私人卫队。其下有镇抚司，专治刑狱，可以直接取诏行事，不必经过外廷法司的审判手续。[②] 锦衣卫的主要职务是察不轨、妖言、人命、强盗重事，专替皇帝侦察不忠于帝室者和叛逆者，其权力在外廷法司之上。洪武二十年（1387年）曾一度取消锦衣卫的典诏狱权。到了成祖由庶子篡逆得位，自知人心不附，并且内外大臣都是建文帝的旧臣，深恐建文帝未死，诸臣或有复辟的企图，于是重复锦衣卫的侦察和典诏狱权，使之秘密活动，以为钳制臣民之计。另一方面又建立了一个最高侦察机关叫东厂，因为在起兵时很得了建文帝左右宦官的力量，深信宦官的忠心，便以宦官提督东厂，付以"缉访谋逆、妖言、大奸恶等"的职权。以后虽时革时复，名称也有时更换（如西厂、外厂、内行厂之类），但其职权及地位则愈重愈高，甚至有任意逮捕官吏平民，和任意刑讯处死的权力。

靖难兵起时，宦官狗儿、郑和等以军功得幸。成祖即位后遂加委任，有派作使臣的，如永乐元年（1403年）遣内官李兴出使暹罗[③]、马彬出使爪哇诸国，永乐三年（1405年）遣太监郑和出使西洋。[④] 有派作大将的，如永乐

[①] 参见吴晗：《明代的锦衣卫和东西厂》，载《大公报·史地周刊》，1934-12-24。
[②] 参见王世贞：《锦衣志》。
[③] 参见《明史》卷三〇四，《宦官传》。
[④] 参见《明史》卷四，《成祖本纪》。

三年（1405年）之使中官山寿率兵出云州觇敌。① 又因各地镇守大将多为建文帝旧臣，特派宦官出镇和监军，使之伺察。永乐元年命内臣出镇及监京营军②，出镇的如马靖镇甘肃，马骐镇交趾，监军的如王安之监都督谭青军。③ 由是司法权和兵权都逐渐落在宦官手中。宣德以后，人主多不亲政事，不和阁臣见面，甚至深居宫内，从不上朝，国家政务多交司礼监太监批答，内阁的权力也渐渐转到司礼监去了。在外则各地镇守太监成为地方的最高监察者，干预政务，骚扰地方，积重难返，形成一种畸形的阉人政治。英宗时的王振、曹吉祥，宪宗时的汪直、梁芳，武宗时的刘瑾，神宗时的陈增、高淮，熹宗时的魏忠贤，思宗时的曹化淳、高起潜，莫不窃弄政柄，祸国殃民，举凡军事、外交、内政、财政、司法，一切国家大政，都由宦官主持，甚至阁臣之用黜，都以宦官的好恶为定。他们只图私人生活的享乐，极力搜括掊敛，榨取民众的血汗，诱导皇帝穷奢极欲，大兴土木祷祠。对外则好大喜功，生衅外族。驯至民穷财尽，叛乱四起。外廷的士大夫与之相抗的都被诛杀放逐，由此朝廷分为两派，一派附和宦官，希图富贵，甘为鹰犬。一派则极力攻击宦官，欲将权力夺回内阁，建设清明的政治。明代除开例外的几个时期以外（如孝宗及世宗时），阉人和士人两派势力互为消长，此仆彼兴，循环报复，一直闹到亡国。

廷杖也是祖制的一种，太祖时曾杖死工部尚书薛祥。④ 鞭死永嘉候朱亮祖父子。⑤ 以后一直沿用这刑法，正德十四年（1519年）以谏止南巡廷杖舒芬等百四十六人，死者十一人。嘉靖三年（1524年）群臣争大礼，廷杖丰熙等百三十四人，死者十六人。内外大臣一拂宦官或皇帝之意，即时廷杖，由锦衣卫执行，杖而不死者，或遣戍边地，或降官，或仍旧衣冠办事。英宗时又创立枷之刑，英宗时国子祭酒李时勉至荷枷国子监前。⑥ 直到熹宗时，魏忠贤杖死万燝，大学士叶向高以为言，忠贤乃罢廷杖，把所要杀的人都下

---

① 参见《明史》卷四，《成祖本纪》。
② 参见《明史》卷四，《成祖本纪》。
③ 参见《明史》卷三〇四，《宦官传序》。
④ 参见《明史》卷一三八，《薛祥传》。
⑤ 参见《明史》卷九五，《刑法志》。
⑥ 参见《明史》卷一三六，《李时勉传》。

镇抚司狱,因酷刑害死,算是代替了这一祖制。

锦衣卫,东、西厂和廷杖制原都是为镇压反动势力,排除异己分子,故意造成恐怖空气,使臣民慑于淫威,不敢反侧的临时设施。果然,这一套祖制,使大小臣民都惴惴苟延,不知命在何日。太祖时朝官得生还田里,便为大幸。① 皇帝威权,由之达于极点。这三位一体的恐怖制度使专制政体的虐焰高到无可再高,列朝的君主也明知这制度的残酷不合理,但是第一为着维持个人的威权,第二因为这是祖制,所以因仍不旨废止。英宗以后的君主多高拱深宫,宦官用事,更利用这制度来树威擅权,排斥反对党,虽然经过无数次士大夫的请求废止和抗议,终归无效。一直到亡国,才自然消灭,竟和明运相终始。

---

① 参见《明史》卷一三八,《杨靖传》附《严德珉传》;卷二五八,《孙贲传》。

迁都北京

成祖以边藩篡逆得位，深恐其他的藩王也学他的办法，再来一次靖难，即位之后，也采用建文帝的削藩政策，以次收诸藩王兵权，非唯不使干预政事，且设立种种苛禁以约束之。建文四年（1402年）徙谷王于长沙，永乐元年（1403年）徙宁王于南昌，以大宁地界从靖难有功之朵颜、福余、泰宁三卫，以偿前劳。① 削代王、岷王护卫。永乐四年（1406年）削齐王护卫，废为庶人。永乐十年（1412年）削辽王护卫（辽王已于建文元年徙荆州）。永乐十五年（1417年）谷王以谋反废。永乐十八年（1420年）周王献三护卫。尽削诸王之权，于护卫削之又削，必使其力不足与一镇抗。② 到宣宗时汉王高煦（成祖次子，宣宗叔父，学他父亲的办法要诛奸臣，入清君侧），武宗时安化王寘鐇、宁王宸濠果然援靖难之例，起兵造反。由此政府更设为厉禁，诸王行动不得自由，甚至出城省墓，亦须奏请。二王不得相见。③ 受封后即不得入朝。④ 甚至在国家危急时，出兵勤王亦所不许。⑤ 只能

---

① 参见《明史》卷三二八，《三卫传》。《明史·成祖本纪》永乐元年三月"始以大宁地界兀良哈"，《明史·兵志》同。按兀良哈为地名，在潢水（即西喇木伦河，Silamulun）北。西起兴安岭，东至哈尔滨、长春等平野。南有全宁卫，更南有大宁卫。《太祖高皇帝实录》卷一九六："洪武二十二年五月辛卯，置泰宁、朵颜、福余三卫指挥使司于兀良哈之地，以居降胡。"明人习称泰宁、朵颜、福余为兀良哈三卫，更节称为兀良哈。兀良哈及三卫之名称由来，详见日本箭内亘：《兀良哈三卫名称考》。
② 参见万言：《管村文钞内编》卷二，《诸王世表序》。
③ 参见《明史》卷一二○，《诸王传》；卷一一九，《襄王传》。
④ 参见《明史》卷一一九，《崇王传》。
⑤ 参见《明史》卷一一八，《韩王传》；卷一一八，《唐王传》。

衣租食税，凭着王的位号，在地方上作威福，肆害官民。① 王以下的宗人，生则请名，长则请婚于朝，国家养之终身，丧葬予费。② 仰食于官，不使之出仕，又不许其别营生计，怕亵渎了皇家的尊严，"不农不仕，吸民膏髓"③。到后来生齿日繁，皇族的口数到了七八万，国家也养不起了。世宗（1521—1566）时御史林润上疏说：

> 天下岁供京师粮四百万石，而诸府禄米至八百五十三万石。以山西言，存留百五十二万石，而宗禄二百二十二万。以河南言，存留八十四万三千石，而宗禄百九十二万。④

不得已大加减削，宗藩日困。枣阳王祐橀请"除宗人禄，使以四民业自为生。贤者用射策应科第"。政府要顾面子，还是不许。⑤ 万历二十二年（1594年）郑世子载堉再请求特许"宗室皆得儒服就试，毋论中外职，中式者视方品器使"⑥。从此宗室方得出仕。国家竭天下之力来养活十几万游荡无业的贵族游民，不但国力为之疲敝不支，实际上宗室又因不许就业而陷于困穷，衣食无着，势不能不作奸犯法，扰害平民。国家费钱，宗室挨饿，平民受罪，这也是当时创立祖制的人所意想不到的。

成祖削藩的结果，宁、谷二王内徙，尽释诸王兵权，北边空虚。按照当时的形势，"四裔北边为急，倏来倏去，边备须严。若畿甸去远而委守将，则非居重取轻之道"⑦。于是有迁都北京之计，以北京为行在，屯驻重兵，皇帝亲自统率，抵御蒙古人之入侵：

> 太宗靖难之勋既集，切切焉为北顾之虑，建行都于燕，因而整戈秣马，四征弗庭，亦势所不得已也。銮舆巡幸，劳费实繁，易世之后，不复南幸，此建都所以在燕也。⑧

---

① 参见赵翼：《廿二史劄记》卷三二，《明分封宗藩之制》。
② 参见《明史》卷一一六，《诸王传序》。
③ 《明史》卷二一四，《靳学颜传》。
④ 《明史》卷八二，《食货志》。
⑤ 参见《明史》卷一一九，《枣阳王传》。
⑥ 《明史》卷一一九，《郑王传》。
⑦ 章潢：《图书编》卷三三，《论北龙帝都垣》。
⑧ 顾炎武：《读史方舆纪要·北直方舆纪要序》。

合政治与军事中心为一，以国都当敌。朱健曾为成祖迁都下一历史的地理的解释。他说：

> 自古建立都邑，率在北土，不止我朝，而我朝近敌为甚。且如汉袭秦旧都关中，匈奴入寇，烽火辄至甘泉。唐袭隋旧亦都关中，吐蕃入寇辄到渭桥，宋袭周旧都汴，西无灵、夏，北无燕、云，其去契丹界，直浃旬耳。景德之后，亦辄至澶渊。三治朝幅员善广矣，而定都若此者何？制敌便也。我朝定鼎燕京，东北去辽阳尚可数日，去渔阳百里耳。西北去云中尚可数日，去上谷亦仅倍渔阳耳。近敌便则常时封殖者尤勤，常时封殖则一日规画措置者尤亟，是故去敌之近，制敌之便，莫有如今日者也。①

建都北京的最大缺点是北边粮食不能自给，必须仰给东南。海运有风波之险，由内河漕运则或有时水涸，或被寇盗所阻，稍有意外，便成问题，朱健说：

> 今国家燕都可谓百二山河，天府之国。但其间有少不便者，漕粟仰给东南，而运河自江而淮而黄，自黄而后自汶而卫，盈盈衣带，不绝如线，河流一涸，则西北之腹尽枵矣。元时亦输粟以供上都，其后兼行海运。然当群雄干命之时，烽烟四起，运道梗绝，惟有束手就困，此京师之第一当虑者也。②

要解决这两个困难，则第一必须大治河道，第二必须仍驻重兵于南京，镇压东南。成祖初年转漕东南，水陆兼挽，仍元人之旧，参用海运。而海运多险，陆运亦劳费不赀。永乐九年（1411年）命宋礼开会通河。永乐十三年（1415年）陈瑄凿清江浦，通北京漕运，由运河直达通州，而海陆运俱废。③ 运粮官军十二万人，有漕运总兵及总督统之。④ 十九年（1421年）迁都北京后，以南京为留都，仍设五府六部官，并设南京守备，掌一切留守防

---

① 朱健：《古今治平略》。
② 朱健：《古今治平略》。
③ 参见《明史》卷八五，《河渠志》。
④ 参见《时史》卷七九，《食货志》。

护之事,节制南京诸卫所。①

永乐元年(1403年)以北平为北京。永乐四年(1406年)诏以明年五月建北京宫殿。永乐十八年(1420年)北京郊庙宫殿成,诏以北京为京师,不称行在。② 在实际上,自永乐七年(1409年)以后,成祖多驻北京,以皇太子在南京监国。自丘福征本雅失里汗败死后,成祖五入漠北亲征。③ 自永乐十五年(1417年)北巡以后,即不再南返。南京在事实上,从永乐七年(1409年)成祖北巡以后,即已失去政治上的地位,永乐十九年(1421年)始正式改为陪都。

迁都之举,当时有一部分人不了解成祖的用心,力持反对论调。《明史》记:

> 三殿灾,诏求直言。群压多言都北京非便。帝怒,杀主事萧仪,曰:"方迁都时,与大臣密计,久而后定,非轻举也。"④

仁宗(1424—1425)即位后,胡濙从经济的立场,"力言建都北京非便,请还南都,省南北转运供亿之烦"⑤。胡濙是武进人,为南方士大夫的领袖,他的意见可说是代表南方人民的舆论,政府于是又定计还都南京,洪熙元年(1425年)三月诏北京诸司悉称行在。五月仁宗崩,迁都之计遂又搁置不行。⑥ 一直到英宗正统六年(1441年)北京三殿两宫都已告成,才决定定都北京,诏文武诸司不称行在,仍以南京为陪都。⑦

成祖北迁以后,北京三面临敌,边防大重。东起鸭绿,西抵嘉峪,绵亘万里,分地守御。初设辽东、宣府、大同、延绥四镇,继设宁夏、甘肃、蓟州三镇,又加上太原、固原,是为九边。⑧ 每边各设重兵,统以大将,副以偏裨,监以宪臣,镇以开府,联以总督,无事则画地防守,有事则犄角为

---

① 参见《明史》卷八九,《兵志》。
② 参见《明通鉴》卷一七。
③ 参见《明史》卷五至卷六,《成祖本纪》。
④ 《明史》卷一四九,《夏原吉传》。
⑤ 《明史》卷一六九,《胡濙传》。
⑥ 参见《明史》卷八,《仁宗本纪》。
⑦ 参见《明史》卷一〇,《英宗前纪》。
⑧ 参见《明史》卷九一,《兵志》。

援。① 失策的是即位后，即徙封宁王于江西，把大宁一带地②送给从征有功的朵颜三卫，三卫的占地，大致上从古北口到山海关隶朵颜卫，自广宁前屯卫西至广宁镇白云山隶泰宁卫，自白云山以北到开原隶福余卫。从此幽燕东北之险，中国与蒙鞑共之，胡马疾驰半日可到阙下。辽东、广宁、锦、义等城从此和宣府、怀来隔断悬绝，声不相连。③ 又以东胜④孤远难守，调左卫于永平，右卫于遵化，而墟其地。⑤ 兴和⑥为阿鲁台所攻，徙治宣府卫城而所地又虚。⑦ 开平⑧为元故都，地处极边，西接兴和而达东胜，东西千里，最为要塞。从弃大宁后，宣府和辽东隔绝，开平失援，胡虏出没，饷道艰难，宣德五年（1430年）从薛禄议，弃开平，徙卫于独石。⑨ 后来"三岔河弃而辽东悚，河套弃而陕右警，西河弃而甘州危"⑩。国防遂不可问。初期国力尚强，对付外敌的方法，是以攻为守，太祖、成祖、宣宗三朝并大举北征，以兵力逼蒙古人远遁，使之不敢近塞。英宗以后，国力渐衰，于是只以守险为上策，坐待敌来，长城以北诸要塞尽弃不守，只靠长城来挡住胡骑，而边警由之日亟。英宗正统十四年（1449年）瓦剌也先入寇围北京。世宗嘉靖二十九年（1550年）鞑靼俺答入寇薄都城。这两次的外寇，都因都城兵力厚，不能得志，焚掠近畿而去。思宗崇祯十七年（1644年）流寇李自成北犯，宣府和居庸的守臣都开门揖敌，遂长驱进围北京，太监曹化淳又开门迎入，北都遂亡。由此看来，假如明成祖当时不迁都北京，自以身当敌冲，也许在前两次蒙古人入犯时，黄河以北，已不可守，宋人南渡之祸，又要重演一次了。

---

① 参见黄道周：《博物典汇》卷一九，《九边》。
② 今辽宁省平泉、内蒙古自治区赤峰等地。
③ 参见严从简：《殊域周咨录》卷一六，《鞑靼》。
④ 今内蒙古自治区托克托县及茂明安等地。
⑤ 参见《明史》卷九一，《兵志》。
⑥ 元兴和路，自今张家口以北至内蒙古苏尼特旗皆其境。洪武三年（1370年）为府，后废。洪武三十年（1397年）置兴和守御千户所。今河北省张北县治即兴和故城。
⑦ 参见《明史》卷四〇，《地理志·京师》。
⑧ 在今内蒙古自治区多伦县地。
⑨ 参见《明史》卷四〇，《地理志》；《殊域周咨录》卷一七，《鞑靼》；方孔炤：《全边略记》卷三，《宣府略》。
⑩ 《博物典汇》卷一九。

郑和的七次航海

郑和出使南洋的任务,第一是经济的原因。

明初对南洋诸国的态度,从明太祖的消极的保境安民政策,突转而为明成祖的积极经营海外政策,实有其内在的原因。原来自太祖建国后,连年征战,北征蒙古,东南防倭,西南蕃蛮迭次叛乱,加以宫室城庙的营建,诸王就封的王府营造,国币空虚,民生凋敝。至建文帝(1399—1402)继位以后,靖难师起,转战四年,赤地千里。成祖继位后,遂突转而向南洋发展,以国产的锦绮瓷漆,易取南洋的香药宝货。① 一以阻钱货的外流,一以补国家之府库,虽输入多属奢侈品,如黄省曾所记:

> 太宗皇帝入缵丕绪,将长驭远驾,通道于乖蛮革夷,乃大贲西洋,贸采琛异……由是明月之珠,鸦鹘之石,沈南龙速之香,麟狮孔翠之奇,梅脑薇露之珍,珊瑚瑶琨之美,皆充舶而归。②

而贫民博买,图之致富,国家府库,因之羡裕。严从简云:

> 自永乐改元,遣使四出,招谕海番,贡献迭至,奇货重宝,前代所希,充溢府库。贫民承令博买,或多致富,而国用亦羡裕矣。③

且"夷中百货,皆中国不可缺者,夷中欲售,中国必欲得之"④。反之,国库的锦绮瓷漆,其于南洋诸国亦然。沿海居民,多恃入海博易为生计,一

---

① 马欢:《瀛涯胜览·古里》、《溜山》、《祖法儿国》、《阿丹国》、《柯枝国》、《暹罗》、《满剌加》。
② 《西洋朝贡典录·序》。
③ 《殊域周咨录》卷九,《佛郎机》。
④ 《殊域周咨录》卷八,《暹罗》。

且禁断，无所资生，往往流为海寇，张燮云：

> 海滨一带，田尽斥卤，耕者无所望岁，只有视渊若陵，久成习惯。富家征货，固得捆载而归，贫者为佣，亦博升斗自给。一旦戒严，不得下水，断其生活。若辈悉健有力，不肯搏手困穷，于是所在连结为乱，溃裂而出。①

要解决沿海平民的生活，和消除海寇的来源，也不能不开海通商，使公私都得其所。

第二是政治的原因。

郑和之出使，负有秘密使命，郑晓说：

> 高皇何以有海外之使也？更始也。成祖西洋之舣，不已劳乎？郑和之泛海，胡濙之颁书也，国有大疑焉耳。②

所谓大疑，《明史》郑和传已明白指出：

> 成祖疑惠帝亡海外，欲踪迹之。且欲耀兵异域，示中国富强。永乐三年六月命和及其侪王景弘等通使西洋。③

次之，自洪武末年以来，西南诸国久不通贡。④ 成祖是一个好大喜功的英主，他要恢复洪武初年诸蕃朝贡的盛况，令海南诸国，都稽首阙下，同为王臣。所以一即位便先派中官尹庆、马彬等遍使诸国，告以新帝的登基。接着便派郑和带武装舰队出去，有不听命朝贡者便用武力解决。

在郑和所率领的舰队未出发之前二年，政府已着手大造海船，以其为下西洋取宝之用，又称宝船，或称宝舡。其承造者或为军卫有司⑤，或为工部⑥，后又设大通关提举司，专造舟舰⑦，世称宝船厂⑧。所造船大船长四十

---

① 《东西洋考》卷七，《饷税考》。
② 《皇明四夷考·序》。
③ 《明史》卷三四〇；卷一六九《胡濙传》亦云："传言建文帝蹈海去，帝分遣内臣、郑和数辈，浮海下西洋。"
④ 《明史》卷三二四，《三佛齐传》。
⑤ 《明成祖实录》卷二七、卷七一。
⑥ 《明成祖实录》卷七五、二一五。
⑦ 《明成祖实录》卷二二八。
⑧ 参见顾起元：《客座赘语》卷一，《宝船厂》。

四丈四尺，阔一十八丈；中船长三十七丈，阔一十五丈。① 就第一次远征军之人数计之，每船平均可载四百五十人左右。远征军之组织除使臣外，有"官校、旗军、火长、舵工、班碇手、通事、办事、书算手、医士、铁锚木舱搭朽等匠、水手、民梢人等"②。平均每次出发之人数，约为两万七八千人。③ 军士大抵由南京及直隶卫所运粮官军和水军右卫等卫官军中临时抽调④，将校亦由各卫军官中选用⑤。当时南洋诸国大抵多奉回教，故远征军中之通事多为回教徒，今可知者有会稽、马欢、仁和、郭崇礼⑥，西安羊市大清真寺掌教哈三。郑和本人也是回教徒⑦；亦奉佛教，受菩萨戒⑧。其幕下书手有太仓费信⑨，应天巩珍⑩，都有纪行书传世。⑪ 南洋诸国也有奉佛教的，故在第四次出发时，有僧人胜慧同行。⑫ 前后同奉命出使的使臣有内官王景弘⑬、侯显⑭、杨庆、洪保⑮、杨敏、李恺⑯、李兴、朱良、杨真、周福、

---

① 参见顾起元：《客座赘语》卷一，《宝船厂》。
② 祝允明：《前闻记》，次节甫《纪录汇编》本。
③ 第一次远征军二万七千八百余人，见《明史·郑和传》。第二次二万七千余人，见费信：《星槎胜览》。第七次二万七千五百五十员名，见《前闻记》。据《郑和家谱》随敕奉差诸官员名，共二万七千四百一十一员名。
④ 《明宣宗实录》卷六四。
⑤ 《明成祖实录》卷一一八、一六六、一七一。
⑥ 马欢、郭崇礼曾三次随使西洋（永乐十一年、十九年，宣德六年），欢撰有纪行书名《瀛涯胜览》。古朴《〈瀛涯胜览〉后序》。
⑦ 参见觉明：《三宝太监下西洋的几种资料》；李至刚《故马公墓志铭》。
⑧ 参见冯承钧：《〈瀛涯胜览〉校注序》。
⑨ 《星槎胜览·序》。
⑩ 钱曾：《读书敏求记》。
⑪ 费信所撰有《星槎胜览》（二卷），该书有陆楫《古今说海》本（四卷）、沈节甫《纪录汇编》本（一卷）、《学海类编》本（四卷）、《借月山房汇抄》本（四卷）、《百名家书》本（一卷）、《格致丛书》本（一卷）、《国朝典故》本（二卷）、罗以智校本（二卷）、广州中山大学复印天一阁本（二卷）、《历代小史》本（四卷）、《小方壶斋舆地丛书》本。巩珍所撰有《西洋番国志》（一卷），见《四库存目》及《读书敏求记》，今未见传本。
⑫ 参见永乐十八年刊本《太上说天妃救苦灵验经》本后题记（据冯承钧《〈郑和下西洋考〉序》）。
⑬ 《明史》郑和传，七次远征中第一、二、七，三次均参加。
⑭ 《明史》郑和传。郎瑛：《七修类稿》卷十二《三保太监》。伯希和：《郑和下西洋考》以为丁亥（永乐五年）乃永乐七年之误。因郑和于永乐五年十月二日回京，是年所余之日无几也（冯承钧译本）。
⑮ 参见《读书敏求记·西洋番国志》。
⑯ 参见冯承钧：《〈瀛涯胜览〉校注序》。

张达①、吴忠、用济②、王贵通③诸人。将校中在锡兰山（Ceylon）、苏门答腊（Archeh）两次战役中有功者，有李实、何义宗、彭以胜、林全、唐敬、王衡、林子宣、胡复、哈只、陆通、马贵、张通、刘海④、朱真⑤诸人。

郑和，云南昆阳州人。本姓马，祖、父都是回教徒。⑥ 其被阉入宫，当在洪武十五年（1382年）傅友德、沐英定云南时，年约十岁。⑦ 事燕王于藩邸，从起兵有功，永乐二年（1404年）正月初一日御书郑字，赐以为姓，乃名郑和。⑧ 累擢至内官监太监。⑨ 身长七尺，腰大十围。⑩ 公勤明敏，谦恭谨密。⑪ 姿貌才智，内侍中无与比者。⑫ 永乐三年（1405年）六月受命出使西洋，带领空前绝后之远征军作第一次航海壮举。

第一次远征军航行印度洋，"多赍金币，遍历诸番国，宣天子诏，因给赐其君长"⑬。率领将士卒两万七千八百余人，分乘六十二艘长四十丈、宽十八丈的大舶，艨艟蔽天，金甲耀日，所到处有不服从的便用武力解决。⑭ 当时印度洋上海盗纵横，剽掠商旅，各国入贡的使臣也被其邀劫，这次远征，也附有肃清海盗、开通航路的使命。

---

① 参见《读书敏求记·西洋番国志》。
② 参见长乐：《天妃灵应碑》。
③ 锡兰永乐七年布施碑。
④ 参见《明成祖实录》卷一一八、一六六、一七一。
⑤ 参见长乐：《天妃灵应碑》。
⑥ 参见袁嘉谷：《滇绎》卷三；李至刚《昆阳马公墓志铭》。
⑦ 明初诸将用兵边境，有阉割俘虏幼童之习惯。郑和当即洪武十五年定云南时所俘被阉之幼童。初侍燕王时其年当在十岁左右，似为逾十岁，即不适于阉割也。据李至刚《昆阳马公墓志铭》和父马哈只卒于洪武十五年七月，年三十九岁。是年闰二月云南平定，则和父之死，或死于兵，或因幼子被俘，均属可能。以和父之存年推之，和为次子，其上尚有兄文铭。则和当生于于洪武六年或七年（1373年、1374年）。至靖难兵起时，适为三十岁左右之壮年军官。是后七奉使海外，历成祖、仁宗、宣宗三朝，最后一次之出使为宣德六年（1431年），不久即老死。则其生卒年约为1373年至1435年，存年约六十三岁。
⑧ 参见《明史》卷三〇四，《郑和传》。
⑨ 参见李至刚：《昆阳马公墓志铭》；袁忠澈：《古今识鉴》卷八。
⑩ 参见袁忠澈：《古今识鉴》卷八。
⑪ 参见李至刚：《昆阳马公墓志铭》。
⑫ 参见《古今识鉴》卷八。
⑬ 《明成祖实录》卷四二。
⑭ 参见《明史》卷三〇四，《郑和传》。

自唐、宋以来，三佛齐①即为东西贸易之中心。② 至明代仍为"诸蕃要会"③。故我国人侨居者最多。在郑和未出使以前，有梁道明雄长其地。《明史》记：

> 有梁道明者，广州南海县人。久居其国，闽粤军民泛海从之者数千家，推道明为首，雄视一方。会指挥孙铉使海外，遇其子挟与俱来。永乐三年成祖以行人谭胜受与道明同邑，命偕千户杨信等赍诏招之。道明及其党郑伯可随入朝贡方物，受赐而还。④

又有陈祖义亦广东人，亦为旧港（Palembang）头目，远征军过苏门答剌时，祖义出降，遣使入贡。⑤ 一面仍为盗海上⑥，远征军回帆时，复谋邀劫，被擒伏诛。⑦ 梁道明的副手施进卿以助诛陈祖义有功入朝，授旧港宣慰使司宣慰使。⑧ 这是我国在海外所设立的第一个正式保护侨民的官署。施进卿是侨民中第一个为政府所任命的保侨官吏。

第一次远征军于永乐五年（1407年）九月返国。在海上往返之三年中，曾至爪哇（Java）⑨、苏门答腊（Atcheh）⑩、南巫里（Lambri）⑪、古里（Calicut）⑫、锡兰（Ceylon）⑬、满剌加⑭诸地。经过爪哇时，遇爪哇内乱，官军

---

① 即今苏门答腊，古名室利佛逝。自904年始迄于宋、明，复有三佛齐或佛齐之号。冯承钧译费琅《苏门答腊古国考》考证极详，可参看。
② 赵汝适：《诸蕃志》上，《三佛齐》。
③ 《明史》卷三二四，《三佛齐传》。
④ 《明史》卷三二四，《三佛齐传》。《明成祖实录》卷三八。
⑤ 《明成祖实录》卷五六。
⑥ 参见《明史》卷三二四，《三佛齐传》。
⑦ 《明成祖实录》卷七二。
⑧ 参见《东西洋考》卷三，《旧港》；《瀛涯胜览·旧港》。《明史·三佛齐传》；《明成祖实录》卷七一、二六七。《明宣宗实录》卷五。
⑨ 参见《明史》卷三二四，《爪哇传》。
⑩ 参见《明史》卷三二五，《苏门答腊传》。
⑪ 参见《明史》卷三二六，《南巫里传》。
⑫ 参见《瀛涯胜览·古里》。何乔远：《名山藏·王享记》卷三。郑和于永乐三年曾至古里封王。伯希和于《郑和下西洋考》中以为《瀛涯胜览》所记之永乐五年是永乐三年之误，与何氏所记正合。
⑬ 伯希和：《郑和下西洋考》。
⑭ 《明成祖实录》卷七一，关于海神之封典，均出于下番官军之请求，而以天妃为尤著。《明成祖实录》卷八七。

登岸为爪哇兵所杀，爪哇王大惧，上表谢罪，次年遣使献黄金万两赎罪。①

郑和一行人之使命，第一次远航即得满意收获，海盗肃清，航路无阻。永乐六年（1408年）九月癸亥，复奉命统领官兵，驾使海舶四十八号②，赍敕③使古里、满剌加、苏门答腊、阿鲁（Aru）、加异勒（Cail）、爪哇、暹罗（Siam）、占城（Campa）、柯枝（Cochin）、阿拨把丹、小阿兰（Quilon）、南巫里、甘巴里（Koyampadi）诸国，赐其王锦绮纱罗。④

第二次远征军归来时，经过锡兰国，锡兰国王亚烈苦奈儿（Alagakkonara Nijaya Bahu VI）发兵拦劫，为郑和所败，生擒亚烈苦奈儿回国献俘。《明成祖实录》记：

> 永乐九年（1411年）六月乙巳，内官郑和等使西洋诸番国还。献所俘锡兰山国王亚烈苦奈儿并其家属。和等初使诸番，至锡兰山，亚烈苦奈儿侮慢不敬，欲害和，和觉而去。亚烈苦奈儿又不辑睦邻国，属邀劫其往来使臣，诸番皆苦之。及和归，复经锡兰山，遂诱至国中，令其子纳颜索金银宝物，不与。潜发番兵五万余劫和舟，而伐木拒险，绝和归路，使不得相援。和等觉之，即拥众回船，路已阻绝。和语其下曰：

---

① 《明成祖实录》卷七一、八六。
② 参见《星槎胜览》前集，《占城国》；陆容：《菽园杂记》。
③ 《郑和家谱》记有第二次奉使之二敕，一敕南京守备，一敕海外诸番。案成祖五女，安成公主，文皇后生，成祖即位，下嫁宋琥，西宁侯晟子也。咸宁公主，安成公主同母妹，永乐九年下嫁宋瑛，琥弟也。《明史》卷一五五《宋晟传》，晟三子瑄、琥、瑛，瑄建文中战死云璧。琥尚主嗣侯，永乐八年佩前将军印，镇甘肃。敕中之驸马都尉宋彪当是宋琥之误。然《明史·职官志五·驸马都尉》是琥守备南京在宣德时。且据《明史》李溶传："既迁都，以南京根本地，命隆留守。"《职官志·南京守备》："永乐十九年迁都北京，命中府掌府事官守备南京。"是则南京守备之置始于永乐十九年，李隆为第一任守备。在永乐十九年以前，南京犹是京师，固无守备之官也。宋琥与李隆同任守备在宣德朝。二敕记宋彪、李隆任南京守备在永乐七年，与史不合。永乐或为宣德之误，然郑和第七次出使以宣德五年六月，敕书之颁，不能迟至宣德二年，疑此二敕均伪撰，不可据。且谱言和以永乐七年三月第二次出使，亦与长乐《天妃碑》通番事迹记不合（碑言第二次永乐五年出，永乐七年回；第三次永乐七年出，永乐九年回），今不取其说。
④ 参见《明成祖实录》卷八三。按钱谷《吴都文粹续集》卷二十八郑和《娄东刘家港天妃宫石刻通番事迹记》记第二次航行以永乐五年往，永乐七年还。长乐《天妃灵应碑》文同。《郑和家谱》则作永乐七年三月。按《实录》为当时史官凭借档册所成，所记时日不应有误。其所以与石刻及纪行诸书歧异者，《实录》所纪为颁敕出使之日，石刻纪行诸书所记则为扬帆启行之时，自颁敕至启行，中间筹备须时，相差半年十月，固属自然，其实俱不误也。《明史》郑和传全据《明实录》，而不如《实录》之详。今一以《实录》所记为准，有异同并以他说附录于注文中，以备参证。

"贼大众既出，国中必虚，且谓我客军孤怯，不能有为，出其不意攻之，可以得志。"乃潜令人由他道至船，俾官军尽死力拒之。而躬率所领兵二千余由间道急攻王城，破之，擒亚烈苦奈儿并其家属头目。番军复围城，交战数合大败之。遂以归。群臣请诛之，上悯其愚无知，命姑释之，给与衣服。命礼部议择其属之贤者，以承国祀。①

礼部询所俘锡兰国人，国人皆举耶巴乃那。永乐十年（1412年）复遣郑和使西洋②封耶巴乃那为锡兰国王，号不剌葛麻巴忽剌查（Parakkama Bahu—Raja）③。

远征军至苏门答腊时，王子苏干剌（Sekander）以赏赐不及，举兵邀杀，又为郑和所擒，献俘阙下，国威大震。《实录》记：

十三年（1415年）九月壬寅，郑和献所获苏门答腊贼首苏干剌等。④ 初和奉使至苏门答剌，赐其王宰奴里阿必丁（Zaynu-L-Abtidin）纸币。苏干剌乃前伪王弟，方谋弑宰阿必丁，以夺其位。且怒使赐不及己，领兵数万邀杀官军。和帅众及其国兵与战，苏干剌败走。追至淳利国，并其妻子俘以归。至是献于行在。兵部尚书方宾言："苏干剌大逆道，宜付法司正其罪。"遂命刑部按法诛之。⑤

此行据马欢所撰《纪行诗》及《明史·外国传》之记载，凡占城、阇婆、三佛齐、苏门答腊、锡兰、柯枝、古里、五屿（Malacca）、溜山（Maldives）、忽鲁谟斯、加异勒、彭亨（Pahang）、急兰丹（Kelantan）、阿鲁（Aru）、南渤利（Lambri）诸国，均为航线所经，始越过印度南境，到波斯湾中。⑥

第三次航行返国时，诸蕃国使臣随同朝贡。永乐十四年（1416年）十

---

① 《明成祖实录》卷一一六。此次远征还国，朝廷曾大规模宴劳。按亚烈苦奈儿，《通番事迹记》以为是第三次航行事，长乐《天妃灵应记》同。

② 《明成祖实录》卷一三四。

③ 参见郑晓：《吾学编》卷六八；何乔远：《名山藏·王享记》卷三，《锡兰》。

④ 《明成祖实录》卷一六〇。

⑤ 《明成祖实录》卷一六八。《明史》郑和传同。《瀛涯胜览》及《明史》苏门答腊传。与《实录》不合。又擒苏干剌事《通番事迹记》以为是第四次航行时事，长乐《天妃碑》同。

⑥ 参见《郑和下西洋考》。

二月郑和又奉命赍敕及锦绮纱罗等物，偕请蕃国使臣，赐各国王。① 作第四次之远征。此次航程除遍历前三次所经国家外，并曾到过阿丹（Aden）、不剌哇（Brawa）、麻林（Malinde）②、沙里湾泥（Sharwayn）③、木骨都束（Mogadishu）、剌撒④，横断印度洋而远至于非洲。于永乐十七年（1419年）七月返国。⑤ 忽鲁谟斯、阿丹等十六国使臣随来朝贡。⑥

永乐十九年（1421年）正月郑和等又奉命作第五次之航行，就赐各国国王以锦绮纱罗，并送十六国使臣返国。⑦ 这一次航行又到了非洲东岸的木骨都束和不剌哇，阿拉伯沿岸的祖法儿（Zufar）、阿丹。永乐二十年（1422年）八月壬寅还，暹罗、苏禄（Sulu）、苏门答腊、阿丹等国都遣使随贡方物。⑧

永乐二十二年（1424年）正月旧港（Palembang）酋长施济孙遣使请袭宣慰使职，三月郑和又奉命作第六次之航海。⑨ 回国时明成祖已经晏驾，仁宗（1424—1425年）继位，罢西洋宝船，洪熙元年（1425年）二月命和以下番诸军守备南京。⑩

仁宗宽宏仁厚，是一个守成的中主，在位不到一年便死了。宣宗（1426—1435年）继位。这个青年皇帝从幼便为祖父所钟爱。在性格和魄力方面，也受了他祖父的遗传，很是精明强干。宣德五年（1430年）六月，帝以外蕃贡使多不至，遣和及王景弘遍历诸国⑪，又奉命仆仆作最后一次的远征。据祝允明所记此次航海里程，郑和所率领之舰队，以宣德五年（1430

---

① 参见《明成祖实录》卷一八三。
② 参见《明史》卷七，《成祖本纪》。
③ 参见《明史》卷三二六；《郑和下西洋考》。
④ 《明史》卷三二六；《武备志图》。
⑤ 参见《明史》卷七，《成祖本纪》。《明成祖实录》卷二一四、二二五。
⑥ 十六国除忽鲁谟斯、阿丹外，为祖法儿、剌撒、不剌哇、木骨都束、古里、柯枝、加异勒、锡兰山、溜山、喃哮利、苏门答腊、阿鲁、满剌加、甘巴里。见《明成祖实录》卷二三三。
⑦ 参见《明成祖实录》卷二三三。按第五次航行，《通番事迹记》作永乐十五年事。
⑧ 参见《明成祖实录》卷二五〇。
⑨ 参见《明史》卷七，《成祖本纪》。
⑩ 参见《明史》卷八，《仁宗本纪》。按第六次航行，《通番事迹记》作永乐十九年事。
⑪ 参见《明史》卷三二五，《苏门答腊传》。《明宣宗实录》卷六七。

年）闰十二月六日于南京龙湾开舡①，然据《实录》则宣德六年二月中，曾令满剌加使臣附郑和舟返国。② 由是可知历次舰队均系分别出发，故满剌加使臣得附后发宝船还国。主队出发时，并曾派分队到古里，由古里再派人带货物到天方（Mekka）贸易。③ 全队于宣德八年（1433年）七月六日回京。④

第七次远征军返国后的第三年，宣宗崩，英宗（1436—1449，1457—1464）冲龄继位，杨士奇、杨荣、杨溥诸老臣当国，主少国疑，于是又回到了太祖时代的保守政策，不再想再向海外发展。同时郑和也是六十几岁的老头子了，不能再作远行，三十年来的海外活动于此告一结束。《明史》说：

> 和经事三朝，先后七奉使，所历占城（Campa）、爪哇（Java）、真腊（Kemboja）、旧港（Palembang）、暹罗（Siam）、古里（Calicut）、满剌加（Malacca）、渤泥（Borneo）、苏门答腊（Atcbeb）、阿鲁（Aru）、柯枝（Cochin）、大葛兰、小葛兰（Quilon）、西洋琐里（Chola）、加异勒（Cail）、阿撺把丹、南巫里（Lambri）、甘把里（Koyampadi）、锡兰山（Ceylon）、喃浡利（即南巫里）、彭亨（Pahang）、急兰丹（Kelantan）、忽鲁谟斯（Hormuz）、比剌（Brawa）、溜山（Maldives）、孙剌（Sofala）、木骨都束（Mogadishu）、麻林（Malinde）、剌撒、祖法儿（Djofar）、沙里湾泥（Sharwayn）、竹步（Juba）、榜葛利（Bengala）、天方（Mekka）、黎代（Lide）、那孤儿（Battak）⑤，凡三十余国。所取无名宝物，不可胜计，而中国耗费亦不资。自宣德以还，远方时有至者，要不如永乐时，而和亦老且死。自和后凡将命海表者，莫不盛称和

---

① 参见《纪录汇编》卷二○二，《前闻记》。按《通番事迹记》，则和等虽于五年六月奉命，十二月自龙湾开航。而自太仓启行，则为六年春初事也。前记六次航海往返时月、石刻及纪行书和《明实录》《明史》之不同，都即以奉敕与出海相距时日远，一据奉命时日，一记航海时日，故有歧异。

② 《明宣宗实录》卷七六。

③ 参见《明史》卷三三二，《天方传》；《瀛涯胜览·天方国》。

④ 祝允明：《前闻记》。

⑤ 冯承钧：《〈瀛涯胜览〉校注序》。

以夸外番，故俗传三保太监①下西洋，为明初盛事云。②

明初出使海外著劳绩的，还有太监杨敕（敏）、侯显、尹庆诸人。杨敕于永乐十年（1412年）奉使往榜葛剌等国，永乐十二年（1414年）还京。③侯显接着也出使榜葛剌、沼纳朴儿（Ganupur），令两国罢兵。④后又命周鼎等往使。⑤尹庆于永乐元年（1403年）九月使满剌加、柯枝诸国。⑥永乐三年（1405年）九月返国，苏门答剌酋长奴里阿仲丁、满剌加国酋长拜里迷苏剌、古里国酋长沙米的俱遣使随还朝见。诸俱封为国王，与印诰，并赐彩币袭衣。复命尹庆往使。⑦尹庆第一次出使满剌加时，内官马彬亦同时被命使爪哇、西洋、苏门答腊诸蕃。⑧后又数奉命使占城。⑨张谦于永乐八年（1410年）与行人周航使浡泥国，永乐十、十四、十八（1412、1416、1420年）又奉使往使，永乐十五年（1417年）九月又出使古麻剌郎国。⑩杨庆于永乐十八年（1420年）奉命往西洋公干，洪保于次年奉命送各蕃国使臣回还。⑪吴宾于永乐初曾使爪哇。⑫永乐三年（1405年）朝使曾往招谕吕宋、麻叶瓮、番速儿、来囊葛卜、南巫里、娑罗六国。⑬朝臣奉使西洋者有闻良辅、宁善⑭、王复亨⑮、马贵⑯诸人。

---

① 三保太监明人有谓为郑和旧名者，有谓为合郑和、王景弘、侯显三人称为三保太监，有谓为三下西洋有功，故称三宝太监者，王世贞《弇山堂别集》卷九十《中官考》，有内官三保。并见《弇山堂别集》卷八十八《诏令杂考四》。《明史》卷三三一《尼八剌传》有内官杨三保。又有王三保，陆树声《长水日抄》。由此可知明初内官除郑和外，名三保者甚多。三保为书普通人名，非尊称，其例正如内官狗儿之即为王彦。则三保似即是郑和旧名也。和之僧名福善已见上文。
② 《明史》卷三〇四，《郑和传》。
③ 参见《星槎胜览》前集。
④ 参见《明史》卷三〇四，《郑和传》。
⑤ 《明史·郑和传附侯显传》、《明成祖实录》卷一六六。《明成祖实录》卷二六三。
⑥ 参见《明成祖实录》卷二三。
⑦ 参见《明成祖实录》卷四六。
⑧ 参见《明成祖实录》卷二三。
⑨ 参见《东西洋考》卷二，《占城》。
⑩ 参见《明成祖实录》卷一〇八、一九〇、二三〇；《明史》卷三二五，《渤泥传》。
⑪ 参见《读书敏求记·西洋番国志》。
⑫ 参见《殊域周咨录》卷八，《爪哇》。
⑬ 参见《明成祖实录》卷四七；《明史》卷三二三，《吕宋传》。
⑭ 参见《明成祖实录》卷四六。
⑮ 参见《明成祖实录》卷四三。
⑯ 参见《明成祖实录》卷一一二。

明成祖生母考

一、明人的五种说法

成祖生母问题，自明人即多异说，旧钞本《燕王令旨》[①] 说：

顾予匪才，乃父皇太祖高皇帝亲子、母后孝慈高皇后亲生，皇太子亲弟，悉居众王之长。

自认为高皇后亲子。《太宗实录》因之：

高皇后生五子，长懿文皇太子标，次秦愍王樉，三子晋恭王朱棡，次上，次周定王朱橚。上初生，五色满室，照映宫闼，经日不散，太祖高皇帝高皇后心异之，独钟爱焉。[②]

《明史》复因承之，在《成祖本纪》上说：

文皇帝讳棣，太祖第四子也。母孝慈高皇后。

在这一系统下的记载，都说高皇后生五子，明成祖是嫡四子。第二说则指成祖与周王为高皇后所生，余皆庶出。王世贞《二史考》说：

《皇明世系》谓太宗、周王为高皇后所生，而懿文、秦、晋诸妃子。[③]

郎瑛所见《鲁府玉牒》和此说相同。他说：

太祖二十四子，生母五人。长懿文太子标，第二秦愍王樉，封西

[①] 《北平图书馆藏钞本》，《豫章丛书》本《姜氏秘史》卷二亦载有此文件，经删节，与钞本面目大异。
[②] 《明太宗实录》卷一。
[③] 《弇州史料》卷六一。

安。第三晋恭王㭎，封太原。第四燕王棣，原封北平，今入继大统。第五周王橚，封开封。高后所生也……右《天潢玉牒》之数，予得于顾尚书者。今鲁府所刻玉牒，又以高后止生成祖与周王，因其不同，故录出之。①

第三说则以成祖为达妃子。王世贞《二史考》记：

《革除遗事》则谓懿文、秦、晋、周王为高皇后生，而太宗为达妃子。②

第四说则谓成祖为碽妃子，此说最引人注意，最近傅斯年③、朱希祖④都有文章考证。明人主此说者有何乔远之《名山藏》：

成祖文皇帝讳棣，太祖第四子也。注臣于南京见《太常志》云帝为碽妃所诞生，而《玉牒》则高后第四子。《玉牒》出当日史臣所纂既无可疑，南太常职掌相沿，又未知其据。臣谨备载之以俟后人考。⑤

有谈迁之《国榷》：

文皇帝讳棣，太祖高皇帝第四子也。母碽妃。《玉牒》云高皇后第四子，盖史臣因帝自称嫡，沿之耳。今《南京太常寺志》载孝陵祔享碽妃穆位第一，可据也。⑥

同书天俪条记高祖后妃有碽妃列在定妃达氏下。《枣林杂俎》亦记：

孝陵享殿，太祖高皇帝高皇后南向。左淑妃李氏，生懿文皇太子，秦愍王，晋恭王……俱东列。碽妃生成祖文皇帝，独西列。见《南京太常寺志》。孝陵阉人俱云，孝慈高皇后无子，具如志中……享殿配位出自宸断相传必有确据，而微与《玉牒》抵牾，诚不知其解。⑦

有刘振之《识大录》：

---

① 《七修类稿》卷一〇。
② 今《岭南遗书》本黄佐《革除遗事节本》（六卷）无此说，黄氏书原十六卷，然《明史·艺文志》已作六卷，则原本明清之际已不传。世贞所见当是未经删节之十六卷本。
③ 《国立中央研究院历史语言研究所集刊》第二本第四部分，《明成祖生母记疑》。
④ 《国立中山大学文史学研究所集刊》第二卷第一期，《明成祖生母记疑辩》。
⑤ 《典谟记》六。
⑥ 《国榷》，建文四年。
⑦ 义集《彤管篇》，孝慈高皇后无子条。

成祖文皇帝讳棣，太祖第四子也。母曰碽妃。姿貌秀杰，目重瞳子，龙行虎步，声若洪钟，太祖及高后皆爱之。高后因育为己子。①

有李清之《三垣笔记》：

予阅《南太常寺志》载懿文皇太子及秦晋二王均李妃生，成祖则碽妃生，讶之。时钱宗伯谦益有博物称，亦不能决。后以弘光元旦谒孝陵，予语谦益曰：此事与《实录》、《玉牒》左，何征？但本志所载东侧列妃嫔二十余，而西侧止碽妃，然否？曷不启寝殿验之。及入视，果然，乃知李、碽之言有以也。惟周王不载所出。观太祖命服养母孙妃斩衰三年，疑即孙出。②

有张岱之《陶庵梦忆》：

（孝陵）近（暖）阁下一座稍前为碽妃，是成祖生母。成祖生，孝慈皇后妊为己子，事甚秘。③

有沈玄华之《敬礼南都奉先殿纪事》：

……高皇配在天御幄神所栖，众妃位东序，一妃独在西。成祖重所生，嫔德莫敢齐。一见异千闻，《实录》安可稽？……

（按：长陵每自称曰朕高皇后第四子也。然奉先庙制，高后南向，诸妃尽东列，西序惟碽妃一人。具载《南京太常寺志》。盖高后从未怀妊，岂惟长陵，即懿文太子亦非后生也。世疑此事不实，诵沈大理诗，期明征矣。④）

第五说则谓成祖为元主妃所生，王世懋《窥天外乘》记：

成祖皇帝为高皇后第四子明甚，而《野史》尚谓是元主妃所生。⑤

《蒙古源流》记成祖为元主妃洪吉喇氏所生：

先是蒙古托衮特穆尔乌哈噶图汗（案即元顺帝）岁次戊申，汉人朱葛诺延年二十五岁，袭取大都城，即汗位，称为大明朱洪武汗。其乌哈葛图汗之第三福晋系洪吉喇特托克托太师之女，名格呼勒德哈屯，怀孕

---

① 《识大录》卷七，《帝典》。
② 《三垣笔记》，《附志》。
③ 《陶庵梦忆》卷一，《钟山》。
④ 朱彝尊：《明诗综》卷四四。
⑤ 《纪录汇编》卷二〇五。

七月，洪武汗纳之。越三月，是岁戊申生一男。朱洪武降旨曰：从前我汗曾有大恩于我，此乃伊子也，其恩应报，可为我子，尔等勿以为非，遂养为己子，与汉福晋所生之子朱代共二子。朱洪武在位三十年，岁次戊寅，五十五岁卒。大小官员商议，以为蒙古福晋之子虽为兄，系他人之子，长成不免与汉人为仇。汉福晋之子虽为弟，乃嫡子，应奉以为汗。朱代庚戌年生，岁次戊寅年二十九岁即位，在位四越月十八日，即卒于是年。无子。其蒙古福晋所生子，于己卯年三十二岁即位……在位二十二年，岁次庚子年五十岁卒。①

刘献廷亦主此说，惟以成祖母为瓮氏：

明成祖非马后子也。其母瓮氏蒙古人。以其为元顺帝之妃，故隐其事。宫中别有庙，藏神主，世世祀之，不关宗伯。有司礼太监为彭恭庵言之。余少每闻燕之故老为此说，今始信焉。②

傅斯年先生所见明人笔记，则以成祖为元顺帝高丽妃所遗之子：

（抄本）中有一节亦抄自明人笔记者，记明成祖生母事甚详。大致谓作者与周王府中人相熟，府中传说，成祖与周王同母，皆非高后产也。故齐王削藩时，周王受责最重，而燕王自感不安者愈深。及燕王战胜入京，与周王相持恸哭。其后周王骄侈，终为保全，而恩泽所及最重。又记时人侈言成祖实元顺帝之高丽妃所遗之子。并记当时民间歌语，七言成句。末语谓三十五年仍是胡人之天下云云。③

综上五说，第一说高后生五子，第二说高后生燕周二王，第三说高后生懿文、秦、晋、周王，燕王为达妃所生。第四说以成祖为硕妃子，除刘振所记不知何出外，其余都以《南京太常寺志》作根据。而谈氏、朱氏皆谓高后无子，据《志》则懿文太子、秦愍王、晋恭王并李淑妃生，周王则不知所出。据刘张二说则燕王生母虽为硕妃而高后实为其养母。第五说虽有洪吉喇氏和瓮氏及高丽妃三说，其为元主妃则一。

---

① 《蒙古源流》卷八。
② 《广阳杂记》卷二。
③ 《明成祖生母纪疑》。

二、燕王周王俱庶出

靖难时代的公家文件在当时已经被政府所故意焚毁，不留痕迹，《明史·王艮传》：

> 后成祖出建文时群臣封事千余通，令（解）缙等编阅，事涉兵农钱谷者留之，诸言语干犯及他一切皆焚毁。①

建文臣下的私人著作也被禁毁，悬为厉禁。永乐中藏方孝孺文者罪至死②，现在我们所能看见的只是明成祖系统下的片面文件。而且不但是在当时，明仁宗以下各朝都是明成祖的直系子孙，他们的臣民自然也不敢在钦定的史料以外横生异议。在上文所引用的几种幸存的史料，除官书外大多是晚明的作品，时代较远，说话比较自由，并且有的是凭着官书说话，无忌讳之嫌，有的只是稿本流传，不为政府所属目。我们现在所能凭借的史料只是官方的片面记载和后代私人的记述。

要考定以上五说的是非，第一步先要解决的是燕王和周王是否同母，燕王周王和懿文及秦晋二王是否同母，在钦定的史料中比较，时代较近的是《明太宗实录》。（虽然这史料是出于明成祖的臣下之手，有故意埋没事实厚诬敌人的嫌疑。）我们先就这一部分加以考校。《太宗实录》四年六月乙丑条：

> 上虑朝廷事急，加害周齐二王，遣骑兵千余驰往卫之。周王初不知上所遣，仓卒惶怖，既知乃喜曰："我不死矣！"来见，上出迎之，周王见上拜且哭，上亦哭，感动左右。周王曰："奸恶屠戮我兄弟，赖大兄救我，今日相见，真再生也。"言讫复哭，哭不止，上慰止之。与周王并辔至金川门下马，握手登楼，上曰："身遭兵祸，无所容生，数年亲当矢石，濒万死，今日重见骨肉，皆赖天地皇考皇妣之佑，得至于此。"周王曰："天生大兄，勘定祸乱社稷，保全骨肉，不然，皆落奸臣之手矣。"③

---

① 《明史》卷一四三。
② 《明史》卷一四一，《方孝孺传》。
③ 《明太宗实录》卷九下。

在这一段记载中，有两点最值得我们的注意，第一周王是太祖第五子，却称他四哥为大兄，一则曰："赖大兄救我"，二则曰："天生大兄"，由此可知成祖和周王同母，和懿文及秦晋二王异母，以此周王称为大兄。第二，周齐二王并在京中，同为成祖之弟，而出迎却只记周王，抚慰亦只及周王，由此可见燕、周之关系。再看成祖登极以后对周王的特殊待遇。《太宗实录》记赏赐：

> 洪武三十五年七月乙丑赐周王橚钞二万一千锭。丁酉赐周王橚八万锭，齐王榑钞二万锭。十月戊寅赐周王橚钞十万锭。①

生日则特赐礼物：

> 洪武三十五年七月庚寅赐周王橚生日礼物冠一，通天犀带一，彩帛三十匹，金香炉合各一，玉观音金铜佛各一，钞八千锭，羊十腔，酒百瓶。②

就国后，每遇生日必期前遣驸马都尉往赐物，永乐元年七月遣宋琥，二年遣宋瑛，三年遣沐昕。端午冬至并有赐物，其他非时赏赐，宠渥稠叠。其郡主仪仗并特命得如亲王。③ 同时亲王蒙宠者谷王以开金川门迎降功犹不得望其项背，其他更不能比拟。就国前加禄五千石，仁宗即位加岁禄至二万石。④

事实上燕、周不但同母，且俱为庶出（高皇后无子，说详下）。可是在表面上，燕王一口咬定自己是嫡出，他和周王同母，连带着把周王也算为高后亲子。在起兵的时候口口声声抬出嫡子的头衔来迎合传统的宗法观念。因为这时候被称为嫡子的懿文及秦晋二王都已去世，建文在他的举兵檄文⑤中被斥为变祖法妻祖母大逆不道，不应继承主器，在伦序上他应入继大统。所以他在任何文件和口头谈话上一有机会就向人诉说他是嫡子，即位后即下令焚毁建文朝有"言语干犯"的文件，至少在这些文件中有一部分是指斥他这一假作的声明的。《太宗实录》记其起兵时上书：

---

① 《明太宗实录》卷一〇至一三。
② 《明太宗实录》卷一〇。
③ 《明太宗实录》卷一八。
④ 《明史》卷一一六，《周王橚传》。
⑤ 《燕王令旨》。

> （建文）元年七月癸酉上书于朝曰："切念臣于懿文皇太子同父母至亲也。……"

同日他又告诉他的将士说："我太祖高皇帝孝慈高皇后嫡子，国家至亲。"①

得位后他又书面告诉人他是嫡子：

> 三十五年七月壬午诏曰："朕为高皇帝嫡子；祖有明训；朝无正臣，内有奸恶，王得兴兵讨之。"②

又书面告诉他的亲属，让他们会意他是嫡子：

> 三十五年七月癸亥，晋王济熺来朝。赐书谕曰："吾与尔父皆皇考妣所生，自少友爱深厚。"③

从此以后，燕王嫡子之说便成铁案。登极后变本加厉，率性伪造《玉牒》，惟以自己和周王为高后嫡子，明著懿文及秦晋二王俱为庶出，这一痕迹一见于郎瑛所见之《鲁府玉牒》，二见于被删改后的《明太祖实录》。稍久觉得这说不妥，再来一次修改，在三修《太祖实录》和《天潢玉牒》中明著五人同母。这一件伪造文证的经过，夏燮说得最明白。他说：

> 明成祖于建文所修之《太祖实录》，一改再改，其用意在嫡出一事。盖懿文太子薨，则其伦序犹在秦晋，若洪武之末，则秦晋二王已薨，自谓伦序当立，借以文其篡逆之名也。并引周王为五人同母者，盖燕周本同母也。《明史·黄子澄传》曰："周王，燕王之母弟，削周是翦燕手足也"。此初修本之仅存者。④ 解缙奉诏再修，尽焚原草而独存此数语者，盖缙等欲取媚成祖，遂谓懿文太子秦晋二王皆诸妃出，惟燕周二王同为高后生，以证立嫡立长，礼之所宜。是则缙之所谓同母，乃母高后，与《子澄传》中同母之语词同而意异矣。缙之得罪在永乐九年，时必有谮之于成祖者，谓懿文庶出之语骇人听闻，修《实录》者留此罅隙以滋天下后世口实，于是成祖并疑李景隆、茹瑺等心术不正（语见沈氏

---

① 《燕王令旨》卷二。
② 《燕王令旨》卷一〇上。
③ 《燕王令旨》卷一〇下。
④ 此说明人著作中流传甚广。朱睦㮮为周藩宗室，他也在《革除逸史》中记，（齐）泰欲伐燕，（黄）子澄曰："不可，燕兵最精，卒难图，不如先取周。周乃燕母弟，去其手足而后燕可图也。"

《野获编》),乃于九年复命姚广孝、夏原吉等为三修之役,而杨士奇等主之,因自懿文太子以下五人悉系之高后所出,遂为定本。而忘却子澄同母一语自相矛盾未及追改,又入之《永乐实录》中,而燕周二王之为庶生,反成铁证,是目论而不自见其睫者也。①

三、高皇后无子

燕王周王同母并为庶出之说已于上文论定,请再申论懿文及秦晋二王之是否为高皇后所生。

《明史·兴宗孝康皇帝传》:"标,太祖长子也,母高皇后。元至正十五年生于太平陈迪家。"② 按《明太祖实录》:"乙未九月乙亥皇长子生,孝慈皇后出也。"③ 考《明史·太祖本纪》:

> (至正十五年)五月太祖谋渡江无舟,会巢湖帅廖永安、俞通海以水军千艘来附,太祖大喜,往抚其众,而元中丞蛮子海牙扼铜城闸、马场河诸隘,巢湖舟师不得出,忽大雨……遂乘水涨,从小港纵身还,因击海牙于峪溪口,大败之,遂定计渡江……六月乙卯,乘风引帆,直达牛渚,常遇春先登,拔之,采石兵亦溃,缘江诸垒悉附……遂乘胜拔太平。改路曰府,置太平兴国翼元帅府,自领元帅事。时太平四面皆元兵,右丞阿鲁灰、中丞蛮子海牙等严师截姑孰口,陈野先水军帅康茂才以数万众攻城,太祖遣徐达、邓愈、汤和逆战,别将潜出其后夹击之,擒野先并降其众,阿鲁灰等引去。秋九月,郭天叙、张天祐攻集庆,野先叛,二人皆战死。野先寻为民兵所杀,从子兆先收其众屯方山,与海牙掎角以窥太平。④

由此可知太祖自五月定计渡江,六月克太平,以后,太平即被元兵所包围。《明史·高皇后传》:

> 太祖既克太平,后率将士妻妾渡江。

---

① 《明通鉴义例》。
② 《明史》卷一一五。
③ 《明太祖实录》卷三。
④ 《明史》,《太祖本纪》卷一。

由此知高后初未从大军出发，至克太平后始渡江。据《实录》言懿文太子生于九月丁亥，如在九月前高后无渡江之可能时，则懿文必非高后所生。《明史》记陈野先之被擒在九月前，则高后之渡江当在野先被擒阿鲁灰等引去之后，九月丁亥之前。如元兵在九月中犹未引去，则高后及所率将士妻妾必不能突过元人舟师之堵截而入四面包围情形下之太平也。《明史》本纪多据《实录》，《太祖实录》经三次改窜，不值吾人信任。试别征之当时人之记载，俞本《皇明记事录》说：

> 九月元义兵元帅陈也先领兵攻太平府，士卒登城，上亲率死士拒之，城中危急。是时上娶孙伯英妹为次妃，妃言于上曰："府中金银若干，何不尽给将士，使之奋身御敌，倘有不虞，积金何益！"次日敌再至，上尽置金银于城上，分给将士，遂大败敌兵，生擒也先。①

则太平之围至九月始解。太祖渡江时，高后及将士妻妾留和州。《明史·常遇春传》：

> 取太平，授总管府先锋，进总管都督。时将士妻子辎重皆在和州。元中丞蛮子海牙复以舟师袭据采石，道中梗，太祖自将攻之，遣遇春多张疑兵分敌势，战既合，遇春操轻舸冲海牙舟为二，左右纵击大败之，尽得其舟，江路复通。②

是则在遇春大破海牙水师以前，江路不通，将士妻子辎重仍在和州也。《康茂才传》：

> 太祖既渡江，将士家属留和州。时茂才移戍采石，扼江渡。太祖遣兵数攻之，茂才力守，常遇春设伏歼其精锐，茂才复立寨天宁洲；又破之，奔集庆。③

采石之破，《太祖本纪》系于十六年春二月丙子。宋濂撰《开平王神道碑铭》：

> 丙申（至正十六年）春二月元中丞蛮子海牙复以兵屯采石，南北不通，上虑将士虽渡江而其父母妻子尚留淮西，势莫可致，命王统兵攻

---

① 钱谦益：《国初群雄事略》卷二引。
② 《明史》卷一二五。
③ 《明史》卷一三〇。

之。王至设疑兵以分其势而以正兵与之合，及战，别出奇兵搗败之，悉俘其精锐，自是元兵扼江之势衰矣。①

是则在至正十六年二月丙子以前，留驻和州之将士家属仍未渡江也。《高皇后传》明说"后率将士妻妾渡江"。《碑铭》明说在至正十六年二月以前"将士虽渡江而其父母妻子尚留淮西"。则高后之率将士妻妾渡江，由和州到太平，应在至正十六年二月蛮子海牙失败，元兵扼江势衰之后。宋濂为当时人，所记当不致误。即使退一步说，或许高后率将士家属渡江是在十五年九月以前，我们再看看在九月以前江路是否允许通行。宋濂《蕲国武义康公神道碑铭》记：

乙未（至正十五年）六月上帅师渡江，将士家属尚留于和州，上虑公扼采石之冲弗获渡，时出兵挑战，公兵虽寡而以宽宏得士卒心，故临阵人多效死，于是数战不克。后数月常忠武王遇春遣游兵虚挠之，公连日发军以应，王度其力疲，夜设伏兵，质明歼其精锐殆尽。然犹收合溃散，坚塞于天宁洲。明年二月上命诸将以襄阳大炮破其塞，公奔行台。②

由此可知常遇春第一次破元水师是在六月后的数月，元兵虽败仍扼长江，到十六年二月第二次大败方全师撤退。是则太祖入太平后南北始终隔绝，将士家属虽在仅隔一水的和州始终不能飞渡。

再据刘辰《国初事迹》：

太祖尝曰："与我取城子的总兵官妻子俱要在京住坐，不许搬取出外。"③

这虽是开国后的事，但由此亦可推知在创业时代的规制，太祖率诸将出师进取，高后则率将士妻妾辎重留后方，严密监护，使诸将不敢有异心。上文所引史料明记在十六年二月以前将士妻妾辎重尚未渡江，则高后绝无委弃部属单身先赴太平之理。

综据以上论证，则高后绝不能于九月丁亥以前渡江至太平。高后既不在太平，则懿文太子自非高后所生。懿文与秦晋二王同母，懿文既非高后所

---

① 《宋文宪公全集》卷四。
② 《宋文宪公全集》卷四。
③ 《金华丛书》本。

生，则秦晋二王亦必非高后所生。高后既已考定无子，则《南京太常寺志》所记淑妃李氏生懿文皇太子、秦愍王、晋恭王，硕妃生成祖事当属可信。

高后虽无子，却喜养子。刘辰记太祖有义子保儿、周舍、道舍、柴舍、马儿、金刚奴、也先、买驴、真童、泼儿等，分遣出镇，用以钳制将士：

> 太祖于国初以所克城池专用义子作心腹，与将官同守，如得镇江用周舍，得宣州用道舍，得徽州用王驸马，得严州用保儿，得婺州用马儿，得处州用柴舍、真童，得衢州用金刚奴、也先，得广信调周舍郎沐英也。①

则以他妃子养为己子尤情理之当然。懿文、秦、晋诸王当俱为高后养子，高后视如亲生，诸子亦遂自命为嫡子，其生母因之埋没，仅于陵寝及享殿微露端倪也。

也许有人要问，太祖在初起兵时势力未盛，何能有许多姬妾。这一问题的解答是太祖初起兵时有记载可考的姬妾有孙妃，见《记事录》；有郭妃，见《天潢玉牒》；有胡妃，见《国初事迹》；有郭宁妃，见《彤史拾遗记》。《明史》记淑妃李氏寿州人，高后薨后摄六宫事，淑妃薨以郭宁妃摄六宫事。宁妃是渡江时的姬侍，李妃摄宫在郭妃前，则李妃之归太祖必更在郭妃前，军行以诸妃随侍，俞本记孙妃事可证，则在太平生懿文太子者为李淑妃无疑。

四、硕妃为成祖生母

成祖、周王同为妃出，据《南京太常寺志》，生母实为硕妃。硕妃之来历不明。盖成祖起兵时自诉为嫡出，以后无法再换一个生母，只好讳莫如深，完全抹杀。何乔远、谈迁诸人疑享殿配位和《玉牒》龃龉，以为不知其解。这因为他们所见的《玉牒》载五子同母的是永乐九年《太祖实录》三修以后的本子。(在这以前有记燕周出高后，懿文、秦、晋出诸妃的《鲁府玉牒》，再前应当还有一个最初本子，记明懿文、秦、晋二王出李淑妃，燕周二王出硕妃的《玉牒》?)已经数度改窜，自然不能和实际情形相合。《革

---

① 《国初事迹》。

除遗事》以成祖为达妃出，考达妃生齐王榑、潭王梓，黄氏原文今不得见，不知何据。《国榷》天俪条列硕妃于达定妃下，也许是由位次逼近而误记？第五说以燕王为元主妃所生，此说正如傅斯年先生所谓：

> 在明人心目中，永乐非他，绝懿文之裔，灭方孝孺之十族者也。偏偏其生母非汉姓，而洪武元年直接至正，庚申帝为瀛国公子之说依然甚嚣于人心，则士人凭感情之驱率，画依样之葫芦，于是硕妃为庚申帝妃，成祖为庚申帝子矣。①

至于硕妃之非元主妃及洪吉喇氏传说之无稽，傅斯年先生、朱希祖先生俱已作文力辟之。傅先生所见明人笔记成祖出高丽妃一说，高丽妃亦不必即为硕妃，二者不必强同。朱先生曾引《明史》含山公主传记有含山母高丽妃韩氏之文，以为硕妃如果生子，不应不见《玉牒》。按此乃朱先生见闻太隘，过信官书之过，因为官书并不一定可靠，而且明初《玉牒》即已经过几度修改，《明史》所据为修改过的官书，朱先生却以此事不见于宫书，不见于《明史》为疑，这也未免是"缘木求鱼"了。而且太祖宫中高丽妃也不止韩氏一人。《殊域周咨录》记有周妃，得于元主宫中：

> 初元主尝索女于高丽，得（周）谊女纳之宫中。后为我朝中使携归。（时宫中美人有号高丽妃者疑即此女）②

《明史·朝鲜传》仅记朝鲜使周谊求贡被留，不及其女。而且明代官书也不尽存于今，《太常寺志》还是明代人所见的书，我们已不得见。朱先生疑：

> 若使硕妃果为成祖生母，李淑妃果为懿文皇太子及秦晋二王生母，则李淑妃既载于《玉牒》及《实录》，而《明史·后妃传》本之，亦有《李淑妃传》，何以明代官书除《南京太常寺志》外，从未记载硕妃乎？成祖既为天子，何以不敢表彰其生母，使之湮灭无传，而在北京私于宫中立庙祀之，在南京私于陵寝别立配位尊之，不敢关于太常乎？若于高后讳，则于李淑妃又何解乎？若讳己为庶子，则汉文帝尝言，朕为高皇

---

① 《明成祖生母记疑》。
② 《殊域周咨录》卷一《朝鲜》。

帝侧室之子，又何伤乎？况皇太子标等皆属庶出，根本无嫡子争位，又何必讳乎？①

这几个疑问都是神经过敏，而且完全不合论理。因为明代官书决不止仅《南太常寺志》一书，也许记载有硕妃的还有别的官书，可是谈迁、李清等当时所能见到的只有《南太常寺志》。我们不能无的放矢，因为不能看见其他官书，便瞎说其他官书从未记载硕妃。李淑妃载于《玉牒》、《实录》是因为懿文系下已经一败涂地，秦、晋也只是藩王，不必忌讳。硕妃不见于《实录》及《玉牒》，是因为《实录》及《玉牒》已被故意删改过几次，明成祖不愿意说自己不是高皇后的亲子的缘故。因为这样，所以湮没之唯恐不及，更何论表彰。汉文帝不讳庶子，明成祖讳庶子，很浅显明白的理由是环境不同，汉文帝是雍容入继，明成祖是称兵篡逆。人家请来作皇帝，自己说是庶子便愈显得谦恭；造反抢皇帝作，便只好硬说是嫡子，因为成祖是在和有法律继承地位的皇长孙争位啊！

综结以上研讨的结果，结论是高皇后无子；懿文太子，秦、晋二王为李淑妃出；成祖、周王为硕妃出。成祖为高后所养，故冒称嫡子。硕妃则行历不详，只好阙疑。

二十四年三月九日

---

① 《明成祖生母记疑辩》。

东林党之争

东林党之争是明朝末年历史上的一个特征。

首先应该明确这样一个问题，历史上所谓党与我们今天所说的党是两回事，不能把历史上所说的党和今天的政党混同起来。历史上所说的党并没有什么组织形式，参加哪个党是没有任何形式的，既不要交党费，也没有组织生活，更没有党章和党纲。然而在历史上又确实叫做党。历史上所谓党是指的什么呢？是指政治见解大体相同的一些人的集团，也就是统治阶级内部某些人无形的组合。明朝的东林党，它的情况大致是这样：在江苏无锡有个书院叫东林书院，这是一所学校。当时有两个政府官员，叫顾宪成和顾允成，两兄弟在北京做官的时候，由于他们的政治见解与当时的当权人物相抵触，便辞官不做，回家后在东林书院讲学。他们很有学问，在地方声望很高，为人也正派。这样，和他们意气相投的人跟他们的来往便越来越多了。不但在地方上，就是在北京，有一些官员跟他们的来往也比较多。他们以讲学为名，发表一些议论朝政的意见。这样，从万历二十二年（1594年）开始，一直到明朝被推翻，前后五十年间，在明朝政治上形成了一批所谓东林党人，和另外一批反对东林党的非东林党人。非东林党人后来形成齐（山东）、楚（湖北）、浙（浙江）三派，与东林党争论不休。这五十年中间，在几件大事情上都有争论。你主张这样，他反对；他主张那样，你反对。举例来说，党争中最早的一个问题，就是所谓"京察"问题。"京察"这两个字大家都认识，但是不好懂。这是古代历史上的一种制度，就是政府的官员经过一定的时期要考核，相当于现在的考勤考绩。主持考勤考绩的是吏部尚书、吏部侍郎（相当于现在的内务部部长、副部长），他们主管文官的登记、资格审查、成绩考核及任免、升降、转调、俸给、奖恤等事。当时考取进士以后，有一部分进士就安排做科道官。科就是六科给事中，道就是十三道御史。六科就是按照六部（吏、户、礼、兵、刑、工）来分的。道是按照行政区划来设置的。当时全国有十三个布政使司，设了十三道御史，譬如浙江道有浙江道御史。科道官都是监察官，当时叫做"言官"。他们本身没有什么工作，只是监察别人的工作，提出赞成的或者反对的意见。他们的任务就是说话，所以叫"言官"。每次"京察"，吏部提出某些人称职，某些人不称职。1594年举行"京察"的时候，就发生了争论，这一部分人说这些人好，那一部分人说不好。凡是东林党人说好的，非东林党人一定说不好。争论中掺和了封建社会的乡里（同乡）关系。譬如齐、楚、浙就是乡里关系。不管这件事情正确不正确，只要是和我同乡的人，都是对的。还有一种同门的关系。所谓同门就是指同一个老师出身的。不管事情本身怎么样，只要跟我是同学，就都是对的。至于对亲戚、朋友则更不用说了。就在这样的封建关系组合之下，从1594年"京察"开始，一直争吵了五十年。

继"京察"问题之后，接着发生了"国本之争"。所谓"国本"就是国家的根本。我们今天说国家的根本就是人民，没有人民就没有国家。当时并没有这样的概念。那时候所谓"国本"是指皇帝的继承人问题。万历做了多年皇帝，按照过去的惯例，他应该立一个皇太子，以便他死后有一个法定的继承人。可是他不喜欢他的大儿子，他所喜欢的是他的小老婆（郑贵妃）生的儿子福王（以后封在河南洛阳），所以他就迟迟不立太子。有些大臣就叫起来了，他们认为国家的根本很重要，也就是说第二代的皇帝很重要，应该早立太子。凡是提议立太子的，万历就不高兴，他说：我还活着，你们忙什么！这样，有人主张早立太子，有人反对立太子，争吵起来了，这就叫"国本之争"。

跟着又发生了一个案子叫"梃击案"。有一天早晨，突然有一个人跑到宫里来见人就打，一直打到万历的大儿子那里去了。当然，这个人马上被逮住了。可是这里发生了一个问题，是谁叫他到宫里来打万历的大儿子的？当时有人怀疑是郑贵妃指使的。这是宫廷问题，却成了当时政治上的一个大问题，引起了争吵，东林党与非东林党大吵特吵。

万历做了四十八年皇帝，死了。他的大儿子继位不到一个月又死了。怎么死的呢？搞不清楚。据说他在病的时候，有一个医生给他红丸药吃，吃了以后就死了。这样就发生了一个问题，这个皇帝是不是被毒死的？是谁把他毒死的？因此又发生了所谓"红丸案"。各个集团之间又争吵起来了。

正在争吵的时候，发生了另一个问题：就是这个只作了个把月的皇帝死了以后，他的儿子继位，还没成年。这个短命皇帝有个妃子李选侍，她住在正宫里不肯搬出来。她有政治野心：想趁这个小孩做皇帝的机会把持朝政。这样，又发生了争论，有一些人出来骂她：你这个妃子怎么能霸着正宫？逼着她搬出去了。这个案件叫"移宫案"。京戏里有一出戏叫《二进宫》，就是反映这件事的，不过把时代改变了，把孙子的事情改成了祖父的事情。

"梃击"、"红丸"、"移宫"是当时三大案件，成为当时争论最激烈的事件。在这样的情况下，政治上出现了什么现象呢？每一件事情出来，这批人这样主张，那批人那样主张，争论不休，整天给皇帝写报告。到底谁对谁不对？从现在来看，东林党与非东林党之争，一般地说，道理在东林党方面。东林党的道理多，非东林党的道理少。但是，东林党是不是完全对呢？在某些问题上也不完全对。这样争来争去，争不出个是非来，结果只有争论，缺乏行动，许多政治上该办的事没人去管了。后来造成这种现象：某些正派的官员提出他的主张，这个主张一提出来，马上就有一批人来攻击他，他就不能办事，只好请求辞职。皇帝不知道这个人对不对，不作处理，把事情压下来。这个官既不能办事，辞职也辞不成，怎么办？干脆自己回家。他回家以后政府也不管，结果这个官就空着没人做。到万历后期政治纪律松懈到这样的地步：哪个官受了攻击就把官丢了回家，以致六部的很多部长都没人做了。万历皇帝到晚年根本不接见臣下，差不多一二十年不跟大臣见面，把自己关在宫廷里，什么事情也不管。大臣们有什么事情要跟他商量也见不着。政治腐化，纪律松懈，很多重要的问题得不到解决，却专搞无原则的纠纷。大是大非没人管了，成天纠缠在一些枝节问题上。

这种无休止的争吵影响到一些重大的政治事件的发展。譬如日本侵略朝鲜，中国到底应不应该援助朝鲜，在这个问题上发生了争论。后来还是派兵去支援了朝鲜，第一个时期打了胜仗，收复了平壤。后来又派兵去，由于麻痹大意，打了败仗。打了败仗以后，政府里又发生争论了，主和派觉得和日本打仗没有必要，支援朝鲜意义不大，不如放弃军事支援，转而采取政治手段来解决问题。他们主张把丰臣秀吉封为日本国王，并答应和他做买卖。历史上封王叫做朝，做买卖叫做贡，所谓朝贡，说得通俗一点，就是你带些物资来卖给我，我给你一些物资作交换。在这种情况下，明朝政府只好一面按照主战派的主张，继续派兵援助朝鲜；一面派人暗中往来日本进行和议。后来明军与朝鲜军大败日本侵略军。日本愿和了。明朝政府便按照主和派撤兵议和的主张，允许议和。并派人到日本去办外交，封丰臣秀吉为国王。但日本国内本来已经有天皇，因此丰臣秀吉不接受王位，而且提出了很强硬的条件。结果外交失败了。日军重新侵略朝鲜。明朝政府只好再次出兵，最后打败了日军。由于追究外交失败的责任，又引起了争论。

这种影响在"封疆案"的问题上表现得更加明显。万历死后，东林党在政府做官的人越来越多了。这时北京有一个"首善书院"（今北京宣武门内），在这里讲学的也是东林党人。这些人在政治上提出意见时，非东林党人就起来攻击，要封闭这个书院。东林党人当然反对封闭。这样吵了二三十年。这个争论最后演变成什么局面呢？当时万历皇帝的孙子熹宗（年号天启，是崇祯皇帝的哥哥）很年轻，不懂事，光贪玩。他宠信太监魏忠贤，军事、政治各个方面都是太监当家。一些地主阶级的知识分子由于在魏忠贤门下奔走而当了官。凡是属于魏忠贤这一派的，历史上称为"阉党"。阉党里面没有什么正派人，东林党是反对阉党的。因此，党争发展到这个时候，就变成了地主阶级的知识分子与宦官的斗争。这个斗争影响到东北的军事形势。在万历以前，东北的建州女真已经壮大起来了，不断进攻辽东，占领了许多城市。到天启时代，明朝防御建州女真的军事将领熊廷弼提出一系列的军事上和政治上的主张，他认为跟建州女真进行军事斗争时，明朝军队不能退回到山海关以内，而应该在山海关以东建立军事据点。当时前方的另一个军事将领叫王化贞，他不同意这个意见，他认为只能依靠山海关来据守。熊廷弼虽然是统帅，地位比王化贞高，但是没有军事实权，而王化贞得到了魏忠贤的支持。这样，熊廷弼的正确意见因为得不到支持而不能贯彻，结果打了败仗，王化贞先跑回来了，熊廷弼也跑回来了，山海关以东的很多地方都丢了。北京震动，面临着很严重的军事危机。在这种情况下又发生了有关"封疆案"的争论。当时追究这次失败的责任，到底是熊廷弼的责任，还是王化贞的责任？从当时的具体军事形势来看，熊廷弼是正确的，但他没有军队来支持。王化贞有十几万军队，坚持错误的主张，因此王化贞应该负责。但是因为熊廷弼得罪了很多人，结果把这个责任推到他身上，把他杀了。很显然，这样的争论和处理大大地影响了前方的军事形势。

"封疆案"以后，跟着就是魏忠贤对东林党人的屠杀。因为一些在朝的东林党人认为魏忠贤这样胡搞不行，就向皇帝写信控告他的罪恶。当时有杨涟等人列举了他的二十四条罪状。这些东林党人的行为得到了其他官员的支持。这样，东林党和阉党就面对面地斗争起来。由于魏忠贤军权在握，又指挥了特务，而东林党人缺乏这两样武器，结果大批的东林党人被杀。当时被杀的有杨涟、左光斗、周顺昌、黄尊素、缪昌期等。其中周顺昌在苏州很有声望，当特务逮捕他的时候，苏州的老百姓起来保护他。最后这次人民的斗争还是失败了，人民吃了苦头，周顺昌被带到北京杀害了。

熹宗死了以后，明朝最后的一个皇帝——崇祯皇帝比他哥哥脑子清楚一点，他把魏忠贤这伙人收拾了，把一些阉党分子都杀了（魏忠贤是自己上吊死的）。但是这场斗争是不是停止了呢？没有停止，东林党人跟魏忠贤的余孽在崇祯十七年（1644年）的时候还在继续争斗。崇祯五年（1632年），一些东林党人的后代跟与东林党有关系的地方上的知识分子组织了一个团体，叫做"复社"，以后又有"几社"，有大批青年知识分子参加。表面上他们是以文会友，写文章，写诗，是学术研究组织，实际上有政治内容。大家可能看过《桃花扇》这出戏，这出戏里的侯朝宗、陈贞慧、吴应箕、冒辟疆四公子都是复社里的人。当时李自成已经占领了北京，崇祯上吊死了。这个消息传到了南方，没有皇帝怎么办？这时一些阉党人物就想拥小福王（由崧）来做皇帝。原来万历把最喜欢的那个儿子福王（常洵）封在河南洛阳，这是老福王。这个人很坏，在他封到洛阳时，万历给他四万顷土地，河南的土地不够，还把邻省的土地也给他。老百姓都恨透了。李自成进入洛阳以后，把老福王杀掉了。小福王由崧（这也不是个好东西）逃到南京。当时在南京掌握军事实权的是过去和魏忠贤有关系的阉党人物马士英，替他出主意的也是一个阉党分子，叫阮大铖，他们把小福王抓到手中，把他捧出来做皇帝。可是政府里面另外一批比较正派的人，像史可法、高弘图、姜曰广等主张立潞王（常淓）做皇帝。这个人比较明白清楚。但马士英他们先走了一步，硬把福王捧出来做了皇帝。这样，在南京小朝廷里又发生了东林党与非东林党之争。因为马士英和阮大铖是当权的，史可法被排挤出去，去镇守扬州。在清军南下的时候，史可法坚决抵抗，在扬州牺牲了。马士英和阮大铖在南京搞得不像样，清军一步步逼近南京。这时候小福王在做什么呢？在跟阮大铖排戏。也就在这个时候，上面说的四公子就起来反对阮大铖，他们发出布告，揭露阮大铖过去是魏忠贤的干儿子，名誉很不好，做了很多坏事，不能让他在政府里当权。号召大家起来反对他。南京国子监的学生也支持他们的主张，这样就形成一个学生运动。侯朝宗这些人虽然得到广大知识分子的支持，但是他们根本没有实力。而马士英、阮大铖有军事力量的支持。结果有的人被逮捕了，有的人跑掉了。不久之后，清军占领南京，小福王的政权也就被消灭了。

党争从1594年开始，一直到1645年，始终没有停止过。无论是在政治问题上，还是在军事问题上，都争论不休。这种争论是什么性质的呢？这是地主阶级内部的矛盾。开始是东林党和齐、楚、浙三党之争，后来演变为东林党与阉党之争。由于东林党的主张在某些方面是有利于当时的生产的发展的，因此他们得到了人民的支持。但是反过来说，所有的东林党人都反对农民起义。这是他们的阶级本质决定的。譬如史可法这个历史人物，从他最后这段历史来说是应该肯定的。那时候，清军南下包围扬州，他的军事力量很薄弱，也得不到南京的支持，孤军据守扬州。但他宁肯牺牲不肯投降。这是有民族气节的人，也就是毛主席所说的有骨气。我们中国人是有骨气的，史可法就是这种有骨气的代表人物。但是他以前的历史就不好追究了。他以前干什么呢？镇压农民起义。在阶级斗争极为尖锐的时候，这些人的阶级立场是极为清楚的，反对农民起义，镇压农民起义。即使在他抗拒清军南下的时候，还要反对农民起义。有没有同情农民起义呢？没有。不可能要求统治者来同情被统治者的反抗。

对于这样一段党争的历史，要具体分析，具体研究。党争跟明朝的政治制度有关系。明太祖在洪武十三年（1380年）取消了宰相，取消了中书省，搞了几个机要秘书到内廷来办事情。到明成祖时搞了个内阁，这是个政府机构。内阁的权力越来越大，代替了过去的宰相，虽然没有宰相之名，但是有宰相之实。至于给皇帝个人办事的有秘书，就是在宫廷里面设立一个机构，叫作"司礼监"。这是一个内廷机构，不是政府机构。司礼监有一个秉笔太监，皇帝要看什么政府报告，让秉笔太监先看；皇帝要下什么书面指示，也让秉笔太监起稿。皇帝年纪大一些、知识多一些的，还能辨别是非，是不是同意，他自己有主见。可是一些年轻的皇帝就搞不清楚，结果司礼监的秉笔太监就操纵政治，掌握了政权。因为用人和行政的权力都给了司礼监，结果形成了明朝后期的太监独裁。在明朝历史上有很多坏太监，像明英宗时代的王振，明武宗时代的刘瑾，天启时代的魏忠贤等。太监当家的结果，就造成了政府与内廷之争，也就是统治阶级内部地主阶级知识分子与太监争夺政权的斗争。明朝后期五十年的东林党之争就是在这样的背景之下进行的。

  随着太监权力的扩大，不但中央被他们控制了，地方也被他们控制了。洪武十三年（1380年）以后，地方设有三司（都指挥使司、布政使司、按察使司）。三司是各自独立的，都受皇帝的直接指挥。到了永乐时代，当一个地区发生了军事行动，像农民起义或其他的群众斗争爆发的时候，这三个司往往意见不统一，各管各的。结果只好由中央政府派官员去管理这个地方的事。这个官叫巡抚。巡抚是政府官员，常常是由国防部副部长的即兵部侍郎担任。巡抚出去巡视各个地方，事情完了就回来。可是由于到处发生农民战争和民族与民族之间的战争，这个官去了以后就回不来了，逐渐变成一个地方的常驻官了。因为巡抚是中央派去的，所以他的地位在三司之上。过去三司使是地方上最大的官，现在三司使上面又加了一个巡抚。但这能不能解决问题呢？还是不能解决问题。为什么呢？因为巡抚只能指挥这一个地区的军事行动，比如浙江的巡抚就只能管浙江这一个地方。可是遇到军事行动牵涉到几个省的时候，这个巡抚就管不了了。于是又派比巡抚更高的官，即派国防部长——兵部尚书出去作总督。总督管几个省或一个大省。有了总督之后，巡抚就变成第二等官了，三司的地位则更低了。可是到了明朝后期，总督也管不了事。为什么呢？因为战争扩大了，农民战争和辽东的战争往往牵涉五六个省。五六个省就往往有五六个总督，谁也管不了谁。结果只好派大学士出去作督师，总督也归他管。这是一方面。另一方面，明朝为了镇压各地人民的反抗，就派军官到各地去镇守，叫做总兵官，也就是总指挥。统治者对总兵官不放心，怕他搞鬼，因此总是派一个太监去监督，叫做监军。哪个地方有总兵官，哪个地方就有监军。监军可以直接向皇帝写报告，因为他是皇帝直接派出去的。因此，不但总兵官要听他的话，就是像巡抚这一类的地方官也要听他的话。这样，就形成了中央和地方都是太监当家的局面，明朝的政治变成太监的政治了。此外，明朝的皇帝贪图享受，为了满足自己生活上的欲望，哪个地方收税多就派一个太监去，哪个地方有矿藏也派一个太监去，叫做"税使"、"矿使"。全国的主要矿区，东北起辽东，西南到云南，以及武汉、苏州等大城市都有税使、矿使搜刮民脂民膏。这些太监很不讲道理，他们的任务就是弄钱。他们根本不懂得什么矿，更不懂得怎么开采，却要开矿。只要听说这个地方有金矿就要开，而且规定要在这里定开采量达三百两、五百两。如果开不出来怎么办？就要这个地方的老百姓来赔。老百姓要反抗，他就找借口说你的房子下面有矿，把房子拆了开矿。收税也很厉害。苏州有很多机户，纺织工人数量很大。他们要加税，每一张织机要加多少钱。老百姓交不起就请愿。请愿也不行，结果就起来反抗，把太监打死，形成市民暴动。苏州市民暴动出了一个英雄人物，叫做葛贤。这个人后来被杀了。因为明朝政府要屠杀参加暴动的市民，他挺身而出坚决反对。不仅在苏州，在武汉、辽宁、云南等地也发生了市民暴动。有的地方把太监赶跑了，有的地方把太监下面的人逮住杀了。市民暴动是明朝后期历史的一个特征。人民的生活日益困难，不但农民活不下去，城市工商业者也活不下去了，他们便起来反对暴政。

因此，当时一些比较有见解的政治家，就在政治上提出了一些主张。譬如大家知道的海瑞就是这样。他提出了什么主张呢？他做苏州巡抚，管理江苏全省和安徽一部分。这个地区的土地情况怎样呢？前面说到明朝初年土地比较分散，阶级斗争比较缓和。可是一百多年以后，情况改变了，土地全部集中在大地主、大官僚的手中，而且越来越集中。就在海瑞所管辖的地区松江府，出了一个宰相叫徐阶，他就是一个大地主，家里有二十万亩土地。土地都被大地主占有，农民没有土地，只能逃亡。土地过分集中的结果，使农民活不下去，阶级矛盾越来越尖锐。海瑞看出了毛病，他想缓和这种情况。当然，他不能也不知道采取革命的手段。他采取什么办法呢？他认为要解决人民的生活问题，要使人民不去搞武装斗争反对政府，就必须使这些穷人有土地可种。土地从哪里来呢？土地都在大地主手里，而大地主所以取得这些土地，主要的手段是非法的强占。因此他提出这样一个政治措施：要求他管辖地区内的大地主阶级，凡是强占的土地一律退还给老百姓，使老百姓多多少少有一些土地可以耕种，能够活下去。这样来缓和阶级矛盾。他坚决主张这种作法。这一来，大地主阶级就联合起来反对他，结果这个苏州巡抚只做了半年多就被大地主阶级赶跑了。海瑞的办法能不能解决当时的土地问题？当然不可能。把大地主阶级强占的一部分土地归还给老百姓能不能稍微缓和一下阶级矛盾呢？可以缓和一下。可是办不到，因为地主阶级不肯放弃他们已经到手的东西。海瑞是非失败不可的。类似海瑞这样的政治家当时还有没有呢？有的。他们也感到了阶级矛盾和阶级斗争的严重性，认为这个政权维持不下去。但是能不能提出一个解决的办法呢？谁也没有办法。不但统治阶级，就连农民起义的领袖也提不出解决的办法来。

　　阶级矛盾日益尖锐的结果，最后形成了明末的农民大起义。崇祯时代，各地方的农民都起来斗争，最后形成两支强大的军事力量，一支以李自成为首，一支以张献忠为首。他们有没有明确地提出解决阶级矛盾的办法呢？也没有。李自成后期曾经提出"迎闯王，不纳粮"的口号争取广大农民的支持，结果他的队伍一下子就发展到一百多万人，农民、小手工业者、城市贫民都跟着他走。但是不纳粮也不能解决问题。现在有一个材料，就是山东有一个县，李自成曾经统治过那个地方，当时有人主张分田给百姓。分了没有呢？没有分。他提不出明确的办法，不但提不出消灭地主阶级的根本方针，甚至连孙中山那样的"平均地权"的办法也提不出。所以消灭封建剥削，消灭地主阶级这个根本问题，在古代历史上的任何时期都不能解决。不但地主阶级知识分子、官僚提不出解决办法，就是反对封建地主阶级的农民起义领袖也提不出解决的办法，这个问题只有在我们这个时代才能解决。我们研究过去的农民革命、农民起义时，不能把我们今天的思想意识强加于古人。我们这个时代能办到的事,不能希望古人也能办到。否则就是非历史主义的观点。目前史学界在有些问题上存在一些偏向,总希望把农民起义的领袖说得好一些,说得完满一些,不知不觉地把自己所理解的东西加在古人身上。这是不科学的、非马克思主义的观点。我们只能根据历史事实来理解、来解释、来研究和总结历史,而不可以采取别的办法。

附带讲一个小问题。前面提到巡按御史,到底巡按御史是个什么官?我们经常看京戏,很多京戏里都有这么一个官。所谓八府巡按,威风得很。他是干什么的呢?我们前面讲过御史,就是十三道御史,是按照行政区划设置的。每一道御史的职务就是监察他这个地区的官吏和政务。同时,中央有一个机构叫都察院。都察院的官吏叫左、右都御史,左、右都御史下面是左、右副都御史,左、右副都御史下面是左、右佥都御史,再下面就是御史和巡按御史。巡按御史是由都察院派出去检查地方工作的。凡是地方官有违法失职的,他们有权提出意见来。他们还可以监察司法工作,有的案子判得不正确,他们可以提出意见。老百姓申冤的,地方官那里不能解决问题,可以到巡按御史这里来告。这就是戏上八府巡按的来源。御史的官位大不大呢?不大,只是七品官。当时县官也是七品官。知识分子考上进士以后,有一批人就分配做御史。御史管的事情很少,可是在地方上有很高的职权。为什么呢?因为他代表中央,代表都察院,是皇帝的耳目之官。建立这样一种制度的目的是什么呢?目的是想通过巡按御史的监察工作,来缓和当时人民和政府之间的矛盾,解决一些问题。贪官污吏,提出来把他罢免;冤枉的案子帮助平反。于是老百姓对这样的官员寄予很大的希望,希望他们能帮助自己申冤。这种愿望,在当时的一些文学作品中得到了反映。虽然这些人在实际政治生活中并没有解决什么问题,但是一些文学家、艺术家在一定程度上反映了人民的要求,创作了许多这类题材的作品,特别是明清两代有很多剧本是反映这个思想的。这些作品大体上有这样一些共同的内容:一类是描写老百姓受了冤枉,被大地主、大官僚陷害,被关起来或者判处了死刑,最后一个巡按给他翻了案。或者是描写皇庄的庄头作威作福,不但庄田范围以内的佃农,就是庄田附近的老百姓也受他们的欺侮。姑娘被抢走了,家里面的东西被抢走了,后来遇上侠客打抱不平,或者清官出来把问题解决了。在明朝后期和清朝前期,有不少的小说、剧本是描写这些恶霸、庄头的残暴行为的。这是一类。另一类作品反映了当时知识分子的出路问题。当时的知识分子无非是通过考试中秀才、中举人、中进士。中了进士干什么呢?当巡按御史。因此有很多作品是这样的题材:一位公子遇难,在后花园里遇到一位小姐。小姐赠送他多少银子。以后上北京考上了进士,当上了八府巡按。最后夫妻团圆。这个时期的文学作品大体上有这几方面的题材,反映了这个时期的政治生活、阶级斗争的一些问题。

明成祖仁宗景帝之死及其他

明世宗中年好道，斋醮无虚日，其后卒死于金石，固尽人知之。若成祖、仁宗、景帝均非善终，则以史多讳言，不尽为人知也。成祖死于仙方，晚年多暴怒，不能治事。《明史》卷二九九《袁珙传》："礼部郎周讷自福建还，言闽人祀南唐徐知谔、知诲，其神最灵。帝命往迎其像及庙祝以来，遂建灵济宫于都城，祀之。帝每遘疾，辄遣使问神。庙祝诡为仙方以进，药性多热，服之辄痰壅气逆，多暴怒，至失音。中外不敢谏。忠彻一日入侍，进谏曰：'此痰火虚逆之症，实灵济宫符药所至。'帝怒曰：'仙药不服，服凡药耶？'忠彻叩首哭，内侍二人亦哭。帝益怒，命曳二内侍仗之，且曰：'忠彻哭我，我遂死耶？'忠彻惶惧，趋伏阶下，良久始解。"灵济宫祀事详孙承泽《春明梦余录》。

仁宗之死，传闻异辞。或云死于雷，或云为宫人所毒，见皇甫录《明纪略》、杨仪《蚓头密语》。陆钎《病逸漫记》则云："仁宗皇帝驾崩甚速，疑为雷震，又疑宫人欲毒张后，误中上。予尝遇雷太监，质之，云皆不然，盖阴症也。"

景帝之死，陆代《病逸漫记》："景泰帝之崩，为宦者蒋安以帛勒死。"查东山《罪惟录》所记同。

明诸帝中最雄武残暴者无如太祖，衡石量书，初未尝溺于女色。顾中年时曾纳陈友谅妾，后颇以为悔，于所颁《大诰》中自白其事，忸怩作态，亦大可笑也。《大诰・谕官无作无为第四十三》："朕当未定之时，攻城略地，与群雄并驱，十有四年余，未尝妄将一妇人女子。惟亲下武昌，怒陈友谅擅以兵入境，既破武昌，故有伊妾而归：朕忽然自疑，于斯之为，色乎？豪乎？智者监之。"

诸帝中最昏庸无识者莫如熹宗，顾熹宗实一无才之工程师，使其不为帝王，当为不世出之大匠。李逊之《三朝野记》卷二："上性好盖房屋，自操斧锯凿削，巧匠不能及。日与亲近之臣涂文辅、葛九思辈朝夕营造，造成而喜，不久而弃，弃而又成，不厌倦也。当其斤斫刀削，解衣盘薄，非素昵近者不得亲视。王体乾等每闻其经营鄙事时，即从旁传奏文书，奏听毕，即曰：'你们用心行去，我知道了。'所以太阿下移，魏忠贤辈操纵如意，而崔呈秀、魏广微辈通内者亦如桴鼓之旋踵也。"此所记出刘若愚《酌中志》卷一四。

第三章
审视现状：博弈中寻求生存与发展的机会

明初的恐怖政治

洪武二十八年（公元1395）正式颁布《皇明祖训》。这一年，朱元璋已经是六十八岁的衰翁了。

在这之前，桀骜不驯的元功宿将杀光了，主意多端的文臣杀绝了，不顺眼的地主巨室杀得差不多了，连光会掉书袋子搬弄文字的文人也大杀特杀，杀得无人敢说话，甚至出一口大气了。杀，杀，杀！杀了一辈子两手都涂满了鲜血的白头刽子手，踌躇满志，以为从此可以高枕无忧，皇基永固，子子孙孙吃碗现成饭，不必再操心了。这年五月，特别下一道手令说："朕自起兵至今四十余年，亲理天下庶务，人情善恶真伪，无不涉历，其中奸顽刁诈之徒，情犯深重，灼然无疑者，特令法外加刑，意在使人知所警惧，不敢轻易犯法。然此特权时措置，顿挫奸顽，非守成之君所用长法。以后嗣君统理天下，止守律与大诰，并不许用黥刺剕劓阉割刑，臣下敢有奏用此刑者，文武群臣即时劾奏，处以重刑。"[①]

其实明初的酷刑，黥刺剕劓阉割还算是平常的，最惨的是凌迟，凡是凌迟处死的罪人，照例要杀三千三百五十七刀，每十刀一歇一吆喝，慢慢地折磨，硬要被杀的人受长时间的痛苦。[②] 其次有刷洗，把犯人光身子放在铁床上，浇开水，用铁刷刷去皮肉。有枭令，用铁钩钩住脊骨，横挂在竿上。有称竿，犯人缚在竿上，另一头挂石头对称。有抽肠，也是挂在竿上，用铁钩钩入谷门把肠子钩出。有剥皮，贪官污吏的皮放在衙门公座上，让新官看了

---

① 《明太祖实录》卷二百三十九。
② 邓之诚：《骨董续记》卷二十，磔条，引《张文宁年谱》；计六奇：《明季北略》，记郑鄤事。

发抖。此外，还有挑膝盖、锡蛇游种种名目。① 也有同一罪犯，加以墨面文身，挑筋去膝盖剁指，并具五刑的。② 据说在上朝时，老皇帝的脾气好坏很容易看出来，要是这一天他的玉带高高地贴在胸前，大概脾气好，杀人不会多。要是揿玉带到肚皮底下，便是暴风雨来了，满朝廷的官员都吓得脸无人色，个个发抖，准有大批人应这劫数。③ 这些朝官，照规矩每天得上朝，天不亮起身梳洗穿戴，在出门以前，和妻子诀别，吩咐后事，要是居然活着回家，便大小互相庆贺，算是又多活一天了。④

四十年中，据朱元璋自己的著作，《大诰》、《大诰续编》、《大诰三编》和《大诰武臣》的统计，所列凌迟枭示种诛有几千案，弃市（杀头）以下有一万多案。《三编》所定算是最宽容的了。"进士监生三百六十四人，愈见奸贪，终不从命三犯四犯而至杀身者三人，三犯而诽谤杀身者又三人，奸容戴斩、绞、徒流罪在职者三十人，一犯戴死罪徒流罪办事者三百二十八人。"⑤ 有御史戴死罪，戴着脚镣，坐堂审案的，有挨了八十棍回衙门作官的。其中最大的案件有胡惟庸案、蓝玉案、空印案和郭桓案，前两案株连被杀的有四万人，后两案合计七八万人。⑥ 所杀的人，从开国元勋到列儒裨将，从部院大臣、诸司官吏到州县胥役、进士监生、经生儒士、富人地主、僧道屠沽，以至亲侄儿、亲外甥，无人不杀，无人不可杀，一个个的杀，一家家的杀，有罪的杀，无罪的也杀，"大戮官民不分臧否"⑦。早在洪武七年，便有人向他控诉，说是杀得太多了，"才能之士，数年来幸存者，百无一二"⑧。到洪武九年，单是官吏犯笞以上罪，谪戍到凤阳屯田的便有一万多

---

① 吕毖：《明朝小史》卷一，《国初重刑》。
② 《大诰》，奸吏建言第三十三，刑余攒典盗粮第六十九；《续诰》，相验囚尸不实第四十二；《三编》，逃囚第十六。
③ 徐祯卿：《翦胜野闻》。
④ 赵翼：《廿二史劄记》卷三十二，《明祖晚年去严刑条》，引《草木子》。
⑤ 《明史》卷九十四，《刑法志》；《大诰三编》二，进士监生戴罪办事。
⑥ 《明史》卷九十四，《刑法志》。
⑦ 《明史》卷一三九《周敬心传》："洪武二十五年上疏极谏：洪武四年录天下官吏，十三年连坐胡党，十九年逮官吏积年为民害者，二十三年罪妄言者，大戮官民不分臧否。"
⑧ 《明史》卷一三九，《茹太素传》。

人。① 十八年九月在给萧安石子孙符上也自己承认："朕自即位以来，法古命官，列布华夷，岂期擢用之时，并效忠贞，任用既久，具系奸贪？朕乃明以宪章，而刑责有不可恕。以至内外官僚，守职维艰，善能终是者寡，身家诛戮者多。"② 郭桓案发后，他又说："其贪婪之徒，闻桓之奸，如水之趋下。半年间弊若蜂起，杀身亡家者人不计其数。出五刑以治之，挑筋剁指足髡发文身，罪之甚者欤？"③

政权的维持建立在流血屠杀、酷刑暴行的基础上，这个时代，这种政治，确确实实是名副其实的恐怖政治。

胡惟庸案发于洪武十三年，蓝玉案发于洪武二十六年，前后相隔十四年，主犯虽然是两个，其实是一个案子。

胡惟庸是初起兵占领和州时的帅府旧僚，和李善长同乡，又结了亲，因李善长的举荐，逐渐发达，洪武三年拜中书省参知政事，六年七月拜右丞相。

中书省综掌全国大政，丞相对一切庶务都有专决的权力，统帅百官，只对皇帝负责。这制度对一个平庸的、唯唯否否、阿附取容"三旨相公"型的人物，或者对手是一个只愿嬉游逸乐、不理国事的皇帝，也许不会引起严重的冲突；或者一个性情谦和容忍，一个刚决果断，柔刚互济倒也不致坏事。但是胡惟庸干练有为，有魄力，有野心，在中书省年代久了，大权在手，威福随心，兼之十年宰相，门下故旧僚友也隐隐结成一个庞大的力量，这个力量是靠胡惟庸作核心的。拿惯了权的人，怎么也不肯放下。朱元璋呢，赤手空拳建立的基业，苦战了几十年，拼上命得到的大权，平白被人分去了一大半，真是倒持太阿，授人以柄，想想又怎么能甘心！困难的是皇帝和丞相的职权，从来不曾有过清楚的界限，理论上丞相是辅佐皇帝治理天下的，相权是皇权的代表，两者是二而一的，不应该有冲突。事实上假如一切庶政都由丞相处分，皇帝没事做，只能签字画可，高拱无为。反之，如皇帝躬亲庶务，大小事情一概过问，那么，这个宰相除了伴食画诺以外，又有什么可

---

① 《明史》卷一三九，《韩宜可传》。
② 《明朝小史》卷二。
③ 《大诰三编》，逃回第十六。

做？这两个人性格相同，都刚愎，都固执，都喜欢独裁，好揽权，谁都不肯相让，许多年的争执、摩擦，相权和皇权相对立。最后，冲突表面化了。朱元璋有军队，有特务，失败的当然是文官。在胡惟庸以前，第一任丞相李善长小心怕事，徐达经常统兵在外，和朱元璋的冲突还不太明显严重，（刘基自己知道性子太刚，一定合作不了，坚决不干。）接着是汪广洋，碰了几次大钉子，末了还是赐死。中书官有权的如杨宪，也是被杀的。胡惟庸是任期最长，冲突最厉害的一个。被杀后，索性取消中书省，由皇帝兼行相权，皇权和相权合而为一。洪武二十八年手令："自古三公论道，六卿分职，自秦始置丞相，不旋踵而亡，汉、唐、宋因之，虽有贤相，然其间所用者多有小人，专权乱政。我朝罢相，设五府、六部、都察院、通政司、大理寺等衙门，分理天下庶务，彼此颉颃，不敢相压，事皆朝廷总之，所以稳当。以后嗣君并不许立丞相，臣下敢有奏请设立者，文武群臣即时劾奏，处以重刑。"[1] 这里所说的"事皆朝廷总之"的朝廷，指的便是他自己。胡惟庸被杀在政治制度史上的意义，是治权的变质，也就是从官僚和皇家共治的阶段，转变为官僚成奴才，皇帝独裁的阶段。

胡惟庸之死只是这件大屠杀案的一个引子，公布的罪状是擅权枉法。以后朱元璋要杀不顺眼的文武臣僚，便拿胡案作底子，随时加进新罪状，把它放大、发展，一放为私通日本，再放为私通蒙古，日本和蒙古，"南倭北虏"是当时两大敌人，通敌当然是谋反。三放又发展为串通李善长谋逆，最后成为蓝玉谋逆案。罪状愈多，牵连的罪人也更多，由甲连到乙，乙攀到丙，转弯抹角像瓜蔓一样四处伸出去，一网打尽，名为株连。被杀的都以家族作单位，杀一人也就是杀一家。坐胡案死的著名人物有御史大夫陈宁，中丞涂节，太师韩国公李善长，延安侯唐胜宗，吉安侯陆仲亨，平凉侯费聚，南雄侯赵庸，荥阳侯郑遇春，宜春侯黄彬，河南侯陆聚，宣德侯金朝兴，靖宁侯叶升，中国公邓镇，济宁侯顾敬，临江侯陈镛，营阳侯杨璟，淮安侯华中和高级军官毛骧、季伯畏、丁玉，和宋濂的孙子宋慎。宋濂也被牵连，贬死茂州。坐蓝党死的除大将凉国公蓝玉以外，有吏部尚书詹徽、侍郎傅友文、开

---

[1]《明太祖实录》卷二三九。

国公常升、景川侯曹震、鹤庆侯张翼、舳舻侯朱寿、东莞伯何荣、普定侯陈桓、宣宁侯曹泰、会宁侯张温、怀远侯曹兴、西凉侯濮兴、东平侯韩勋、全宁侯孙恪、沈阳侯察罕、徽先伯桑敬和都督黄辂、汤泉等。胡案有《昭示奸党录》，蓝案有《逆臣录》，把口供和判案都详细记录公布，让全国人都知道这些"奸党"的"罪状"。① 被杀公侯中，东莞伯何荣是何真的儿子，何真死于洪武二十一年，被帐下旧校捏告生前党胡惟庸，勒索两千两银子，何家子弟到御前分析，朱元璋大怒说："我的法，这厮把作买卖！"把旧校绑来处死。到二十三年何荣弟崇祖回广东时："兄把袂连声：弟弟，今居官祸福顷刻，汝归难料再会日。到家达知伯叔兄弟，勿犯违法事，保护祖宗，是所愿望！"

可是，逃过了胡党，还是逃不过蓝党，何家是岭南大族，何真在元明之际保障过一方秩序，威望极高，如何放得过？据何崇祖自述：

> 洪武二十六年，族诛凉国公蓝玉，扳指公侯文武家名蓝党，无有分别，自京及天下，赤族不知几万户。长兄四兄宏维暨老幼咸丧。三月二十日夜鸡鸣时，家人彭康寿叩门，吾床中闻知祸事，出问故，云："昨晚申时，内官数员滞官军到衙，城门皆闭。是晚有公差出城，私言今夜抄提员头山何族，因此奔回。"……军来甚众，吾忙呼妻封氏各自逃生。崇祖一房从此山居岛宿，潜形匿迹，一直三十一年新帝登极大赦，才敢回家安居。②

李善长死时已经七十七岁了，帅府元僚，开国首相，替主子办了三十九年事，儿子做驸马，本身封韩国公，富极贵极，到末了却落得全家诛戮。一年后，有人替他上疏喊冤说：

> 善长与陛下同心，出万死以取天下，勋臣第一，生封公，死封王，男尚公主，亲戚拜官，人臣之分极矣。藉令欲自图不轨，尚未可知。而今谓其欲佐胡惟庸者，则大谬不然。人情爱其子，必甚于兄弟之子（善长弟存义子佑是胡惟庸的从女婿），安享万全之富贵者，必不侥幸万一

---

① 参见钱谦益：《太祖实录辨证》；潘柽章：《国史考异》；吴晗：《胡惟庸党案考》。
② 何崇祖：《庐江郡何氏家记》（《玄览堂丛书续集》本）。

之富贵。善长与惟庸,犹子之亲耳,于陛下则亲子女也。使善长佐惟庸成,不过勋臣第一而已矣,太师国公封王而已矣,尚主纳妃而已矣,宁复有加于今日?且善长岂不知天下之不可幸取,当元之季,欲为此者何限,莫不身为齑粉,覆宗绝祀,能保首领者几何人哉!善长胡乃身见之,而以衰倦之年身蹈之也?凡为此者,必有深仇激变,大不得已,父子之间,或至相挟以求脱祸。今善长之子祺,备陛下骨肉亲,无纤芥嫌,何苦而忽为此?若谓天象告变,大臣当灾,杀之以应天象,则尤不可。臣恐天下闻之,谓功如善长且如此,四方因之解体也。今善长已死!言之无益,所愿陛下作戒将来耳。

说得句句有理,字字有理,朱元璋无话可驳,也就算了。[1]

二案以外,开国功臣被杀的,还有谋杀小明王的凶手德庆侯廖永忠,洪武八年以僭用龙凤不法等事赐死。永嘉侯朱亮祖父子于十三年被鞭死。临川侯胡美于十七年犯禁伏诛。江夏侯周德兴于二十五年以帷薄不修,暧昧的罪状被杀。二十七年,杀定远侯王弼、永平侯谢成、颍国公傅友德,二十八年杀宋国公冯胜。周德兴是朱元璋儿时放牛的伙伴,傅友德、冯胜功最高,突然被杀,根本不说有什么罪过,正合着古人说的"飞鸟尽,良弓藏;狡兔死,走狗烹"的话。[2]

不但列将以次诛夷,甚至替他坚守南昌七十五日,力拒陈友谅,造成鄱阳湖大捷,奠定王业的功臣,义子亲侄朱文正也以"亲近儒生,胸怀怨望"被鞭死。[3] 义子亲甥李文忠,十几岁便在军中南征北伐,立下大功,也因为左右多儒生,礼贤下士,有政治野心被毒死。[4] 刘基是幕府智囊,运谋决策,不止有定天下的大功,并且是奠定帝国规模的主要人物,因为主意多,看得准,看得远,被猜忌最深,洪武元年便被休致回家[5],又怕隔得太远会出事,硬拉回南京,终于被毒死。[6] 徐达为开国功臣第一,小心谨慎,也逃不过。

---

[1] 《明史》卷一百二十七,《李善长传》。
[2] 王世贞:《史乘考误》;钱谦益:《太祖实录辨证》;潘柽章:《国史考异》。
[3] 刘辰:《国初事迹》;孙宜:《洞庭集》,《大明初略》三;王世贞:《史乘考误》卷一。
[4] 王世贞:《史乘考误》卷一;钱谦益:《太祖实录辨证》卷五;潘柽章:《国史考异》卷二。
[5] 刘辰:《国初事迹》。
[6] 《明史》卷三〇八《胡惟庸传》,卷一二八《刘基传》;刘璟:《遇恩录》。

洪武十八年病了，生背疽，据说这病最忌吃蒸鹅，病重时皇帝却特赐蒸鹅，没法办，流着眼泪当着使臣的面吃，不多日就死了。① 这两个元功的特别被注意，被防闲，满朝文武全知道，给事中陈汶辉曾经上疏公开指出："今勋旧耆德，咸思辞禄去位，如刘基、徐达之见猜，李善长、周德兴之被谤，视萧何、韩信其危疑相去几何哉！"②

　　武臣之外，文官被杀的也着实不少。有记载可考的有宋思颜、夏煜、高见贤、凌说、孔克仁，这几人都是初起事时的幕府僚属，宋思颜在幕府里的地位仅次于李善长。夏煜是诗人，和高见贤、杨宪、凌说一伙，专替朱元璋"伺察抟攀"，尽鹰犬的任务，告密栽赃，什么事全干，到末了也被人告密，先后送了命。③ 朝官中有礼部侍郎朱同、张衡，户部尚书赵勉，吏部尚书余炌，工部尚书薛祥、秦逵，刑部尚书李质、开济，户部尚书茹太素，春官王本，祭酒许存仁，左都御史杨靖，大理寺卿李仕鲁，少卿陈汶辉，御史王朴、纪善、白信蹈等。④ 外官有苏州知府魏观，济宁知府方克勤，番禺知县道同，训导叶伯巨，晋王府左相陶凯等。⑤ 茹太素是个刚性人，爱说老实话，几次为了话不投机被廷杖，降官，甚至镣足治事。一天，在便殿赐宴，朱元璋赐诗，说："金杯同汝饮，不刃不相饶。"太素磕了头，续韵吟道："丹诚图报国，不避圣心焦！"元璋听了倒也很感动。不多时还是被杀。李仕鲁是朱熹学派的学者，劝皇帝不要太尊崇和尚道士，想学韩文公辟佛，来发扬朱学。料想着朱熹和皇帝是本家，这着棋准下得不错，不料皇帝竟不卖朱夫子的账，全不理会，仕鲁急了，闹起迂脾气，当面交还朝笏，要告休回家。元璋大怒，叫武士把他掼死在阶下。陶凯是御用文人，一时诏令封册歌颂碑志多出其手，做过礼部尚书，制定军礼和科举制度，只为了起一个别号叫"耐久道人"，犯了忌讳被杀。员外郎张来硕谏止取已许配的少女作宫人，说

---

① 徐祯卿：《翦胜野闻》。
② 《明史》卷一三八，《李仕鲁传》附《陈汶辉传》。
③ 《明史》，卷一三五，《宋思颜传》。
④ 《明史》卷一三六《朱升传》，卷一三七《刘三吾传》、《宋纳传》、《安然传》，卷一三八《陈修传》、《周祯传》、《杨靖传》、《薛祥传》，卷一三九《茹太素传》、《李仕鲁传》、《周敬心传》。
⑤ 《明史》卷一四〇《魏观传》，卷二八一《方克勤传》，卷一四〇《道同传》，卷一三九《叶伯巨传》，卷一三六《陶凯传》。

"于理未当",被碎肉而死,参议李饮冰被割乳而死。① 叶伯巨在洪武九年以星变上书,论用刑太苛说:

> 臣观历代开国之君,未有不以仁德结民心,以任刑失民心者。国祚长短,悉由于此……议者曰,宋、元中叶,专事姑息,赏罚无章,以致亡灭。主上痛惩其弊,故制不宥之刑,权神变之法,使人知惧而莫测其端也。臣又以为不然。开基之主,垂范百世,一动一静,必使子孙有所持守,况刑者,民之司命,可不慎欤!夫笞、杖、徒、流、死,今之五刑也。用此五刑,既无假贷,一出乎大公至正可也。而用刑之际,多裁自圣衷,遂使治狱之吏,务趋求意旨,深刻者多功,平反者得罪,欲求治狱之平,岂易得哉!近者特旨,杂犯死罪,免死充军,又删定旧律诸则,减宥有差矣。然未闻有戒饬治狱者,务从平恕之条,是以法司犹循故例,虽闻宽宥之名,未见宽宥之实。所谓实者,诚在主上,不在臣下也。故必有罪疑惟轻之意,而后好生之德洽于民心,此非可以浅浅期也。何以明其然也?古之为士者以登仕为荣,以罢职为辱,今之为士者以溷迹无闻为福,以受玷不录为幸,以屯田工役为必获之罪,以鞭笞捶楚为寻常之辱。其始也,朝廷取天下之士,网罗搜撴,务无余逸,有司敦迫上道。如捕重囚,比到京师,而除官多以貌选,所学或非其所用,所用或非其所学。洎乎居官,一有差跌,苟免诛戮,则必在屯田工役之科,率是为常,不少顾惜。此岂陛下所乐为哉!诚欲人之惧而不敢犯也。窃见数年以来,诛杀亦可谓不少矣,而犯者相踵,良由激劝不明,善恶无别,议贤议能之法既废,人不自励而为善者怠也。有人于此,廉如夷、齐,智如良、平,少戾于法,上将录长弃短而用之乎?将舍其所长苛其所短而置之法乎?苟取其长而舍其短,则中庸之材争自奋于廉智;倘苛其短而弃其长,则为善之人皆曰某廉若是,某智若是,朝廷不少贷之,吾属何所容其身乎?致使朝不谋夕,弃其廉耻,或自掊克,以备屯田工役之资者,率皆是也。若是非用刑之烦者乎!汉尝徙大族于山陵矣,未闻实之以罪人也,今凤阳皇陵所在,龙兴之地,而率以罪人居

---

① 刘辰:《国初事迹》。

第三章　审视现状:博弈中寻求生存与发展的机会 \ 137

之，怨嗟愁苦之声，充斥园邑，殆非所以恭承宗庙意也。

朱元璋看了气极，连声音都发抖了，连声说这小子敢如此！快逮来！我要亲手射死他。隔了些日子，中书省官趁他高兴的时候，奏请把叶伯巨下刑部狱，不久死在狱中。①

照规定，每年各布政使司和府州县都得派上计吏到户部，核算钱粮军需等账目，数目琐碎畸零，必需府合省，省合部，一层层上去，一直到部里审核报销，才算手续完备。钱谷数字有分毫升合不符合，整个报销册便被驳回，得重新填造。布政使司离京师的远六七千里，近的也是三四千里，册子重造不打紧，要有衙门的印才算合法，为了盖这颗印，来回时间就得一年半载。为了免得部里挑剔，减除来回奔走的麻烦，上计吏照例都带有预先备好的空印文书，遇有部驳，随时填用。到洪武十五年，朱元璋忽然发觉这事，以为一定有弊病，大发雷霆，下令地方各衙门的长官主印者一律处死，佐贰官杖一百充军边地。其实上计吏所预备的空印文是骑缝印，不能作为别用，也不一定用得着，全国各衙门都明白这道理，连户部官员也是照例默认的，算是一条不成文法律。可是案发后，朝廷上谁也不敢说明详情，有一个不怕死的老百姓，拼着命上书把这事解释明白，也不中用，还是把地方长吏一杀而空。当时最有名的好官济宁知府方克勤（建文朝大臣方孝孺的父亲）也死在这案内。上书人也被罚充军。②

郭桓是户部侍郎，洪武十八年，有人告发北平二司官吏和郭桓通同舞弊，从六部左右侍郎以下都处死刑，追赃七百万，供词牵连到各直省官吏，死的又是几万人。追赃又牵连到全国各地，中产之家差不多全被这案子搞得倾家荡产，财破人亡。这案子激动了整个社会，也太伤了中产阶级和中下级官僚的心，大家都指斥攻击告发此案的御史和审判官，议论沸腾，情势严重。朱元璋一看不对，赶紧下手诏条列郭桓等罪状说是：

户部官郭桓等收受浙西秋粮，合上仓四百五十万石，其郭桓等止收六十万石上仓，钞八十万锭入库，以当时折算，可抵二百万石，余有一

① 《明史》卷一百三十九，《叶伯巨传》。
② 《明史》卷九十四，《刑法志》；卷一百三十九，《郑士利传》。

百九十万石未曾上仓。其桓等受要浙西等府钞五十万贯,致使府州县官黄文等通同刁顽入吏边源等作弊,各分入己。

其所盗仓粮,以军卫言之,三年所积卖空。前者榜上若欲尽写,恐民不信,但略写七百万耳。若将其余仓分并十二布政司通同盗卖见在仓粮,及接受浙西等府钞五十万张卖米一百九十万不上仓,通算诸色课程鱼盐等项,及通同承运库官范朝宗偷盗金银,广惠库富张裕妄支钞六百万张,除盗库见在金银宝钞不算外,其卖在仓税粮及未上仓该收税粮及鱼盐诸色等项,共折米算,所废者二千四百余万(石)精粮。

其应天等五府州县数十万没官田地夏秋税粮,官吏张钦等通同作弊,并无一粒上仓,与同户部官郭桓等尽行分授。

意思是追赃七百万还是圣恩宽容,认真算起来该有两千四百万。这几万人死得决不委屈。话虽如此说,到底觉得有些不妥,只好借审刑官的头来平众怒,把原审官杀了一批,再三申说,求人民的谅解。① 一年后,他又特别指出:"自开国以来,惟两浙、江西、两广、福建所设有司官,未尝任满一人,往往未及终考,自不免于赃贪。"② 可见杀这些贪官污吏是不错的,是千该万该的。不过,倒过来说,杀了二十年的贪官污吏,而贪官污吏还是那么多,沿海比较富饶区域的地方官,二十年来甚至没有一个能够作满任期,都在中途犯了赃贪得罪,由此可见专制独裁的统治,官僚政治和贪污根本分不开,单用严刑重罚,恐怖屠杀去根绝贪污,是不可能有什么效果的。

在鞭笞、苦工、剥皮、抽筋,以至抄家灭族的威胁空气中,凡是作官的,不论大官小官,近臣远官,随时随地都会有不测之祸,人人在提心吊胆,战战兢兢过日子。这日子过得太紧张了,太可怕了,有的人实在受不了,只好辞官,回家当老百姓,不料又犯了皇帝的忌讳,说是不肯帮朝廷作事:"奸贪无福小人,故行诽谤,皆说朝廷官难做。"③ 大不敬,非杀不可。没有作过官的儒士,怕极了,躲在乡间不敢出来应考作官,他又下令地方官用种种方法逼他们出来,"有司敦迫上道,如捕重囚"。还立下一条法令,说

---

① 《明史》卷九十四,《刑法志》;《大诰》二十三郭桓卖放浙西秋粮,四十九郭桓盗官粮。
② 《大诰续篇》。
③ 《大诰》,奸贪诽谤第六十四。

是:"率土之滨,莫非王臣,寰中士大夫不为君用,是自外其教者,诛其身而没其家,不为之过。"① 贵溪儒士夏伯启叔侄各剁去左手大指,立誓不作官,被拿赴京师面审,元璋气呼呼发问:"昔世乱居何处?"回说:"红寇乱时,避兵于福建、江西两界间。"不料红寇这名词正刺着皇帝的痛处:

> 朕知伯启心怀怨怒,将以为朕取天下非其道也。特谓伯启曰:尔伯启言红寇乱时,意有他念。今去指不为朕用,宜枭令籍没其家,以绝狂愚夫傚效之风。

特派法司押回原籍处决。② 苏州人才姚润、王谈被征不肯作官,也都被处死,全家籍没。③

洪武朝朝臣幸免于屠杀的,只有几个:一个是大将信国公汤和,原是朱元璋同村人,一块儿长大的看牛伙伴,比元璋大三岁,起兵以后,诸将地位和元璋不相上下的,都闹别扭,不听使唤,只有汤和规规矩矩,小心听话,服从命令。到晚年,徐达、李文忠死已多年,汤和宿将功高,明白老伙伴脾气,心里老大不愿意,让诸大将仍旧掌兵权,苦的是嘴里说不出。他首先告老交出兵权,元璋大喜,立刻派官给他在凤阳盖府第,赏赐稠渥,特别优厚,算是侥幸老死在床上。④ 一个是外戚郭德成,郭宁妃的哥哥,一天他陪朱元璋在后苑喝酒,醉了爬在地上去冠磕头谢恩,露出稀稀的几根头发,元璋笑着说:"醉风汉,头发秃到这样,可不是酒喝多了。"德成仰头说:"这几根还嫌多呢,剃光了才痛快。"元璋不作声。德成酒醒,才知道闯了大祸,怕得要死,只好索性装疯,剃光了头,穿了和尚衣,成天念佛。元璋信以为真,告诉宁妃说:"原以为你哥哥说笑话,如今真个如此,真是疯汉。"不再在意,党案起后,德成居然漏网。⑤ 一个是御史袁凯,有一次朱元璋要杀许多人,叫袁凯把案卷送给皇太子复讯,皇太子主张从宽。袁凯回报,元璋问:"我要杀人皇太子却要宽减,你看谁对?"袁凯不好说话,只好回答:

---

① 《大诰二编》,苏州人才第十三。
② 《大诰三编》,秀才剁指第十;《明史》卷九十四,《刑法志》。
③ 《大诰三编》,苏州人才第十三;《明史》卷九十四,《刑法志》。
④ 《明史》卷一百二十六,《汤和传》。
⑤ 《明史》卷一三一,《郭兴传》。

"陛下要杀是守法，东宫要赦免是慈心。"元璋大怒，以为袁凯两头讨好，脚踏两条船，老滑头，要不得。袁凯大惧，假装疯癫，元璋说疯子不怕痛，叫人拿木钻来刺他的皮肤，袁凯咬紧牙关，忍住不喊痛。回家后，自己拿铁链锁住脖子，蓬头垢面，满口疯话，元璋还是不放心，派使者去召他作官，袁凯瞪眼对使者唱月儿高曲，爬在篱笆边吃狗矢，使者回报果然疯了，才不追究。这一次朱元璋却受了骗，原来袁预先叫人用炒面拌砂糖，捏成段段，散在篱笆下，爬着吃了，救了一条命，朱元璋哪里会知道？①

吴人严德珉由御史升左佥都御史，因病辞官，犯了陈讳，被黥面充军南丹（今广西），遇赦放还，布衣徒步作老百姓，谁也不知道他曾作过官。到宣德时还很健朗，一天因事被御史所逮，跪在堂下，供说也曾在台勾当公事，颇晓三尺法度。御史问是何官，回说洪武中台长严德珉便是老夫。御史大惊谢罪，第二天去拜访，却早已挑着铺盖走了。有一个教授和他喝酒，见他脸上刺字，头戴破帽，问老人家犯什么罪过，德珉说了详情，并说先时国法极严，作官的多半保不住脑袋。说时还北面拱手，嘴里连说"国恩！国恩！"②

元璋有一天出去私访，到一破寺，里边没有一个人，墙上画一布袋和尚，有诗一首："大千世界浩茫茫，收拾都将一袋藏，毕竟有收还有放，放宽些子有何妨。"墨迹还新鲜，是刚画刚写的，赶紧使人去搜索，人已经不见了。③ 这故事不一定是真实的，不过，所代表的当时人的情绪是真实的。

---

① 《明史》卷二百八十三，《袁凯传》；徐祯卿：《翦胜野闻》；陆深：《金台纪闻》。
② 《明史》卷一三八，《周祯传》。
③ 徐祯卿：《翦胜野闻》。

第三章　审视现状：博弈中寻求生存与发展的机会　\ 141

明初统治阶级内部的斗争

朱元璋篡夺了元末农民战争的胜利果实作了皇帝，成为地主阶级政治利益的代表。他当然是尊重、维护地主阶级的利益的。但是，事情并不如他所想望的那样。大地主们也有两面性，一面同样尊重、维护他的统治；另一面，随着农业经济的恢复和发展，大地主们家里有人作官，倚仗政治力量，用隐瞒土地面积、荫庇漏籍人口等手段来和皇家统治集团争夺土地和人力，直接影响到皇朝的财政、税收和人力使用。"国家存在的经济体现就是指税。"① "赋税是政府机器的经济基础。"② 由于触犯他的利益的大地主们的强占、舞弊，皇朝的经济基础发生问题了，地主阶级内部矛盾发展了，激化了，为了保障自己的经济基础，非对触犯他的利益的大地主加以狠狠的打击不可。

朱元璋从渡江以后，就采取了许多保护地主阶级利益的措施。例如龙凤四年（公元1358）取金华，便选用金华七县富民子弟充宿卫，名为御中军。③ 这件事一方面表示对地主阶级的尊重和信任，另一方面也是很重要的军事措施，因为把地主们的子弟征调为禁卫军人，随军作战，等于作质，就不必担心这些地区地主的军事反抗了。洪武十九年（公元1386）选取直隶应天诸府州县富民子弟赴京补吏，凡一千四百六十人④，也是同样作用。对地主本身，洪武三年作的调查，以田税多寡比较，浙西的大地主数量最多，

---

① 《马克思恩格斯全集》第四卷，《道德化的批评和批评化的道德》，342页。
② 《马克思恩格斯文选》第二卷，《哥达纲领批判》，32页。
③ 《明太祖实录》卷六。
④ 《明太祖实录》卷一百七十九。

以苏州一府为例，每年纳粮一百石以上到四百石的四百九十户；五百石到一千石的五十六户；一千石到两千石的六户；两千石到三千八百石的二户，共五百五十四户，每年纳粮十五万一百八十四石。① 三十年又作了一次调查，除云南、两广、四川以外，浙江等九布政司，直隶应天十八府州，地主们田在七顷以上的共一万四千三百四十一户。编了花名册，把名册藏在内府印绶监，按名册以次召来，量才选用。② 应该看到，田在七顷以上，在长江以南的确是大地主了，但在长江以北，就不一定是大地主，而是中小地主了。

地主对封建统治集团和农民来说，也是有两面性的。一面是他们拥护当前的统治，依靠皇朝的威力，保身立业。朱元璋说过：孟子曰：有恒产者有恒心。今郡县富民，多有素行端洁，通达时务者。叫户部保荐交租多的地主，任命为官员、粮长。③ 一面他又指出："富民多豪强，故元时此辈欺凌小民，武断乡曲，人受其害。"④ 以此，他对地主的政策也是两面性的，双管齐下。一是选用作官僚，加强自己的统治基础；二是把他们迁到京师，繁荣首都，同时也削弱了地主在各地方的力量。在科举法未定以前，选用地主作官，叫作税户人才，有作知县、知州、知府的，有作布政使以至朝廷的九卿的。⑤ 例如浙江乌程大族严震直就以税户人才一直做到工部尚书，后来浦江有名的郑义门的郑沂竟从老百姓任命为礼部尚书。⑥ 又以地主为粮长。以为地方官都是外地人，不熟习本地情况，容易被黠胥宿豪蒙蔽，民受其害，不如用有声望的地主来征收地方赋税，负责运到京师，可以减少弊病。⑦ 洪武四年九月，命户部计算土田租税，以纳粮一万石为一区，选占有大量土地纳粮最多的地主为粮长，负责督收和运交税粮。⑧ 如浙江布政司有人口一百四十八万七千一百四十六户，每年纳粮九十三万三千二百六十八石，设粮长一

---

① 《明太祖实录》卷四十九。
② 《明太祖实录》卷二百五十二。
③ 谈迁：《国榷》卷六。
④ 《明太祖实录》卷四十九。
⑤ 吴宽：《匏翁家藏集》卷七十五，《施孝先墓表》。
⑥ 吴宽：《匏翁家藏集》卷四十三，《尚书严公流芳录序》；《明史》卷二百九十六，《郑濂传》。
⑦ 宋濂：《朝京稿》卷五，《上海夏君新圹铭》；《匏翁家藏集》卷五十二，《恭题粮长敕谕》。
⑧ 《明太祖实录》卷六十八。

百三十四人。① 粮长下设知数（会计）一人，斗级（管斗斛秤量的）二十人，运粮夫千人。② 并规定对粮长的优待办法，凡粮长犯杂犯、死罪和徒流刑的可以纳钞赎罪。③ 三十年又命天下郡县每区设正副粮长三名，编定次序，轮流应役，周而复始。④ 凡粮长按时运粮到京师的，元璋亲自召见，谈话合意的往往留下作官。⑤ 元璋把征粮和运粮的权力交给地主，以为这个办法是"以良民治良民，必无侵渔之患"⑥；免地方官"科扰之弊，于民甚便"⑦。他把地主也当作良民了。但是事实恰好相反，不少地主在作了粮长以后，在原来对农民剥削的基础上，更加上了皇朝赋予的权力，如虎添翼，肆行额外剥削，农民的痛苦也就更深更重了。例如粮长邾阿乃起立名色，科扰民户，收舡水脚米、斛面米、装粮饭米、车脚钱、脱夫米、造册钱、粮局知房钱、看米样中米，等等，通共苛敛米三万二千石，钞一万一千一百贯。正米止该一万石，邾阿乃个人剥削部分竟达米两万二千石，钞一万一千一百贯。农民交纳不起，就强迫以房屋准折，揭屋瓦，变卖牲口，以及衣服、段匹、布帛、锅灶、水车、农具，等等。⑧ 又如嘉定县粮长金仲芳等三名，巧立名色征粮附加到十八种。⑨ 农民吃够了苦头，无处控诉。⑩ 朱元璋也发觉粮长之弊，用严刑制裁。尽管杀了不少人，粮长依然作恶，农民也依然被额外剥削，改不好，也改不了。⑪

除任用地主做官收粮以外，朱元璋还采用汉高祖徙天下豪富于关中的政策。洪武三年移江南民十四万户于凤阳（这时凤阳是中都），其中有不少是

---

① 《明太祖实录》卷七十。
② 《明太祖实录》卷八十五。
③ 《明太祖实录》卷一〇一。
④ 《明太祖实录》卷二百五十四。
⑤ 《明史》卷七十八，《食货志》二，《赋役》；《匏翁家藏集》，卷四十三，《尚书严公流芳录序》。
⑥ 《明太祖实录》卷六十八。
⑦ 《明太祖实录》卷一〇一。
⑧ 《大诰续诰》卷四十七。
⑨ 《大诰续诰》卷二十一。
⑩ 黄省曾：《吴风录》。
⑪ 宋濂：《朝京稿》卷五，《上海夏君新圹铭》。

地主。洪武二十四年徙天下富户五千三百户于南京。① 三十年又徙富民一万四千三百余户于南京，称为富户。元璋告诉工部官员说："从前汉高祖这样做，我很不以为然。现在想通了，京师是全国根本，事有当然，确实不得不这样做。"②

　　江南苏、松、杭、嘉、湖一带的地主被迫迁往凤阳，离开了原来的乡里田舍，还不许私自回去。这一措施对于当时东南地主阶级是绝大的打击。旧社会的地主阶级离开了原来占有的土地，也就丧失了社会地位和政治地位了。相对地，以朱元璋为首的新地主阶级却可以因此而加强对这一地区人民的控制了。这些家地主从此以后，虽然不敢公开回到原籍，却伪装成乞丐，以逃荒为名，成群结队，老幼男妇，散入江南诸州县乞食，到家扫墓探亲，第二年二三月间又回到凤阳。年代久了，也就成为习惯。五六百年来凤阳花鼓在东南一带是妇孺皆知的民间歌舞。歌词是：

　　　　家住庐州并凤阳，凤阳原是好地方，
　　　　自从出了朱皇帝，十年倒有九年荒。③

　　地主们对作官、作粮长当然很高兴，感激和支持这个维护本阶级利益的政权。但是，地主阶级贪婪的本性是永远也不能改变的，他们决不肯放弃任何一个可以增加占领土地和人力的机会，用尽一切手段逃避对皇朝应纳的赋税和徭役。例如两浙地主所使用的方法，把自己的田产诡寄（假写在）亲邻佃仆名下，叫作"铁脚寄诡"，普遍成为风气，乡里欺骗州县，州县欺骗府，奸弊百出，叫作"通天诡寄"。④ 此外，还有洒派、抛荒、移丘换段等等手段。元璋在处罚了这些地主以后，气忿地指出：

　　　　民间洒派、抛荒、诡寄、移丘换段，这等都是奸顽豪富之家，将次没福受用财赋田产，以自己科差洒派细民；境内本无积年荒田，此等豪猾买嘱贪官污吏及造册书算人等，其贪官污吏受豪猾土财，当科差之际，作包荒名色征纳小户，书算手受财，将田洒派，移丘换段，作诡寄

---

① 《明太祖实录》卷二百十。
② 《明太祖实录》卷二百十；《明史》卷七十七，《食货志》一。
③ 赵翼：《陔余丛考》卷四十一，《凤阳丐者》。
④ 《明太祖实录》卷一百八十。

第三章　审视现状：博弈中寻求生存与发展的机会 \ 145

名色，以此靠损小民。①

地主把自己的负担通过舞弊手段转嫁给"细民"、"小户"、"小民"，也就是贫苦农民，结果是富的更富、穷的更穷了。② 地主阶级侵占了皇家统治集团应得的租税和人力，贫苦农民加重了负担。皇朝一方面田赋收入和徭役征发都减少了，另一方面贫苦农民更加穷困饥饿，动摇和侵蚀了统治阶级的经济基础。阶级内部发生矛盾，斗争展开了，地主不再是良民，而是"奸顽豪富之家"，是"豪猾"了。

朱元璋斗争的对象是地主阶级中违法的大地主。办法有两条，一条是用严刑重法消灭"奸顽豪富之家"，另一条是整理地籍和户口。

洪武时代大地主被消灭的情况，据明初人记载，如贝琼说：

> 三吴巨姓享农之利而不亲其劳，数年之中，既盈而覆，或死或徙，无一存者。③

方孝孺说：

> 时严通财党与（胡惟庸党案）之诛，犯者不问实不实，必死而覆其家……当是时，浙东、西巨室故家，多以罪倾其宗。④

吴宽说：

> 吴……皇明受命，致令一新，富民豪族，划削殆尽。⑤

长州情况：

> （城）东……遭世多故，邻之死徙者殆尽，荒落不可居。⑥ 洪武之世，乡人多被谪徙，或死于刑，邻里殆空。⑦

有的大地主为了避祸，或则"晦匿自全"⑧，或则"悉散所积以免祸"⑨，

---

① 《大诰续诰》第四十五，《靠损小民》。
② 《明太祖实录》卷一百八十。
③ 《贝清江集》卷十九，《横塘农诗序》。
④ 方孝孺：《逊志斋集》卷二十二，《采苓子郑处士墓碣》。
⑤ 《匏翁家藏集》卷五十八，《莫处士传》。
⑥ 《匏翁家藏集》卷六十一，《先考封儒林郎翰林院修撰府君墓志》。
⑦ 《匏翁家藏集》卷五十七，《先世事略》。
⑧ 《匏翁家藏集》卷五十七，《先世事略》。
⑨ 《匏翁家藏集》卷七十三，《怡隐处士墓表》。

或则"出居于外以避之"①，或则"攀附军籍以免死"②，但是这样的人只占少数。浙东西的"富民豪族，划削殆尽"。统治阶级内部的斗争是十分残酷的。

另一方面，经过元末二十年的战争。各地田地簿籍多数丧失，保存下来的一部分，也因为户口变换，土地转移，实际的情况和簿籍不相符合。大部分田地没有簿籍可查，大地主们便乘机隐匿田地，逃避皇朝赋役；有簿籍登载的田地，登记的面积和负担又轻重不一，极不公平合理。朱元璋抓住这中心问题，对大地主进行了长期的斗争。方法是普遍丈量田地和调查登记人口。

洪武元年正月派国子监生周铸等一百六十四人往浙西核量田亩，定其赋税。③ 五年六月派使臣到四川丈量田亩。④ 十四年命全国郡县编赋役黄册。二十年命国子监生武淳等分行州县，编制鱼鳞图册。⑤ 前后一共用了二三十年时间。才办好这两件事。

丈量田地所用的方法，是派使臣到各州县，随其税粮多少，定为几区，每区设粮长，会集里甲耆民，量度每块田亩的方圆，作成简图，编次字号，登记田主姓名和田地丈尺四至，编类各图成册，以所绘的田亩形象像鱼鳞，名为鱼鳞图册。

人口普查的结果，编定了赋役黄册，把户口编成里甲，以一百一十户为一里，推丁粮多的地主十户作里长，余百户分为十甲。每甲十户，设一甲首。每年以里长一人，甲首一人，管一里一甲之事。先后次序根据丁粮多少，每甲轮值一年。十甲在十年之内轮流为皇朝服义务劳役，一甲服役一年，有九年的休息。在城市的里叫坊，近城的叫厢，农村的都叫作里。每里编为一册，里中有鳏寡孤独不能应役的，带管于一百一十户之外，名曰畸零。每隔十年，地方官以丁粮增减重新编定服役的次序，因为册面用黄纸，

---

① 《匏翁家藏集》卷七十四，《山西提刑按察司副使致仕朱公墓表》。
② 《匏翁家藏集》卷五十八，《莫处士传》。
③ 《明太祖实录》卷二十九。
④ 《明太祖实录》卷一百七十四。
⑤ 《明太祖实录》卷一百三十五、卷一百八十。

所以叫作黄册。

鱼鳞图册是确定地权（所有权）的根据，赋役黄册是征收赋役的根据。通过田地和户口的普查，制定了这两种簿籍，颁布了租税和徭役制度，不但大量的漏落的田地户口被登记固定了，皇朝从而增加了物力和人力，稳定和巩固了统治的经济基础，同时，也有力地打击了一部分大地主，从他们手中夺回对一部分田地和户口的控制，从而大大增强了皇家统治集团的地位和权力，更进一步走向高度的集中、专制。洪武二十四年全国已垦田的数字为三百八十七万四千七百四十六顷，仅仅隔了两年，洪武二十六年的全国已垦田数字就激增为八百五十万七千六百二十三顷，增加了四百六十三万二千八百七十七顷。以增垦田地最多的一年，洪武七年增垦田地数目为九十二万一千一百二十四顷来比较，两年的时间增垦面积也不可能超过两百万顷，显然，这个激增的数字除了实际增垦的以外，必然是包括从大地主手中夺回的漏落的田地，是田地普查的积极成果。由于在斗争中取得这样巨大的胜利，朱元璋的政权比过去任何一个皇朝，都更加强大、集中、稳定、完备了。

对城乡人民，经过全国规模的田地丈量，定了租税，在册上详细记载田地的情况，原坂、平衍、下隰、沃瘠、沙卤的区别，并规定凡买置田地，必须到官府登记及过割税粮，免掉贫民产去税存的弊端，同时也保证了皇朝的财政收入。十年一次的劳役，使人民有轮流休息的机会。这些措施当然都是封建剥削，但比之统一以前的混乱情况，则确实减轻了一些人民的负担，鼓舞了农民的生产情绪，对于社会生产力的推进，是起了显著作用的。

朱元璋虽然对　部分大地主进行了严重的斗争，对广大农民作了一些必要的让步，一部分大地主被消灭了，一部分大地主的力量被削弱了，农民生产的积极性增加了；但是，这个政权毕竟是地主阶级的政权，首先是为地主阶级的利益服务的，即使对农民采取了一些让步的措施，其目的也还是为了巩固和强化整个地主阶级的统治权。无论是查田定租，无论是编户定役，执行丈量的是地主，负责征收运粮米的还是地主，当里长甲首的依然是地主，质正里中是非、词讼，执行法官职权的"耆宿"也是地主，当然，在地方和朝廷作官的更非地主不可。从上而下的重重地主统治，地主首先要照顾的是自己家族和亲友的利益，是决不会关心小自耕农和佃农的死活的。由于凭借职权的方便，剥削、舞弊都可以通过皇朝的统治权来进行，披上合法的外衣，农民的痛苦就越发无可申诉了。而且，只要是地主阶级的子弟，就有机会、权利受到教育，通过税户人才、科举、学校等等途径，成为官僚、绅士。官僚、绅士是享有合法的免役权的。洪武十年朱元璋告诉中书省官员："食禄之家与庶民贵贱有等，趋事执役以奉上者，庶民之事也。若贤人君子，既贵其身，而复役其家，则君子野人无所分别，非劝士待贤之道。自今百司见任官员之家有田土者，输租税外，悉免其徭役，著为令。"官员是贵人，庶民是贱人，贵人是不应该和贱人一样服徭役的。十二年又下令："自今内外官致仕还乡者，复其家终身无所与。"① 则连乡绅也享有免役权了。在学的学生除本身免役外，户内还优免二丁差役。② 一般贫苦农民连饭也吃不饱，哪能上学？上学的学生绝大部分也还是地主子弟。这样，现任官、乡绅、学校生员都豁免差役，还有办法逃避租税，于是完粮当差的义务，便大部分落在自耕农和贫农身上了。自耕农、贫农不但要出自己的一份，官僚、绅士、生员、地主不交的一份，他们也得一并承担下来。因此，官僚、绅士、生员、地主越多的地方，农民的负担也就越重。

洪武一朝，长江以南农民起义的次数特别多，地区特别广；明朝二百几十年中，农民起义次数特别多，规模特别大，原因就在这里。

---

① 《明太祖实录》卷一百一十、卷一百二十六。
② 张居正：《太岳集》卷三十九，《请申旧章饬学政以振兴人才疏》。

"北虏"、南倭问题

这里谈谈另外一个问题,就是如何对待明朝和蒙古族的关系问题。明朝和蒙古族的关系始终是敌对的。从1368年之后,一直到明朝灭亡,几百年间始终是敌对的关系。我们今天来研究过去的历史,应该实事求是地处理这个问题。在历史上是敌对的关系,你就不能说那个时候我们已经贯彻了民族政策,汉族和兄弟民族都是友好相处的。这是一方面。另一方面,今天我们国家是各民族团结的大家庭,实行民族团结的政策,各民族互相尊重,友好相处。在这样的情况下,我们怎么来看待历史上的民族关系?譬如明朝和蒙古族的关系,北宋和契丹的关系,清朝满族和汉族的关系,等等。对这些问题,有不少人感到难以处理。其实很简单,从今天学习历史的角度来说,从几千年各个民族发展的历史来说,我们应该把我们国家历史上的民族关系当作内部矛盾来处理。无论是蒙古族或者契丹,无论是西夏或者女真,都是这样。经过几年的研究,我们得出这样的看法:就是凡是今天在我们中华人民共和国的疆域之内的各民族,不论是哪一个民族,历史上的关系,都是我们自己内部的问题,不能当作敌我矛盾来处理,不能把它们当作外国。要是当作外国,那问题就严重了。我们不能继承解放以前那些历史书、教科书和某些论文中的带有民族偏见的错误观点。总之,我们今天的看法可以分为两个方面:一方面必须实事求是,历史是怎么样就怎么样写。明朝和蒙古族是打了几百年的仗,这个历史事实不能改,在当时是敌对关系,这一点不能隐讳,也不能歪曲。另一方面,凡是我国疆域以内的各民族,不管它在历史上是什么关系,今天我们看都是内部问题,内部矛盾。两个兄弟吵架,不能作为侵略和被侵略来处理。今天,蒙古族是我们五十几个兄弟民族里面的一个，我们今天来讲这段历史的时候，就不能像当时那样对蒙古族采取诬蔑、谩骂、攻击的语言，要互相尊重。明朝是骂蒙古族的，蒙古族也骂明朝，这是历史事实。但这是他们在骂，不是我们在骂，我们应该实事求是地记录。如果我们也用自己的话来骂就不对了。你有什么道理骂蒙古族，你根据什么事情骂？所以要正确看待历史上的民族关系。

至于区别战争的性质问题，是正义战争还是非正义战争的问题，我们不能把少数民族打汉族的战争不加区别地都说成非正义的，也不能把汉族为了自卫而进行的战争都说成正义的。应该就事论事，就战争发生的原因、经过、是非来判断战争的性质。比如说，汉朝和匈奴的关系。匈奴来打汉朝，他抢人家的东西，屠杀人畜；汉朝为了自卫，就应该还击，这当然是正义的。唐朝和突厥的关系也是一样。突厥经常来打，唐朝为了自卫进行还击，也是正义的。明朝和蒙古族的关系。蒙古族要南下，明朝组织力量反抗，这同样也是正义的。但是，历史上汉族与少数民族之间的战争，也不是正义都在汉族的一边，这需要根据当时历史情况做出具体分析，不能一概而论。汉族经常欺侮一些小民族，打人家，这是非正义的。少数民族中的一些统治阶级为了自己的阶级利益，闹分裂，闹割据，打汉族，也同样是非正义的。所以要具体分析，不能笼统地对待。不是哪个民族大、哪个民族小的问题，也不是简单的谁打谁的问题，而是要根据战争的具体情况、双方人民的利益冲突来判断战争的正义性与非正义性。

明朝和蒙古族的关系始终是敌对的关系，这个问题以后到清朝才解决。清朝打明朝经过了长期的战争，在这个战争中清朝采取联合蒙古族的政策，取得了蒙古族的支持。在入关之后，清朝对待蒙古族的政策是通过联姻来保持满、蒙两个民族之间的和平，清朝皇帝总是把自己的女儿嫁给蒙古族的酋长。乾隆过生日时，来拜寿的一些蒙古族酋长都是他的女婿、孙女婿、曾孙女婿。所以，万里长城在清朝失去了意义。秦始皇修筑万里长城在历史上是起了作用的。早在战国时代，北方一些国家，像燕国、赵国为了抗拒外族的侵略，已经修筑了一些城墙。秦始皇统一六国之后，把这些国家所修的城墙联结起来加以扩展，就成为万里长城。我们现在看到的长城是经过许多朝代修建的，特别是青龙桥八达岭这一段不是秦始皇修的，而是明朝后期修的。

我们在评论历史上某一件事情的好坏时，应该用辩证的方法。秦始皇修万里长城花了很大的力量，死了不少人，这是坏的一方面；可是另一方面，长城在漫长的历史过程中也的确起了作用。虽然它不能完全堵住北方各民族向南发动战争，但是，无论如何，它起了一部分作用，至少因为有了这样一个防御工事，使得长城以南众多的人口可以从事和平的生产。把长城的作用估计过高，认为有了这一条防线，北方的少数民族就进不来了，这是错误的。它们还是进来了，而且进来不止一次。但是，由于有了这个防御工事，使得北方一些少数民族的军事进攻受到阻碍，这种作用，直到明朝还是存在的。所以明朝还继续修缮长城。只有到了清朝，这样的作用才不再存在了。当然，清朝和蒙古族也有几次战争，不过跟明朝的情况比较起来就不同了。明朝和蒙古族始终是敌对的关系。清朝不是这样，清朝和蒙古族只是个别时候发生过战争。今天情况就更不同了，国家性质改变了，我们采取民族团结、民族区域自治的政策，内蒙古自治区是我们中华人民共和国组成部分之一，现在长城只是作为一个历史文物而保留着。世界上有七大奇迹，长城是其中之一，是世界上最伟大、最古老的工程之一。

明朝和蒙古的关系，是明朝历史上的一个特征，跟过去的情况不一样，跟以后的情况也不一样。此外，明朝和倭寇的关系，即所谓南倭问题，也是这个时代很突出的一个问题。明朝以前没有这样的情况，明朝以后也没有这样的情况。

研究明朝和倭寇的关系，光从中国的情况、中国的材料出发，不可能得到全面的理解。还必须研究日本的历史。不研究日本的历史就很难理解当时为什么会有那么一些人专门从事抢劫，进行海盗活动，而且时间是如此之长，破坏是如此之严重。但是看看当时日本国内的情况，问题就很容易理解了。所以我们先讲讲日本的情况。

明朝的历史是从 1368 年开始的。而日本从 1336 年起，内部分裂为南朝、北朝。京都是北朝的政治中心，吉野是南朝的政治中心。这个分裂的局面，长达六十年之久。一直到 1392 年南朝站不住了，才投降了北朝。分裂期间，日本有两个天皇：京都有一个天皇，吉野有一个天皇。正当日本南北朝分裂的时候（1336—1392），明朝建立起来了。明朝建立初年，正是日本南北朝分裂的后期。

当时日本的政治形势怎么样呢？日本有天皇，可是那个天皇是虚的、无权的，是一个傀儡。不只是那个时候的天皇是傀儡，凡是明治维新以前的天皇都是傀儡，地位很高，可是政治上没有实际权力。掌握实权的是谁呢？是将军。当时的将军称为征夷大将军。将军有幕府，当时的幕府叫室町幕府，也叫足利幕府。那时日本处在封建社会，有很多封建领主，这些封建领主有很多庄园，占有很多土地，有自己的军事力量，他们不完全服从幕府的命令，各自在自己的势力范围内实行封建割据。足利幕府建立之后，由于他的经济基础很薄弱，不能完全控制他们。所以，在足利幕府时代，由于地方经济的发展，封建领主势力强大，在幕府控制下的中央财政发生了困难。怎么办呢？它就要求和明朝通商，做买卖。足利幕府的第三代叫足利义满，他派人到明朝来，要求和明朝通商。明朝政府当然欢迎，但是对日本的情况不了解，对国际形势缺乏认识，不知道日本国内已经有了天皇，糊里糊涂地就封足利义满为日本国王。足利义满希望通过和明朝通商来加强自己的经济地位，减少财政困难。但是，由于当时日本是处在一种分裂割据的状态，那些大封建领主并不听他的话。而在那些大封建领主下面有一批武士，由于得不到土地，生活困难，于是他们到海上去抢劫，成为倭寇。这就是倭寇的来源。所以当时的情况是，一方面幕府和明朝有交往；另一方面幕府下面那些封建领主一批批地来破坏这种交往，到处抢劫。幕府不能控制那些诸侯、封建领主，最后发生了内战。从1467年到1573年这段时期，是日本历史上的"战国时期"。这段时期延续了一百多年，日本国内到处打来打去，战争频繁，人民不能正常地进行生产，因而土地荒废，粮食不足。这样，就使更多的人参加到倭寇的队伍中来。这就是日本在"战国时代"，也就是明朝中期（1467—1573）之后，倭寇侵略更加严重的原因。

从中国的情况来说，中国遭受倭寇的侵犯从明朝一开始就发生了。在明朝建国以前，倭寇已经侵略高丽。那时候，高丽王朝的政治很腐败，没有能力抵抗。接着倭寇南下骚扰我国沿海各地，从辽东半岛到山东半岛，到江苏、浙江、福建、广东，到处侵犯。洪武二年（1369年）明朝政府派海军去抵抗倭寇。1384年之后又派了一个大将在山东、江苏、浙江沿海地区修了

59个军事据点防御倭寇。1387年又在福建沿海地区修建了16个军事据点。所以，从洪武时代起，倭寇就已在危害中国。在永乐时代，1419年倭寇大举进攻山东沿海地区。明朝军队狠狠地打了它一下，把这一股倭寇全部消灭了。倭寇的侵扰引起了明朝政府内部在政治上的争论。当时明朝政府专门设立了三个对外贸易机构，叫做"市舶司"。这三个市舶司设在广州、宁波和泉州。这些地方是当时的对外通商口岸，外国人可以到这里来做买卖。当倭寇侵略发生之后，有的人认为，倭寇之起是由于对外通商的缘故，因为你要做买卖，所以日本海盗就来了。最好的办法就是把市舶司封闭掉，对一切国家一概不做买卖。这种论调在明朝政府中占了优势，结果在1523年把三个市舶司撤销了。

撤销市舶司之后发生了另外一个问题。浙江、福建、广东等东南沿海地区，人口密度高，人多耕地少，不少人没有生产资料。这些人作什么呢？在通商的时候他们借一点资本出去做买卖，买一些外国货到中国来卖；把中国的土产卖出去。因此，这些人是依靠通商来维持生活的。这是一种情况。另外还有一种情况，就是东南沿海的一些大地主，他们看到对外通商的收入比在农业生产上进行剥削要多好几倍，因此从事对外贸易。他们自己搞了很多海船载运中国土产出国；同时把外国商品带回来卖。沿海大地主依靠通商发财，这在当时叫做"通番"。"通番"的历史已经很久了，宋朝后期就有许多大地主组织船队出海通商的事。宋代关于这一类事情的记载很多。元朝也有。民间有这样一个传说，说明朝有一个大富翁叫沈万三，他家里有一个聚宝盆，这个盆里可以出很多宝贝。这是传说，事实并不是这样。事实是他搞对外贸易发了财。有人说他富到这样的程度，明太祖修建南京城时，有一半是他出的钱；此外，每年还要他出很多钱。因为在明朝和元朝作斗争的时候，他曾经站在元朝这一边。所以后来明太祖干脆把他的家产全部没收了，把他充了军。有的说是充军到云南，也有的说是充军到东北。这个故事说明，当时有这么一部分人是依靠通商和对外贸易来发财的。所以，当时东南沿海地区的情况是，一方面许多贫民依靠对外通商来维持生活，其中有一些穷苦的人长期停留在国外，这一批人就成为华侨。现在南洋各个地方都有华侨，大体上以广东、福建人为多；另一方面，沿海一些大地主依靠通商来发财。因此，当 1523 年，由于倭寇不断骚扰沿海，明朝政府封闭了市舶司，断绝了对外通商关系时，就发生了新的问题：一方面很多穷苦人失去了生活来源；另一方面，沿海大地主失去了发财机会。他们要求恢复通商。在这种情况下，某些地主集团便采取反抗手段。你禁止通商，他就秘密通商。他们自己组织船队出去，其中有一些照样发了财，有一些就遭到倭寇的抢劫；而另外一些则采取和倭寇合作的办法，他们也变成了倭寇。他们组织船队出去，能够做买卖就做买卖，不能做买卖就抢。因此，倭寇主要是日本海盗，但其中也有一部分是中国人。

除了倭寇之外，当时还有一种情况，即在 16 世纪初年（1513 年），葡萄牙人到东方来了。这些葡萄牙人一方面进行通商活动；另一方面也进行海盗活动。不但进行海盗活动，而且占据了我国福建沿海的一些岛屿。

1546 年，也就是日本的"战国时代"，倭寇对沿海的侵略更加严重了，浙江宁波一带受到严重的损害。明朝政府派了一个官员总管浙江、福建两省的军事，防御倭寇。这个官员叫朱纨，他坚决执行禁海方针，任何人都不许出去。坚决用军事力量打击倭寇，打击葡萄牙海盗。把抓到的九十多个海盗头目——有日本人，有葡萄牙人，也有中国人——都杀掉了。这样一来引起政治上的一场轩然大波。因为被杀的这些人里面，有一些是沿海的大地主派出去的，把这些人杀了，就损害了沿海大地主阶级的利益。这些大地主集团在北京中央政权机构里的代言人（主要是一些福建人）大叫起来了，他们向皇帝控告朱纨，说他在消灭海盗时，错杀了良民和好百姓。这样就展开了政治斗争。在政府里和地方上形成两派：一派要求对外通商；一派反对通商。大体上沿海一些大地主坚决主张通商，而内地一些大地主反对。为什么内地的大地主反对呢？因为他们不但得不到通商的好处，而且海盗扰乱的时候，还要出钱。他们吃了亏。通商派和反通商派的斗争很激烈，代表闽浙沿海大地主利益的许多官员都起来反对朱纨。朱纨也向皇帝上疏为自己辩护，并且很愤慨地说："去外国盗易，去中国盗难；去中国濒海之盗易，去中国衣冠之盗尤难。"这样，浙江、福建沿海的大地主集团更加恨他，对他的攻击更厉害了。结果明朝政府就把他负责的浙江、福建两省的军事指挥权撤销了，并且派了一个官员来查办这件事。最后朱纨在"纵天子不欲死我，闽浙人必杀我"的情况下自杀了。

朱纨失败了，倭寇问题没有解决。1552年之后，情况更加严重。在浙江沿海一带，倭寇长驱直入。一直到1563年的十一年中间，不但江苏、浙江、福建的许多城市、农村受到倭寇的烧杀、抢劫，倭寇甚至还打到南京城下，打到苏州、扬州一带。

这个时候，明朝的军事力量已经腐化了。明朝在地方的军事制度是卫所制，一个卫有5600人，一个千户所有1120人，一个百户所有120人。军队和老百姓分开，军户和民户分开。军人是世袭的，父亲死了以后，儿子接着当兵。明朝初年的军事力量是相当强大的，因为它有经济作基础。那时，明朝实行屯田政策，军队要参加生产。办法是国家拨一部分土地给军队，军队里抽一部分人，参加农业生产。自己生产粮食供应军队的需要，国家再补贴一部分。所以，尽管军队的数量很大，最多时达到二百多万人，可是国家的财政开支并不大。以后由于许多地主官僚把屯田吞没了，把军队的钱贪污了，所以屯田的面积越来越小，粮食收入越来越少。同时，有些军官把士兵拉来替他搞私人劳动，在家里服役。此外，由于军队和老百姓是分开的，军户和民户是分开的，军人的服装、武器要自备；把河北人派到云南去，山东人派到浙江去，世世代代当兵，结果部队中逃亡的比例愈来愈大。从明朝初年一直发生军队减员的现象，以后愈来愈严重，往往一个单位的逃亡比例达到十分之七八，一百人当中只剩下二三十人。怎么办呢？明朝政府就采取这样的办法：张三如果逃跑了，就把他的弟弟、侄子抓去顶替。如果他家里没有人可以顶替，就抓他的邻居去代替。但是这些被抓去顶替的人又逃跑了。所以军队数量越来越少，质量越来越低。军官也腐化了。

从明太祖到明成祖，在沿海建立了许多军事据点，组织了海军，建造了一些战船。到这时这些战船因为用的时间太久了，破破烂烂，不能再用了。按照规定，船过一定时期要修一次。可是由于修船的钱也被军官贪污了，没办法修，所以战船越来越少。

由于上面这几方面的原因，明朝的军事力量腐化了，军队不能打仗了。在1552年之后，往往是数量不多的倭寇登陆之后，一抢就是几十个城市，抢了就跑。各地方尽管有很多军队，但是不能抵抗。人民遭受到深重的灾难。特别应该指出的是，倭寇所侵犯的这些地区都是粮食产区，是最富庶的地方。像江苏（包括长江三角洲）、浙江及福建沿海地区，都是最富庶的地区，经济最发达的地区。这些地方长期遭到抢劫一直到什么时候呢？一直到1564年才改变这种局面。这时，出现了戚继光、俞大猷等有名的军事将领。戚继光看到原来的军队不能作战了，就自己练兵。他了解浙江义乌县的农民很勇敢，便招募了义乌县的农民三千人，成立了一支新军，进行严格的军事训练。他根据东南地区的地形，组织了一个新的阵法，叫做"鸳鸯阵法"。这个阵法的主要特点是各个兵种互相配合，长武器和短武器结合使用。更重要的是他有严格的军事纪律，对兵士进行严格的军事训练。经过两三年之后，他的这支军队便成了最有战斗力的军队。当倭寇侵入浙江的时候，在台州地区，戚继光的军队九战九胜，把浙江地区的倭寇消灭光了。以后把福建地区的倭寇也消灭了。他和俞大猷及其他地区的军事将领经过十年左右的努力，彻底解决了倭寇问题。

可是，在倭寇问题解决之后，又发生了新的问题。这时日本国内的情况发生了变化，原来的幕府被推翻了，新的军阀起来了。这就是丰臣秀吉。丰臣秀吉用军事力量统一了国内。不过这是表面上的统一，实际上国内各地还是一些封建领主在统治着。这些封建领主拥有强大的军事力量，他不能完全控制。为了把尚未完全控制的封建领主（大名）的目标转向国外，并消耗他们的实力，以稳固自己的统治，于是丰臣秀吉就发动一次侵朝战争，派军队去打朝鲜。他写信给朝鲜国王，说他要去打明朝，要朝鲜让路，让他通过朝鲜进入我国东北，他的军事野心非常狂妄，准备征服整个中国，然后把他的天皇带到中国来，以宁波为中心，建立一个庞大的帝国。步骤是：第一步占领朝鲜；第二步占领中国；第三步以中国为中心，向南洋群岛扩张。面临着这样的形势，明朝政府怎么办？有两种主张：一种认为日本打朝鲜与中国无关；另一种是一些人看到了唇亡齿寒的关系，认为朝鲜是我们友好的邻国，丰臣秀吉占领朝鲜以后就会向中国进攻，因此援助朝鲜也就是保卫自己。经过一番争论，后一种意见占了优势，明朝派了军队出去援助朝鲜。这时候，朝鲜已经很混乱，大部分地区被日本军队占领，国王逃跑。明朝政府动员全国的力量来帮助朝鲜，前后打了七年（1592—1598）。由于中国人民的援助，朝鲜军队的奋勇抗战，特别是朝鲜海军名将李舜臣使用一种叫"龟船"的战舰，发挥了很大的作用，最后把日本侵略军打败了。1598 年，丰臣秀吉病死。日本侵略朝鲜的军队跑掉了，战争结束了。

所以，我们和朝鲜的历史关系很深远，在甲午战争前三百年，中国就出兵援助过朝鲜，共同反抗外来的侵略。在中华人民共和国建立之后，我们的经济还没有恢复，美帝国主义就越过"三八线"向朝鲜民主主义人民共和国进攻。情况很严重。我们又进行了抗美援朝运动，派出了志愿军支援了朝鲜人民。

这一段历史使我们得到这样的认识：日本军国主义者不是这个时代才有，而是有其长远的历史原因。它总是要侵略别人的，从倭寇起，以后不断地向外侵略，1598 年侵略朝鲜，甲午战争时期占领我国东北，1937 年以后占领了我国大部分地方。我们进行了抗日战争才取得了胜利。要了解和熟悉日本的情况，必须了解和熟悉我们自己的历史情况，这样才能对我们很接近的国家有正确的看法。当然，说日本的军国主义有长远的历史原因，绝对不等于说日本人民都是侵略者。如果得出这样的结论，那就是错误的。但是日本的统治者，不管是过去的封建主，或者是近代的军国主义者，都是侵略成性的。中国与日本是一衣带水的邻邦，两国之间有着悠久的历史文化联系。但是在近代的半个多世纪中，由于日本军国主义的侵略，给中日两国人民带来了灾难。现在中日两国人民，都要从惨痛的历史中吸取有益的经验教训，使惨痛的历史永不重演，建立和巩固两国人民的友好关系。

明朝的历史情况与过去不同。与倭寇的斗争，与蒙古贵族的斗争贯穿着这个时代。明朝以前没有这样的情况，明朝以后也没有这样的情况，这是明朝历史的特征。要抓住这个特征才能够了解明朝人民的负担为什么那么重。因为北边有蒙古问题，沿海有倭寇问题，就要有军队打仗。军队要吃饭，要花钱，这些负担都落在人民身上。所以明朝的农民受着无比深重的苦难。在这样的情况下，从明朝开国一直到灭亡，都不断发生农民战争。农民战争次数之多，规模之大，时间之久，分布地区之广，在历史上没有任何一个时期可以和明朝相比。

建州女真问题

现在讲第一部分的最后一个问题，建州女真问题。建州女真的历史和明朝一样长。在明朝初期和中期的时候，建州女真是服从明朝的。从明朝初年起一直到努尔哈赤的时候都是这样，努尔哈赤曾经被明朝封为"龙虎将军"。但是清军入关以后，清朝皇帝忌讳这段历史，他们不愿意让人们知道他们的祖先和明朝有关系。因此，清朝写的一些历史书把这几百年间建州女真和明朝的关系整个取消了，把这段历史的真实情况隐瞒起来，说他们的祖先从来就是独立的，跟明朝没有关系。凡是记载他们的祖先与明朝的关系的历史书，他们都想办法搜来毁掉。《四库全书总目提要》里有一部分禁毁书目，大体上有两类：一类是书里面有某些文章对清朝表示不满的；另一类就是牵涉清朝的祖先的。这也是一种地方民族主义思想在作怪。因此这一段历史很长时间被埋没了。最近二三十年才有人进行研究。

现在讲讲建州女真这个部族的发展变化。建州在过去叫女真，金朝就是女真族建立的。建州女真就是金的后代。为什么叫建州呢？因为他们居住的地区长白山一带就叫建州。后来努尔哈赤统治了东北，建立了政权，国号仍称为"后金"。到了他儿子的时候才改国号为"清"。建州女真在明朝初年的时候，还没有进入农业社会，还不知道种地，生产很落后，文化当然也很落后。那时他们靠什么生活呢？靠打猎、采人参过活。把兽皮、人参一些特别的物产跟汉人、朝鲜人交换他们所需要的布匹、铁锅一类的东西。所以建州人的经济生活跟汉人、朝鲜人分不开。后来由于人口的增加，对粮食的生产感到很迫切了。但是他们自己不会种，怎么办呢？找汉人、朝鲜人替他们种。于是通过战争把汉人、朝鲜人俘虏过去作他们的奴隶。有大量的汉文和朝鲜文资料说明建州族的农业生产是农奴生产。建州贵族自己是不参加农业劳动的。农奴也不是他们本族人，而是俘虏来的汉人和朝鲜人。

他们通过以物换物的方法从汉人那里取得铁器。到了15世纪后期，他们俘虏了一些汉人铁匠，自己开始开矿、炼铁。有了铁器，生产水平提高了。到了努尔哈赤的时候，通过战争把原来的许多小部族统一起来，定居在辽阳以南一个叫赫图阿拉的地方。努尔哈赤一方面统一了东北的许多部族，另一方面他又用很大的力量来接受汉人的文化。在他左右有一批汉族的知识分子。他和过去的封建帝王一样，注意研究历史，接受历史上的经验教训，来制定他的政策方针和军事斗争方针。

上面简单地谈了一下建州女真的社会发展过程。现在我们来讲讲建州女真跟明朝的关系。在明朝初期，建州女真分为三种：分布在现在的松花江一带的叫海西女真，因为松花江原来的名字叫海西江。分布在长白山一带的叫建州女真，因为这些人主要居住在现在的依兰县。这个地方在历史上曾建立过一个国家，叫作"渤海国"。渤海国人把依兰县称为建州，因此住在这个地方的女真人称为建州女真。住在东方沿海一带的叫"野人女真"。"野人女真"的文化最落后。海西和建州又称为熟女真。"野人女真"又称为生女真。"野人女真"经常活动在忽剌温江一带，因此野人女真又称为忽剌温女真，也叫"扈伦"。从历史发展来看，熟女真是金的后代，生女真可能是另外一个种族。这三种女真分布的地区大致是这样：东边靠海，西边和蒙古接近，南边是朝鲜，北边是奴儿干（现在的库页岛）。在明朝建国以后，西边就是明朝，南边是朝鲜，北边是蒙古。

在明朝几百年间，东北建州族的历史也就是跟蒙古、朝鲜、明朝三方面发生关系的历史。明朝初期，有一部分建州族住在朝鲜境内，他们和朝鲜的关系很深，有一些酋长还由朝鲜政府封他们的官。同时，这些酋长又和明朝发生关系，明朝也给他们封官号。明朝对这三种女真采取什么政策呢？采取分而治之的政策。所谓分而治之就是不让他们团结成为一个力量，老是保持若干个小的单位。所以从明太祖建国以后起，直到明成祖的几十年间，明朝经常派人到东北地区去，跟三种女真的各个地区的酋长联系，封他们的官，建立了一百多个卫所，用这些酋长充当卫所的指挥使。这样作对这些女真族的上层分子有没有好处呢？有好处，他们接受了明朝的官位以后，就得到了一种权力。明朝政府给他们一种许可证，当时叫做"勘合"。有了这种"勘合"就可以在每年一定的时候到明朝边界来做买卖。没有这个东西就不行。对那些大头头儿，明朝政府就封他们为都督。历史上最早的建州族领袖有这么几个人，一个叫猛哥帖木儿（这是蒙古名字，当时受蒙古的影响），另一个叫阿哈出。这两个人是首先跟明朝来往、受明朝政府封官的。猛哥帖木儿后来成为明朝所建立的建州左卫的酋长，阿哈出是建州卫的指挥使。根据朝鲜的历史记载，阿哈出和明成祖有过亲戚关系（这点在汉文的记载中没有）。永乐时代，明朝又派了大批官员到东北库页岛地区建立了一个机构，叫"奴儿干都司"。至此，明朝前前后后在东北地区建立了一百八十四个卫所。这些卫所建立以后，明朝政府有什么军事行动，譬如跟蒙古打仗，这些建州酋长就派兵参加明朝的军队。这样，他们慢慢由原住的地方往西移，越来越靠近辽东（就是现在的辽东半岛）。他们一方面跟明朝的关系很好，另一方面也经常发生矛盾。矛盾表现在两个方面：一方面是前面所说的，他们为取得农业和手工业生产的劳动力，就俘虏汉人，这样就引起了冲突；另一方面就是通商，物资上的交换得不到满足的时候，也发展成为军事冲突。同样，建州和朝鲜的关系也是如此，有和平时期，也有战争时期。

经过几十年以后，原来的一百八十四个单位发生了变化，有的小单位并到大单位里去了，单位的数目减少了，但是军事力量强大起来。在这种情况下，建州族某些酋长有时就依靠朝鲜来抗拒明朝，有时又依靠明朝来抗拒朝鲜。结果，明朝政府便跟朝鲜政府商量，在1438年，两方面的军队合起来打建州，杀了一些建州领袖。建州因为遭受到这次损失，在原来的地方呆不下去了，于是就搬到浑河流域，在赫图阿拉的地方住下来。原来左右卫是分开的，到了这里以后，两个卫所合在一起了。这样，它的力量反而比过去更强大了。到了万历时代，右卫酋长王杲和他的儿子阿台跟明朝发生了冲突。当时明朝在东北的军事总指挥叫李成梁。他是朝鲜族人，是一个很有名的军事将领。他把王杲、阿台包围起来。右卫被包围了，而左卫酋长觉昌安和他的儿子塔克世是依靠明朝的，他们给李成梁当向导。结果明朝的军队大举向右卫进攻，把王杲、阿台杀死了。同时把觉昌安、塔克世也杀死了。塔克世的儿子是谁呢？就是努尔哈赤。所以努尔哈赤以后起兵反对明朝时提出了七大恨，其中有一条就是明朝把他的父亲和祖父杀害了。

努尔哈赤在他父亲和祖父死时还很年轻，当时部族里剩下的人很少了，明朝后期的历史记载说李成梁把他收养下来。所以他从小就接受了汉族文化。长大以后，他就把自己部族的力量组织起来。他采取依靠明朝的方针，把建州族俘虏的汉人奴隶送回给明朝。这样便取得了明朝政府的信任。1587年，他以自己的军事力量把附近地区的部族吞并了。1589年被明朝封为都督，力量得到了发展。这个时候，建州部族里面另外两支强大的军事力量发生冲突和残杀，努尔哈赤就利用这次冲突来发展自己的实力。日本侵略朝鲜的时候，他表示愿意帮助明朝打日本。结果明朝和朝鲜都拒绝了他。1595年，明朝政府封努尔哈赤为龙虎将军，他成了东北地区军事实力最强大的领袖。

正当努尔哈赤的力量越来越强大的时候，明朝政府内部发生了许多问题。1589年，播州土司起兵反抗明朝，打了十几年的仗。1592年在现在的宁夏地区，少数民族的反抗又引起了战争。同一年丰臣秀吉侵入朝鲜，接连打了七年仗。在这样的情况下，明朝自己的问题很多，就顾不上努尔哈赤了。努尔哈赤利用这个机会更加积极地发展自己的力量，统一各个部族。他统一的方法有两个：一个办法是用军事力量征服；另一个办法是通婚，通过婚姻关系把许多部族组织起来。到了1615年，东北辽东半岛以东的大部分地区已经被努尔哈赤所统一了。军事力量壮大以后，他建立了自己的军事制度。1600年，他规定三百人组成一个牛录（大箭的意思）。1615年又进一步把五个牛录组成为一个甲喇，五个甲喇组成为一个固山。他一共有四个固山。每一个固山有一面旗。分为红、黄、蓝、白四个旗，共有三万兵力。后来军事力量更加强了，俘虏的人更多了，于是又增加了四个旗，就是镶红旗、镶黄旗、镶蓝旗、镶白旗。一共为八个旗。后来征服了蒙古族，组成为蒙古八旗。再后来又把俘虏的汉人组成为汉军八旗。他的军事组织跟生产组织是统一的，每一个牛录（三百人）要出十人四头牛来种地，每家要生产一些工艺品。1659年开始开金矿、银矿，并建立了冶铁手工业。这一年他创造了文字，用蒙古文字和建州语创造了一种新的文字。这种文字后来就成为老满。加上标点就变成新满文。1616年（万历四十四年），努尔哈赤自称为皇帝，国号"后金"，年号"天命"，他认为他的一切都是上天的指示。他这个家族自己搞了一个姓，叫"爱新觉罗"。爱新觉罗是什么意思呢？在建州话里，爱新是金，觉罗是族，就是金族。用这个来团结组织东北女真族的力量。从他的国号和姓就说明他是继承金的。两年以后，他出兵攻打明朝。以上讲的就是努尔哈赤以前东北建州的具体情况。这些情况说明什么呢？

（1）建州这个部族并不是像清朝的史书上所记载的那样，是从努尔哈赤才开始的。而是从明朝初年起，建州族就在东北地区活动。

（2）建州和明朝、蒙古、朝鲜三方面都有关系。可以明显地看出，猛哥帖木儿就是蒙古名字。汉、蒙古、朝鲜的文化对它都有影响。它接受了这几方面的东西提高了自己。

（3）明朝对东北女真族的政策是分而治之，但这个政策后来失败了。女真各部要求团结，从生活和文化的提高来说，从加强军事力量来说，都需要团结在一起。尽管中间遭到一些挫折，但是并不能阻止三种女真的团结。努尔哈赤一生的活动主要是为了实现这个愿望，他统一了东北许多部族。统一是好事还是坏事呢？应该说是好事情，不是坏事。努尔哈赤统一东北的各个部族，在民族发展的历史上是有贡献的。

（4）东北建州部族社会发展的过程是：初期过着游牧生活，不善于耕种。后来俘虏汉人、朝鲜人去耕种，有了农业生产；同时也懂得了使用铁器、生产铁器，初步提高了自己的生活水平和生产水平。努尔哈赤取得了沈阳、辽阳以后，封建化的过程加快了，在很大的程度上接受了汉人的文化和生产方式。但是必须了解，建州族在其发展过程中是有自己的特点的。上面所说的八旗，表面上是军事组织，实际上是社会组织和生产组织，这三者是统一的。八旗军队在出去打仗的时候，明确规定俘虏到的人口和物资应该拿出一部分交给公家，剩下的才归自己。在努尔哈赤时代，八旗的头子还都有很大的权力，许多事情都要经过他们共同商量，取得他们的同意后才能作出决定。这种情况一直到努尔哈赤的儿子清太宗的时候才改变，才提高了皇帝的地位。而把八旗首领的地位降低了。

最后讲讲"满洲"这个名字的来源问题。这个名字到底是从什么地方来的？现在还没有完全解决。根据明朝的历史记载，在清太宗以前从来没有出现过"满洲"这个名字。一直到清太宗时才称"满洲"，后来又称为"满族"。在外国的地图上把中国的东北叫满洲，后来我们自己也跟着外国人这样叫。现在可能的解释是：建州族信仰佛教，佛教里有一个佛叫做"文殊"，满族人把文殊念作"满住"。1348年明朝跟朝鲜合起来打建州，很多建州人被杀，其中有一个领袖就叫李满住（女真族里有不少人叫满住，用宗教上的名词作为自己的名字）。可能"满洲"就是从"满住"演变而来的。从"文殊"演变为"满住"，又从"满住"演变为"满洲"。这是一个试探性的解释，还不能说是科学的结论。其他方面的材料还没有。因此，究竟为什么叫"满洲"，现在还不能下最后的结论。

以上我们介绍了建州的一些情况。我们对待汉族和满族的关系，也应该像对待汉族和蒙古族的关系一样。在明朝，汉族和满族之间是打过仗，但是更多的时候是不打仗的。清太宗改国号为清，到清世祖顺治元年（1644年）入关，正式建立了清朝。清朝统治中国二百多年，它是中国历史上最后的一个王朝。清朝末年一些革命党人进行反满斗争，出了不少的书，宣传清朝的黑暗统治，宣传反满。这在那个时期是必要的。可是经过几十年，到了现在我们如果还是这样来对待满族就不应该了。我们是多民族的国家，各个民族一律平等。一方面要承认清朝进行过多次非正义的战争，有过黑暗统治；另一方面也要承认清朝统治的二百多年并不都是黑暗时代，其中有一个时期的历史是很辉煌的。譬如像康熙、乾隆时代就是清朝的全盛时代，这个时代不但巩固了国家的统一，而且有所发展。我们中国今天的疆域是什么时候造成的？是康熙、乾隆时代奠定的。我们继承了他们的遗产。所以毛主席说："今天的中国是历史的中国的一个发展……我们不应当割断历史。"我们对清朝的历史必须要有足够的估价，对康熙、乾隆巩固国家的统一、发展国家的统一也要有足够的估价。应该给它以应有的尊重。不但对历史应该给予应有的尊重，今天在民族关系上也应该注意这点。解放以后，中央曾经发出过这样的指示，就是"满清"两个字不要连用。清朝就是清朝，满族就是满族。要把清朝统治者和广大的满族人民区别开，并不是所有的满族人都是清朝的统治者。满族人民在清朝统治下同样是受剥削，受压迫的。至于清朝统治者，他们做过坏事，但是在有些事情上也做过好事，而且做了很大的好事。应该从历史事实出发，好就是好，不好就是不好。

资本主义萌芽问题

关于资本主义萌芽问题,现在学术界还在争论,有许多不同的意见。有的人认为资本主义萌芽很早,有的人认为很晚。所提供的史料的时间性都很不肯定,从八世纪到十六七世纪都有。特别是关于《红楼梦》的社会背景的讨论展开以后更是如此。是在什么情况下产生了《红楼梦》这部作品呢?它的社会基础是什么?《红楼梦》中的贾宝玉反对科举、尊重妇女的思想是从哪里来的?他骂念书人,骂那些举人、秀才都是禄蠹,说女孩子是水做的,男人是泥做的,这样的思想认识是在什么情况下发生的?对这一系列的问题提出了各种不同的看法,各有各的论据。而且关于"萌芽"这个词的意义也有不同的理解。比如种树,种子种下去以后,慢慢地露出了头,这叫萌芽;又如泡豆芽菜,把豆子放在水里,长出一点东西,这也叫萌芽。既然只是萌芽,它就不是已经成熟了的东西,还只是那么一点点。假如是整棵的菜,那就不是萌芽;至于开了花、结了果的东西就更不是萌芽了。所以要把这些情况区别开。可是现在某些讨论中存在有这样的问题:将萌芽看成已经开花结果的东西。这实际上就不是资本主义萌芽,而是资本主义的成熟阶段了,还有人认为中国资本主义早已经成熟了,中国社会早已经进入了资本主义社会。这样一来就发生了一系列的大问题:中国既然早已进入资本主义社会,那么,怎么解释1840年以后中国进入了半殖民地半封建的社会?一百年来我们反对封建主义、反对帝国主义的问题又怎么解释?

关于这个问题,我自己有些看法,也不一定成熟,提出来大家讨论。我想,要说明某个时期有某个事物萌芽,必须有一个界限。这个界限是什么呢?就是要具体地指出一些事实,这些事实是以往的时期所不可能发生和没有发生过的，只有到了这个时候才能发生的。没有这个界限就会把历史一般化了。试问：这个时期发生过，一百年以前发生过，五百年以前也发生过，这怎么能说明问题？而且这些新发生的东西不应该是个别的。仅仅只在某个时期、某个地区出现的个别的东西能不能说明问题呢？不能说明问题。因为我们的国家这样大，经济发展不平衡，有先进的，有落后的，沿海和内地不同，平原和山区也不同。不要说别的地方，就说北京吧，全市面积有一万七千平方公里，市内和郊区就不同，因此，个别时期所发生的个别的事情也会有所不同。所以作为一个事物的萌芽，必须是这个东西过去没有发生过；现在发生了，而且不是个别的。只有这样看才比较科学。现在我们根据这个精神来看资本主义萌芽问题。我想把问题局限在 14 世纪到 16 世纪所发生的主要事件上，特别是 16 世纪中叶这个明朝人自己已感觉到发生巨大变化的时期，着重提出那些在这时期以前所没有发生，或虽已发生而很不显著，这个时期以后成为比较普遍、比较显著的一些问题。

第一，关于手工工场。在明朝初年的时候，有一个人叫徐一夔，他写了一本书叫《始丰稿》。这本书里面有一篇文章叫《织工对》。这篇文章讲到元末明初，在浙江杭州地方有许多手工业纺织工场。这些纺织工场的经营方式是怎样的呢？有若干间房子和若干部织机，工人都是雇工，他们不占有生产工具。生产工具是谁的呢？是工场老板的。老板出房子，出机器，出原料。工人出劳动力。工人在劳动以后可以取得若干计日工资，工资随着工人的技术熟练程度不同而有高有低，其中有一些技术水平比较高的，可以得到比一般工人加倍的工资，假如这家工场不能满足他的要求，别的工场可以拿更高的工资把他请去，劳动强度很高，把工人弄得面黄肌瘦。这是元末明初（14 世纪）的情况，当时这样的工场在杭州不止一个。但是能不能说在 14 世纪时就已经普遍地有了资本主义萌芽呢？因为只有这一个地区的资料，我看不能。但是从这里可以看出，在 14 世纪中期，个别地区已经有了这样相当大的手工工场，老板通过这样的生产手段来剥削雇佣工人的历史事实。这说明当时已经有一部分农村劳动力转化为城市雇佣劳动者。这种情况在 14 世纪以前是没有的。

第二，新的商业城市兴起。在讨论中有不少文章笼统地提到明朝有南京、北京、苏州等33个新的商业城市，来说明这个时期商业的发展。有33个商业城市是不错的，但是时间有问题。因为并不是整个明朝都是这样的情况。事实上，这些城市之成为商业城市是在明成祖以后。当明成祖建都北京以后，为了解决粮食的运输问题，把运河挖深、加宽了。这样，通过水运不仅保证了粮食的运输，其他商品的运输也畅通了，因而促进了南北物资的交流。这样，到了宣宗时期（15世纪中期），沿运河一带的许多城市开始繁荣起来。这时候，由于农业、手工业的发展，国内市场扩大了。这是一方面。另一方面，当时为了保证货物的流通，沿长江、运河及布政使司所在地建立了33个钞关。明朝用的货币叫宝钞（纸币）。关于纸币的情况这里不能详细说了，只说明一条，明朝的纸币很不合理，它不兑现，开头拿一张钞票还能换到一些物资，后来就不行了。政府只发钞票，越发越多，超过了实际物资的几百倍。在这种情况下，钞票就贬值了。明朝政府为了提高钞票的信用，采取收回钞票的政策。怎样收回呢？其中一个办法就是增加税额。因此就在各个商业城市设立了一个机构，叫做"钞关"。一共设立了33个钞关。钞关干什么呢？就是向往来的货物收税。纳税时就用钞票交纳。钞关设在商业城市，有33个钞关就有33个商业城市，这是不错的。但有些人就根据这个数字说整个明朝只有33个商业城市，这就不确切了。因为设立钞关是明宣宗时候的事情，宣宗以前没有。而就商业城市来说，在明成祖的时候就不止33个，后来又有所增加。因此，不标明确切的时间，以一个时期的情况来概括整个明朝，是不符合当时存在的客观事实的。随着商业城市的增加，商人、手工业工人也增加了，这就形成了一个市民阶层（这个阶层主要是指手工业者、中小商人）。这些人为了保卫他们自己的利益，建立了很多行会，有事情共同商量，采取一致的行动。在这种情况下就发生了明朝末年的市民暴动。这里应该指出：所谓"市民"这个概念不能乱用。有些人把当时的进士、举人、秀才等官僚都算作市民，这就模糊了阶级界限。这些人都是当时的统治者，不是被统治者。把市民阶层扩大化，混淆统治者与被统治者之间的界限，这是不对的。

第三，倭寇、葡萄牙海盗和沿海通商问题。明朝中叶，以朱纨为中心的一派人反对对外通商，对海盗采取镇压的政策，因而引起沿海地主阶级的反对，形成一种政治上的斗争。在这个斗争中，朱纨最后失败了。这种性质的斗争在以往的历史上是从来没有过的。汉朝、唐朝、宋朝、元朝都有过对外通商，有时还很繁盛，大量的中国人到海外去经商；不但如此，国内有不少地方还住有许多外国商人。在唐朝的时候，广州就有数量众多的蕃商。其中主要是阿拉伯人，他们住的地方叫蕃坊。其他如扬州、长安等地方也住了不少的外国商人，对外通商也很频繁。但是像明朝那样，代表通商利益的官僚地主在政治上形成一种力量，和内地一些反对通商的地主进行斗争，这种斗争并影响到政府的政策，这种情况却是以往的历史上所没有的。为什么明朝会出现这种新的情况呢？因为明朝国内国外的市场日益扩大，商业资本日益发展，商人地主在政府里有了自己的代言人。商人地主在政治上有了地位，这在历史上是个新问题。关于这个问题，近年来也有人持不同的意见。北京大学有个学生写了一篇文章，说朱纨镇压海盗是爱国的行为。朱纨是个爱国者，这观点是没有问题的，朱纨确实是爱国者，可是不能拿这个来否认当时在政治上存在着不同的意见。当时已经出现了代表沿海通商地主利益的政治活动家，这和朱纨是否爱国是两回事。我们并没有说朱纨不爱国。这点不必争论。问题在于这个时期出现了两种不同的意见，一种意见主张通商，一种意见反对通商，这是历史事实，是过去所没有的。

第四，内地的某些官僚地主也参加商业活动和经营手工工场。 这方面的例子很多，大家所熟悉的《游龙戏凤》中的正德皇帝（明武宗），他就开了许多皇店。这是16世纪初期的事情。嘉靖时有个贵族叫郭勋（《三国演义》最早的刻本是他搞的），在北京开了许多店铺。另外有个外戚叫周瑛，在河西务开店肆做买卖。现在这个地方已经很萧条了。可是在明朝的时候，由于南方的粮食、物资运到北方来都要经过这里，因此是个很繁华的地方。这样的例子举不胜举。在地方上，明朝四品以上的官到处经商。四品有多大呢？知府就是四品。知县是七品。原来明朝有一条规定，禁止四品以上的官员做买卖。但是行不通。事实上官做得越大，买卖也做得越多越大。特别是像苏州这样的地方，很多退休官员开各种各样的铺子，有的发了大财，成了百万富翁。官员经商过去也有，但是在明初还多半是武官，到了明朝中叶这种情况就改变了，不但武官经商，文官也经商；不但小官经商，大官也经商；不但经商，而且经营手工工场。华亭人徐阶做宰相时，"家中多蓄织妇，岁计所织，与市为贾"。这种现象也是过去没有过的。过去的官僚认为做买卖有失身份，社会上看不起。士、农、工、商，商放在最后。孟子就骂商人是"垄断"，认为他们不劳动，出卖别人生产的东西从中取利，是不道德的事情，有身份的人不干这种事。汉朝以来，各个历史时期都曾不同程度地实行过重农抑商的政策。当时社会上一般是看不起商人的，当然也有个别地区有个别例外的情况。但是到16世纪以后，这种看法就改变了，不只武官，就连皇帝、贵族、官僚都抢着做买卖，商人的社会地位也提高了。

第五，当时的人对这个时期社会情况变化的总结。16世纪中期社会经济情况发生的变化，明朝人看得很清楚，有不少人就各方面变化的情况做出了总结。

首先，从社会风俗方面来说。明朝人认为嘉靖以前和嘉靖以后是两个显著不同的时代。有不少著书的人指出了正德、嘉靖以后社会风俗的变化。在嘉靖以前，妇女的服装很朴素；嘉靖以后变了，很华丽，讲究漂亮了。宴会请客，原来一般是四碗菜一碗汤，后来变成六碗、八碗，以至十二碗、十六碗菜。山东《郓城县志》记载在嘉靖以前老百姓很朴素、很老实，嘉靖以后变了，讲排场了，普通老百姓穿衣服向官僚看齐，向知识分子看齐。穷人饭都吃不上，找人家借点钱也要讲排场。总之，从吃饭、娱乐到家庭用具都不像过去了。这个时候，看到一些老实、朴素的人，大家认为不好，耻笑他。《博平县志》讲嘉靖以后过去好的风气没有了，过去乡村里没有酒店，也没有游民，嘉靖中期以后变了，到处都有酒店，二流子很多。当时有一种风气，一个人有名、有字，还要起别号。嘉靖皇帝就有很多别号。不但知识分子起别号，就连乞丐也有别号。

其次，在文化娱乐方面。嘉靖以前唱的歌曲主要是北曲，嘉靖以后南曲流行了，而且唱的歌词主要是讲男女恋爱的。嘉靖以前不大讲究园亭建筑；嘉靖以后，到处修假山，建花园，光南京就有园亭一百多所，苏州有好几十所，北方就更多了，清华园这些地方都是过去的园亭。明朝前期有一条规定，官员禁止嫖娼妓，嘉靖以后，这个纪律不生效了，文人捧妓女成为风气，为她们写诗、写文章，甚至选妓女为状元、榜眼、探花。戏剧方面，过去只有男戏，嘉靖以后就有女戏了。很多做过大官的人写剧本，像《牡丹亭》的作者汤显祖就是一个官。元曲的作者没有一个是高级官员，都是一些下层社会的人，有的在衙门里当一个小办事员，有的做医生；可是明朝戏曲的作者，大部分都是举人、进士，有些还是高级官员。明朝后期盛行赌博，官吏、士人以不会赌博、打纸牌为耻。

再次，从政治方面来看。《明史·循吏传序》提到嘉靖以前一百多年，一方面休养生息，发展生产；另一方面政治上比较清明，好官比较多。譬如大家知道的《十五贯》里面有个况钟，连做十几年的苏州知府，是个好官。另外一个周忱也是个好官，他作苏州巡抚二十一年，在《十五贯》里被刻画坏了，这是不对的。此外，像于谦连作河南、山西巡抚十九年。嘉靖以前，有好些巡抚连任几年甚至十几年的，这是明朝后期所没有的情况。明朝后期好官就少了。做官讲资格，一讲资格就坏事了，只要活得长就可以做大官；相反，真正能给老百姓做点事情的人就到处碰壁。像海瑞就是这样，到处遭到大地主阶级的反对，办不了好事情。明朝后期有个知识分子陈帮彦对吏治的这种变化做了总结，他说：在嘉靖以前，做官的人还讲个名节，做官回到家里，人家问他赚多少钱，他要生气；嘉靖以后发生了根本性的变化，做官等于做买卖，计较做这个官赚钱多还是赚钱少，在这个地方做官赚钱多，另外换一个赚钱少的地方就不愿意去。到富庶的地方去做官，亲友设宴庆贺；如果到穷地方去，大家就叹息。做官和发财联起来了，念书是为了做官，做官是为了发财。当时升官是凭什么呢？一个是凭资格，一个是凭贿赂。当时叫"送礼"。地方官三年期满要进京，朝廷要考核他的成绩。这时就是他"送礼"的时候了。送了礼就可以升官。所谓送上黄米、白米若干担，即指黄金、白银若干两。后来改为送书若干册，书的后面附上金子、银子，叫做"书帕"。所以明朝后期的地方官上任以后先刻书。但是他们又没有什么学问，于是粗制滥造，乱抄一气。

以上这些情况说明，由于整个社会经济的变化，即农业、手工业生产的发展，商业的繁荣，影响到了社会各方面。一些大地主把一部分从土地剥削所得的财产投资于手工业和商业，这样，过去被社会上所歧视的商人的地位就提高了。国家的高级官员有不少人变成了商人。经商成为社会风气。商人赚了钱就奢侈浪费，造成社会上的虚假繁荣现象。封建秩序、封建礼法开始受到冲击，从而在文学艺术方面也出现了反映这种社会生活的作品。

第六，货币经济的发展。在明朝以前，白银已经部分使用，但是还不普遍，还没有作为正式的货币。元朝使用钞票。明朝初年用铜钱，由于老百姓已经有了用钞票的习惯，反而不习惯用铜钱，只好仍然用钞票。但是由于明朝对钞票管理不善，无限制地发行，又不兑现，因而引起通货膨胀，钞价贬值，由一贯钞值银一两贬至只值一两个钱，钞票的经济意义逐渐没有了。钞票不能用，铜钱的重量又太大，短途进行交易还可以，像从南到北的远距离交易，带大量的铜钱就不行，几万、几十万铜钱很重，不方便。在这种情况下白银就日渐流通于市场。白银有它的优点：它的质量不会变，既能分割，化整为零；又能把一些分散的银子铸成一锭，化零为整。白银价值比较高，一两白银可以抵一千钱。因此社会上对白银的需要越来越迫切。

上次讲过，明朝建都北京，粮食主要要从南方运来。四五百万石粮食的运费要由农民负担，运费超过粮食价格的几倍，农民负担很重。所以到明英宗时，逐渐改变了这种办法。有些地方税收开始改折"金花银"，像这个地区应该送四石粮食，现在不要你交粮食了，改交一两银子。政府用一两银子同样可以买到四石粮食。由于国内市场的扩大和税收折银的结果，银子的需要量就大大增加了，原有的银子不够市场上的需要。因此在万历时期就出现了采银的高潮。政府征发许多人，到处开银矿，苛征暴敛，引起国内人民的反对。

通过对外贸易的入超，大量的白银输入了。西班牙人从墨西哥运白银到吕宋，由吕宋转运中国，以换取中国的丝织品和瓷器。到后期，墨西哥的银元也大量流入中国。这样，国内白银数量逐渐增加。所以到万历初年，赋役制度大改变，把原来的田赋制度改为"一条鞭法"，使赋役合一。从此大部分地区的赋税和徭役改折银两。

由于手工业和商业的发展，商品流通的客观需要，远距离的大量的交易需要共同的货币做媒介，因而白银普通地应用起来了。这种情况也是以往历史上所没有发生过的。

第七，文学作品上的反映。唐朝、宋朝也有传奇小说，里面的主角是些什么人？主要是官僚、士大夫、文人等等，写市井人物的作品很少。到明代中叶以后出现了以市井人物为主人公的作品。例如《白蛇传》的故事。在《西湖三塔记》中的三怪是：乌鸡、水獭、白蛇，男主角是将门之后——奚宣赞（岳飞部下的将官奚统制之子）。而《洛阳三怪记》的三怪是：赤斑蛇、白猫精、白鸡精，男主角却是开金银铺的老板潘松了。流传到现在的《白蛇传》只剩下二怪：白蛇和青蛇，男主角则是开生药铺的许仙。故事的主角从将门之后的奚宣赞转变为生药铺的许仙，这一变化是值得我们注意的。

又如《金瓶梅》，是万历二十二年（1594年）以后的作品，写嘉靖、万历年间的事。主角西门庆也是开生药铺的。与西门庆来往的篾片、清客都是官僚地主的后人，原来的地位比西门庆高，后来没落了，成为西门庆的门客。以这样一些人物为中心的小说，在过去是没有的。

此外，在"三言"、"二拍"中，如《卖油郎独占花魁》、《倒运汉巧遇洞庭红》等，主角是卖油小贩和偶然发财的穷汉，这也都是当时的社会现实在文艺作品中的具体反映。

第八，明朝后期有了一些替商人说话的政治家。譬如徐光启，他是上海人，是最早接受西洋科学，介绍和传播西洋科学，如物理学、化学、天文学的一个人。他家里原来是地主，后来兼营商业。他本人中了进士，做过宰相。在他的思想中，反映了保护商人特权的要求，他提出了维护商人利益的具体建议。当时国家财政困难，西北有许多荒地，他就主张政府允许各地的地主阶级招募农民来开垦荒地。开垦荒地多的，除了粮食给他外，还可以允许这个地主家里的子弟有多少人考秀才、多少人上学，给他以政治保证。从他这种主张来看，他是当时从地主转为商人的这一集团在政治上的代表人物。

总的来说，上面所讲的这些问题是明朝以前没有发生过的，或者虽然发生过，但并不显著。当时的人也认识到了嘉靖前和嘉靖后所发生的这种巨大变化。当然，他们还不能理解这叫做资本主义萌芽。从我们今天来看，这个变化是旧的东西改变了，新的东西露出了头。这些例子都可以作为资本主义萌芽来看。但是这些萌芽并没有成长，以后又遭到了压力，因此到鸦片战争以前中国还不能进入资本主义社会。资本主义还处在萌芽状态。

这方面的材料直到现在还是不够完备的，还没有进行认真的研究。上面谈的只是个人的看法，不一定对，更不一定成熟，只供同志们参考。

晚明"流寇"之社会背景
——"殷鉴不远，在夏后之世"

（一）

明末流寇的兴起，是一个社会组织崩溃时必有的现象，如瓜熟蒂落一般。即使李自成、张献忠这一群农民领袖不出来，有那贵族、太监、官吏和绅士所组成的压迫阶级，也是要被它脚底下踏着的阶级所打倒的。这阶级的对立，在当时已经有人看出。崇祯十七年（1644）正月兵科都给事中曾应遴奏道："臣闻有国家者不患寡而患不均，不患贫而患不安。今天下不安甚矣，察其故原于不均耳。何以言之？今之绅富，率皆衣租食税，安坐而吸百姓之髓，平日操奇赢以役愚民而独拥其利，有事欲其与绅富出气力，同休戚，得乎？故富者极其富而每至于剥民，贫者极其贫而甚至于不能聊生，以相极之数，成相恶之刑，不均之甚也。"① 富者愈富，贫者愈贫，仕绅阶级利用他们所有的富力，和因此而得到的政治势力，加速地把农民剥削和压迫，农民穷极无路，除自杀外只能起来反抗，用暴力来推翻这一集团的吸血精，以争得生存的权利。

流寇的发动和实力的扩展，自然是当时的统治者所最痛心疾首的。他们有的是过分充足的财富；舒服，纵佚，淫荡，美满的生活。他们要维持现状，要照旧加重剥削来增加他们生活上更自由的需要。然而现在眼见要被打倒，被屠杀了。他们不能不联合起来，为了他们这一阶级的安全。同时，为

---

① 《崇祯长编》卷二。

着个人利害的冲突，这一集团的中坚分子，彼此间还是充满了嫉妒、猜疑……勾心斗角地互相算计。

在反面，农民是欢迎流寇的，因为是同样在饥饿中挣扎性命的人。他们自动做内应，请流寇进来。河曲之破，连攻城的照例手续都用不着。据《绥寇纪略》卷一："辛未（1631）二月，上召辅臣九卿科道及各省盐司于文华殿。上问山西按察使杜乔林曰：河曲之城，何以贼到辄破？乔林曰：贼未尝攻，有饥民为内应，故失守。"和统治者的御用军队的骚扰程度相较，农民宁愿用牛酒来欢迎流寇："樊人苦左兵淫掠，杀槁桔燔烧之，良玉怒，夺巨商峨艑重装待发，身率诸军营于高阜。汉东之人，牛酒迎贼。"①

官兵不敢和流寇接触，却会杀手无寸铁的老百姓报功。到这田地，连剩下的一些过于老实的老百姓也不得不加入反抗者的集团了。据《烈皇小识》卷四："将无纪律，兵无行伍，淫污杀劫，惨不可言，尾贼而往，莫敢奋臂，所报之级，半是良民，民间遂有贼兵如梳，官兵如栉之谣，民安得不为盗！盗安得不日繁！"

举一个具体的例子，《平寇志》卷二记兵科给事中常自裕奏："皇上赫然振怒，调兵七万，实不满五万，分之各处，未足遏贼。凤阳焚劫四日而马犷至，归德围解三日而邓玘来，颍毫安庐之贼返斾而北，尤世威等信尚杳然。至贺人龙等到处淫掠，所谓贼梳而军栉也。"

在到处残破、遍地糜烂的景况下，统治者为了军费的需要，仍然盲目地加重农民的负担，左捐右输，迫得百姓不能不投到对面去。《平寇志》卷八说："崇祯十七年二月甲戌，贼遣伪官于山东河南州县。先遣牌至，士民苦征输之急，痛恨旧官，借势逐之。执香迎导，远近若狂。"也有不愿和统治者合作，消极地不肯抵抗"流寇"的。"宣府陷，巡抚朱之冯悬赏守城，无一应者。三命之，咸叩头曰：愿中丞听军民纳款。之冯独行巡城见大炮，曰：汝曹试发之，杀贼千百人，贼虽齑粉我，无恨矣。众又不应。之冯自起燃火，兵民竟挽其手。之冯叹曰：人心离叛，一至于此。"在一些地方，百姓一听见流寇是不杀人，免徭赋的，高兴得满城轰动，结彩焚香去欢迎流寇

---

① 《绥寇纪略》卷九。

进来。①

在军事地带的人民尚受盘剥，比较安静的区域更不用说了。崇祯十四年（1641）吴中大旱瘟疫，反加重赋，据《启祯记闻录》二："是岁田禾，夏苦亢旱，少不插莳，即莳亦皆后时，至秋间复为蝗虫所食。有幸免蝗祸者，又因秋杪旱寒，遂多秕死。大约所收不及十之三四。岁凶异常，抚按交章上请，不惟不蒙宽恤，征赋反有加焉。糙粮每亩二斗五升有零，折银每亩一钱七分有零。又急如星火，勒限残岁完粮，连差督饷科臣至吴中者两三员，赐剑专敕行事，人皆惶骇不安，大户役重粮多，中人支吾不给，贫民困馁死亡，井里萧条，乡城同象，非复向时全盛矣。"

苏州如此，他处可知。政府不因灾荒蠲免，地主亦复不能例外。同书又记常熟民变事："崇祯十一年（1638）八月抚臣屡疏以旱蝗上闻，而得谕旨征粮，反有加焉。至收租之际，乡民结党混赖，田主稍加呵斥，每至起衅生乱，田主有乡居者，征租于佃户，各佃聚众焚其居，抢掠其资。"

（二）

流寇的组成分子是，"一乱民，一驿卒，一饥黎，一难氓"②。这是崇祯七年（1634）三月己丑南京右都御史唐世济疏中所说的。以陕西发难地而论，则"延绥以北为逃兵，为边盗，延绥以南为土寇，为饥民"③。边盗土寇可以归入乱民一类；加上逃兵，约略地可分五类。

关于乱民之起，《明史·杨鹤传》说："关中频岁祲，有司不恤下，白水王二者鸠众墨其面，闯入澄城，杀知县张耀采，由是府谷王嘉允、汉南王大梁、阶州周大旺群贼蜂起，三边饥军应之，流氛之始也。"则亦是因饥举事。

关于驿卒的加入，《明史·流寇传》说："以给事中刘懋议裁驿站，山陕游民仰驿糈者无所得食，俱从贼，贼转盛。"

《绥寇纪略》卷一引御史姜思睿疏也说："各递贫民千百为群依辇舆以

---

① 《明史》卷二六三，《朱之冯传》。
② 《平寇志》卷一。
③ 《绥寇纪略》卷一。

续命者，饥饿待死，散为盗。"

据《明史·五行志》三："崇祯元年夏旱，畿辅赤地千里。陕西饥，延巩民相聚为盗。二年山西、陕西饥，五年淮、扬诸府饥，流殍载道，六年陕西、山西大饥，淮、扬洊饥，七年京师饥，太原大饥，人相食，九年南阳大饥，有母烹其女者，江西亦饥，十年浙江大饥，父子兄弟夫妻相食，十二年两畿、山东、山西、陕西、江西饥，河南大饥，人相食。十三年北畿山东、河南、陕西、山西、浙江、三吴皆饥，自淮而北至畿南，树皮食尽，发瘗胔以食。十四年南畿饥，山东洊饥，德州斗米千钱，父子相食，行人断绝，大盗滋矣。"在十四年中，灾荒迭起，河北更是厉害，内中山西、陕西、河南被灾情形最严重，次数也最多，由此可以知道流寇发难于秦晋，和流寇以秦晋人为中心的原因。

关于逃兵之加入，《明史·李自成传》记："京师戒严，山西巡抚耿如杞勤王兵哗而西，延绥总兵吴自勉、甘肃巡抚梅之焕勤王兵亦溃与群盗合。"

在这样情形之下，当时的统治者仍是蒙蒙昧昧，不但不想法补救，反而以为"疥癣之疾"不足致虑。地方官也未尝不知道叛乱之起是由于饥荒，而不但不加抚恤，反而很轻松地说："此饥氓，徐自定耳。"他们对于低低在下的民众，本来不屑置意，只要民众能忍辱负重地像羔羊一般供他们的宰杀剥削，他们便可以高枕而卧了。他们想不到饥民的集合暴动，最初固然是毫无政治企图，只求免于饿死；但等到一有了势力以后，他们也会恍然于敌人之无能，会来夺取政权，打倒旧日曾鱼肉他们的阶级的。

（三）

在叛乱起后，统治者的措施是一面愚蠢地冀图用武力削平，一面加重搜括来应付非常的军费，在叛乱发生前农民被强迫加负的有嘉靖三十年（1551）的"加派"一百二十万，三十七年的"提编"四十万，万历四十六年（1618）的"辽饷"三百万，前后迭增到五百二十万，在叛乱起后，崇祯三年（1630）又增百六十五万，八年增"助饷"，十一年行"均输"及"加征"，十三年加"练饷"。统计在万历末年合九边饷止二百八十万，到崇祯时加派"辽饷"到九百万,"剿饷"到三百三十万,"练饷"七百三十万。① 这些都是农民的血汗,有政治势力的地主绅士商人是不用负担的。

就陕西一地而论,民众的新加负担有"新饷",有"均输",有"间架",其他琐细的勒索,更无从数起。② 关于民间的苦痛,崇祯六年(1633)正月御史祁彪佳疏陈十四项:曰里甲,曰虚粮,曰行户,曰搜赃,曰钦提,曰隔提,曰讦讼,曰寓访,曰私税,曰私铸,曰解运,曰马户,曰盐丁,曰难民。③ 其最为农民所苦者是虚粮,据说当时纳税的则例"小民多未见闻,第据县符,便为实数。遂致贫户反溢数倍,豪家坐享余租,此飞洒之弊也。近来苦盗苦荒,迁徙载道,丁粮缺征,里甲代偿,富户化而为贫,土著化而为客,此逃亡之弊也。又有户产尽废,户粮犹存,买产之家,视若隔体,代纳之户,惨于剥肤,此赔垫之弊也"。为工人所苦者是行户:"一小民以刀锥博什一,为八口计也。有司佥为铺行,上自印官,下及佐贰,硃票一纸,百物咸输,累月经年,十不偿一。又有供应上司,名曰借办,每物有行,每行有簿。"为小商人所苦者是私税:"大江以北,凡贸易之家,官为给帖,下至鸡豚,无得免者,至隘口渡头,有少年无赖借牙用为名,横加剥夺,蝇头未获,虎吻旋吞。"为一般百姓所苦者是私铸:"私铸之为钱法害,固也。而南中为甚,每钱止重七分,每百不盈三寸。更有私铸奸人控官请禁,小民畏罪,去之惟恐不速,此辈一铸一卖,一禁一收,利五六倍,而小民何以堪哉!"④

不但农民的负担增加,他们积欠官府的陈年烂账也不曾被放松,崇祯八年(1635)二月侍读倪元璐上疏说:"今民最苦无若催科。未敢冀停加派,惟请自崇祯七年以前,一应逋负,悉可改从折色,此二者于下诚益,于上无损,民之脱此,犹汤火也。至发弊而追数十年之事,纠章一上,蔓延十休,扳贻而旁及数千里之人,部文一下,冤号四彻,谁以民间此苦告之陛下者。及今不图,日蔓一日,必至无地非兵,无民非贼,刀剑多于牛犊,阡陌决为

---

① 《明史》卷七八,《食货志》二。
② 《明史》卷三〇九,《李自成传》。
③ 《明史》卷二七五,《祁彪佳传》。
④ 《祁忠惠公遗集》卷一,《陈民间十四大苦疏》。

战场，陛下亦安得执空版而问诸兵燹之区哉！"[1]

（四）

使人民愁苦的，除了捐税之项目的和数量的增加以外，还有皇帝私人的聚敛。万历以下诸帝把家族的财富比国家的富强更看得重要，努力积聚，为纵情享乐计。但是国家的财政有定额的支配，皇帝只能夺取一部分过来，为着内库的充积计不能不另外想法去收敛财货，除了可以公开的进奉献纳及临时地征发如大工大婚的费用外，皇帝也收受贿赂，捐款，更不时的想法加罪臣下，目的是为籍没他们的财产，例如万历初年张居正、冯保的得罪，张鲸的因献财免罪，天启时代的追赃。

皇帝聚敛财货的爪牙是太监，太监代表着皇帝出来剥削民众和官吏，在刘瑾用事的时候，"凡入觐出使官皆有厚献"。有许多官吏因为不能照规定的数额进贿，甚至自杀。[2] 魏忠贤用事的时候，朝中宰执卿贰都甘愿做他的义子干儿，有五虎五彪十狗四十孙儿之目。[3] 自万历二十四年（1596）以后，到处派税使矿监，"大珰大监，纵横驿骚，吸髓饮血，以供进奉。大率入公帑者不及什一而天下萧然，生灵涂炭矣"。这一些皇帝代表的作恶情形，如《明史·陈增梁永传》所记："大作奸弊，称奉密旨搜金宝。募人告密，诬大商巨室藏违禁物，所破产什倾家。杀人莫敢问。"陈奉在荆州，恣行威虐，每托巡历，鞭笞官吏，剽劫行旅。其党至入民家，奸淫妇女，或掠入税监署中。马堂在临清，诸亡命从者数百人，白昼手银铛夺人产，抗者辄以违禁罪之。中人之家，破者大半。梁永在陕西尽发历代陵寝，搜摸金玉，旁行劫掠，所至邑令皆逃。税额外增耗数倍。二十年中所遣内官到处苛削百姓，引起民变，毒遍天下。这种情形，皇帝不是不知道，但是他却故意放纵，来收受他的代表所剥削的十分之一的残沥。《明史》说："神宗宠爱诸税监，自大学士赵志皋、沈一贯而下，廷臣谏者不下百余疏，悉寝不报，而诸税监有所纠劾，朝上夕下，辄加重谴，以故诸税监益骄。"

---

[1] 《平寇志》卷二。
[2] 《明史》卷三〇四，《刘瑾传》。
[3] 《明史》卷三〇五，《魏忠贤传》。

(五)

皇帝太监之下，便是皇族、官吏和绅士。明代是以八股文取士的，人们只要认得字，会凑上几段滥调，便很容易从平民而跃登特殊阶级，加入仕绅的集团，文理不通的只要花一点钱捐一个监生，也可仗着这头衔，不受普通人所受的约束，翻转头来去剥削他从前所隶属的阶级。他们不但没有普通农民所被派定的负担，并且可以利用他们的地位做种种违法的事，小自耕农受不了赋税的征索，除了逃亡以外，便只能投靠在仕绅阶级的门下做佃户，借他们作护符来避免赋役。往往一个穷无立锥的八股作家，一旦得了科名，便立地变成田主，农民除了中央政府、地方官吏的两重负担外，还须作就地豪绅的俎上鱼肉。这般科举中人一作了官，气焰更是厉害，连国法也范围不住他们。《明史·杨士奇传》："士奇子稷居乡，尝横暴杀人，言官交劾，朝廷不加法，以其章示士奇。又有人发稷横虐数十事，乃下之理。"《梁储传》："储子次摅为锦衣百户，居家与富民杨端争民田，端杀田主，次摅遂灭端家二百余人。武宗以储故，仅发边卫立功。"宰相的儿子杀人纵虐，都非政府所能干涉。杨端用大地主的地位杀小田主，梁次摅以大绅士的地位杀两百多人，大不了的罪名也只是充军。《姬文允传》："白莲贼徐鸿儒薄滕县，民什九从乱。知县姬文允徒步叫号，驱吏卒登陴不满三百，望贼辄走，存者才数十。问何故从贼？曰：祸由董二。董二者，故延绥巡抚董国光子也，居乡贪暴，民不聊生。"王应熊做了宰相，其弟王应熙在乡作恶的罪状至四百八十余条，赃银一百七十余万。① 温体仁、唐世济的族人甚至作盗，为盗奥主。② 土豪汤一泰倚从子汤宾尹之势，至强夺已字之女，逼之至死。③ 戴澳做顺天府丞，其家便怙势不肯输赋。④ 茅坤的家人也倚仗主势横行乡里。⑤ 陈于泰、陈于鼎兄弟的在乡作恶，致引起民变。⑥ 勋贵戚臣甚至惟意所欲，强夺民田，

---

① 《明史》卷二五三，《王应熊传》。
② 《明史》卷二五七，《冯元飏传》。
③ 《明史》卷三○三，《徐贞女传》。
④ 《明史》卷二七八，《詹兆恒传》。
⑤ 《明史》卷二八七，《茅坤传》。
⑥ 《明史》卷二四五，《蒋英传》。

弘治间外戚王源令其家奴别立四至，占夺民产至两千二百余顷。[1] 嘉靖中泰和伯陈万言奏乞庄田，帝以八百顷给之，巡抚刘麟、御史任洛复言不宜夺民地，勿听。[2] 武定侯郭玹夺河间民田庐，又夺天津屯田千亩。[3] 潞简王庄田多至四万顷。[4]

（六）

从另一方面看来，明代官俸之薄，是历史上所仅见的。据《明史·李贤传》当时指挥使月俸三十五石者实支仅一石，当时米一石折钞十贯，钞一贯仅值钱二三文，由此知指挥使一月所得不过二三十文。推而上之，正一品月俸八十七石，折钱也不过七八十文。正七品七石，每月俸饷更仅可怜到只有二三文钱了。其后又定官俸折银例，虽然稍为好一点，可是专靠俸饷，也非饿死不可。况且上司要贿赂，皇帝要进献，太监大臣要进献，家庭要生活，层层逼迫，除了剥削民众以外更没有什么办法。要做好官，便非像潘蕃那样，做了若干年的方面大臣，罢官后连住宅也盖不起，寄住人家终老。海瑞扬历内外，死后全家产只有一两银子，连买棺木也不够。这些自然是可忽略的例外，大多数官吏很容易寻出生财的大道。

贪赃不用说了，许多官吏，或他们的戚党宗族同时也是操奇计赢的大商人。他们可以不顾国禁，到海外去贸易番货，他们可以偷关漏税，经商内地，他们可以得到种种方便，去打倒或吞并其他无背景无势力的小商家。他们独占了当时最大的企业盐和茶业。他们有的广置店房，例如郭勋在京师的店舍多至千余区。[5] 他们也放高利债，例如会昌伯孙忠的家人贷钱给滨州的人民"规利数倍"，有司为之兴狱索偿。[6] 他们在自己的势力范围内可以科私税。[7] 他们为着自己的经济利益可以左右政局。《明史·朱纨传》："初明

---

[1] 《明史》卷三〇〇，《王镇传》。
[2] 《明史》卷三〇〇，《陈万言传》。
[3] 《明史》卷一三〇，《郭英传》。
[4] 《明史》卷一二〇，《潞王翊镠传》。
[5] 《明史》卷一三〇，《郭英传》。
[6] 《明史》卷三〇〇，《孙忠传》。
[7] 《明史》卷三〇〇，《张峦传》。

祖定制，片板不许入海。承平久，奸民阑出入勾倭人及佛郎机、葡萄牙诸国入互市。闽人李光头、歙人许栋踞宁波之双屿为之主，司其质契，势家护持之。"由海外贸易而引起倭寇的侵掠。朱纨巡海道下令禁止出海，福建人一旦失了衣食的贸源，仕绅阶级失去不费力而得的重利，联合起来排斥朱纨，福建人做京官的从中主持，结果是朱纨被劾落职自杀，倭寇的毒焰自此遂一发不可收拾。启祯间郑芝龙以海盗受招抚为朝廷官吏，独占海外贸易，海舶不得郑氏令旗不能往来，每一舶例入三千金，岁入千万计。①

（七）

贵族、太监、官吏和绅士所构成的上层阶级一方面自相剥削，另一方面又联合地方种种方式去剥削农民。在上的在穷奢极欲，夜以继日；皇帝大臣们在讲长生，求"秘法"，肆昏淫，兴土木。绅士、豪商和其他有闲分子更承风导流。妓女，优伶，小唱，赌博，酗酒，成为日常生活的要素。昆曲和小品文发达正是这时代性的表现。假如一部文学作品是可以作一个时代的象征的话，无疑地《金瓶梅》是象征这一时代的。另一方面，农民却在饥饿线下挣扎着，被力役、赋税、苛捐、盗匪、灾荒、官吏、乡绅逼迫着；他们忍耐了几辈子，受苦了几十年，终于等到了大时代的来临，火山口的爆发，从火光血海中，才仿佛看见自己的出路！他们丧失了，或被天灾所迫而舍去了耕地，便成为流浪的难民。他们即使能找到别的工作，也仍不免于冻饿。据《徐氏庖言》卷一："都下贫民佣一日得钱二十四五文，仅足给食。三冬之月，衣不蔽体。"他们有生存的权利，有要求吃饱的权利。我们试一考查当时的米价：

天启四年（1624）苏州米一石一两二钱。②

崇祯二年（1629）苏州粮一石折银一两有余。③

四年（1631）延绥斗米四钱。④

---

① 《南明野史》中。
② 《启祯记闻录》卷一。
③ 《启祯记闻录》卷一。
④ 《明史·李继贞传》。

十年（1637）苏州冬粟每石一两二钱，白粟一两一钱。①

十三年（1640）山东米石二十两，河南米石百五十两。② 苏松米每石一两六钱，秋杪糙米至每石二两。③

十四年（1641）山东临清米石二十四两。④ 苏州白米每石三两零。⑤

十五年（1642）苏州米每升至九十文有零。⑥

这虽是一个简略不完的统计，并且只是几个地方在荒歉时的情形，不过也可由此窥见当时农民苦痛情形的一斑，由此以例全国，大概是不会相距过远的。

在这种情形下的农民，陡然遇见了得救的机会，即使不很可靠的机会，也会毫不迟疑地抓住，牺牲一切，先去装饱肚皮和打倒过去曾压迫过他们的敌人。这机会便是腐溃了几十年的社会经济所产生的"流寇"暴动。

（八）

统治者剥削的结果是使占全人口极大多数的生产者——无告的农民陷于饥饿线下，另一面，流寇的口号却是"吃他娘，着他娘，吃着不尽有闯王，不当差，不纳粮"⑦，以除力役，废赋税，保障生活为号召，以所掠散饥民，百姓称这军队为李公子仁义兵。破洛阳时散福邸中库金及富人赀给百姓。⑧又下令保护田禾，马腾入田苗者斩之。对于一般地方官吏和绅富阶级，却毫不矜悯地加以残杀。《平寇志》卷六："城陷若获富室仕宦，则献之巨帅，索其积而杀之。"唯一例外是有德于民的退休官吏。《明吏·王徵俊传》："崇祯十七年二月贼陷阳城，被执不屈，系之狱。士民争颂其德，贼乃释之。"《明吏·忠义传》所记无数的乡官和八股家的死难殉节，被史家文饰

---

① 《启祯记闻录》卷二。
② 《明史·左懋第传》。
③ 《启祯记闻录》卷二。
④ 《明史·左懋第传》。
⑤ 《启祯记闻录》卷二。
⑥ 《启祯记闻录》卷二。
⑦ 《平寇志》卷八。
⑧ 《绥寇纪略》卷九。

为忠义报国的，其实不过是自己知道作恶过多，反正活不了，不如先自杀，或作困兽之斗，企图落一个好名声而已。

流寇的初起，是各地陆续发动的，人自为战，目的只在不被饥饿所困死。后来势力渐大，始有意识作打倒统治者的企图。最后到了李自成在1643年渡汉江陷荆襄后，始恍然于统治者之庸劣无能，可取而代之。从此后便攻城守地，分置官守，作夺取政权的步骤。[①] 果然不到两年北京政府即被推翻，长江以北大部被统治在新政权之下。这是在流寇初起事时意料不及的。其实与其说这是流寇的功绩，还不如说是这古老的社会、经济制度的自然崩溃比较妥当。戴笠作《流寇长篇序》，就统治阶级的不合作这一点来说明流寇之成功，他说："国之致亡，祖功宗德，天时人事均有之，非尽流寇之罪，贼虽凶狡绝人，亦借成就者之力也。主上则好察而不明，好佞而恶直，好小人而疑君子，好速效而无远计，好自大而耻下人，好自用而不能用人。廷臣则善私而不善公，善结党而不善自立，善逢迎而不善执守，善蒙蔽而不善任事，善守资格而不善求才能，善因循而不善改辙，善大言虚气而不善小心实事。百年以来，习为固然。有忧念国事者则共诧之如怪物。武臣非无能兵者，而必压以庸劣文臣，间有不庸劣者而又信任不深，兵食不足，畏人以偏见邪说持其后，无敢展布。至于阉侍之情况，古今同然，不必言也。煤山之祸，众力所共，闯贼独受其名耳。"以明统治权之倾覆为众力所共。文震孟于崇祯八年（1635）上疏论致乱之源说："堂陛之地，欺猜愈深，朝野之间，刻削日甚，缙绅蹙靡骋之怀，士民嗟束湿之困，商旅咨叹，百工失业，本犹全盛之海宇，忽见无聊之景色，此又致乱之源也。"这是说统治者的内部崩溃。"边事既坏，修举无谋，兵不精而自增，饷随兵而日益，饷益则赋重，赋重则刑繁，复乘之以天灾，加之以饥馑，而守牧慑功令之严，畏参罚之峻，不得不举鸠形鹄面无食无衣之赤子而笞之禁之……下民无知，直谓有司仇我虐我，今而后得反之也。"[②] 这是说统治者的驱民死地，自掘坟墓。李自成檄数统治者的罪状说："明朝昏主不仁，宠宦官，重科第，贪税敛，重刑

---

① 《绥寇纪略》卷九；《平寇志》卷六。
② 《烈皇小识》卷四。

罚，不能救民水火，日罄师旅，掳掠民财，奸人妻女，吸髓剥肤。"① 前部的四项罪状都是古已有之，是这古老社会的病态，不是崇祯及其廷臣所能负责的。在檄文中他特别提出他是代表农民利益，他本人是出于农民阶级的，他说："本营十世务农良善，急兴仁义之师，拯民涂炭，士民勿得惊惶，各安生理。各营有擅杀良民者全队皆斩。"② 标示着显明的农民革命的旗帜向旧统治致死命的攻击，对方则犹茫然于目前的危机，对内则互相猜嫌排斥，表现充分的不合作精神，对民则加力压榨，驱其反抗，两方的情势达于尖锐化，以一小数的溃腐的统治集团来抵抗全体农民的袭击，自然一触即摧，明室的统治权于此告了终结，同时拥护这统治权的仕绅阶级的寿命也从此中断，假如没有建州部族的乘机窜入，也许这反对宦官、科举制度，诛锄绅富的新统治者会给未来的历史以新的意义和设施。然而他们终于被一更新兴的部族所粉碎，昙花一现的新统治权也跟着被消灭，给铲除未尽的八股家、地主、商人们的旧集团以更苏的机会，虽然这一旧灵魂已不复能恢复过去所有的势位，然而他们会从文字的记载来诋毁他们的已失败的故人，从此片面的历史遂决定了所谓"流寇"事件的反面意义。在文字上所见的流寇只是一些极凶极恶、杀人、放火、屠城等等惨酷残忍的记载。

最后，我们再引两条可信的记载，说明这旧社会之必然的崩溃。崇祯十六年（1643）秋冬之间，外寇内乱，已经到了岌岌不可终日的地步，在同一国家同一祸福的江南，却仍踵事增华，作升平之歌舞。《启祯记闻录》三："七月二十五日，枫桥有好事者敛银于粮食行中，以为赛会之资，风闻从来未有之盛……衿绅士庶男女老幼，顷城罢市，肩舆舟楫之价，皆倍于常。通国若狂。"次年三月十九日北京政府颠覆，在得到国变消息后的吴江，竟举行从来未有之盛会。同书记："四月初二日吴江赛会，目睹者云富丽异常，为郡中从来所未有。是时北都不祥之说已竟传，民间犹为此举，可见人无忧国之心！"这不是偶然的！

---

① 《平寇志》卷六。
② 《平寇志》卷六。

第四章
制度体系：承袭传统还是寻求创新

明代的科举情况和绅士特权

明、清两代五六百年间的科举制度,在中国文化、学术发展的历史上作了大孽,束缚了人们的聪明才智,阻碍了科学的进展,压制了思想,使人们脱离实际,脱离生产,专读死书,专学八股,专写空话,害尽了人,也害死了人,罪状数不完,也说不完。

这些且不说,光就考试时的情况说,也是气死人的。明末艾南英《天慵子文集》有一篇文章专讲考举人时的苦处:

考试这一天,考场打了三通鼓,秀才们即使遇到大冷天,冰霜冻结,也得站在门外等候点名。督学呢,穿着红袍坐在堂上,灯烛辉煌,围着炉子取暖,好不舒服。

秀才们得解开衣裳,左手拿着笔砚,右手拿着布袜,听候府县官点名,排个儿站在甬道里,依次到督学面前。每一个秀才,有两个搜检军侍候,从头发搜到脚跟,光着肚子光着腿,要好几个时辰才能全搜完,个个冻得牙齿打战,腰以下都冻僵了,摸着也不像是自己的皮肤。要是大热天呢,督学穿着纱衣裳,在阴凉地里,喝着茶,摇着扇子,凉快得很。秀才们呢,十百一群,挤立在尘埃飞扬的太阳地上,按制度不能扇扇子,穿的又是大布厚衣。到了考场,几百人夹坐在一起,腥气、秽气,蒸着、熏着,大汗通身,衣裳都湿透了,却一滴水也不敢入口。虽然公家有人管茶水,但谁也不敢喝,喝了就有人在你卷子上打一个红记号,算是舞弊犯规,文章尽管写得好,也要扣分,降一等。

冷天也罢,热天也罢,都得吃苦头。

考的时候,东西两面站着四个瞭望军,是监场的,谁也不敢抬头四面看，有人困了站一下，打一个呵欠，和隔壁考生说话，以至歪着坐，又是一个红记号打上了，算犯规，文章尽管好，也扣分，降一等。弄得人人腰脊酸痛，连大小便也不得自由，得忍着些。

连动手动脚、抬头伸腰的自由也被剥夺了，苦哉！

考试坐位呢，是衙门里的工吏包办的，他们得赚一点钱，贪污了一大半经费，临时对付，做得很窄小，两个手膀也张不开；又偷工减料，薄而脆，外加裂缝，坐下重一点，就怕塌下。加上同号的总有十几个人，坐位是用竹子联着的，谁的手脚稍动一下，联号的坐位便都动摇了，成天没个停，写的字也就歪歪扭扭了。

这篇文章写得实在好，道尽了考生的苦处，也道尽了封建统治者不把学生当人的恶毒待遇。文章里用督学的拥炉、挥扇相对衬，更把考生的苦况突出了。清朝继承了明朝这一套，《儿女英雄传》写安骥殿试时，自己背桌子考篮的情况，可以参看。

这样苦，为什么人们还是抢着考，唯恐吃不到这苦头呢？是为了作官。顾公燮《消夏闲记摘抄》记明朝人中举人的情况：

明朝末年的绅士，非常之威风。凡是中了举人，报信的人都拿着短棍，从大门打起，把厅堂窗户都打烂了，叫作"改换门庭"。工匠跟在后面，立时修整一新，从此永为主顾。

接着，同姓的地主来和您通谱，算作一家，招女婿的也来了，有人来拜你作老师，自称门生。只要一张嘴，银子上千两的送，以后有事，这些人便有依靠了。

出门呢，坐着大轿，前面有人拿着扇啦，掌着盖啦，诸如此类，连秀才出门，也有门斗张着油伞引路。

有婚丧事的时候，绅士和老百姓是不能坐在一起的，要另搞一个房子叫大宾堂，有功名的人单坐在一起。

清人吴敬梓所作《儒林外史》，穷秀才范进中举一段绝妙文字，正是顾公燮这一段记载的绝妙注脚。

到中了进士，就更加威风了。上任作官，车啦，马啦，跟班啦，衣服用具啦，饮食用费啦，都自然会有人支应。上了任，债主也跟着来，按期还债。①

即使中不了进士，光是秀才、举人，也就享有许多特权了。其一是免役，只要进了学，成为秀才，法律规定可免户内二丁差役。明朝里役负担是很重的，要是有二十亩田地的中农，假如家里不出一个秀才，一轮到里役，便得破家荡产。② 以此，一个县里秀才举人愈多，百姓便越穷，因为他们得把绅士的负担分担下来。③ 第二是可以有奴婢使唤；明制，平民百姓是不许存养奴婢的，《大明律》规定："庶民之家，存养奴婢者，杖一百，即放从良。"第三是法律的优待，明初规定一般进士、举人、贡生犯了死罪，可以特赦三次，以后虽然没有执行，但是，还是受到优待，秀才犯了法，地方官在通知学校把他开除之前，是不能用刑的。如犯的不是重罪，便只通知学校当局，加以处分了事。第四是免粮，家道寒苦，无力完粮的，可由地方官奏销豁免。因之，不但秀才自己免了役，免了赋，甚至包揽隐庇，借此发财。廪生照规定由国家每年给膏火银一百二十两，不安分的便揽地主钱粮在自己名下，请求豁免，"坐一百，走三百"，不动腿呢。每年一百二十两，多跑跑县衙门呢，一年三百两，是当时的民间口语。第五便是礼貌待遇了。顾公燮所记的大宾堂是有法律根据的，洪武十二年（公元 1379 年）八月明太祖颁布法令，规定绅士只能和宗族讲尊卑的礼法，至于宴会，要另设席位，不许坐于无官者之下。和异姓无官相见，不必答礼。庶民见绅士要用见官礼谒见。违反的按法律制裁。

有了这样多特权，吃点苦头又算什么呢？

明、清两代的知识分子，在通过考试之前，封建统治者把他们不当人看待，加以种种虐待。但是，在成为秀才、举人、进士之后，便成为统治集团的一员了，和庶民不同了，他们分享了统治阶级的特权，成为特权阶级了。最近有人讲明朝后期情况，把秀才也算在市民里面，把他们下降为庶民，在我看来，是不符合客观存在的历史事实的。

---

① 陶奭龄：《小柴桑喃喃录》上；周顺昌：《烬余集》卷二，《与吴公如书》二。
② 《温宝忠先生遗稿》卷五，《士民说》。
③ 顾炎武：《亭林文集·生员论》。

明初卫所制度之崩溃

一

《明史·刘基传》：

　　太祖即皇帝位，基奏立军卫法。

《兵志序》：

　　明以武功定天下，革元旧制，自京师达于郡县，皆立卫所，外统之都司，内统于五军都督府。而上十二卫为天子亲军者不与焉。征伐则命将充总兵官，调卫所军领之。既旋则将上所佩印，官军各回卫所，盖得唐府兵遗意。

卫所的组织。《兵志二·卫所门》记：

　　天下既定，度要害地，系一郡者设所，连郡者设卫。大率五千六百人为卫，千一百二十人为千户所，百十有二人为百户所。所设总旗二，小旗十，大小联比以成军。

卫有指挥使，所有千户、百户，总旗辖五十人，小旗辖十人，卫统于都指挥使司，简称都司。洪武二十六年（1393）时定天下都司卫所，共计都司十七（北平、陕西、山西、浙江、江西、山东、四川、福建、湖广、广东、广西、辽东、河南、贵州、云南、大宁），行都司三（北平、江西、福建），留守司一（中部），内外卫三百二十九，守御千户所六十五。成祖以后，多所增改，都司增为二十一，留守司二，内外卫增至四百九十三，守御屯田群牧千户所三百五十九。约计明代卫所军兵的总数在三百万人以上。

卫所军兵的来源。《兵志二》记：

> 其取兵有从征，有归附，有谪发。从征者，诸将所部兵，既定其地，因以留戍。归附，则胜国及僭伪诸降卒。谪发，以罪迁隶为兵者。其军皆世籍。

从征、归附两项军兵大部分是建国前期的所组织，谪发一项当为建国以后的新兵，又名恩军。《明太祖实录》卷二三二：

> 洪武二十七年四月癸酉，诏兵部凡以罪谪充军者，名为恩军。

此外，最大的来源为垛集军。《兵志四》：

> 明初垛集令行，民出一丁为军，卫所无缺伍，且有羡丁……成祖即位……重定垛集军更代法。初，三丁已上，垛正军一，别有贴户。正军死，贴户丁补。至是，令正军、贴户更代，贴户单丁者免，当军家蠲其徭。

一被征发，便世世子孙都附军籍，和民户分开。《明太祖实录》卷一三一记：

> 洪武十三年五月乙未，诏曰：军民已定籍，敢有以民为军，乱籍以扰吾民者，禁止之。

户有一丁被垛为军，优免原籍一丁差役，使其供给军装盘缠。《明会典》卷一五五：

> 凡军装盘缠，宣德四年令每丁一名，优免原籍户丁差役。若在营余丁，亦免一丁差役，令其供给军士盘缠。

二

除从征和归附的军兵以外，谪发和垛集军是强迫被征的，被威令所逼，离开他们所惯习的农田和家属，离开了他们所惯习的日常生活，被安排到一个辽远的陌生的环境中去，替国家服务。一代一代地传下去，子子孙孙永远继承着这同一的命运和生活。在这情形下，大部分的军士发生逃亡的现象。章潢《图书论》说：

> 国初卫军籍充垛集，大县至数千名，分发天下卫所，多至百余卫，数千里之远者。近来东南充军亦多发西北，西北充军亦多发东南。然四方风土不同，南人病北方之苦寒，北人病南方之暑湿，逃亡故绝，莫不由斯，道里既远，勾解遂难。

初期国家法令尚严，卫军比较地能安分服务。稍后政府不能约束官吏，卫军苦于虐待和乡土之思，遂逃亡相继。据王琼的观察，逃亡者的比例竟占十之八九。他在《清军议》中说：

> 国初乘大乱之后，民多流离失恒产。然当是时官皆畏法不敢虐下，故建卫从军，多安其役。自后日渐承平，流罪者悉改充戍，故人有怀土之思，不能固守其新业。于是乎逃亡者十常八九，而清勾之令遂不胜其烦扰矣。

卫所官吏一方面剥削卫军，使其不能生活，被逼逃亡。《明宣宗实录》卷一〇八记：

> 宣德九年二月壬申，行在兵部右侍郎王骥言：中外都司卫所官，惟故肥己，征差则卖富差贫，征办则以一科十。或占纳月钱，或私役买卖，或以科需扣其月粮，或指操备减其布絮，衣食既窘，遂致逃亡。

刘大夏《刘忠宣公集》卷一《条列军伍利弊疏》说：

> 在卫官军苦于出钱，其事不上一端。如包办秋青草价，给与勇士养马，比较逃亡军匠，责令包工雇役。或帮贴锦衣卫夷人马匹，或加贴司苑局种菜军人内外官人造坟皆用夫价，接应公差车辆，俱费租钱，其他使用，尚不止此。又管营内外官员，率与军伴额数之外，谪发在营操军役使，上下相袭，视为当然。又江南军士，漕运有修船盘削之费，有监收斛面之加，其他掊克，难以枚举。以致逃亡日多，则拨及全户，使富者日贫；贫者终至于绝。江南官军每遇京操，虽给行粮，而往返之费，皆自营办。况至京即拨做工雇车运料，而杂拨纳办，有难以尽言者。

另一方面私役兵士，借以渔利。《明成祖实录》卷六一八：

> 永乐五年六月辛卯，御史蒋彦禄言：国家养军士以备攻战，暇则教之，急则用之，今各卫所官夤缘为奸，私家役使，倍蓰常数，假借名义以避正差，贿赂潜行，互相蔽隐。

《明史·李邦华传》：

> 京营故有占役、虚冒之敝。占役者，其人为诸将所役，一小营至四五百人，且有卖闲、包操诸弊。虚冒者，无其人，诸将及勋戚、庵寺、豪强以苍头冒充选锋壮丁，月支厚饷。

结果是除大批的卫军逃亡外，又逼使一部分为盗贼，扰乱地方治安。《明英宗实录》卷一二六：

> 正统十年二月辛亥，直隶御史李奎奏：沿海诸卫所官旗，多克减军粮入己，以致军士艰难，或相聚为盗，或兴贩私盐。

卫军逃亡缺额，竟成为卫所官旗的利源，一方面他们可以干没逃亡者的月粮，一方面又可以向逃亡者索贿。以此一任行伍空虚，不加过问。《明成祖实录》卷一五七：

> 永乐十二年十月辛巳，上谕行在兵部臣曰：今天下军伍不整肃，多因官吏受赇，有纵壮丁而以罢弱充数者，有累岁缺伍不追补者，有伪作户绝及以幼小纪录者，有假公为名而私役于家者，遇有调遣，十无三四，又多是幼弱老疾，骑士或不能引弓，步卒或不能荷戈，绥急何以济事。

五年后，监察御史邓真上疏说军卫之弊。也说：

> 内外各卫所军士，皆有定数，如伍有缺，即当勾补。今各卫所官吏，惟耽酒色货赇，军伍任其空虚。及至差人勾补，纵容卖放，百无一二到卫。或全无者。又有在外娶妻生子不回者。官吏徇私蒙蔽，不行举发。又有勾解到卫而官吏受赃放免，及以差使为由，纵其在外，不令服役，此军卫之弊也。①

卫军或秘密逃亡。如《明英宗实录》卷四七所记：

> 正统三年十月辛未，巡按山东监察御史李纯言：辽东军士往往携家属潜从登州府运船，越海道逃还原籍，而守把官军受私故纵。饬严加禁约。

或公开请假离伍。如同书卷一四一所记：

> 正统十一年五月己卯福建汀州府知府陆征言：天下卫所军往往假称欲往原籍取讨衣鞋，分析家资，置借军装。其官旗人等，贪图贿赂，从而给与文引遣之。及至本乡，私通官吏邻里，推称老病不行，转将户丁解补，到役未久，托故又去，以至军伍连年空缺。

---

① 《明成祖实录》卷二一九。

其因罪谪戍的，则预先布置，改易籍贯，到卫即逃，无从根补。《明宣宗实录》卷一〇七：

> 宣德八年十二月庚午，巡按山东监察御史张聪言：辽东军士多以罪谪戍，往往有亡匿者。皆因编发之初，奸顽之徒，改易籍贯，至卫即逃，比及勾追，有司谓无其人，军伍遂缺。

在这种情形之下，卫所制度建立的一天就已伏下崩溃的因素。《明史·兵志四》记起吴元年十月到洪武三年十一月，军士逃亡者四万七千九百余人。到正统三年这数目就一跳跳到一百二十万人有奇，占全国军伍总数的三分之一。[1] 同年据巡按山东监察御史李纯的报告，他所视察的某一百户所，照理应有旗军一百二十人，可是逃亡所剩的结果只留一人。[2]

这制度等不到土木之变，等不到嘉靖庚戌之变和倭寇的猖獗的试验，已经完全崩溃了。

三

卫所制度是明代立国的基础，卫所军兵之不断逃亡，一方面表明了这制度内在的弱点，另一方面也泄露出统治权动摇的消息。这情形使政府感觉到非常的恐慌，极力想法补救。把追捕逃军的法律订而又订，规定得非常严密。《明史·兵志四》记：

> 大都督府言，起吴元年十月至洪武三年十一月，军士逃亡者四万七千九百余。于是下追捕之令，立法惩戒。小旗逃所隶三人，降为军。上至总旗、百户、十户皆视逃军多寡夺体降革。其从征在外者罚尤严。

把逃军的责任交给卫所官旗，让他们为自己的利益约束军士。这制度显然毫无效果，因为在十年后又颁布了同样性质的科令。《明太祖实录》卷一三一：

> 洪武十三年五月庚戌，上谕都督府臣曰：近各卫士卒，率多逋逃者。皆由统之者不能抚恤，宜量定千百户罚格。凡一千户所逃至百人者

---

[1] 《明英宗实录》卷四六。
[2] 《明英宗实录》卷四七。

千户月减俸一石，逃至二百人减二石。一百户所逃及十人者月减俸一石，二十人者减二石。若所管军户不如数及有病亡事故残疾事，不在此限。

洪武十六年命五军府檄外卫所，速逮缺伍士卒，给事中潘庸等分行清理之。洪武二十一年以勾军发生流弊，命卫所及郡县编造军籍。《明太祖实录》卷一九三：

> 九月庚戌，上以内外卫所军伍有缺，遣人追取户丁，往往鬻法且又骚动于民。乃诏自今卫所以亡故军士姓名乡贯编成图籍送兵部，然后照籍移文取之，毋擅遣人，违者坐罪。寻又诏天下郡县，从军户类造为册，具载其丁口之数，如遇取丁补伍，有司按籍遣之，无丁者止，自是无诈冒不实，役及亲属同姓者矣。

卫所的军额是一定的，卫军的丧失，无论是死亡或逃亡，都须设法补足。补额的方法，是到原籍拘捕本人或其亲属。同年又置军籍勘合。

> 是岁命兵部置军籍勘合，遣人分给内外卫所军士，谓之勘合户田，其中间写从军来历，调补卫所年月，及在营丁口之数。遇点阅则以此为验。其底簿则藏于内府。

这两种制度都为兵部侍郎沈溍所创，《明史·唐铎传》曾对这新设施的成效加以批评：

> 明初，卫所世籍及军卒勾补之法，皆溍所定。然名目琐细，簿籍繁多，吏易为奸。终明之世，颇为民患，而军卫亦日益耗减。

实际上不到四十年，这两种制度都已失其效用，不但不能足军，反而扰害农民。第一是官吏借此舞弊。《明宣宗实录》卷九九：

> 宣德八年二月庚戌，行在兵部请定稽考司军之令。盖故事都司卫所军旗伍缺者，兵部预给勘合，从其自填，遣人取补。及所遣之人，事已还卫，亦从自销。兵部更无稽考。以故官吏夤缘为弊，或移易本军籍贯，或妄取平民为军，勘合或给而不销，限期或过而不罪，致所遣官旗，迁延在外，娶妻生子，或取便还乡，二三十年不回原卫所者。虽令所在官司执而罪之，然积弊已久，猝不能革。

使奉命勾军的官旗，自身也成逃军。再者是军籍散失，无法勾稽。《明宣宗实录》卷一〇四：

> 宣德八年八月壬午，河南南阳府知府陈正伦言：天下卫所军士，或从征，或屯守，或为事调发边卫。其乡贯姓名诈冒吏改者多。洪武中二次勘实造册；经历年久，簿籍鲜存，致多埋没。有诈名冒勾者，官府无可考验虚实。

政府虽然派大臣出外清理军伍，宣德三年且特命给事御史按期清军，清军的条例也由八条而增为十九条，又增百二十二条，军籍也越来越复杂。嘉靖三十一年又于原定户口收军勾清三册以外，增编军贯、兜底、类卫、类姓四册。可是这一切只是多给予官吏以剥削的便利和机会，军伍由之愈空，平民由之愈苦。结果，卫所军士既不能作战，也不能保卫地方，徒然给国家和民众增加上一个不必要的负担。

四

勾军之弊，洪熙元年兴州左屯卫军士范济曾上书言：

> 臣在行伍四十余年，谨陈勾军之弊：凡卫所勾军有差官六七员者，百户所差军旗或二人或三人者，俱是有力少壮及平日结交官长、畏避征差之徒。重贿贪饕官吏，得往勾军。及至州县，专以威势虐害里甲，既丰其馈馔，又需其财物，以合取之人及有丁者释之，乃诈为死亡，无丁可取，是以宿留不回，有违限二三年者，有在彼典雇妇女成家者，及还，则以所得财物，贿其枉法官吏，原奉勘合，瞒眛呈缴，较其所取之丁，不及差遣之官，欲求军不缺伍，难矣。①

正统元年九月分遣监察御史轩𫐐等十七人清理军政，在赐敕中也指出当时的弊害，促令注意。《明英宗实录》卷二二记：

> 武备国立之重事，历岁既久，弊日滋甚。户本存而谓其为绝，籍本异而强以为同，变易姓名，改易乡贯，夤缘作弊，非止一端。推厥所由，皆以军卫有司及里主人等贪赇挟私，共为欺蔽，遂致妄冒者无所控诉，埋没者无从追究，军缺其伍，民受其殃。

---

① 《明宣宗实录》卷五。

不但是法外的弊害使平民受尽苦痛，即本军本户的勾捕，也使一家人破家荡产，消耗了国家的元气。试举两例说明，第一例可以看出这制度曾破坏了多少美满的家庭，残酷到如何程度。《明太祖实录》卷二一七：

> 洪武二十五年四月壬子，怀远县人王出家儿年七十余，二子俱为卒从征以死。一孙甫八岁，有司复追逮捕伍。出家儿诉其事于朝，命除其役。

这简直是杜甫《石壕吏》的本事，所不同的只是杜甫所写的是战时情形，这是平时情形而已。第二例子可以看出在这制度下的经济损失。《明成祖实录》卷一○三：

> 永乐八年四月戊戌，湖广郴州桂阳县知县梁善言：本县人民充军数多，户有一丁者发遣补役，则田地抛荒，税粮无征，累及里甲。乞将军户一丁者存留，当差纳粮。或发遣当军，则以所遗田地与军屯种，开除粮额，庶军民两便。礼部议军户一丁应合承继者仍令补役。田土付丁多之家佃种。如果无人承种，准开粮额。从之。

一到大举清军时，为害更甚。《明史·赵豫传》：

> （官松江知府）清军御史李立至，专务益军，勾及姻戚同姓，稍辨，则酷刑榜掠，人情大扰。诉枉者至一千一百余人。

《张宗琏传》：

> 谪常州同知。朝遣李立理江南军籍，檄宗琏自随。立受黠军词，多逮平民实伍。

《唐侃传》：

> （正德中官武定知州）会清军籍，应发遣者至万二千人。侃曰：武定户口三万，是空半州也。力争之……得寝。

《王道顺渠先生文录》卷四论清军之弊有三，第一是清勾不明，第二是解补太拘，第三是军民并役。他说：

> 清勾之始，执事不得其人，上官不屑而委之有司，有司不屑而付之吏胥。贿赂公行，奸弊百出，正军以富而幸免。贫民无罪而干连，有一军缺而致死数人之命，一户绝而破荡数家之产者矣。此清勾不明之弊一也。国初之制，垛集者不无远近之异，谪戍者多雁边卫之科。承平日

久，四海一家，或因迁发，填实空旷，或因商宦，流寓地方，占籍既久，桑梓是怀。今也勾考一明，必欲还之原伍，远或万里，近亦数千，身膺桎梏，心恋庭闱，长号即终，永诀终天，人非木石，谁能堪此，此解补太拘之弊二也。尔年以来，地方多事，民间赋役，十倍曩时，鬻卖至于妻子，算计尽乎鸡豚，苦不聊生，日甚一日，而又忽加之以军伍之役，重之以馈送之系，行责居送，天地可以息肩，死别生离，何时为之聚首，民差军需，交发互至，财殚力竭，非死即亡，此军民并役之弊三也。

至嘉靖时法令愈严，有株累数十家，勾摄经数十年者，丁口已尽，犹移复纷纭不已。顾起元《客座赘语》卷二《勾军可罢》条说：

> 南都各卫军在街者，余尝于送表日见之，尫羸饥疫，色可怜，与老稚不胜衣甲者居其大半。平居以壮仪卫，备国容犹不足，脱有事而责其效一臂力，何可得哉？其原隶尺籍，皆系祖军，死则必其子孙或族人充之，非盲瞽废疾，未有不编于伍者。又户绝，必清勾，勾军多不乐轻去其乡，中道辄逃匿。比至，又往往不耐水土而病且死，以故勾军无虚岁，而什伍日亏。且勾军之害最大，勾军之文至邑，一户而株累数十户不止，此勾者至卫所，官识又以需索困苦之，故不病且死，亦多以苦需索而荒。

卫军已逃亡的，"勾军无虚岁，而什伍日亏"。未逃亡或不能逃亡的，却连"平居以壮仪卫，备国容犹不足"。这是卫所制度崩溃后的现象。同时这崩溃的因素，又早已孕育在卫所制度初建立的一天。

关于卫所制度崩溃的其他原因，及屯田之破坏等，另详专文。

明代的军兵

一、军与兵

明初创卫所制度，划出一部分人为军，分配在各卫所，专负保卫边疆和镇压地方的责任。军和民完全分开。中叶以后，卫军废弛，又募民为兵，军和兵成为平行的两种制度。

军是一种特殊的制度，自有军籍。在明代户口中，军籍和民籍、匠籍平行，军籍属于都督府；民籍属于户部，匠籍属于工部。军不受普通行政官吏的管辖，在身份、法律和经济上的地位都和民不同。军和民是截然地分开的。兵恰好相反，任何人都可应募，在户籍上也无特殊的区别。军是世袭的，家族的，固定的，一经为军，他的一家系便永远世代充军，住在被指定的卫所。直系壮丁死亡或老病，便须由次丁或余丁替补。如在卫所的一家系已全部死亡，还须到原籍勾族人顶充。兵则只是本身自愿充当，和家族及子孙无关，也无固定的驻地，投充和退伍都无法律的强制。军是国家经制的、永久的组织，有一定的额数，一定的戍地。兵则是临时召募的，非经制的，无一定的额数，也不永远屯驻在同一地点。

在明代初期，军费基本上是自给自足的，军饷的大部分由军的屯田收入支给。在国家财政的收支上，军费的补助数量不大。虽然全国的额设卫军总数达到二百七十余万人的庞大数字[①]，国家财政收支还能保持平衡。遇有边

[①] 《明史》卷九一《兵志》，弘治十四年（公元 1501 年）兵部侍郎李孟旸《请实军伍疏》："天下卫所官军原额二百七十余万。"

方屯田的收入不敷支给时，由政府制定"开中"的办法，让商人到边塞去开垦，用垦出的谷物来换政府所专利的盐引，取得买盐和卖盐的权利。商人和边军双方都得到好处。

兵是因特殊情势，临时招募的。招募时的费用和入伍后的月饷都是额外的支出。这种种费用原来没有列在国家预算上，只好临时设法，或加赋，或加税，或捐纳，大部由农民负担。因之兵的额数愈多，农民的负担便愈重。兵费重到超过农民的负担能力时，政府的勒索和官吏的剥削引起农民的武装反抗。政府要镇压农民，又只好增兵，这一笔费用还是出在农民身上。

卫所军经过长期的废弛而日趋崩溃，军屯和商屯的制度也日渐破坏，渐渐地不能自给，需要由国家财政开支。愈到后来，各方面的情形愈加变坏，需要国家的财政供给也愈多。这费用也同样地需由农民负担。同时又因为军力的损耗，国防脆弱，更容易引起外来的侵略。卫军不能作战，需要募兵的数量愈多。这两层新负担，年复一年的递加，国家全部的收入不够军兵费的一半，只好竭泽而渔，任意地无止境地增加农民的负担，终于引起历史上空前的农民暴动。政府正在用全力去镇压，新兴的建州却又乘机而入，在内外交逼的情势下，颠覆了明室的统治权。

除中央的军和兵以外，在地方的有民兵，民壮（弓兵、机兵、快手），义勇种种地方警备兵。在边地的有土兵（土军）、鞑军（蒙古降卒）。在内地的有苗兵、狼兵（广西土司兵）、土兵等土司兵。将帅私人又有家丁、家兵、亲兵。各地职业团体又有由矿工所组织的矿兵，盐丁所组织的盐兵，僧徒所组织的少林兵、伏牛兵、五台兵。也有以特别技艺成兵的，如河南之毛葫芦兵、习短兵，长于走山；山东有长竿手，徐州有箭手，井陉有蚂螂手，善运石，远可及百步。福建闽漳泉之镖牌兵等等。①

从养军三百万基本上自给的卫兵制，到军兵费完全由农民负担，国库支出；从有定额的卫军，到无定额的募兵；从世袭的卫军，到雇用的募兵，这是明代历史上一件大事。

次之，军因历史的、地理的、经济的关系，集中地隶属于国家。在战

---

① 《明史》卷九一《兵志》，弘治十四年（公元1501）兵部侍郎李孟旸《请实军伍疏》。

时，才由政府派出统帅总兵，调各卫军出征。一到战事终了，统帅立刻被召回，所属军也各归原卫。军权不属于私人，将帅也无直属的部队。兵则由将帅私人所召募、训练，和国家的关系是间接的。兵费不在政府的岁出预算中，往往须由长官向政府力争，始能得到。同时兵是一种职业，在中央权重的时候，将帅虽有私兵，如嘉靖时戚继光之戚家军、俞大猷之俞家军，都还不能不听命于中央。到明朝末年，民穷财尽，内外交逼，在非常危逼的局面下，需要增加庞大的兵力，将帅到处募兵，兵饷都由将帅自行筹措，发生分地分饷的弊端，兵皆私兵，将皆藩镇，兵就成为扩充将帅个人权力和地位的工具了。

二、卫所制度

明太祖即皇帝位后，刘基奏立军卫法。（《明史》卷一二八《刘基传》）《明史》卷八九《兵志序》说：

> 明以武功定天下，革元旧制，自京师达于郡县，皆立卫所。外统之都司，内统于五军都督府。而上十二卫为天子亲军者不与焉。征伐则命将充总兵官，调卫所军领之。既旋则将上所佩印，官军各回卫所，盖得唐府兵遗意。

这制度的特点是平时把军力分驻在各地方，战时才命将出师，将不专军，军不私将，军力全属于国家。卫所的组织，《兵志》二《卫所门》记：

> 天下既定，度要害地系一郡者设所，连郡者设卫。大率五千六百人为卫，千一百二十人为千户所，百十有二人为百户所。
>
> 所设总旗二，小旗十，大小联比以成军。

卫有指挥使，所有千户百户。总旗辖五十人，小旗辖十人。各卫又分统于都指挥使司（简称都司），司有都指挥使，为地方最高军政长官，和治民事的布政使司，治刑事的按察使司，并称三司，洪武二十六年（公元1393）时定天下都司卫所，共计都司十七（北平、陕西、山西、浙江、江西、山东、四川、福建、湖广、广东、广西、辽东、河南、贵州、云南、北平三护卫、山西三护卫）。行都司三（北平、江西、福建）。留守司一（中都）。内外卫三百二十九，守御千户所六十五。成祖以后，多所增改，都司增为二十一（浙江、辽东、山东、陕西、四川、广西、云南、贵州、河南、湖广、福建、江西、广东、大宁、万全、山西、四川行都司、陕西行都司、湖广行都司、福建行都司、山西行都司）。留守司二（中都、兴都）。内外卫增至四百九十三，守御屯田群牧千户所三百五十九。①

全国卫军都属于中央的大都督府。大都督府掌军籍，是全国的最高军事机关。洪武十三年（公元1380）分大都督府为中、左，右、前、后五军都督府。洪武二十六年定分领在京各卫所及在外各都司卫所。其组织如下：

五军都督府
- 左军都督府
  - 在京卫所
  - 浙江都司
  - 辽东都司
  - 山东都司
- 右军都督府
  - 在京卫所
  - 云南都司
  - 贵州都司
  - 四川都司
  - 陕西都司
  - 广西都司
- 中军都督府
  - 在京卫所
  - 中都留守司
  - 河南都司
  - 在外直隶扬州卫等卫所
- 前军都督府
  - 在京卫所
  - 湖广都司
  - 福建都司
  - 福建行都司
  - 江西都司
  - 广东都司
  - 在外直隶九江卫
- 后军都督府
  - 在京卫所
  - 北平都司
  - 北平行都司
  - 山西都司
  - 山西行都司
  - 北平三护卫
  - 山西三护卫

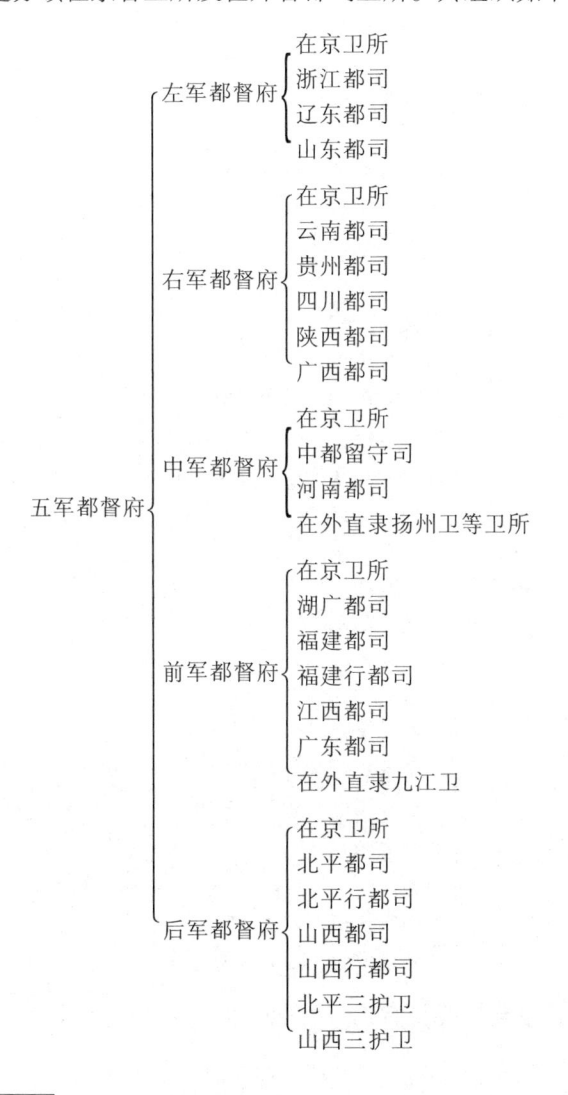

① 按《明史·职官志》五："计天下内外卫，凡五百四十有七，所凡二千五百九十有三。"

第四章 制度体系：承袭传统还是寻求创新 \ 203

每府设左右都督各一，掌治府事。成祖以后，又改组如下：

五军都督府
- 左军都督府
  - 在京卫所
  - 浙江都司
  - 辽江都司
  - 山东都司
- 右军都督府
  - 在京卫所
  - 陕西都司
  - 陕西行都司
  - 四川都司及土官（天全六番招讨司、陇本头长官司等土司）
  - 四川都司及土官（昌州长官司等土司）
  - 广西都司
  - 云南都司及土官（茶山长官司等土司）
  - 贵州都司及土官（新添长官司等土司）
  - 在外直隶宣州卫
- 中军都督府
  - 在京卫所
  - 中都留守司
  - 河南都司
  - 在外直隶扬州卫等卫所
- 前军都督府
  - 在京卫所
  - 湖广都司及土官（永顺军民宣慰司等土司）
  - 湖广行都司
  - 兴都留守司
  - 福建都司
  - 福建行都司
  - 江西都司
  - 广东都司
  - 在外直隶九江卫
- 后军都督府
  - 在京卫所
  - 大宁都司
  - 万全都司
  - 山西都司
  - 山西行都司
  - 在外直隶蓟州卫等卫所

各地都司分隶于各都督府，其组织如下：

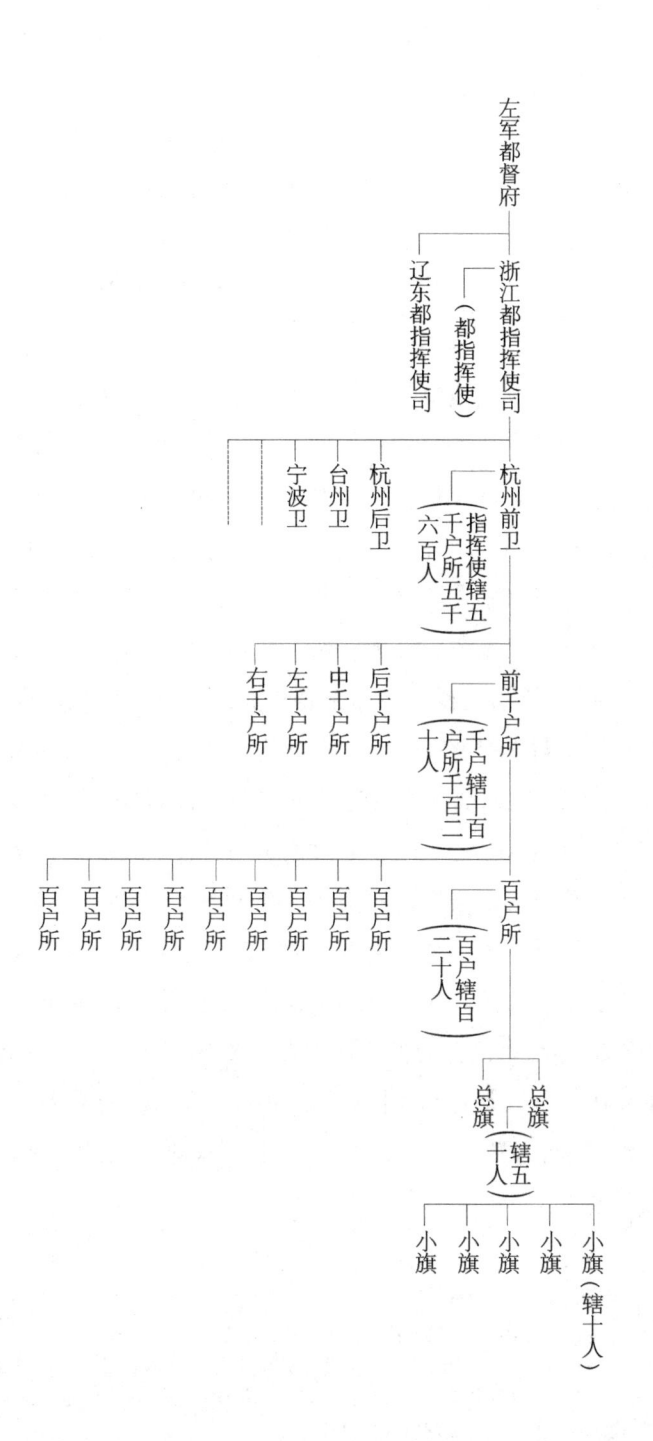

```
左军都督府
├── 浙江都指挥使司（都指挥使）
│   ├── 杭州前卫（指挥使辖五千户所五千六百人）
│   │   ├── 前千户所（千户辖十百户所千百二十人）
│   │   │   ├── 百户所（百户辖百二十人）
│   │   │   │   ├── 总旗（辖五十人）
│   │   │   │   │   ├── 小旗
│   │   │   │   │   ├── 小旗
│   │   │   │   │   ├── 小旗
│   │   │   │   │   └── 小旗（辖十人）
│   │   │   │   └── 总旗
│   │   │   ├── 百户所
│   │   │   ├── 百户所
│   │   │   ├── 百户所
│   │   │   ├── 百户所
│   │   │   ├── 百户所
│   │   │   └── 百户所
│   │   ├── 后千户所
│   │   ├── 中千户所
│   │   ├── 左千户所
│   │   └── 右千户所
│   ├── 杭州后卫
│   ├── 台州卫
│   └── 宁波卫
└── 辽东都指挥使司
```

第四章 制度体系：承袭传统还是寻求创新 \ 205

和都督府相配合的机关是兵部，长官为兵部尚书，"掌天下武卫官军选授简练之政令"，其下设四清吏司，各设郎中一人，员外郎一人，主事二人：

兵部 尚书一人 左右侍郎各一人	武选清吏司	掌卫所土官选授升调袭退功赏之事
	职方清吏司	掌舆图军制城隍镇戍简练征讨之事
	车驾清吏司	掌卤簿仪仗禁卫驿传厩牧之事
	武库清吏司	掌戎器符勘尺籍武学薪隶之事

都督府是统军机关，各省各镇镇守总兵官副总兵都以三等①真署都督及公侯伯充任。有大征讨，则由政府指派挂诸号将军②或大将军前将军副将军印总兵出，事定缴印回任。明初开国时，武臣最重③，英国公张辅兄信，至以侍郎换授指挥同知。武臣出兵，多用文臣参赞，如永乐六年（公元1408）黔国公沐晟讨交阯简定，以尚书刘俊参军事。宣德元年（公元1426）成山侯王通讨交阯黎利，以尚书陈洽参赞军务。正统以后，文臣的地位渐高，出征时由文臣任总督或提督军务，经画一切，武臣只负领军作战的任务。如正统六年（公元1441）麓川之役，定西伯蒋贵充总兵官，以兵部尚书王骥总督军务，正统十四年讨福建邓茂七，宁阳侯陈懋为总兵官，以刑部尚书金濂提督军务。成化元年（公元1465）讨大藤峡猺，都督同知赵辅为征夷将军，以左佥都御史韩雍赞理军务。同年出兵镇压荆、襄农民暴动，抚宁伯朱永充靖虏将军，以工部尚书白圭提督军务。三年讨建州，武靖伯赵辅充总兵官，以左都御史李秉提督军务。从此文臣统帅，武臣领兵，便成定制。在政府的用意是以文臣制武臣，防其跋扈。结果是武臣的地位越来越低。正德以后幸臣戚里多用恩幸得武职，愈为世所轻。在内有部、科，在外有监军、总督、巡抚，重重弹压，五军都督府职权日轻，将弁大帅如走卒，总兵官到兵部领敕，必须长跪，"间为长揖，即谓非体"。到了末年，卫所军士，虽一诸生，都可任意役使了。

---

① 左右都督，都督同知，都督佥事。

② 《明史》卷六八《舆服志》四，卷七六《职官志》五。

③ 《明史》卷一四五《张玉传》："帝尝谓英国公辅有兄弟可加恩者乎？辅顿首言轵、轨蒙上恩，备近侍，然皆奢侈。独从兄侍郎信贤可使也。帝召见信曰：是英国公兄耶？趣武冠冠之，改锦衣卫指挥同知世袭。时去开国未远，武阶重故也。"

各省都指挥使是地方的最高军政长官，统辖省内务卫所军丁，威权最重。在对外或对内的战事中，政府照例派都督府官或公侯伯出为总兵官，事后还任。明初外患最频的是北边的蒙古，派出边地防御的总兵官渐渐地变成固定，冠以镇守的名义，接着在内地军事要害地区也派总兵官镇守，独任一方的军务。又于其下设分守，镇守一路；设守备，镇守一城或一堡。至和主将同城的则称为协守。总兵之下有副总兵、参将、游击将军、守备、把总等名号。总兵是由中央派出的，官爵较高，职权较专，都指挥使是地方长官，渐渐地就成为总兵官的下属了。后来居上，于是临时派遣的总兵官驻守在固定的地点，就代替了都指挥使原来的地位了。

总兵官变成镇守地方的军事统帅以后，在有战事时，政府又派中央大员到地方巡抚，事毕复命，后来巡抚也成固定的官名，驻在各地方。因为这官的职务是在抚安军民，弹压地方，所以以都御史或副佥都御史派充。因为涉及军务，所以又加提督军务或赞理军务，参赞军务名义。巡抚兼治一方的民事和军务，不但原来的都、布、按三司成为巡抚的下属，即总兵官也须听其指挥。景泰以后因军事关系，在涉及数镇或数省的用兵地区，添设总督军务或总制、总理，派重臣大员出任。有的兵事终了后即废不设，有的却就成为长设的官。因为辖地涉及较广，地位和职权也就在巡抚之上。末年"流寇"和建州内外夹攻，情势危急，政府又特派枢臣（兵部尚书）外出经略，后来又派阁臣（大学士）出来督师，权力又在总督之上。这样层层叠叠地加上统辖的上官，原来的都指挥使和总兵官自然而然地每况愈下、权力日小、地位日低了。综合上述的情形，从下表中我们可以看出明代地方军政长官地位的衍变。

卫所军丁的总数，在政府是军事秘密，绝对不许人知道。[1] 甚至掌治军政的兵部尚书，和专司纠察的给事御史也不许预闻。[2] 我们现在就《明太祖

---

[1] 敖英：《东谷赘言》下："我国初都督府军数，太仆寺马数，有禁不许人知。"
[2] 陈衎：《槎上老舌》："祖制五府军外人不得预闻，惟掌印都督司其籍。前兵部尚书邝埜向恭顺侯吴某索名册稽考，吴按例上闻，邝惶惧疏谢。"《明史》卷六九《兵志》一。

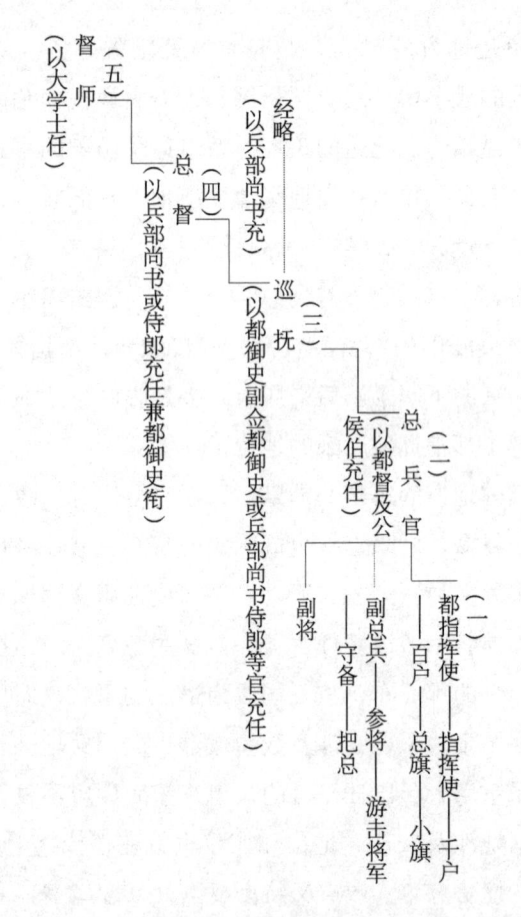

```
（五）督师（以大学士任）
         ├─（四）总督（以兵部尚书或侍郎充任兼都御史衔）
              ├─（三）经略（以兵部尚书充）
                   ├─ 巡抚（以都御史副佥都御史或兵部尚书侍郎等官充任）
                        ├─（二）总兵官（以都督及公侯伯充任）
                             ├─（一）都指挥使 ── 指挥使 ── 千户 ── 百户 ── 总旗 ── 小旗
                             ├─ 副总兵 ── 参将 ── 游击将军
                             ├─ 守备 ── 把总
                             └─ 副将
```

实录》卷二二三记载看，洪武二十五年的军数如下表。

在京武官	2 747 员	在外武官	13 742 员
军　　士	206 280 人	军　　士	992 154 人
马	4 751 匹	马	40 329 匹

总数超过一百二十万。洪武二十六年以后的军数，按卫所添设的数量估计，应该在一百八十万以上。明成祖以后的军数，约在二百八十万左右。[①] 万历时代的军数如下表[②]：

[①]《明史》卷九一《兵志》，弘治十四年（公元1501年）兵部侍郎李孟旸《请实军伍疏》："天下卫所官军原额二百七十余万。"

[②]《大明会典》卷一二九至一三〇各镇分例。

各镇军、马额数表

各　镇	军　数 原额*	军　数 现额*	马　数 原额*	马　数 现额*
蓟镇：蓟州	39 339	31 658	10 700	6 399
密云	9 065	33 569	2 032	13 120▲
永平	22 307	39 940	6 083	15 080▲
昌平	14 295	19 039	3 015	5 625▲
辽东	94 693	83 340	77 001	41 830▲
保定	29 308	34 697	1 199	4 791▲
宣府	151 452	79 258	55 274	33 147▲
大同	135 778	85 311	51 654▲	35 870▲
山西	25 287	55 295	6 551▲	24 764▲
延绥	80 196	53 254	45 940	32 133▲
宁夏	71 693	27 934	22 182	14 657▲
固原	126 919	90 412	32 250▲	33 842▲
甘肃	91 571	46 901	29 318	21 660▲
四川	14 822	10 897		
云南	63 923	62 593		
贵州		28 355		
广西	121 289	13 097		
		25 854		
湖广		68 829		
广东		29 947		
		35 268		
南直隶	102 167			
		7 149		
浙江	130 188	78 062		
江西	39 893	20 848		
南赣		9 148		
		8 171		
		829		
		1 928		
福建	125 381	38 475		
山东	43 631			
	2 217			
	3 177			
河南	20 020			
总共	1 586 611	1 120 058	343 199	282 918

＊原额：永乐以后　现额：万历初年
▲包括马驼牛骡在内

明初卫所军士的来源，大概可分四类，《明史》卷九〇《兵志》二记：

> 其取兵有从征，有归附，有谪发。从征者诸将所部兵，既定其地，因以留戍。归附则胜国及僭伪诸降卒。谪发以罪迁隶为兵者。其军皆世籍。

从征和归附两项军士都是建国前后的旧军。谪发一项则纯以罪人充军。名为恩军①，亦称长生军②。如永乐初屠杀建文诸臣，一人得罪，蔓连九族外亲姻连都充军役。③ 成化四年（公元1468年）项忠平荆、襄农民暴动，俘获三万余人，户选一丁戍湖广边卫（《明史》卷一八七《项忠传》）。都是著例。

除以上三项外，第四类是垛集军，是卫军最大的来源。《明史》卷九二《兵志》四说：

> 明初垛集令行，民出一丁为军，卫所无缺伍，且有羡丁。……成祖即位，遣给事等官分阅天下军，重定垛集军更代法。初三丁已上垛正军一，别有贴户，正军死，贴户丁补。至是令正军贴户更代，贴户单丁者免，当军家蠲其一丁徭。

平民一被金发充军，便世世子孙都入军籍，不许变易。民籍和军籍的区分极为严格。④ 民户有一丁被垛为军，政府优免他的原籍老家的一丁差徭，以为弥补。军士赴戍所时，宗族为其治装，名为封桩钱。⑤ 在卫军士除本身为正军外，其子弟称为余丁或军余，将校的子弟则称为舍人。宣德四年（公元1429）定例免在营余丁一丁差役，令其供给军士盘缠（《大明会典》卷一五五）。边军似乎较受优待，如辽东旧制，每一军佐以三余丁。⑥ 内地的余丁亦

---

① 《明太祖实录》卷二三二："洪武二十七年（公元1394年）四月癸酉，诏兵部凡以罪谪充军者，名为恩军。"
② 陆容：《菽园杂记》八：本朝军伍皆谪发罪人充之，使子孙世世执役，谓之长生军。
③ 黄瑜：《双槐岁钞》四："齐（泰）黄（子澄）奸恶九族外亲姻连亦皆编伍，有遍一县连蔓尽而及他邦者，人最苦之。"
④ 《明太祖实录》卷一三一："洪武十三年（1380年）五月乙未，诏曰：军民已有定籍。敢有以民为军，乱籍以扰吾民者禁止之。"
⑤ 宋濂《宋学士文集》补遗三《棣州高氏先茔石表辞》："北兵戍南土者宗族给其衣费，谓之封桩钱。"这名称到明代也仍沿用。
⑥ 《明史》卷二三《潘埙传》："故事每军一，佐以余丁三。"

称帮丁，专供操守卒往来费用。①日常生活则概由政府就屯粮支给，按月发米，称为月粮。其多少以地位高下分等差。洪武时令在京在外各卫马军月支米二石，步军总旗一石五斗，小旗一石二斗，军一石。守城者如数给，屯田者半之。②恩军家四口以上一石，三口以下六斗，无家口者四斗。月盐有家口者二斤，无者一斤（《明史》卷八二《食货志》六《俸饷》）。衣服则岁给冬衣棉布棉花夏衣夏布，在出征时则例给胖袄鞋裤（同上书卷一七七《王复传》）。

三、京军

明初定都南京，集全国卫军精锐于京师。有事以京军为主力，抽调各地卫军为辅。又因蒙古人时图恢复，侵犯北边，命将于沿边安置重兵防守，分封诸子出王边境，大开屯田，且耕且守。靖难役后，明成祖迁都北京，以首都置于国防前线，成为全国的军事中心。定制立三大营，其一曰五军，其二曰三千，其三曰神机，合称为京军。

五军营的组织，太祖时设大都督府，节制中外诸军，京城内外置大小二场，分教四十八卫卒。洪武四年（公元1371）士卒之数二十万七千八百人有奇。洪武十三年分大都督府为前、后、中、左、右五军都督府。成祖北迁后，增为七十二卫。永乐八年（公元1410）亲征本雅失里，分步骑军为中军，左、右掖，左、右哨，称为五军。除在京卫所外，每年又分调中都、山东、河南、大宁各都司兵十六万人，轮番到京师操练，称为班军。

三千营以边外降丁三千人组成。

神机营专用火器，永乐时平交阯得到火器，立营肄习。后来又得到都督谭广进马五千，置营名"五千"，掌操演火器。

三大营在平时，五军肄营阵，三千肄巡哨，神机肄火器。在皇帝亲征时，大营居中，五军分驻，步内骑外，骑外为神机，神机外为长围，周二十里，樵采其中。

---

① 《明史》卷二〇五《李遂传》。
② 《明史》卷一七七《李秉传》。同书卷二〇五《李遂传》。

皇帝侍卫亲军有锦衣卫和十二卫亲军。御马监又有武骧，腾骧，左、右卫，称四卫军。

明初京军总数在八十万以上。①永乐时征安南，用兵至八十万（《明史》卷一五四《张辅传》）。正统中征麓川，用兵亦十五万（同上书卷一七一《王骥传》）。永乐宣德二朝六次对蒙古用兵，都以京军为主力。到正统十四年（公元1449年）土木之变，丧没几尽。《明史》卷一七〇《于谦传》说：

> 时京师劲甲精骑皆陷没。所余疲卒不及十万。人心恐慌，上下无固志。

事后一面补充，一面着手改革。当时主持兵政的兵部尚书于谦以为三大营的缺点，是在分作三个独立组织，各为教令。临时调发，军士和将弁都不相习。乘机改革，在诸营中选出精兵十万，分作十营集中团练，名为团营。其余军归本营，称为老家。京军之制为之一变。到成化时又选出十四万军分十二营团练，称为选锋，余军仍称老家，专任役作。团营之法又稍变。到正德时因"流寇"之乱，调边军入卫，设东西官厅练兵，于是边军成为选锋，十二团营又成为老家了。嘉靖时经过几次严重的外患，几次改革，又恢复三大营旧制，改三千为神枢营，募兵四万充伍。形式上虽然似乎还原，可是以募兵代世军，实质上已大不相同了。

京军内一部分由外卫番上京师者称为班军。在名义上是集中训练，巩卫京师。实际上却被政府和权贵役作苦工，《明史》卷九〇《兵志》二说：

> 成化间海内燕安，外卫卒在京只供营缮诸役，势家私占复半之，卒多畏苦，往往愆期。

修建宫殿陵墓，浚理城池，一切大工程都以班军充役，使供役军士，财力交殚，每遇班操，宁死不赴。②甚至调发出征的也被扣留役使，《明史》卷一九九《郑晓传》记：

> 俺答围大同右卫急。……晓言：今兵事方棘，而所简听征京军三万五千人，乃令执役赴工，何以备战守，乞归之营伍。

---

① 《明史》卷一八五《吴世忠传》。同书卷八九《兵志》。
② 《明史》卷一八一《李东阳传》，同书卷一九三《费宏传》。卷一九四《梁材传》。

结果使各地卫军以番上为畏途。有的私下纳银于所属将弁，求免入京。有事则召募充数，名为"折乾"。嘉靖二十九年（公元1550）职方主事沈朝焕在点发班军月饷时，发现有大部分是雇乞丐代替的。后来索性专以班军作工，也不营操了。班军不做工和不在工作期间的便改行做商贩工艺，按时给他们所属的班将一点钱。到末年边事日急，又把班军调到边方，做筑垣负米的劳役。从班军一变而为班工，从应役番上到折乾雇募，虽然名义上还仍旧贯，可是实质上已经变质了。

在京卫军的情形，也和班军一样地困于役作。成化时以太监汪直总督团营，此后京军便专掌于内臣。其他管军将弁也照例由勋戚充任。在这一群贪婪的太监和纨绔的将弁统率之下，发生了种种弊端：第一是占役，军士名虽在籍，实际上却被权贵大官所隐占，替私人做工服役，却向政府领饷。第二是虚冒，军籍本来无名，却被权贵大官硬把家人苍头假冒选锋壮丁名色，月支厚饷。有人领饷，却无人应役（《明史》卷二六五《李邦华传》）。第三是军吏的舞弊，军士在交替时，军吏需索重贿，贫军不能应付，虽然老羸，也只好勉强干下去。精壮子弟反而不得收练。以此军多老弱。第四是富军的贿免，有钱的怕营操征调，往往贿托将弁，把他搁在老家数中。贫军虽极疲老，也只能勉强挨命。积此四弊，再加上在营军士的终年劳作，没有受训练的机会，名虽军士，实则工徒。结果自然营伍日亏，军力衰耗，走上崩溃的途径（同上书卷八九《兵志》一）。成化末年京军缺伍至七万五千有奇。到武宗即位时：十二团营锐卒仅六万五百余人，稍弱者两万五千人。武宗末年给事中王良佐奉敕选军，按军籍应当有三十八万余人，较明初时已经只剩十分之五，实存者不及十四万人，较原额缺伍至六分之五，较现额也缺伍到五分之三强。可是中选者又只二万余人。世宗立，额兵止有十万七千余人，实存者仅半。嘉靖二十九年（公元1550）俺答围都城，兵部尚书丁汝夔核营伍不及五六万人，驱出都门，皆流涕不敢前。吏部侍郎王邦瑞摄兵部，疏言：

> 国初京营劲旅，不减七、八十万，元戎宿将，常不乏人。自三大营变为十二团营，又变为两官厅，虽浸不如初，然额军尚三十八万有奇。今武备积弛，见籍止十四万余，而操练者不过五、六万。支粮则有，调

遣则无。比敌骑深入，战守俱称无军。即见在军率老弱疲惫市井游贩之徒，衣甲器械，取给临时。此其弊不在逃亡而在占役，不在军士而在将领。盖提督坐营号头把总诸官，多世胄纨绔，平时占役营军，以空名支饷，临操则肆集市人，呼舞博笑而已。（《明史》卷八九《兵志》一）

到崇祯末年简直无军可用。《明史》卷二六六《王章传》记：

> 十七年（公元1644）王章巡视京营，按籍额军十一万有奇。喜曰："兵至十万，犹可为也。"及阅视，半死者，余冒伍，愆甚，闻炮声掩耳，马未驰而堕，而司农缺饷，半岁未发。

即勉强调发出征，也是雇充游民，名为京军，实则召募。如崇祯十四年兵部侍郎吴甡所言：

> 京营承平日久，发兵剿贼，辄沿途雇充。将领利月饷，游民利剽掠，归营则本军复充伍。（同上书卷二五二《吴甡传》）

积弊之极，京军仅存空名。可是，相反地，军官却与日俱增，越后越多。洪武二十五年京军军官的总数是二千七百四十七员，六十几年后，到景泰七年（公元1456）突增三万余员，较原额加了十一倍。[①] 再过十几年，到成化五年（公元1469）又增加到八万余员，较原额增加了三十倍（同上书卷二十《刘体乾传》）。正德时嬖幸以传奉得官，琐滥最甚。世宗即位，裁汰锦衣诸卫内监局旗校工役至十四万八千七百人。岁减漕粮百五十三万两千余石（同上书卷一九〇《杨廷和传》）。不久又汰去京卫及亲军冗员三千二百人（同上书卷一九六《夏言传》）。虽然经过这两次大刀阔斧的裁汰，可是不久又继续增加："边功升授，勋贵传请，曹局添设，大臣恩荫，加以厂卫监局勇士匠人之属，岁增月益，不可胜数。"（同上书卷二十《刘体乾传》）到万历时，神宗倦于政事，大小臣僚多缺而不补，可是武职仍达八万两千余员。到天启时魏忠贤乱政，武职之滥，打破了历朝的纪录，连当时人也说："不知又增几倍？"[②] 军日减而官日增，军减而粮仍旧额，国家负担并不减轻，官增则冗费愈多，国库愈匮。并且养的是不能战的军，添的也是不能战的官。到

[①] 《明史》卷一八〇《张宁传》。
[②] 《明史》卷二七五《解学龙传》。

崇祯末年，内外交逼，虽想整顿，也来不及了。

从京军军伍的减削情形看，明初到正统可说是京军的全盛时期。土木变后，经过于谦一番整顿，军力稍强，可是额数已大减于旧，可说是京军的衰落时期。从成化到明末，则如江河日下，一年不如一年，是京军的崩溃时期。在全盛时期，明成祖和宣宗六次打蒙古，三次打安南，京军是全军中最精锐的一部分。在衰落时期，军数虽少，还能打仗。到成化以后，京军虽仍四出征讨，却已没有作战能力了。《明史》卷一八〇《曹璘传》说：

> 弘治元年（公元1488）言：诸边有警，辄命京军北征。此辈骄惰久，不足用。乞自今勿遣，而以出师之费赏边军。

《刘健传》也说：

> 弘治十七年夏，小王子谋犯大同。健言京军怯不任战，乞自今罢其役作，以养锐气。（《明史》卷一八一）

同时的倪岳则说京军之出，反使边军丧气，他说：

> 京军素号冗怯，留镇京师，犹恐未壮根本。顾乃轻于出御，用亵天威。临阵辄奔，反隳边军之功。为敌人所侮。（同上书卷一八三《倪岳传》）

这时离开国不过一百四十年，京军已以冗怯著称，政府中人异口同声地以为不可用了。

四、卫军的废弛

京外卫所军的废弛情形也和京军一样。

明代军士的生活，我们可用明太祖的话来说明，他说：

> 那小军每一个月只关得一担儿仓米。若是丈夫每不在家里，他妇人家自去关呵，除了几升做脚钱，那害人的仓官又斛面上打减了几升。待到家里帰（音伐）过来呵，止有七、八斗儿米，他全家儿大大小小要饭吃，要衣裳穿，他那里再得闲钱与人。（《大诰》武臣科敛害军第九）

正军衣着虽由官库支给，家属的却须自己制备。一石米在人口多的家庭，连吃饭也还不够，如何还能顾到衣服！《明史》卷一八五《黄绂传》：

> 成化二十二年巡抚延绥，出见士卒妻衣不蔽体。叹曰：健儿家贫至

是，何面目临其上。亟预给三月饷，亲为抚循。

黄绂所见的是卫军的普遍情形，延绥士卒的遭遇却是一个难得的例外。甚至病无医药，死无棺敛，《明史》卷一六〇《张鹏传》：

> 鹏景泰二年进士。……出按大同宣府，奏两镇军士敝衣菲食，病无药，死无棺。乞官给医药棺椟，设义冢，俾缣厉祭。死者蒙恩，则生者劝。帝立报可，且命诸边概行之。

经过张鹏的提议，才由官给医药棺椟，却仍只限于诸边，内地的不能享受这权利。卫军生活如此，再加以上官的剥削和虐待，假如有办法，他们是会不顾一切，秘密逃亡的。

除从征和归附的军士以外，谪发和垛集军是强逼从军的。他们被威令所逼，离开所习惯的土地和家族，到一个辽远的陌生的环境中去，替统治阶级服务。一代一代地下去，子子孙孙永远继承这同一的命运和生活。大部分的军士发生逃亡的现象，特别是谪发的逃亡最多。万历时章潢说：

> 国初卫军藉充垛集，大县至数千名，分发天下卫所，多至百余卫，数千里之远者。近来东南充军亦发西北，西北充军亦多发东南。然四方风土不同，南人病北方之苦寒，北人病南方之暑湿。逃亡故绝，莫不由斯。道里既远，勾解遂难。（章潢《图书编》卷一一七）

据正德时王琼的观察，逃亡者的比例竟占十之八九。他以为初期经大乱之后，民多流离失恒产，乐于从军。同时法令严密，卫军不敢逃亡。后来政府不能约束官吏，卫军苦于被虐待、剥削，和逼于乡土之思，遂逃亡相继（王琼《清军议》）。卫所的腐败情形，试举数例：

> 宣德九年（公元1434）二月壬申，行在兵部右侍郎王骥言：中外都司卫所官，惟知肥己，征差则卖富差贫，征办则以一科十，或占纳月钱，或私役买卖，或以科需扣其月粮，或指操备减其布絮。衣食既窘，遂致逃亡。（《明宣宗实录》卷一〇八）

弘治时刘大夏《条列军伍利弊疏》也说：

> 在卫官军苦于出钱，其事不止一端：如包办秋青草价；给与勇士养马；比较逃亡军匠；责令包工雇役；或帮贴锦衣卫夷人马匹；或加贴司苑局种菜军人；内外宫人造坟，皆用夫价；接应公差车辆，俱费租钱，

其他使用，尚不止此。又管营内外官员，率于军伴额数之外，摘发在营操军役使，上下相袭，视为当然。又江南军士漕运，有修船盘削之费，有监收斛面之加，其他掊克，难以枚举。以致逃亡日多，则拨及全户，使富者贫，贫者终至于绝。江南官军每遇营操，虽给行粮，而往返之费，皆自营办。况至京即拨做工雇车运料，而杂拨纳办，有难以尽言者。（《刘忠宣公文集》卷一）

卫军一方面被卫官私家役使①，甚至被逼为朝中权要种田②。月粮既被克扣③，又须交纳月钱，供上官挥霍。④ 隆庆三年（1569年）萧廪出核陕西四镇兵食，发现被隐占的卒伍至数万人（《明史》卷二二七《萧廪传》）。军士无法生活，一部分改业为工人商贩，以所得缴纳上官。景帝即位时，刘定之上言十事，论当时情形：

> 天下农出粟，女出布，以养兵也。兵受粟于仓，受布于库，以卫国也。向者兵士受粟布于公门，纳月钱于私室，于是手不习击刺之法，足不习进退之宜，第转货为商，执技为工，而以工商所得，补纳月钱。民之膏血，兵之气力，皆变为金银，以惠奸宄。一旦率以临敌，如驱羊拒狼，几何其不败也。（《明史》卷一七六）

大部分不能忍受的，相率逃亡，有的秘密逃回原籍，如正统时李纯所言：

> 三年（1438年）十月辛未，巡按山东监察御史李纯言：辽东军士往往携家属潜从登州府运船，越海道逃还原籍。而守把官军，受私故纵。（《明英宗实录》卷四七）

有的公开请假离伍：

> 正统十一年（1446年）五月己卯，福建汀州府知府陆征言：天下卫所军往往假称欲往原籍取讨衣鞋，分析家赀，置备军装。其官旗人等贪图贿略，从而给与文引遣之。及至本乡，私通官吏乡里，推称老病不

---

① 《明成祖实录》卷六八。
② 《明史》卷一七七《年富传》。
③ 王鏊《王文恪公文集》卷一九《上边议人事》。《明史》卷一八二《刘大夏传》。《明英宗实录》卷一二六。
④ 《明史》卷一六四《曹凯传》，同书卷一八〇《汪奎传》，《明英宗实录》卷一八六。

行，转将户丁解补。到役未久，托故又去。以致军伍连年空缺（《明英宗实录》卷一四一）。

其因罪谪戍的，则预先布置，改换籍贯，到卫即逃，无从勾捕：

> 宣德八年（公元1433）十二月庚午，巡按山东监察御史张聪言：辽东军士多以罪谪戍，往往有亡匿者。皆因编发之初，奸顽之徒，改易籍贯，至卫即逃。比及勾追，有司谓无其人，军伍遂缺。（《明宣宗实录》卷一百七）

沈德符记隆万时戍军之亡匿情形，直如儿戏。他说：

> 吴江一叟号丁大伯者，家温而喜谈饮，久往来予家。一日忽至邸舍，问之，则解军来。其人乃捕役妄指平民为盗，发遣辽东三万卫充军，亦随在门外。先人语之曰：慎勿再来，倘此犯逸去，奈何！丁不顾，令之入叩头，自言姓王，受丁恩不逸也。去甫一月，则王姓者独至邸求见。先人骇问之，云已讫事，丁大伯亦旦夕至矣。先人细诘其故，第笑而不言。又匝月而丁来，则批回在手。其人到伍，先从间道逸归，不由山海关，故反早还。因与丁作伴南旋。近闻中途亦有逃者，则长解自充军犯，雇一二男女，一为军妻，一为解人，投批到卫收管，领批报命时竟还桑梓。彼处戍长，以入伍脱逃，罪当及己，不敢声言。且利其遗下口粮，潜入囊橐。而荷戈之人，优游闾里，更无谁何之者。（《野获编补遗》）

卫所官旗对于卫军之逃亡缺额，非但毫不过问，并且引为利源。因为一方面他们可以干没逃亡者的月粮，另一方面又可以向逃亡者需索贿赂。永乐十二年（公元1414）明成祖曾申说此弊：

> 十月辛巳上谕行在兵部臣曰：今天下军伍不整肃，多因官吏受赇，有纵壮丁而以罢弱充数者；有累岁缺伍不追补者；有伪作户绝及以幼小纪录者；有假公为名而私役于家者。遇有调遣，十无三四。又多是幼弱老疾，骑士或不能引弓，步卒或不能荷戈，缓急何以济事！（《明成祖实录》卷一五七）

五年后监察御史邓真上疏说军卫之弊，也说：

> 内外各卫所军士，皆有定数，如伍有缺，即当勾补。今各卫所官吏

> 惟耽酒色货贿，军伍任其空虚。及至差人勾补，纵容卖放，百无一二到卫，或全无者；又有在外娶妻生子不回者。官吏徇私蒙蔽，不行举发。又有勾解到卫而官吏受贿放免；及以差使为由，纵其在外，不令服役。此军卫之弊也。(《明成祖实录》卷二一九)

在这情形下，《明史·兵志》记从吴元年十月到洪武三年十一月，三年中军士逃亡者四万七千九百余。到正统三年（公元1438）离开国才过七十年，这数目就突增到一百二十万有奇，占全国军伍总数二分之一弱。① 据同年巡按山东监察御史李纯的报告，他所视察的某一百户所，照理应有旗军一百十二人，可是逃亡所剩的结果，只留一人（《明英宗实录》卷四七）。

边防和海防情况：辽东的兵备在正德时已非常废弛，开原尤甚，士马才十二，墙堡墩台圮殆尽，将士依城堑自守，城外数百里，悉为诸部射猎地（《明史》卷一九九《李承勋传》）。蓟镇兵额到嘉靖时也十去其五，唐顺之《覆勘蓟镇边务首疏》：

> 从石塘岭起，东至古北口墙子岭马兰谷，又东过滦河，至于太平寨燕河营，尽石门寨而止，凡为区者七。查得原额兵共七万六百零四名，见在四万六千零三十七名。逃亡二万四千五百六十七名。又从黄花镇起，西至于居庸关，尽镇边城而止，凡为区者三，查得原额兵共二万三千二十五名，逃亡一万零一百九十五名。总两关十区之兵，原额共九万三千八百二十四名，见在五万九千六十二名，逃亡三万四千七百六十二名。……蓟兵称雄，由来久矣。比臣等至镇，则见其人物琐软，筋骨绵缓，靡靡然有暮气之惰，而无朝气之锐。就而阅之，力士健马，什才二三，钝戈弱弓，往往而是。其于方圆牝牡九阵分合之变，既所不讲，剑盾枪箭五兵之长，亦不能习。老羸未汰，纪律又疏，守尚不及，战则岂堪。(《荆川外集》卷二)

沿海海防，经积弛后，尤不可问。《明史》卷二〇五《朱纨传》记嘉靖二十六年时闽浙情形说：

---

① 《明英宗实录》卷四六。

> 漳、泉巡检司弓兵旧额二千五百余，仅存千人。……浙中卫所四十一，战船四百三十九，尺藉尽耗。

海道副使谭纶述浙中沿海卫所积弊：

> 卫所官军既不能以杀贼，又不足以自守，往往归罪于行伍空虚，徒存尺籍，似矣。然浙中如宁、绍、温、台诸沿海卫所，环城之内，并无一民相杂，庐舍鳞集，岂非卫所之人乎？顾家道殷实者，往往纳充吏承，其次赂官出外为商，其次业艺，其次投兵，其次役占，其次搬演杂剧，其次识字，通同该伍放回附近原籍，岁收常例，其次舍人，皆不操守。即此八项，居十之半，且皆精锐。至于补伍食粮，则反为疲癃残疾，老弱不堪之辈，军伍不振，战守无资，弊皆坐此。至于逃亡故绝，此特其一节耳。（胡宗宪《筹海图编》卷一一《经略一·实军伍》）

以致一卫军士不满千余，一千户所不满百余（同上兵部尚书张时彻语）。一遇事变，便手足无措。倭寇起后，登陆屠杀，如入无人之境。充分证明了卫军的完全崩溃，于是有募兵之举，另外召募壮丁，加以训练，抵抗外来的侵略。

五、勾军与清军

卫所军士之不断地逃亡，使统治阶级感觉恐慌，努力想法挽救。把追捕逃军的法令订而又订，规定得非常严密。《明史》卷九二《兵志》四记：

> 大都督府言：起吴元年十月至洪武三年十一月，军士逃亡者四万七千九百余。于是下追捕之令，立法惩戒。小旗逃所隶三人降为军，上至总旗百户千户皆视逃军多寡，夺俸降革。其从征在外者罚尤严。

把逃军的责任交给卫所官旗，让他们为自己的利益约束军士，这办法显然毫无效果，因为在十年后又颁发了同样性质的法令：

> 洪武十三年五月庚戌，上谕都督府臣曰：近各卫士卒率多逋逃者，皆由统之者不能抚恤。宜量定千百户罚格。凡一千户所逃至百人者千户月减俸一石，逃至二百人减二石。一百户所逃及十人者月减俸一石，二十人者减二石，若所管军户不如数，及有病亡事故残疾事，不在此限。

(《明太祖实录》卷一三一)

洪武十六年又命五军都督府檄外卫所，速逮缺伍士卒，名为勾军。特派给事中潘庸等分行清理，名为清军。洪武二十一年以勾军发生流弊，命卫所及郡县编造军籍：

> 九月庚戌，上以内外卫所军伍有缺，遣人追取户丁，往往舞法，且又骚动于民。乃诏自今卫所以亡故军士姓名乡贯编成图籍送兵部，然后照籍移文取之，毋擅遣人，违者坐罪。寻又诏天下郡县，以军户类造为册，具载其丁口之数，如遇取丁补伍，有司按籍遣之，无丁者止。（同上书卷一九三）

军籍有三份，一份是清勾册（卫所的军士逃亡及死亡册），一份是郡县的军户原籍家属户口册，一份是收军册。卫所的军额是一定的，卫军规定必须有妻，不许独身不婚。[①] 父死子继。如有逃亡缺伍或死绝，必须设法补足。补额的方法是到原籍追捕本身或其亲属。同年又置军籍勘合：

> 是岁命兵部置军籍勘合，遣人分给内外卫所军士，谓之勘合户由。其中间写从军来历，调补卫所年月，及在营丁口之数。遇点阅则以此为验。其底簿则藏于内府。（《明太祖实录》卷一九五）

这两种制度都为兵部侍郎沈溍所创。《明史》曾对这新设施的成效加以批评：

> 明初卫所世籍及军卒勾补之法，皆沈溍所定。然名目琐细，簿籍繁多，吏易为奸。终明之世，颇为民患，而军卫亦日益耗。（《明史》卷一三八《唐铎传》）

实际上不到四十年，这两种制度都已丧失效用了。不但不能足军，反而扰害农民。一是官吏藉此舞弊：

> 宣德八年二月庚戌，行在兵部请定稽考勾军之令。盖故事都司卫所军旗伍缺者，兵部预给勘合，从其自填，遣人取补。及所遣之人，事已还卫，亦从自销，兵部更无稽考。以故官吏夤缘为弊，或移易本军籍贯，或妄取平民为军，勘合或给而不销，限期或过而不罪。致所遣官旗，迁延在外，娶妻生子，或取便还乡，二三十年不回原卫所者，虽令

[①] 《筹海图编》卷一一《实军伍》，《明史》卷九二《兵志》。

所在官司执而罪之，然积弊已久，猝不能革。(《明宣宗实录》卷九九)使奉命勾军的官旗，自身也成逃军。二是军籍散失，无法勾补：

> 宣德八年八月壬午，河南南阳府知府陈正伦言：天下卫所军士，或从征，或屯守，或为事调发边卫。其乡贯姓名诈冒更改者多。洪武中二次勘实造册，经历年久，簿籍鲜存，致多埋没。有诈名冒勾者，官府无可考验虚实。(同上书卷一○四)

政府虽然时派大臣出外清理军伍，宣德三年且特命给事中御史按期清军。清军条例也一增再增，规定得非常严密，军籍也越来越复杂。嘉靖三十一年（公元1552）又增编兜底、类卫、类姓三册，合原有之军黄总册（即户口册）为四册。① 但是这一切的条例和繁复的手续，只是多给予官吏以舞弊的机会，卫军的缺伍情形，仍不因之稍减。

在明代前期，最为民害的是勾军。军士缺伍，勾捉正身者谓之跟捕，勾捕家丁者谓之勾捕。勾军的弊害，洪熙元年（公元1425）兴州左屯卫军士范济曾上书说：

> 臣在行伍四十余年，谨陈勾军之弊：凡卫所勾军有差官六七员者，百户所差军旗二人或三人者，俱是有力少壮，及平日结交官长，畏避征差之徒，重贿贪饕官吏，得往勾军。及至州县，专以威势虐害里甲，既丰其馈馔，又需其财物，以合取之人及有丁者释之。乃诈为死亡，无丁可取，是以留宿不回。有违限二三年者，有在彼典雇妇女成家者。及还，则以所得财物，赂其枉法官吏，原奉勘合，曚昽呈缴。较其所取之丁，不及差遣之官，欲求军不缺伍，难矣。(《明宣宗实录》卷五)

官校四出，扰乱得闾里不宁，却对军伍之缺，一无裨补。正统元年（公元1436）九月分遣监察御史轩𫐐等十七人清理军政，在赐敕中也指出当时的弊害，促令注意。敕书说：

> 武备立国之重事。历岁既久，弊日滋甚。军或脱籍以为民，民或枉指以为军。户本存而谓其为绝，籍本异而强以为同。变易姓名，改易乡

---

① 《大明会典》卷一五五《兵部三八·军政二·册单》，按军黄《明史》及《明史稿·兵志》均作军贯，今从《会典》。

贯，夤缘作弊，非止一端。推厥所由，皆以军卫有司及里甲人等贪贿挟私，共为欺蔽，遂致妄冒者无所控诉，埋没者无从追究，军缺其伍，民受其殃。(《明英宗实录》卷二二)

在实际上，不但法外的弊害，使农民受尽苦痛，即本军本户的勾补，对农民也是极大灾难。试举数例说明。第一例要七十老翁和八岁孩子补伍：

洪武二十五年四月壬子，怀远县人王出家儿年七十余，二子俱为卒从征以死。一孙甫八岁，有司复追逮补伍。出家儿诉其事于朝，令除其役。(《明太祖实录》卷二七)

第二例单丁补役，田地无人耕种：

永乐八年四月戊戌，湖广郴州桂阳县知县梁善言：本县人民充军数多，户有一丁者发遣补役，则田地抛荒，税粮无征，累及里甲。(《明成祖实录》卷一〇二)

第三例地方邻里因勾军所受的损失。万历三年徐贞明疏言：

东南民素柔脆，莫任远戍。今数千里勾军，离其骨肉。军壮出于户丁，帮解出于里甲，每军不下百金。而军非土著，志不久安，辄赂卫官求归。卫官利其赂且可以冒饷也，因而纵之。是困东南之民，而实无补于军政也。(《明史》卷二二三)

解除军籍的唯一途径，明初规定，必须做到兵部尚书才能脱籍为民。① 《明史》卷一三八《唐铎传》记陈质许除军籍，称为特恩：

潮州陈质父在戍籍。父殁，质被勾补，请归卒业，帝命除其籍。(兵部尚书)沈溍以缺军伍持不可。帝曰：国家得一卒易，得一士难。遂除之。然此皆特恩云。②

后定制生员特许免勾，但要经考试合格：

凡开伍免勾，洪武二十三年令生员应补军役者，除豁遣归卒业。二十九年令生员应起解者，送翰林院考试，成效者开伍，发回读书。不成者照旧补役。(《大明会典》卷一五四)

---

① 《明史》卷九二《兵志》清理军伍。同书卷一三八《陈修传》。
② 《明史》卷一四二《陈彦回传》，卷一四三《高巍传》，《周缙传》。

永乐时又定例现任官吏免勾：

> 二年令生勾军有见任文武官及生员吏典等，户止三丁者免勾，四丁以上者勾一丁补伍。（同上）

从此官僚阶级得豁去当军的义务，军伍的勾取只限于无钱无势的平民了。

勾军之害，已如上述。一到大举清军时，其害更甚。清军官吏是以清出军伍的多少定考成的，因此肆意诛求，滥及民户，惟恐所勾太少。《明史》记宣德时清军情形：

> （赵豫）官松江知府。清军御史李立至，专务益军，勾及亲戚同姓，稍辩则酷刑榜掠，人情大扰。诉枉者至一千一百余人。①

正德时武定清军，一州至万余人：

> （郭侃）官武定知州。会清军籍，应发遣者至万二千人。侃曰：武定户口三万，是空半州也。力争之得寝。（《明史》卷二八一《郭侃传》）

王道论清军之弊有三：第一是清勾不明；第二是解补太拘；第三是军民并役。他说：

> 清勾之始，执事不得其人，上官不屑而委之有司，有司不屑而付之吏胥，贿赂公行，奸弊百出。正军以富而幸免，贫民无罪而干连，有一军缺而致数人之命，一户绝而破荡数家之产者矣，此清勾不明之弊一也。国初之制，垛集者不无远近之异，谪戍者多雁边卫之科，承平日久，四海一家，或因迁发，填实空旷，或因商宦，流寓他方，占籍既久，桑梓是怀。今也勾考一明，必欲还之原伍，远或万里，近亦数千，身膺桎梏，心恋庭闱，长号即路，永诀终天，人非木石，谁能堪此，此解补太拘之弊二也。迩年以来，地方多事，民间赋役，十倍曩时，鬻卖至于妻子，算计尽乎鸡豚，苦不聊生，日甚一日，而又忽加之以军伍之役，重之以馈送之繁，行赍居送，无地方可以息肩，死别生离，何时为之聚首？民差军需，交发互至，财殚力竭，非死即亡，此军民并役之弊

---

① 《明史》卷二八一《赵豫传》，同上《张宗琏传》；吴宽：《匏翁家藏集》卷三三《崔巡抚辩诬记》。

三也。(《顺渠先生文录》卷四)

至嘉靖时，军伍更缺，法令愈严，有株累数十家，勾摄经数十年者，丁口已尽，犹移覆纷纭不已。万历中南直隶应勾之军至六万六千余，株连至二三十万人(《明史》卷九二《兵志四》)。卫军已逃亡的，"勾军无虚岁，而什伍日亏"。未逃亡或不能逃亡的，却"平居以壮仪卫，备国容犹不足"①。卫所制度到这时候，已经到了完全崩溃的阶段了。

六、募兵

从永乐迁都北京以后，每年须用船运东南米数百万石北上，漕运遂为明代要政。运粮多由各地卫军负责。宣宗即位后，始定南北卫军分工之制，南军转运，北军备边。② 特设漕运总兵，用卫军十二万人(《明史》卷一五三《陈瑄传》)。东南军力由之大困。弘治元年（公元1488）都御史马文升疏论运军之苦说：

> 各直省运船，皆工部给价，令有司监造。近者漕运总兵以价不时给，请领价自造，而部臣以军士不加爱护，议令本部出料四分，军卫任三分，旧船抵三分。军卫无从措办，皆军士卖资产，鬻男女以供之，此造船之苦也。正军逃亡数多，而额数不减，俱以余丁充之，一户有三四人应役者，春兑秋归，艰辛万状，船至张家湾，又雇车车盘拨，多称贷以济用，此往来之苦也。其所称贷，运官因以侵渔，责偿倍息，而军士或自载土产以易薪米，又格于禁例，多被掠夺。(《明史》卷七九《食货志三·漕运》)

江南军士"多因漕运破家"，江北军士则"多以京操失业"③。南北卫军因之都废弛不可用。

明代用全力防守北边，备蒙古入侵。腹地军力极弱，且经积弛之后，一有事故，便手足无措。隆庆时靳学颜疏言：

> 夫陷阵摧坚，旗鼓相当，兵之实也。今边兵有战时，若腹兵则终世

---
① 顾起元：《客座赘语》卷二《勾军可罢》。
② 《明史》卷一四五《朱能传》。
③ 《刘忠宣公文集》卷一《乞休疏》。

> 不一当敌，每盗贼窃发，非阴阳医药杂职，则丞贰判簿为之将，非乡民里保，则义勇快壮为之兵，在北则借盐丁矿徒，在南则借狼土，此皆腹兵不足用之明验也。(《明史》卷二一四《靳学颜传》)

所说的虽然是后期情形，其实在前期即已如此。正统时邓茂七起义，将帅尪怯退避，反由文吏指挥民兵作战。① 天顺初年两广"盗"起，将吏率缩朒观望，怯不敢战。② 至正德时刘宠、刘辰起义，腹地卫军已全不能用：

> 正德六年刘宠刘辰等自畿辅犯山东河南，下湖广，抵江西。复自南而北，直窥霸州。杨虎等自河北入山西，复东抵文安，与宠等合。破邑百数，纵横数千里，所过若无人。(《明史》卷一八七《马中锡传》)

只好调边兵来作战。西南和东南则调用素称剽悍嗜杀的狼土兵。③ 可是狼土兵毫无军纪，贪淫残杀，当时有"贼如梳，军如篦，士兵如剃"④ 和"土贼尤可，土兵杀我"之谣。⑤ 甚或调用土达⑥，如毛胜（原名福寿）之捕苗云南：

> 正统六年，靖远伯王骥请选在京番将舍人捕苗云南，乃命胜与都督冉保统六百人往。……（正统十四年）以左副总兵统河间东昌降夷赴贵州（平贼）。(同上书卷一五六《毛胜传》)

和勇（原名脱脱孛罗）之平两广"盗"：

> 天顺间以两广多寇，命充游击将军，统降夷千人往讨。……成化初赵辅、韩雍征大藤峡，诏勇以所部从征。(同上书卷一五六《和勇传》)

又行佥民壮法，增加地方兵力。正统二年始募所在军余民壮愿自效者。十四年令各处召募民壮，就令本地官司率领操练，遇警调用，事定仍复为民。弘治二年又令：

> 州县选取年二十以上五十以下精壮之人，州县七八百里，每里佥二

---

① 《明史》卷一六五《丁瑄传》。
② 《明史》卷一六五《叶祯传》。卷一七七《叶盛传》。
③ 狼兵和土兵是湖南、广西一带土司的军队，参看《明史》卷三一〇《土司传》和毛奇龄《蛮司合志》。
④ 《明史》卷一八七《洪钟传》。
⑤ 《明史》卷一八七《陈金传》。
⑥ 蒙古降人和内地的土著蒙古人。

名。五百里者每里三名。三百里者每里四名。一百里以上者每里五名。春夏秋每月操二次，至冬操三歇三，遇警调集，官给行粮。（《明史》卷九一《兵志》）

富民不愿服务，可纳钱免金，由官代募。此种地方兵又称机兵，在巡检司者称为弓兵。到此人民又加上一层新负担，军外加兵，疲于奔命。

调用边兵土兵达兵和佥点民壮，虽然解决了一时的困难，可是边兵有守边之责，土兵不易制裁，达兵数目不多，民壮稍后也积弊不可用，而且是地方兵，只供守卫乡里，不能远调。王守仁在正德时曾申说当时兵备情形：

> 赣州财用耗竭，兵力脆弱，卫所军丁，只存故籍，府县机（兵）快（手），半充虚文，御寇之方，百无一恃，以此例彼，余亦可知。是以每遇盗贼猖獗，辄覆奏请兵，非调土军，即倩狼达，往返之际，辄已经年，靡费所需，动逾数万。逮至集兵举事，即已魍魉潜形，曾无可剿之贼，稍俟班师旋旅，则又鼠狐聚党，复当不轨之群。机宜屡失，备御益弛。征发无救于疮痍，供馈适增其荼毒。群盗习知其然，愈肆无惮，百姓谓莫可恃，竟亦从非。（《阳明集要·经济集一·选拣民兵》）

在这种情况下，不能不另想办法。于是有募兵出现。在卫军民壮以外，又加上第三种军队。募兵出而卫军民壮自以为无用，愈加废弛。①

募兵之制，大约开端于正统末年。募兵和民壮不同，民壮是由地方按里数多少或每户壮丁多少佥发的，平时定期训练，余时归农，调发则官给行粮，事定还家。完全为警卫地方之用。募兵则由中央派人召募，入伍后按月发饷，东西征戍，一惟政府之命。战时和平时一样，除退役外不能离开行伍。正统土木之变，京军溃丧几尽，各省勤王兵又不能即刻到达，于是派朝官四出募兵②，以为战守之计。嘉靖时倭寇猖獗，沿海糜烂，当时人对于卫军之毫无抵抗能力，不能保卫地方，极为不满。主张在卫军和募兵两者中择

---

① 顾炎武《亭林文集》卷六《兵制论》。
② 《明史》卷一五七《杨鼎传》，同书卷一六《石玮传》，卷一七五《白圭传》，按同书卷一六四《左鼎传》，此为景泰四年事，距召募入伍时已五年。似乎这次所募的大部分是各地民壮，虽未著录于中央军籍，却已入伍四五年，编营训练，其性质和后来的兵相同了。至于《杨鼎传》和《白圭传》所记的募兵，当即为和军对称并行的兵，并非地方的民壮。又募兵须由中央，地方长官不得擅募。《明史》卷一六四记李信以擅募被劾可证，传中军当作兵。

第四章　制度体系：承袭传统还是寻求创新 \ 227

较精锐的精练御敌,即以所淘汰的军的粮饷归之能战的兵,郎瑛所记"近日军"即代表此种意见。他说:

> 古之置军也防患,今之置军也为患。何也?太平无事,民出谷以养军,官有产以助军,是欲藉其有警以守,盗发以讨,所以卫民也。卫民,卫国也。今海贼为害有年矣,未闻军有一方之守,一阵之敌焉。守敌者非召募之上著,则选调别省兵勇。故见戮于贼也,非地方男妇良民,即远近召募之众。是徒有养军之害,而无卫军之实,国非亦为其所损哉!为今之计,大阅军兵,使较射扑,军胜于募,则以募银之半加于军,募胜于军,则扣军粮之半以益募。如此则军兵各为利而精矣。以练精者上阵以杀贼,余当减之也。庶民不费于召募之费,国不至于倍常之费,虽为民而实为国矣。(《七修类稿续稿》卷三)

要求用精练的兵作战。当时将帅都在这要求下纷纷募兵训练,内中最著名的如戚继光:

> 继光至浙,见卫所兵不习战,而金华义乌俗称慓悍,请召募三千人教以击刺法,长短兵迭用,由是继光一军特精。又以南方多薮泽,不利驰逐。乃因地形,制阵法,审步伐便利,一切战舰火器兵械,精求而更制之,戚家军名闻天下。(《明史》卷二一二《戚继光传》)

谭纶:

> 东南倭患已四年,朝议练乡兵御贼。参将戚继光请期三年而后用之。纶亦练千人,立束伍法,自裨将以下节节相制,分数既明,进止齐一,未久即成精锐,益募浙东良家子教之。而继光练兵已及期,因收之为己用,客兵罢不复调。(同上书卷二一二《谭纶传》)

同时张鏊募兵名振武营[1],郑晓[2]、朱先募盐徒为兵。[3] 名将俞大猷所练兵名俞家军。[4] 都卓有成效,在几年中完全肃清了倭寇。

在另一方面,北边的边军也渐渐地用募兵来代替和补充世军。《明史》

---

[1] 《明史》卷二〇五《李遂传》。
[2] 《明史》卷一九九《郑晓传》。
[3] 《明史》卷二一二《戚继光传》。
[4] 《明史》卷二一二《俞大猷传》。

卷二〇四《陈九畴传》：

> 世宗即位，巡抚甘肃。抵镇言：额军七万余，存者不及半，且多老弱，请令召募。报可。①

嘉靖二十九年又令蓟镇自于密云、昌平、永平、遵化募兵一万五千（《大明会典》卷一二九）。隆庆二年以戚继光为总兵官练蓟镇兵，募浙兵三千作边军模范（《明史》卷二一二《戚继光传》）。后又续募浙兵九千余守边，边备大饬。（同上书《谭纶传》）甚至京军也用募兵充伍：

> 嘉靖二十九年，遣四御史募兵畿辅、山东、山西、河南得四万人，分隶神枢神机。（同上书卷八九《兵志》一）

从此以后，以募兵为主力，卫军只留空名，置而不用。② 时人以为募兵较世军有十便：

> 年力强壮者入选，老弱疲癃，毋得滥竽其中，便一。一遇有缺伍，朝募而夕补，不若清勾之旷日持久，便二。地与人相习，无怀故上逃亡之患，便三。人必能一技与善一事者方得挂名什伍，无无用而苟食者，便四。汰减之法，自上为政，老病不任役者弃之，不若祖军顶替，有赇官职而瞒年岁者，便五。部科遴拣，一朝而得数什百人，贪弁不得缘以勒掯需索，便六。有事而强壮者人可荷戈，不烦更为挑选，便七。家有有力者数人，人皆得为县官出力，不愿者勿强也，便八。壮而不能治生产者，得受糈于官，无饥寒之患，便九。猛健豪鸷之材，笼而驭之，毋使流为奸宄盗贼，便十。（《客座赘语》卷二）

万历末年建州勃兴，辽沈相继失守，募兵愈多，国库日绌。募来的兵多未经严格训练，又不能按时发饷，结果也和卫军一样，逃亡相继。熊廷弼《辽左大势久去疏》：

> 辽东见在兵有四种：一曰募兵，佣徒厮役，游食无赖之徒，几能弓马惯熟？几能膂力过人？朝投此营，领出安家月粮而暮逃彼营；暮投河东，领出安家银两而朝投河西。点册有名，及派工役而忽去其

---

① 《明史》卷二〇四《翟鹏传》。
② 《明史》卷二五一《蒋德璟传》。

半；领饷有名，及闻告警而又去其半。此募兵之形也。(《熊襄愍公集》卷三)

甚至内地兵尚未出关，即已逃亡。① 在辽就地所募兵，得饷后即逃亡过半。② 天启时以四方所募兵日逃亡，定法摄其亲属补伍(《明史》卷二五六《毕自严传》)。也只是一个空头法令，实际上并不能实行。稍一缺饷，则立刻哗变，崇祯元年川、湖兵戍宁远时，以缺饷四月大噪，余十三营起应之，至缚系巡抚毕自严(《明史》卷二五九《袁崇焕传》)。"流寇"起后，内外交逼，将帅拥兵的都只顾身家，畏葸不敢作战。政府也曲意宽容，极意笼络，稍有功效，加官封爵，惟恐不及。丧师失地的却不敢少加罪责，惟恐其拥兵叛乱，又树一敌。由此兵骄将悍，国力日蹙。③ 诸将中左良玉兵最强，拥兵自重，跋扈不肯听调遣，《明史》说他：

> 多收降寇以自重，督抚檄调，不时应命。……壁樊城，驱襄阳一郡人以实军，降贼附之，有众二十万。……福王立……南都倚为屏蔽。良玉兵八十万，号百万，前五营为亲军，后五营为降军，每春秋肆兵武昌诸山，一山帜一色，山谷为满。军法用两人夹马驰日过对，马足动地，殷如雷声。诸镇兵惟高杰最强，不及良玉远甚。(《明史》卷二七三《左良玉传》)

一人拥兵八十万，当时号为左兵。在崇祯时代他为要保全私人实力，不听政府调遣。福王立，他又发动内战，以致清兵乘虚直捣南京。其他镇将如高杰、黄得功、刘泽清、刘良佐在北都亡后，拥兵江北，分地分饷，俨然成为藩镇。他们不但以武力干涉中央政事，还忙于抢夺地盘，互相残杀。高杰、黄得功治兵相攻，刘泽清、刘良佐、许定国则按兵不动。后来许定国诱杀高杰，以所部献地降清，刘泽清、刘良佐也不战降附，黄得功兵败自杀，南都遂亡。

---

① 《明史》卷二三七《冯应京传》。
② 《明史》卷二五九《熊廷弼传》，并参阅《熊襄愍公集》卷四《新兵全伍脱逃疏》。
③ 《明史》卷二六四《李梦辰传》。

七、军饷与国家财政

明初卫军粮饷，基本上由屯田所入支给。明太祖在初起兵时，即立民兵万户府，寓兵于农：

> 戊戌（公元1358）十一月辛丑，立管理民兵万户府。令所定郡县民武勇者，精加简拔，编辑为伍，立民兵万户府领之。俾农时则耕，闲则练习，有事则用之。事平有功者一体升擢，无功令还为民。（《明太祖实录》卷六）

又令诸将屯田各处。建国后宋讷又疏劝采用汉赵充国屯田备边的办法，以御蒙古。他说：

> 今海内乂安，蛮夷奉贡。惟沙漠未遵声教。若置之不理，则恐岁久丑类为患，边围就荒。若欲穷追远击，六师往还万里，馈运艰难，士马疲劳。陛下为圣子神孙万世计，不过谨备边之策耳。备边固在乎兵实，兵实又在乎屯田。屯田之制，必当以法汉（赵充国）。……陛下宜于诸将中选其智勇谋略者数人，每将以东西五百里为制，随其高下，立法分屯。所领卫兵以充国兵数斟酌损益，率五百里一将，布列缘边之地，远近相望，首尾相应，耕作以时，训练有法，遇敌则战，寇去则耕，此长久安边之法也。（《西隐文稿》卷一〇《守边策略》）

同时由海道运粮到辽东，又时遭风覆溺。因之决意兴屯，不但边塞，即内地卫所也纷纷开屯耕种。定制边地卫所军以三分守城，七分屯种，内地二分守城，八分屯种。每军受田五十亩为一分，给耕牛农具，教树植，复租赋。初税亩一斗。建文四年（公元1402）定科则，军田一分正粮十二石，贮屯仓，听本军自支。余粮为本卫所官军俸粮。永乐时东自辽左，北抵宣大，西至甘肃，南至滇、蜀，极于交阯，中原则大河南北，在在兴屯（《明史》卷七七《食货志一·田制》）。养兵（数）百万，基本上由屯田收入支给（同上书卷二五七《王洽传》）。

除军屯外，边上又有商屯。洪武时户部尚书郁新创开中法：

> 新以边饷不继，定召商开中法。令商输粟塞下，按引支盐，边储以足。（同上书卷一五〇《郁新传》）

商人以远道输粟,费用过大,就自己募人耕种边上闲田,即以所获给军,换取盐引,到盐场取盐贩卖营利,边储以足。

政府经费则户部银专给军旅,不作他用(《明史》卷二二〇《王遴传》)。户部贮银于太仓库,是为国库。内廷则有内承运库,贮银供宫廷费用,收入以由漕粮改折之金花银百万两为大宗。除给武臣禄十余万两外,尽供御用。边赏首功不属经常预算,亦由内库颁发。国家财政和宫廷费用分开(同上书卷七九《食货志三·仓储》)。军饷又概由屯田和开中支给。所以明初几次大规模的对外战争,如永乐、宣德时代之六次打蒙古,三次打安南,七次下西洋,虽然费用浩繁,国库还能应付。

可是军屯和商屯两种制度,不久便日趋废弛,国库也不能维持其独立性,为内廷所侵用。卫军坏而募兵增,政府既须补助卫军饷糈,又加上兵的饷银,国家经费,入不敷出,只好采取饮鸩止渴的办法,以出为入,发生加派增税捐纳种种弊政,农民于缴纳额定的赋税以外,又加上一层军兵费的新负担。

军屯之坏,在宣德初年范济即已上书指出。他说:

> 洪武中令军士七分屯田,三分守城,最为善策。比者调度日繁,兴造日广,虚有屯种之名,田多荒芜。兼养马采草伐薪烧炭,杂役旁午,兵力焉得不疲,农业焉得不废。(同上书卷一六四《范济传》)

屯军因杂役而废耕,屯的田又日渐为势豪所占。[1] 正统以后,边患日亟,所屯田多弃不能耕。再加上官吏的需索,军士的逃亡,屯军愈困,卫所收入愈少。[2] 政府没有办法,只好减轻屯粮,免军田正粮归仓,止征余粮六石。弘治时又继续减削,屯粮愈轻,军饷愈绌。《明史》记:

> 初永乐时屯田米常溢三之一。常操军十九万,以屯军四万供之。而受供者又得自耕边外,军无月粮,是以边饷恒足。(《明史》卷七七《食货志一·田制》)

正统以后政府便须按年补助边费,称为年例。

---

[1] 《明史》卷一五七《柴车传》,卷一七六《商辂传》,卷一五五《蒋贵传》,卷一八〇《张泰传》,卷二六二《孙传庭传》。

[2] 侯朝宗《壮悔堂文集》卷四《代司徒公屯田奏议》。

军屯以势豪侵占，卫军逃亡而破坏，商屯则以改变制度而废弛。《明史·叶淇传》：

> 弘治四年为户部尚书。变开中之制，令淮商以银代粟，盐课骤增百余万，悉输之运司，边储由此萧然矣。（同上书卷一八五）

盐商从此可以用银买盐，不必再在边境屯田。盐课收入虽然骤增，可是银归运司，利归商人，边军所需是月粮，边地所缺的是米麦，商屯一空，边饷立绌。《明史·食货志》说：

> 弘治中叶淇变法而开中始坏，诸淮商悉撤业归，西北商亦多徙家于淮。边地为墟，米石直银五两，而边储枵然矣。

后来虽然有若干人提议恢复旧制，但因种种阻碍，都失败了。

明代国家财政每年出入之数，在初期岁收田赋本色米，除地方存留千二百万石外（同上书卷二二五《王国光传》），河、淮以南以四百万石供京师，河、淮以北，以八百万石供边，一岁之入，足供一岁之用（同上书卷二一四《马森传》）。到正统时边用不敷，由中央补助岁费，名为年例。正统十二年（公元1447）给辽东银十万两，宣大银十二万两（毕自严《石隐园藏稿》卷六《议复屯田疏》）。到弘治时内府供应繁多，"光禄岁供增数十倍，诸方织作，务为新巧，斋醮日费巨万，太仓所储不足饷战士，而内府收入，动四五十万。而宗藩贵戚之求土田，夺盐利者，亦数千万计。土木日兴，科敛不已。传奉冗官之俸薪，内府工匠之饩廪，岁增月积，无有穷期"。（《明史》卷一八一《刘健传》）财用日匮。国库被内廷所提用，军饷又日渐不敷，弘治八年尚书马文升以大同边警，至议加南方两税折银（《明史》卷一八一《谢迁传》）。正德时诸边年例增至四十三万两（同上书卷二三五《王德完传》），军需杂输，十倍前制（同上书卷一九二《张原传》）。京粮岁入三百五万，而食者乃四百三万（同上书卷二〇一《周金传》）。嘉靖朝北有蒙古之入寇，南有倭寇之侵轶，军兵之费较前骤增十倍。田赋收入经过一百五十年的休养生息，反比国初为少。[①] 嘉靖五年银的岁入止百三十万两，岁出至二百四十万两（同上书卷一九四《梁材传》）。光禄库金自嘉靖改元至十五

[①] 《明史》卷二〇八《黎贯传》。

年积至八十万两，自二十一年以后，供亿日增，余藏顿尽（同上书卷二一四《刘体乾传》）。嘉靖二十九年俺答入寇，兵饷无出，只好增加田赋，名为加派，征银一百十五万两。这时银的岁入是二百万两，岁出诸边费即六百余万两，一切取财法行之已尽。① 接着是东南的倭寇，又于南畿浙闽的田赋加额外提编，江南加至四十万两。提编是加派的别名，为倭寇增兵而设，可是倭寇平后这加派就成为正赋（同上书卷七八《食货志二·赋役》）。广东也以军兴加税，到万历初年才恢复常额（同上书卷二五五《李戴传》）。诸边年例增至二百八十万两（同上书卷二〇二《孙应奎传》，同书卷二三五《王德完传》）。隆庆初年马森上书说：

> 屯田十亏七八，盐法十折四五，民运十逋二三，悉以年例补之。在边则士马不多于昔，在太仓则输入不多于前，而所费数倍。（同上书卷二一四《马森传》）

派御史出去搜括地方库藏，得银三百七十万两也只能敷衍一年。内廷在这情形下，还下诏取进三十万两，经户部力争，乃命止进十万两（同上书卷二一四《刘体乾传》）。万历初年经过张居正的一番整顿，综核名实，裁节冗费，政治上了轨道，国库渐渐充实，浸浸成小康的局面。张居正死后，神宗惑于货利，一面浪费无度，一面肆力搜括，外则用兵朝鲜，内则农民暴动四起，国家财政又到了破产的地步。

万历前期的国家收入约四百万两，岁出四百五十余万两。岁出中九边年例一项即占三百六十一万两②，后来又加到三百八十余万两③。每年支出本来已经不够，内廷还是一味向国库索银，皇帝成婚，皇子出阁成婚，皇女出嫁，营建宫殿种种费用都强逼由国库负担。④ 又从万历六年起，于内库岁供金花银外，又增买办银二十万两为定制（《明史》卷七九《食货志三·仓库》）。结果是外廷的太仓库光禄寺库太仆寺库的储蓄都被括取得干干净净，

---

① 《明史》卷二〇〇《孙应奎传》。
② 《明史》卷二二四《宋𦬒传》。
③ 《明史》卷二三五《王德完传》。
④ 《明史》卷二二〇《王遴传》，卷二三七《万象春传》，卷二二〇《赵世卿传》，卷二四〇《朱国祚传》，卷二三五《王德完传》，卷二四〇《张问达传》。

内廷内库帑藏山积，国库则萧然一空。① 万历二十年哱拜反于宁夏；又接连用兵播州；朝鲜战役历时至七年。支出军费至一千余万两。② 大半出于加派和搜括所得。《明史·孙玮传》记：

> 朝鲜用兵，置军天津，月饷六万，悉派之民间（同上书卷二四一）。

所增赋额较二十年前十增其四，民户殷足者什减其五。东征西讨，萧然苦兵（《明史》卷二一六《冯琦传》）。到万历四十六年（公元1618）辽东兵起，接连加派到五百二十万两：

> 时内帑充积，帝靳不肯发。户部尚书李汝华乃援征倭征播例，亩加三厘五毫，天下之赋增二百万有奇。明年复加三厘五毫。又明年以兵工二部请，复加二厘。通前后九厘，增赋五百二十万，遂为定额。（同上书卷七八《食货志二·赋役》；卷二二〇《李汝华传》）

接着四川、贵州又发生战事，截留本地赋税作兵饷，边饷愈加不够。从万历三十八年到天启七年（公元1610至1627）负欠各边年例至九百六十八万五千五百七十一两七钱三分（《石隐园藏稿》卷六《详陈节欠疏》）。兵部和户部想尽了法子，罗掘俱穷，实在到了无办法的地步，只好请发内库存银，权救边难，可是任凭呼吁，皇帝坚决不理，杨嗣昌在万历四十七年所上的《请帑稿》颇可看出当时情形：

> 今日见钱，户部无有，工部无有，太仆寺无有，各处直省地方无有。自有辽事以来，户部一议挪借，而挪借尽矣。一议加派，而加派尽矣。一议搜括，而搜括尽矣。有法不寻，有路不寻，则是户部之罪也。至于法已尽，路已寻，再无银两，则是户部无可奈何，千难万苦。臣等只得相率恳请皇上将内帑多年蓄积银两，即日发出亿万，存贮太仓，听户部差官星夜赍发辽东，急救辽阳。如辽阳已失，急救广宁，广宁有失，急救山海等处，除此见钱急着，再无别法处法。（《杨文弱先生集》卷二）

疏上留中，辽阳、广宁也相继失陷。

---

① 《明史》卷二三〇《汪若霖传》。
② 《明史》卷二三五《王德完传》。按毕自严所记与此不同，《石隐园藏稿》卷六《清查九边军饷疏》。

天启时诸边年例又较万历时代增加六十万，京支银项增加二十余万（《石隐园藏稿》卷六《清查九边军饷疏》）。辽东兵额九万四千余，岁饷四十余万，到天启二年关上兵止十余万，月饷至二十二万（《明史》卷二七五《解学龙传》），军费较前增加六倍。新兵较旧军饷多，在召募时，旧军多窜入新营为兵，一面仍保留原额，政府付出加倍的费用募兵，结果募的大部仍是旧军，卫所方面仍须发饷。① 从泰昌元年十月到天启元年十二月十四个月用去辽饷至九百二十五万一千余两，较太仓岁入总数超过三倍（《杨文弱先生集》卷四《述辽饷支用全数疏》）。

崇祯初年，一方面用全力防遏建州的入侵，一方面"流寇"四起，内外交逼，兵愈增，饷愈绌。崇祯二年三月户部尚书毕自严疏言：

> 诸边年例自辽饷外，为银三百二十七万八千有奇。今蓟、密诸镇节省三十三万，尚应二百九十四万八千。统计京边岁入之数，田赋百九十六万二千，盐课百十一万三千，关税十六万一千，杂税十万三千，事例约二十万，凡三百二十六万五千有奇。而逋负相沿，所入不满二百万，即尽充边饷尚无赢余。乃京支杂项八十四万，辽东提塘三十余万，蓟、辽抚赏十四万，辽东旧饷改新饷二十万，出浮于入已一百十三万六千。况内供召买，宣大抚赏，及一切不时之需，又有出常额外者。（《明史》卷二五六《毕自严传》）

除辽饷不算，把全国收入，全部用作兵费还差三分之一。崇祯三年又于加派九厘外，再加三厘，共增赋一百六十五万四千两有奇。② 同年度新旧兵饷支出总数达八百七十余万两，收入则仅七百十余万两，不敷至百六十万两（《石隐园藏稿》七《兵饷日增疏》）。崇祯十年增兵十二万人，增饷二百八十万两，名为剿饷：

> 其筹饷之策有四：曰因粮，曰溢地，曰事例，曰驿递。因粮者，因旧额之粮，量为加派，亩输粮六合，石折银八钱，伤地不与，岁得银百

---

① 《明史》卷二七五，《杨文弱先生集》卷一，万历四十七年九月，《请立兵册清查辽饷确数稿》，天启元年六月《三覆议山东河北增兵用饷稿》。
② 《明史》卷二五六《毕自严传》，卷二五七《梁廷栋传》，按卷二五二《杨嗣昌传》作百四十万为误。

九十二万有奇。溢地者，民间土地溢原额者，核实输赋，岁得银四十万六千有奇。事例者，富民输赀为监生，一岁而止。驿递者，前此邮驿裁省之银，以二十万充饷。……初嗣昌增剿饷，议一年而止，后饷尽而贼未平，诏征其半。至是督饷侍郎张伯鲸请全征。（《明史》卷二五二《杨嗣昌传》）

崇祯十二年又议练兵七十三万，于地方练民兵，又于剿饷外，增练饷七百三十万。时论以为：

> 九边自有额饷，概予新饷，则旧者安归。边兵多虚额，今指为实数，饷尽虚糜而练数仍不足。且兵以分防不能常聚，故有抽练之议。抽练而其余遂不问。且抽练仍虚文，边防愈益弱。至州县民兵益无实，徒糜厚饷。以嗣昌主之，事钜，莫敢难也。（同上）

从万历末年到这时，辽饷的四次递加，加上剿饷、练饷，一共增赋一千六百九十五万两。这是明末农民在正赋以外的新增负担！崇祯十六年索性把三饷合为一事，省得农民弄不清楚和吏胥的作弊（同上书卷二六五《倪元璐传》）。

因外族侵略和农民起义而增兵，因增兵而筹饷，因筹饷而加赋。赋是加到农民头上的，官吏的严刑催逼和舞弊，迫使农民非参加起义不可，《明史》卷二五五《黄道周传》说：

> 催科一事，正供外有杂派，新增外有暗加，额办外有贴助。小民破产倾家，安得不为盗贼！

结果是朱明统治的被推翻。"流寇"领袖攻陷北京的李自成起事的口号是：

> 从闯王，不纳粮！

一九三七年六月于北平

明初的学校

一

专制独裁的君主,用以维持和巩固统治权的法宝,是军队、法庭、监狱、特务和官僚机构,用武力镇压,用公文办事。

明太祖朱元璋原来是红军大帅郭子兴的亲兵,一步步升官,作到韩宋的丞相国公,龙凤十年(公元1364,元顺帝至正二十四年)作吴王,四年后爬上宝座作明朝的开国皇帝。本来是靠武力起的家,化家为国后,有的是队伍,红军嫡系的,敌军收买过来的,投降的杂牌军,官民犯罪充军的,不够,再按户口抽壮丁,总数约摸有两百万人,编制作卫(师)所(团),分驻全国各地,执行武装弹压警戒的任务。

明太祖明白,武力可用以夺取政权,却不能用以治国,而且,军官大多数不识字,也办不了公文。即使有识字的,也不能作高级执政官,武人当政,历史上的例子说明不是好办法。结论是要治国必须建立一个得心应手、御用的官僚机构,而官僚必得用文人。于是,问题来了。从朝廷到地方,从省府部院寺监到州县,各级官僚得十几万人,白手成家的明太祖,从哪儿去找这么些忠心的而又能干的文人?

当然,第一个想到的是元朝的旧官僚。除了在长期战争中被消灭了的一部分以外,剩下的会办事有才力的一批,早已来投效了;不肯来的,用威吓手段,说是"智谋之士","坚守不起,恐有后悔",也不敢不来。(《明史》卷二八五《张以宁传》附《秦裕伯传》)其余有的是贪官污吏,有的人老朽昏庸,有的人怀念元朝的恩宠,北逃沙漠(《明史》卷一二四《扩廓帖木儿传》附《蔡子英传》），有的人厌恶、恐惧新朝，遁迹江湖，埋名市井（同上书卷二八五《杨维桢传》、《丁鹤年传》）。尽管新朝用尽了心机，软话硬拉，要凑齐这个大班子，人数还差得太远。

第二想到的是元朝的吏。元朝是以吏治国的。从元世祖以后，甚至执政大臣也用吏来充当，造成风气，中原一带，稍稍识字能办公文的，投身台阁作吏，显亲扬名。南方的士人既不能从科举出身，又不甘心作吏，境况日渐没落，不免对北方的吏发生妒忌嫌恨的感情（余阙《青阳文集》卷四《杨君显民诗集序》）。明太祖是南方人，当然不免怀有南方人共同的看法。他又深知法令愈繁冗，条格愈详备，一般人不会办，甚至不能懂，吏就愈方便作弊，舞文弄法，闹成吏治代替了官治，代替了君治，这是对皇家统治有严重损害的。（《明太祖实录》卷二六，卷一二六）而且，办公文的诀窍，程序格式条例，成为专业，不是父子，就是师徒世传，结成行帮，自成团体。行帮是可怕的，把治权交给行帮，起腐蚀作用，更可怕。以此，吏不但不能用，而且得用种种方法来防范、压制。在明代，吏不许作官，国子监生有罪罚充吏役，便是这个道理。

第三只好任用没有作过官的读书人。读书人当然想作官，可是有的人也有顾忌，顾忌的是失身份："海岱初云扰，荆蛮遂土崩，王公甘久辱，奴仆尽同升。"（贝琼《清江诗集》卷八《述怀·二十二韵寄钱思复》）和奴仆同升也许还不太重要，重要的是这个政权还不太巩固，对内未统一，北边蒙古还保有强大力量。有的人顾忌的是这个政权是淮帮，大官位都给淮人占完了："两河兵合尽红巾，岂有桃源可避秦？马上短衣多楚客，城中高髻半淮人。"（同上卷五《秋思》）有的人顾忌的是作了官一有不是，有杀头的，有戴斩罪办事的，有镣足办事的，有罚做苦工的，有抄家的，甚至有抽筋剥皮的刑罚。朝官上朝，战战兢兢，下朝回家，这天侥幸平安，便阖家欢祝。（详见作者《朱元璋传》）作官固然可以发财，可是，要拼着命，甚至带上阖家阖族的命，有一些人是要多多考虑的。明太祖要读书人出来作官，还是有人借故逃避，没办法，甚至立下"寰中士夫不为君用"，不肯作官就要杀头的条文，也可以看出明初官僚人才的缺乏和需要的迫切了。

第四是任用地主作官，称为荐举。有富户、耆民、孝弟力田、税户人才

（纳粮最多的大地主）等名目。有一出来便做尚书府尹、副都御史、布政使、参政、参议等大官的，最多的一次到过三千七百多人（《明史》卷七一《选举志三》）。可是，还不够用，而且，这些地主官僚的作风也不完全适合新朝的要求。

旧的人才不够用，只好想法培养新的了。明太祖用自己的训练方法，造成大量的新官僚。这个官僚养成所叫作国子监。

《明史·选举志》说："学校有二，曰国学，曰府州县学。"

二

研究明代国子监的材料，除《明史·选举志》以外，关于南京国子监的，有黄佐的《南廱志》，北京国子监有《皇明太学志》。此外，《大明会典》卷七十八《学校门》也有简单的记载。

明初制度，参加科举的必须是学校的生员，学校生员作官则不一定经由科举。以此，学校是作官所必由的大路，政府和社会都极看重。可是，从明成祖以后，进士独占了作官的门路，监生出路日坏。从明景帝开生员纳粟纳马入监之例以后，国子监成为富豪子弟的京师旅邸，日渐废弛。从明武宗以后，非府州县学生也可以纳银入监，作个挂名学生，以依亲为名，根本不必入学，国子监到此完全失去初创的意义，只剩下一个招牌了。因之，研究明代学校和政治的关系，洪武一朝是最有代表性的时期。

国子监的前身是国子学。宋龙凤十一年（公元1365，元顺帝至正二十五年）以元故集庆路儒学改建。有博士、助教、学正、学录、典乐、典书、典膳等官。在建学的前一年，未有校址，先已任命了国子博士和国子助教，在内府大本堂教皇子和胄子（贵族大官子弟）。吴元年（公元1367）定国子学官制，祭酒正四品，司业正五品，博士正七品，典簿正八品，助教从八品，学正正九品，学录从九品，典膳省注。洪武四年（公元1371）中书省户部定文武官禄，祭酒二百七十石，司业一百八十石，博士八十石，典簿七十石，助教六十五石，学正六十石，学录五十石。十四年又更定官员品数，祭酒一人，从四品，司业二人，正六品，监丞二人，正八品，博士五人，助教十五人，典簿一人，俱从八品，学正十人，正九品，学录七人，典籍一人，俱从九品。掌馔二人，杂职。又改建国子学于鸡鸣山之南。十五年改国子学为国子监。二十四年，又改司业监丞各一人。（黄佐《南廱志》卷一《事纪》）从祭酒到掌馔都是朝廷命官，任免都出于吏部。

学校官在学的职务分工，据洪武十五年钦定的监规：祭酒是正官，衙门首长，专总理一应事务，要整饬威仪，严立规矩，表率属官，模范后进。属官赴堂禀议事务，质问经史，皆须拱立听受，不得即便坐列，正官亦不得要求虚誉，辄自起身，有紊礼制。祭酒和其他同僚，是长官和属僚的关系，就国子监说，是一监之长，勉强比附现代名词，相当于校长，但是，这个校长并无聘任教员之权，因为一切教员都是部派的。监丞品位虽低，却参领监事，凡教官怠于师训，生员有戾规矩，并课业不精，廪膳不洁，并从纠举。务要夙夜尽公，严行约束，毋得徇情，以致废弛（同上书卷九《学规本末》）。不但管学生规矩课业，还兼管教员教课成绩，办公处叫"绳愆厅"，器用除公案公椅以外，特备有行扑红凳二条，拨有直厅皂隶二名，"扑作教刑"。刑具是竹篦，皂隶是行刑人，红凳是让学生伏着挨打的。（同上书卷一六《器用》）照规定，监丞立集愆册一本，各堂生员敢有不遵学规，即便究治。初犯记录（记过），再犯决竹篦五下，三犯决竹篦十下，四犯发遣安置（开除、充军、罚充吏役）（同上书卷九《学规本末》）。监丞对学生，不但有处罚权，而且有执行刑罚之权，学校法庭刑场合而为一。当然，判决和执行都是片面的，学生绝对没有辩解申说和要求上诉的权利。这职位就管束学生而论，有点像现代的训导长。掌馔是管师生膳食的，膳夫由朝廷拨囚徒充役，洪武十五年六月敕谕监丞等："囚徒膳夫，俱系死囚，若不听使令，三更五点不起，有误生员饮食，一两遍不听，打五十竹篦，三遍不听处斩。做贼的割了脚筋，若监丞典簿掌馔管束不严，打一百圆棍，如不死，仍发云南。有通了学里学外人偷了学里诸物者处斩，家下人发云南，钦此。"（《南廱志》卷一〇《谟训考》）这种刑法是超出当时的《大明律》之外的。典簿职掌文案，凡一应学务，并支销钱粮，季报课业文册等项，皆须明白稽考。又管出纳，又管教务，类似现代学校里的总务长和教务长。典籍是图书馆长。

祭酒同时也是教员，和博士助教学正学录等官，职专教诲，务在严立课程，用心讲解，以臻成效。如或怠惰，不能自立，以致生员有戾规矩者，举觉到官，各有责罚（同上书卷九《学规本末》）。换言之，教员如不能使生员循规蹈矩，所遭遇到的不是解聘，而是更严重的刑事处分。

学校的教职员全是官。学生呢？来源有两类，一类是官生，一类是民生。官生又分两等，一等是品官子弟，一等是土司子弟和海外学生（留学生）。官生是由皇帝指派分发的，出自特恩，民生由各地地方官保送。（同上书卷一五）官生入学的目的，是为了"皇子将有天下国家之责，功臣子弟将有职任之寄"。皇子在内府大本堂，功臣子弟入国学。教之之道，以正心为本，学的是如何统治的"实学"，不必像文士那样记诵辞章（同上书卷一《事纪》）。洪武十六年文渊阁大学士宋讷任国子监祭酒，明太祖特派太师韩国公李善长谏、礼部尚书任昂和谏院、翰林院等官到监，举行特别考试，考定教官生员高下，分别班次。又以公侯子弟在学读书，怕不服教员训诲，特派重臣曹国公李文忠兼领国子监事，将军做校长，扑罚违教的官生，整顿学风。（《明史》卷六九《选举志》）官生中有云南、四川等处土官子弟，日本琉球暹罗诸国学生，琉球学生来的最多。就洪武一朝官民生比例，据《南雍志》卷一五《储养考》：

洪武四年	官民生二千七百二十八名	
十五年	五百七十七名	
十六年	七百六十六名	
十七年	九百八十名	
二十三年	九百六十九名	
二十四年	一千五百三十二名	官生四十五名
		民生一千四百八十七名
二十五年	一千三百九名	官生十六名
		民生一千二百九十三名
二十六年	八千一百二十四名	官生四名
		民生八千一百二十名
二十七年	一千五百二十名	官生四名
		民生一千五百一十六名
三十年	一千八百二十九名	官生三名
		民生一千八百二十六名

国子学时代只有洪武四年的生员总数,据《大明礼令》:"凡国学生员,一品到九品文武官子孙弟侄,年一十二岁以上者充补,以一百名为额。民间俊秀年一十五岁以上,能通《四书》大义,愿入国学者,中书省闻奏入学,以五十名为额。"(《皇明制书》)则在洪武四年以前,官生与民生的比例是二比一。官生是主体,民生不过陪衬而已。国子监时代,洪武十五年到二十三年,只举官民生总数,无法知道比例。从二十四年到三十年,有五个年度的在学人数记录,二十四年官生占总数三十四分之一,二十五年八十二分之一,二十六年二千零三十分之一,二十七年三百三十分之一,三十年六百十分之一。在这个记录中,值得指出的:第一,官生占监生总数比例极小;第二,官生就学比例逐年减少,从四十五名降为三名,第三,洪武二十六年监生员数突然激增,次年又突然减少;第四,官生中琉球生悦慈从洪武二十五年到三十年,留学至少有六年之久。(琉球生入南监,最后一次是嘉靖十七年,二十三年回去的(公元1538—1544)。《明史·选举志》作"成化正德时(公元1465—1521)琉球生犹有至者",是错的。)

如上文所说,明太祖建立国子学的目的,是为了教育胄子(贵族官僚子弟),甚至在改组为国子监以后,还特派重臣勋戚李文忠兼领,管束官生。为什么从二十四年以后,官生数目反而年少一年,和民生的比例,从二比一到一比二千零三十,主体变为附庸,完全失去立学的用意呢?这道理说来也极为简单:公侯子弟成年的袭爵任官,不必入学,未成年的入学得经圣旨特派,纨绔少年,束发受经,不过虚应故事,爵位官职原来不靠书本词章。那么,除非皇帝特命,又何必入学。此其一。从洪武十三年胡惟庸党案发作后,功臣宿将,连年被杀,到洪武末年,除汤和、耿秉文、李景隆、徐辉祖几家以外,其余的差不多杀干净了。功臣本人被杀,子弟如何能入学?此其二。至于官僚子弟的入学令,限一百名的有效期限恐怕只是适用在洪武三年之前,以后实施极为严格,非奉特旨,不能入学,人数当然不可能太多。此其三。(《南雍志》卷一《事纪》,《明史·选举志》)而且,大官子弟自有荫官一途,用不着走国子监这条路,这样,国子监就自然而然衍变作专门训练民生做官的衙门了。

洪武二十六年监生人数突增的原因,是因为有新的政治任务,人手不够,特别扩大保送,说详下文。

三

民生的来源,分贡监、举监两类。国子监的学生通称监生。贡监出于岁贡,原来依据历史上的成规,地方官有贡"士"于朝廷的义务。洪武元年令民间俊秀能通文义者,充国子学生。二年立府州县学。四年正月,诏择府州县学生之俊秀通经者入国学,得二千七百二十八人。到十五年正月,礼部以州县所贡子弟,推选未至,奏令各按察司,于年二十以上,厚重端秀者,务拔其尤,岁贡一人入监,著为令。从这一命令,可以看出在此以前,保送监生是州县官的任务,此后则改归按察司选送。洪武四年以前,选士于民间,四年以后,选士于地方学校,州县学和国子监成为学制上的联系衔接衙门,民生在地方学校受初级训练,选拔到国子监受高级训练,国子监成为全国青年人才集中的场所。十六年又令礼部榜谕天下府州县学,自明年为始,岁贡生员各一人,正月至京师,从翰林院试经义、四书义各一道,判语一条,中式的(及格)入国子监,不中的原学教官罚停廪禄(扣薪水),生员罚为吏。则又把贡士之权改归地方学校教官,贡生在入监之前,得经翰林院主持的甄别试验。(《南雍志》卷一《事纪》;《明史·选举志》)

学生入监,主持选送的是府州县官、按察司官,本学教官。入学考试,主持考试的是翰林院官。入监后主持训育的是国子监官;受训完毕后,监生的出路,而且是惟一的出路,是替皇帝做官,"学而优则仕"。

贡监据洪武十五年十六年的法令,府州县学岁贡生员一人,是有一定名额的。这定额在洪武朝发生过两次例外,第一次在洪武二十五年四月,"初令天下府学岁贡二人,州学二岁贡三人,县学每岁贡一人入监,明年如常"。突然增加保送名额,照例岁贡生应于次年正月到京师,因为这法令,洪武二十六年的官民生总数就增加到八千一百二十四名。第二次在洪武三十年,这一年"本监以坐堂(在学)人少,诚恐诸司再取办事不敷,移文礼部,上令照二十五年例,于是入监遂众"。据上文记录,三十年度的官民生总数是一千八百二十九名,三十一年的名额,虽然没有记录,大概和二十六年度的相差不远。从后一例子的理由,可以明白这两次增加名额的原因,是因为朝廷诸司办事人员的迫切需要，说明了在学监生同时也是朝廷的办事人员。

举监是举人入监。洪武初年择年少举人入国子监读书。洪武十八年，又令会试下第举人送监卒业，是补习班或先修班的意思。

监生入学后，还得再经过一次编级考试，分堂（级）肄业。

国子监分六堂，六堂又分三等。初等生员通四书、未通经书的，入正义、崇志、广业三堂。修业期一年半以上。初等生修业期满，文理条畅的，升中等，入修道、诚心二堂，修业期一年半以上。中等生修业期满，经史兼通，文理都优的升高等，入率性堂。生员升入率性堂，依学规规定，根据勘合文簿（点名册）坐堂时日，满七百天才够资格。

司业二名，分为左右，各捉调三堂。博士五员，分五经，于彝伦堂西设座教训六堂，依本经考课（《南雍志》卷九《学规本末》）。

功课内容，分《御制大诰》、《大明律令》、《四书》、《五经》、刘向《说苑》等书（后来又加上《御制为善阴骘》、《孝顺事实》、《五伦书》等书）。(《皇明太学志》卷七）最主要的是《大诰》。《大诰》是明太祖自己写的，有《续编》、《三编》、《大诰武臣》，一共四册，主要内容是列举他所杀的人的罪状，使人民知所警戒，和教人民守本分，纳田租，出夫役，替朝廷当差的训话。洪武十九年以《大诰》颁赐监生，二十四年三月，特命礼部官说："《大诰》颁行已久，今后科举岁贡人员，俱出题试之。"礼部行文国子监正官，严督诸生熟读讲解，以资录用，有不遵者，以违制论。(《南雍志》卷一《事纪》）违制是违抗圣旨的法律术语，这罪名是很大的。皇帝颁布的杀人罪状，列作学生的必修功课，而且，作为考试的科目，用法令强迫全国生员非熟读讲解不可，这道理是用不着什么解释的。其次，训练学生的目的是作官，《大明律令》必然是必读书。而且"载国家法制，参酌古今之宜，观之者亦可以远刑辟"。《四书》、《五经》是儒家的经典，洪武五年，明太祖面谕国子博士赵俶："尔等一以孔子所定经书诲诸生。"（同上书卷一《事纪》）孔子的思想是没有问题的，尊王正名，君君臣臣父父子子这一套，最合帝王的需要。可是，孟子就不同了，洪武三年，他开始读《孟子》，读到有几处对君上不客气的地方，大发脾气，对人说："这老头要是活到今天，非严办不可！"下令国子监撤去孔庙中孟子配享的神位，把孟子逐出孔庙。

他认为这本书有反动的毒素，得经过严密的检查。洪武二十七年（公元1394）特别敕命组织一个"审查委员会"，执行检删任务的是当时的老儒刘三吾，把《尽心篇》的"民为贵，社稷次之，君为轻"；《梁惠王篇》"国人皆曰贤"，"国人皆曰可杀"一章；"时日曷丧，予及汝偕亡！"和《离娄篇》"桀纣之失天下也，失其民也，失其民者，失其心也"一章；《万章篇》"天与贤则与贤"一章；"天视自我民视，天听自我民听"；"君有大过则谏，反覆之而不听，则易位"；以及类似的"闻诛一夫纣矣，未闻弑君也"；"君之视臣如草芥，则臣视君如寇雠"：一共八十五条，以为这些话不合"名教"，全给删节掉了。只剩下一百七十几条，刻板颁行全国学校。这一部经过大手术切割的书，叫作《孟子节文》。所删掉的八十五条，"课士不以命题，科举不以取士"①。至于《说苑》，则因为"多载前言往行，善善恶恶，昭然于方册之间，深有劝戒"：是当作修身或公民课本被指定的。此外，也消极地禁止某些书不许诵读，如洪武六年面谕赵傲时所说："若苏秦、张仪，縰战国尚诈，故得行其术，宜戒勿读。"由此可见，学校功课的科目，内容的去取，必读书和禁读书，学校教官是无权说话的，一切都由皇帝御定。(《南雍志》卷一《事纪》)有时高兴，连考试的题目也出，例如圣制策问十六道，试举一例，敕问文学之士，整个题目如下：

　　呀，时士之志，奚不我知，其由我不德而致然耶？抑士晦志而有此耶？呜呼艰哉！君子得不易，我知，人惟彼苍之昭鉴，必或福志之将期，然迩来云才者群然而至，及其用也，才志异途，空矣哉！（同上书卷一〇《谟训考圣制策问》）

日常功课，监规规定：一是写字。每日写仿一幅，每幅十六行，行十六字，不拘家格，或羲、献、智、永、欧、虞、颜、柳，点画撇捺，必须端楷有体，合格书法，本日写完，就于本班先生处呈改，以圈改字少为最。逐月

---

① 《明史》卷一三九《钱唐传》，卷五四《礼志四》，李之藻《颁宫礼乐疏》卷二，全祖望《鲒琦亭集》卷三五辨钱尚书争孟子事，北平图书馆藏洪武二十七年刊本《孟子节文·刘三吾孟子节文题辞》："《孟子》一书，中间词气之间抑扬太过者八十五条。其余一百七十余条，悉颁之中外校官，俾读是书者知所本旨。自今八十五条之内，课试不以命题，科举不以取士，壹以圣贤中正之学为本。"

通考，违者痛决（打）。二是背书。三日一次背书，每次须读《大诰》一百字，本经一百字，《四书》一百字，即平均每日背一百字。不但熟记文词，务要通晓义理。若背诵讲解全不通者，痛决十下。三是作文。每月务要作课六道：本经义二道，四书义二道，诏诰章表策论判语（公家文书）内科（选）二道。不许不及道数，仍要逐月做完送改，以凭类进。违者痛决。

升到率性堂的学生，采积分制。积分之法，孟月试本经义一道，仲月试论一道，诏诰章表内科一道，季月试经史策一道，判语二条。每试文理俱优与一分，理优文劣者半分，文理纰谬者无分。岁内积至八分者为及格，与出身（官职）。不及格仍坐堂肄业（留级）。试法一如科举之制，果有材学超越异常者，呈请皇帝特别加恩任官。（《南廱志》卷九《学规本末》）

四

国子监坐堂监生最多的时期，将近万人，校舍规模是相当宏大的，校址东至小教场，西至英灵坊，北至城坡土山，南至珍珠桥。左有龙舟山，右有鸡鸣山，北有玄武湖，南有珍珠河。"延袤十里，灯火相辉。"监内建筑，正堂一，支堂六，每堂一十五间，是师生讲习的地方。有馔堂二所，是会馔的地方。书楼十四间藏书。光哲堂十五间住琉球官生。号房（学生宿舍）约二千间。此外有射圃、仓库、酱醋房、水磨房、晒麦场、菜圃、养病房等建筑。规模最宏大的是供奉孔子和列代贤哲的文庙。（《南廱志》卷七、卷八《规制考》）

监生穿一定的服装，形式也是明太祖钦定的，用玉色绢布，宽袖皂缘，皂绦软巾，叫作襕衫。每年冬夏衣由朝廷颁赐。膳食公费，全校会馔。有家眷的特许带家眷入学，每月支食粮六斗。皇帝特赐，有时赐及学生的家长，例如洪武十二年赐诸生父母帛各四匹。或赐及妻子，如洪武二十七年，赐监生有家属的六百二十五人，每人钞五锭（这年官民生总数是一千五百二十人，有家眷的占百分之三十八）。三十年又赐监生夏布大小人五匹，家属每人二匹。（《南廱志》卷一《事纪》）

监生请假休学，只有在奔丧、完姻，父母年已七十必须侍养，或妻子死亡等情形下，才被准许。而且得由皇帝亲自准许。请假日期有严格规定，洪武十六年令监生入监三年，有父母者，照地远近，定限归省。其欲挈家成婚者亦如之，俱不许过限。父母丧照例丁忧。伯叔兄长丧而无子者，亦许立限奔丧。十八年令监生有父母年老无次丁者，许还原籍侍养，其妻死子幼者许送还乡，给与脚力，立限还监，违者罚之。二十二年，礼部奏准，监生毕姻般取，照省亲例入监三年者方许。三十年令监生省亲等事，量道路远近，定具在途往还日月：每日水路一百里，陆路六十里；直隶限四阅月，河南、山东、江西、浙江、湖广限六阅月，北平、两广、福建、山西、陕西限八阅月。其住家月曰：省亲三阅月，毕姻两阅月，送幼子还乡一阅月，丁忧照官员例不计闰，俱二十七月。凡过限两月以上者，送问复监。同年有违限监生二百一十七人，祭酒比例拟奏，发充吏役。三十一年又有违限监生二百二十人，命吏部铨除远方典史以困役之。

不但监生请假休学，要得特许，连教员请假，也必得经过同样程序，如洪武十二年助教吴伯宗奏请省亲，明太祖特许给假四个月就是一个例子。

坐堂期间，管制极端严格，表面上历次增订的监规，总共五十六款，除关于教官部分以外，关于约束防闲监生的，如：

> 各堂生员，在学读书，务要明体适用，以须仕进。宜各遵承师训，循规蹈矩，凡出入起居，升堂会馔，毋得有犯学规。违者痛治。

> 各堂生员每日诵受书史，并须在师前立听讲解。其有疑问，必须跪听，毋得傲慢，有乖礼法。

绝对禁止学生对人对事的批评，和团结组织，甚至班与班之间也禁止来往：

> 今后诸生毋得到于别堂，往来相引，议论他人长短，因而交结为非。违者从绳愆厅纠察，严加治罪。

> 有等无志之徒，往往不行求师问道，专务结党恃顽，故言饮食污恶。切详此等之徒，果系何人之子？其所造饮食，千百人所用皆善，独尔以为不善，果君子欤？小人欤？是后必有此生事者，具实奏闻，令法司枷镣，禁锢终身，在学役使，以供生徒。

生员往来议论，就难免对学校设施，对政治良窳有意见，有结论，就难免不发生学潮，针对的办法是隔离和孤立。至于结党，发生组织力量，就无法管束和训导了,非严办不可。在太祖朝严刑重法,大量屠杀的恐怖空气中,监生不能也不敢提出原则性的反抗,只好从生活不满的方面来发泄,因之,故言饮食污恶,对饥饿的抗议就成为学潮的主题了。抗议饥饿的行动,如不是集体提出,学规另有专条:"生员毋得擅入厨房,议论饮食美恶,及鞭挞膳夫。违者笞五十,发回原籍,亲身当差。"这和枷镣禁锢终身役使的处分,轻重相去是极大的。此外禁例,如不许穿常人衣服;有事先于本堂教官处禀之,毋得径行烦渎;凡遇出入,务要有出恭入敬牌;以及无病称病,出外游荡,会食喧哗,点问(名)不到,不许燕安怠惰,解衣脱巾,喧哗嬉笑。号房不许私借他人住坐,不许作秽,不许酗歌夜饮等二十七条,下文都是"违者痛决!"最最严重的一款是:

> 在学生员,当以孝弟忠信礼义廉耻为本,必先隆师亲友,养成忠厚之心,以为他日之用。敢有毁辱师长及生事告讦者,即系干名犯义,有伤风化,定将犯人杖一百,发云南地面充军。(《南雍志》卷九《学规本末》)

明太祖寄托培养官僚的全部责任于国子监,这一条款就是授权国子监教官,用刑法清除所有不服从不听调度的反抗分子。毁辱师长的含义是非常广泛的,无论是语言、行动、思想、文字上的不同意,以至批评,都可任意解释。被周纳的犯人是不能也不许可有辩解的机会的。至于生事告讦,更可随便运用,凡是不遵从学规的,不满意现状的,要求对某方面教学或生活有所改进的,都可以用生事告讦的罪状片面判决之,执行之。国子监第一任祭酒宋讷是这条学规的制定人,明初人说他办学极意严酷,以求符合明太祖的政策。在他的任内,监生走投无路,经常有人被强制饿死,(这也是有学规的依据的,洪武十五年第二次增订学规:师生如有病患,不能行履者,许令膳夫供送。若无病不行随众会食者,不与当日饮食),以至自缢死。他连死尸也不肯放过,一定要当面验明,才许棺殓。(赵翼《廿二史劄记》卷三一《明史立传多存大体条》引叶子奇《草木子》,按坊本《草木子》无此条)后来他的儿子宋复祖继任司业,也学他父亲"诫诸生守讷学规,违者罪至死"(《明史》卷一三七《宋讷传》)。学录金文徵反对宋讷的过分残暴,想法子救学生,向明太祖提出控诉说:"祭酒办学太严,监生饿死了不少人。"

太祖不理会，说是祭酒只管大纲，监生饿死，罪坐亲教之师，和祭酒无干。文徵又设法和同乡吏部尚书余熂商量，由吏部出文书令宋讷以年老退休（洪武十八年宋讷七十五岁，已经过了法令规定该致仕的年龄了）。不料宋讷在辞别皇帝时，说出并非真心要辞官，太祖大怒，追问缘因，立刻把余熂、金文徵和学录田子真、何操、学正陈潜夫都杀了，还把罪状出榜在国子监前面，也写在大诰里头。这次反迫害的学潮，在一场屠杀后被压平，从此再也没有人敢替饿死缢死的学生说话了。（《南雍志》卷一《事纪》，卷一〇《谟训考》，《明史·宋讷传》）

洪武二十七年第二次学潮又起，监生赵麟受不了虐待，出壁报提出抗议，学校以为是犯了毁辱师长罪。照学规是杖一百充军。为了杀一儆百，明太祖法外用刑，把赵麟杀了，并且在国子监前立一长竿，枭首示众。（这在明太祖的口头语，叫枭令，比处死重一等。）二十八年又颁行《赵麟诽谤册》和《警愚辅教》二录于国子监。三十年七月二十三日，又召集祭酒司业和本监教官，监生一千八百二十六员名，在奉天门当面训话。训词说：

恁学生每听着：先前那宋讷做祭酒呵，学规好生严肃，秀才每循规蹈矩，都肯向学，所以教出来的个个中用，朝廷好生得人。后来他善终了，以礼送他回乡安葬，沿路上著有司官祭他。

近年著那老秀才每做祭酒呵，他每都怀著异心，不肯教诲，把宋讷的学规都改坏了，所以生徒全不务学，用著他呵，好生坏事。

如今著那年纪小的秀才官人每来署学事，他定的学规，恁每当依著行。敢有抗拒不服，撒泼皮，违犯学规的，若祭酒来奏著恁呵，都不饶：全家发向武烟瘴地面去，或充军，或充吏，或做首领官。

今后学规严紧，若无籍之徒，敢有似前贴没头帖子，诽谤师长的，许诸人出首，或绑缚将来，赏大银两个。若先前贴了票子，有知道的，或出首，或绑缚将来呵，也一般赏他大银两个。将那犯人凌迟了，枭令在监前，全家抄没，人口迁发烟瘴地面。钦此！（《南雍志》卷一〇《谟训考》）

这篇有名的训词，在中国教育史上是空前的。唯一可以比拟的，大概是北魏太平真君五年（公元444）禁止民间私立学校，违者"师身死，主人门诛"那道敕令吧。国子监前面的长竿,是专作枭令学生用的,一直到正德十四年(公元1519)明武宗南巡,这个顽皮年轻皇帝,学他祖宗的榜样,化装出来侦察,走过国子监前,看见这个怪竿子(那时代还没有挂旗子的礼俗),弄糊涂了,问明白说是挂学生子脑袋的。他说:"学校岂是刑场!"而且,"哪个学生又敢犯我的法令!"才叫人撤去。这竿子一共竖了一百二十六年。(同上书卷四《事纪》)

其实,并不是明武宗比他的祖宗更仁慈,而是一百多年来,进士科已经完全代替了国子监的地位,做官的不再从国子监出来,国子监已是破落的冷而又穷的衙门,会馔因为经费不够停止了,连房子倒塌了,朝廷也不肯修理,靠募捐才能补葺一下。它已失去了明初官僚养成所的地位,当然,也用不着这根刺目的不相称的竿子了。

国子监既然是为皇家制造官僚的工厂,用严刑峻法来捏塑官僚,那末,皇家对这工厂的技师,自有其划一的雇用标准。和监规的尺度一样,明初的国子监教官,是被严刑约束着,连一丝一毫自由的气氛也不许可有的。例如第一任国子学博士和祭酒许存仁,在明太祖幕府十年,是从龙旧臣,洪武元年被劾逮死狱中。表面上的罪名是私用学官什器,娶妾饰床以象牙,非师臣体,实际上是因为明太祖刚即位做皇帝,存仁便告辞回家,犯了忌讳。司业刘丞直劝他:"主上方应天顺人,兴高采烈,你要回家,也该等待一会。"存仁没理会,果然因此致死。(《南雍志》卷一《事纪》,卷二一《刘丞直传》,《明史·宋讷传》,刘辰《国初事迹》)第二任祭酒梁贞也得罪放归田里。第三任魏观,后来在苏州知府任上被杀。第四任乐韶凤以不职病免。第五任李敬以罪免。第六任吴颙因为武官子弟怠学,宽纵不能制裁被斥免。国子监第一任祭酒是宋讷,屠杀生徒,最被恩礼,可是明太祖还不放心,经常派人伺察,有时还在暗中画他的相貌,一喜一怒,都有报告(《明史·宋讷传》)。第二任龚敩,得罪的罪状是有监生告假还家,没有报告皇帝,祭酒便准了假。明太祖大怒,以为"卖放","置于法"。第三任胡季安坐胡惟庸党案得罪。第四任杨淞,因为擅自分配学生宿舍,原来有廊房二十间,所住学生以罪被逐,留下空屋,明太祖令北城兵马司封钥,杨淞因为宿舍不够住,自作主张,准许学生住进去,结果是因此"掇祸"。(《南雍志》卷一《事纪》)

最末一任张显宗就是奉天门训话里的年纪小的秀才官人，上任不久，明太祖便死了，算是侥幸没有意外。统计三十多年来的历任祭酒，只有以残酷著名的宋讷是善终在任上，死后的恩礼也特别隆重，可以说是例外，其他的不是得罪，便是被杀。

痛决，充军，罚充吏役，枷镣终身，饿死，自缢死，枭首示众，明初的国子监是学校，又是监狱，又是刑场。不止是学生，也包括教官在内，在受死刑所威胁的训练，造成绝对服从的、奴性的官僚。

五

明初的国子学、国子监，所负荷的制造和训练官僚的任务，据《南雍志》和《明史·选举志》所记：

洪武二年，择国子生试用之，巡行列郡，举其职者，竣事覆命，即擢行省左右参政，各道按察司佥事及知府等官。

五年四月，以国子生王铎摄监察御史，擢浙江布政司左参政。

六年九月，纂修日历，选善书者誊写，国子生陈益眲等与焉。令吏部选国子生之成材者，量材授主事、给事中、御史等官。

八年三月，命丞相往国子学，考校老成端正、学博经通者，分教天下，令郡县廪其生徒而立学焉。又命御史台精选以分教北方。于是选国子生林伯云等三百六十六人，给廪食赐衣服而遣之。六月以国子生李扩等为监察御史。

九年三月，以武英堂纪事国子生黄义为湖广行省参政，赵信为考功监丞。九月，遣国子生往陕西祭平凉卫指挥秦虎。国子生奉命出使自此始。寻命国子生分行列郡，集事之未完者，如古行人之职，皆量道路远近，赐钞为费而遣之。

十年正月，国子生试用于列郡者，皆授县丞主簿，人赐夏衣一袭，宝钞三十贯。命中书省臣，凡有亲在者，量程给假归省，然后之官。十月，召国子生分教郡县者还京师，令吏部擢用。

十二年，上以国子生多未仕者，谓中书省臣曰："朕甚欲尊显诸生，虑其未悉朕意。且诸生入学之日久矣，其令归省其亲，赐其父母帛各四足。有妻孥者携以来,月与粟钱,务得其欢心。"于是王文冏等一百三十四人皆告归,有司如诏赍之。

十四年八月,以国子生茹瑺为承敕郎。

十七年三月,令礼部颁行科举成式,凡三年大比,子午卯酉年乡试,辰戌丑未年会试,祭酒司业择国子生之性资敦厚,文行可称者应之。是年国子生升至率性堂者,入试文渊阁,擢杨文忠为首,除永福县丞。

十八年二月会试,此揭榜,国子生多在前列(会试黄子澄第一,殿试丁显、练子宁居首甲),上大喜。

十九年四月,吏部奏用监生十四人,皆为六品以下官。五月,上以天下郡县多吏弊民蠹,皆由杂流得为牧民官。乃命祭酒司业择监生千余人送吏部,除授知州知县等职。

二十年二月,鱼鳞图册成。先是上命户部核实天下土田。而苏松富民,畏避徭役,以田产诡寄亲邻佃仆,相习成风,奸弊百出。于是富者愈富,贫者愈贫。上闻之,遣国子生武淳等往,随税粮多寡,定为几区,每区设粮长四人,使集里甲耆民。躬履田亩以量度之。量其方圆,次其字号,悉书主名及尺丈四至,编类为册,绘状若鱼鳞然、故名。至是浙江、直隶、苏州等府县册成进呈,上喜,赐淳等钞锭有差。三月,监生古朴奏言,家贫愿仕,冀得禄以养母,上嘉之,除工部主事,迎养就京师。十二月,擢监生李庆署都察院右佥都御史。

二十一年三月,殿试,监生任亨泰廷对第一,召祭酒宋讷褒谕之。命撰进士题名记,立碑于监门。

二十二年二月,初令监生同御史王英、进士齐德照刷文卷。

二十四年三月,以监生许观会试殿试皆第一,召国子监官褒奖之。八月,初令监生往后湖清查黄册(全国户籍)。户部所贮天下黄册,俱送后湖收架,委监察御史二员、户科给事中一员、监生一千二百名,以旧册比对清查,如有户口田粮埋没差错等项,造册径奏。是年选监生有练达政体者,得方文等六百三十九人,命行御史事,稽核天下百司案牍。

二十五年七月，擢监生师逵、墨麟等为监察御史，夏原吉为户部主事。

二十六年十月，诏祭酒胡季安选监生年三十以上能文章者三百四十一人，命吏部除授教谕等官。以监生刘政、龙镡等六十四人为行省布政使、按察两使及参政参议副使、佥事等官。

二十七年八月，遣监生及人材分诣天下郡县，督吏民修治水利，给道里费而行。

二十九年四月，令吏部以次录用国子监生，毋使淹滞。六月初令监生年长者，分拨诸司，历练政事。凡历事监生，随本衙门司务，分勤谨平常才力不及奸顽等项引奏。勤谨者仍历事，阙官以次取用。平常再历，才力不及送监读书，奸顽充吏，（计南京五府六部等衙门历事监生二百十八名，户部等衙门写本监生二十八名，差拨内外衙门办事监生一百二十四名）称为拨历法。

三十年二月，擢监生卢祥为刑部郎中。

明代官制，都察院右佥都御史正四品，郎中正五品，主事正六品，监察御史正七品，给事中从七品。布政使从二品，参政从三品，参议从四品，按察使正三品，副使正四品，佥事正五品。知府正四品，知州从五品，知县正七品，县丞正八品，主簿正九品。教谕无品级。从洪武二年到三十一年这一时期监生任官的情形来看，第一，监生并没有一定的任官资序，最高的可以作到地方大吏从二品的布政使，最低的作正九品的县主簿，以至无品级的教谕。第二，监生也没有固定的任官性质，部院官、监察官、地方最高民政财政官、司法官，以至无所不管的亲民的府州县官和学校官，监生几乎无官不可作。第三，除作官以外，在学的监生，有奉命出使的，有奉命巡行列郡的，有稽核百司案牍的，有到地方督修水利的，有执行丈量纪录土地面积定粮的任务的，有清查黄册的，有写本的，有在各衙门办事的，有在各衙门历事的。第四，三十年来监生的任官，以洪武二年和二十六年为最高，十九年为最多。"故其时布列中外者，太学生最盛。"（《明史》卷六九《选举志》）大体说来，从国子学改为国子监以后，监生的出路已渐渐不如初年，从作官转到作事，朝廷利用大批监生做履亩定粮、督修水利、清查黄册等基层技术工作。至于为什么洪武二年和二十六年大量任用监生作高官呢？理由是第一，刚开国人才不够，只能以国子生出任高官。第二，洪武二十六年二月蓝玉被杀，牵连致死的文武官僚、地方大吏为数极多，多少衙门都缺正官，监生因之大走官运。至于为什么洪武十九年监生任官的竟有千余人之多呢？那是因为上一年闹郭桓贪污案，供词牵连到直省官吏因而系死者有几万人，下级官吏缺得太多的缘故。至于为什么在洪武十五年以后，监生作官的出路一天不如一天呢？那是因为从十五年以后，会试定期举行，每三年一次，进士在发榜后即刻任官，要作官的都从进士科出身，甚至监生也从进士科得官，国子监已不再是唯一的官僚养成所了。进士释褐授给事御史主事中书行人评事太常国子博士和府推官知州知县等官（《明史》卷七〇《选举志》），监生原来的出路为进士所夺，只好去做基层技术工作和到诸司去历事了。

六

明代地方学校的建立，始于洪武二年。明太祖以为元代学校之教，名存实亡，战争以来，人习于战斗，惟知干戈，莫识俎豆。他常说治国之要，教化为先，教化之道，学校为本。如今京师已有太学，而地方学校尚未兴办，面谕中书省臣令府州县都立学校，礼延师儒，教授生徒，讲论圣道。于是大设学校，府设教授，州设学正，县设教谕各一，训导府四州三县二，生员府学四十人，州三十人，县二十人。师生月廪米人六斗，地方官供给鱼肉。（《南廱志》卷一《事纪》，《明史》卷六九《选举志》）

入学生员享受免役特权，除本身外，还免其家差徭二丁（《大明会典》卷七八《学校》）。在学专治一经，以礼乐射御书数设科分教。

统治地方学校情形，完全和国子监一致。洪武十五年颁禁例十二条于全国学校，镌立卧碑，置于明伦堂之左，不遵者以违制论，禁例中最重要的有下列各条：

一，今后州县学生员，若有大事干于己家者，许父兄弟侄具状入官辩诉。若非大事，含情忍性，毋轻至于公门。

一，生员之家，父母贤智者少，愚痴者多，其父母欲行非为，则当再三恳告。

这两条，前一条不许生员交结地方官，后一条要使生员为皇家服务，在民间替朝廷清除"非为"。① 另一条：

> 一，军民一切利病，并不许生员建言。果有一切军民利病之事，许当该有司、在野贤才、有志壮士、质朴农夫、商贾技艺皆可言之，诸人毋得阻当。惟生员不许！

军民一切利病即政治问题，地方官、在野人士，甚至农工商人都可提出建议，任何人都有权讨论政治，惟独不许学生说话。并且在同一条文内，重复地说"不许生员建言"，"惟生员不许"，声色俱厉，呼之欲出。明太祖为什么单单剥夺了生员讨论政治的权利呢？因为他害怕群众，害怕组织，尤其害怕有群众基础有组织能力的知识分子。他认清这个力量，会危害他的统治，因之，非加以高压，严厉禁止，不许有声音不可。至于其他人士，个别的发言，个别的建议，没有群众作后盾，不发生力量，他不但不禁止，反而形式上加以奖励，学学古代帝王求言的办法，倒使他可以得到好名誉。

知识青年对于现实政治不能说话，不许有声音，明太祖的统治就巩固了。可是，他没有想到代替说话的是农民的竹竿和锄头，朱家的政权，到后来还是被竹竿和锄头所倾覆。

地方学校之外，洪武八年又诏地方立社学（乡村小学），延师儒以教民间子弟。

府州县学和社学都以《御制大诰》和《律令》作主要必修科。(《大明会典》卷七八《学校》)

在官僚政治之下，地方学校只存形式，学生不在学，师儒不讲论。社学且成为官吏迫害剥削人民的手段，明太祖曾大发脾气，申斥地方官吏说：

> 好事难成。且如社学之设，本以导民为善，乐天之乐。奈何府州县官不才酷吏，害民无厌。社学一设，官吏以为营生。有愿读书者无钱不许入学，有三丁四丁不愿读书者受财卖放，纵其愚顽，不令读书。有父子二人，或农或商，本无读书之暇，却乃逼令入学，有钱者又纵之。无

---

① "非为"是明太祖的口头和文字上常用术语，含有特别内容，和他常用的"异为"、"他为"同义。

钱者虽不暇读书，亦不肯放，将此凑生员之数，欺诳朝廷。

他怕"逼坏良民不暇读书之家"只好住罢（停办）社学，不再"导民为善"了。(《御制大诰·社学第四十四》)

从国子监到社学，必读的书，必考的书，是明太祖所亲自写定的《大诰》（从文理不通、思想昏乱、词语鄙陋、语气狂暴、态度蛮横几点看来，确非儒生所能代笔），想用以为治国平天下、统一思想的"圣经宝典"。他在书末指出：

> 朕出是诰，昭示祸福，一切官民诸色人等，户户有此一本，若犯笞杖徒流罪名，每减一等，无者每加一等。所在人民，熟观为戒。(《御制大诰·颁行大诰第七十四》)

又说：

> 朕出斯令，一曰大诰，一曰续编，斯上下之本，臣民之至宝，发布天下，务必户户有之。敢有不敬而不收者，非吾治化之民，迁居化外，永不令归，的的不虚示。(《大诰续编·颁行续诰第八十七》)

以帝王之威，用减刑用充军，利诱威胁，命令人民读他的"至宝"，命令学生熟读讲解他的至宝，可惜，人民是不识"宝"的，利诱不理，威胁无用。成化时（公元1465至1487）陆容记《大诰》的下落说：

> 国初惩元之弊，用重典以新天下，故令行禁止，若风草然。然有面从于一时而心违于身后者，如《大诰》，惟法司拟罪云有《大诰》减一等云尔，民间实未之见，况复有讲读者乎！(《菽园杂记》卷五)

明太祖有方法统治学校，屠杀学生，可是，他没办法办社学，也没办法使人民读他的《大诰》。有生死人之权，有富贵贫贱人之权，而终于无人读他藏他的"至宝"，不要说读，人民甚至连看都没有看见，这大概是专制独裁者应有的共有的悲哀吧！

一九四八年二月三日于清华园

元明两代之"匠户"

一

"匠户"是元明两代户籍法中的一种特殊制度，这制度是用种种方式把有特殊技艺的工匠编为"匠户"，子孙世守其业，替国家服役。又以工作的对象和军民户籍的关系，分为"军匠"和"民匠"二种。在户籍中除"民户"和次多数的"军户"外，"匠户"的户数和人口超过其他任何特殊户籍，如僧道盐灶诸户及陵户、园户、海户之类。这制度从元初制定，一直到清初才明令取消（约自西元 1200 至 1645 年），施行了四百多年。

蒙古人文化落后，关于军器和日常生活必需品的制造，大部都需仰给于其他高文化的民族。成吉思汗兴起后，因军力之膨胀和疆土之日益扩大，工业品之需要日渐加强，从事制造的工人也因之而特被重视。在攻城作战时，照蒙古军法凡敌人曾经抵抗，城破后依例屠城。惟有艺业的工匠才能免死。西元 1232 年蒙古军攻汴梁将下时，大将速不台奏请屠城，耶律楚材以"奇巧之功，厚藏之家，皆萃于此。若尽杀之，将无所获"的理由，救免避兵居汴的一百四十七万人的生命。[①] 被兵处所的遗民也往往以冒为工匠而苟全，如《元史·张雄飞传》所记：

> 国兵屠许，惟工匠得免。有田姓者（雄飞父）琮故吏也，自称能为弓，且诈以雄飞及（琮妾）李氏为家人，由是获全，遂徙朔方。

刘因《静修文集·记武遂杨翁遗事》，据杨翁自述：

[①] 《元史》卷一百四十六，《耶律楚材传》。

> 保州屠城，惟匠者免。予冒入匠中。如予者亦甚众。或欲请择能否，其一人默语之曰："能挟踞即匠也。拔人于生，挤人于死，惟所择。"事遂已。而凡冒入匠中者皆赖以生。

这一些假冒的工匠自然被编入军匠户籍，一部分从军，一部分则被迁徙到朔方工作。同时心地慈祥的将吏也往往借搜简工匠的名义，使难民免于屠戮。《元史·孙威传》记：

> 威每从战伐，恐民有横被屠戮者，辄以搜简工匠为言而全活之。

刘因《浑源孙公先茔碑铭》也说他：

> 前后所领平山安平诸工人，皆俘虏之余。

或则使俘虏学习工艺，著籍为匠户。揭傒斯《揭文安公文集》十三《陕西等处行中书省平章政事吕公墓志铭》记：

> 合剌廉直多巧思，为初建金玉局使。奏释所获宋间谍钦输作者及渡江所俘童男，皆教以工事，世守其业。

至于技艺熟练的优秀工人，则在平金和平宋时均曾大规模地尽室迁徙。《静修文集》十七《济水李君墓表》记：

> 金人南徙，国朝迁诸州工人实燕京。

《元史》和《元典章》亦记伯颜入临安，尽以文思院、都作院所属工匠北行。或则就地方设局，使俘囚工作。《元史·何实传》：

> 实分兵攻汴、陈、蔡、唐、邓、许、钧、睢、郑、亳、颍，俘工匠七百余人。李鲁复命驻兵邢州，分织匠五百户置局课织。

《镇海传》亦记：

> 先是收天下童男童女及工匠置局弘州。既而得西域织金绮纹工三百余户，及汴京织毛褐工三百户，皆分隶弘州，命镇海世掌焉。

至元十三年（西元1276）又籍江南民为工匠，凡三十万户。[①] 三年后又大举籍民匠，王恽《浙西道宣慰使行工部尚书孙公神道碑铭志》：

> 十六年冬授正议大夫浙西道宣慰使兼行工部事。籍人匠四十二万，

---

① 《元史》，《张惠传》。

立局院七十余所，每岁定造币缟弓矢甲胄等物。①

至元二十一年（西元1284）重选定江南所取民匠，留下十一万户。《元史·世祖纪》：

> 五月乙丑，阿鲁忽奴言：囊于江南民户中拨匠户三十万，其无艺业者多。今已选定诸色工匠，余十九万九百余户，宜纵令为民。从之。

到至元二十四年（西元1287）又下令括江南诸路匠户。②

民匠和军匠的分别，民匠只在规定的局所工作，军匠则往往须随军工作，有时且须正式参加作战，被编为匠军。《元史·兵志序》说：

> 或取匠为军曰匠军。

例如太宗七年（西元1235）七月签宣德、西京、平阳、太原、陕西五路人匠充军。命各处管匠头目，除织匠及和林建宫殿一切合干人等外，应有回回、河西、汉儿匠人等，通验丁数，每二十人出军一名。③ 到天下大定后，军匠工作变成固定，始下令造作军人休教出征，如《元典章》所记：

> 至元三十一年（西元1294）正月福建行省准中书省咨：近准湖广行省咨：造作局院军匠，元系亡宋都作院人匠，见行成造常课生活，及供给交阯军器。有管军官依奉行院札付，将八局人匠尽行拖领前去交阯出军，止落后下老弱残病久疾不堪造作人数。兼前项军匠系八局造作籍定匠数，已有定到常课工程即与常调宣人不同。若将上项人匠差拨充军，诚恐失误造作未使，请明白闻奏事。④

可是这只指有固定局所的"军匠"而言，不许将"军匠"充作"匠军"。至于随军的军匠，则恐仍不受这禁令的拘束。

诸民匠户一部分属于工部，分领于诸局所总管府。《元史·百官志一》记诸民匠户所属有：

> 诸色人匠总管府，秩正三品，掌百工之技艺……其下有梵像、出蜡局、铸泻等提举司及铜局、银局、镔铁局、石局、木局、油漆局，

---

① 《秋涧集》卷五十八。
② 《元史》，《世祖纪》。
③ 《元史》，《兵志》，《兵制》条。
④ 《元典章》卷三十四，《出征》条。

等局。

诸司局人匠总管府，掌甑毯等事。

提举右八作司，掌都局院造作镔铁、铜、钢、鍮石，东南简铁州都支持皮毛、杂色羊毛、生熟斜皮、马牛等皮、骔尾、杂行沙里陀等物。

诸路杂造局总管府，其下有帘网局。

茶迭儿局总管府，管领诸色人匠造作等事。

大都人匠总管府，其下有绣局、纹锦总院、涿州罗局等。

随路诸色民匠都总管府，掌仁宗潜邸诸色人匠。

等总管府。又于大都通州等处置皮货所，晋宁路、冀宁路、南宫、中山、深州、宏州、云内州、大同、恩州、保定、大宁路、顺德路、彰德路、怀庆路、宣德府、东圣州等地置织染提举司。

一部分属于将作院，《百官志四》记：

将作院，秩正二品，掌成造金玉珠翠犀象宝贝冠佩器皿，织造刺绣段匹纱罗，异样百色造作。

其下有诸路金玉人匠总管府，所属有玉局、金银器盒局、玛瑙局、金丝子局、鞋带斜皮局、瑾玉局、浮梁磁局、画局、妆钉局、大小雕木局、温犀玳瑁局、漆纱冠冕局等提举司及所。有异样局总管府，所属有异样纹绣、绫绵织染、纱罗等提举司，及大都等路民匠总管府，所属有备章总院、尚衣局、御衣局、高丽提举司、织佛像提举司等。

一部分属于中政院，《百官志四》记：

中政院，秩正二品，掌中宫财赋营造，内正司秩正三品，掌百工营缮之役。

其下有尚工署，管领六盘山等处齐哩克昆民匠都提举司，有翊正司，掌齐哩克昆民匠五千余户，管领上都等处诸色人匠提举司及管领诸路打捕鹰房民匠等户总管府，辽阳等处金银铁冶都提举司等司所。

一部分属于随路诸色人匠总管府。《百官志五》记：

中统五年（西元1264）命招集析居放良还俗僧道等户习诸色匠艺，立管领齐哩克昆总管府以司其造作。

其他列帝潜邸及中宫太子诸王均各有所属民匠，不能备举。

军匠则属于武备寺。其下有大同路、平阳路、太原路、保定、真定路、辽河等处蔚州、宣德、大宁路等军器人匠提举司，广平路、通州、蓟州、大都等甲局，归德府、汝宁府、陈州军器局、箭局、弦局、杂造局，等等。

《元经世大典·工典总叙》分诸工匠的工作大要为二十二门：一官苑，二官府，三仓库，四城郭，五桥梁，六河渠，七郊庙，八僧寺，九道宫，十庐帐，十一兵器，十二卤簿，十三玉工，十四金工，十五木工，十六抟埴之工，十七石工，十八丝枲之工，十九皮工，二十毯罽之工，二十一画塑工，二十二诸匠。诸匠户的户数试以金玉工作例：

> 中统二年（西元1261）敕徙和林白八里及诸路金玉码玛诸工三千余户于大都，立金玉局。至元十一年（西元1274）陞诸路金玉人匠总管府。

一总管府的匠户就有三千多户，其他可想而知。每门中又分若干部，如木工：

> 木工之名则一，而其艺有大小，如营建宫室则大木之职也，若舟车以济不通，几案以适用，此皆小木之为也。故镞匠有局，缮工有司，民匠杂造之有府，岁为定制，以备用焉。①

诸匠工除汉人、南人外，又遍取各国族之人以充之，如丝枲之工之有高丽诸工、西域诸工，漆匠之取于云南，兵器匠之取于西域旭烈木发里，妆塑绘画之取于尼波罗国。《经世大典·工典》诸匠条说：

> 国家初定中夏，制作有程。乃鸠天下之工，聚之京师，分类置局，以考其程度，而给之食，复其户，使得以专于其艺。故我朝诸工，制作精巧，咸胜往昔矣。②

工专其业，并且同一业的都聚于一地，或就出产的场所置局生产，用政府的威力和财力来统制一切工业部门，从上文所引可以想见当时的盛况。

匠户所得的待遇，是蠲免徭役，由政府维持其生活。以此往往有土豪地主自动投充匠户，以为避免徭役之计，元初王恽在他所上的《便民三十五

---

① 《经世大典·工典总叙》。
② 苏天爵：《元文类》卷四十二。

事》中说：

> 各处富强之民，往往投充人匠，影占差役，以致亏损贫难户计。①

至元十七年（西元1280）曾敕民避役窜名匠户者复为民。② 可是到后来法度废弛，匠户被工官剥削，生活日趋困苦，如《元史·察罕传》所记：

> 察罕从孙立智理威，大德十年（西元1306）官湖广行省左丞。湖广岁织币上供，以省臣领工作。造使买丝他郡，多为奸利。工官又为剥削，故匠户日贫，造币益恶。

匠户是另有户籍的。在初期富强之民要做弊窜名匠籍，到这时却好相反，舞弊的官吏有故意把民户列为匠籍，以为敲诈之计的。黄溍《茶陵州判官许君墓志铭记》有一例：

> 改赣州录事。纹锦局吏窜毁匠籍而牵连追呼滥及民伍。君白于郡，发架阁旧籍证之，其弊以绝。③

在工作时则有长（作头）管束，宋本《土狱》说：

> 京师小木局木上数百人，官什伍其人，置长分领之。④

词讼则不归有司，由政府特置官处理。《元史·百官志》记有：

> 管领随路人匠都提领所提领一员，大使一员。但受者檄掌工匠词讼之事。至元十二年（西元1275）置。

匠户所有土地的纳税方法，也和民户不同。民户该纳丁税和地税，丁税少而地税多者纳地税，地税少而丁税多者，纳丁税。匠户因为已经"复户"，取消了丁税，所以也和僧道一样。验地纳税不再计丁了。⑤

二

明沿元旧制，分户籍为三等，曰民户，曰军户，曰匠户。⑥ 匠户又分二

---

① 《秋涧集》卷九。
② 《元史·世祖纪》。
③ 《黄文献公集》卷八。
④ 《元文类》卷四十一。
⑤ 《元史》，《食货志》，《税粮》。
⑥ 《明史》，《食货志》，《户口》。

等,曰住坐,曰轮班。① 住坐者隶内府内官监,轮班者隶工部。② 至军匠则大部分分属于卫所,一部分属于内府兵仗局。

明代匠户的鉴定,完全依据元代旧籍,不许私自变动,《大明会典》说:

> 洪武二年(西元1369)令凡军民医匠阴阳诸色户,许各以原数抄籍为定,不许妄行变乱,违者治罪,仍从原籍。③

从此匠户的身份便被固定,不但本人,连后代的子孙的命运也被这一纸诏令所决定了。工人虽有文学亦不能预士流,官清要。除非是蒙特旨落去匠籍为民,例如永乐时之五墨匠陈宗渊:

> 文庙(明成祖)选中书舍人二十八人专习义、献书,以黄文简公(淮)领之。一日上谓文简公曰:诸生习书如何?公对曰:日惟致勤耳。惟今翰林有五墨匠陈宗渊者,亦日习书,而不敢侪诸人之列,但跪阶下临拓,颇逼真。上曰:卿尝持其所书来否?公因出诸袖中。上览之喜甚,目公曰:此何乡人?对曰:越陈刚中之后也。上闻刚中名,改容久之曰:自今当令此人与二十八人同习书。公曰:然尚在匠籍,又须如例与饮食给笔札。上从之。且令有司落其籍。宗渊遂得入士流。雅善山水,又能传神。习书未久,为中书舍人。历仕三朝,以刑部主事致仕云。④

此外则技艺绝伦的工人,特蒙皇帝赏识,亦有从工官超擢到卿贰的。如永乐十五年(西元1417)营建北京宫殿之木工蒯祥,以营缮所丞累官至工部左侍郎。同时蔡某亦以造宫殿授衔至尚宝司丞。⑤ 杨青以瓦工为都工,营建宫阙,官亦至工部左侍郎。⑥ 蔡信以营缮所正至工部侍郎。⑦ 宣德时(西元1426—1435)石匠陆祥官至工部左侍郎,嘉靖间(西元1522—1566)木工

---

① 《明史》,《赋役》。
② 《大明会典》卷一百八十八,《工匠》一。
③ 《大明会典》卷十九,《户口》一。
④ 刘昌:《悬笥琐探》。
⑤ 《苏州府志》。
⑥ 《松江府志》。
⑦ 《武进县志》。

徐杲官至工部尚书。① 蒯刚、郭文英俱以木工官至工部右侍郎。②

属于轮班的各地方匠户，每三年应到京师工作三月，给有勘合。《大明会典》记：

> 凡轮班人匠，洪武十九年（西元1386）令籍诸工匠，验其丁力，定以三年为班，更番赴京轮作三月，如期交代，名曰轮班匠，仍量地远近以为班次，置勘合给付之。至期赍至部听拨免其家他役。③

这制度据《明史》，系秦逵所定：

> 秦逵……洪武十八年进士……擢工部侍郎。时营缮事繁，部中缺尚书，凡兴作事，皆逵领之。初议籍四方工匠，验其丁力，定三年为班，更番赴京，三月交代，名曰轮班匠。未及行。至是逵议量地远近为班次，置籍为勘合付之，至期赍至部，免其家徭役，著为令。④

到洪武二十六年（西元1393）政府举办大工程，各地工匠被征发到京师的达二十余万户。又规定被征匠户户役一人，更番工作之制，《明史·严震直传》：

> 洪武二十六年六月进工部尚书。时朝廷事营建，集天下工匠于京师凡二十余万户。震直请户役一人，书其姓名所业于官。有役则按籍更番召之。役者称便。⑤

和《明太祖实录》所记参证，原来这二十余万户的匠户是这年轮到被征发的总数，政府只是照例征发，匠户也遵令到班，可是政府并未预先计画好这二十几万人的工作，以致匠户到京后，大部分无工可做，废时失业。政府才又规定这依工作需要规定应役工人数目的法令。《太祖实录》记：

> 洪武二十六年十月己亥，先是诸色工匠，岁率轮班至京受役，至有无工可役者，亦不敢失期不至。至是工部以为言。上乃令先分各色匠所业而验在京诸司役作之繁简，更定其班次，率三年或二年一轮，使赴工

---

① 沈德符：《野获编》卷十九。
② 王世贞：《弇山堂别集》卷十。
③ 《大明会典》卷一百八十九。
④ 《明史》卷一百三十八，《薛祥传》。
⑤ 《明史》卷一百五十一。

者各就其役，而无费日，罢工者得安家居。而无费业。①

上工以一季为满，凡给勘合二十三万二千八十九名。② 这制度的颁布，似乎政府已给工人以休息的机会，可是仍未解决匠户的根本困难。因为匠户被征发到京的往返行费食粮均须自备，在人力和财力两方面说都极不经济。例如《明英宗实录》所说：

> 正统十二年（西元1447）闰四月丙戌，福建福州府闽县知县陈敏政言：轮班诸匠正班虽止三月，然路程窎远者，往还动经三四余月。则是每应一班，须六七月方得宁家。其三年一班者常得二年休息，二年一班者亦得一年休息。惟一年一班者奔走道路，盘费罄竭。③

因之逃亡相继。宣德元年（西元1426）正月工匠逃亡的达五千余人。④ 到景泰元年（西元1450）十二月逃匠的总数遂达三万四千余人。⑤ 政府处置逃匠的办法，一面用高压手段，设清理匠役官逮捕逃匠，勒令工作。《明英宗实录》记：

> 正统二年（西元1437）二月己巳，行在工部奏：天下工匠蒙放遣休息者三千七百余人，俱刻期使自来赴工。今过期不至者二千九百余人，请令所司械送赴京。从之。⑥

同书又记：

> 三年（西元1438）十二月甲戌，命各处有司逮逃匠四千二百五十五人。⑦

逮至逃匠皆带刑具罚工。⑧ 或罚充军匠。⑨ 其逃亡他处者，则令就地附籍当差。《大明会典》说：

> 正统元年（西元1436）令山西、河南、山东、湖广、陕西、南北

---

① 《明太祖实录》卷二百三十。
② 《大明会典》卷一百八十九；《明史·严震直传》。
③ 《明英宗实录》卷一百五十三。
④ 《明宣宗实录》卷十三。
⑤ 《明英宗实录》卷一百九十九。
⑥ 《明英宗实录》卷二十七。
⑦ 《明英宗实录》卷四十九。
⑧ 《明英宗实录》卷八十。
⑨ 《明英宗实录》卷二。

直隶、保定等府州县，造逃户周知文册，备开逃民乡里姓名男妇口数军民匠灶等籍，及遗下田地税粮若干，原籍有无人丁应承粮差。原系军匠者，仍作军匠附籍，该轮班匠则发遣一丁当匠。①

又令逃匠自首免罪，不首者发边卫充军。② 一面又制定征银法，使匠户得以银代役。《大明会典》又记：

> 成化二十一年（西元1485）奏准，轮班工匠有愿出银价者，每名每月南匠出银九钱免赴京，所司类赍勘合赴部批工。北匠出银六钱，到部随即批放。不愿者仍旧当班。③

弘治十八年（西元1505）改为每班征银一两八钱，遇闰征银二两四钱。无力者每季连人匠勘合解部投当，上工满日批放。匠价尽行解部。从嘉靖四十一年（西元1562）起，又改为通行征价，不许私行赴部投当，以旧规四年一班，每班征银一两八钱，分为四年，每名每年征银四钱五分。统计各省府班匠共十四万二千四百八十六名，每年征银六万四千一百十七两八钱。④ 从此以后，轮班匠便名存实亡，轮班匠户的义务并非工作而为征纳代工银了。李诩记江阴匠班银之弊说：

> 余邑有匠班银，匠户每名出银四钱二分（按应作四钱五分）此定于国初，而户籍一成不变。（按此制定于弘治，修正于嘉靖，非国初所定）夫银以匠名，为其有利而课之也。今其子孙不为匠者多矣，犹可责其办者，承祖户而力亦胜也。中间有绝户，有逃户，则里甲赔赋，出于无辜。有零丁，有乞丐，每遇追并，必至于尽命。何无一人以通变之法，以闻于司牧者乎？⑤

所记虽多谬误，但其记逃户及绝户与无力者之追并情形，则可供参考。

住坐工匠属于内府内官监。永乐年间（西元1403—1424）迁江浙工匠于北京，《大明会典》记：

---

① 《大明会典》卷十九。
② 《大明会典》卷十九。
③ 《大明会典》卷一八九。
④ 《大明会典》卷一八九。
⑤ 《戒庵漫笔》。

宣德五年（西元1430）令南京及浙江等处工匠起至北京者，附籍大兴、宛平二县，仍于工部食粮。①

这一批附籍的匠户经过几度的淘汰，到嘉靖十年（西元1531）还存留了军民匠一万二千二百五十五名，分配在内廷的司礼监、尚衣监、御马监、印绶监、司设监、内承运库、供用库、织染局、铖工局、银作局、兵仗局，和工部所属的营缮所、文思苑、织染所、皮作局、鞍辔局、宝源局、颜料局、军器局、楮本厂、大木厂、黑窑厂、琉璃厂以及兵部所属的盔甲厂和钦天监诸处工作。三十年后（西元1561）又增加到一万八千多名。隆庆元年（西元1567）又重定为一万五千八百八十四名。②

住坐匠户都由"匠官"管理工作，由工部的清匠主事管理补役及注销。逃亡者在内由锦衣卫等衙门挨拿，在外由清军巡按御史行属清查问罪起解。每户正匠做工得免杂差，仍免一丁帮贴应役。其余丁每名每年出办工食银三钱，以备各衙门因公务取役雇觅之用。正匠每月工作十日，月粮由政府供给，其数量因军民及工作性质以为差别。③

民匠中除轮班和住坐两种匠户以外，还有一种匠户是存留在本地工作的。如山西《盂县志·任役门》所说：

> 凡工役皆隶于工部，役于京师，有住坐者，有轮班者，又有存留本府而执役于织染局者。

《永平府志》也说：

> 工在籍谓之匠。考额府属役曰银，曰铁，曰铸铁，曰锡，曰钉铍，曰穿甲，曰木，曰桶，曰砖，曰石，曰黑窑，曰甑，曰熟皮，曰染，曰乌墨，曰搭采，曰絮，曰双线，曰蔻，曰冠服，曰镞，曰秤。有在京住坐，有遵化铁厂内轮班之长工，今罢。凡逃移者多。亦有种地户代当者，有为商贾者。

一府内的存留匠户，职业的分工竟到二十二类，由此可知各地存留匠户的数目一定很大。至于中央在各直省所设工局，以织染为最多。明有两京，京内

---

① 《大明会典》卷一八九。
② 《大明会典》卷一八九。
③ 《大明会典》卷一八九。

和京外都置织染局，内局以应上供，外局以备公用。内局除上文已提及之内廷织染局外，南京有神帛堂，供应机房和织染局。外局如洪武时代（西元1368—1398）之四川、山西诸行省及浙江绍兴织染局，南京后湖织染局；永乐时代（西元1403—1424）之歙县织染局；陕西驼氊织染局；正统（西元1436—1449）时之泉州织造局；天顺（西元1454—1464）以后之苏、松、杭、嘉、湖等府织造局；嘉靖隆庆间之南京、苏、杭、陕西等处织造局；万历时（西元1573—1619）又增设浙江、福建、常、镇、徽、宁、扬、广德诸府州织造局，陕西羊絾局，南直浙江紵丝纱罗绫绸绢帛局，山西潞绸局。其次是烧造如临清苏州之砖厂，饶州景德镇之御用瓷器厂。① 大概也都由存留当地的匠户就地工作。

军匠可分作两部分，一部分属于中央工部的军器局和内廷的兵仗局，明朝制度是把兵器的制造权集中，外地更不置局。这两局以制造火器为主，兼造其他刀牌弓箭枪弩狼筅蒺藜甲胄战袄等军用品。另一部分属于各地卫所，称为杂造局。② 军匠的户数，在内府工作的有六千户，《明史·蒋瑶传》说：

> 正德时（西元1560—1521）言：内府军器局（按应作兵仗局）军匠六千，中官监督者二人。今增至六十余人，人占军匠三十，他局称是，行伍安得不耗。③

在各卫所工作的有两万六千户。《明史·张本传》：

> 宣德初（西元1426—1435）工部侍郎蔡信乞征军匠家口隶锦衣卫。本言：军匠二万六千人，属二百四十五卫所，为匠者暂役其一丁。若尽取以来，家以三四丁计，则数近十万，军伍既缺，人情惊骇，不可。帝善本言。④

由前一例知内廷军匠多被中官占役，后一例知各卫军匠在宣德时曾被户征一丁到中央工作。

匠户的应役是以户为单位的，世世承袭，不许变动。同时也不许分户，

---

① 《明史》，《食货志》六。
② 《明史》卷九十二，《兵志》。
③ 《明史》卷一百九十四。
④ 《明史》卷一百五十七。

《大明会典》说：

> 景泰二年（西元1451）奏准，兄弟各爨者，查照各人户内，如果别无军匠等项役占规避室碍，自顾分户者听。如人丁数少，及有军匠等项役占室碍，仍照旧不许分居。①

《宜兴县志》也说"军匠例不分户"。这制度的用意是为防止"军匠逃亡事故"而设的。逃亡是指匠户离开著籍地贯，事故是指正匠死病老疾，照例都须勾其次丁或余丁补役。如果许其分户，则勾补无人，匠额即缺。可是结果这制度却意外地发生两种流弊，第一种是军户和役户都借合户为名，逃避差徭；章潢在《图书编》中记：

> 嘉靖九年（西元1530）十月内户部题该学士桂萼奏：臣考近来有工匠不许开户之例，盖为军匠逃亡事故而设。尔来军户有原不同户而求告合户者，有串令近军同姓之人投告而合户者，匠籍亦然。于是军匠有人及数千丁，地及数千顷，辄假例不分户为辞，于是里长甲首人丁事户不及军、匠人户百分之一。

若干户合为一户，则只须一丁应役，余户因户籍消灭而得逃避差役。接着自然发生第二种弊端，《驹阴琐记》说：

> 今制军匠等户不分析，民间口之入籍者十漏六七。

户籍的户数和口数因之不能作精确的统计。从这一点上我们可以看出为什么弘治、万历时代的户口反少于洪武时代的理由的一方面。明代的户口统计如下表②，在每朝户数中都包括有军户三百多万户，匠户二十余万户：

年代	户数	口数
洪武二十六年（西元1393年）	10652870	60545812
弘治四年（西元1491年）	9113446	53281158
万历六年（西元1578年）	10621436	60692856

---

① 《大明会典》卷二十。
② 根据《万历会典》。参看梁方仲：《明代户口田地及田赋统计》第十七、二十及第二十一表。

在经元末二十年混战之后，人口死亡极多的明初户数有一千六十五万，可是经过一百年的休养生息，户数却减到九百十一万，再经过九十年的繁息，户数仍只一千六十二万，比开国时的统计还少。这原因除开我在《明代之农民》①和《明代之军兵》②、《明初卫所制度之崩溃》③数文中所指出军民逃亡情形以外，军户和匠户的合户也是最重要的因素之一。

从轮班匠通行以征银代工役以后，政府方面以银雇工无征发清理之繁，匠户方面从此也可就农耕，无废时失业之苦。两方面都感觉方便。在事实上则匠户已无工作之义务。和民户并五分别，同时匠户户籍之保留且和国家的徭役有碍，照理这历史上的名词早就可以取消了，可是正值明末内忧外患交逼，政府没有工夫来计及匠籍之存废。一直到清世祖入关以后，才下令废除匠籍，《顺治东华录》记：

> 顺治二年（西元1645）五月庚子，免山东章丘、济阳二县京班匠价，并令各县俱除匠籍为民。

四百五六十年来的"匠户"制度，于此告一结束，名实都废，成为历史上的名辞。

民国廿七年六月十三日于云大

---

① 天津《益世报·史学》第十二、三期。
② 国立中央研究院社会科学研究所：《中国社会经济史集刊》第五卷第二期。
③ 南京《中央日报·史学》第三期。

明代的殉葬制度

——"美德组成的黄金世界"之一斑

明天顺八年（1464）正月英宗大渐，遗诏罢宫妃殉葬。① 这是明史上一件大事。在此以前，宫妃殉葬是明代的成例。毛奇龄《彤史拾遗记》说："初太祖……四十六妃陪葬孝陵，其中所殉惟宫人十数人。洪武三十一年七月建文帝以张凤……十一人由锦衣卫所试百户散骑舍人带刀舍人进为本所千百户，其官皆世袭，以诸人皆西宫殉葬宫人父兄，世所称朝天女户者也。成祖……十六妃葬长陵，中有殉者。仁宗殉五妃，其余三妃以年终别葬金山。宣宗殉十妃。嗣后皆无殉，自英宗始。惟景泰帝尚以唐妃殉，则天顺元年事在遗诏前。"② 不但是皇帝，即诸王亦有殉葬例。《明史·周王传》："有燉正统四年薨，无子。帝（英宗）赐书有㸿曰：周王在日，尝奏身后务从俭约，以省民力。妃夫人以下不必从死，年少有父母者遣归。既而妃巩氏，夫人施氏、欧氏、陈氏、张氏、韩氏、李氏皆殉死，诏谥妃贞烈，六夫人贞顺。"帝王之薨，由群臣议殉葬，一经指定，立即执行。《彤史拾遗记·唐妃传》："郕王薨，群臣议殉葬及妃，妃无言，遂殉之，葬金山。"

殉葬时的情形，《朝鲜李朝世宗实录》有一段记载："六年（永乐二十二年，1424）十月戊午登极，使臣礼部郎中李琦，通政司参议彭璟言，前后选献韩氏等女皆殉大行皇帝。帝崩宫人殉葬者三十余人。当死之日，皆饷之于庭，饷辍俱引升堂，哭声震殿阁。堂上置木小床，使立其上，挂绳围于其

---

① 《明史》卷一二，《英宗后纪》；卷一七六，《彭时传》。
② 《明史》卷一一三《郭嫔传》，事同稍简。

上，以头纳其中，遂去其床，皆雉经而死。韩氏临死顾谓金黑曰：娘，吾去！娘，吾去！语未竟，旁有宦者去床，仍与崔氏俱死。诸死者之初升堂也，仁宗亲人辞诀。"[①] 韩妃、崔妃俱朝鲜人，金黑为韩妃乳母。

宫妃殉葬后，除优恤其家人外，例加死者谥号，《明英宗实录》卷三记："宣德十年（1435）三月庚子，赠皇庶母惠妃何氏为贵妃，谥端肃。赵氏为贤妃，谥纯肃。吴氏为惠妃，谥贞顺。焦氏为淑妃，谥庄静。曹氏为敬妃，谥庄顺。徐氏为顺妃，谥贞惠。袁氏为丽妃，谥恭定。诸氏为恭妃，谥贞靖。李氏为充妃，谥恭顺。何氏为成妃，谥肃僖。谥册有曰：兹委身而蹈义，随龙驭而上宾，宜荐徽称，用彰节行。"景泰帝之崩，殉葬宫人除唐妃外，当时并曾提及汪皇后，幸为李贤所救免。《明史·景帝废后汪氏传》："景帝崩，英宗以其后宫唐氏等殉，议及后。李贤曰：妃已幽废，况两女幼，尤可悯。帝乃已。"

从英宗以后，明代帝王不再有殉葬的定例，可是，在另一方面，自任为名教代表的仕宦阶级，却仍拥护节烈，提倡殉夫，死节，举一个例，黄宗羲《南雷文案·唐烈妇曹氏墓志铭》："烈妇曹氏年十九归同邑唐之坦，之坦疾革，谓其夫曰：君死我不独生……除夕得间，取其七尺之余布，自经夫柩之旁，年二十五，许邑侯诣庐祭之，聚观者数千人，莫不为叹息泣下。"

---

① 《朝鲜李朝世宗实录》卷二六。

第五章
世情写真：大明王朝的社会状态

明初社会生产力的发展

一、农业生产的恢复和发展

"地主阶级对于农民的残酷的经济剥削和政治压迫，迫使农民多次地举行起义，以反抗地主阶级的统治。从秦朝的陈胜、吴广、项羽、刘邦起，中经汉朝的新市、平林、赤眉、铜马和黄巾，隋朝的李密、窦建德，唐朝的王仙芝、黄巢，宋朝的宋江、方腊，元朝的朱元璋，明朝的李自成，直至清朝的太平天国，总计大小数百次的起义，都是农民的反抗运动，都是农民的革命战争。中国历史上的农民起义和农民战争的规模之大，是世界历史上所仅见的。在中国封建社会里，只有这种农民的阶级斗争、农民的起义和农民的战争，才是历史发展的真正动力。因为每一次较大的农民起义和农民战争的结果，都打击了当时的封建统治，因而也就多少推动了社会生产力的发展。"

明初的社会生产力的发展是元末农民起义的结果，它首先表现在农业生产的恢复和发展方面。

经过二十年长期战争的破坏，人口减少，土地荒芜，是明朝初年的普遍现象。例如唐宋以来的交通要道、繁华胜地的扬州，为青军（又名一片瓦、长枪军，是地主军队）元帅张明鉴所据，军队搞不到粮食，每天杀城里的老百姓吃。龙凤三年朱元璋部将缪大亨攻克扬州，张明鉴投降，城中居民仅余十八家。新任知府以旧城虚旷难守，只好截西南一隅筑而守之。[1] 如颍州，从元末韩咬儿在此起义以后，长期战乱，民多逃亡，城野空虚。[2] 特别是山

---

[1] 《明太祖实录》卷五。
[2] 《明太祖实录》卷三三。

东河南地区，受战争破坏最重，"多是无人之地"[①]。洪武元年闰七月大将军徐达率师发汴梁，徇取河北州县，时兵革连年，道路皆榛塞，人烟断绝。[②] 有的地方，积骸成丘，居民鲜少。[③] 洪武三年，济南府知府陈修和司农官报告：北方郡县近城之地多荒芜。[④] 到洪武十五年晋府长史致仕桂彦良还说，"中原为天下腹心，号膏腴之地，因人力不至，久致荒芜"。二十一年河北诸处，还是田多荒芜，居民鲜少。三十年常德、武陵等十县土旷人稀，耕种者少，荒芜者多。[⑤] 名城开封，以户粮数少，由上府降为下府。[⑥] 洪武十年，以河南、四川等布政司所属州县，户粮多不及数，凡州改县者十二，县并者六十。十七年令凡民户不满三千户的州改为县者三十七。[⑦]

针对这种情况，朱元璋于吴元年五月下令凡徐、宿、濠、泗、寿、邳、东海、襄阳、安陆等郡县及今后新附土地人民，桑麻谷粟税粮徭役，尽行蠲免三年，让老百姓喘一口气，把力量投入生产。[⑧] 集中力量，振兴农业，用移民屯田、开垦荒地的办法调剂人力的不足。兴修水利，种植桑棉，增加农业生产的收入。官给耕牛种子，垦荒地减免三年租税，遇灾荒优免租粮等措施，解决农民的困难。此外，还设立预备仓、养济院等救济机关。

他常说："四民之中，莫劳于农，观其终岁勤劳，少得休息。时和岁丰，数口之家犹可足食，不幸水旱，年谷不登，则举家饥困……百姓足而后国富，百姓逸而后国安，未有民困穷而国独富安者。"[⑨] 又说："夫农勤四体，务五谷，身不离畎亩，手不释耒耜，终岁勤动，不得休息。其所居不过茅茨草榻，所服不过绤裳布衣，所饮食不过菜羹粝饭，而国家经费皆其所出……凡一居处服用之间，必念农之劳，取之有制，用之有节，使之不致于饥寒，

---

① 顾炎武：《日知录》卷一〇，《开垦荒地》。
② 《明太祖实录》卷二九。
③ 《明太祖实录》卷一七六。
④ 《明太祖实录》卷五三。
⑤ 《明太祖实录》卷一四八、二五〇。
⑥ 《明太祖实录》卷九六、一九三。
⑦ 《明太祖实录》卷一一二、一六四。
⑧ 《明太祖实录》卷一八。
⑨ 《明太祖实录》卷二五〇。

方尽为上之道。若复加之横敛，则民不胜其苦矣。"① 政府收入主要来自农村，粮食布帛棉花、人力都靠农民供给，农业生产如不恢复和发展，这个政权是支持不下去的。

移民的原则是把农民从窄乡移到宽乡，从人多田少的地方移到人少地广的地方。洪武三年六月，徙苏州、松江、嘉兴、湖州、杭州无业农民四千多户到濠州种田，给牛具种子，三年不征其税。又移江南民十四万户于凤阳。九年十月徙山西及真定民无产者于凤阳屯田。十五年九月迁广东番禺、东莞、增城降民二万四千四百余人于泗州屯田。十六年迁广东清远瑶民一千三百七人于泗州屯田，以上皆为繁荣起义根据地及其附近的措置。二十一年八月以山东、山西人口日繁，迁山西泽、潞二州民之无田者往彰德、真定、临清、归德、太康诸处闲旷之地，置屯耕种。二十二年以两浙民众地狭，务本者少而事末者多，命杭、湖、温、台、苏、松诸郡民无田者许令往淮河迤南滁、和等处起耕。山西贫民徙居大名、广平、东昌三府者，凡给田二万六千七十二顷。二十五年徙山东登、莱二府贫民五千六百三十五户就耕于东昌，二十七年迁苏州府崇明县无田民五百余户于昆山开种荒田。二十八年青、兖、登、莱、济南五府民五丁以上及小民无田可耕者起赴东昌，编籍屯种，凡一千五十一户，四千六百六十六口。到二十八年十一月东昌三府屯田迁民共五万八千一百二十四户，政府收租三百二十二万五千九百八十余石，棉花二百四十八万斤。彰德等四府屯田凡三百八十一处，屯田租二百三十三万三千三百一十九石，棉花五百零二万五千五百余斤。② 凡移民垦田都由政府给予耕牛种子路费。洪武三年定制，北方郡县荒芜田地，召乡民无田者垦辟，户给十五亩，又给地二亩种蔬菜，有余力的不限顷亩，皆免三年租税。其马驿巡检司急递铺应役者，各于本处开垦，无牛者官给之。若王国所在，近城存留五里以备练兵牧马，余处悉令开耕。③ 又令凡开垦荒田，各处人民先因兵燹遗下田土，他人开垦成熟者听为己业。业主已还，有司于附近荒田拨补。复业人民现在丁少而原来田多者，不许依前占护，止许尽力耕垦为业。

---

① 《明太祖实录》卷二二。
② 《明太祖实录》卷二二三、二三六、二四三；《明史》卷七七，《食货志》卷一。
③ 《明太祖实录》卷五三。

见今丁多而原来田少者，有司于附近荒田验丁拨付。①洪武二十四年令公侯大官以及民人，不问何处，惟犁到熟田，方许为主。但是荒田，俱系在官之数。若有余力，听其再开。又令山东概管农民，务见丁著役，限定田亩，著令耕种。敢有荒芜田地流移者，全家迁发化外充军。二十八年令，二十七年以后新田地，不论多寡，俱不起科（收田租），若地方官增科扰害者治罪。鼓励人民大力开垦。②

也有从少数民族地区移民到内地屯垦的，如徐达平沙漠，徙北平山后民三万五千八百余户散处诸府卫，充军的给衣粮，为民的给田土。又以沙漠遗民三万二千八百多户屯田北平，置屯二百五十四，开地一千三百四十三顷。

此外，吴元年十月徙苏州富民到濠州居住，因为他们帮着张士诚抵抗，还不断说张王好话的缘故。③洪武十五年命犯笞杖罪的犯人都送到滁州种苜蓿。④二十二年命户部起山东流民居京师，人赐钞二十锭，俾营生业。⑤二十八年徙直隶、浙江民二万户于京师，充仓脚夫。⑥

江南苏、松、杭、嘉、湖一带十四万户富民被强迫迁住凤阳，离开了原来的乡里田舍，还不许私自回去。这举动对于当时东南地主阶级是极大的打击。旧社会的旧统治阶级离开了原来占有的土地，同时也就丧失了社会地位和政治上的作用。相对的以朱元璋为首的新统治阶级却从而加强了对这一地区人民的控制。这十几万家富户从此以后，虽然不敢公开回原籍，却伪装成乞丐，以逃荒为名，成群结队，老幼男妇，散入江南诸郡村落乞食，到家扫墓探亲，第二年二三月间又回到凤阳。年代久了，也就成为习惯。五六百年来凤阳花鼓在东南一带是妇孺皆知的民间艺术。歌词是：

　　家住庐州并凤阳，凤阳原是好地方，
　　　自从出了朱皇帝，十年倒有九年荒。⑦

---

① 《大明会典》卷一七，《户部田土》。
② 《大明会典》；《明太祖实录》卷二四三。
③ 《明太祖实录》卷二一。
④ 《明太祖实录》卷一四三。
⑤ 《明太祖实录》卷一九六。
⑥ 《明太祖实录》卷二四三；《明史》卷七七，《食货志》一。
⑦ 赵翼：《陔余丛考》卷四一，《凤阳丐者》。

朱元璋在克集庆后，便注意水利。到建国以后，越发重视，用全国的财力人力进行大规模的水利工程。洪武元年修江南和州铜城堰闸。周回二百余里。四年修治广西兴安县灵渠，可以溉田万顷。六年开上海胡家港，从海口到漕泾千二百余丈，以通海船。八年开山东登州蓬莱阁河，浚陕西泾阳县洪渠堰，溉泾阳、三原、醴泉、高陵、临潼田二百余里。九年修四川彭州都江堰。十二年修陕西西安府甜水渠，引龙首渠水入城，居民从此才有甜水可吃。十四年筑海盐海塘，浚扬州府官河。十七年筑河南磁州漳河决堤。决荆州岳山坝以通水利，每年增官田租四千三百余石，修江南江都县深港坝河道。十八年修筑黄河、沁河、漳河、卫河、沙河堤岸。十九年筑福建长乐海堤。二十三年修江南崇明海门决堤二万三千九百余丈。役夫二十五万人。疏四川永宁所辖水道。二十四年修浙江临海横山岭水闸、宁海奉化海堤四千三百余丈，筑上虞海堤四千丈，改建石闸。浚定海、鄞二县东钱湖，灌田数万顷。二十五年凿江南溧阳银墅东坝河道四千三百余丈，役夫四十万人。二十七年浚江南山阳支家河。凿通广西郁林州相隔二十多里的南北二江，设石陡诸闸。二十九年修筑河南洛堤。三十一年修治洪渠堰，浚渠十万三千余丈。这些规模巨大用人力到几十万人的工程，没有统一的安定的全国力量的支持，是不可能设想的。除此以外，元璋还要全国各地地方官，凡是老百姓对水利的建议，必须即时报告。洪武二十七年又特别嘱咐工部工员，凡是陂塘湖堰可以蓄水泄水防备旱灾潦灾的，都要根据地势一一修治。并派国子生和人材到全国各地督修水利。二十八年综计全国郡县开塘堰四万九百八十七处[①]，河四千一百六十二处，陂渠堤岸五千四十八处。[②]

移民屯田，开垦荒地，兴修水利是增加谷物产量，增加国家租税的主要措施。也就是经过革命斗争后，政府不得不稍为对农民让步的具体表现。此外，元璋还特别着重经济作物的增产，主要的是桑麻木棉和枣柿栗胡桃等等。龙凤十一年六月下令凡农民有田五亩到十亩的，栽桑麻木棉各半亩，十亩以上的加倍，田多的照比例递加。地方官亲自督视，不执行命令的处罚。

---

① 《明太祖实录》；《明史》卷八八，《河渠》六，《直省水利》。
② 《明太祖实录》卷二四三；顾炎武：《日知录》卷一二，《水利》。

不种桑的使出绢一匹，不种麻和木棉的出麻布或棉布一匹。① 洪武元年把这制度推广到全国，并规定科征之额，麻每亩科八两，木棉每亩四两，栽桑的四果以后再征税。二十四年于南京朝阳门钟山之麓，种桐、棕、漆树五千余万株，岁收桐油棕漆，为修建海船之用。② 二十五年令凤阳、滁州、庐州、和州每户种桑二百株，枣二百株，柿二百株。令天下卫所屯田军士每人种桑百株，随地宜种柿栗胡桃等物，以备岁歉。二十七年令户部教天下百姓务要多种桑枣和棉花，并教以种植之法。每一户初年种桑枣二百株，次年四百株，三年六百株。栽种过数目造册回奏，违者全家发遣充军。执行的情况，如湖广布政司二十八年的报告，所属郡县已种果木八千四百三十九万株。全国估计，在十亿株以上。二十九年以湖广诸郡宜于种桑，而种之者少，命于淮安府及徐州取桑种二十石，派人送到辰、沅、靖、全、道、永、宝庆、衡州等处（今湖南及广西北部一带），各给一石，使其民种之。发展这一地区蚕丝生产和丝织工业。③ 为了保证命令的贯彻执行，下诏指出农桑为衣食之本，全国地方官考课，一定要报告农桑的成绩，并规定二十六年以后栽种桑枣果树，不论多少，都免征赋。④ 作为官吏考绩的主要内容，违者降罚。又设置老人击鼓劝农，每村置鼓一面，凡遇农种时月，五更擂鼓，众人闻鼓下田，该管老人点闸（名）。若有懒惰不下田的，许老人责决，务要严切督并，见丁着业（每人都做活），毋容惰夫游食。若是老人不肯劝督，农民穷窘，为非犯法到官，本乡老人有罪。平时老人每月六次手持木铎，游行宣讲勤农务本的道理。⑤ 颁发教民榜文说：

> 今天下太平，百姓除粮差之外，别无差遣，各宜用心生理，以足衣食，如法栽种桑麻枣柿棉花，每岁养蚕，所得丝绵，可供衣服，枣柿丰年可以卖钞，俭年可当粮食。里老尝督，违者治罪。⑥

---

① 《明太祖实录》，卷一五；《明史》卷一三八，《杨思义传》。
② 《明太祖实录》，卷二七、二〇七；查继佐：《罪惟录》；《明太祖本纪》一。
③ 《明太祖实录》，卷二一五、二二二、二三二、二四三、二四六；《明会典》；朱国祯：《大政记》；《明通纪》。
④ 《明太祖实录》卷七七、二四三。
⑤ 《明太祖实录》卷二五五；谷应泰：《明史纪事本末》卷一四，《开国规模》。
⑥ 《古今图书集成》，《农桑部》。

洪武元年下诏田器不得征税。① 四年、二十五年遣官往广东、湖广、江西买耕牛以给中原屯种之民。② 二十八年命乡里小民或二十家或四五十家团为一社，每遇农急之时有疾病，则一社助其耕耘，庶田不荒芜，民无饥窘。户部以此意广泛晓谕。③ 各地报告修城垣建营房浚河道造王宫等工程，都反复告以兴作不违农时的道理，等秋收农隙时兴工。④ 对农业增产有成绩的地方官，加以擢升。如太平知府范常积极鼓励农民耕作，贷民种子数千石，到秋成大丰收，官民都庾廪充实。接着兴学校，延师儒，百姓很喜欢。召为侍仪。⑤ 陶安知饶州，田野开辟，百姓日子过得好，离任时，百姓拿他初来时情况比较，歌颂他："千里榛芜，侯来之初；万姓耕辟，侯去之日。"南丰百姓也歌唱典史冯坚："山市晴，山鸟鸣，商旅行，农夫耕，老瓦盆中渌酒盈，呼嚣窣突不闻声。"⑥ 农村里呈现出一片繁荣欢乐的气象。

对贪官污吏，用严刑惩治。洪武二年二月元璋告谕群臣说："尝思昔在民间时，见州县官吏多不恤民，往往贪财好色，饮酒废事，凡民疾苦，视之漠然，心实恨之。故今严法禁，但遇官吏贪污蠹害吾民者，罪之不恕。"⑦ 四年十一月立法凡官吏犯赃罪的不赦。下决心肃清贪污，说："此弊不革，欲成善政，终不可得。"二十五年又编《醒贪简要录》，颁布中外。⑧ 官吏贪赃到钞六十两以上的枭首示众，仍处以剥皮之刑。府州县衙门左首的土地庙，就是剥皮的刑场，也叫皮场庙。有的衙门公座旁摆人皮，里面是稻草，叫作官的触目惊心，不敢作坏事。⑨ 地方官上任赏给路费，家属赐衣料。来朝时又特别诰诫以："天下新定，百姓财力俱困，如鸟初飞，木初植，勿拔其羽，勿撼其根。"⑩ 违法的按法惩办。从开国以来，两浙、江西、两广、福建的地

---

① 《明太祖实录》卷三〇。
② 《明太祖实录》卷六一、二二三。
③ 《明太祖实录》卷二三六。
④ 《明太祖实录》卷一一二、一一八、一五三、一五九、一六三。
⑤ 《明太祖实录》卷二七。
⑥ 朱彝尊：《明诗综》卷一〇〇。
⑦ 《明太祖实录》卷三八。
⑧ 《明太祖实录》卷六九、二二〇。
⑨ 赵翼：《廿二史札记》卷三三，《重惩贪吏》。
⑩ 《明史》卷二八一，《循吏传序》。

方官，因贪赃被法办，很少人做到任满。①

苏、松、嘉、湖田租特别重，洪武十三年下诏减削。② 凡各地闹水旱灾荒歉收的，蠲免租税。丰年无灾荒，也择地瘠民贫的地方特别优免。灾重的免交二税之外，还由官府贷米，或赈米和布、钞。各地设预备仓，由地方耆老经管，存贮粮食以备救灾。设惠民药局，凡军民之贫病者，给以医药。设养济院，贫民不能生活的许入院赡养，月给米三斗，薪三十斤，冬夏布一匹，小口给三分二。灾伤州县，如地方官不报告的，特许耆民申诉，处地方官以死刑。二十六年又令户部，授权给地方官在饥荒年头，得先发库存米粮赈济，事后呈报，立为永制。三十多年来，赏赐民间布、钞数百万，米百多万石，蠲免租税无数。③

几十年的安定生活，休养生息，积极鼓励生产的结果，社会生产力不但恢复，而且大大发展了。

第一表现在垦田数目的增加，以洪武元年到十三年的逐年增加的垦田数目来作例：

洪武元年	七百七十余顷
二年	八百九十八顷
三年	二千一百三十五顷（山东、河南、江西的数字）
四年	十万六千六百六十二顷
六年	三十五万三千九百八十顷
七年	九十二万一千一百二十四顷
八年	六万二千三百八顷
九年	二万七千五百六十四顷
十年	一千五百十三顷
十二年	二十七万三千一百四顷
十三年	五万三千九百三十一顷

---

① 《大诰续诰》。
② 《明太祖实录》卷一三〇。
③ 《明太祖实录》卷五三、二〇二、二一一、二三一；朱健：《古今治平略》；《明史》卷七八，《食货志》二。

十三年中增加的垦田数字为一百八十万三千一百七十一顷。到洪武十四年全国官民田总数为三百六十六万七千七百一十五顷。增垦面积的数字占十四年全国官民田数字的二分之一。由此可知洪武元年的全国已垦田面积不过一百八十多万顷。（不包括东北、西北未定地方和夏的领土四川和云贵等地）再过十年，十四年的数字为三百八十七万四千七百四十六顷。① 经过多年的垦辟和大规模全面的丈量，二十六年的数字为八百五十万七千六百二十三顷。② 比十四年又增加了四百八十四万顷，比洪武元年增加了六百七十万顷。

第二表现在本色税粮收入的增加，洪武十八年全国收入麦米豆谷二千八十八万九千六百一十七石③，二十三年为三千一百六十万七千六百石④，二十四年为三千二百二十七万八千九百八十三石⑤，二十六年为三千二百七十八万九千八百石⑥。二十六年比十八年增加了三分之一的收入。和元代全国岁入粮数一千二百一十一万四千七百余石相比，增加了差不多两倍。⑦ 历史家记述这时期生产发展的情况说："是时宇内富庶，赋入盈羡，米粟自输京师数百万石外，府县仓廪蓄积甚丰，至红腐不可食。岁歉，有司往往先发粟赈贷，然后以闻。"⑧

第三表现在人口数字的增加，洪武十四年统计，全国有户一千六十五万四千三百六十二，口五千九百八十七万三千三百五。⑨ 二十六年的数字为户一千六百五万二千八百六十，口六千五十四万五千八百一十二。⑩ 比之元朝极盛时期，元世祖时代的户口：户一千一百六十三万三千二百八十

---

① 《明太祖实录》卷一四〇、二一四。
② 《明史》卷七七，《食货志》一，《田制》。
③ 《明太祖实录》卷一七六。
④ 《明太祖实录》卷二〇六。
⑤ 《明太祖实录》卷二一四。
⑥ 《明太祖实录》卷二三〇。《明史·食货志》。
⑦ 《元史》卷九三，《食货志》，《税粮》。
⑧ 《明史》卷七八，《食货志》二，《赋役》。《明太祖实录》卷二四一。
⑨ 《明太祖实录》卷一四〇；卷二一四。口数比十四年少三百万，是不应该的，可能传写有错误，今不取。
⑩ 《明史》卷七七，《食货志》一，《户口》。

一,口五千三百六十五万四千三百三十七①,户增加了三百四十万,口增加了七百万。

第四表现在府县的升格,明制以税粮多少定府县等级:县分上中下三等,标准为田赋十万石、六万石、三万石以下。府也分三等,标准为田赋二十万石以上、以下,十万石以下。②从洪武八年起,因为各地方经济的恢复和发展,垦田和户口的增加,田赋收入增加了,不断地把府县升格,例如开封原为下府,因为税粮数超过三十八万石,八年正月升为上府,河南怀庆府税粮增加到十五万石,陕西平凉府户口田赋都有增加,三月升为中府。十二月以太原、凤阳、河南、西安岁收粮增加,升为上府,扬州、巩昌、庆阳升为中府,明州之鄞县升为上县。山东莱州税粮不及,降为中府。③扬州残破最重,经过八年时间,已经恢复到收田赋二十万石下的中府了,从这个名城的恢复,可以推知全国各地社会生产力的恢复和发展的情况。

第五由于粮食的增产,特别是桑麻棉花和果木的普遍种植,农民的收入增加了,生活改善了,购买力提高了。农业生产的恢复和发展,一方面为纺织工业提供了原料,一方面农民所增加的购买力又促进了刺激了商业市场的繁荣,出现了许多新的以纺织工业为中心和批发绸缎棉布行号的城市。

二、棉花的普遍种植和工商业

棉布传入中国很早,南北朝时从南洋诸国输入,称为吉贝、白叠。④国内西北高昌(今新疆吐鲁番)产棉,唐灭高昌,置西州交河郡,土贡氎布。氎布就是白叠。⑤宋元间已有许多地区种棉,但是在全国规模内普遍种植和纺织技术的提高,则是明朝初年的事情。⑥

---

① 《元史》卷九三,《食货志》。
② 《明史》卷七八,《食货志》二,《赋役》。
③ 《明太祖实录》卷九六、九八、一〇二。
④ 张勃:《吴录·地理志》;《南史》,《呵罗单传》、《干陀利传》、《婆利传》、《中天竺传》、《渴盘陀传》;《北史·真腊传》;《梁书·林邑传》;《唐书·环王传》。
⑤ 《南史·高昌传》;《唐书·地理志》。
⑥ 丘濬:《大学衍义补》。

在明代以前，平民穿布衣，布衣指的是麻布的衣服。[1] 冬衣南方多用丝棉作袍，北方多用毛皮作裘。虽然也有用棉布作衣服卧具的，但因为"不自本土所产，不能足用"[2]。唐元稹诗："木绵温辍当棉衣。"元太祖世祖遗衣皆缣素木绵，动加补缀。[3] 宋谢枋得诗："洁白如雪积，丽密过锦纯，羔缝不足贵，狐腋难比伦……剪裁为大裘，穷冬胜三春。"[4] 可见棉布到宋末还是很珍贵的物品。

宋代福建、广东种植棉花的日多[5]，琼州是纺织中心之一，妇女以吉贝织为衣衾，是当地黎族的主要副业生产。[6] 元代从西域输入种子，种于陕西，捻织毛丝，或棉装衣服，特为轻暖。[7] 元灭南宋后，浙东、江东、江西、湖广诸地区也推广棉花的种植，生产量增加，棉布成为商品，服用的人日多。[8] 至元二十六年（公元1289年）四月置浙东、江东、江西、湖广、福建木绵提举司，责令当地人民每年输纳木绵十万匹，以都提举司总之。二十八年五月罢江南六提举司岁输木棉。[9] 成宗元贞二年（公元1296年）始定江南夏税输以木绵布绢丝绵等物。[10]

由于种棉面积的增加，种植和纺绩的技术需要总结和交流，元世祖至元十年司农司编印《农桑辑要》，以专门篇幅记棉花的种植方法。[11] 纺绩的工具和技术由于各地方劳动人民的创造和交流，日益进步。据十二世纪八十年代间的记载，雷化廉州南海黎峒的少数民族，采集棉花后，"取其茸絮，以铁筋辗去其子，即以手握茸就纺"[12]。稍后的记载提到去子后，"徐以小弓，

---

[1] 孔鲋：《小尔雅》；桓宽：《盐铁论》；《陈书·姚察传》。
[2] 元王祯：《木绵图谱序》，引《诸番杂志》。
[3] 《元史·英宗本纪》。
[4] 《古今书图集成》，《木绵部》。
[5] 周去非：《岭外代答》卷六；赵汝括：《诸番志》下；方勺：《泊宅编》；彭乘：《续墨客挥犀》；《通鉴》卷一五九胡三省注；丘濬：《大学衍义补》；李时珍：《本草纲目》。
[6] 《宋史·崔与之传》。
[7] 《农桑辑要》卷二。
[8] 王祯：《木绵图谱序》。
[9] 《元史》卷一五，《世祖本纪》。
[10] 《元史》卷九三，《食货志》，《税粮》。
[11] 《农桑辑要》卷二。
[12] 赵汝适：《诸番志》下；周去非：《岭外代答》卷六。

弹令纷起，然后纺绩为布"①。到十三世纪中期，诗人描写长江流域纺绩情形说："车转轻雷秋纺雪，弓湾半月夜弹去。"② 已经有纺车、弹弓和织机了。江南地区的织工，"以铁铤辗去其核，取如绵者，以竹为小弓，长尺四五寸许，牵弦以弹绵，令其匀细，卷为小筒，就车纺之，自然抽绪如缫丝状"③。但是所织的布，不如闽广出产的丽密。琼州黎族人民所织的巾，上出细字，杂花卉，尤为工巧。④ 黄河流域主要陕西地区的纺织工具和技术比较简陋，只有辗去棉子的铁杖和木板，棉花的用途只是捻织粗棉线和装制冬衣。⑤ 一直到十三世纪末年，松江乌泥泾的人民，因为当地土地硗瘠，粮食不够，搞副业生产，从闽广输入棉花种子，还没有蹈车椎弓这些工具，用手剖去子，用线弦竹弧弹制，工具和技术都很简陋，产品质量不高，人民生活还是很艰苦。⑥

元成宗元贞间（公元1295—1296年）乌泥泾人黄道婆从琼州附海舶回来，她从小就在琼州旅居，带回来琼州黎族人民的先进纺织工具和技术，教会家乡妇女以做造、扦、弹、纺、织之具，和错纱、配色、综线、絮花的技术，织成被褥带帨，其上折技、团凤、棋局、字样，粲然若写。一时乌泥泾所制之被成为畅销商品，名扬远近，当地人民生活提高，靠纺织生活的有一千多家。⑦ 诗人歌咏她："崖州布被五色缫，组雾钏云粲花草，片帆鲸海得风回，千柚乌泾夺天造。"⑧ 当地妇女参加纺绩生产的情形，诗人描写："乌泾妇女攻纺绩，木棉布经三百尺，一身主宰身窝低，十口勤劳指头宜。"⑨ 到了明朝初年，不但江南地区的农村妇女普遍参加纺绩劳动，连有些地主家庭的

---

① 方勺：《泊宅编》中。
② 陆心源：《宋诗纪事补》卷七五；艾可叔：《木棉》。
③ 《资治通鉴》卷一五九，胡三省注。
④ 方勺：《泊宅编》中。
⑤ 《农桑辑要》
⑥ 陶宗仪：《辍耕录》卷二四，《黄道婆》。
⑦ 王逢：《梧溪集》卷三，《黄道婆祠》。
⑧ 王逢：《梧溪集》卷三，《黄道婆祠》。
⑨ 王逢：《梧溪集》卷七，《半古歌》。

妇女，也纺纱绩布，以给一岁衣资之用了。① 松江从此成为明代出产棉布的中心，"其布之丽密，他方莫并"②。"衣被天下。"③ 松江税粮宋绍兴时只有十八万石，到明朝增加到九十七万石，其他杂费又相当于正赋，负担特别重，主要是依靠纺织工业的收入，"上供赋税，下给俯仰"④。

黄道婆传入琼州制棉工具和技术之后的二十年，王祯所著《农书》，列举制棉工具有搅车即踏车，是去棉子用的。二弹弓，长四尺许，弓身以竹为之，弦用绳子。三卷筵，用无节竹条扦棉花成筒。四纺车。五拨车，棉纱加浆后稍干拨于车上。六轵车，用以分络棉线。七线架。到元末又有了檀木制的椎子，用以击弦。⑤ 生产工具更加完备和提高了，为明代纺织工业的发展准备了技术条件。

朱元璋起事的地区，正是元代的棉业中心之一。灭东吴后，又取得当时全国纺织业中心的松江，原料和技术都有了基础，使他深信推广植棉是增加农民收入和财政收入的有效措施。龙凤十一年下令每户农民必须种木棉半亩，田多的加倍。洪武元年又把这一法令推广到全国。棉花的普遍种植和纺织技术的不断提高，明代中叶以后，棉布成为全国流通的商品，成为人民普遍服用的服装原料，不论贵贱，不论南北，都以棉布御寒，百人之中，止有一人用茧绵，其余都用棉布。过去时代人穿的缊袍，用旧絮装的冬衣，完全被用木棉装的胖袄所代替了。⑥ 就全国而论，北方河南、河北气候宜于植棉，地广人稀，种植棉花的面积最大，是原料的供给中心。南方特别是长江三角洲一带，苏州、松江、杭州等地人民纺绩技术高，是纺绩工业的中心。这样又形成原料和成品的交流情况，原棉由北而南，棍布由南而北。⑦ 从经济上把南方和北方更紧密地连系起来了。

---

① 郑涛：《旌义编》卷二，郑涛是浙江浦江著名大族地主郑义门的族长，《旌义编》有洪武十一年宋濂序。
② 《群芳谱》。
③ 《梧浔杂佩》。
④ 徐光启：《农政全书》卷三五，《木棉》。
⑤ 参见俞正燮：《癸巳类稿》卷一四，《木棉考》；冯家升：《我国纺织家黄道婆对于棉织业的伟大贡献》。
⑥ 宋应星：《天工开物》卷上，《乃服》。
⑦ 王象晋：《木棉谱序》；徐光启：《农政全书》卷三五，《木棉》。

明初松江之外，另一纺织工业中心是杭州，由于简单商品经济的发展，出现了置备生产工具和原料的大作坊资本家，和除双手以外一无所有出卖劳动力的手工业工人。资本家雇用工人，每天工作到夜二鼓，计日给工资。这种新的剥削制度的出现，正表示着社会内部新的阶级的形成，除封建地主对农民的剥削以外，又产生了大作坊资本家对手工业工人的剥削关系。明初曾经作过杭州府学教授徐一夔所作的《织工对》，典型地记述了这种新现象：

> 钱塘相安里有饶于财者，率居工以织，每夜至二鼓。老屋将压，杼机四五具南北向，列工十数人，手提足蹴，皆苍然无神色。日佣为钱二百，衣食于主人。以日之所入，养父母妻子，虽食无甘美而亦不甚饥寒。于凡织作，咸极精致，为时所尚。故主之聚易以售；而佣之直亦易以入。有同业者佣于他家，受直略相似。久之，乃曰：吾艺固过于人，而受直与众工等，当求倍直者而为之佣。已而他家果倍其直。佣之主者阅其织果异于人，他工见其艺精，亦颇推之。主者退自喜曰：得一工胜十工，倍其直不吝也。[①]

由此可见明初大作坊的一般情况，值得注意的是：在同一里巷，有若干同一性质的大作坊；大作坊主人同时也是棉布商人；从个体的生产到大作坊的集体生产，有了单纯协作，出品精致畅销；经营这种大作坊有利可图，资本家很赚钱，作坊也多了。资本家付给技术高的工人工资，虽为一般工人工资的两倍，但仍可得到五倍的剩余价值。

棉花棉布的生产量大大增加，政府的税收也增加了，以税收形式缴给国库的棉花棉布，成为供给军队的主要物资和必要时交换其他军需物资的货币代用品。洪武四年七月诏中书省："自今凡赏赐军士，无妻子者给战袄一袭；有妻子者给棉布二匹。"[②] 每年例赏，如洪武二年六月以木棉战袄十一万赐北征军士[③]，四年七月，赐长淮卫军士棉布人二匹，在京军士十九万四百余人

---

① 《始丰稿》卷一。徐一夔，天台人，《明史》卷二八五有传。
② 《明太祖实录》卷六七。
③ 《明太祖实录》卷四二。

棉布人二匹。① 十二年给陕西都指挥使司并护卫兵十九万六千七百余人棉布五十四万余匹，棉花十万三千三百余斤。② 北平都指挥使司卫所士卒十万五千六百余人布二个七万八千余匹，棉花五万四千六百余斤。③ 十三年赐辽东诸卫士卒十万二千一百二十八人，棉布四十三万四百余匹，棉花十七万斤。十六年给四川等都司所属士卒五十二万四千余人，棉布九十六万一千四百余匹，棉花三十六万七千余斤。④ 十八年给辽东军士棉布二十五万匹，北平燕山等卫棉布四十四万三千匹，太原诸卫士卒棉布四十八万匹，等等。⑤ 平均每年只赏赐军衣一项已在百万匹上下，用作交换物资的如洪武四年七月以北平、山西运粮困难，以白金三十万两、棉布十万匹，就附近郡县易米，以给将士。又以辽东军卫缺马，发山东棉布贳马给之。⑥ 十三年十月，以四川白渡纳溪的盐换棉布，遣使人西羌买马。⑦ 十七年七月诏户部以棉布往贵州换马，得马一千三百匹。三十年以棉布九万九千匹往"西番"换马一千五百六十匹。⑧ 皇族每年供给，洪武九年规定亲王冬夏布各一千匹，郡王冬夏布各一百匹。⑨ 在特殊需要的情况下，临时命令以秋粮改折棉布，如六年九月诏直隶府州和浙江、江西二行省，今年秋粮以棉布代输，以给边戍。⑩

* * *

和鼓励普遍植棉政策相反，朱元璋对矿冶国营采取消极的方针。往往听任人民自由开采。磁州临水镇产铁，元时尝于此置铁冶，炉丁万五千户，每年收铁百余万斤。洪武十五年有人建议重新开采，元璋以为利不在官则在民，民得其利则利源通而有利于官，官专其利则利源塞而必损于民。而且各

---

① 《明太祖实录》卷六七。
② 《明太祖实录》卷一二五。
③ 《明太祖实录》卷一二八。
④ 《明太祖实录》卷一五〇、一五六。
⑤ 《明太祖实录》卷一七二、一七四。
⑥ 《明太祖实录》卷六七。
⑦ 《明太祖实录》卷一三四。
⑧ 《明太祖实录》卷一六三、二五二。
⑨ 《明太祖实录》卷一四。
⑩ 《明太祖实录》卷八五。

冶铁数尚多，军需不缺，若再开采，必然扰民。把他打了一顿，流放海外。①济南、青州、莱芜三府每年役民二千六百六十户，采铅三十二万三千多斤，以凿山深而得铅少，也命罢采。②十八年以劳民罢各布政司煎炼铁冶。二十五年重设各处铁冶，到二十八年内库贮铁三千七百四十三万斤，后备物资已经十分充足，又命罢各处铁冶。并允许人民自由采炼，岁输课程，每三十分取其二。三十一年以内库所贮铁有限，而营造所费甚多，又命重开铁冶。③综计洪武时代设置的铁冶所：江西进贤、新喻、分宜，湖广兴国、黄梅，山东莱芜，广东阳山，陕西巩昌，山西交城、吉州、太原、泽、潞各一所共十三所。此外还有河南均州新安、四川蒲江、湖南茶陵等冶，每年输铁一千八百四十余万斤。④

* * *

宫廷和军队所需的一切物品，都由匠户制造。匠户是元明两代的一种特殊制度，把有技艺的工匠征调编为匠户，子孙世袭。分为民匠、军匠二种。明初匠户的户籍，完全依据元代的旧籍，不许变动。⑤洪武二十六年定每三年或二年轮班到京役作的匠户名额为二十三万二千八十九名⑥，由工部管辖。固定作工的叫住坐匠户，由内府内官监管辖。军匠大部分分属于各地卫所，一部分属于内府兵仗局、军器局和工部的盔甲厂。⑦属各地卫所的军匠总数二万六千户。⑧每户正匠做工，得免杂差，仍免家内一丁以帮贴应役。余丁每名每年出办缴纳工食银三钱，以备各衙门因公务取役雇觅之用。正匠每月工作十天，月粮由官家支给。⑨

轮班匠户包括六十二行匠人。后来又细分为一百八十八种行业，从戗纸、表背、刷印、刊字、铁匠、销金、木、瓦、油、漆、象开、纺棉花，到

---

① 《明太祖实录》卷一四五。
② 《明太祖实录》卷一五〇。
③ 《明太祖实录》卷一七六、二四二、二五六。
④ 《明史》卷八一，《食货志》，《铁冶所》；《大明会典》。
⑤ 《大明会典》卷一九，《户口》。
⑥ 《大明会典》卷一八九；《明史·严震直传》。
⑦ 《大明会典》卷一八八。
⑧ 《明史》卷一五七，《张本传》。
⑨ 《大明会典》卷一八九。

神箭、火药等等，每种人数由一人到八百七十五人不等。内廷有织染局、神帛房，和后湖（今南京玄武湖）织造局，四川、山西诸行省和浙江绍兴织染局，规模都较大。留在地方的匠户除执役于本地织染局的以外，如永平府就有银、铁、铸铁、锡、钉铰、穿甲等二十二行。①

匠户人数多，分工细，凡是宫廷和军队所需用的手工业制造品，都由匠户执役的官手工业工场的各局制造供给。这种封建制度的生产，使宫廷和军队的需要，不需倚靠市场，便可得到满足；同时它所生产的成品，亦不在市场流通，这样，就直接对社会上的私人手工业作坊的扩大生产起了束缚和阻碍的作用。官手工业工场的生产是不须计较成本的，因为劳力和原料都可以向人民无代价征发或由全国各地贡品的方式供给，不受任何限制，官营手工业工场的产品即使有部分作为商品而流入市场，私人手工业作坊的产品也不能和它竞争；在另一面，自元代以来就把技术最好的工人签发为匠户，子孙世袭，连技术也被垄断了，私人手工业作坊所能雇用的只是一般工人，技术提高受了一定的限制。明初把匠户分作住坐、轮班两种，轮班的除分班定期轮流应役以外，其余的时间归自己支配，制成的产品可以在市场出售，对于技术的钻研及其改进发生一定的刺激作用，所以轮班制对于社会生产力的发展是比较上为害较小的。但是总而言之，这种无偿的强制的劳役，不能不引起匠户的反抗，逃亡之外，唯一可以采取的手段是怠工和故意把成品质量降低。以此，匠户制度虽然曾经在个别情况下对生产技术的改进起了作用，推进了社会生产力的发展，但就其全面而说，则是束缚和阻碍生产技术的不断提高；妨碍私人手工业工场的发展；隔绝商品的流通；对社会生产力的发展和原始资本积累都起着扼制、停滞的消极作用。

*　　*　　*

朱元璋对商业采轻税政策，凡商税三十分取一，过此者以违令论。税收机构在京为宣课司，府县为通课司。洪武元年诏中书省，命在京兵马指挥司并管市司，三日一次校勘街市斛斗秤尺，稽考牙侩姓名，规定物价。在外府

---

① 吴晗：《元明两代之"匠户"》。

州各城门兵马，一体兼管市司。① 十三年谕户部，自今军民娶嫁丧葬之物，舟车丝布之类都不征税，并大量裁减税课司局三百六十四处。南京人口密集，军民住宅都是公家修建，连廊栉比，没有空地。商人货物到京无处存放，有的停在船上，有的寄放城外，牙侩从中把持价格，商人极以为苦。元璋了解这种情况以后，就叫人在三山门等门外盖几十座房子，叫作塌坊，专放商货，上了税后听其自相贸易。② 为了繁荣市面，二十七年命工部建十五座楼房于江东诸门之外，令民设酒肆其间，以接四方宾客，名为鹤鸣、醉仙、讴歌、鼓腹、来宾、重译等等。修好后还拿出一笔钱，让文武百官大宴于醉仙楼，庆祝天下太平，与民同乐。③

棉花的普遍种植，棉布质量的提高，工资制手工业作坊的产生，新的蚕丝纺织工业区的开辟，轮班匠的技术和产品的投入市场等等，加上税收机构的减缩和轻税政策的刺激，商业市场大大活跃了，不但连系了南方和北方，也连系了城市和乡村以及全国的边远地区，繁荣了经济，改善了提高了人民生活，进一步地加强了国家的统一。

商品的生产和吐纳的中心，手工业作坊和批发行号的所在地，集中着数量相当巨大的后备工人和小商摊贩，城市人口剧烈地增加了。明初的工商业城市有南京、北平、苏州、松江、镇江、淮安、常州、扬州、仪真、杭州、嘉兴、湖州、福州、建宁、武昌、荆州、南昌、吉安、临江、清江、广州、开封、济南、济宁、德州、临清、桂林、太原、平阳、蒲州、成都、重庆、泸州等地。④

* * *

随着生产的恢复和发展，工商业的活跃，作为贸易媒介的全国统一货币的需要是越来越迫切了。

在朱元璋称王以前，元代的不兑现纸币中统交钞因为发行过多；军储供给，赏赐犒劳，每日印造，不可数计，舟车装运，轴轳相接，京师用钞十锭

---

① 《明太祖实录》卷三四。
② 《明太祖实录》卷二一一；《明史》卷八一，《食货志》，《商税》。
③ 《明太祖实录》卷二三四。
④ 《明宣宗实录》卷五〇。

（一锭为钞五十贯，一贯钞的法定价格原为铜钱一千文）换不到一斗米。①至正十六年中统交钞已为民间所拒用，交易都不用钞，所在郡县都以物货相交易。② 十七年铸至正之宝大钱五品称为权钞，以硬币代替纸币，结果纸币也罢，大钱代钞也罢，人民一概不要。人民嘲笑权钞的歌谣中说："人吃人，钞买钞，何曾见？"

朱元璋占应天后，首先铸大中通宝钱，以四百文为一贯，四十文为两，四文为一钱。平陈友谅后，命江西行省置货泉局。即帝位后，发行洪武通宝钱，分五等：当十、当五、当三、当二、当一。当十钱重一两，当一钱重一钱。应天置宝源局，各行省都设宝泉局专管铸钱，严禁私铸。洪武四年改铸大中洪武通宝大钱为小钱。虽然有了统一的货币，但是铜钱分量重，价值低，不便于数量较大的交易，也不便于远地转运，并且，商人用钞已经有了长期的历史，成为习惯了；用钱感觉不方便，很有意见。③

铜钱不便于贸易，决定发行纸币。七年设宝钞提举司，下设抄纸、印钞二局，宝钞、行用二库。八年命中书省造"大明宝钞"，以桑穰为纸料，纸质青色，高一尺，广六寸，外为龙文花栏，上横额题"大明通行宝钞"，其内上栏之两旁各篆文四字：右旁篆"大明宝钞"，左旁篆"天下通行"。其中图绘钱贯形状，以十串为贯，标明币值一贯，下栏是："中书省（十三年后改为户部）奏准印造大明宝钞，与铜钱通行使用，伪造者斩，告捕者赏银二十五两。（十三年后改为赏银二百五十两）仍给犯人财产。洪武　年　月　日。"背和面都加盖朱印。边沿标记字号一贯的画钱十串，五百文的画五串，以下是四百文、三百文、二百文、一百文，共六种。规定每钞一贯准钱千文，银一两。四贯准黄金一两。二十一年加造从十文到五十文的小钞。④

为了保证宝钞的流通，在发行时就以法律禁止民间不得以金银物货交易，违者治罪，告发者就以其物给赏。人民只准以金银向政府掉换宝钞。并

---

① 《元史》卷九七，《食货志》，《钞法》。
② 孔齐：《至正直记》卷一；《元史》卷九七，《食货志》，《钞法》。
③ 《明史》卷八一，《食货志》，《钞法》。
④ 《大明会典》卷三一，《钞法》；《明史》卷八一，《食货志》，《钞法》。

规定商税钱钞兼收,比例为收钱十分之三,收钞十分之七,一百文以下的止收铜钱。① 在外卫所军士每月食盐给钞,各盐场给工本钞。十八年命户部凡天下官禄米以钞代给,每米一石支付钞二贯五百文。②

宝钞的发行是适合当时人民需要的,对商业的繁荣起了作用。但是朱元璋抄袭元朝的钞法,只学了后期崩溃的办法,没有懂得元代前期钞法之所以通行,受到广大人民喜爱的道理。原来元初行钞,第一,有金银和丝为钞本准备金,各路无钞本的不发新钞;第二,印造有定额,计算全国商税收入的金银和烂钞兑换数量作为发行额数;第三,政府有收有放,丁赋和商税都收钞;第四,可以兑换金银,人民持钞可以向钞库换取金银。相反,元代钞法之所以崩溃,是因为把钞本动用光了;无限制滥发造成恶性膨胀,只发行不收回;不能兑换金银;烂钞不能换新钞。③ 洪武钞法以元代后期钞法作依据,因之,虽然初行的几年,由于行用方便和习惯,还能保持和物价的一定比例,但是,由于回收受限制,发行量没有限制,发行过多,收回很少,不兑现纸币充斥于市场,币值便不能维持了。

宝钞发行的情况,以洪武十八年二月二十五日到十二月止为例,宝钞提举司钞匠五百八十名所造钞共九百九十四万六千五百九十九锭。④ 明代以钞五贯为一锭,这一年的发行额约为五千万贯;合银五千万两。明初每年国库银的收入,不过几万两,一年的发行额竟相当于银的收入一千倍左右,加上以前历年所发,数量就更大了。更由于印制的简陋,容易作假,伪钞大量投入市场⑤,币值就越发低落了。二十三年两浙市民以钞一贯折钱二百五十文⑥,二十七年降到折钱一百六十文⑦。到三十年杭州诸郡商贾,不论货物贵贱,一以金银定价,索性不用宝钞了。⑧ 元璋很着急,三番五次地申明:

---

① 《大明会典》卷三一,《钞法》。
② 《明太祖实录》卷一七六。
③ 参看吴晗《元史食货志钞法补》《记大明通行宝钞》二文。
④ 《大诰续诰》,钞库作弊第三二。
⑤ 《人诰》伪钞第四八。
⑥ 《明太祖实录》卷二〇五。
⑦ 《明太祖实录》卷二三四。
⑧ 《明太祖实录》卷二五一。

钞一贯应折钱一千文、旧钞可以换新钞、禁用铜钱；禁用金银交易等等办法，还是不济事，钞值还是日益低落，不被人民所欢迎。到成化时（公元1465—1487）洪武钱民间全不通行，宝钞只是官府在用，一贯仅值银三厘，或钱二文，跌到原定法价的千分之二。①

大约百年以后由于对外贸易的发展，银子流入国内的一天天增多了。这样，在官府和市场就同时使用两种货币，官府支出用价值极低的纸币，收入却要银子，市场出入都用银子。银子终于逐渐代替了宝钞成为全国通行的通货。

三、人民的义务

红军起义的目的，就民族解放战争而说，洪武元年解放大都，蒙古统治集团北走。民族压迫的政权被推翻，这一历史任务是光辉地完成了。但是，另一个目的，解除阶级压迫的任务，却不可能完成。一部分旧的地主参加了新政权，出身农民的红军将领也由于取得政权而转化成新的地主阶级了，其中朱元璋和他的家族便是新地主阶级的代表人物。

元末红军起义对旧地主阶级发生了淘汰的作用，一部分地主被战争所消灭了，一部分地主却由于战争而巩固和上升了他们的地位。

元末的农民，大部分参加了革命战争。他们破坏了旧秩序和压迫人民的统治机构。地主们正好相反，他们要保全自己的生命财产，就不能不维护旧秩序，就不能不拥护旧政权，阶级利益决定了农民和地主分别站在敌对的阵营。在战争爆发之后，地主们用全力组织武装力量，称为"民"军或"义"军，建立堡砦，抵抗农民军的进攻。现任和退休的官吏、乡绅、儒生和军人是地主军的将领，他们受过教育，有文化，有组织能力，在地方上有威望，有势力。虽然各地方的地主军人各自为战，没有统一指挥和作战计划，军事力量也有大小强弱的不同，但因为数量多，分布广，作战顽强，就成为反对红军的主要的敌人了。经过二十年的战争，长江南北的巨族右姓，有的死于

---

① 陆容：《菽园杂记摘抄》卷五。

战争,有的流亡到外地。① 参加扩廓帖木儿、字罗帖木儿两支地主军的湖、湘、关、陕、鲁、豫等地的地主,也随着这两支军队的消灭而消灭了。一部分地主为战争所消灭,另一部分地主如刘基、宋濂、叶琛、章溢等则积极参加了红军,共同建立新政权,成为大明帝国新统治集团的组成部分,和由农民起义转化的新地主们一起,继续对广大农民进行压迫和剥削。

朱元璋和他的将领都是农民出身的,过去曾亲身经受过地主的压迫和剥削。但在革命战争过程中,本身的武装力量不够强大,为了壮大自己,孤立敌人,又非争取地主们参加不可,浙东这几家大族的合作,是他的所以取得胜利的基本条件之一。到了他自己和将领们都转化成为大地主以后,和旧地主们的阶级利益一致了,但又发生了新的矛盾,各地地主用隐瞒土地面积、荫庇漏籍人口等手段和皇家统治集团争夺土地和人力,直接危害到帝国的财政税收,地主阶级内部矛盾的深化,促成了帝国赋役制度的整顿和改革。

元璋于龙凤四年取金华后,选用宁越(金华)七县富民子弟充宿卫,名为御中军。② 照当时的军事形势看来,这是很重要的军事措施,因为把地主们的子弟征发为禁卫军人,随军征战,等于作质,就不必担心这些地区地主的军事反抗了。洪武十九年选取直隶应天诸府州县富民子弟赴京补吏,凡一千四百六十人③,也是一样作用。对地主本身,洪武三年作的调查,以田税多少比较,浙西的大地主数量最多,以苏州一府为例,每年纳粮一百石以上到四百石的四百九十户;五百石到一千石的五十六户;一千石到二千石的六户;二千石到三千八百石的二户,共五百五十四户,每年纳粮十五万一百八十四石。④ 三十年又作了一次调查,除云南、两广、四川以外,浙江等九布政司,直隶应天十八府州,地主们田在七顷以上的共一万四千三百四十一户。编了花名册,把名册藏于内府印绶监,按名册以次召来,量才选用。⑤

---

① 贝琼:《清江集》卷八,《送王子渊序》。
② 《明太祖实录》卷六。
③ 《明太祖实录》卷一七九。
④ 《明太祖实录》卷四九。
⑤ 《明太祖实录》卷二五二、二五四。

对地主的政策，双管齐下，一是任为官吏或粮长，一是迁到京师。在科举法未定之前，选用地主做官，叫作税户人材，有作知县、知州、知府的，有作布政使以至朝廷的九卿的。① 又以地主为粮长，以为地方官都是外地人，不熟悉本地情况，吏胥土豪作弊，任意克削百姓。不如用有声望的地主来征收地方赋税，负责运到京师，可以减少弊病。② 洪武四年九月命户部计算土田租税，以纳粮一万石为一区，选占有大量田地纳粮最多的地主为粮长，负责督收和运交税粮。③ 如浙江行省人口一百四十八万七千一百四十六户，每年纳粮九十三万三千二百六十八石，设粮长一百三十四人。④ 粮长下设知数一人，斗级二十人，运粮夫千人。⑤ 并规定对粮长的优待办法，凡粮长犯杂犯死罪和徒流刑的可以纳钞赎罪。⑥ 三十年又命天下郡县每区设正副粮长三名，编定次序，轮流应役，周而复始。⑦ 凡粮长按时运粮到京师的，元璋亲自召见，合意的往往留下做官。⑧ 元璋把征粮和运粮的权力交给地主，以为"此以良民治良民，必无侵渔之患矣"⑨。"免有司科扰之弊，于民甚便。"⑩ 事实上恰好相反，地主作了粮长以后，在原来对农民剥削的基础上，更加上了国家赋予的权力，如虎傅翼，农民的痛苦更深更重了。如粮长邾阿乃起立名色，科扰民户，收舡水脚米、斛面米、装粮饭米、车脚钱、脱夫米、造册钱、粮局知房钱、看米样中米，等等，通计苛敛米三万二千石，钞一万一千一百贯。正米止该一万，邾阿乃个人剥削部分竟达米二万二千石，钞一万一千一百贯。农民交纳不起，强迫以房屋准折，揭屋瓦，变卖牲口以及衣服段匹布帛锅灶水车农具，等等。⑪ 又如嘉定县粮长金仲芳等三名巧立名色征粮

---

① 吴宽：《匏翁家藏集》卷七五，《施孝先墓表》。
② 宋濂：《朝京稿》卷五，《上海夏君新圹铭》；吴宽：《匏翁家藏集》卷五二，《恭题粮长敕谕》。
③ 《明太祖实录》卷六八。
④ 《明太祖实录》卷七〇。
⑤ 《明太祖实录》卷八五。
⑥ 《明太祖实录》卷一〇二。
⑦ 《明太祖实录》卷二五四。
⑧ 《明史》，《食货志》二，《赋役》；《匏翁家藏稿》卷四十三，《尚书严公流芳录序》。
⑨ 《明太祖实录》，卷六八。
⑩ 《明太祖实录》卷一〇二。
⑪ 《大诰续诰》卷四七。

附加到十八种。① 农民吃够了苦头，无处控诉。② 朱元璋也发觉粮长之弊，用严刑制裁，尽管杀了一些人，粮长的作恶、农民的被额外剥削，依然如故。③

除任用地主做官收粮以外，同时还采用汉高祖徙天下豪富于关中的政策，洪武二十四年徙天下富户五千三百户于南京。④ 三十年又徙富民一万四千三百余户于南京，称为富户。元璋告诉工部官员说："昔汉高祖徙天下豪富于关中。朕初不取，今思之，京师天下根本，乃知事有当然，不得不尔。"⑤

地主们对做官作粮长当然很高兴，感激和支持这个维护本阶级利益的政权。但同时也不肯放弃增加占领田土和人力的机会，用尽一切手段逃避对国家的赋税和徭役，两浙地主所用的方法，把自己田产诡托（假写在）亲邻佃仆名下，叫作"铁脚诡寄"。普遍成为风气，乡里欺骗州县，州县欺骗府，奸弊百出，叫作"通天诡寄"⑥。此外，还有洒派、包荒、移丘换段等等手段。元璋在处罚这些地主以后，气忿地指出：

> 民间洒派、包荒、诡寄、移丘换段，这等都是奸顽豪富之家，将次没福受用财赋田产，以自己科差洒派细民；境内本无积年荒田，此等豪猾买嘱贪官污吏及造册书算人等，其贪官污吏受豪猾之财，当科粮之际，作包荒名色征纳小户，书算手受财，将田洒派、移丘换段，作诡寄名色，以此靠损小民。⑦

地主把负担转嫁给贫民，结果是富的更富，穷的更穷。⑧ 地主阶级侵占了皇家统治集团应得的租税和人力，农民加重了负担，国家一方面田赋和徭役的收入、供应减少，一方面农民更加穷困饥饿，动摇了侵蚀了统治集团的经济

---

① 《大诰续诰》卷二一。
② 黄省曾：《吴风录》。
③ 宋濂：《朝京稿》卷五，《上海夏君新圹铭》。
④ 《明太祖实录》卷二〇。
⑤ 《明太祖实录》；《明史》卷七七，《食货志》一。
⑥ 《明太祖实录》卷一八〇。
⑦ 《大诰续诰》卷四五，《靠损小民》。
⑧ 《明太祖实录》卷一八〇。

基础，阶级内部发生矛盾，斗争展开了。

经过元末二十年的战争，土地簿籍多数丧失，保存下来的一部分，也因为户口变换，实际的情况和簿籍不相符合。大部分土地没有簿籍可查，逃避了国家赋役；有簿籍的土地，登记的面积和负担又轻重不一，极不公平。朱元璋抓住这中心问题，向地主进行斗争。方法是普遍丈量土地和调查登记人口。

洪武元年正月派周铸等一百六十四人往浙西核实田亩，定其赋税。① 五年六月派使臣到四川丈量田亩。② 十四年命全国郡县编赋役黄册。二十年命国子生武淳等分行州县，编制鱼鳞图册。③ 前后一共用了二十年的时间，才办好这两件事。

丈量土地所用的方法，是派使臣往各处，随其税粮多少，定为几区，每区设粮长四人，会集里甲耆民，量度每块田亩的方圆，作成简图编次字号，登记田主姓名和田地丈尺四至，编类各图成册，以所绘的田亩形状像鱼鳞，名为鱼鳞图册。

人口普查的结果，编定了赋役黄册。把户口编成里甲，以一百一十户为一里，推丁粮多的地主十户做里长，余百户为十甲。每甲十户，设一甲首。每年以里长一人，甲首一人，管一里一甲之事。先后次序根据丁粮多少，每甲轮值一年。十甲在十年内先后轮流为国家服义务劳役，一甲服役一年，有九年的休息。在城中的里叫坊，近城的叫厢，乡都的皆叫作里。每里编为一册，里中有鳏寡孤独不能应役的，带管于一百一十户之外，名曰畸零。每隔十年，地方官以丁粮增减重新编定服役的次序，因为册面用黄纸，所以叫作黄册。

鱼鳞图册是确定地权的所有权的根据，赋役黄册是征收赋役的根据，通过土地和人户的普查，制定了这两种簿籍，颁布了租税和徭役制度。不但大量漏落的土田人口被登记固定了，国家增加了物力和人力，稳定了巩固了统治的经济基础，同时，也有力地打击了一部分地主阶级，从他们手中夺回对

---

① 《明太祖实录》卷二九。
② 《明太祖实录》卷一七四。
③ 《明太祖实录》卷一三五、一八〇。

一部分土地和人口的控制，从而大大增强了皇家统治集团的权力，更进一步走向高度的集中、专制。朱元璋的政权，比过去任何一个时代都更加强大、集中、稳定、完备了。

对城乡人民，经过全国规模的土地丈量，定了租税，在册上详细记载土地的情况，原坂、坟衍、下隰、沃瘠、沙卤的区别，并规定凡置买田地，必须到官府登记及过割税粮，免掉贫民产去税存的弊端，同时也保证了政府的税收，十年一次的劳役，使人民有轮流休息的机会，这些措施，确实减轻了人民的负担，鼓舞了农民的生产情绪，对于社会生产力的推进，起了显著的作用。

对破坏农业生产的吏役，用法律加以制裁，例如"松江一府坊厢中不务生理，交结官府者一千三百五十名，苏州坊厢一千五百二十一名，皆是市井之徒，不知农民艰苦，帮闲在官，自名曰小牢子、野牢子、直司、主文、小官、帮虎，其名凡六。不问农民急务之时，生事下乡，搅扰农业。芒种之时，栽种在手，农务无隙，此等赍执批文，抵农所在，或就水车上锁人下车者有之，或就手内去其秧苗锁人出田者有之……纷然于城市乡村扰害人民"[①]。元璋下令加以清理，除正牢子合应正役以外，其他一概革除，如松江府就革除了小牢子、野牢子等九百余名。[②] 一个地方减少了四分之三为害农民的吏役，这对于农民正常进行生产是有很大好处。

朱元璋虽然对一部分地主进行了斗争，对广大农民作了让步，一部分地主力量削弱了，农民生产增加了。但是，这个政权毕竟是地主阶级的政权，首先为地主阶级服务，即使对农民采取了一些让步的措施，其目的也还是为了巩固和强化整个地主阶级的统治权。无论是查田定租，无论是编户定役，执行丈量的是地主，负责征收粮米的还是地主，当里长甲首的依然是地主，在地方和朝廷作官的更非地主不可，从下而上，从上而下的重重地主统治：地主首先要照顾的是自己家族和亲友的利益，决不会照顾到小自耕农和佃农。由于凭借职权的方便，剥削舞弊都可以通过国家政权来进行，披上合法

---

① 《大诰续诰》，罪除滥役第七四。
② 《大诰续诰》，松江逸民为害第二。

的外衣，农民的痛苦越发无可申诉；而且，愈是大地主，愈有机会让子弟受到教育，通过科举和税户人才等等成为官僚绅士，官僚绅士享有合法的免役权，洪武十年，朱元璋告诉中书省官员："食禄之家，与庶民贵贱有等，趋事执役以奉上者，庶民之事也。若贤人君子，既贵其身，而复役其家，则君子野人无所分别，非劝士待贤之道。自今百司见任官员之家有田土者，输租税外，悉免其徭役，著为令。"十二年又下令："自今内外官致仕还乡者，复其家终身无所与。"① 连乡绅也享有免役权了。在学的学生，除本身免役外，户内还优免二丁差役。② 这样，现任官、乡绅、生员都豁免差役，有办法逃避租税，完粮当差的义务，便完全落在自耕农和贫农身上了。自耕农和贫农不但要出自己的一份，其实官僚绅士地主的一份，亦何尝不由农民实际负担，官僚地主不交的那一份，他们也得一并承当下来。官僚绅士越多的地方，人民的负担就越重。

人民的负担用朱元璋的话叫作"分"，即应尽的义务。洪武十五年他叫户部出榜晓谕两浙江西之民说："为吾民者当知其分，田赋力役出以供上者，乃其分也。能安其分，则保父母妻子，家昌身裕，为忠孝仁义之民。"不然呢？则"不但国法不容，天道亦不容矣！"应该像"中原之民……惟知应役输租，无负官府。"只有如此，才能"上下相安，风俗淳美，共享太平之福"③。

朱元璋要求人民尽应役输税的义务，定下制度，要官吏奉公守法，严惩贪污，手令面谕，告诫谆谆，期望上下相安，共享太平之福。但是官吏并不肯照他的话办事，地主做官只是管百姓，并不想替百姓办事，结果许多制度命令都成为空文，官僚政治的恶果当时便有人明确地指出：

> 今之守令，以户口钱粮狱讼为急务。至于农桑学校，王政之本，乃视为虚文而置之，将何以教养斯民哉！以农桑言之，方春，州县下一白帖，里甲回申文状而已，守令未尝亲视种艺次第，旱涝戒备之道也。

官吏办的是公文。公文上办的事应有尽有，和实际情况全不相干。上官

---

① 《明太祖实录》卷一一一、一二六。
② 张居正：《太岳集》卷三九，《请申旧章饬学政以振兴人才疏》。
③ 《明太祖实录》卷一五〇。

按临地方检查的也是公文，上下都以公文办事，"法出而奸生，令下而诈起"。这是洪武九年的情形。① 十二年后，解缙奉诏上万言书，也说：

> 臣观地有盛衰，物有盈虚，而商税之征，率皆定额，是使其或盈也，奸黠得以侵欺；其歉也，良善困于补纳。夏税一也，而茶椒有粮，果丝有税，既税于所产之地，又税于所过之津，何其夺民之利至于如此之密也。且多贫下之家，不免抛荒之咎。今日之土地无前日之生植，而今日之征聚有前日之税粮，或卖产以供税，产去而税存；或赔办以当役，役重而民困，土田之高下不均，起科之轻重无别，膏腴而税反轻，瘠卤而税反重。②

道理也清楚得很，正因为是"贫下之家"，才被迫抛荒，地主负担特别轻，不但不会抛荒的，而且尽力兼并。膏腴之田是地主的，瘠卤之田是贫民的，地主阶级自己定的税额，当然是膏腴轻而瘠卤重。

严惩贪污，贪污还是不能根绝，用朱元璋自己的话来证明吧，他说：

> 浙西所在有司，凡征收，害民之奸，甚如虎狼。且如折收秋粮，府州县官发放，每米一石，官折抄二贯，巧立名色，取要水脚钱一百文，车脚钱三百文，口食钱一百文。库子又要办验钱一百文，蒲篓钱一百文，竹篓钱一百文，沿江神佛钱一百文。害民如此，罪可宥乎！③

折粮原来是便民的措施，浙西运粮一石到南京，要花四石运费，百姓困苦不堪。④ 改折为钞，可以减轻了浙西农民五分之四的负担。钞是用不着很大运费和蒲竹篓包装的，但地方官还是照运粮的办法苛敛，用种种名色加征至九百文，约合折价的百分之五十。急得朱元璋只是跺脚，说："我欲除贪赃官吏，奈何朝杀而暮犯！今后犯赃者，不分轻重皆诛之！"⑤

洪武一朝，"无几时不变之法，无一日无过之人"⑥。是历史上封建政权对贪污进行斗争最激烈的时期，杀戮贪官污吏最多的时期。虽然随杀随犯，

---

① 《明史》卷一三九，《叶伯巨传》。
② 《明史》卷一四七，《解缙传》。
③ 《大诰》，折粮科敛第四十一。
④ 宋濂：《芝园续集》卷四，《故岐宁卫经历熊府君墓铭》。
⑤ 刘辰：《国初事迹》。
⑥ 《明史》卷一四七，《解缙传》。

不可能根本清除贪污，但是朱元璋下定决心，随犯随杀，甚至严厉到不分轻重都杀，对贪污的减少是起了作用的，对人民有好处，人民是感谢他，支持他的。

一九五五年四月十四日

历史上的国民身份证——路引

公凭在明代叫作路引，军民往来，必凭路引，违者关津擒拿，按律治罪。

假如汉唐的传和过所，目的是偏重在保障兵源的话，那么，明代的路引，用意是偏重在钳制、束缚、管辖和镇压人民。

要明白明代路引制度的作用，最好用创立这制度的人自己的话来说明。明太祖在洪武十九年（公元1386）颁行的《御制大诰续编》里几次提到路引。他要四民各安其业，特别指出要互知丁业，也就是互相监视，训词说："先王之教，其业有四，曰：士农工商。昔民从教，专守四业，人民大安。异四业而外乎其事，未有不堕刑宪者也。朕本无才，曰先王之教，与民约告，诰出，凡民邻里，互相知丁，互知务业，俱在里甲。县府州务必周知，市村绝不许有逸夫。若或异四业而从释道者，户下除名。凡有夫丁，除公占外，余皆四业，必然有效。若或不遵朕教，或顽民丁多，及单丁不务生理，捏巧于公私，以构患民之祸，许邻里亲戚诸人等，拘拿赴京，以凭罪责。若一里之间，百户之内，见诰仍有逸夫，里甲坐视，邻里亲戚不拿其逸夫者，或于公门中，或在市间里，有犯非为，捕获到官，逸夫处死，里甲四邻，化外之迁，的不虚示！"人人都安于四业，才好统治。所谓逸夫，是不务四业之人，专会煽惑鼓动，不说"明王出世"，就喊"弥勒降生"，像元末传播革命的彭莹玉、韩山童、郭子兴和他自己，都是好例子。要清除这类危险分子，必须知丁，如何知丁？"知丁之法，某民丁几，受农业者几，受士业者几，受工业者几，受商业者几。"也就是调查户口，这一项他已经花了十几年功夫，调查停当，作了户帖（户口卡片）和黄册（户口调查清册），并且把户口编成里甲，十户为甲，十甲为里。甲有甲长，里有里长，头头是道了。问题是如何才能保证每一丁都是安分良民呢？一个方法是互相监视，"且欲士者志于士，进学之时，师友某氏，习有所在，非社学则入县学，非县必州府之学，此其所以知士丁之所在：已成之士为未成士之师，邻里必知生徒之所在，庶几出入可验，无异为也"。学生是有学籍的，先生有人看着，也不会有异为。至于农民："农业者不出一里之间，朝出暮入，作忌之道互知焉。"大家都彼此知道的，可以放心。这两类人假如要出门，离家百里之外，就必得有路引来证明身份。至于工人和商人，流动性较大，"专工之业，远行则引明所在，用工州里，往必知方，巨细作为，邻里探知。巨者归迟，微者归疾，出入有不难见也。商本有巨微，货有重轻，所趋远迩水陆，明于引间，归期艰限其业，邻里务必周知。若或经年无信，二载不归，邻里当觉之询故，本户若或托商在外非为，邻里勿干"。工商人外出，引上是载明远近和水陆路程的，邻里有责任调查明白，过期要向官府报告，才脱得了干系。为什么要这样做呢？是怕"使民恣肆冗杂，构非成祸，身堕刑宪，将不得其死者多矣"。一句话，复杂得很，危险得很。接着他又提出辨验丁引的诰词："此诰一出，自京为始，遍布天下，一切臣民，朝出暮入，务必从容验丁。市村人民舍客之际，辨人生理，验人引目相符而无异。然犹恐托业为名，暗有他为，虽然业兴引合，又识重轻巨微贵贱，倘有轻重不伦，所赉微细，必假此而他故也。良民察焉。"验商引物："今后无物引老者（引老是引已过期者），虽引未老，无物可鬻，终日支吾者，坊厢村店拿捉赴官，治以游食，重则杀身，轻则黥窜化外。设若见此不拿，为他人所获，所安（住）之处，本家邻里罪如上。"凡是良民，都要自动辨验生人的引目，要注意引和人相符，和货相符，如有问题，要立刻擒拿赴官，否则，要处连坐之罪。这样一来，就构成了一个全体四民的天罗地网，人人都是侦察调查的对象，"逸夫"就无所逃于天地之间，皇基也就永固了。

根据这原则制定的法律，《弘治会典》一一三："凡军民人等往来，但出百里者，即验文引。凡军民无文引，及内官内使来历不明，有藏匿寺观者，必须擒拿送官，仍许诸人首告。得实者赏，纵容者同罪。"又"凡天下要冲去处，设立巡检司，专一盘诘往来奸细，及贩卖私盐，犯人逃军逃囚，无引面生可疑之人，须要常加捉督"。《明律·兵律》："凡无文引私度关津者，杖八十。关不由门，津不由渡而越度者，杖九十。若越度缘边关塞者，杖一百，徒三年，因而出外境者绞。若军民出百里之外不给引者，军以逃军论，民以私度关津论。"法意和《唐律》相同，但把军民的活动范围，限于百里之内，也就是把人民的生活圈禁在生长的土地上，法律造成了无形的百里宽广的监狱，则又比汉唐严酷得多了。

这制度就许多史料看来，在明代是被严格执行着的。如《大续编》第二十二《粮长瞿仲亮害民》："上海县粮长瞿仲亮拘收纳户各人路引，刁蹬不放回家。"由这例子，可见纳粮户没有路引，是不能回家的。如《明太祖实录》八十三："洪武六年（公元1373）六月癸卯，常州府吕城巡检司盘获民无路引者，送法司论罪。问之，其人以祖母病笃，远出求医，急，故无验。上闻之曰：此人情可矜，勿罪释之。"这一例子又说明了请引要用相当时间。如祝允明《前闻记》："洪武中，朝旨开燕脂河，大起工役，先曾祖焕文与焉。时役者多死，先曾祖独生全。工满将辞归，偶失去路引，分该死。"则替政府服役也要路引，失路引且有死罪。《明英宗实录》四十四："正统三年（公元1438）七月甲申，湖广襄阳府宜城县知县廖仕奏：诸处商贾给引来县生理，因见地广，遂留恋不归，甚至娶妻生子，结党为非，宜加禁防。事下行在户部，以为宜督责归家，其有愿占籍于所寓以供租赋者听，从之。"陆楫《蒹葭堂杂著》："宗人有欲商贾四方以自给者，听从有司关给路引以行，回籍之日，付本府长史司验引发落，有司附册填注，以凭抚案刷卷类查。"前一例是普通商贾，后一例则是皇家商人了。陆容《菽园杂记》十："成化末年（公元1478）京师多盗，兵部尚书余公议欲大索京城内外居民，乃差科道部属等官五十员，分投街巷，望门审验。时有未更事者，凡遇寄居无引者悉以为盗，送系兵马司。"大索即大检查户口，也可译为户口普查。寄居无引者都被捕送官，则可见在原则上，当时的外籍侨寓人也必须有引了。朱国祯《涌幢小品》卷二十万里寻亲记："万历乙亥（公元1575）云南大理府太和县人赵重华请路邮于郡太守以出，从丹阳过毗陵，被盗攫其资去，所遗者独胸囊路邮耳。"又卷十二："陈淡，江都人，尝按云南，遣人诣其家文书匣检阅，有江西贩客路引。"张居正《张文忠公集·书牍十二·答台长陈楚石》:"巡检官职虽卑,关系甚重,此官若得其职,则诘盗查奸,功居地方有司之半,非浅鲜也。况近奉旨清查路引,严关隘,则此官尤当加意者,亟宜题请修复。"从这三个例子看来,一直到十六世纪后期,路引制度还是明朝政府所奉行的控制人民的统治术,张居正做宰相,甚至还着实的整顿了一下。

明代的引也像汉代一样,是要付钱买的,《大诰》第二十一《勾取逃军》:"兵部勾取逃军,其布政司府州县贪图贿赂,不将正犯解官,往往拿解同姓名者……父母妻子悲啼送礼……有司刁蹬,不与引行。既而买引,沿途追赶。"得引不容易,管引的官也有拿卖引生利的,《大诰续编》第三十八《匿奸卖引》:"南城兵马指挥赵兴胜,警巡坊厢,路引之弊脏多,凡出军民引一张,重者(钞)一锭,中者四贯,下者三贯,并无一贯两贯引一张者。其引纸皆系给引之人自备。兴胜却乃具文关支,三年间一十五万有奇,已往七年不追,止追十八年半年纸札,其钞已盈万计。"

因为有引便可保证行旅的安全,关津的查诘,因之就发生空引(空白路引)的问题,不能不用严刑取缔。《大诰三编》第五《空引偷军》:"所在官民,凡有赴京者,往往水陆赴京,人皆身藏空引,及其至京,临归也,非盗逃军而回,即引逃囚而去。此弊甚有年矣。今后所在有司,敢有出空引者、受者皆枭,令籍没其家。关津隘口及京城各门盘获空引者赏钞十锭,赍引者罪如前,拿有司同罪。"

唯一例外,不需路引的是到京都去告密的地主豪绅,《大诰》第四十六《文引》:"凡布政司府州县耆民人等赴京而奏事务者,虽无文引,同行人众,或三五十名,或百十名,至于三五百名,所在关津把隘关去处,问知而奏,即时放行,毋得阻当。阻者,论如邀截实封律。"

除了大量的军队镇压,除了层层的官僚统治,除了大规模的屠杀,除了锦衣卫和东、西厂的特务恐怖,明代还应用自古以来从传到过所这一套制度,把它发展,严密地组织。以人民为假想敌,强迫人民互知(互相侦察)举发,没有一丝漏洞,构成了窒杀人民、囚禁人民的天罗地网,来维持朱家万世一系专制独裁昏淫残暴的统治,这就是明代的路引制度。

有了这一套,洪武十五年(公元1382)明太祖安心的叫户部榜谕两浙江西之民说："为吾民者当知其分。田赋力役出以供上者，乃其分也。能分其分，则保父母妻子，家昌身裕，为仁孝忠义之民，刑罚何由及哉！近来两浙江西之民，多好争讼，不遵法度，有田而不输租，有丁而不应役，累其身以及有司，其愚亦甚矣！曷不观中原之民，奉法守分，不妄兴词讼，不代人陈诉，惟知应役输租，无负官府，是以上下相安，风俗淳美，共享太平之福，以此较彼，善恶昭然。今将喻尔等，宜速改过迁善，为吾良民，苟或不悛，则不但国法不容，天道亦不容矣。"人民出粮出丁是本分；不出，不但国法不容，连天道也不容。至于为什么要出粮出丁，出了能得什么好处，不但明太祖和他的子孙没有说过，连想也从来没有想到过。

明代之粮长及其他

第一　明代米价

刘辰《国初事迹》："市俗以铜钱一十二文易米一升，一百二十文易米一斗，一千二百文易米一石。"叶盛《水东日记》卷十一《洪武四年闰三月王轸父家书》："浙西米价极廉，白者十文一升，可见太平之时矣。"轸，德清人，其父家书全文见沈节甫《纪录汇编》。此洪武前期之米价也。《明太祖实录》卷一七六："洪武十八年十二月己丑，命户部凡天下有司官禄米，以钞代给之：每钞二贯五百文代米一石。"则以钞价低落，故钞数较钱数为多也。《明史·食货志》："洪武三十年定逋赋折色，银一两折米四石。"

《明英宗实录》卷五一："正统四年二月甲戌，山东按察司佥事薛瑄奏云，山东每银一两买米五石。"（至六年用兵麓川，转运劳费，军前米一石至费银四两。卷七十六："六年二月辛巳，麓川寇叛，道路险隘，挽运艰苦，米一石易银四两。"）卷六一："四年十一月乙巳，巡御宣府大同右佥都御史卢睿奏，山西上年拨送折粮银一十万两，每银一两准粮四石。今宣府米价腾踊，请每银一两准二石五斗。从之。"卷六三："五年正月辛酉，行在翰林院修撰邵弘誉言，比年辽东边境丰稔，银一两买米六石至十石。"卷八二："八年九月癸卯，南京守备丰城侯李贤、户部右侍郎张凤奏，南京米价腾踊。军民艰食，发锦衣等卫仓粮以济之，计粮八十万石，得银二十一万七千两，差官解京。"仍合银一两米四石。此土木之变以前之米价也。

郎瑛《七修类稿》卷五："嘉靖乙巳（公元1545）天下十荒八九，吾浙百物腾踊，米石一两五钱。时疫大行，饿莩横道。"

天启时吴中饥，守吏责饷急，米价突涨，叶绍袁《启祯记闻录》卷一："天启五年，是岁吴中饥荒，而国储告匮，责饷东南甚急。新漕院奉旨催粮甚峻，提责金坛管粮县丞三十板，立毙杖下，次及各县粮衙，俱欲提责，太尊寇慎亲下仓征比，吴中大为驿骚，米价顿加至每一石一两二钱，盖自此始，从前所未有也。小民甚以为骇，从渐习而安之矣。"

崇祯末年兵灾、天灾交至并作，米价遂成倍的上涨，《明史·左懋第传》："十四年督催漕运，道中驰疏言：'臣自静海抵临清，见人民饥死者三，疫死者三，为盗者四。米石银二十四两，人死取以食，惟圣明垂念。'……又言：'臣去冬抵宿迁，见督漕臣史可法言，山东米石二十两，而河南乃至百五十两'。"黄宗羲《吾悔集》卷四《熊公雨殷行状》："崇祯辛巳（十四年）江南荒疫，人死且半，米价（石）四两有余。"叶绍袁《启祯记闻录》卷二："崇祯十年……米价向来腾踊，冬粟每石一两二钱，白粟一两一钱，此荒岁之价，而吴民习为常矣……十三年，旧岁苏松皆有秋，今春二麦亦登，夏间禾稼盈畴，非荒岁也。只以邻郡水旱，客米不至，米价加至每石一两六钱，未几一两八钱，民心惶惶。七月中冬粟加每石二两之外，真异事也。崇祯十四年正月糙粟每石二两二钱，冬粟二两五钱。是岁田禾，夏苦亢旱，至秋复蝗，大约所收不及十之三四，十月中糙米价至二两八钱，白粟三两之外，凡中人之家，皆艰于食，吴中向推饶丽，今则饿莩在途，豆谷糠秕，皆以为食，贫民皆面无人色。十五年米值至每升九十文有零，人相食。"袁绍苏州人。

第二 小地主之生活

艾南英《天慵子集》卷三《历年租借序》："天启改元辛酉（公元1621）乃借吾父所授产，通计一百十七亩，亩以一石计，自佃与佃人之所入，借而记之。至壬申（公元1632）乃增岁入十之一……食指五十余口，取给于百十七亩之人。每岁至十一月初，则告籴请贷，富人拒者半。而自戊辰至辛未（公元1628至1631）谷价腾踊，苦甚于昔。"南英字千子，江西东乡人。

第三　佃户

黄溥《闲中今古录》："黄岩风俗，贵贱等分甚严。若农家种富室之田，名曰佃户，见田主不敢施揖，俟其过而后行。（方）谷珍父为佃户，过于恭主。谷珍兄弟四人，既长，谷珍谓父曰：田主亦人尔，何恭如此！父曰：我养赡汝等，由田主之田也，何可不恭！谷珍不悦。父卒；兄弟戮力，家遂渐裕，酿酒以伺田主之索租……（因杀之而反）。"《明史·方国珍传》记国珍世以贩盐浮海为业，以"怨家告其通寇"，因杀怨家入海反，所记与此不同。

杨维桢《东维子文集》卷二《代冯县尹送司农丞杭公还京序》："浙地官民田土，夙有成籍，然仰人租额，岁为地主有增无减，阡陌日荒，庄佃日贫，至于今盖穷极无所措手足矣。"《明太祖实录》卷六十八："洪武四年十月甲辰，中书省奏公侯佃户名籍之数，六国公二十八侯，凡三万八千一百九十四户。"卷七三："五年五月，诏佃见佃主，不论齿序，并如少事长之礼。若在亲属，不拘佃主，则以亲属之礼行之。"《英宗实录》卷五："宣德十年五月乙未，行在刑科给事中年富言：江南小民，佃富人之田，岁输其租。今诏免灾伤税粮，所蠲特及富室，而小民输租如故。乞特命被灾之处，富人田租如例蠲免。从之。"

第四　粮长

《明太祖实录》卷六八："洪武四年九月丁丑，上以郡县吏每遇征收赋税，辄侵渔于民，乃命户部令有司料民土田，以万石为率，其中田土多者为粮长，督其乡之赋税。且谓廷臣曰：此以良民治良民，必无侵渔之患矣。"于每粮万石中，选其田土多者为粮长，洪武六年九月又于粮长下设知数、斗级、运粮夫以佐之，《实录》卷八五："辛丑，诏松江、苏州等府，于旧定粮长下，各设知数一人，斗级二十人，送粮夫千人，俾每岁运纳，不致烦民。"并特令粮长有犯，许纳钞赎罪。《实录》卷一〇二："洪武八年十二月癸巳，上谕御史台臣曰：比设粮长，令其掌收民租，以总输纳，免有司科扰之弊，于民甚便。自今粮长有杂犯死罪及徒流者，止杖之，免其输作，使仍掌税粮。御史台臣言，粮长有犯许纳钞赎罪。制可。"洪武三十年又改设正副粮长，《实录》卷二五四："七月乙亥，命户部下郡县更置粮长，每区设正副粮长三名，以区内丁粮多者为之。编定次序，轮流应役，周而复始。"《明史·食货志二·赋役》："粮长者，太祖时，令田多者为之，督其乡赋税。岁七月，州县委官偕谐京，领勘合以行。粮万石，长、副各一人，输以时至，得召见，语合辄蒙擢用。末年更定，每区正、副二名轮充。宣德间，复永充。科敛横溢，民受其害，或私卖官粮以牟利。其罢者，亏损公赋，事觉，至殒身丧家。"英宗时又改永充为轮役，《英宗实录》卷九五："正统七年八月辛丑，命苏、松、常、嘉、湖、杭六府粮长，岁一更之，从监察御史柳寻奏也。"《明史·食货志二》："景泰中革粮长，未几又复。自官军兑运，粮长不复输京师，在州里间颇滋害。"嘉靖二年"谕德顾鼎臣条上钱粮积弊四事：一曰催办岁征钱粮：成、弘以前，里甲催征，粮户上纳，粮长收解，州县监收。粮长不敢多收斛面，粮户不敢搀杂水谷糠秕，兑粮官军不敢阻难多索，公私两便。近者，有司不复比较经催里甲负粮人户，但立限敲扑粮长，令下乡催征。豪强者则大斛倍收，多方索取，所至鸡犬为空。孱弱者为势豪所凌，耽延欺赖，不免变产补纳。至或旧役侵欠，责偿新金，一人逋负，株连亲属，无辜之民死于笔楚囹圄者几数百人。且往时，每区粮长不过正、副二名，近多至十人以上。其实收掌管粮之数少，而科敛打点使用年例之数多。州县一年之间，辄破中人百家之产，害莫大焉。宜令户部议定事例，转行所司，审编粮长，务遵旧规。如州县官多佥粮长，纵容下乡，及不委里甲催办，辄酷刑限比粮长者，罪之，致人命多死者，以故勘论"。"疏下，户部言：'所陈俱切时弊，令所司举行。'迁延数载如故。"以上有明一代粮长制之沿革也。

粮长制之设，宋景濂曾原其立法之意为之说，《朝京稿》卷五《上海夏君新圹铭》："国朝有天下，患吏之病细民，公卿建议以为吏他郡人，与民情不孚，又多蔽于黠胥宿豪，民受其病固无怪。莫若立巨室之见信于民者为长，使主细民土田之税，而转输于官。于是以巨室为粮长，大者督粮万石，小者数千石。制定而弊复生，以法绳之，卒莫能禁。"吴宽《匏翁家藏集》卷五二《恭题粮长敕谕》则以为粮长之制特重于东南，至颁以重其事："昔在高皇帝初定天下，以苏、松等府粮饷所资，择产厚之民，俾理其事，号曰粮长，每岁将征敛例赴阙下，而听宣谕而还。自鼎迁于北，累朝恪遵其制，率下敕词于南京户部，人给一道。"太祖所谓田土多者，景濂所谓巨室，匏翁所谓产厚之民，以今名释之，即大地主也。平居鱼肉兼并之不足，一旦假以事权，责之收纳，如虎傅翼，其恶乃愈肆，驯至富者愈富，贫者愈贫，而民生乃不可问。其弊胎于立法之际，炽于犯罪许赎之时，而极于永充之日。至中叶以后，朝政不纲，任役者家业立碎，则巨室产厚者又以贿去其籍，贫难下户一被佥发，率举室逃散，视为畏途矣。此制为明太祖所亲定，顾不廿年而弊端百出，太祖虽悔之而不能改，则以其立国之基，固凭借于厚产之巨室也。其弊之见于官书者，如太祖所亲颁之《大诰续诰》第二十一：

嘉定县校长金仲芳等三名，巧立名色（虐民）凡一十有八：

一定缸钱　一包纳运头米　一临运钱　一造册钱　一车脚钱　一使用钱　一络麻钱　一铁炭钱　一申明旌善亭钱　一修理仓廒钱　一点缸钱　一馆驿房舍钱　一供状户口钱　一认役钱　一黄粮钱　一修墩钱　一盐票钱　一出曲子钱

同书第四十七：

粮长邦阿乃起立名色，科扰粮户。其扰民之计，立名曰：缸水脚米，斛面米，装粮饭米，车脚钱，脱夫米，造册钱，粮局知房钱，看米样中米，灯油钱，运黄粮脱夫米，均需钱，棕软篾钱一十二色，通计敛米三万二千石，钞一万一千一百贯，正米止该一万，便做加五收受，尚余二万二千石，钞一万一千一百贯。民无了纳者，以房屋准之者有之，揭屋瓦准者有之，变卖牲口准者有之，衣服段匹布帛之类准者亦有之，其锅灶、水车、农具尽皆准折。

宣宗时，南京监察御史李安上言粮长苛征之害，《宣宗实录》卷七四：

宣德五年闰十二月壬寅，南京监察御史李安言：各处粮长皆殷实之家以承充之，故习于豪横，咸制小民，妄意征求，有折收金银段匹者，有每石征二三石者，有准折子女、畜产者；任情费用，或纵恣酒色，或辗转贩卖。营私有余，输官不足，稽其递年税粮完者无几。宜禁革以便民，命行在户部计议施行。

江西耆民则陈诉永充粮长之怙势害民，《宣宗实录》卷七四：

> 宣德五年闰十二月庚戌，江西庐陵、吉水二县耆民建言：永充粮长怙势害民，如征夏税，一图不及一石，而甲首十人各科棉布一匹，又折使用棉布五匹，至二十倍有余。若征收秋粮，每石加倍以上，又征用绵布十五匹。复以官府支费为名，每甲首一人别科银二两。甚至在乡强占灌田陂塘，阻遏水利，民多怨苦。皆因永充之故。

监察御史张政又痛陈粮长之作奸犯科，《宣宗实录》卷七八：

> 宣德六年四月癸亥，监察御史张政言：洪武间设粮长专办税粮。近见浙江嘉、湖、直隶、苏、松等府粮长，兼预有司诸务，徭役则纵富役贫，科征则以一取十，词讼则颠倒是非，粮税则征敛无度，甚至役使善良，奴视里甲，作奸犯科，民受其害，乞为禁治。命行在户部禁约。

仁、宣两代在明代号为极盛，吏治修明，民生乐业，史家多艳称之，顾粮长之弊，乃与续诰所言无异，甚且过之。小民困不聊生。国库输纳不足，损民蠹国，而粮长乃愈肥，大地土乃愈大。英宗时常熟知县郭南言粮长奸敝，负欠税粮《英宗实录》卷五：

> 宣德十年五月辛卯，直隶苏州府常熟县知县郭南奏：各州县佥替粮长，多不循公，致奸弊不一，负欠税粮。乞遇佥替时，令州县官选丁多殷实为众所服者充投，仍具姓名，申达上司。奏下行在户部，请如其言，从之。

次年江南县民复奏粮长违诏科征，巧立名色，以致小民逋欠，《英宗实录》卷一四：

> 正统元年二月丁未，应天府江宁县民奏：本县抛荒官田，令民佃种，已有诏例准民田起科，而粮长不遵，一依官田全征，民受其害。又巧立过乡名色，每年夏税秋粮索取麦稻，以致小民逋欠。奏下行在户部，覆奏令巡抚侍郎体实具闻，以凭究问。上恐累及平人，但令移交禁止之。

驯至剖理词讼，屈抑无辜，正统十一年特诏禁止，《英宗实录》卷一四一：

> 正统十一年五月甲戌，湖广布政使萧宽奏：近年民间户婚、田土、斗殴等讼，多以粮长剖理，甚至贪财坏法，是非莫辨，屈抑无辜。乞严加禁约，今后不许粮长理讼。从之。

黄省曾《吴风录》记粮长之兼并,及与地方官勾结之情形云:

> 自郭令信任巨万富粮长,纳其赃贿千万,以至粮长倍收人户,吞并乡民,莫之控诉,而粮长自用官银买田、造宅、置妾,百费则又开坐于小户,谬言其逋。至今粮长虎噬百姓,以奉县官。

政府以巨室为爪牙,巨室复假国家之威灵以遂其鱼肉兼并之计,而茧茧小民,乃无复有所告诉。农为民本,国本既穷,国斯不国,此太祖所遗之虐政,亦明室积贫积弱之主因也。

第五　田价

钱泳《履园丛话·旧闻门》云:"前明中叶田价甚昂,每亩直五十余两至百两,然亦视其田之肥瘠。崇祯末年,盗贼四起,年谷屡荒,咸以无田为幸,每亩止值银一二两,成田之稍下者,送人亦无有受诺者。至顺治初,良田不过二三两,康熙年间涨至四五两不等,雍正间仍复顺治初价值。至乾隆初年田价渐涨。然余五六岁时,亦不过七八两,上者十余两,今阅五十年,竟亦涨至五十余两矣。"

钱谦益《有学集》卷二七《扬州石塔寺复雷塘田记》:"近寺有雷塘田一千二百五十余亩,寺僧开垦作常住田。乃者开荒清丈,寺僧奉甲令估纳价银一千四百五十九两。"

第六　徙民垦田

自元末群雄兵起,至太祖统一区宇,前后历时凡二十年。农民转徙沟壑,田畴芜为蒿莱,旷土沃野,往往皆是。谋国者因议徙狭乡之民于宽乡,使田畴增辟,游民就农,足国富民,二利俱举。于是有徙民垦田之举,移南实北,徙狭就宽,前后凡三十年。《明史·食货志》虽略记之,顾不详备,今采《明史·太祖本纪》、《明太祖实录》徙民之文著于篇。

《明太祖实录》卷五三:"洪武三年六月丁丑,济南府知府陈修及司农官上言:北方郡县近城之地多荒芜,宜召乡民无田者垦辟,户率十五亩,又给地二亩与之种蔬菜,有余力者不限顷亩,皆免三年租税。其马驿、巡检司、急递铺应役者,各于本处开垦,无牛者官给之。守御军屯远者,亦移近城。若王国所在，近城存留五里，以备练兵牧马，余处悉令开耕。从之。"《明史·太祖本纪》："洪武三年六月辛巳，徙苏州、松江、嘉兴、湖州、杭州民无业者田临濠，给资粮牛种，复三年。四年三月乙巳，徙山后民万七千户屯北平。六月徙山后民三万五千户于内地。又徙沙漠遗民三万二千户屯田北平。"《食货志》谓此举也，"置屯二百五十四，开地千三百四十三顷"。寻"复徙江南民十四万户于凤阳"。《本纪》："九年十一月戊子，徙山西及真定民无产者田凤阳。"《实录》卷一四八："十五年九月，晋府长史致任桂彦良言：中原为天下腹心，号膏腴之地，因人力不至，久致荒芜。近虽令诸军屯种，垦辟未广。莫若于四方地瘠民贫、户口众多之处，令有司募民（移宽乡）开耕。愿应募者资以物力，宽其徭赋，使其乐于趋事。及凡犯罪者亦谪之屯田，使荒闲之田，无不农桑，三五年间，中州富庶，则财用丰足矣。"卷一九三："二十一年八月癸丑，户部郎中刘九皋言：古者狭乡之民，迁于宽乡，盖欲地不失利，民有恒业，今河北诸处，自兵后田多荒芜，居民鲜少。山东西之民，自入国朝，生齿日繁，宜令分丁徙居宽闲之地，开种田亩。如此，则国赋增而民生遂矣。上谕户部侍郎杨靖曰：山东地广，民不必迁，山西民众，宜如其言。于是迁山西泽、潞二州民之无田者，往彰德、真定、临清、归德、太康诸处闲旷之地，令自便置屯耕种，免其赋役三年，仍户给钞二十锭，以备农具。"卷一九六："二十二年四月乙亥朔，命杭、湖、温、台、苏、松诸郡民无田者，许命往淮河迤南滁、和等处就耕。官给钞户三十锭，使备农具，免其赋役三年。上谕户部尚书杨靖曰：朕思两浙民众地狭，故务本者少，而事末者多，苟遇岁歉，民即不给。其移无田者于有田处就耕，庶田不荒芜，民无游食……国家欲使百姓衣食足给，不过因其利而利之，然在处置得宜，毋使有司侵扰之也。"卷一九七："二十二年九月壬申，后军都督朱荣奏：山西贫民徙居大名、广平、东昌三府者，凡给田二万六千七十二顷。"卷二一六："二十五年二月庚辰，监察御史张式奏徙山东登、莱二府贫民无恒产者五千六百三十五户，就耕于东昌。"卷二三一："二十七年二月丁酉，迁苏州府崇明县无田民五百余户于昆山开种荒田。时昆山县民上言，其邑田多荒芜，而赋额不蠲，故有是命。"卷二三九："二十八年七月乙未，山东布政使杨镛奏，青、兖、登、莱、济南五府民五丁以上及小民无田可耕者，起赴东昌，编籍屯种，凡一千五十一户，四千六百六十六口。"综上所记，知太祖一朝之徙垦，初年山东地旷人稀，临濠（凤阳）帝乡，北平则北边重镇地，徙民垦辟，甫十数年而山东西之民生齿日繁。中原（河南北）则以人力不至，久致荒芜，洪武二十年以后始徙民垦辟河南北，二十二年始徙两浙民垦淮南。就宽狭论，则登、莱等五府就近徙东昌，山西泽、潞二府徙彰德、大名等四府，两浙垦淮南，崇明迁昆山，此其大较也。垦田总数及增收田租，仅东昌等三府彰德等四府著于史，《太祖实录》卷二四三："二十八年十一月戊寅，后军都督佥事朱荣言：东昌等三府屯田，迁民五万八千一百二十四户，租三百二十二万五千九百八十余石，棉花二百四十八万斤。右军都督佥事陈春言：彰德等四府屯田凡三百八十一，屯租二百三十三万三千三百一十九石，棉花五百二万五千五百余斤。"成祖即位后，又徙山西民实北平，《成祖实录》卷十二下："洪武三十五年九月乙未，命户部遣官核实山西太原、平阳二府泽、潞、辽、沁、汾五州丁多田少及无田之家，分其丁口以实北平各府州县，仍户给钞，使置牛具、种子，五年后征其税。"此洪武朝徙民之尾声也。盖自开国以来，经三十余年之休养生息，经数十次之迁徙垦辟，益以军屯、商屯，生齿日繁，沃土尽辟。成祖而后，盖已不复有事于徙民矣。

第七　户帖

《明史·太祖本纪》："洪武三年十一月辛亥，诏户部置户籍、户帖，岁计登耗以闻，著为令。"按《明史》此条史源，出《明太祖实录》卷五八。《实录》云："洪武三年十一月辛亥，核民数给以户帖。户部制户籍、户帖，各书其户之乡贯、丁口、名、岁，合籍与帖，以字号编为勘合，识以部印，籍藏于部，帖给之民。仍令户部岁计其户口之登耗，类为籍册以进。著为令。"《明史·食货志·户口》："太祖籍天下户口，置户籍、户帖，具书名、岁、居地，籍上户部，帖给之民。有司岁计其登耗以闻。"《明宣宗实录》卷六九："宣德五年八月乙未，兼掌行在户部事兵部尚书张本言：天下人民，国初俱入版籍，给以户帖，父子相承，徭税以定。"则户帖盖洪武十四年编定全国赋役黄册以前之制度，户帖给之民，综户帖而为户籍，藏于户部，合籍与帖，又以字号编为勘合，以便稽校。丁产岁有增减，则又岁计登耗，类册以进也。

按户帖之制，先行于宁国，创行者为宁国知府陈灌，《明史》卷二八一《陈灌传》："创户帖以便稽民。帝取为式，颁行天下。"《宁国府志》记："知府庐陵陈灌作户帖以定版籍，民甚德之。后以其法诏行天下。"其规制则谈迁记之甚详，《枣林杂俎·逸典》："洪武三年十一月辛亥，给民户帖。以户部半印勘合，令有司各户比对，不合者遣戍，隐匿者斩。男女田产备载于后。户部尚书邓德、左侍郎程进诚、侍郎某、员外郎某、主事某各押名，又本州县正，以官知印吏亦押名，部官押名俱刻本州县，押名细书。帖不满二尺。"

王鏊《王文恪公集》卷三五有邢丽文家藏洪武三年定户口勘合帖一文，亦记当时规制。

第八 户口

明制户口以籍为定，《明律》卷四《户》一："凡军、民、驿、灶、医、卜、工、乐诸色人户，并以籍为定。若诈冒脱免、避重就轻者，杖八十；其官司妄准脱免及变乱版籍者，罪同。"《明史·食货志》记洪武二十六年、弘治四年、万历六年三次户口总数，计：

时代	户数	口数
洪武二十六年（公元 1393）	16 052 870	60 545 812
弘治四年（公元 1491）	9 113 446	53 281 158
万历六年（公元 1578）	10 621 436	60 692 856

《食货志》因谓："太祖当兵燹之后，户口顾极盛。其后承平日久，反不及焉。靖难兵起，淮以北鞠为茂草，其时民数反增于前。后乃递减，至天顺间为最衰。成、弘继盛，正德以后又减。"周忱推论户口之所以减削，谓一投倚于豪门，二冒匠窜两京，三冒引贾四方，四举家舟居，莫可踪迹。此殆笃论。

顾犹有进者，我国往昔官场，调查呈报，第为文具，下行上报，徒美观瞻，史籍所具数字，根本不可置信。就不可信之数字而推论其增减之由，直空中楼阁耳，试举二例，以实吾说。《明英宗实录》卷二七："正统二年（公元1437）二月辛酉，直隶凤阳府宿州知州王永隆奏：近制各处仓库储蓄及户口、田土，并岁入岁用之数，俱令岁终造册，送行在户部存照。州县惟恐后期，预于八月臆度造册报。且八月至岁终尚有四月，人口岂无消息，费用岂无盈缩，以此数目不清，徒为虚文。请令有司今后岁终造册，期以次年二三月至部，则无臆度之患矣。从之。"由此知正统以前之岁终报部，率由臆度，徒为虚文也。部臣综州县之呈报，汇为户口总数，《实录》据之，编年排列，《明史》复据之以论明代户口升降。永隆所陈虽经报允，而绳以往者官场之颠顶，证以今日官场之等因奉此，则其效亦可睹矣，今试再以《明实录》所记之洪武二十四年户口总数，与《食货志》所记做一对比，《明太祖实录》卷二一四：

郡县更造赋役黄册成，计

人户 10 684 435

口 56 774 561

地名	户数	口数
直隶十四府四州	1 876 638	10 061 873
浙江布政司	2 282 704	8 661 640
山东布政司	720 282	5 672 543
北平布政司	340 523	1 980 895
河南布政司	330 294	2 106 991
陕西布政司	294 503	2 489 805
山西布政司	593 065	4 413 437
广东布政司	607 241	2 581 719
江西布政司	566 613	8 105 610
湖广布政司	739 478	4 091 905
广西布政司	208 047	1 392 248
福建布政司	816 830	3 293 444
四川布政司	232 864	1 567 654
云南布政司	75 690	354 797

各布政司之呈报非不详备也。浙江户多于直隶四十万，而口则少于直隶一百

四十万，河南户多于陕西四万，而口则减于陕西三十八万。再与后二年之户口数对比：

  洪武二十四年（公元1391） 户 10 684 435 口 56 774 561
  洪武二十六年（公元1393） 户 16 052 860 口 60 545 812

则相隔甫二年而户增五百三十三万，口增三百七十七万，约一丁为二户，或一户而仅有半丁，此固事理之不可能，其为臆度报部之成果又无疑也。执此以论明代户口，则尽信书不如无书，执此以论明代户口升降之故，则直是痴人说梦矣。

第九　明初之大地主

明祖起于侧微，定浙东后，礼聘宋濂、刘基、叶琛、章溢四人入幕室，参谋议。四人皆儒生，亦浙东之大地主也。刘、章尤魁杰，聚兵保乡里，一呼万人立集，苗军之变，刘基一言而定处州，章氏父子则以所部兵转战立功。其他各地之巨室输粮助饷，望风投顺以求庇佑者，盖不可以数计。明祖借其力以缔王业，然实深忌之。吴元年平张士诚，以苏民为张氏固守故，徙其富民于濠州①，此盖师秦政故智，所谓强干弱枝者也。建国后又次第徙各地富民实京师。事先经缜密之调查，《明太祖实录》卷四十九：

  洪武三年二月庚午，先是上问户部，天下民孰富？产孰优？户部臣对曰：以田税之多寡较之，惟浙西多富民巨室。以苏州一府计之，民岁输粮一百石以上至四百石者四百九十户，五百石至千石者五十六户，千石至二千石者六户，二千石至三千八百石者二户，计五百五十四户，岁输粮十五万一百八十四石。

至洪武三十年（公元1397）遂徙东南富民田赢七顷以上者实京师，《明太祖实录》卷二五二：

  洪武三十年四月癸巳，户部上富民籍名。奏云南、两广、四川不取，籍得浙江等九布政司、直隶应天十八府州田赢七顷者，万四千二百

---

① 《明太祖实录》卷二十六。

四十一户，列其户名以进。命藏于印绶监，以次召至，量才用之。

同年八月，又徙山东、河南、淮东富民实京师，《实录》卷二五四：

> 戊申，吏部尚书杜泽言：富民既名登天府，宜依次取用。上命先取山东、河南、淮东者至京选用之。

选用富民事别详下文。洪武、永乐二代之迁徙富民，亦详见《明史·食货志》：

> （太祖）惩元末豪强侮贫弱，立法多右贫抑富。尝命户部籍浙江等九布政司、应天十八府州富民万四千三百余户，以次召见，徙其家以实京师，谓之富户。成祖时，复选应天、浙江富民三千户，充北京宛、大二县厢长，附籍京师，仍应本籍徭役。供给日久，贫乏逃窜，辄选其本籍殷实户佥补。宣德间定制，逃者发边充军，官司邻里有隐匿者俱坐罪。弘治五年，始免解在逃富户，每户征银三两，与厢民助役，嘉靖中减为二两，以充边饷。太祖立法之意，本仿汉徙富民实关中之制，其后事久弊生，遂为厉阶。

被徙者率破家，至贫困不能自存，《明史》卷一六一《黄润玉传》：

> 黄润玉，字孟清，鄞人。永乐初，徙南方富民实北京，润玉请代父行，官少之。对曰："父去，日益老，儿去，日益长。"官异其言，许之。

《明英宗实录》卷九：

> 宣德十年九月庚午，免得胜关富户原籍户丁徭役。时耆民瞿原奏：本关富户王永保等一千四百五十七户，俱系各布政司府州县取来填实京师，岁久贫乏，乞免原籍户丁徭役供给。奏下行在户部，议免二丁，从之。

其被徙实凤阳者，以潜回原籍有禁，率多托为游丐，回籍省视，习俗相沿，至今东南沿海一带，犹时见凤阳花鼓沿村卖唱。清赵翼《陔余丛考》卷四一《凤阳丐者》条：

> 江苏诸郡，每岁冬必有凤阳人来，老幼男妇成群逐队，散入村落间乞食，至明春二三月间始回，其唱歌则曰："家住庐州并凤阳，凤阳原是好地方，自从出了朱皇帝，十年倒有九年荒。"以为被荒而逐食也。

然年不荒，亦来行乞如故。《蚓庵琐语》云："明太祖时徙苏、松、杭、嘉、湖富民十四万户以实凤阳，逃归者有禁。是以托丐潜回省墓探亲，遂习以成俗，至今不改。"理成然也。

江南巨室，以次被徙而日零落。其中魁桀豪长则特被宠召，任以中外要职。盖徙之使去乡土，所以弭其蟠结雄长之患，而官之则以科举之制未定，官司需人急，巨室子弟多通文，縻以爵禄，荣以衣冠，又坐收四方豪杰之用也。明祖之权略，大率类是。《明史·太祖本纪》：

> 洪武八年十月丁亥，诏举富民素行端洁达时务者。

所举者名人材亦曰税户人才，吴宽《匏翁家藏集》卷七五《施孝先墓表》：

> 国初科举法未定，诏选富民入官，有初命为方岳牧守者，号曰人材。

其著者如乌程严震直，《匏翁家藏集》卷四十三《尚书严公流芳录》序：

> （震直）公湖之乌程人，世力田，为旧族。洪武初设粮长，郡县推择得公，每岁率先输粮，乡民素感公德，恐提期累公，无遗负者。时方征富民出仕，号税户人才。上察公朴直勤事，授布政司参议，而留治通政司事，累迁工部尚书。

浦江郑沂兄弟，《明史·郑濂传》：

> 濂受知于太祖，昆弟由是显。濂以赋长诣京师，帝欲官之，以老辞。弟泧，擢为左参议。二十六年，擢濂弟济与王勉为春坊左右庶子。后又征濂弟沂，自白衣擢礼部尚书。濂从子幹官御史，棠官检讨。他得官者复数人。济、棠皆学于宋濂，有文行。

诛之使穷，官之使贵，而犹未能尽销巨室之势力，收魁杰之效用，则以党案株锄之，大肆屠戮，巨室死丧尽，其家产则籍没而收为国用。自洪武十三年后有胡惟庸之狱，李善长之狱，蓝玉之狱，郭桓之狱，空印之狱。前后十数年，其所诛夷无虑十数万，而东南之巨室无不破家荡产矣。方孝孺《逊志斋集》卷二十二《采苓子郑处士（濂）墓碣》：

> 妄人诬其家与权臣（胡惟庸）通财，时严通财党与之诛，犯者不问实不实，必死而覆其家。当是时，浙东西巨室故家，多以罪倾其宗，而处士家数千指特完，盖忠信之报云。

第五章 世情写真：大明王朝的社会状态 \ 323

正学先生与郑济棠同出宋景濂之门，所记自得实，至云"犯者不问实不实，必死而覆其家"，当时之恐怖情形可以想见。抑由此可知明祖兴党狱之用意，不在实不实，而在必死巨室、必覆其家也。吴宽《匏翁家藏集》多为东南巨室作碑碣，其述明初事，有足与史印证者，如卷六十一《先考封儒林郎翰林院修撰府君（融）墓志》：

> 先祖生值元季，逮国初，能晦匿自全……所居城东，遭世多故，邻之死徙者殆尽，荒落不可居。

卷五十七《先世事略》：

> 先祖生元末……生平畏法，不入府县门，每戒家人闭门勿预外事。故历洪武之世，乡人多被谪徙或死于刑，邻里殆空，独能保全无事。

此匏翁记其父祖幸免之事迹也。此外如华亭朱氏以出居免，卷七十四《山西提刑按察司副使朱公墓表》：

> 国初其祖士清为邑乌溪（华亭）大姓赵惠卿赘婿，赵以富豪于一方。士清逆知其家必罹法禁，出居于外以避之。后竟保其家。

吴江莫氏以附尺籍免，卷五十八《莫处士（辕）传》：

> 时莫氏以赀产甲邑中，所与通姻，皆极一时富豪。处士窃忧之，每指同姓棣泮海卫者一人曰吾族也，人莫测其意。后党祸起，芝翁（浞）与其子侍郎公（礼）相继死于法，余谪戍幽闭，一家无能免者，而处士卒以尝附尺籍免。

无锡华氏以散财免，卷七十三《怡隐处士墓表》：

> 家故多田，富甲邑中。至国初，尽散所积以免祸。

匏翁于《莫处士传》中更畅论三吴巨室所以致罪之由曰：

> 吴自唐以来，号称繁雄。延及五代，钱氏跨有浙东西之地，国俗奢靡，用度不足，则益赋于民，不胜其困。宋兴，钱氏纳土，赖其臣湛其藉于水，更定赋法，休养生息。至于有元，极矣。民既习见故俗，而元政更弛，赋更薄，得以其利自私，服食宫室，僭拟逾制，卒之徒足以资寇兵而已。皇明受命，政令一新，豪民巨室，划削殆尽，盖所以鉴往弊而矫之也。

《贝琼清江文集》卷十九《横塘农诗》序二，记巨室尽倾其宗，而秦文刚侥幸独全，其述文刚言曰：

> 三吴巨姓，享农之利而不亲其劳。数年之中，既盈而覆，或死或徙，无一存者。吾以业农独全，岁于贡赋外，则击鲜酿酒，合族人乡党，酌而相劳，荣辱得丧，举不挠吾胸中矣。

前朝所遗之巨室，以徙，以诛夷而略尽，代之而起者则为帝室之皇庄，公侯勋戚宦寺之庄田，大官老吏之轻裘，举人进士乡宦所营之投献田土，一害去，四害增，统治者饱，小民哭。

明代之农民

一

按照职业的区分，明代的户口有民户、军户、医户、儒户、灶户、僧户、道户、匠户①、阴阳户②、优免户、女户、神帛堂户③、陵户、园户、海户、庙户④……之别。户有户籍户帖：

洪武三年（1370）十一月辛亥核民数给以户帖。户部制户籍户帖，各书其户之乡贯丁口名岁，合籍与帖，以字号编为勘合，识以部印，储藏于部，帖给之民。仍令有司岁计其户口之登耗，类为籍册以进，著为令。⑤户籍藏于户部，户帖给民收执。"父子相承，徭税以定。"⑥令有司各户比对，不合者遣戍，隐匿者斩，男女田宅，备载于后。⑦若诈冒避免，避重就轻者杖八十，其官司妄准脱免，及变乱版籍者罪同。⑧洪武十四年（1381）改为赋役黄册，以一百十户为一里，推丁粮多者十户为长，余百户为十甲，甲凡十人，岁役里长一人，甲首一人，董一里一甲之事，先后以丁粮多寡为序，凡十年一周曰排年。在城曰坊，近城曰厢，乡都曰里。里编为册，册首总为一

---

① 《弘治会典》卷一一。
② 《弘治会典》卷二〇，引《大明令》。
③ 《明史》卷二八一，《庞嵩传》。
④ 《明史》卷七八。
⑤ 《明太祖实录》卷五八。
⑥ 《明宣宗实录》卷六九。
⑦ 谈迁：《枣林杂俎》，《逸典》。
⑧ 《明律》卷四，《户》一。

图，鳏寡孤独不任役者附十甲后为畸零，僧道给度牒，有田者编册如民科，无田者亦为畸零，每十年有司更定其册，以丁粮增减而升降之。册凡四，一上户部，其三则布政司、府、县各存一焉。上户部者册面黄纸，故谓之黄册。其后黄册只具文，有司征税编徭则自为一册，曰白册云。①

各色户口中占绝大多数的是民户，民户中占绝大多数的是农民。（也可以说民户即指农民，一小部分的小商也包括在内。曾任官吏的则另别为宦户。）其次是军户和匠户。民由有司，军由卫所，匠由工部管理。②农民人数最多，和土地的关系最密切，对国家的担负也最重。他们的生活也最值得我们注意。

农民中的富民和大地主的子弟有特权享受最好的教育，在科举制度下，他们可以利用所受的教育，一经中试便摇身变成儒户，一列仕途，便又变成宦户。退休后又变成乡绅，不再属于民户。或则买官捐监，也可以使一家的身份提高。贫农中也有由子弟的努力而成为儒户、宦户的，不过身份一改，便面目全非，对国家的负担和社会上的待遇便全然不同。他们不但不再属于民户，反而掉转头来自命为上层阶级，去剥削他从前所隶属的集团了。

二

农民的本分是纳赋和力役，明太祖告诉他的百姓说："为吾民者当知其分。田赋力役出以供上者乃其分也。能安其分则保其父母妻子，家昌身裕，为仁义忠孝之民，刑罚何由及哉。"③赋役都以黄册为准，册有丁有田，丁有役，田有租，租曰夏税，曰秋粮，凡二等。丁曰成丁，曰未成丁，凡二等。民始生籍其名曰不成丁，年十六曰成丁，成丁而役，六十而免。役曰里甲，曰均徭，曰杂泛，凡三等。以户计曰甲役，以丁计曰徭役，上命非时曰杂役，皆有力役，有雇役，田租大略以米麦为主，而丝绢与钞次之。④

要农民安于本分，使永远不能离开其所耕种的土地，除有黄册登记土地

---

① 《明史》卷七七，《食货志》，《户口》。
② 《弘治会典》卷二〇。
③ 《明太祖实录》卷一五〇。
④ 《明史》卷七八，《食货志》，《赋役》。

户口外，并设路引的制度，百里内许农民自由通行，百里外即须验引："凡军民等往来但出百里者，即验文引。"① 天下要冲去处设立巡检司，专一盘诘无引面生可疑之人。军民无文引必须擒拿送官，仍许诸人首告，得实者赏，纵容者同罪。② 此制在洪武初年即已施行：

> 洪武六年（1373）七月癸亥，常州府吕城巡检司盘获民无路引者送法司论罪。问之，其人以祖母病笃，远出求医急，故无验。上闻之曰："此人情可矜，勿罪。"释之。③

于是农民永远被禁乡里，只好硬着头皮为国家尽本分。

田赋和力役只是农民负担一小部分。除了对国家以外，农民还要对地方官吏、豪绅、地主……尽种种义务，他们要受四重甚至五重的剥削。官吏则巧立名目，肆行科敛，即在开国时严刑重法，也还有此种情形，明太祖极为愤怒，他很生气地训斥一般地方官说：

> 置造上中下三等黄册，朝觐之时，明白开谕，毋得扰动乡村。止将黄册底册就于各府州县官备纸札，于底册内挑选上中下三等以凭差役，庶不靠损小民，所谕甚明。及其归也，仍前着落乡村，巧立名色，团局置造，科敛害民。④

科敛之害，甚于虎狼。如折收秋粮，府州县官发放，每米一石官折钞二贯，巧立名色，取要水脚钱一百文、车脚钱三百文、口食钱一百文。库子又要辨验钱一百文，蒲篓钱一百文，竹篓钱一百文，沿江神佛钱一百文。⑤ 政府之惩治虽严，而官吏之贪污如故，剥削如故，方震孺整饬吏治疏言：

> 一邑设佐贰二三员，各有职掌。司捕者以捕为外府，收粮者以粮为外府，清军者以军为外府，其刑驱势逼，虽绿林之豪，何以加焉。稍上而有长吏，则有科罚，有羡余，日吾以备朝京之需，吾以备考满之用，上言之而不讳，下闻之而不惊，虽能自洗刷者固多，而拘于常例者不尽

---

① 《弘治会典》卷一三〇。
② 《弘治会典》卷一三〇。
③ 《明太祖实录》卷八三。
④ 《大诰》第四四。
⑤ 《大诰》第四一。

无也。又上之而为郡守方面，岁时则有献，生辰则有贺，不谋而集，相摩而来，寻常之套数不足以献芹，方外之奇珍始足以下点，虽能自洗刷者固多，而拘于常例者不尽无也。萧然而来，捆载而去。夫此捆载者非其携之于家，雨之于天，又非输于神，运于鬼，总皆为百姓之脂膏，又穷百姓卖儿卖女而始得之耳。①

其剥削之方法，多用滥刑诛求，英宗时江西按察司佥事夏时言：

> 今之守令冒牧民之美名，乏循良之善政，往往贪泉一酌而邪念顿兴，非深文以逞，即钩距是求。或假公营私，或诛求百计。经年置人于犴狱，滥刑恒及于无辜。甚至不任法律而颠倒是非，高下其手者有之，刻薄相尚，而避己小嫌，入人大辟者有之。不贪则酷，不怠则奸，或通吏胥以贾祸，或纵主案以肥家，殃民蠹政，莫敢谁何。②

地方官以下之粮长吏胥，则更变本加厉，横征暴敛，如《续诰》所记嘉定县粮长金仲芳等额外敛钱之十八种名色：

> 一定舡钱，一包纳运头米钱，一临运钱，一造册钱，一车脚钱，一使用钱，一络麻钱，一铁炭钱，一申明旌善亭钱，一修理仓廒钱，一点舡钱，一馆驿房舍钱，一供状户口钱，一认役钱，一黄粮钱，一修墩钱，一盐票钱，一出由子钱。③

又如粮长邾阿乃起立名色，科扰粮户，至超过正税数倍：

> 其扰民之计，立名曰舡水脚米，斛面米，装粮饭米，车脚钱，脱夫米，造册钱，粮局知房钱，看米样中米，灯油钱，运黄粮脱夫米，均需钱，棕软篾钱一十二色。通计敛米三万七千石，钞一万一千一百贯。正米止该一万，便做加五收受，尚余二万二千石，钞一万一千一百贯。民无可纳者，以房屋准者有之，变卖牲口准者有之，衣服段匹布帛之类准者亦有之，其锅灶水车农具尽皆准折。④

隶快书役为害尤甚："民之赋税每郡小者不过数万，大者不过数十万，而所

---

① 《方孩未集》卷一。
② 《明英宗实录》卷四〇。
③ 《续诰》第二一。
④ 《续诰》第四七。

以供此辈者不啻倍之。"①

地方豪绅不但享有优免赋役的特权（参看《大公报·史地周刊》：《明代仕宦阶级的生活》《晚明之仕宦阶级》二文），并且也创立种种苛税，剥削农民。有征收道路通行税的：

> 宣德八年（1432）十一月丙午，顺天府尹李庸言："比奉命修筑桥道，而豪势之家，占据要路，私搭小桥，邀阻行人，榷取其利，请行禁革。"上曰："豪势擅利至此，将何所不为。"命行在都察院揭榜禁约。②

有私征商税的：

> 正统元年（1436）十二月甲申，驸马都尉焦敬令其司副李景于文明门外五里建广鲸店，集市井无赖，假牙行名，诈税商贩者，钱积数十千。又于武清县马驹桥遮截磁器鱼枣数车，留店不遣。又令阉者马进于张家湾溧阳闸河诸通商贩处，诈收米八九十石，钞以千计。③

有擅据水利的：

> 正统八年十二月戊戌，吏部听选官胡秉贤言："臣原籍江西弋阳，县有官陂二所，民田三万余亩借其灌溉。近年被沿陂豪强之人，私创碓磨，走泄水利，稍有旱嘆，民皆失望。"④

叶盛《水东日记》卷十四亦记：

> 杭州西湖傍近，编竹节水，可专菱茨之利，而惟时有势力者可得之。故杭人有俗谣云："十里湖光十里笆，编笆都是富豪家，待他十载功名尽，只见湖光不见笆。"

盐粮马草之利亦尽为势豪所占，《明英宗实录》卷一一五记：

> 九年四月壬辰，敕户部曰："朝廷令人易纳马草、开中盐粮，本期资国便民。比闻各场纳草之人，多系官豪势要，及该管内外官贪图重利，令子侄家人伴当假托军民，出名承纳。各处所中盐粮，亦系官豪势要之家占中居多，往往挟势将杂糙米上仓，该管官司畏避权势，辄与收

---

① 吴应箕：《楼山堂集》卷一二，江南汰胥役议。
② 《明宣宗实录》卷一一七。
③ 《明英宗实录》卷二五。
④ 《明英宗实录》卷一一一。

受，以致给军多不堪用。及至支盐，又嘱管盐官挽越关支，倍取利息。致无势客商，守支年久不能得者有之，丧赀失业，嗟怨莫伸，其弊不可胜言。"

更有指使家人奴仆，私自抽分的。《明律条例》名例条：

成化十五年（1479）十月二十二日节该，钦奉宪宗皇帝圣旨：管庄佃仆人等占守水陆关隘抽分，捎取财物，挟制把持害人的，都发边卫永远充军，钦此！

地主则勾结官吏，靠损小民，《续诰》第四五：

民间洒派包荒诡寄，移丘换段，这等都是奸顽豪富之家，将次没福受用财赋田产，以自己科差洒派细民。境内本无积年民田，此等豪猾买嘱贪官污吏及造册书算人等，其贪官污吏受豪猾之财，当科粮之际，作包荒名色，征纳小户。书算手受财，将田洒派，移丘换段，作诡寄名色，以此靠损小民。

或隐匿丁粮，避免徭役，一切负担均归小民：

宣德六年（1431）六月庚午，浙江右参议彭璟言："豪富人民每遇编充里役，多隐匿丁粮，规避徭役，质朴之民皆首实。有司贪贿，更不穷究。由是徭役不均，细民失业。"①

或营充职事，使小民受累，《英宗实录》卷八九记：

七年（1442）二月丁酉应天府府尹李敏奏："本府上元、江宁二县富实丁多之家，往往营充钦天监太医院阴阳医生、各公主府坟户、太常光禄二寺厨役及女户者，一户多至一二个丁，俱避差役，负累小民。"

一面以其财力，兼并小农，例如：

景泰元年（1450）六月丙申，巡抚直隶工部尚书周忱言："江阴县民周硅本户原置田三百七十二顷，又兼并诱买小民田二百七顷五十余亩，诛求私租，谋杀人命。"②

因之，富者愈富，贫者愈贫。更加以苛捐杂税之搜括，农民至无生路可走，

---

① 《明宣宗实录》卷七九。
② 《明英宗实录》卷一九三。

甚至商税派征，其负担者亦为农民：

> 榷税一节，病民滋甚。山右僻在西隅，行商寥寥。所有额派税银四万二千五百两，铺垫等银五千七百余两，百分派于各州府持。于是斗粟半菽有税，沽酒市脂有税，尺布寸丝有税，羸犊骞卫有税，既非天降而地出，真是头会而箕敛。①

负担过重，伶俐富厚点的也跟着一般地主的榜样，诡谋图免，大部分的农民无法可处，只得展转沟壑，流为盗贼。侯朝宗曾痛论其弊云：

> 明之百姓，税加之，兵加之，刑加之，役加之，水旱灾祲加之，官吏之食渔加之，豪强之吞并加之，是百姓一而所以加之者七也。于是百姓之富者争出金钱而入学校，百姓之黠者争营巢窟而充吏胥。是加者七而因而诡之者二也。即以赋役之一端言之，百姓方苦其积极而无告而学校则除矣，吏胥则除矣，举天下以是为固然而莫之问也。百姓之争入于学校而争出于吏胥者，亦莫不利其固然而为之矣。约而计之，十人而除一人，则以一人所除更加之九人，百人而除十人，则以十人所除更加之九十人，展转加焉而不可穷，争诡焉而不可禁。天下之学校吏胥渐多而百姓渐少，是始犹以学校吏胥加百姓，而其后逐以百姓加百姓也。彼百姓之无可奈何者，不死于沟壑即相率而为盗贼耳，安得而不乱哉。②

除此以外，农民还有两条路可走。第一条大路是当僧道，不过如被发觉，反要吃苦。例如《太祖实录》卷二二七所记：

> 二十六年五月乙丑，道士仲守纯等一百二十五人请给度牒。礼部审实皆逃民避徭役者。诏隶锦衣卫习工匠。

第二条路是抛弃土地，逃出作"流民"。

三

洪武三年（1370）时曾有一次关于苏州一府地主的统计：

> 先是上问户部天下民孰富，产孰优？户部臣对曰："以田税之多寡

---

① 《石隐园藏稿》卷五，《嵩祝陛辞疏》。
② 《壮悔堂文集》，《正百姓》。

较之,惟浙西多富民巨室。以苏州一府计之,民岁输粮一百石以上至四百石者四百九十户。五百石至千石者五十六户。千石至二千石者六户。二千石至三千八百石者二户。计五百五十四户,岁输粮十五万一百八十四石。"①

苏州府在洪武二十六年(1393)时的户口统计是四十九万一千五百一十四户。② 二十年中户口相差大致不会很远。如以此数估计,则五十万户中有地主五百户,地主占全户口千分之一。不过这统计不能适用于别处,苏松财赋占全国三分之一,以照此例和在全国所纳的田赋比较,和其他各地至少要相差三十倍,即平均要三万户中才有一户地主。

地主有政治势力的保障,即使有水旱兵灾,也和他们不相干。而且愈是碰到灾荒,愈是他们发财的机会。第一是荒数都分配给地主,农民却须照样纳税。王鏊曾说:

> 时值年丰,小民犹且不给,一遇水旱,则流离被道,饿殍塞川,甚可悯也。惟朝廷轸念民穷,亦尝蠲免荒数,冀以宽之。而有司不奉德音,或因之为利,故有卖荒送荒之说。以是荒数多归于豪右,而小民不获沾惠。③

而且贫农无田,所种多为佃田,即有恩恤,好处也只落在地主身上,如《明英宗实录》卷五所记:

> 宣德十年五月乙未,行在刑科给事中年富言:江南小民佃富人之田,岁输其租。今诏免灾伤税粮,所蠲特及富室,而小民输租如故。乞命被灾之处,富人田租如例蠲免。从之。

第二乘农民最困乏时,作高利贷的剥削。法律所许可的利率是百分之三十。④ 遇到灾荒时,地主便抬高利率,农民只能忍痛向其借贷,不能如期偿还,家产人口便为地主所没收,《明英宗实录》卷一六七记:

> 十三年六月甲申,浙江按察使轩锐言:"各处豪民私债,倍取利息,

---

① 《明太祖实录》卷四九。
② 《明史》卷四〇,《地理志》。
③ 《王文恪公集》卷三六,《吴中赋税书与巡抚李司空》。
④ 《明律》卷九,《户》六。

> 至有奴其男女，占其田产者，官府莫敢指叱，小民无由控诉。"

政府虽明知有这种兼并情形，也只能通令私债须等丰收时偿还，期前不得追索。可是结果地主因此索性不肯借贷，政府又不能救济，贫农更是走投无路。只好取消了这禁令，让地主得有自由兼并的机会：

> 景泰二年（1451）八月癸巳，刑部员外郎陈金言：军民私债，例不得迫索，俟丰稔归其本息。以此贫民有急，偏叩富室，不能救济。宜听其理取。从之。①

贫农向地主典产，产去而税存：

> 正统元年六月戊戌，湖广辰州府沅陵县奏："本县人民多因赔纳税粮，充军为事贫乏，将本户田产，典借富人钱帛，岁久不能赎，产去税存，衣食艰难。"②

抵押房屋，过期力不能偿，即被没收：

> 正统六年五月甲寅，直隶淮安府知府杨理言："本府贫民以供给繁重，将屋宅典与富民，期三年赎以原本，过期即立契永卖。以是贫民往往趁食在外，莫能招抚。"③

或借以银而偿则以米，取数倍之息，顾炎武记：

> 日见凤翔之民，举债于权要，每银一两，偿米四石。此尚能支持岁月乎？④

于是小地主由加力剥削而成大地主，贫农则失产而为佃农，佃农不堪压迫，又逃而为流民，《明宣宗实录》卷九四宣德七年八月辛亥条：

> 苏州田赋素重，其力耕者皆贫民。每岁输纳，粮长里胥率厚取之，不免贷于富家，富家又数倍取利，而农益贫。

《明英宗实录》卷一九三景泰元年六月庚辰条：

> 处州地瘠人贫，其中小民，或因充军当匠而废其世业，或因官吏横征而克其资财，或因豪右兼并而侵渔其地，或因艰苦借贷而倍出其偿。

---

① 《明英宗实录》卷二七〇。
② 《明英宗实录》卷一八。
③ 《明英宗实录》卷七九。
④ 《亭林文集》卷三，《病起与蓟门当事书》。

> 恒产无存，饥寒不免。况富民豪横，无所不至，既夺其产，或不与收粮而征科如旧，或诡寄他户而避其粮差，激民为盗，职此之由。

在京都附近的农民，则田产更有无故被夺的危险。例如弘治时外戚王源占夺民产至二千二百余顷。《明史·王镇传》：

> 外戚王源赐田，初止二十七顷，乃令其家奴别立四至，占夺民产至二千二百余顷。及贫民赴告，御史刘乔徇情曲奏，致源无忌惮，家奴益横。

正统时诸王所夺人民庄宅田地至三千余顷。① 南京中官外戚所占田地六万三千三百五十亩，房屋一千二百二十八间。② 边将史昭、丁信广置庄田，各有二十余所，霸占鱼池，侵夺水利。③ 景泰初顺天、河间等府县地土，多被宦豪朦胧奏讨及私自占据，或为草场，或立庄所，动计数十百顷。间接小民纳粮地亩，多被占夺，岁赔粮草。④ 夏言奉敕勘报皇庄及功臣国戚田土疏曾极言其弊：

> 近年以来，皇亲侯伯凭藉宠昵，奏讨无厌，而朝廷眷顾优隆，赐予无节。其所赐地土多是受人投献，将民间产业夺而有之。如庆阳伯受奸民李政等投献，奏讨庆都、清苑、清河三县地五千四百余顷。如长宁伯受奸民魏忠等投献，奏讨景州、东光等县地一千九百余顷。如指挥佥事沈傅、吴让受奸民马仲名等投献，奏讨沧州静海县地六千五百余顷。以致被害之民，构讼经年，流离失所，甚伤国体，大失群心。⑤

从天顺以来，又纷纷设立皇庄，至嘉靖初年有皇庄数十所，占地至三万七千五百九十五顷四十六亩，扰害农民，不可记极，夏言云：

> 皇庄既立，则有管理之太监，有奏带之旗校，有跟随之名下，每处动至三四十人……擅作威福，肆行武断。其甚不靖者则起盖房屋，则架搭桥梁，则擅立关隘，则出给票帖，则私刻关防。凡民间撑架舟车，牧

---

① 《明英宗实录》卷七二。
② 《明英宗实录》卷二九。
③ 《明英宗实录》卷一〇三。
④ 《明英宗实录》卷二〇一。
⑤ 《桂洲文集》卷一三。

放牛马，采捕鱼虾螺蚌莞蒲之利，靡不括取。而邻近土地则展转移筑封堆，包打界至，见亩征银。本土豪猾之民，投为庄头，拨置生事，帮助为恶，多方掯克，获利不赀。输之官闱者曾无什之一二，而私入橐槖者盖不啻什八九矣。是以小民脂膏，吮剥无余，繇是人民逃窜而户口消耗，里分减并而粮差愈难。卒致辇毂之下，生理寡遂，闾阎之间，贫苦到骨。①

结果是："公私庄田，逾乡跨邑，小民恒产，岁朘月削。产业既失，税粮犹存，徭役苦于并充，粮草困于重出，饥寒愁苦，日益无聊，展转流亡，靡所底止。以致强梁者起而为盗贼，柔善者转死于沟壑。其巧黠者或投充势家庄头家人名目，资其势以转为良善之害，或匿入海户、陵户、勇士、校尉等籍，脱免徭役，以重困敦本之人。凡所以蹙民命脉，竭民膏血者，百孔千疮，不能枚举。"② 这情形是由中央特派调查庄田的官吏所发表，当时的统治阶级也已深知此种举动之不合理，足以引起变乱。然而当这报告书发表以后，外戚陈万言又向皇帝乞得庄田，这庄田的来源还是"夺民田产"：

嘉靖三年，泰和伯陈万言乞武清、东安地各千顷为庄田，诏户部勘闲田给之。给事中张汉卿疏谏，帝竟以八百顷给之。巡抚刘麟、御史任洛复言不宜夺民地。弗听。③

景泰王于嘉靖四十年之国，多请庄田，其他土田湖陂侵入者数万顷。④ 潞王居京邸时，王店、王庄遍畿内。居藩多请赡田、食盐无不应，田多至四万顷。⑤ 福王之国时，诏赐庄田四万顷，中州腴土不足，取山东、湖广田益之。尺寸皆夺之民间，伴读、承奉诸官假履亩为名，乘传出入，河南北、齐、楚间，所至骚动。⑥

皇室、中官、外戚、勋臣、地方官吏、豪绅、地主、胥役……这一串统治者重重压迫，重重剥削，他们的财富，他们所享受的骄奢淫逸的生活，不

---

① 《桂洲文集》卷一三。
② 《桂洲文集》卷一三。
③ 《明史》卷三〇〇，《陈万言传》。
④ 《明史》卷一二〇，《景王传》。
⑤ 《明史》卷一二〇，《潞王传》。
⑥ 《明史》卷一二〇《福王传》、《潞王传》。

但是由括尽农民身上的血汗所造成，并且也不知牺牲了多少农民的性命，才能换得他们一夕的狂欢。"尺寸皆夺之民间"，农民之血汗尽，性命过于不值钱，只好另打主意。

四

在平时，对政府的负担也使农民喘不过气来。因为在立法时不曾顾虑到地主和贫农的差别悬殊，使他们一律出同样的力役，结果是地主行无所事，而贫农则破家荡产。此弊自元末以来即有之。王祎说：

> 今州县之地，区别其疆界谓之都，而富民有田往往遍布诸都。税之所入以千百计者，类皆一户一役而止。其斗升之税不能出其都者，亦例与富民同受役。而又富民之田不肯自名其税，假立户名，托称兄弟所分，与子女所受，及在城异乡人之业，飞寄诡窜，以避差徭。故富者三岁一役曾不以为多，贫者一日受役，而家已立破，民之所病，莫斯为甚。①

至正十年（1350）婺州路始行鱼鳞类姓鼠尾之籍，税之所在，役即随之，甚多田者兼受他都之役而不可辞，少者称其所助而无幸免。② 洪武元年（1368）行均工夫之法，田一顷出丁夫一人，不及顷者以他田足之。黄册成后，行里甲法，以上中下三户三等五岁均役。一岁中诸色杂目应役者，编第均之，银力从所便。后法稍弛，编徭役里甲者以户为断，放大户而勾单小，富商大贾免役而土著困，官吏里胥轻重其手而小民益穷蹙。又改行鼠尾册法，论丁粮多少，编次先后，市民商贾家殷足而无田产者听自占以佐银差。可是官府公私所需，仍责坊里长营办，给不能一二，供者或什百。甚至无所给，惟计值年里甲只应夫马饮食，而里甲病。一被佥为上供解户，往往为中官所留难，贡品被挑剔好坏，故意不收，只能就地改买进奉，率至破家倾产。③ 斗库粮长之役亦使民不聊生，王鏊曾痛陈其弊，他说：

> 田之税既重，又加以重役，今之所谓均徭者大率以田为定，田多为

---

① 《王忠文公集》卷六，《婺州路均役记》。
② 《王忠文公集》卷六，《婺州路均役记》。
③ 《明史》卷七八，《食货志》二。

上户，上户则重，田少则轻，无田又轻，亦不计其资力之如何也。故民惟务逐末而不务力田，避重役也。所谓重役者大约有三：曰解户，解军需颜料纳之内库者也。曰斗库，供应往来使客及有司之营办者也。曰粮长，督一区之税输之官者也。颜料之入内府亦不为多，而出纳之际，百方难阻，以百作十，以十作一，折阅之数，不免出倍称之息，称贷于京以归，则卖产以偿，此民之重困者一也。使客往来，厨传不绝，其久留地方者日有薪炭鲑菜膏油之供，加以馈送之资，游宴之费，罔不取给，此民之重困者二也。太祖患有司之刻民也，使推殷实有行义之家，以民管民，最为良法，昔之为是役者未见其患。顷者朝廷之征求既多，有司之侵牟滋甚，旧惟督粮而已，近又使之运于京，粮长不能自行，奸民代之行，多有侵牟，京仓艰阻，亦且百方，又不免称贷以归。不特此也，贪官又从而侵牟之，公务有急则取之，私家有需则取之，往来应借则取之。而又常例之输，公堂之刻，火耗之刻，官之百需多取于长，长能安不多取于民。及逋租积负，官吏督责如火，则拆屋伐木，鬻田鬻子女，竟不免死于榜掠之下，此民之重困者三也。三役之重，皆起于田，一家当之则一家破，百家当之则百家破，故贫者皆弃其田以转徙，富者尽卖其田以避其役。①

在原则上，都应"佥有力之家充之，名曰大户。究之所佥非富民，中人之产，辄为之倾"②。地主富民能和官吏勾结，受另一集团的保障；中农以下的平民，便只能忍受着破产倾家的苦痛，为国家服务。斗库之害，霍与瑕说得更为明白：

慈溪每年于均徭内额编绍兴府余姚县常丰四五仓斗级，每仓四名，每名役银五两，凡遭此役，无不破家，本县徭差内实为上等苦役。据原编常丰四仓斗级某等连名开称，俱为官攒等役剥削科取，每遇斗级上役，仓官先取分例银二十四两，家人取分例银三两，攒典书手各二两，及年烛开仓开印封印猪酒作福猪胙岁造文册歇家包办府县差人饭食，每

---

① 《王文恪公文集》卷三六，《吴中赋税书与巡抚李司空》。
② 《明史》卷七八，《食货志》二。

月买办纸札，迎送新旧官盘费，收粮放粮官并过往官员下程礼物买办家火等项，皆出斗级，每年用百数余两。后浥烂贴补米石，年纳二三百石。①

外夷入贡，例于指定地方驻扎，一切支给，俱出里甲。《明英宗实录》卷五十八琉球馆臣是其一例：

> 正统四年八月庚寅，巡按福建监察御史成规言：琉球国往来使臣俱于福州停住，馆谷之需，所费不赀。此者通事林惠、郑长所带番梢人从二百余人，除日给廪米之外，其茶盐醯酱等物出于里甲，相沿已有常例。乃故行刁蹬，勒折铜钱，及今未半年，已用铜钱七十九万六千九百有余，按数取足，稍或稽缓，辄肆詈殴。

政府有特别需要，便行科差，最为贫农之害。凡朝廷科买一物，辄差数人促办。所差之人又各有无赖十数人为之鹰犬，百倍科敛，民被箠楚，不胜其毒，百分之一归官，余皆入于私室。②给价则十不及一，辗转克减，上下靡费，至于物主所得无几，名称买办，无异白取。③有时中间又需经过里长的一道剥削，土产或忍痛奉献，非土产则便要破家为朝廷征求：

> 永乐五年（1407）五月甲子，开平卫卒蒋文霆言：今有岁办各色物料，里长所领官钱悉入己，名为和买，其实强取于民，若其土产，尚可措办，非土地所有，须多方征求，以致倾财破产者有之。凡若此者，非止一端。④

洪熙元年（1425）行在都察院右副都御史弋谦告诉皇帝说："一夫耕作，上农不过百亩，中下之农，仅有其半。除夏秋二税，所存无几，苟再分外侵耗，使民不贫而困者寡矣。"⑤可是警告虽然提出，科买却依旧举行，三年后宣宗也警告他的臣下说：

> 比者所司每缘公务，急于科差，贫富困于买办，丁中之民，服役连

---

① 《霍勉斋集》卷一八，《为乞恩痛革仓弊以苏民困事申察院》。
② 《明宣宗实录》卷五四。
③ 《明宣宗实录》卷四下。
④ 《明成祖实录》卷六七。
⑤ 《明宣宗实录》卷四下。

年，公家所用，十不二三，民间耗费，常十数倍。加以郡邑官鲜得人，吏肆为奸，征收不时，科敛无度，假公营私，弊不胜纪。以致吾民衣食不足，转徙逃亡。凡百应输，年年逋欠。国家仓庾，月计不足。①

他们也明知"竭泽而渔"，不是一个办法。可是还是要图享用，还是要科买，结果是"百姓逃亡，仓廪不足"。

在农民方面，土地分配不均和赋税的过重是当时最严重的问题。例如北直隶的富农与贫农的比较：

> 正统五年（1440）四月庚子，大理寺右少卿李畛奏：北直隶洪武永乐时人稀，富家隐藏逃户，辟地多而纳粮少，故积有余财而愈富，贫家地少而差役繁重，故典卖田宅，产去税存而愈贫。②

税粮的分配也极不公道，例如归有光所记：

> 江右田地不相悬，而税入多寡殊绝。如南昌新建二县仅百里，多山湖，税粮十六万。广信县六，赣州县十，皆六万。南安四县粮二万。三郡二十县之粮不及两县，盖国初以次削平僭伪，田赋往往因其旧贯。论者谓苏州田不及淮安半，而吴赋十倍淮阴，松、江二县粮与畿内八府百二十七县埒，其不均如此。③

又有官粮、民粮之别，政府希望减轻农民的负担，减轻或免除民粮，结果却适得其反，又予地主以兼并的机会：

> 旧例应天、镇江、太平、宁国、广德四府一州官粮减半征收，民粮全免以致富家多民粮，下户多官粮，富者愈富，贫者愈贫。④

官田粮重，民田粮轻；官田价轻，民田价重；地主利粮轻，贫民利价重；故民田多归地主，官田粮重，贫民不能负担，只能逃税，出作流民，王鏊说：

> 吴中有官田，有民田。官田之税一亩有五斗六斗至七斗者。其外又有加耗，主者不免多收，盖几于一石矣。民田五升以上，似不为重，而加耗愈多，又有多收之弊也。田之肥瘠不甚相远，而一丘之内，咫尺之

---

① 《明宣宗实录》卷三九。
② 《明英宗实录》卷六六。
③ 《震川集》卷二五，《李公行状》。
④ 王恕：《王端毅公文集》卷六，《石渠老人履历略》。

间，或为官，或为民，轻重悬绝。细民转卖，官田价轻，民田价重，贫者利价之重，伪以官为民，富者利粮之轻，甘受其伪而不疑。久之，民田多归于豪右，官田多留于贫穷。贫者不能供，则散之四方，以逃其税。税无所出，则摊之里甲。故贫穷多流，里甲坐困，去住相率，同入于困。①

于是有"逃民"，有"流民"。

五

逃民和流民的分别，《明史·食货志》说："其人户避徭役者曰逃户，年饥或避兵他徙者曰流民。"其实都是在本地不能生活，忍痛离开朝夕相亲的田地，漂流异地的贫农。

贫农除开上文所引述的一切人为的压迫和剥削外，又受自然的摧残，一有水旱，便不能生活：

> 困穷之民，田多者不过十余亩，少者或六七亩，或二三亩，或无田而佣佃于人。幸无水旱之厄，所获亦不能充数月之食，况复旱涝乘之，欲无饥寒，胡可得乎？②

或有疾病，便致流离：

> 农民之中，有一夫一妇受田百亩或四五十亩者，当春夏时耕种之务方殷，或不幸夫病而妇给汤药，农务既废，田亦随荒。及病且愈，则时已过矣。上无以供国赋，下无以养其室家。穷困流离，职此之由。③

或不能备牛具种子，无法耕种自己的田土，只好降为佃农，或乞丐度日，到处漂流。《明英宗实录》卷三四记：

> 正统二年（1437）九月癸巳，行在户部主事刘善言：比闻山东、山西、河南、陕西并直隶诸郡县，民贫者无牛具种子耕种，佣丐衣食以度日，父母妻子啼饥号寒者十室八九。有司既不能存恤，而又重征远役，以故举家逃窜。

---

① 《王文恪公文集》卷三六，《吴中赋税书与巡抚李司空》。
② 《明英宗实录》卷一八六。
③ 《明太祖实录》卷二三六。

洪熙元年（1425）闰七月，广西布政使周干奉命到苏、常、嘉、湖等府巡视民瘼。据他的报告，民之逃亡皆由官府弊政困民及粮长弓兵害民所致：

> 如吴江昆山民田亩旧税五升，小民佃种富室田亩，出私租一石，后因没入官，依私租减二斗，是十分而取其八也。拨赐公侯驸马等项田，每亩旧输租一石，后因事故还官，又如私租例尽取之。且十分而取其八，民犹不堪，况尽取之乎？尽取则无以给私家，而必至冻馁，欲不逃亡，不可得矣！又如杭之仁和、海宁，苏之昆山，自永乐十二年以来，海水沦陷官民田一千九百三十余顷，逮今十有余年，犹征其租，田没于海，租从何出？常之无锡等县，洪武中没入公侯田庄，其农具水车皆腐朽已尽，如而有司犹责税如故，此民之所以逃也。粮长之设，专以催征税粮。近者常、镇、苏、松、湖、杭等府无籍之徒，营充粮长，专掊克小民以肥私己。征收之时，于各里内置立仓囤，私造大样斗斛而倍量之，有立样米抬斛米之名以巧取之，约收民五倍。却以平斗正数付与小民，运付京仓输纳，缘途费用，所存无几，及其不完，著令赔纳，至有亡身破产者，连年逋欠，倘遇恩免，利归粮长，小民全不沾恩。积习成风，以为得计。巡检之设，从以弓兵，本用盘诘奸细，缉捕盗贼。常、镇、苏、松、嘉、湖、杭等府巡检司弓兵不由府县佥充，多是有力大户令义男家人营谋充当，专一在乡设计害民，占据田产，骗要子女，及稍有不从，辄加以拒捕私盐之名，各执兵仗，围绕其家，擒获以多桨快船送司监收，挟制官吏，莫敢谁何，必厌其意乃已。不然，即声言起解赴京，中途绝其饮食，或戕害致死。小民畏之，甚于豺虎，此粮长弓兵所以害民而致逃亡之事也。①

苏、松、常、镇、嘉、湖、杭一带，是全国财赋中心，农民所受的压迫，从一位政府官吏口中的报告已是如此，其他各地的情形更可想见了。

各地的赋役都有定额，由被禁锢在土地上的农民负责输纳。逃亡的情形一发生，未逃亡或不能逃亡的一部分农民便为已逃亡的农民负责，尽双重义务。原来的自己所负的一份已觉过重，又加上替人的一份，逼得没有办法，

---

① 《明宣宗实录》卷六。

也只好舍弃一切，跟着逃亡。这情形中最先倒霉的是里长，《明成祖实录》卷九十九记：

> 永乐七年（1409）十二月丙寅，山西安邑县言："县民逃徙者田土已荒，而税粮尚责里甲赔纳，侵损艰难，请暂停之，以俟招抚复业，然后征纳。"上谕行在户部尚书夏原吉曰："百姓必耕以给租税，既弃业逃徙，则租税无出。若令里甲赔纳，必致破产，破产不足，必又逃徙，租税愈不足矣。"

次之是贫农，例如沅陵县的农民，多因赔纳而破产：

> 正统元年六月戊戌，湖广辰州府沅陵县奏：本县人民因多陪纳税粮，充军为事贫乏，将本户田产典借富人钱帛，岁久不能赎，产去税存，衣食艰难。①

清苑、临晋两县的未逃农民，幸得邀特典而暂缓赔纳：

> 正统三年正月辛亥，行在户部奏：直隶清苑县，人民逃移五百九十余户，遗下秋粮六百六十余石，草一万三千四百余束。山西临晋县人民逃移四千五百七十余户，遗下秋粮三万四千一百四十余石，草六万八千二百九十余束。此二县各称，见存人户该纳粮草，尚且逋欠，若又包纳逃民粮草，愈加困苦，乞暂停征。上以民无食故逃，其无征之税责于不逃之民，是又速其逃也，宜缓其征，逃民其设法招抚。②

可是也只怕把未逃的农民也逼逃，这已逃农民的粮草还是要追征，而未逃的农民追征，只是追征的手续叫地方官办得慢一点而已。

农民逃亡的情形，试再举诸城县的情形作例：

> 正统十二年（1447）四月戊申，巡按山东监察御史史濡等奏：山东青州府地瘠民贫，差役繁重，频年荒歉，诸城一县逃移者一万三百余户，民食不给，至扫草子削树皮为食。续又逃亡三千五百余家。地亩税粮，动以万计。③

单是一县逃亡的户数已达一万三千八百户。正统十四年据河南右布政使年富

---

① 《明英宗实录》卷一八。
② 《明英宗实录》卷三八。
③ 《明英宗实录》卷一五二。

的报告,单是陈、颖二州的逃户就不下万余。① 试再就逃民所到处作一比较,同年五月据巡抚河南山西大理寺少卿于谦的报告,各处百姓递年逃来河南者将及二十万人,尚有行勘未尽之数。②《明史·孙原贞传》也说:

> 景泰五年冬,(原贞)疏言:臣昔官河南,稽诸逃民籍凡二十余万户,悉转徙南阳唐邓襄樊间,群聚谋生。

成化初年荆襄盗起,流民附贼者至百万人。项忠用兵平定,先后招抚流民复业者九十三万余人。③ 成化十二年原杰出抚荆襄,复籍流民,得户十一万三千有奇,口四十三万八千有奇。④

农民离开他的土地以后,同时也离去了登记他的户籍的黄册。虽然失去了倚以为生历代相传的田地,可是也从此脱离了国家的约束,不再向国家尽无尽的义务。他可以拣一个荒僻的地带,重新去开垦,做一个自由的农民。例如河南湖广等处的客朋,《明英宗实录》卷十六记:

> 正统元年四月甲子,巡抚陕西行在户部右侍郎李新奏:河南南阳府邓州内乡等州县及附近湖广均州光化等县居民鲜少,郊野荒芜,各处客商有自洪武永乐间潜居于此,娶妻生子成家业者,丛聚乡村号为客朋,不当差役,无所钤辖。

郧阳一带多山,地界湖广、河南、陕西三省间,又多旷土,山谷陂塞,林菁蒙密,中有草木,可采掘食,正统二年岁饥,民徙入不可禁,聚既多,无所禀约束。⑤ 从此不再有任何压迫,也不再有任何负担,自耕自食,真是农民的理想生活。然而,地主不肯让农民逃走,因为他们感觉到没有人替他们耕种和服役的恐慌。官吏和胥役不肯让农民逃走,因为农民逃了不回来,他们便失去剥削的对象。国家更不肯让农民躲着不受约束,因为他们最需要农民的力量,农民最驯良,最肯对国家尽责任,国家需要他们的血汗来服役,更需要他们用血汗换来的金钱,供皇家和贵族们的挥霍。

---

① 《明英宗实录》卷一八四。
② 《明英宗实录》卷一五四。
③ 《明史》卷一七八,《项忠传》。
④ 《明史》卷一五九,《原杰传》。
⑤ 《明史纪事本末》卷三八,《平郧阳盗》。

他们都是农民身上的寄生虫，他们非要农民回来不可。于是有招抚逃民之举。

六

凡逃户，明初督令还本籍复业，赐复一年。老弱不能归及不愿归者，令所在着籍，授田输赋。① 还是要责成所在地的官吏勒令逃民回到原籍去，给以一年的休息，第二年起还是照未逃亡前一样生活着。事实上不能强迫回到原籍去的，便令落籍在所逃亡的地方，照常尽百姓的义务，依旧被圈定在一土地的范畴。仍是不堪剥削，依旧逃亡。宣宗时特增府县佐贰官，专抚逃民。《明宣宗实录》卷七十七宣德六年（1431）三月丁卯条：

> 先是巡按贵州监察御史陈斌言："各处复业逃民，有司不能抚绥，仍有逃窜者。乞令户部都察院各遣官同布政司、按察司取勘名数及所逃之处，取回复业。府县仍增除佐贰官一员，专职抚绥。"上命行在户部兵部议。太子太师郭资等议："在外逃民多有复业而再逃者，今当重造籍册，民若逃亡，籍皆虚妄。今拟南北直隶遣御史二员，各布政司府州县皆添设佐贰官一员，专抚逃民。"上曰："凡郡县官俱以抚民为职，何用增设。官多徒为民蠹，其更令吏部拟议以闻。"至是吏部言："河南、山东、山西、湖广、浙江、江西有巡抚侍郎，其府州县七百三十五处已于额外增官一员，凡七百三十五员，宜改为抚民官。其余府州县宜各添设佐贰官一员。"上从之曰："此亦从权，若造册完，取回别用。"于是增除府州县佐贰官三百七十一员。

因为是刚到十年一度重造黄册的时期，质以特别增设抚民官。希望人口土地和册籍一致。可是这种重床叠屋的官制，头痛医头的办法，仍不能阻止农民的再度逃亡。《明英宗实录》卷十八正统元年六月甲寅条：

> 山西左参政王来言：逃民在各处年久成家，虽累蒙恩诏抚回，奈其田产荒凉，不能葺理，仍复逃去，深负朝廷矜恤之意，请令随处附籍当差。

---

① 《明史》卷七七，《食货志》，《户口》。

农民逃亡后在另一地域已开垦成一新家,硬又让他们回到久已荒芜的老家去,自然不能不作第二次的逃亡。同年闰六月戊寅条:

> 巡抚河南山西行在兵部右侍郎于谦言:"山西河南旱荒,人民逃移,遗下粮草,见在人户包纳。是以荒芜处所,民愈少而粮不减,奉熟地方,民愈多而粮无增。乞令各处入籍,就纳原籍粮草,庶税无亏欠,国无耗损。"

以此重又下令命逃民占籍于所寓地方。同年十一月庚戌条:

> 先是行在户部奏:"各处民流移就食者,因循年久,不思故土。以致本籍田地荒芜,租税逋负。将蠲之则岁入不足,将征之则无从追究。宜令各府县备籍逃去之家并逃来之人,移交互报,审验无异,令归故乡。其有不愿归者,令占籍所寓州县,授以地亩,俾供租税。则国无游食之民,野无荒芜之地矣。"上命下廷臣议。至是佥以为便,从之。

这也只是一个理想的办法,因为经过几十年的流移,册籍早已混乱,无从互报。而且即使册籍具在,也不过是文字上的装饰,和实际情形毫不相干。例如宿州知州王永隆所说造册报部的情形:

> 正统二年二月辛酉,直隶凤阳府宿州知州王永隆奏:"近制各处仓库储蓄及户口田土并岁入岁用之数,俱令岁终造册送行在户部存照。州县惟恐后期,预于八月臆度造报。且八月至岁终,尚有四月,人口岂无消息,费用岂无盈缩,以此数目不清,徒为虚文。"[①]

正统五年四月又规定逃民抚恤办法:

> 一、各处抚民官务要将该管逃民设法招抚,安插停当,明见下落。其逃民限半年内赴所在官司首告,回还原籍复业,悉免其罪,仍优免其户下一应杂泛差役二年。有司官吏里老人等并要加意抚恤,不许以公私债负需索扰害,致其失所。其房屋田地,复业之日,悉令退还,不许占据,违者治罪。
>
> 一、逃民遗下田地,见在之民或有耕种者,先因州县官吏里老人等,不验所耕多寡,一概逼令全纳逃民粮草,以致民不敢耕,田地荒

---

① 《明英宗实录》卷二七。

芜。今后逃户田地，听有力之家尽力耕种，免纳粮草。

一、逃民既皆因贫困不得已流移外境，其户下税粮，有司不恤民难，责令见在里老亲邻人等代纳，其见在之民被累艰苦以致逃走者众。今后逃民遗下该纳粮草，有司即据实申报上司，暂与停征，不许逼令见在人民包纳。若逃民已于各处附籍，明有下落者，即将本户粮草除豁。违者处以重罪。①

抚民官的派出，目的本在抚辑流亡。可是恰和实际情形相反，恤民之官累设而流亡愈多②，他们不但不能安抚，反加剥削，纵容吏胥里老人等生事扰害。③ 正统十年从张骥言，取回济南等府抚民通判等官。④ 一面又于陈州增设抚民知州，令负责招抚⑤，又置山东东昌府濮州同知、直隶凤阳府颍州府亳县县丞各一员，专管收籍逃户。⑥ 专负抚民的，河南山西巡抚于谦则抚定山东、山西、陕西等处逃民七万余户，居相近者另立乡都里，星散者就地安插。⑦ 可是不到一年，又复逃徙，同书卷一四六正统十一年十月乙巳条：

河南左布政使饶礼奏："外境逃民占河南者，近遇水旱，又复转徙，甚者聚党为非。"

另一面则虽设官招抚，逃民亦不肯复业。例如景泰三年（1452）五月敕巡抚河南左副都御史王暹所言："河南流民，虽常招抚，未见有复业者。"⑧

虽然有黄册，有逃户周知册，可是都只是官样文章，簿上的数目和实际上完全不符。由此发生两种现象，第一种是户口和土地的减少，第二种是分配不均的尖锐化。成化中（1465—1487）刘大夏上疏言：

今四方民穷则竭，逃亡过半。版籍所载，十去四五。今为之计，必须痛减征敛之繁，慎重守令之选，使逃民复业，人户充实，庶几军士可

---

① 《明英宗实录》卷六六。
② 《明英宗实录》卷八二。
③ 《明英宗实录》卷六六。
④ 《明英宗实录》卷一三三。
⑤ 《明英宗实录》卷一三二。
⑥ 《明英宗实录》卷一三五。
⑦ 《明英宗实录》卷一三四。
⑧ 《明英宗实录》卷二一六。

充,营伍可实。①

从户口方面看,王世贞《弇山堂别集》卷十八户口登耗之异条:

> 国家户口登耗之异,有绝不可信者,如洪武十四年(1381)天下承元之乱,杀戮流窜,不减隋氏之末,而户尚有一千六百五十万四千三百六十二,口五千九百八十七万三千三百五。其后休养生息者二十余年,至三十五年(建文四年,1402),而户一千六十二万六千七百七十九,口五千六百三十万一千二十六。计户减二万二千五百八十三,口减三百五十七万二千二百七十九,何也?其明年为永乐元年,则户一千一百四十一万九千七百八百二十九,口六千六百五十九万八千三百三十七。夫是时靖难之师,连岁不息,长淮以北,鞠为草莽,而户骤增至七十八万九千五十余,口骤增至一千二百九万七千三百十一,又何也?明年户复为九百六十八万五千二十,口复为五千九十五万四百七十,比之三十五年,户却减九十四万一千七百五十九,口减五百三十五万五百五十六,又何也?……自是休养生息者六十年,而为天顺七年,户仅九百三十八万五千一十二,口仅五千六百三十七万二百五个,比于旧有耗而无登者何也?然不一年而户为九百一十万七千二百五,减二十七万七千八百七十二,口为六千四百七十九万九千三百三十,增四百一十二万九千八十,其户口登耗之相反,又何也?成化中户不甚悬绝,二十二年(1486)而口至六千五百四十四万二千六百八十,此盛之极也。二十三年而仅五千二十万七千一百三十四,一年之间而减一千五百二十三万五千五百四十六,又何也?……然则有司之造册,与户部之稽查,皆儿戏耳。

实际上这数目突升突降的古怪,倒并不是儿戏,只是一种虚伪的造作。洪武十四年的户口数,也许是实际上经过调查,永乐元年的数字,只是臣下故意假造,去博得皇帝高兴的趋奉行为。以后流亡渐多,原额十去四五,册籍只是具文,州县官臆度造报,中央也就假装不知道。以此忽升忽降,竟和实际情形毫不相干。在田土数目方面也是同样的可怪,洪武二十六年(1393)时核天下水田,总八百五十万七千六百二十三顷,到弘治十五年(1502)天下

---

① 《刘忠宣公遗集》卷一,《处置军伍疏》。

土田止剩四百二十三万八千五十八顷，一百零九年间，天下额田已减强半。①户口和土田日渐消减，当然有其他种种原因，不过，农民的逃亡却是一个最重要的因素。逃亡的情形因政治的腐败而更加速度发展，登记人口和土田的黄册制度由之破坏，使农民和土地不相联系。这影响，一方面，慢慢地，统治阶级的基础因之日益动摇；一方面治安不能维持，农民叛乱接踵而起。在反面，逃民此往彼来，被抛弃的土地为地主所兼并，农民却跑到另一地带去和人争地。土地分配因之愈加不均，地主和贫农的关系也愈趋恶化。在这情形下，从天顺到正德爆发了几次空前的农民叛乱。

作者附识：这原是我预备要写的《明代的农民》一文中的一段札记。因为篇幅的限制，材料未及全盘整理，行文系统未能如意。凌乱破碎之讥，自知不免。阅者谅之。

---

① 《明史》卷七七，《食货志》一。

明代汉族之发展

明初八十年中（西元1368至1448）汉族的发展，可以分作三方面：第一是西南边区，第二是南洋群岛，第三是东北边区的开拓。

明太祖建国以后，蒙古人残留在国内的势力有云南的梁王和东北的纳哈出。到洪武四年（西元1371）消灭了割据四川的夏国（明昇）以后，便立刻着手解决这两个边区，以洪武五年到八年先后派出使臣王祎和吴云到云南招降，都被梁王所杀。到洪武十四年便决意用武力平定，派出傅友德、蓝玉、沐英三将军分两路进攻。这时云南在政治和地理上分作三个系统，第一是直属于蒙古政府以昆明为中心的梁王，第二是在政治上隶属于蒙古政府以大理为中心的土酋段氏。以上所属的地域都被分作路府州县。第三是在上述两系统底下和南部（今思普一带）的非汉族诸部族，就是明代人叫作土司的地域。在这三系统中汉化程度以第一为最深，第二次之，第三最浅或竟未汉化。现在贵州的西部在元代属于云南行省。其东部则另设八番顺元诸军民宣慰使司管理罗罗及苗族土司。元至正二十四年（西元1364）明太祖平定湖南湖北，和湖南接界的贵州土人头目思南（今思南县）宣慰和思州（今思县）宣抚先后降附。到洪武四年平夏后，四川全境都入明版图，和四川接境的贵州其他土司大起恐慌，贵州宣慰和普定府总管即于第二年自动归附。明太祖对待这些土司的办法，也仿照前代成例，仍用其原来头目管理，分别给以土官衔号（宣慰司、宣抚司、招讨司、安抚司、长官司），或设土府州县，即以其酋长充任。这些官都是世袭的并且有一定的辖地和土民，但其继承必须得中央政府的允许。平时对中央政府缴纳少数名义上的赋税，在战时政府如有征调则必须服从。明代中叶对外战争如倭寇建州诸役，湖南、四川、广西各地的土司都曾出了很大的气力，调出最好的士兵，为国家作战。总括地说，土司和中央政府的关系，在土司方面是借中央所给予的地位和权威，来镇慑部下百姓，在中央方面则用爵赏政策牢笼土司，使其约束土民，维持地方安宁，可以说是互相为用的。贵州的土司大部分已经投顺明朝，云南在东北两面便失去屏蔽，明兵便从这两面进攻。一路由四川南下取乌撒（今云南镇雄、贵州威宁等地），这地方是四川、云南、贵州三省的接壤处，恰似犬牙突入，在军事上可以和在昆明的梁王主力军呼应，并且是罗罗族领域的中心。一路由湖南向西取普定（今贵州安顺），进攻昆明。以明军动员那天算起，不过一百多天的工夫，明东路军便已直抵昆明，梁王兵败自杀。明兵再回师和北路军会攻乌撒，把蒙古军消灭了，附近东川（今云南会泽）、乌蒙（今云南昭通）、芒部（今云南镇雄）诸罗罗族都望风降伏。昆明附近诸路也大都以次归顺。洪武十五年正月置贵州都指挥使司和云南都指挥使司，树立了军事统治的中心。二月又置云南布政司，树立了政治的中心。布置一定，又再向西进攻大理，经略西北和西南部诸地，招降麽些、罗罗、扑剌、僰诸族。又分兵南下，以次勘定各土司。分云南为五十二府，六十二州，五十四县，在要害处所设兵置卫。云南边外的缅国和八百媳妇（今暹罗地）都遣使内附，置缅中、缅甸和老挝（今暹罗）、八百诸宣慰司。又令沐英以西平侯（后来进封为黔国公）世守云南。沐家世代都有政治上和军事上的人才，他们竭力输入汉族文化，兴学校，修水利，垦荒地，经过三百年的经营，人文渐盛，到建州入关后，云南竟成为明朝最后一个皇帝（永历帝）的抗战根据地了。在贵州方面，到永乐初年思南和思州两土司因争地自相仇杀，永乐十一年（西元1413）才分贵州为八府四州，设贵州布政使司，以长官司七十五分隶之，在系统上属于户部，都指挥使司领十八卫及七长官司，直隶于兵部。从此贵州也成为内地了。

云贵内属后，中国和安南的关系更加密切。安南东北和广西、西北和云南接壤。洪武元年定两广后，安南王陈日煃即遣使臣进贡纳款，受册封为安南国国王。数传后为国相黎季犛所篡，改国号为大虞，自改姓名为胡一元，子苍改名奎，自称太上皇，以子奎为皇帝。对明朝则诈称陈氏已绝，奎为陈氏外甥，请以套权署安南国事。明成祖不知是诈，就派使册封为王。可是黎氏父子在国内仍自称帝，并且出兵侵夺广西和云南边境土司的土地。直到永乐二年（西元1404）八月老挝宣慰使派人护送逃亡到老挝来的前安南王孙陈天平到京后，明朝才知黎氏篡逆的情形，立刻遣使责问。黎季犛在表面上非常恭顺，不但派使臣来谢罪，并请求陈天平回国。明成祖高兴极了，派了使臣和几个将军带五千兵护送陈天平回去，不料黎季犛却伏兵在中途，把陈天平和护送的使臣都杀了。明成祖大怒，永乐四年七月派朱能、沐晟、张辅等二十五将军分出云南、广西讨伐安南。朱能在军中病殁，张辅代为统帅。入安南境后，即宣告黎氏罪状和出兵复立陈氏之意。明朝出兵本来名正言顺，得了安南百姓的同情，并且士马精壮，连战都捷，势如破竹。五年大败安南军，获黎季犛父子，安南平。时陈氏子孙已绝，安南人自动请求改为郡县，于是置交趾布政司和都指挥使司按察司，分交趾为十七府、四十七州、一百五十七县。用中国官吏治理，同于内地。一年后，陈氏遗臣简定反，自称日南王，后来又立陈季扩为大越皇帝，自称上皇，声势很是浩大。明成祖再派张辅出兵，擒了简定，招降陈季扩以为交趾右布政使。季扩反复不听命，永乐九年第三次派张辅出征，到十二年才擒获陈季扩，交趾再度平定。明成祖这时感觉到单用武力镇压是不够的，又添设交趾府州县的"儒学"和"医学"，努力输入汉族文化。布置稍定，便召张辅回京。不料张辅一走，交趾黎利又反。原来从明成祖即位以后，立下一个惯例，大将出征或戍守必置中官（太监）监军，中官是皇帝的近侍，势力大，这时交趾的监军中官叫马骐，性贪而又残忍，引起交趾人民的痛恨，黎利乘机起事，势力愈来愈大，从永乐十六年到宣德三年（西元1418至1428）明朝始终不能平定。宣德三年七月明兵大败，统帅战死，明宣宗不得已只好放弃交趾，撤退所有的机关和官吏。从此安南又复独立，对中国却仍保持属国关系，按时派使朝贡。

和三征安南同时并行的开拓事业，有郑和的七下西洋。现在的南洋在元明间，叫作东洋和西洋。远在纪元前二世纪，中国和南洋已有交通。以后一千几百年中，中国的商人航海去买卖货物，僧侣去留学求经，外交使臣去封王赏赐，和南洋列国的使臣、僧侣、商人的不断到中国来，两方面的关系已经非常密切。中国商人至迟在唐朝已有侨住南洋生长子孙的。据元人和明初人的记载，当时南洋各地都已有大量的汉人在经营各种事业，势力很大。到明成祖永乐三年（西元1405）为着要耀武海外，和追踪被疑心为逃亡在海外的建文帝，派遣太监郑和率领了六十二条大舶和二万八千名将士，出使南洋。所到的地方宣示皇帝的恩意，赏赐当地君长以种种名贵的物品，谕他们称臣入贡，同时输出中国土产，买进南洋特产。总计郑和在二十八年中（西元1405至1432）前后远征南洋七次，每次的使命都博得伟大的成功。内中最可注意的是第一次远征，肃清苏门答剌的海盗，设置旧港（今巴林旁，在苏门答剌岛上）宣慰使司，成立了第一个海外殖民地的管理机关。第二次远征的俘获锡兰国王，和第三次远征的擒获苏门答剌王子，归国献俘，使大明国威震耀海外。七次远征队所到的地方，除遍历南洋群岛以外，并且还到过非洲的东岸。海外的侨民有强盛的祖国作后盾，移殖的人数日渐加多，事业也愈益发展，南洋群岛的富源因华侨而开辟，交通因华侨而发达，文化因华侨而提高。假如明朝再继续经营下去，也许在欧洲人未东来以前，南洋群岛已成为中国的郡县了。可惜明宣宗死后，政府不再注意南洋。正德以后又因倭寇掠沿海，采取锁国政策，禁止人民出海，这是我国海外移民事业的一大打击。但人民仍有冒险犯禁，秘密出海的。反之，中国的政治势力从南洋退缩，欧洲人则向南洋前进。从西元1516年葡萄牙人东来起，欧洲的商人拿着枪炮，教士捧着圣经，在政府的竭力鼓励之下，源源不绝地到东方来，几十年中就把华侨的势力压下去，霸住了整个的南洋群岛，作为他们的殖民地，从此汉族向南发展的道路完全被阻了。

在西北及东北方面明初也有很大的发展，元顺帝退回蒙古以后，仍拥有极大的土地和实力，西北方面有王保保的大军不断向明朝进攻，东北则有雄踞金山（在开原西北二百五十里，辽河北岸）的纳哈出，养兵蓄马，等候机会南下。辽阳、沈阳、开原一带也都有蒙古军屯聚。洪武四年（西元1371）二月原辽阳守将刘益降后，即置辽东卫指挥使司，七月又置辽东都指挥使司，总辖辽东军马，逐渐地把辽、沈、开原等地征服。同时又从河北、山西、陕西各地几次分兵大举深入蒙古，击败王保保的主力军，到洪武八年王保保死后，蒙古西路和中路的军队日渐困敝，不敢再深入内地侵掠。明太祖乘机以次经营甘肃、宁夏一带，更进一步招抚西部各羌族和回族部落，给以土司名义或王号，使其分化，不能入寇中国，同时也利用他们来阻挡蒙古人的南下。在长城以北今内蒙地方则就各要害地点设置军事中心，逐渐把蒙古人赶往漠北，不使近塞。西北的问题解决后，再转过来对付东北。洪武二十年（西元1387）命冯胜、傅友德、蓝玉等将军率兵北征纳哈出，大军出长城松亭关，筑大宁、宽河、会州、富峪（均在今热河境）四城，留兵屯守，切断纳哈出和蒙古中路军的呼应，再东向用主力进逼金山，纳哈出孤军无援，只好出降，辽东全定。到洪武二十三年蒙古主脱古思帖木儿被弑，部属分散，以后篡乱相继，势力日衰，明朝北边的边防也因之博得一个短时期的安宁。明太祖在这时候便努力经营东北，一方面封子韩王于开原，宁王于大宁（今热河），以控扼辽河之首尾，又封子辽王于广宁（今辽宁北镇），以阻止蒙古及女真之内犯。另一面采分化政策，把辽河以东诸女真部族分为若干卫所，个别地给其酋长以名义并指定住地，使其不能团结为患。女真这一部族原是金人的后裔，分为建州、海西、野人三种。到明成祖即位后，越发遣使四出招抚女真部族，拓地至今黑龙江口，继续设置卫所，连太祖时代所设的共百八十四卫。置奴儿干都司以统之。现在的俄领库页岛和东海滨省都是当时奴儿干都司的辖地。这些卫所的长官都以原来的酋长充任，许其世袭，并且给以玺书作为允许进贡和互市的凭证。诸卫中以建州卫为最强，建州卫后来又分出左卫和右卫，合称建州三卫。他们的原住地在今朝鲜境内东北部，因朝鲜之凌逼逐渐向西北移徙，和辽东接境，因之渐受汉化。

上文曾说明十六世纪初期因倭寇侵掠沿海，堵住汉族向南发展的路径。在北边也是一样，被蒙古部族所侵扰，明朝用了很大的力量，才能以长城为边界，保住内地。明代人所谓"南倭"和"北虏"，可说是汉族向外发展的两大阻力。原来在十五世纪的前期，蒙古瓦剌部兴起。在公元1449年瓦剌把明英宗所亲自统率的大军击败，把明英宗掳去，从此以后明朝不能，不用大部分的兵力守住长城，防御蒙古人。正德以后倭患越发厉害，到嘉靖后期（西元1542至1566）北有蒙古别部鞑靼，东南有倭寇，三面都受攻击，明朝用全力抵御，才能幸保无事。可是往外发展的道路却全被堵断了，在这种情形下只好掉过头来充实内部，明代汉族的发展于此转变到第二个阶段"改土归流"。

所谓"改土归流"，土是土官，即上文所说过的土司，用世袭的土官按土俗治理。流是流官，即非世袭的，由中央政府任免的普通官吏。"改土归流"的意思就是革去土司，用流官照汉法治理。在文化上可以说是加强汉化，在政治上可以说是各非汉族部族直接收归中央治理。

大概地说来，明代西南部非汉族各族的分布，在湖南、四川、贵州三省接壤处是苗族活动的中心，向南发展到了贵州。广西则是傜族（在东部）和僮族（在西部）的根据地。四川、贵州、云南三省接壤处是罗罗族活动的中心。四川西部和云南西北部则有麽些族，云南南部有僰族（即摆夷）。

在上述各区域中除纯粹由土官治理的土司以外，还有一种参用流官的制度，大致以土官为主官，另外派遣流官去帮他治理地方，使之逐渐汉化。相反地在设立流官的州县，境内却有不同部族的土司存在。从此不但在同一布政司治下，有流官的州县，有土官的土司，有土流合治的州县；即在同一流官治理的州县内，也有汉人和非汉人杂居的情形。中央政府对付这些部族的政策，在极边区域，只要他们秉承朝命，治民合理，和汉人相安无事，便叫其世世相承，不加干涉。在内地则采逐渐同化政策，如派遣流官助治、和开设学校，选派土人子弟到京师国子监读书等等。这政策的合理和宽大是无可非议的。可是明代中期以后却时时发生土汉的战争，内中尤以成化元年（西元1465）到嘉靖十八年（西元1539）的三次平定广西浔州大藤峡傜，用兵数十万，前后历时七十几年，万历十七年到二十八年（西元1589至1600）的平定播州（今四川和贵州交界）杨应龙，天启元年到崇祯二年（西元1621至1629）的平定贵州水西罗罗族巨酋奢安西族，三役为最著名。土汉战争所以引起的原因，大约不外四种，第一是有地方官吏贪功好杀，虐待土民，引起土司的反抗。第二是土司常因继承问题（土人女子亦有继承权，夫死无子妻可以代袭。又土司多妻，嫡庶子易引起争袭问题，女土司和族人亦易引起纠纷）和土司间的土地争夺发生战争，不受当地官吏制裁，往往由中央政府出兵平定。第三是政府对土司采放任政策，有的势力强大的土司，联合诸部，企图独立，和中央对抗。第四是汉人和土人因经济利益而引起的冲突，例如土人土地之被汉人开垦，商业之被汉人操纵等等。结果汉族自然占了胜利，战败的土司被消灭，所治理的人民和土地便由中央政府派官治理，这是改土归流的第一种方法。第二种是有的土司深受汉化或感受他族逼胁，自动请求改设流官。第三种是土官绝后，无人继承，政府因而改流。在这三种方法下，陆续地把各部族中的重要土司改为流官，设置州县，再以这些州县为根据，去同化其他邻近的土司。这运动到清代前期又继续进行，州县的设置愈多，土司的数目便越少。现在虽然在四川、湖南、贵州、广西、云南五省内还有少数的土司存在，大概不久后也将完全同化于汉族了。

明代的奴隶和奴变

一、奴隶的来源

元末明初的学者陶宗仪，在所著《辍耕录》卷十七奴婢条，说明这时代的奴隶情形，他指出了几点：第一蒙古、色目人的臧获，男曰奴，女曰婢，总称为驱口，这类人是元初平定诸国所俘到的男女匹配为夫妇，所生的子孙，永为奴婢。第二是由于买卖，由元主转卖与人，立券投税，称为红契买到。第三是陪送，富人嫁女，用奴婢标拨随女出嫁。这三类来源不同，性质一样，在法律上和奴隶对称的是良人，买良为驱，就法律说是被禁止的，因为良人是国家的公民，驱口或奴隶则是私人的财产。

其次，奴隶的婚姻限于同一阶级，奴婢只可自相婚嫁，例不许聘娶良家，除非是良家自愿娶奴隶的女儿，至于奴娶良家妇女，则绝对为法律为社会所不容许。

主奴关系的改变，有一种情形。奴隶发了财，成为富人，主子眼红，故意找出一点小过错，打一顿关起来，到他家席卷财物而去，名为抄估。家倾了，产荡了，依然是奴才。除非是自己识相，自动献出家财以求脱免奴籍，主人出了放良凭执，才能取得自由人的地位。

在法律上，私宰牛马杖一百，打死驱口或奴隶呢，比平人减死一等，杖一百七，奴隶的生命和牛马一样！

奴婢所生的子女叫家生孩儿。

买卖奴隶的红契，据姚燧《牧庵集》十二《浙西廉访副使潘公神道碑》说：凡买卖人口，都要被卖人在契上打手指印，用的是食指，男左女右，以指纹的疏密来判断人的短长壮少。这位潘廉访就曾用指纹学，集合同年龄的十个人的指纹，来昭雪一件良人被抑为奴的冤狱。

买奴的实例，最值得我们注意的是 1555 年杨继盛的遗嘱，他在被杀前写信给儿子处分后事，有一条说：

> 轴钺，他若守分，到日后亦与他地二十亩，村宅一小所。若是生事，心里要回去，你就合你两个丈人商议告着他。——原是四两银子买的他，放债一年，银一两得利六钱，按着年问他要，不可饶他，恐怕小厮们照样行，你就难管。

奴隶作为财产处分的实例，小说《今古奇观》"徐老仆义愤成家"是根据《明史》二百九十卷《阿寄传》写的，淳安徐家兄弟三人分家，大哥分得一匹马，二哥分得一头牛，老三被欺侮，分得五十多岁的老奴阿寄，寡妇成天悲哭，以为马可以骑，牛可以耕田，老奴才光会吃饭，老奴才气急了，发愤经商，发了大财，临死时说："老奴牛马之报尽矣！"

二、《大明律》中的奴隶

驱口这一名词在明代似乎不大用了，奴隶的社会地位和生活情形却并不因为朝代之改变而有所不同。

为了维持阶级的尊严，庶民是不许蓄养奴隶的，《明律》四《户律》一：

> 庶民之家养奴婢者，杖一百，即放一奴婢从良。

良贱绝对不许通婚，《明律》六《户律》一：

> 凡家长与奴娶良人女为妻者，杖八十。女家减一等。不知者不坐，其奴自娶者罪亦如之。家长知情者减二等，因而入籍为婢者杖一百。若妄以奴婢为良人而与良人为夫妻者，杖九十，各离异改正。

奸淫的处刑也不问行为，只问所属阶级，《明律》二十五《刑律》八：

> 凡奴及雇工人奸家长妻女者各斩。妾各减一等，强者亦斩。凡奴奸良人妇女者，加凡奸罪一等。良人奸他人婢者减一等，奴婢相奸者以凡奸论。

殴骂杀伤也是一样，《明律》二十《刑律》三：

>凡奴婢殴良人等加凡人一等，至笃疾者绞，死者斩。其良人殴伤他人奴婢者减凡人一等，若死及故杀者绞。若奴婢自相殴伤杀者，各依凡斗伤法，相侵财物者不用此律。

>凡奴婢殴家长者皆斩，杀者皆凌迟处死，过失杀者绞，伤者杖一百，流三千里。

>若奴婢殴旧家长，家长殴旧奴婢者以凡人论。

>凡奴婢骂家长者绞。若雇工人骂家长者，杖八十，徒二年。

大体地说来，私人畜养的奴隶愈多，国家的人民就愈少，租税力役的供给就会感觉到困难。以此政府虽然为代表官僚贵族地主的少数集团利益而存在，但是，这少数集团的过分发展将要动摇政府生存的基础时，政府也会和这少数集团争夺人口，发生内部的斗争。著例如洪武五年（公元1372）五月下诏解放过去因战争流亡，因而为人奴隶的大量奴隶。正统十二年（1447）云南鹤庆军民府因为所辖诸州土官，家僮庄户，动计千百，不供租赋，放逸为非，要求依照品级，量免数丁，其余悉数编入民籍，俾供徭役。政府议决的方案是四品以上免十六丁，五品六品免十二丁，七品以下递减二丁，其余尽数解放，归入民籍，但是，在实际上，这些法令是不会发生效力的，因为庶民不许畜养奴隶，而畜养奴隶的人正是支持政府的这少数官僚贵族地主集团，法令只是为庶民而设，刑不上大夫，这法令当然是落空的。

三、奴隶的生活

明代统治集团畜养奴婢的数量是值得注意的，单就吴宽《匏翁家藏集》的几篇墓志铭说，卷五十七《先世事略》：

>先母张氏，勤劳内助，开拓产业，僮奴千指，衣食必均。

七十四《承事郎王应详墓表》：

>家有僮奴千指。

何乔新《何文肃公集》三十一《故承事郎赵孺人董氏墓表》：

>无锡赵氏族大资厚，僮使千指。

唐顺之《荆川文集》十一《葛母传》：

>葛翁容庵，游于商贾中，殖其家，僮婢三百余指。

嘉靖时名相徐阶家人多至数千①。至于军人贵族，那更不用说了，洪武时代的凉国公蓝玉蓄庄奴假子数千人②武定侯郭英私养家奴百五十余人。③

大量奴隶的畜养，除开少数的家庭奴隶，为供奔走服役的以外，大部分是用来作为生产力量的。用于农业的例子如《匏翁家藏集》五十八《徐南溪传》：

> 徐讷不自安逸，率其僮奴，服劳农事，家用再起。

六十五《封文林郎江西道监察御史王公墓志铭》：

> 吴江王宗吉置田使僮奴隶以养生，久之，固有余粟。

《何文肃公文集》三十《先伯父稼轩先生墓志铭》：

> 买田一区，帅群僮耕之。

用于商业的例子如《匏翁家藏集》六十一《裕庵汤府君墓志铭》：

> 世勤生殖，有兄弟八人，其仕者曰渭，他皆行货于外，其家出者，率僮奴能协力作居，而收倍蓰之息。

六十二《李君信墓志铭》：

> 益督僮奴治生业，入则量物货，出则置田亩，家卒赖以不堕。

用于工业的如《穀山笔麈》所记：

> 吴人以织作为业，即士大夫家多以纺织求利，其俗勤啬好殖，以故富庶。然而可议者如华亭相（徐阶）在位，多蓄织妇，岁计所织，与市为贾，公仪休之所不为也。

高度的劳动力的剥削，造成这些统治集团大量的财富，奴隶过着牛马一样的生活，在精神上也被当作牛马一样看待。谢肇淛《五杂俎》十四《事部》说，福建长乐奴庶之别极严，为人奴者子孙不许读书应试，违者必群击之。新安之俗，不禁出仕，而禁婚姻。江苏娄县则主仆之分尤严，据《研堂见闻杂记》：

> 吾娄风俗极重主仆，男子入富家为奴，即立身契，终身不敢雁行立。有役呼之，不敢失尺寸。而子孙累世不得脱籍，间有富厚者，以多

---

① 于慎行：《穀山笔麈》卷五。
② 《明太祖实录》卷二二五。
③ 《明太祖实录》卷一五五。

金赎之，即名赎而终不得与等肩，此制御人奴之律令也。

四、明末的奴变

奴隶在统治集团的政治和军力控制之下，他们受尽了虐待，受尽了侮辱。然而，一到这集团腐烂了，政治崩溃了，军队解体了，整个社会组织涣散无力了，他们便一哄而起，要索还身契，解放自己和他的家族了。明代末年的奴隶——奴隶解放运动，可以说是历史上最光辉的一件大事。这运动从崇祯十六年到弘光元年（公元1643至1644），地域从湖北蔓延到江浙。

徐鼒《小腆纪年》卷二：

> 崇祯十六年四月，张献忠连陷麻城。楚士大夫仆隶之盛甲天下，而麻城尤甲于全楚。梅刘田李诸姓家僮不下三四千人，雄张里闾间。寇之将作也，（奴）思齐以民伍为相蔽，听其纠率同党，坎牲为盟为里仁会。诸家兢饰衣冠以夸耀之，其人遂炮烙衣冠，推刃故主，城中大乱。城外义兵围之，里仁会之人大惧，其渠汤志杀诸生六十人，而推其与己合者曰周文江为主，缒城求救于献忠。献忠自残破后，步卒多降于自成，麾下惟骑士七千人，闻麻城使至，大喜，进兵城下，义兵解围走，献忠逐入麻城，城中降者五万七千人，献忠别立一军名曰新营，改麻城为州，以文江知州事。

次年北都政权覆灭后，嘉定又起奴变，《小腆纪年》卷六：

> 崇祯十七年五月，嘉定华生家客勾合他家奴及群不逞近万人，突起劫杀，各缚其主而数之，倨坐索身契。苏松巡抚祁彪佳捕斩数人，余尽掩诣狱，令曰，有原主来者得免死，于是诸奴搏颡行匄原主以免。

金堡《徧行堂集》卷六《朱它园传》：

> 东南故家奴树党叛主，所在横行。翁家黎奴谋乘宗祠长至之祀，围而焚之。翁即从山中，归预祭毕，门外剑戟林立，翁久以恩信孚诸健儿，里无赖闻声辄敛手。
>
> 至是出叱之去，群奴尽靡，翁密语当涂，诛其首恶，主仆之分始明。

虽然被地方政府用军力压服，可是这运动还是在继续发展，《研堂见闻杂记》记1646年娄县的情形：

> 乙酉乱，奴中有黠者，倡为索契之说，以鼎革故，奴例何得如初。一呼千应，各至主门，立逼身契。主人捧纸待，稍后时即举火焚屋，间有缚主人者。虽最相得受恩，此时各易面孔为虎狼，老拳恶声相加。凡小奚佃婢在主人所者，立即扶出，不得缓半刻。其大家不习井饪事者，不得不自举火。自城及镇及各村，而东村尤甚，鸣锣聚众，每日有数千人，鼓噪而行，群夫至家，主人落魄，焚劫杀掠，反掌间耳，如是数日而势稍定。

到建州政权在各地奠定以后，这些旧地主官僚和资本家又得到新主人的荫蔽了，他们替新主人镇压人民，维持秩序，搜括财富，征发劳役，自然，所得到的报酬是财产的尊重和奴隶的控制。

一部分人民的厄运，又因大清帝国的成立，而延续了将近三百年。

记大明通行宝钞

元末钞以无本滥发而废不能用，转而用钱，而钱之弊亦日甚，官使一百文民用八十文，或六十文，或四十文，吴越各不同，湖州嘉兴每贯仍旧百文，平江五十四文，杭州二十文，法不归一。民不便用。又钱质薄劣，易于损坏。（孔齐《至正直记》卷一）钞钱俱不能用，遂一退而为古代之物物交易。

明太祖初起，即于应天置宝源局铸钱，制凡数变。时乏铜鼓铸，有司责民纳私铸钱，毁器皿输官，民颇苦之。而商贾沿元旧习，便用钞，亦苦于钱之不便转运。钱法既绌，于是又转而承元之钞法，以为元代用钞百四十年，其制可因也。顾仅承其制度之表面而忽其本根：元钞法之通以有金银或丝为钞本，各路无钞本者不降新钞；以印造有定额，量全国课程收入之金银及倒换昏钞数为额，俭而不溢，故钞尝重；以有放有收，丁赋课程皆收钞，钞之用同于金银；以随时可兑换，钞换金银，金银换钞，以昏钞可倒换新钞；以钞与金银并行，虚实相权。且各地行用库之颁发钞本也，以行用库原有金银为本，新钞备人民之购取，金银则备人民之换折，故出入均有备，钞之信用借以维持。其坏也以无钞本；以滥发；以发而不收；以不能兑换；以昏钞不能倒换新钞。明太祖及其谋议诸臣生于元代钞法沮坏之世，数典忘祖，以为钞法固如是耳，于是无本无额有出无人之不兑现钞乃复现于明代。行用库之钞本成为无本之钞，不数年而法坏。又为剜肉补疮之计，禁金银，禁铜钱，立户口食盐钞法、课程赃罚输钞法、赎罪法、商税法、钞关法等法令，欲以重钞，而钞终于无用。

洪武七年（公元1374年）初置宝钞提举司，下设钞纸印钞二局，宝钞行用二库。(《明史》卷七二《职官志》)八年三月始诏中书省造大明宝钞，取桑穰为钞料，其制方高一尺，广六寸，质青色，外为龙文花栏，横题其额曰"大明通行宝钞"，其内上两旁复为篆文八字曰"大明宝钞，天下通行"。中图钱贯，十串为一贯，其下云："中书省奏准印造大明宝钞，与铜钱通行使用，伪造者斩，告捕者赏银二十五两，仍给犯人财产。"《会典》中书省作户部，二十五两作二百五十两。若五百文则书钞文为五串，余如其制而递减之。其等凡六，曰一贯、曰五百文、四百文、三百文、二百文、一百文。每钞一贯准钱千文，银一两；四贯准黄金一两。十三年废中书省，乃以造钞属户部，而改宝钞文中书省为户部，与旧钞兼行。二十二年（公元1389）更造小钞，自十文至五十文。(《大明会典》卷三一《钞法》，《明史》卷八一《食货志·钱钞》)建文四年（公元1402）十一月，户部尚书夏原吉言："宝钞提举司钞版岁久，篆文销乏，且皆洪武年号，明年改元永乐，宜并更之。"成祖曰："板岁久当易则易，不必改洪武为永乐，盖朕所遵用皆太祖成宪，虽永用洪武可也。"(《明成祖实录》卷一四)自是终明世皆用洪武年号云。

　　宝钞颁发时，即诏禁民间不得以金银物货交易，违者治罪，告发者就以其物给赏，若有以金银易钞者听。凡商税课钱钞兼收，钱十之三，钞十之七，一百文以下则止用铜钱(《大明会典》卷三一《钞法》)。钞昏烂者许就各地行用库纳工墨值易新钞。寻罢在外行用库。洪武十三年五月户部言："行用库收换昏钞之法，本以便民，然民多缘法为奸诈，每以堪用之钞，辄来易换者。自今钞虽破软而贯伯分明，非挑描剜补者，民间贸易及官收课程并听行使。果系贯伯昏烂，方许入库易换，工墨直则量收如旧。在京一季，在外半年送部，部官会同监察御史覆视，有伪妄欺弊者罪如律，仍追钞偿官。但在外行用库裁革已久，今宜复置。凡军民倒钞，令军分卫所，民分坊厢，轮日收换，乡民商旅各以户帖路引为验。"于是复置各地行用库(《明太祖实录》卷一三一)。七月罢宝钞提举司(同上书卷一三二)。十五年置户部宝钞广源库广惠库，入则广源掌之，出则广惠掌之。在外卫所军士月盐均给钞。各盐场给工本钞(《明史》卷八一《食货志·钱钞》)。十八年十二月命户部凡天下有司官禄米以钞代给之，每钞二贯五百文代米一石(《明太祖实录》卷一七六）。时钞值低落，二十三年十月太祖谕户部尚书赵勉曰："近闻两浙市民有以钞一贯折钱二百五十文者，此甚非便。尔等与工部议，凡两浙市肆之民，令其纳铜送京师铸钱，相兼行使，凡钞一贯准钱一千文，榜示天下知之。"（同上书卷二〇五）二十四年八月复命户部申明钞法。时民间凡钞昏烂者，商贾贸易率多高其值以折抑之，比于新钞增加至倍。又诸处税务河泊所每收商税课程，吏胥为奸利，皆取新钞，及至输库，辄易以昏烂者。由是钞法益滞不行，虽禁约屡申而弊害滋甚。太祖因谓户部臣曰："钞法之行，本以便民交易，虽或昏烂，然均为一贯，何得至于抑折不行，使民损赀失望。今当申明其禁，但字贯可验真伪，即通行无阻。且以钞之弊者，揭示于税务河泊所，令视之为法，有故阻者罪之。"（同上书卷二一一）二十五年设宝钞行用库于东市，凡三库，库给钞三万锭为钞本，倒收旧钞送内府。二十六年令：凡印造大明宝钞典历代铜钱相兼行使，每钞一贯准铜钱一千文。其宝钞提举司每岁于三月内兴工印造，十月内住工。其所造钞锭，本司具印信长单及关领勘合，将实进钞锭照数填写送内府库收贮，以备赏赐支用。其合用桑穰数目，本部每岁预为会计，行移浙江、山东、河南、北平及直隶、淮安等府出产去处，依例官给价钞收买。（《大明会典》卷三一《钞法》）二十七年八月诏禁用铜钱。时两浙之民重钱轻钞，多行折使，至有以钱百六十文折钞一贯者，福建、两广、江西诸处大率皆然。由是物价涌贵，而钞法益坏不行。于是令悉收其钱归官，依数换钞，敢有私自行使及埋藏毁弃铜钱者罪之。（《明太祖实录》卷二三四）并罢宝钞行用库（《大明会典》卷三一《钞法》）。三十年三月，以杭州诸郡商贾，不论货物贵贱，一以金银定价，由是钞法阻滞，公私病之，因禁民间无以金银交易。（《明太祖实录》卷二五一）时法繁禁严，奸民因造伪钞以牟利，数起大狱，勾容杨馒头伪钞事觉，捕获到官，自京师至勾容九十里间，所枭之尸相望云。（《大诰·伪钞》第四八）

成祖即位后，复严金银交易之禁：犯者准奸恶论；有能首捕者，以所交易金银充赏；其两相交易而一人自首者免坐，赏与首捕同（《明成祖实录》卷一八永乐元年四月丙寅条）。二年（公元1404）正月诏，自今有犯交易银两者，免死徙家兴州屯戍。（同上书卷二七）八月，都察院左都御使陈瑛言：

"比岁钞法不通,皆缘朝廷出钞太多,收敛无法,以致物重钞轻。今莫若暂行户口食盐之法,以天下通计,人民不下一千万户,官军不下二百万家,若是大口月食盐二斤,纳钞二贯,小口一斤,纳钞一贯,约以一户五口计,可收五千余万锭,行之数月,钞必可重。"户部会群臣会议,皆以为便。但大口令月食盐一斤,纳钞一贯,小口月食盐半斤,纳钞五百文,可以行久。从之。(同上书卷三三)五年(公元1407)于京城设官库,令民以金银倒换官钞,在外则于州县倒换。令各处税粮课程赃罚俱准折收钞,米每石三十贯,小麦豆每石二十五贯,大麦每石一十五贯,青稞荞麦每石一十贯,丝每斤四十贯,棉每斤二十五贯,大绢每匹五十贯,小绢每匹三十贯,小苎布每匹二十贯,大苎布每匹二十五贯,大棉布每匹三十贯,小棉布每匹二十五贯,金每两四百贯,银每两八十贯,茶每斤一贯,盐每大引一百贯,芦柴每束三贯,其有该载不尽之物,但照彼中时价折收(《大明会典》卷三一《钞法》)。准之洪武初颁钞时之物价,盖不啻贬值百倍矣。七年设北京宝钞提举司,十七年四月又申严交易金银之禁(同上)。十九年三殿灾,求直言,邹缉上疏言时政,谓:"民间至伐桑枣以供薪,剥桑皮以为楮,加之官吏横征,日甚一日,如前岁买办颜料,本非土产,动科千百,民相率敛钞购之他所,大青一斤价至万六千贯。"(《明史》卷一六四《邹缉传》)二十年又令盐官许军民人等纳旧钞支盐,发南京抽分场积薪龙江提举司竹木鬻之军民收其钞,应天岁办芦柴征钞十之八。(同上书卷八一《食货志·钱钞》)九月成祖谕户部都察院臣曰:"昔太祖时钞法流通,故物贱钞贵,交易甚便。今市井交易,惟用新钞,稍昏软辄不用,致物价腾踊,其榜谕之。如仍踵前弊,坐以大辟,家仍罚钞徙边。如有倚法强市人物,亦治罪不宥。"(《明成祖实录》卷一二四)先是成祖在北京,或奏南京钞法为豪民沮坏,遣邝埜廉视,众谓将起大狱,埜执一二市豪归奏曰:"市人闻令震惧,钞法通矣。"事遂已。(《明史》卷一六七《邝埜传》)然钞法实未尝通也。

仁宗监国,诏令笞杖定等输钞赎罪。(《明仁宗实录》永乐二十二年十月癸卯)及即位,以钞不行,询户部尚书夏原吉,原吉言:"钞多则轻,少则重。民间钞不行,缘散多敛少,宜为法敛之。请市肆门摊诸税度量轻重加其课程。钞入官,官取昏软者悉毁之。白今官钞宜少出,民间得钞难,则自然重矣。"乃下令曰:"所增门摊课程,钞法通即复旧,金银布帛交易者亦暂禁止。"(《明史》卷八一《食货志·钱钞》)永乐二十二年(公元1424)十月革两京户部行用库。(同上书卷八《仁宗纪》)洪熙元年(公元1425)议改钞法,夏时力言其扰市肆,无裨国用。疏留中。钞果大沮,民多犯禁。议竟寝。(同上书卷一六一《夏时传》)宣宗即位,兴州左屯卫军士范济年八十余矣,诣阙言:元因唐飞钱、宋会子交子之旧,"造中统交钞,以丝为本,银五十两,易丝钞一百两。后又造中统钞,一贯同交钞一两,二贯同白金一两。久而物重钞轻,公私俱弊。更造至元钞颁行天下,中统钞通行如故,率至元钞一贯当中统钞五贯,子母相权,官民通用,务在新者无冗,旧者无废。又令民间以昏钞赴平准库倒换,商贾欲图轻便,以中统钞五贯赴库换至元钞一贯。又其法日造万锭,计官吏俸给,内府供用,诸王岁赐出支若干,天下日收税课若干,各银场窑冶日该课程若干,计民间所存贮者万无百焉,以此愈久,新旧行之无厌,由计虑之得其宜也。自辛卯(公元1351)兵起,天下瓜分,藩镇各据疆土,农事尽废,而楮币无所施矣。……我国家混一天下,物阜民安,……太祖皇帝命大臣权天下财物之轻重,造大明通行宝钞,一贯准银一两,民欢趋之,华夷诸国,莫不奉行,迄今五十余年,其法少弊,亦由物重钞轻所致。……伏祈陛下断自宸衷,谋之勋旧,询之大臣,重造宝钞,一准洪武初制,务使新旧兼行。取元日所造之数而损益之,审国家之用而经度之。每季印造几何,内府供用几何,给赐几何,天下课税日收几何,官吏俸给几何,以此出入之数,每加较量,用之不奢,取之适宜,俾钞罕而物广,钞重而物轻,则钞法流通,永永无弊。又其要在严伪造之条,凡伪造者必坐及亲邻里甲。又必开倒钞库,专收昏烂不堪行使之钞,辨其真伪,每贯取工墨五分,随解各干上司。又或一季或一月,在内都察院五府户部刑部委官,在外巡按监察御史三司官府县官,公同以不堪之钞烧毁,实为官民两便。"(《明宣宗实录》卷五,《明史》卷一六四《范济传》)时不能用,民卒轻钞。至宣德初(公元1426)米一石用钞五十贯,乃弛布帛米麦交易之禁。府县卫所仓粮积至十五年以上者盐粮悉收钞,秋粮亦折钞三分。(《明史》卷八一《食货志·钱钞》)又严钞法之禁,时行在户部奏:"比者民间交易,惟用金银,钞滞不行,请严禁约。"因命行在都察院揭榜禁之,

第五章 世情写真:大明王朝的社会状态 \ 367

凡以金银交易及藏匿货物、高抬价值者，皆罚钞。（《明宣宗实录》卷一九）凡官员军民人等赦后赃罚亏欠，俱令纳钞，金每两八千贯，银二千贯，犯笞刑罪每二十赎钞一千贯。（同上书卷二二）三年六月诏停造新钞，已造完者悉收库不许放支，其在库旧钞委官选拣堪用者备赏赍，不堪者烧毁。立阻滞钞法罪，有不用钞一贯者，罚纳千贯，亲邻里老旗甲知情不首，依犯者一贯罚百贯。其关闭店铺潜自贸易及抬高物价之人，罚钞万贯。知情不首罚千贯（同上书卷四三）。十一月复申用银之禁，凡交易银一钱者，买者卖者皆罚钞一千贯，一两者罚钞一万贯，仍各追免罪钞一万贯（同上书卷四八）。四年正月行在户部以钞法不通，皆由客商积货不税，市肆鬻卖者沮挠所致，奏请依洪武中增税事例，凡顺天、应天、苏、松、镇江、淮安、常州、扬州、仪真、杭州、嘉兴、湖州、福州、建宁、武昌、荆州、南昌、吉安、临江、清江、广州、开封、济南、济宁、德州、临清、桂林、太原、平阳、蒲州、成都、重庆、泸州共三十三府州县，商贾所集之处，市镇店肆门摊税课增旧五倍，俟钞法通悉复旧。（同上书卷五〇）时巨富商民并权贵之家，率以昏烂之钞中盐，一人动计千引，及支盐发卖，专要金银，钞法由是愈滞。（同上书卷五五）六月立塌坊等项纳钞例：一、南北二京公侯驸马伯都督尚书侍郎都御史及内官内使与凡官员军民有蔬菜果园，不分官给私置，但种蔬果货卖者，量其地亩棵株，蔬地每亩月纳旧钞三百贯，果每十株岁纳钞一百贯。其塌坊车房店舍停塌客商货物者，每间月纳钞五百贯。一、驴骡车受雇装载物货，或出或入，每辆纳钞二百贯，委监察御史、锦衣卫、兵马司各一员于各城门外巡督监收。一、船只受雇装载，计其载料之多少，路之远近，自南京至淮安，淮安至徐州，徐州至济宁，济宁至临清，临清至通州，俱每一百料纳钞一百贯。其北京直抵南京，南京直抵北京者，每百料纳钞五百贯。委廉干御史及户部官于沿河人烟辏集处监收。（《明宣宗实录》卷五五）钞关之设自此始。六年二月以江西各府县征纳户口食盐钞，有司但依黄册所编丁口征收，有死亡无从征者，有老疾贫难及居深山穷谷无钞纳者，有将男女典雇易钞者，小民无所告诉。诏令有司开除亡故老疾及山谷之民，止令城中墟镇及商贾之家纳钞。（同上书卷七六）七年三月诏湖广、广西、浙江商税鱼课办纳银两者，自宣德七年为始，皆折收钞，每银一两纳钞一百贯。（同上书

卷八八）

宣德十年（公元1435）正月，英宗即位大赦诏：各处诸色课程旧折收金银者，今后均照例收钞。（《明英宗实录》卷一）十二月广西梧州府知府李本奏："律载宝钞与铜钱相兼行使。今广西、广东交易用铜钱，即问违禁，民多不便。乞照律条，听其相兼行使。"从之。（同上书卷一二）正统元年，（公元1436）三月，少保兼户部尚书黄福言："宝钞本与铜钱兼使，洪武间银一两当钞三五贯，今银一两当钞千余贯，钞法之坏，莫甚于此。宜量出官银，差官于南北二京各司府州人烟辏集处，照彼时值倒换旧钞，年终解京，俟旧钞既少，然后量出新钞换银解京。"（同上书卷一五）时钞一贯仅值银一厘，较国初已贬值千倍，福议以银换钞，紧缩旧钞之流通额，提高钞之信用，实救时惟一良法，顾朝廷重于出银，竟不能用也。会副都御史周铨、江西巡抚赵新请于不通舟楫地方，田赋折收金银，户部尚书黄福、胡濙共主之，于是定制米麦一石折银二钱五分。南畿浙江、江西、湖广、福建、广东、广西米麦共四百余万石，折银百余万两入内承运库，谓之金花银，其后概行于天下。（《明史》卷七八《食货志·赋役》）遂减诸纳钞者，而以米银钱当钞。弛用银之禁，朝野率皆用银，其小者乃用钱，惟折官俸用钞。钞壅不行。（同上书卷八一《食货志·钱钞》）四年六月以民纳盐钞而盐课司十年五年无盐支给，诏减半收钞以苏民力。塌房及车辆亦减半征收。（《明英宗实录》卷五四）五年十一月刑部都察院大理寺议："洪武初年定律之时，钞贵物贱，所以枉法赃至一百二十贯者免绞充军。即今钞贱物贵，今后文职官吏人等受枉法赃比律该绞者，有禄人估钞八百贯之上，无禄人估钞一千二百贯之上，俱发北方边卫充军。其受赃不及前数者，照见行例发落。"从之。（《明英宗实录》卷七二）。七年六月，诏灾伤处人民愿折钞者，每石折钞一百贯解京交纳。（同上书卷九三）八年七月敕免各城门军民人等驴驮柴米等物出入者钞贯（同上书卷一〇六）。十三年五月免在京菜户纳钞。仍戒今后有沮滞钞法者，令有司于所犯人每贯追一万贯入官，全家发戍边远。（同上书卷一六六）仍禁使铜钱。时钞既不行，而市廛仍以铜钱交易，每钞一贯折铜钱二文。因出榜禁约，令锦衣卫五城兵马司巡视，有以铜钱交易者，擒治其罪，十倍罚之。（同上）

景帝景泰三年（公元 1452）六月，命在京文武官吏俸钞俱准时值给银，每五百贯给一两，以钞法不通，故欲少出以为贵之也（同上书卷二一七）。天顺中弛用钱之禁。宪宗令内外课程钱钞兼收，官俸军饷亦兼支钱钞。是时钞一贯不能值钱一文，而计钞征之民，则每贯征银二分五厘，民以大困。孝宗弘治元年（公元 1488）京城税课司，顺天、山东、河南、户口食盐俱收钞，各钞关俱钱钞兼收。(《明史》卷八一《食货志·钱钞》) 弘治六年各关钱钞折银，钱七文折银一分，钞一贯折银三厘。(《大明会典》卷三五《钞关》) 自后率沿以为例，钞惟用于官府，以给俸饷，得者全无所用，民间亦视如废纸，盖名存实亡，徒以祖制仍存其名义而已。（陆容《菽园杂记》卷一〇，《明史》卷八一《食货志·钱钞》）计太祖时赐钞千贯则为银千两，金二百五十两，永乐中千贯犹作银十二两，金二两五钱。及弘治时赐钞千贯，仅银三两余矣。于是上议者，请"仿古三币之法，以银为上币，钞为中币，钱为下币，以中下二币为公私通用之具，而一准上币以权之焉。盖自国初以来有银禁，恐其或阁钞钱也。而钱之用不出于闽广。宣德以来，钱始行于西北。自天顺以来，钞之用益微，必欲如宝钞属锱之行，一贯准钱一千，银一两，复初制之旧，非用严刑不可也。然严刑亦非盛世所宜有。今日制用之法，莫若以银与钱钞相权而行，每银一分易钱十文，新钞每贯亦十文，四角完全未甚折者每贯五文，中折者三文，昏烂而有一贯字者一文，通诏天下，以为定制。而严立擅自加减之罪，虽物生有丰歉，货殖有贵贱，而银与钱钞交易之数一定而永不可易矣"。孝宗不听。正德中，以内库钞匮乏，无以给赐，复令天下钞关征解本色。（傅维鳞《明书》卷八一《食货志·钞法》）十年（公元 1515）钱宁私遣使至浙鬻钞三万块，每块勒索银三两（钞一块千贯），已敛银两万四千两，有司征价，急于星火，输银之吏，络绎于途。时宁方贵幸用事，以废纸摊索民间现银，地方不敢抗。于是左布政使方良永上疏极论之曰："四方盗甫息，疮痍未瘳，浙东西雨雹。宁斯养贱流，假义子名，跻公侯之列，赐予无算，纳贿不訾，乃敢攫取民财，戕邦本，有司奉行，急于诏旨，胥吏缘为奸，椎肤剥髓，民不堪命。镇守太监王堂、刘璟畏宁威，受役使。臣何敢爱一死，不以闻。乞陛下下宁诏狱，明正典刑，并治其党以谢百姓。"宁惧，留疏不下，谋遣校尉捕假势鬻钞者以自饰于帝，而请以钞直还之民,阴召还前所遣使。宁初欲散钞遍天下,先行之浙江、山东,山东为巡抚赵璜所格,而良永白发其奸,宁自是不敢鬻钞矣。(《明史》卷二〇一《方良永传》,《明臣奏议》卷一四《方良永劾朱宁书》)世宗嘉靖初,御史魏有本上言:"国初关税全征钞贯,嗣后改令钱钞兼收。迩年以来,钞法不通,钱法亦弊,而关税仍收钱钞,无益于国,有损于民。以收钞言之,每钞一张为一贯,每千张为一块,时价每块值银八钱,官价每块准银三两,是官以三两之银,反易八钱之钞,此则上损国用。以收钱言之,各处低钱盛行,好钱难得,官价银一钱,值好钱七十文,时价每银一钱,易好钱不过三十文,是小民费银二钱以上,充一钱之数,此则下损民财。每银约一万两内,五千收钞,该钞将二千块,计用大柜五百方。又五千两收钱,该钱四千串,用柜四百方。而水陆脚价进纳,犹难计议。"疏入,命钱钞留各地方,而内库用银,则钱钞皆不入矣。(《明书》卷八一《食货志·钞法》)嘉靖四年(公元1525)复令宣课分司收税,钞一贯折银三厘,钱七文折银一分。是时钞久不行,钱亦大壅,益专用银矣。(《明史》卷八一《食货志·钱钞》)天启时(公元1621至1627)给事中惠世扬复请造钞行用。(同上书卷八一《食货志·钱钞》)思宗崇祯八年四月,给事中何楷亦以为请(《崇祯长编》)。十六年六月召见桐城诸生蒋臣于中左门,臣言钞法申世扬说,其言曰:"经费之条,银钱钞三分用之,纳钱银买钞者,以九钱七分为一金,民间不用以违法论。岁造三千万贯,一贯价一两,岁可得银三千万两,不出五年,天下之金钱尽归内帑矣。"给事中马嘉植疏争之,不听。擢臣为户部司务,侍郎王鳌永、尚书倪元璐力主之。条议有十便十妙之说:一、造之之费省;二、行之之途广;三、赍之也轻;四、藏之也简;五、无成色之好丑;六、无称兑之轻重;七、革银匠之奸偷;八、杜盗贼之窥伺;九、钱不用而用钞,其铜可铸军器;十、钞法大行,民间货买可不用银,银不用而专用钞,天下之银竟可尽实内帑。帝大喜,特设内宝钞局,即刻造钞,立发仪制司所藏乡会中式朱墨二卷,与直省优劣科岁试卷,为钞质之资本;押工部收领,限日搭厂,拨官选匠计工。如有阻其事者,法同十恶。辅臣蒋德璟言:"百姓虽愚,谁肯以一金买一纸。"帝不听。昼夜督造,募商发卖,无一人应者。又因局官言,取桑穰二百万斤于畿辅、山东、河南、浙江,德璟力争,帝留其揭不下。工部查二祖时典故，造钞工料纸六皮四，皮者桦皮也，产于辽东。有纸无皮，无从起工。乃令工部召商，工部仍以库洗为辞。正拟议间，得"流寇"渡河息，事遂已。次年而北都墟，明社覆。（《明史》卷二五一《蒋德璟传》，计六奇《明季北略》卷一九《蒋臣奏行钞法、捣钱造钞》，花村看行侍者《谈往·捣钱造钞》）

与钞法有关者，除户口食盐钞关商税以外，较重要者尚有俸给及赎法二事。

明代官员俸给，按正从品级分别规定，自正一品岁俸米一千四十四石至从九品六十石有差。俸给有本色折色，本色给米，折色则有银布胡椒苏木之类。洪武十三年（公元1380）定内外文武官岁给禄米俸钞之制。（《明史》卷八二《食货志·俸饷》）永乐元年（公元1403）令在京文武官一品二品四分支米，六分支钞；三品四品米钞中半兼支；五品六品六分米，四分钞；七品八品八分米二分钞。每米一石折钞十贯。宣德八年定每俸米一石折钞十五贯；折俸布一匹折钞二百贯，嘉靖七年改定为折银三钱。如正一品岁该俸一千四十四石，内本色俸三百三十一石二斗，折色俸七百一十二石八斗。本色俸内除支米一十二石外，折银俸二百六十六石，折绢俸五十三石二斗，共该银二百四两八钱二分。折色俸内折布俸三百五十六石四斗，该银一十两六钱九分二厘，折钞俸三百五十六石四斗，该本色钞七千一百二十八贯。总计正一品官岁得俸给全额为米一十二石，银二百十五两五钱一分二厘，钞七千一百二十八贯。正七品官岁该俸九十石，内本色俸五十四石，折色俸三十六石。本色俸内除支米一十二石外，折银俸三十五石，折绢俸七石，共该银二十六两九钱五分。折色俸内折布俸一十八石，该银五钱四分，折钞俸一十八石，该本色钞三百六十贯。总计正七品官岁得俸给全额为米一十二石，银二十七两四钱九分，钞三百六十贯。在外文武官俸，洪武二十六年（公元1393）定每米一石折钞二贯五百文，宣德八年（公元1433）增为十五贯，正统六年（公元1441）又增为二十五贯（《大明会典》卷三九《俸给》），成化七年（公元1471）从户部尚书杨鼎请，以甲字库所积之棉布，以时估计之，阔白布一匹可准钞二百贯，请以布折米，仍视折钞例，每十贯一石。先是折俸钞米一石钞二十五贯，渐减至十贯，是时钞法不行，钞一贯值二三钱，是米一石仅值钱二三十文，至是又折以布，布一匹时估不过二三百钱，而折米二十石，则是米一石仅值十四五钱也。自古百官俸禄之薄，未有如此者，后遂为常例。（《明宪宗实录》成化七年十月丁丑条，《日知录》卷一二《俸禄》条引《明史》卷八二《食货志·俸饷》）

赎罪之法以纳钞为本。永乐十一年令死罪情轻者斩罪赎钞八千贯，绞罪及榜例死罪六千贯，流徒杖笞纳钞有差。宣德二年（公元1427）定笞杖罪囚每十赎钞二十贯，徒流罪名每徒一等折杖二十，三流并折杖一百四十，其所罚钞悉如笞杖所定。景泰元年（公元1450）增为二百贯，每十以二百贯递加，至笞五十为千贯；杖六十千八百贯，每十以三百贯递加，至杖百为三千贯。天顺五年（公元1461）令罪囚纳钞，每笞十钞二百贯，余四笞递加百五十贯；至杖六十增为千四百五十贯，余杖各递加二百贯。弘治十四年（公元1501）定折收银钱之制，每杖百应钞两千二百五十贯，折银一两，每十以二百贯递减，至杖六十为银六钱；笞五十应减为钞八百贯，折银五钱，每十以百五十贯递减，至笞二十为银二钱，笞十为钞二百贯，折银一钱。正德二年（公元1507）定钱钞兼收之制，如杖一百应钞二千二百五十贯者，收钞千一百二十五贯，钱三百五十文。嘉靖七年（公元1528）更定凡收赎者每钞一贯折银一分二厘五毫，如笞一十赎钞六百文，则折银七厘五毫，以罪重轻递加折收赎。此有明一代赎罪钞法之大概也。然罪无一定，而钞法则日久日轻，赎罪钞数因亦随之递增，至弘治而钞竟不可用，遂开准钞折银之例，赎法步钞法之变而变，终则实纳银而犹存折钞之名，则以祖制不敢废也。（《明史》卷九三《刑法志·赎刑》）

元承金制，铸银五十两为一锭。元钞从银，故亦以五十贯或五十两为一锭，钞二锭值银一锭，钞二贯或二两值银一两（详见《元代之钞法》六《释锭》）。明钞则以钱相权，钞一贯值钱千文，银一两，四贯为金一两。钱五贯或五千文为一锭。《明史·食货志》云，嘉靖三十二年（公元1553）铸洪武至正德九号钱，每号百万锭，嘉靖钱千万锭，一锭五千文。万历五年（公元1577）张居正疏言："工部题议制钱二万锭，该钱一万万文。"（《张文忠公集》奏疏八《请停止输钱内库供赏疏》）天启时户部尚书侯恂言："收钱每五千文为一锭。"（孙承泽《春明梦余录》卷三八）以明代后期之史实推之，则明初之钱锭亦必为五千文可决也。因之钞亦以五贯为一锭。王世贞曰："钞一锭为五贯，贯直白金一两。"（《弇山堂别集》卷一四）顾炎武记漳州府田赋亦云"钞五贯为一锭"，可证也。（《天下郡国利病书》卷九三）钞锭之上为块，每钞一张为一贯，每千张即千贯为一块，见嘉靖初御史魏有本《论钞法疏》，详见前文。

一九四三年四月十九日于昆明瑞云巷三号

第六章
人物论说：他们定格在历史的框架里

况钟和周忱

一、从《十五贯》说起

1956年浙江昆苏剧团上演了改编的昆曲《十五贯》之后,各地其他剧种也纷纷改编上演,况钟这个封建时代的好官,逐渐为成千上万的观众所熟识了。这戏中另一个好官周忱,是况钟的上司和同乡,也被赋予和况钟不同的性格,成为舞台上的人物。

《十五贯》成功地塑造了况钟这个历史人物,刻画了他的性格、思想感情。他通过具体分析,进行现场调查研究,得出正确结论;终于纠正了主观主义、官僚主义的错误判断,平反了冤狱,为人民办了好事。这个戏形象地突出了反对主观主义、反对官僚主义这个主题,是具有现实的教育意义的,是个好戏。

但是,《十五贯》这个故事,其实和况钟并不相干。

《十五贯》的故事出自《宋元话本》的《错斩崔宁》,大概是宋朝的故事。明朝末年,有人把这故事编在一部书里,题名为《十五贯戏言成巧祸》,清初的戏剧家朱素臣又把它改编为《十五贯传奇》。现在上演的本子,是根据朱素臣的本子改编的。从故事改编的发展来说,一次比一次好,迷信成分去掉了,复杂的头绪减少了,人物的形象更典型了,深刻了,也就更生动了;艺术感染力量更强烈了;教育主观主义、官僚主义者的效果也就更好了。

那么,问题就来了,《十五贯》既然是宋朝的故事,况钟却是明朝人,从宋末到明前期,相差有一百几十年,为什么戏剧家一定要把这故事算在况钟名下呢？

这是因为况钟的确是历史上的好官，也的确替当时负屈的老百姓伸过冤，救活了不少人命，在当时人民中威信很高。其次，朱素臣是苏州人，对《十五贯》的故事，和况钟这个人物的传说都比较熟悉。戏剧家为了集中地突出故事情节，集中地突出历史人物，把民间流传已久的《十五贯》故事，和当时民间极有威望的好官况钟结合起来，一方面符合人民对于清官好官的迫切要求，一方面也反映了一定时期的历史情况，是完全可以允许的艺术处理。

正因为如此，这故事不但得到广大人民的喜爱，连况钟的子孙也认为确有其事了。况钟九世孙况延秀编的《太守列传编年》上说：

> 折狱明断，民有奇冤，无不昭雪。有熊友兰、友惠兄弟冤狱，公为雪之，阖郡有包龙图之颂，为作传奇，以演其事。惜一切谳断，不能尽传于世。

二、况青天

封建时代的官僚，被人民表扬为青天，是很不容易的事。

由于封建统治阶级一贯剥削、虐待人民，和人民对立，老百姓在平常时候，是怕官的。老百姓和官的关系是，一要完粮，二要当差，三呢，遭到冤枉要打官司。这三件事都使老百姓怕官，一有差错，就得挨板子、上夹板，受到种种非刑，关进班房，以至充军、杀头等等，老百姓怎能不怕？

但是，一到了阶级矛盾十分尖锐，老百姓忍无可忍，团结起来暴动的时候，情况就完全改变了。人民自己已有了武装，也有了班房，那时候，老百姓就不再怕官了，害怕发抖的是官。以此，历史上每次农民起义，矛头总是首先针对着本地的官员，口号总有杀尽贪官污吏这一条。

由于封建统治阶级的统治基础是建立在对广大农民的剥削、掠夺上面的，封建官僚是为了地主阶级利益服务的；一切政治设施的最后目的，都是为了巩固和加强封建统治。这样，也就不难理解在封建官僚的压迫、奴役下，广大人民对于比较清明、宽大、廉洁政治的向往，对于能够采取一些措施，减轻人民负担，伸雪人民冤枉的好官的拥护了。对于这样的好官，人民做了鉴定,叫作青天。

也正由于封建时代的青天极少,所以历史上屈指可数的几个青天,也就成为箭垛式的人物,许多人民理想中的好事都被堆砌到他们身上了。像宋朝的包拯,明朝的况钟和海瑞,都是著名的例子。

也还必须指出,尽管历史上出现了几个青天,是当时人民给的称号。但是,也决不可以由此得出结论,以为青天就是站在人民立场的政治家。不是的,恰恰相反,他们都是为封建统治阶级利益服务的官僚,在这一点上,也和当时其他封建官僚一样,是和人民对立的。不过,由于他们的出身和其他关系,比较接近人民,了解人民的痛苦,比较正直,有远见,为了维持封建统治阶级的长远利益,缓和阶级矛盾,在不损害封建统治阶级的根本利益前提下,有意识地办了一些好事。这些好事是和封建统治阶级的长远利益一致的,也是和被压迫被剥削的广大人民当前利益一致的,对当时的生产发展,对历史的进展有好处的。因此,他们在当时被人民叫作青天,在历史上也就应该是被肯定的,值得纪念的,在某些方面,还是值得今天学习的人物。

况钟(公元1383—1442),江西靖安人。从公元1430年起任苏州知府,一直到1442年死在任上,连任苏州知府十三年。

苏州地方殷富,人口稠密,土地集中,人民贫困,阶级关系比较紧张。在况钟以前,作知府的不要说久任,连称职能够作满任期的也没有一个。况钟以后,也还出过几个好官,不过都比不上他这样有名,为人民所爱戴歌颂。

从唐宋以来,封建王朝任命官僚,主要是用科举出身的人,上过学,会写一定格式的诗、文,通过考试,成为叫作进士或者举人的知识分子。一般在衙门里办事的吏(科员),地位很低,只能一辈子做吏,是作不了官的。明朝初期,科举出身的人还不够多,官和吏的区别还不十分严格,以后就不同了。况钟的父亲是一家地主的养子。况钟从小也念过一点书;但没有考上学校。到成年以后,公元1406年被选作靖安县的礼曹(管礼仪、祭祀一类事务),一直作了九年的吏。他为人干练精明,通达事务,廉介无私,为县官所重视。也正因为他作了多年的吏,直接和人民打交道,不但了解民间痛苦,也深知吏的贪污害民行径,到后来作了官,便有办法来制裁这些恶吏了。

靖安知县和当朝的礼部尚书（管礼仪、祭祀、考试的部长）是好朋友，当况钟作满九年的吏，照例要到吏部（管任免、考核官员的部）去考绩的时候，靖安知县便写信给这个朋友，推荐况钟的才能。礼部尚书和况钟谈了话，也很器重，便特别向皇帝推荐。明成祖召见况钟，特任为礼部仪制司主事，以后升为郎中，一连作了十五年京官。

在这十五年中，况钟和当时许多有名的政治家来往，成为朋友，交换了对政治上许多看法。其中主要的是江西同乡的京官。在封建时代，交通很不方便，官僚们对同乡是很看重的，来往较多，政治上也互相影响，这种关系称为乡谊，是一种封建关系。况钟的同乡中有许多是当权的大官、有声名的政治家，况钟深受他们的影响，在况钟以后的政治活动中，也得到他们的支持。

明成祖在打到南京，作了皇帝以后，任命七个官员替他管理机密事务，叫作"入阁"，后来叫作"拜相"。这七个人中有五个是江西人，其中泰和人杨士奇和况钟关系最深，南昌人胡俨、湖北石首人杨溥也是况钟的朋友。此外，江西吉水人周忱和况钟也很要好。

明成祖死后，三杨当国，三杨就是原来七人内阁中的三个，是杨士奇、杨溥和杨荣。这三人都是有能力的政治家，在他们当国时期，政治是比较清明的。

公元1430年，明封建王朝经过讨论，为了进一步加强统治，增加财政收入，认为全国有九个大府，人众事多，没有管好，其中特别是苏州府，交的税粮比任何一省都多，政治情况却十分不好，官吏奸贪，人民困苦，欠粮最多，百姓逃亡。要百官保举京官中有能力而又廉洁的外任作知府，来加强控制。礼部和吏部都推荐况钟，首相杨士奇也特荐况钟作苏州知府。为了加重况钟的权力，明宣宗还特别给以"敕书"（书面命令），许以便宜行事，并特许他可以直接向皇帝写报告，提建议。

我国在过去漫长时期是农业国，封建王朝的经济基础是农业。王朝的全部收入百分之九十以上出自农民交纳的粮食，服兵役和无偿劳役的也主要是农民。要是农民交不起粮或者少交粮了，农民大量逃亡外地，不当差役了，便会发生严重的政治危机，危害封建王朝的统治地位。

由于宋元以来的历史发展，东南地区的农业经济大大发展了，显出一片繁荣气象。况钟所处的 15 世纪前期，正是明王朝的全盛时期。但是，这个地区的繁荣，这个时期的全盛都只是表面上的，内部却包含着严重的危机。

危机是农民负担过重。

就东南一带而说，农民负担之重居全国第一。这时全国的实物收入，夏税秋粮总数约三千万石，其中浙江一省占二百七十五万多石，约占全国收入十分之一弱。苏州一府七个县却占二百八十一万石，比浙江一省交的粮还多。松江府一百二十一万石，也很重。以苏州而论，垦田数只有九万六千五百零六顷，占全国垦田数百分之一点一，交纳税粮呢，却占全国税收的百分之九点五。

为什么江南地区的农民负担特别重呢？这是因为从南宋以来，由于这一带土地肥沃，经济发展，贵族、官僚用种种方法兼并土地，到了政治局面发生变化，旧的贵族、官僚被推翻了，他们所占有的土地就被没收为官田，经过多次变化，官田就越来越多，民田就越来越少了。到明太祖取得这带地方以后，又把原来的豪族地主的田地没收为官田，并且按私租收税，这样，这带地方的官田租税就特别重了。

民田的租税虽然也很重，但是，农民向地主交租，多在本地，当天或者几天就可以来回，一改为官田，不但田租特别重，而且收的粮食要交官了，得由农民运送到指定的仓库交纳。在交通不便的情势下，陆运、水运，要用几个月以至更多时间，不但占用了大量劳动力，不能投入生产，而且，交纳一石官粮，往往要用两三石以至四五石的运费，有时候遭风翻船了，或者被人抢劫，都得重新补交，所有这些巨大的运费和意外的赔垫，都要由农民负担，农民怎么负担得起？苏州农民因为官田特别多，负担就特别重。

苏州七个县完纳的二百八十一万石税粮中，民粮只有十五万石，官田田租最重的每亩要交三石粮。官粮中有一百零六万石要远运到山东临清交纳，有七十万石要运到南京交纳，运到临清的每一石要用运费四石，运到南京的也要六斗。这样残酷的剥削使人民无法负担，在况钟到苏州以前，四年的欠粮数就达到七百六十多万石。老百姓完不了粮是要挨板子、坐班房的，农民要活下去，就只好全家逃亡，流离外地了。

占全国税粮近十分之一的苏州，欠粮这样多，人口大量外流，是不能不严重地影响到封建王朝的统治基础的。首相杨士奇提出补救方案：蠲免欠粮，官田减租，清理冤狱，惩办贪官，安抚逃民，特派知府等六项措施。况钟就是在这样情况下，被特派到苏州执行这些措施的。

官田减租是得到明宣宗的同意，用诏书（皇帝的命令）下达全国的。但是，有人认为，减掉了租，就减少了王朝的收入，遭到封建统治阶级内部的反对，没有能够贯彻，蠲免欠粮，也同样行不通。隔了两年，还是没有解决。尽管明宣宗和杨士奇为了缓和阶级矛盾，巩固统治基础，下了极大决心要办，并且严厉申斥户部官员，不奉行减租免粮命令的就要办罪，还是办不了，办不好。

况钟在苏州坚决执行封建王朝的政策，在巡抚周忱的支持下，他多次提出官田减租和蠲免欠粮的具体办法，都被户部批驳不准。况钟并不妥协，坚持要办，一直到宣德七年（公元1432年）三月，才得到批准，减去官田租七十二万一千六百多石，荒田租十五万石，官粮远运临清的减去六十万石，运到南京的改为驻军到苏州自运，连同其他各项，每年减省了苏州人民一百五十六万石的负担，假如连因此而省掉的运费、劳力计算，数目就更大了。这对苏州人民来说，确是一件了不起的大好事，对明王朝的统治来说，也确是起了巩固作用。而且，官田虽然减了一些租，因为不欠粮了，王朝的实际收入，比上前几年反而增加了。

由于官田田租减轻了，逃民回来后复业的就有三万六千六百多户。人民的生活虽然还是很苦，但是毕竟比过去稍微好了一些，生产情绪也提高了。他们欢欣鼓舞，感谢况钟的恩德，到处刻碑纪念这件好事。

况钟在人民中间的威信日益提高，主要的是他还办了以下这几件事：

第一是惩办贪吏。况钟是从吏出身的，精于吏事。在上任以后，却假装不懂公事，许多吏拿着案卷请批，况钟问他们该怎么办，都一一照批。吏们喜欢极了，以为这知府真好对付，以后的事好办了。况钟在经过充分的调查研究，弄清情况以后，过了一个多月，突然叫官员和吏们都来开会，当场宣读"敕书"，其中有"属员人等作奸害民，尔即提问解京"的话，就问这些吏，那一天你办了什么事，受了多少贿赂，对不对？一一问过，立时杀了六个。官员中有十二个不认真办事，疲沓庸懦的，都革了职。另外有几个贪赃枉法的，拿到京师法办。这一来，官吏们都害怕了，守法了，老百姓也少吃苦头了。人们叫他作青天。

苏州人民好容易有了一个青天，松了一口气。第二年，况钟的继母死了，按封建礼制辞官回家守孝。这一来，苏州的天又黑了，风气又变了，官们吏们又重新做坏事了，百姓又吃苦头了。他们想了又想，都是况钟不在的缘故，三万七千多人便联名请求况钟回来。隔了十个多月，况钟又被特派回到苏州，这一回用不着调查了，立刻把做坏事的官吏们都法办了，天又变好了，况钟更加得到人民的支持。

第二是清理冤狱。苏州有七个县，况钟每天问一个县的案，排好日程，周而复始，不到一年工夫，清理了一千五百多件案子，该办的办，该放的放，做得百姓不叫冤枉，豪强不敢为非，老百姓都叫他是包龙图再世。现在舞台上演唱的《十五贯》，虽然事实上和况钟无关，但确也反映了他在这一方面的工作作风，取得的成绩和威信，是符合历史实际的。

第三是抑制豪强。明朝制度，军民籍贯是分开的，军户绝了，要勾追原籍本家男丁补缺。封建王朝派的清军御史蛮横不讲道理，强迫平民充军，弄得老百姓无处诉冤，况钟据理力争，免掉一百六十个平民的军役，免掉一千四百多平民的世役，只是本身当军，不累及子孙。七县的圩田设有圩长圩老九千多人，大部分都是积年退役（在衙门做过事的）恶霸，这制度和这些人得到大官的支持，为非作恶，况钟不管上官的反对，也把它一起革除了。沿海沿江有些地方的军官，借名巡察河道，劫掠商船，为害商旅，况钟都一一拿办。

第四是为民兴利。苏州河道，淤塞成灾，况钟把它疏浚了，成为水利。人民因粮重贫困，向地主借高利贷，弄得卖儿卖女，况钟想法筹划了几十万石粮食，建立济农仓，每到农民耕作青黄不接的时候，便开仓借贷，每人二石，到秋收时如数偿还，遇有灾荒，也用这粮食赈济。又推广义役仓制度，用公共积累的粮食，供应上官采办物料的赔垫消费，免去中间地主们的剥削和贪污，从而减轻人民的负担。

况钟刚正廉洁，极重视细小事件，设想周密，不怕是小事，只要有利于百姓就做，对百姓有害的就加以改革。兴利除害，反对豪强，扶持良善，百姓敬他爱他，把他看作天神一样。第一次回家守孝，百姓想念他，作歌说：

　　况太守，民父母，众怀思，因去后，愿复来，养田叟。

又有歌说：

　　众人齐说使君贤，只剪轻蒲为作鞭，
　　兵仗不烦森画戟，歌谣曾唱是青天。

三年任满，到京师朝见，百姓怕他升官，很担心，到回来复任，百姓又唱道：

　　太守朝京，我民不宁，太守归来，我民忻哉！

到九年任满，又照例到吏部候升，吏部已经委派了新的苏州知府了，苏州人民不答应，有一万八千多人联名保留况钟，结果，况钟虽然升了官，又回到苏州管知府的事。

况钟做了十三年知府，死的时候，老百姓伤心痛哭，连作生意的也罢市了。送丧的沿路沿江不绝。苏州和七个县都建立了祠堂，画像祭祀，有的人家甚至把他的画像供在家里。

生性俭朴，住的房子没有什么陈设，吃饭也只用一荤一素。作官多年，没有添置过田产，死后归葬，船上只有书籍和日用器物，苏州人民看了，十分感动。做官办事，不用秘书，一切报告文件都亲自动手，文字质直简劲，不作长篇大论，说清楚了就算。在请求官田减租的报告上，直率批评皇帝失信，毫不隐讳。

和巡抚周忱志同道合，他每次有事到南京，上岸时虽然天黑了，周忱也立刻接见，谈到深夜。况钟在苏州办的许多好事是和周忱的支持分不开的，周忱在巡抚任上办的许多好事，也有况钟的贡献在内。

三、周忱

周忱（公元1381—1453）从公元1430年任江南巡抚，一直到1451年，前后共二十一年，是明朝任期最长的封疆大员，最会理财最能干的好官。

他是进士出身，在刑部（管司法、审判的部）做了二十多年的员外郎

（官名，专员），不为人所知。直到大学士（宰相）杨荣推荐为江南巡抚、总督税粮，才出了名。

周忱不摆官僚架子，接近人民，倾听群众意见，心思周密，精打细算，会出主意，极会办事，人民很喜欢他。

江南其他各府县，也和苏州一样，欠了很多税粮。周忱首先找老年农民研究，问是什么缘故。农民们说，交粮食照规矩得加"耗"（附加税），因为仓库存的粮食日子久了分量就减少了，加上麻雀老鼠都要吃粮食，这样，就会有耗损。官府把预计必有的耗损分量在完粮时附加交纳，叫作"耗"。但是，地主们都不肯交纳，光勒掯农民负担全部耗损，农民交纳不起，只好逃亡，税粮越欠越多了。

周忱弄清原因，就创立平米法，把完粮附加的耗米，合理安排，不管是地主是农民，都一律负担。又进一步由工部（管工程的部）制定铁斛，地方准式制造，凡是收放粮食都用同一的标准量器，革除了过去大斗进小斗出的弊病。农民交粮，一向由粮长（地主）经手存放运输，制度紊乱，粮长巧立名目，从中取利，农民负担便越发重了。周忱经过细心研究，制定一套办法，大大减少了粮长做坏事的机会，也减少了耗损。又精打细算，改进了粮食由水路运到北京的办法，节省了人力和粮食，把这些节约的粮食和多出的附加耗米单独设仓贮存，叫做余米，逐年积累，作为机动用费。又和况钟举办了济农仓，减免了苏州和其他各府的官田租粮。经过亲自考察，发现松江、嘉定、上海一带的河流淤塞，就用余米动工疏浚，兴办了许多水利工程。通过这些措施，人民负担减轻了，加上遇有天灾，可以得到及时的救济，不但荒年不必逃荒，连税粮也不欠了，仓库富足了。民生也安定了。

周忱遇事留心研究，找出关键问题，提出解决办法，随时改革不适用的旧办法，适应新的情况。他有便宜行事的职权，地方性和局部性的问题，可以全权管理，以此，他在江南多年，先后办了不少好事。

他有良好的工作习惯，每天都记日记，除记重要的事项以外，也记下这一天的气候，阴、晴、风、雨。有一回，有人谎说，某天长江大风，把米船打翻了。周忱说不对，这一天没有风，一句话把这案子破了。又有一回，一个坏人故意把旧案卷弄乱，想翻案。周忱立刻指出，你在某天告的状，我是怎么判决的。好大胆子,敢来糊弄人!这个坏人只好服罪。江南钱粮的数目上千上万,都记得很清楚,随时算出,谁也欺骗不了他。

也有全局观点,对邻近地区遇事支援。有一年江北闹大饥荒,向江南借米三万石,周忱算了一下账,到明年麦子熟的时候,这点粮食是不够吃的,借给了十万石。

1449年10月瓦剌也先败明军于土木(今北京怀来县),明英宗被俘,北京震动。当国的大臣怕瓦剌进攻,打算把通州存的几百万石粮食烧掉,坚壁清野。这时恰好周忱在北京,他极力主张通州存粮可以支给北京驻军一年的军饷,何不就命令军队自己去运,预支一笔军饷呢?这样,粮食保全住了,驻军的粮饷也解决了。

周忱还善于和下属商量办事,即便对小官小吏,也虚心访问,征求意见。对有能力的好官,如苏州知府况钟、松江知府赵豫、常州知府莫愚、同知赵泰等,则更是推心置腹,遇事反复商量,极力支持,使他们能够各尽所长,办好了事。正因为他有这样好作风,他出的主意,想的办法,也都能通过这些好官,贯彻执行下去。

他从不摆大官架子,有时候有工夫,骑匹马沿江到处走,见到的人不知道他是巡抚。在江南年代久了,和百姓熟了,像一家人一样,时常到农村去访问,不带随从,在院子里,在田野里,和农夫农妇面对面说家常话,谈谈心,问问有什么困难,什么问题,帮着出主意。

周忱最后还是被地主阶级攻击,罢官离开江南。他刚离开,户部立刻把他积储的余米收为官有,储备没有了,一遇到灾荒、意外,又到处饿死人了。农民完不起粮,又大量欠粮了,逃亡了。百姓越发想念他,到处建立生祠,纪念这个爱民的好官。

过了两年,周忱郁郁地死去。

明代民族英雄于谦

有一首《石灰吟》：

千锤万凿出深山，烈火焚烧若等闲，

粉骨碎身浑不怕，要留清白在人间。

这首诗是明朝民族英雄于谦写的，经过千锤万击，不怕烈火焚烧，不怕粉骨碎身，要留下清白在人间，写的是石灰，同时也象征了于谦自己的一生。

于谦（公元1398—1457年），字廷益，浙江钱塘（今杭州）人。小时候很聪明，性格坚强。明成祖永乐十九年（公元1421年）二十四岁时中了进士。明宣宗宣德初年（公元1426年）作了御史（监察官），明宣宗的叔父汉王高煦在山东造反，明宣宗亲自带兵讨伐，高煦投降，明宣宗叫于谦当面指斥高煦罪状，于谦义正词严，说得有声有色，明宣宗很赏识他，认为是个了不起的人才。接着于谦被派巡按江西，发现有几百件冤枉的案件，都给平反了。

宣德五年（公元1430年），明朝政府为了加强中央的权力，特派中央比较能干的官员去治理重要的地方，五月间派况钟、何文渊等九人为苏州等府知府。到九月又特派于谦、周忱等六人为侍郎（中央的副部长），巡抚各重要省区。明宣宗亲自写了于谦的名字给吏部，破格升官为兵部右侍郎（国防部的副部长），巡抚河南、山西两省，宰相也支持这主张。明朝制度，除了南北两直隶（以北京和南京为中心的中央直辖地区）以外，地方设有十三个布政使司，每个布政使司（通称为省）设有布政使管民政赋税，按察使管刑名司法，此外还有都指挥使管军政，号称三司，是地方上三个最高长官，职权不同，彼此都不能互相管辖。布政使是从二品官，按察使是正三品官，都指挥使是正二品官，兵部右侍郎虽只是正三品官，却因为是中央官，又是皇帝特派的，奉有敕书（皇帝的手令）可以便宜行事，是中央派驻地方的最高官员，职权就在三司之上了。

于谦作河南山西巡抚，前后一共十九年（公元1430—1448），除周忱连任江南巡抚二十一年以外，他是当时巡抚当中任期最长的一个。

于谦极重视调查研究工作，一上任便骑马到处视察，所到地方都延请当地有年纪的人谈话，了解地方情况，政治上的得失利弊，老百姓的负担、痛苦，该办的和不该办的事，一发现问题，立刻提出具体意见，写报告给皇帝。遇有水灾、旱灾，也及时上报，进行救济。他对地方的情况很清楚，政治上的措施也很及时，因之，得到人民的歌颂和支持。

明英宗正统六年（公元1441）他向皇帝报告，为了解决缺粮户的暂时困难，当时河南、山西仓库里存有几百万石粮食，建议在每年三月间，由州县官调查，报告缺粮户数的所需粮食数量，依数支借，到秋收时归还，不取利息。对老病和穷极不能归还的特许免还。还规定所有州县都要存有预备粮，凡是预备得不够数的，即使任期满了也不许离任，作为前一措施的物质保证，这一款由监察官按时查考。皇帝批准了这一建议。这样一来，广大的缺粮户，在青黄不接的时候，就可以免除地主的高利贷剥削了，他为穷困的农民办了好事。

黄河经过河南，常常闹决口，造成水灾。于谦注重水利，在农闲时动用民力，加厚堤身，还按里数设亭，亭设亭长，负责及时督促修缮。在境内交通要道，都要种树、凿井，十几年间，榆树、柳树都成长了，一条条的绿化带，无数的水井，使行道的人都觉得阴凉，沿途都有水喝。

大同是边上要塞，巡按山西的官员很少到那里去，于谦建议专设御史监察。边地许多将领私自役使军人，为他们私垦田地，国家的屯田日益减少，边将私人的垦田却日益增加，影响到国家的收入和边防的力量，于谦下令没收边将的私田为国家屯田，供给边军开支。

于谦作了九年巡抚，政治清明，威信很高，强盗小偷都四散逃避，老百姓过了比较安定的生活。由于他政治上的成就，明朝政府升他为兵部左侍郎，支二品俸禄，仍旧作巡抚的官。

在这九年中，于谦的建议到了北京，早上到，晚上就批准，是有其政治背景的。原来这时的皇帝是年轻人，明英宗当皇帝时才十岁，太皇太后和皇太后（皇帝的祖母和母亲）很敬重元老重臣三杨：杨士奇、杨溥、杨荣，这三个老宰相都是从明成祖时就当权的，比较正直，有经验，也有魄力，国家大事都由他们作主张。他们同意于谦作巡抚，对于谦很信任，于谦有了朝廷上三杨的支持，才能在地方办了一些好事。到了正统后期，正统五年（公元1440）杨荣死，七年杨士奇死，太皇太后死，十一年杨溥死，三杨死后，朝廷上不但没有支持于谦的力量，反对于谦的政治力量反而日益增加了，于谦的政治地位动摇了。

反对于谦的政治力量主要来自两方面，一是宦官，二是权贵。

宦官王振是明英宗的亲信，英宗作了皇帝，他也作了内廷的司礼监太监（皇帝私人秘书长）。英宗年轻，什么事都听他的，只是宫里有老祖母管着，朝廷上有三杨当家，王振还不大敢放肆。到了正统五年以后，太皇太后死了，杨荣也死了，杨士奇因为儿子犯法判死罪不管事，杨溥老病，新的宰相名位都较轻，王振便当起家来了，谁也管不住了，英宗叫他作先生，公侯勋贵叫他作翁父，专权纳贿，无恶不作。他恨于谦不肯逢迎，正统六年三月，趁于谦入朝的时候，借一个题目，把于谦关在牢里，判处死刑。关了三个月，找不出于谦的罪状，只好放了，降官为大理寺少卿。

另一种反对于谦的力量是权贵。照例地方官入朝，是要送礼以至纳贿赂给朝廷权贵的。于谦是清官，在山西、河南十九年，父母和儿子住在杭州，老婆留在北京，单身过着极清苦的生活。每次入朝，不但不运礼、纳贿，连普通的人事也不送，空手去，空手回，他有一首著名的诗，为河南人民所传诵的：

　　手帕蘑菇与线香，本资民用反为殃，
　　清风两袖朝天去，免得闾阎话短长。

他这样做，老百姓虽然很喜欢，朝廷权贵却恨死他了。

虽然如此，山西、河南的官吏和百姓却非常想念于谦，到北京请愿要求于谦回去的有一千来起。河南的周王和山西的晋王（皇帝的家族）也说于谦确是好官，朝廷迫于民意，只好让于谦再回去做巡抚。

这时，山东、陕西闹灾荒，流民逃到河南的有二十几万人，于谦请准朝廷，发放河南、怀庆两府的存粮救济，又安排田地和耕牛、种子，让流民安居乐业。

这十九年中，于谦的父母先后死了，照当时礼法，应该辞官在家守孝三年，父母两丧合计六年。朝廷特别命令他"起复"，不要守孝，回家办了丧事便复职。

正统十三年（公元1448）于谦被召入京，回到兵部左侍郎任上。

第二年发生"土木之变"。

瓦剌是蒙古部族之一，可汗脱脱不花、太师也先、知院阿剌各拥重兵，以也先为最强，各自和明朝通好往来，也经常和明朝发生军事冲突。照规定，每次来的使臣不超过五十人，明朝政府按照人数给予各种物资，也先为了多得物资，逐年增加使臣到两千多人，明朝政府要他减少人数，也先不肯。瓦剌的使臣往来，有时还沿途杀掠。到正统末年，也先西破哈密，东破兀良哈，威胁朝鲜，军事力量日益强大。明朝使臣到瓦剌的，也先提出各种无理要求，使臣怕事，一一答应，回来后又不敢报告，也先看到使臣所答应的事都没有下落，认为明朝背信，极不高兴。正统十四年也先派使臣三千人到北京，还虚报名额，交换的马匹也大多驽劣，礼部（管对外工作和朝廷礼仪的部）按实有人数计算，对提出要求的物资也只给予五分之一，还减了马价，也先大怒，决定发兵入侵。

正统十四年（公元1449）七月，瓦剌大举入侵，脱脱不花攻辽东，阿剌知院攻宣府（今河北宣化市），也先亲自领军围大同，参将吴浩战死，羽书警报，不断送到北京。

军事情况紧急，王振决策，由明英宗亲自率领军队阻击，朝廷大臣以吏部尚书王直和兵部尚书邝埜、兵部左侍郎于谦为首坚决反对，王振不听，命令英宗的弟弟郕王留守，带领朝廷主要官员和五十万大军向大同出发。邝埜随军到前方，于谦留在北京管理部事。

王振的出兵是完全没有计划的。他根本不会打仗，却指挥着五十万大军。大同守将西宁侯宋瑛、武进伯朱冕、都督石亨等和也先战于阳和（今山西阳高），为王振的亲信监军太监郭敬所制，胡乱指挥，全军覆没，宋瑛、朱冕战死，石亨、郭敬逃归。明英宗的大军到了大同，连日风雨，军中夜惊，人心惘惧，王振还要向北进军，郭敬背地里告诉他敌军情况，才决定退兵。路上又碰着大雨，王振原来打算取道紫荆关经过他的家乡蔚州（今河北蔚县），请明英宗到他家做客的，走了一程，又怕大军过境，会糟蹋他家的庄稼，又下令取道宣府，这样一折腾，闹得军士晕头转向。到宣府时，也先大军追上袭击，恭顺侯吴克忠拒战败死。成国公朱勇、永顺伯薛绶带四万人迎战，到鹞儿岭，敌军设下埋伏，又全军覆没。好容易走到土木堡（今北京市官厅水库附近），诸将商量进入怀来县城据守，王振要保护行李辎重，便下令就地宿营。这地方地形高，没有荫蔽，无险可守，掘地两丈还不见水，也先大军追到，把水源都占据了，军士又饥又渴，挤成一堆。第二天，也先看到明军不动，便假装撤退，王振不知是计，立刻下令移营，阵脚一动，瓦剌骑兵便四面冲锋，明军仓皇逃命，阵势大乱，敌军冲入，明军崩溃，死伤达几十万人，明朝政府的高级官员五十多人都被敌军所杀，王振也死在乱军中。明英宗被敌军俘虏。这次不光彩的战役就叫"土木之变"。

土木败报传到北京，北京震动。这时明军的精锐都已在土木覆没了，北京空虚，形势极为危急。翰林院侍讲（为皇帝讲书的官）徐珵是苏州人，在土木变前，看到局面不好，就打发妻子老小回苏州去了。败报传到后，郕王召集文武百官商量对策，徐珵大声说，从天文看，从历数看，天命已去了。只有南迁，才能免祸。这个主意是亡国的主意，当时要照他的意见办，明朝政府从北京撤退到南方，瓦剌进占北京，黄河以北便会全部沦陷，造成历史上南北朝和金宋对立的局面。于谦坚决反对说，北京是全国根本，一动便大事去了，宋朝南渡的覆辙，岂可重蹈。并且说主张南迁的人应该杀头。大臣胡濙、陈循和太监金英都赞成于谦的主张，郕王也下了坚守的决心，徐珵不敢再说话了，从此恨死了于谦。

明朝政府虽然决定坚守，但是北京剩下的老弱残兵不满十万人，上上下下都胆战心惊，怕守不住。于谦建议征调各地军队到京守卫，分别部署前方要塞军事，人心才稍稍安定。郕王十分信赖于谦，升他为兵部尚书（国防部长），领导北京的保卫战。

王振是土木败军的祸首，群臣提出要追究责任，王振的党羽马顺还倚仗王振的威风，当面叱责提出这主张的人，引增起了公愤，给事中（官名，管稽察六部和各机关的工作）王竑抓住马顺便打，群臣也跟着打，把马顺打成肉泥，朝班大乱，连守卫的卫士也呼噪起来了。郕王吓得发抖，站起来要走，于谦赶紧上前拉住，并教郕王宣布马顺有罪应该处死，这才扭转了乱纷纷的局面。退朝时，于谦穿的衣裳，袖子和下襟都裂开了。吏部尚书（管选用罢免官员的部长）王直看到他，拉住手叹口气说，国家只靠着你！像今天的事，一百个王直也办不了。从此，郕王和朝廷大臣，京城百姓都倚靠于谦，认为他有担当，可以支撑危局。于谦也毅然决然把国家的事情担当起来。

英宗被俘，他的儿子还是小孩子，当时形势，没有皇帝是不行的。大臣们商量立郕王为皇帝，郕王再三推辞。于谦说，我们是为国家着想，不是为了任何个人。郕王才答应。九月，郕王即位为皇帝，是为明景帝。

于谦建议景帝，瓦剌得胜，一定要长驱南下。一要命令守边诸将协力防守；二要分道招募民兵；三要制造兵器盔甲；四要派遣诸将分守九门，结营城外；五要迁城关居民入城，免遭敌军杀掠；六要派军队自运通州存有的大量粮食作为军饷，不要被敌人利用。又保荐一些有能力的文官出任巡抚，军官用为将帅。景帝一一依从，并命令于谦提督各营军马，统帅全军。

也先带着明英宗，率军南下，每到一个城池，便说皇帝来了，要守将开门迎接，守将遵从于谦的指示，说我们已经有了皇帝了，拒不接受。也先利用明英宗要挟明朝政府不成功，很丧气。明朝北部各个城池虽然因此保住了，明英宗却也因此对于谦怀恨在心。

瓦剌大军突破紫荆关，直入包围北京。都督石亨主张收兵入城，坚壁拒守。于谦反对，认为怎么可以向敌人示弱，使敌人越发轻视呢。下令诸将统兵二十二万分别在九门外拒守，亲自率领石亨和副总兵范广、武兴列阵德胜门外，和也先决战。通告全军，将不顾军，先退者斩其将，军不顾将，先退者后队斩前队。将士知道只有决战才有生路，都奋勇争先。由于于谦保卫北京的主张是和北京人民的利益一致的，获得了广大人民的支持。也先原来认为北京不战可下，一见明军严阵以待，便泄气了，派人提出要大臣出迎明英宗，要索金帛，和于谦等大臣出来商议等条款，都被拒绝，越发气沮。进攻德胜门，明军火器齐发，也先弟中炮死。转攻西直门，又被击退。进攻彰义门，当地的老百姓配合守军，爬上房顶呐喊，投掷砖石，又被击退。相持了五天，敌军始终没有占到便宜，听说各路援军就要到达，怕归路被截断，只好解围退兵，北京的保卫战就此胜利结束。景帝以于谦功大，加官为少保（从一品），总督军务。

景泰元年（公元1450）大同守将报告也先派人来讲和，于谦严令申斥守将，从此边将都坚决主战，没有一个人敢倡议讲和的。

也先看到明朝有了新皇帝，不承认明英宗，便在蒙古重立英宗为皇帝，来和明朝对抗，结果明朝政府置之不理，这个法宝也不灵了。俘虏到皇帝，不但没有用处，还得供养，成了累赘，便另出花招，派使臣声明愿意送还皇帝，制造明朝统治阶级的内部矛盾。明朝大臣都主张派使迎接，景帝很不高兴，说我本来不愿做皇帝，是你们要我当的。于谦说，皇位已定，不可再变。也先既然提出送回皇帝，理当迎接，万一有诈，道理在我们这面。景帝一听说皇位不再更动，忙说依你依你。派大臣接回英宗，一到北京，就把这个皇帝关在南宫里。

从景泰元年到景泰七年（公元1450—1456），于谦在兵部尚书任上，所提的意见，明景帝没有不同意的。朝廷用人，也一定先征求于谦意见，于谦不避嫌怨，有意见便说，由此，有些作不了大官的人，都恨于谦。有些大官作用比不上于谦的，也恨于谦，特别是徐珵，他一心想做大官，拜托于谦的门客，想作国子监祭酒（大学校长），于谦对景帝说了，景帝说，这人倡议逃亡，心术不正，怎能当这官，败坏学生风气。徐珵不知于谦已经推荐，反而以为是于谦阻挠，仇恨越发深了。改名有贞，等候机会报复。大将石亨原先因为打了败仗削职，于谦保荐领军抗敌立了功，封侯世袭。他嫌于谦约束过严，很不乐意。保卫北京之战，于谦是主帅，功劳最大，结果石亨倒封了侯爵，心里过意不去，写信给景帝，保荐于谦的儿子做官。于谦说国家多事，做臣子的照道理讲不该顾私恩。石亨是大将，没有举荐一个好人、一个行伍有功的，却单单举荐我的儿子，这讲得过去吗？而且我对军功，主张防止侥幸，决不敢以儿子冒功。石亨巴结不上，反而碰了一鼻子灰，越发生气。都督张轨打仗失败，为于谦所劾。太监曹吉祥是王振门下，也深憾于谦。这批人共同对于谦不满，便暗地里通声气，要搞倒于谦，出一口气，作升官的打算。

于谦性格刚直，处在那样一个时代，遇事都有人出来反对，只靠景帝的信任，做了一些事。他在碰到不如意事情的时候，便拍胸叹气说：这一腔热血，竟洒何地？他又看不起那些庸庸碌碌的大臣和勋臣贵戚，语气间时常流露出来，恨他的人便越发多了。他坚决拒绝讲和，虽然明英宗是因为明朝拒和，也先无法利用才被送回来的，心里却不免有些不痛快。这样，在明景帝统治的七年间，在表面上，于谦虽然权力很大，在另一面，却上上下下都有人对他怀恨，只是不敢公开活动而已。

于谦才力过人，当军务紧急，顷刻变化的时候，他指挥若定，眼睛看着报告，手头屈指计算，口授机宜，合于实际，底下的工作人员看着，不由得不衷心佩服。号令严明，不管是勋臣宿将，一有错误，便报告皇帝行文申责，几千里外的守将，一得到于谦指示，无不奉行。思虑周密开阔，当时人没有能比得上的。忧国忘身，虽然立了大功，保住了北京城，接还了皇帝，却很谦虚，口不言功。生性朴素俭约，住的地方才蔽风雨，景帝给他一所西华门内的房子，几次辞谢不许才搬过去。土木之变后，索性住在办公室里不回家。晚年害了痰病，景帝派人去看，发现他生活过于俭约，特别叫宫内替他送去菜肴。有人说皇帝宠待于谦太过了，太监兴安说，这人日日夜夜为国家操心，不问家庭生活。他要去了，朝廷哪儿能找得这样的人！死后抄家，除了皇帝给的东西以外，更没有别的家财。

景泰八年正月，明景帝害了重病，不能起床。派石亨代他举行祭天仪式。石亨认为景帝活不长久了，便和徐有贞、曹吉祥、张軏等阴谋打开南宫，迎明英宗复位，史称夺门之变。明英宗第三次作了皇帝，办的第一件事就是把于谦和大学士（宰相）卫文关在牢里。石亨等诬告于谦、王文谋立外藩（明朝皇帝的本家，封在外地的），法司判处谋逆，应处死刑。审案时，王文据理申辩，于谦笑着说，这是石亨等人的主意，申辩有什么用。判决书送到明英宗那里，英宗还觉得有些过意不去，说于谦实在有功。徐有贞说，不然，不杀于谦，夺门这一着就说不出名堂来了。于谦、王文同时被杀，明景帝也被绞死，这一年于谦六十岁，明景帝才三十岁。

于谦死后，家属被充军到边地。大将范广、贵州巡抚蒋琳也因为是于谦所提拔的牵连被杀。还刻板通告全国，说明于谦的罪状，这个板子一直到成化三年（公元1467）才因有人提出意见毁掉。

曹吉祥是于谦的死对头，可是他的部下指挥朵儿却深感于谦的忠义，到刑场祭奠痛哭，曹吉祥大为生气，把他打了一顿。第二天，朵儿又去刑场祭奠了。都督同知陈逵冒着危险，收拾于谦的尸首殡葬，过了一年，才归葬杭州。

广大人民深深悼念于谦，当时不敢指名，作了一个歌谣：

鹭鸶冰上走，何处觅鱼嗛？

鱼嗛是于谦的谐音，这个民族英雄的形象是永远留存在人民的记忆中的。明末抗清民族英雄张煌言有一首诗：

国亡家破欲何之？西子湖头有我师，

日月双悬于氏庙，乾坤半壁岳家祠。

于谦的事迹直接教育了这个有骨气的好汉，宁死勿屈，保持了民族的正气。

石亨的党羽陈汝言代于谦作兵部尚书，不到一年就撤职抄家，有很多金银财宝，明英宗叫大臣们参观，并说，于谦在景泰朝极被亲信，死后没有一点家业，陈汝言怎么会有这么多！石亨听了，说不出一句话。过些日子，边方传来警报，英宗很发愁，恭顺侯吴瑾在旁边说，要是于谦在的话，不会有这情况。英宗听了也说不出一句话。

于谦的政敌都先后失败，徐有贞充军云南，石亨下狱死，曹吉祥造反灭族。

明宪宗成化初年（公元1465），于谦的儿子于冕遇赦回家，写信给皇帝申冤，明宪宗恢复了于谦的官位，派人祭奠。祭文中说："当国家之多难，保社稷以无虞，惟公道之独持，为权奸所并嫉，在先帝已知其枉，而朕心实怜其忠。"这几句话，传诵一时。于谦的名誉恢复了。明孝宗弘治二年（公元1489）谥于谦为肃愍，并建立祠堂，号为旌功。明神宗万历时又改谥忠肃。杭州、开封、山西和北京的人民都建立了他的祠堂，广大人民永远纪念这个保卫北京城的英雄，永垂不朽！

于谦的著作流传到今天的有《于肃愍公集》八卷，《少保于公奏议》十卷。演绎他的故事的小说有孙高亮所著的《于少保萃忠全传》十卷。

海瑞

海瑞（公元 1514—1587），广东琼州（今海南岛海口市）人。是明朝，也是我国历史上有名的清官、好官。

他的一生经历正好和况钟、周忱相反。

况钟和周忱在苏州和江南的政治措施，是执行封建王朝巩固统治基础、缓和阶级矛盾的政策的，在执行中，不但得到朝廷当局的支持，还得到皇帝的特别命令，可以便宜行事。在推行以后，不但增加了封建王朝的财政收入，也适当地减轻了农民的负担，以此，也获得了人民的拥护、歌颂。虽然也遭遇到专管财政收入的户部的阻挠、反对，和部分地主的攻击、抗议以至污蔑，但是，那毕竟是少数，不是主要的潮流。

海瑞的经历便不同了。虽然他的主要政治生活，任江南巡抚和周忱相同，驻地在苏州和况钟相同，得到人民拥护、歌颂，被叫作青天，也和两人相同，他的政治措施的目的，也是为了巩固封建王朝统治基础，缓和阶级矛盾，是封建统治阶级的忠臣、良臣，但是，他却遭受到和况钟、周忱不同的对待，他不但得不到朝廷当局的支持，皇帝的保护，却反而遭到反对、排挤，他被地主阶级集中攻击、诬蔑，终于罢官，不能够贯彻他的政治主张。虽然也有些官僚、地主、青年知识分子支持、鼓励他，但是，那毕竟是少数人，不是主要的潮流。

况钟作了十三年苏州知府，周忱作了二十一年江南巡抚。海瑞呢，只作了半年多江南巡抚，便被自己的阶级代表撵下台了。

为什么海瑞遭受到和况钟、周忱不同的对待？却又受到人民同样的拥护、歌颂？

这是因为，第一，时代不同；第二，地主阶级的利害不同；第三，人民得到了好处。

说时代不同。况钟、周忱所处的十五世纪前期，正是明封建王朝的全盛时期。经过十四世纪中期二十年的长期战争以后，明王朝采取恢复、鼓励生产的政策，把荒废的田地分配给有劳动力而缺地少地的农民耕种，经过了三四十年，到十五世纪前期，生产恢复了，发展了，地主阶级通过经济压力，政治力量，兼并分散的农民土地。这时期，土地正处于从农民手中逐步被地主阶级兼并的过程中。土地基本上还是分散的，高度集中的现象还没有形成。其次，苏州、松江等地区虽然有大量官田，苏州的官田甚至比民田多许多倍，这些官田名义上的地主是以皇帝为代表的封建统治阶级，但耕种的却仍然是分散的农户，官田虽然租额特别重，但皇帝并没有直接经营。同时，也正因为这一地区，官田比例较大，一般地主的兼并手段便不能不受到限制，集中的过程便比较缓慢了。

正因为当时土地比较分散，大地主的数量还不是很多，在政治上代表中、小地主利益的朝廷当局，也就不能不较多地考虑中、小地主和富农、自耕农的利益，采取了一些和缓阶级矛盾的措施。这些措施在历史上被称为政治修明，博得史家的赞叹。

到了海瑞的时代，情况不同了。他生在明封建王朝从全盛走向衰落的时代。他生于明武宗正德九年，死于明神宗万历十五年，经历了正德、嘉靖、隆庆、万历四个王朝。这几十年中，社会情况发生了很大变化，土地更加集中了。皇帝大量侵夺百姓的田地，建立了无数皇庄，后妃、亲王、公主、宦官和勋戚、将军、大官僚都有许多庄田，直接派庄头经营，有的还非法收税，亲王的庄田从几千顷以至到几万顷，有的亲王占有的田地跨越好几个省。嘉靖时的宰相严嵩、徐阶都是当时最大的地主。万历初期有一个地主的田地多到七万顷。农民的田地被地主所侵夺，沦为佃客、庄客，过着牛马般的生活。庄园的庄头庄仆，作威作福，欺侮百姓。贵族和官僚家里养着无数的奴仆，有的是用钱买的，更多的是农民忍受不了田租和差役的负担，投靠来的。他们终年为主人服役，除家庭劳役以外，有的学习歌舞，演奏戏剧，有的纺纱织布，四处贩卖，有的经营商业，开设店铺，没有工资，没有自由，世代子孙都遭受同样命运。无处投靠的便只好逃奔四方，寻找活路，大量人口脱离了原来户籍，流移各地。这样，被抑勒为私家奴仆的、逃亡外地的人口越来越多，封建王朝户籍上的人口便越来越少，当差服役的人相应的也就少了。同时，田地册上的土地数字也大大减少了，这是因为农民土地大量地集中到地主手中，地主隐瞒不报，逃避租税；因为庄田数量越来越大；因为农民大量逃亡，土地无人耕种，闲置荒废。这样，封建王朝的地租收入便自然日益减少了。收入不够用，只好使用加税的办法解决，租税越重，中小地主、自耕农不能负担，便更多地采用隐蔽手段，投靠在大地主名下，大地主土地越多，势力越大，把自己名下的赋税和差役都尽量设法分摊给农民，农民的负担便越重，阶级矛盾便越尖锐。

这个时期是阶级矛盾日益尖锐的时期。

反映在政治上，当权的统治阶级既然本身就是大地主，当然要为大地主阶级的利益服务，凡是不利于大地主阶级利益的政治措施，也就不能不遭遇到他们的代表的坚决的反对了。相反，更多的更重的剥削，不择手段的剥削，皇帝对官僚、大官对小官、上级对下级的种种勒索，便成为理所当然的了。贪污成为风气，凡事非钱不行，是这个时期的政治特点。

第二，地主阶级的利害不同。十五世纪前期况钟、周忱在苏州和江南的主要政治措施，是减削官田过重的租额，官田的地主代表是皇帝，但是，皇帝并没有直接经营这些土地，因此，官田减租并不损害到一般地主的利益。而且，减了租，缓和了阶级矛盾，是和整个地主阶级长远利益相符合的，以此，不只是没有遭遇到地主阶级的联合反对，相反，却得到支持和鼓励。当时，明摆着的事实是：照旧收高租而大量拖欠，逼不出来，弄得田荒民逃，收入更加减少好呢，还是适当减轻，少取而多收，比例上减少而实质上如数收到，名为减租而实则增加收入，粮不欠，民不逃好呢？地主阶级是最会打算盘的，一算账就明白了。尽管户部反对，还是办通了。

至于海瑞的措施，便不同了。他鉴于土地过分集中、农民无地或少地耕种而主张均田。均谁的田呢？当然是大地主。这就直接损害了大地主阶级的利益，他们当然要坚决反对，行不通。

均田一时行不通，海瑞便主张要大地主退还一部分非法侵占的田地给被剥夺侵占的农民。这办法，是符合大地主们的长远利益的，但是，却严重地损害了他们的眼前利益，地主们的眼光是只能看到眼前，看到自己的儿孙的，当然坚决反对。在大地主们的联合反对下，通过他们在朝廷的代表，内外夹攻，海瑞终于被逐出统治阶级，以失败而告终。

同时，海瑞坚决主张贯彻一条鞭法，这个办法虽然普遍地损害了地主阶级的一些利益，增加了一些负担，减少了一些收入。但是，一来，并没有动摇大地主阶级的根本利益，相反，还起了巩固作用。二来，普遍推行，并不特别针对某些个别特大地主的利益，以此，便行通了，人民得到了好处，封建王朝也增加了收入。

第三，人民得到好处。尽管况钟、周忱、海瑞都是站在封建统治阶级立场，为了巩固封建统治，缓和阶级矛盾，在政治上做了一些改良工作，他们做的是符合封建统治阶级的长远利益的。但是，也和广大人民的当前利益一致，人民得到好处，田租和徭役的负担减轻了，生产情绪安定了，尽管还是被剥削、压迫，毕竟比过去轻了一些了，尽管还是过苦日子，但是，毕竟可以不必逃亡转徙，卖儿卖女了。人民是讲理的，能够分清是非好坏的，他们怎能不高兴，不拥护、歌颂？

海瑞出生于官僚家庭，祖父作过知县，父亲在海瑞四岁时就死了。家境不很宽裕，只靠祖传十多亩田地，又没有劳动力，光收些租子，母子两人是不够过日子的。他母亲很能干、刚直，做些针线贴补生活，教育海瑞很严格。海瑞和穷苦人民接触，同情他们，对大地主的无情剥削，抱有反感。另一面，受了多年的封建教育，脑子里装满忠君爱国的思想。

中了举人以后，作了几年福建南平县学的教谕（校长），升任浙江淳安县知县。

淳安山多地少，地方穷苦。地主占好地，地多，出的田租少；贫农耕坏地，地少，田租负担反而重，由之富的越富，穷的便越穷了。徭役出银子，每丁少的出一两二钱，多的要十几两，海瑞解决的办法是清丈和均徭，清丈实有土地面积，重新按土地等级规定租额；均徭按负担能力多少，没有力量的不负担。这样，农民的负担才减轻了些，地主们可不乐意了。

当时，奸臣严嵩作首相，总督胡宗宪和巡盐的都御史鄢懋卿都是严嵩的党羽，作威作福，无官不怕。总督的儿子路过淳安，嫌供应不好，吊打驿吏。海瑞没收了他带的大量银子，还报告总督说，这个恶棍冒充总督公子，败坏总督名誉。总督怕海瑞张扬出去，发作不得，只好算了。鄢懋卿到各地巡查盐政，一路贪污勒索，铺张浪费。海瑞写一封信说，淳安地方小，百姓穷，容不下都老爷的大驾。把这个大官顶回去，不来淳安了。

因为得罪了大官僚，海瑞虽然升了官，又被降职作江西兴国知县。

南昌有个做过兵部尚书的张鏊，在家养老，是个恶霸地主。他有两个侄子到兴国买木材，为非作恶，害得老百姓气苦得很。海瑞调查了情况，叫他们来，不肯来。一天，忽然又跑到县衙大闹。海瑞叫人拿下送到府里，反而判处无罪。海瑞要追究，张鏊便出面写信求情，又四处托人，这两个坏蛋居然摇摇摆摆回家了。海瑞大怒，写信向上官力争，终于把两个坏蛋依法判罪。

公元1564，海瑞调到北京做官。

两年以后，海瑞写信给嘉靖帝，提出了严厉的批评。说他迷信道教，妄想长生，多年不上朝办事，又自以为是，拒绝批评，弄得君道不正，臣职不明，吏贪将弱，政治腐败，语气很尖锐。嘉靖帝看了，气极，丢在地下，又捡起来看。想要杀海瑞，一听说海瑞在写信前已经托人买了棺材，并不怕死，倒愣住了。把海瑞关了几个月，嘉靖帝死后，被赦出狱。

隆庆三年（1569年）六月，海瑞被任命为江南巡抚，管理现在江苏安徽大部分地方，巡抚驻在苏州。

这一年，江南遭到严重水灾，田地被淹，粮食涨价，农民逃荒，情况很严重。

江南是鱼米之乡，号称全国最富庶的地方。但实际上百姓生活很困苦，原因是田租、徭役的负担特别重。土地集中在大地主手里，特别是松江，乡官（退休的官僚）田宅、奴仆之多，全国找不出第二个，乡官中以前任首相徐阶家为第一，他一家就有田四十万亩。

闹水灾的原因，经过亲自勘察研究，是因为多年水利不修，吴淞江淤塞了，太湖的水排不出去，一遇特大雨量，便泛滥成灾。海瑞想法子张罗了一些粮食，采工赈办法，救灾和治水并举，让灾民做工疏浚。他坐上小船，到处巡视督促，灾民很兴奋，不到一个月就完工了。这项工程不但没有向人民要钱，还救了灾，变水害为水利，对生产好处很大，人民很是喜欢，感激。

解决人民生活问题的关键，海瑞认为一条鞭法是好法子。这办法已经有好几十年历史了，各地具体做法也不尽相同。主要的是把过去数不清的种种赋、役名目，都编成一条，通算一省的田租，人丁，通派一省的徭役，官收官解，除秋粮以外，一律改折银两交纳。把复杂的制度简化了，把实物赋税的大部分改为货币赋税，不只可以减轻农民的负担，并且，在经济发展过程中，也具有进步意义。例如，过去南粮北运，运费由农民负担，往往超过正税很多，现在改折银两，省去运输费用，人民的负担也就相应减轻了。又如徭役，只要交了钱，由官府雇工应差，农民就可以安心生产，不必再受徭役的牵累了，而且，徭役的编派，人丁居四分之一，田租居四分之三，农民人口多，大地主田租多，这样也就减轻了贫、中农的负担，对生产是有好处的。只是对地主们不好，因为实行新法，地主的有些负担确是加重了。地主们有意见，海瑞坚决要办，终于办成了，成绩是田不荒了，人不逃了，田租也不拖欠了，当时的人民很高兴，很感激。后代的史家也称赞是永久的利益。

最困难的还是限制大地主的过分剥削。海瑞决心强迫大地主退田，首先是徐阶。徐阶当年做首相，海瑞坐牢的时候，曾经在嘉靖帝面前，替海瑞说过好话，对海瑞有恩。但是，海瑞知道徐家是恶霸地主，便坚决不顾私人关系，执行退田法令，徐阶知道海瑞刚直，不讲情面，勉强退出一部分，海瑞不满意，亲自写信，要退出一半以上，才算了事。

这一来，乡官们大地主们都吓慌了，有的逃到外地躲风头，有的只好忍痛退田。徐阶恨极了，想尽法子，派人到北京，买通了当权的太监和同乡京官，同乡京官告海瑞"纵容刁民，鱼肉乡官"。说老百姓像虎像狼，把乡官吃惨了。大地主阶级联合反攻，终于把海瑞赶出了江南巡抚衙门，回到海南岛，一直闲住了十六年。

公元1585年，海瑞已经七十二岁了，被起用到南京做官，他虽然年老，却不肯放弃着实做一点好事的机会，一到任就革除了一些弊政，把多年来各个衙门要商户无偿供应物品的陋规禁止了。他严惩贪污，反对浪费，生活朴素，主张节俭。有个大贪污犯怕被揭发，诬告海瑞许多罪状，骂得不像人。

引起了一批青年知识分子和有正义感的官僚的抗议，攻击的和为海瑞说公道话的吵开了，统治阶级内部发生了争论。由于海瑞为大地主们所痛恨，虽然他做的一贯是好事，名气极大，当国的宰相却两面都不支持，一直到这个大贪污犯罪行被揭露以后，才把他免职，这已经是海瑞死后的事了。

海瑞是死在南京任所上的。同官替他清点遗物，发现他十分清苦，只好凑钱办理丧事。临死前三天，送来薪俸多算了七钱银子，立刻退回去。作官几十年，没有买过田地。添了一所房子，是用历年官俸积蓄买的。作知县时候，母亲生日，特地买了两斤肉，有人听说，大为惊奇，作为新闻，到处传说。

海瑞从作知县起，就重视刑狱，审案着重调查研究，注意科学证据和人情事理，平反了许多冤狱，其中一些案件的判决书编在他自己的文集里。后来的小说家、戏剧家选取了一些，加以渲染，《大红袍》、《小红袍》、《生死牌》、《五彩舆》这一类作品在民间流传很广，叫作公案小说。

人民是爱戴他的。他在苏州罢官的时候，老百姓沿街哭着送别，有些人家画了他的像供在中堂里。死在南京任上，老百姓非常哀痛，市面停止了营业，白色衣冠送葬的行列，夹着江岸悼祭哀哭的百里不绝。

人民喜欢他，大地主反对他。他为人民办了许多好事，在大地主们看来，却是坏事。他忠于封建统治阶级，一心一意要为自己阶级的长远利益服务，却和本阶级某些代表人物的当前利益发生矛盾，他不能理解，也不可能解决这个矛盾。他在统治阶级内部，为一部分人所反对，却同时又为另一部分人所支持，骂他的人说他"鱼肉乡官"，支持他的人说他"卵翼穷民"，这是因为他的作为虽然损害了这一部分地主的当前利益，却符合了另一部分地主的长远利益。他主张减少剥削，却决不反对剥削，他反对贪污、浪费、繁文，主张并且实行廉洁、节约，减省文牍，他重视人命，反对豪强，一生反对坏人坏事，不屈不挠，从不灰心丧气，连骂他的大地主也不能不说他是铁铮铮一汉子，说他为国为民，说他爱民。这样的历史人物是应该肯定的，值得后人纪念和学习的。

戚继光练兵

戚继光（公元1528—1587）是十六世纪后期抗倭的名将，谁都知道。但是他后来在北边十六年，训练边兵，保障国境安宁这一段史事，却为他自己以前抗倭的功绩所掩盖了，不大为人所知。

隆庆二年（公元1568），戚继光以都督同知被任命为总理蓟州、昌平、保定三镇练兵事，负责北边边防。

在抗倭战争时代，卫所官军腐朽了，不能打仗了。戚继光招募浙江金华义乌一带农民，教以击刺法，长短兵迭用；又以南方多水田薮泽，不利于驰逐，就根据地形，制定阵法；讲求武器精利，练成一支敢战能战的精兵，当时戚家军屡战屡胜的威名，是全国皆知的。

现在，他到北方来了，面对的地形有平原，有半险半易的地形，有山谷仄隘，各种地形都有。敌人呢，是擅长骑马射箭的，也和倭寇不同。用在南方打仗的一套办法来对付新的情况行吗？

经过调查研究，深思熟虑，他制定了一套新的训练办法。首先针对边军畏敌、争功的毛病，把军队重新加以组织，节制严明，有功必赏，有过必罚。行伍、旌旗、号令、行军、扎营都逐一规定了制度。每天下场操练，务要武艺娴熟。他指出："教练之法，自有正门，美观则不实用，实用则不美观。"专拿应付上官检阅那一套来对付敌人是不行的。

为了在防御战上取得优势，他采用了骑、步、车、辎重结合的战术。还制定了阵法，在不同地形都可运用。吸收了和倭寇作战的经验，采用了敌人的武器倭刀和鸟铳，把原来的火器"大将军"、佛朗机、快枪、火箭等都加以改进和提高。长短兵迭用的原则进一步得到发挥。

更重要的是使将士和全军都有共同的目标和信念，在练了两年兵，修筑了防御工事以后，他大会诸将，登坛讲话，三天之内把所有问题都讲透了，要诸将回去以后，传与军士，要人人信服，字字遵守，万人一心。同时编了一部书叫《练兵实纪》分发给每队，每队择一识字人诵训讲解，全队口念心记，充分地做好思想教育工作。

为了给废弛已久的边兵以纪律的榜样，他调来浙江兵三千，刚到便在郊外等候检阅，恰好这天下大雨，从早到晚一刻不停，三千兵像墙一样站着，没有一个乱动的，边军看了，大吃一惊，才懂得什么叫军令、军纪。

在戚继光以前，守边的将军十七年间换了十个，大都是打了败仗换的。戚继光在边镇十六年，敌人不敢入侵，北边安定。他走了以后，继任者继承他的成规，也保持了边方几十年的安定。

经验是从实践得来的，经过总结，提高成为理论。但是实际情况又千差万别，拿此时此地的经验硬应用于彼时彼地，就非碰壁不可。这里又有因时、因地、因人制宜的问题。戚继光在南方、北方军事上的成功，原因是善于从实践总结经验，更重要的是不以成功的经验硬用于不同的地点和敌人，而宁愿从头做起，以具有普遍性的理论原则来指导实践。在这一点上，戚继光练兵的故事在今天说来也还是可以给我们一些启示的。

献身于祖国地理调查研究工作的徐霞客

要做好任何工作，都要有调查，有研究。

我国古代有不少著名学者，他们之所以能够取得成就，就是因为认真做好了调查研究工作。

十七世纪前期的地理学家徐霞客，以他的一生贡献给地理、地质科学的调查研究工作，写的《徐霞客游记》不但科学性强，文艺水平也很高，是研究祖国自然面貌的最珍贵的遗产。

徐霞客（公元1586—1641），名宏祖，字振之，霞客是他的别号，江苏江阴人。他家世世代代都是大地主，曾祖分家时分得田一万二千五百九十七亩，到祖父时家道中落，父亲和母亲时又成为大地主。霞客因为家庭生活优越，才能和当时的许多名人学者结交，收藏很多书籍，旅行各地，专心作地理、地质科学的调查研究工作。

霞客从二十二岁（公元1607）这年开始，便出外旅行，到过太湖、泰山、北京、南京、落迦山、天台山、雁宕（荡）山、白岳、黄山、武夷、九曲、庐山、仙游、嵩山、太华山、太和山、荆溪、勾曲、福建、罗浮山、盘山、五台山、恒山、江西、湖南、广西、贵州、云南等地，其中有些地方还去过多次，一直到死前几个月才因病从云南回家。概括地说，他的调查研究工作一直坚持了三十四年之久。

他有文学修养，文章和诗都写得好，但是，和一般地主家庭子弟不同，不参加考试，也不想做官。从儿童时起便喜欢读书，特别是地理书籍，心想到长大了便去游历名山大川，增长知识。到成年以后，认为过去的山经、地志，其中有些记载，由于没有经过实际调查，错误不少。特别是边疆地区，问题更多。要认识祖国的真正面貌，科学地记录地形地貌，一定要经过亲身观测考察。怀抱着这样的志愿，他开始了长期的艰苦的旅行生活。

他身体瘦长，面孔黑黑的，平时说话很少，但只要谈到山经、水脉、地理形势，便滔滔不绝了，像换了个人似的。有人告诉他什么地方应该去，他不说一声，第二天拔腿就走，过些日子回来，人家才知道他又旅行了一次了。在途中每天都写日记，详细记载这天所看到的事物，有时连续赶路，来不及每天写，也是抓住间息的机会补写。从他的游记看，五十二岁那年，还每天记千把字。当时著名学者钱谦益劝朋友印他的书，赞扬他："闻其文字质直，不事雕饰，又多载米盐琐屑，如甲乙账簿，此所以为世间真文字，万万不可改换，失却本来面目也。"从游记的文字看来，确是文字质直，生动流利，够得上世间真文字的评价。至于多载米盐琐屑如甲乙账簿，则不是事实。

潘耒序他的游记也说："向来山经地志之误，厘正无遗；奇踪异闻，应接不暇。然未尝有怪迂侈大之语，欺人以所不知，故吾于霞客之游，不服其阔远而服其精详，于霞客之书，不多其博辨而多其真实。"精详、真实、实事求是地记录所见，是徐霞客研究学问最可宝贵的特色。

当时交通条件是很困难的，除了水路坐木船，陆路有时可以骑马以外，主要是靠步行。霞客身体好，很能走路。一根手杖，一副被服就上路，不一定走官路，只要有值得去的地方，便迂回屈曲去找，先看清山脉如何去来，水脉如何分合，了解大势以后，再一丘一壑，支搜节讨。登山不一定要有路，荒榛密菁，穿着过去；渡水也不一定在渡口，冲湍恶泷，走着过去；越是危峰，越要爬到峰顶；越是深洞，也不放过一个支洞，像蛇行猿挂那样，都要走到；走到没有路时也不害怕，耽误了时间不后悔；没地方睡就睡在树底下，石头边边，饿了吃草木的果实；不避风雨，不怕虎狼，不算时间，也不要伴侣；也能忍饿几天，不挑嘴吃，什么东西都可以吃饱。遇见困难不丧气，在西南旅行时，几次被强盗抢劫，跟的人也偷跑了，盘缠没有了，也不肯半途而废。同游僧静闻被强盗杀伤病死，遗嘱希望葬在云南鸡足山，不管怎样困难，他完成了亡友的志愿。沿途遇见正直的文人、官吏、僧侣都一见如故，政治品质不好的便拒绝来往。盘缠断绝了，接受朋友的馈赠，但是，有一个官僚要送他使用国家交通工具的邮符（免票），却毫不迟疑地拒绝了。

徐霞客有坚定的决心和毅力，不达目的决不罢休。游雁宕（荡）山时，拿一根手杖，在深草中攀援，一步一喘，爬到顶上。游黄山时，山上很陡，雪很深，背阴处结了冰，滑得无法上，他首先上去，拿手杖凿冰，凿了一个孔，容一只脚，再凿一个容另一只脚，就这样，一面凿孔一面上，终于上了最高峰。游武夷山时，看到一个岩山很奇怪，上下都是绝壁，只有一个横坳可以通过，他便伏身蛇行，盘旋而入，胸背都抵住岩石，毕竟爬过去了。游嵩山时，到了炼丹台，再上便是石脊，没有寸土，危崖万级，他手脚并用，爬了七里，才到主峰。游湖南时，为了调查潇郴二水的水源，上了三分岭石麓，峻峭得站不住脚，只好攀援深菁，不能抬头，也不能平行，爬了十里路，天快黑了，只好找棵松树，除去丛菁，开辟块巴掌大地方休息。山高没有水，有火也煮不了饭，只好砍除大木，烧起营火，到天黑时，吼风大作，火星飞舞空中，火焰忽高忽低，忽左忽右，确是奇观，连肚子饿也忘记了。一会儿下雨了，雨越大，风越强，伞遮不住，幸亏火大，还受得住，一直下到快天亮，火也灭了。这一年霞客已经是五十二岁的人了。到云南游石房洞，远远看到层崖上面有个东向的洞，想爬上去没有路，不上去呢又舍不得，还是决心仰攀而上，崖面陡削，爬了半里之后，土松站不住脚，就用手攀草根，过一会草根也松了，幸而有了石头，可是不扎实，踩着就碎，抓住也碎，费了好大事，爬上一块稍黏的石壁了，全身贴着，一动也不能动，要上抓不住东西，想下也下不来。霞客一辈子经历过多少危险，都比不上这次，因为别处有峭壁，却没有这样松的土，流土也有，却没有这样松的石头。紧张了好一会儿，试着两手两脚挨的石头都不动了，才悬空移一只手，跟着悬空移一只脚，再接着移一只手、一只脚，幸好石头不松了，但是，全身力气却使完了，要掉下来了，这时，霞客使尽全身力气，拼命攀登，最后，他上去了。

他不信神鬼，例如游茶陵麻叶洞时，找了向导，拿了火把，却没有人敢带路，说是洞里有神龙奇鬼，没有法术是进去不得的。最后用很多钱说服了一个向导，要脱衣服时，向导知道霞客是读书人不是法师，吓了一跳说："我以为你是法师，才敢领路，你不是，我这条命赔不起！"又不干了。霞客不管，就自己拿火把进去，作了精密的观察。回到洞口时，火把也灭了，在洞口看的几十人都说奇怪，以为霞客好久不出来，准是被鬼吃掉了。霞客向众人道了谢，却认为这个洞人口虽窄，里面的情况，却好到从来没有见过，不知道本地人为什么这样害怕。游郁林白石山时，记载说山北有漱玉泉，靠晚时庙里敲钟打鼓，泉水就会沸腾起来，钟鼓声停，泉水就安定下来了。霞客认为奇怪，到了白玉寺，才知道寺里的人连漱玉泉的名字都不知道，更不用说泉水沸腾了。

曲靖的白石江，流量少，只有几丈宽，霞客在亲身检验了以后，指出历史记载明初沐英在这里战败敌军，关于地势险要的描写是夸大的，不符合实际的。

在西南地区的考察，广西、贵州、湖南西南部、云南东南部的山都是纯质石灰岩，支水多潜流，山成圆锥形，他用"石峰离立，分行竞奋"来形容这种现象。从南宁到新宁的水路，他注意到："不特石山最胜，而石岸尤奇，盖江流击山，山削成壁，流回沙转，云根进出，或错立波心，或飞嵌水面，皆洞壑层开，肤痕毅纠，江既善折，岸石与山辅之恐后，益使江山两擅其奇。"说出了河流侵蚀的原理。

经过实地调查研究，他写了有名的《盘江考》，有了新的发现，改正了过去记载的若干错误。又指出腾越的打鹰山，山顶有潭，是火山的遗迹。

由于到云南丽江、大理等地的考察，他第一次发现礼社（红河）、澜沧、潞江是三个江，分道入南海。知道了金沙江的北源。订正了旧记载上许多水系的错误。特别是他的《江源考》第一次指出金沙江是扬子江的上游，是我国地理学地图学上最重要的发现。综合这些发现，他指出弄清水系的一条原理："分而歧之名愈紊，会而贯之脉自见。"

徐霞客是个乐观主义者，在云南各地旅行时，曾两次绝粮，毫不着急。有朋友请他喝酒，他回信说，一百杯酒抵不上一升粮，还是送点吃的吧。爬石房山这一天，他只有三十个铜钱，只够一天吃的。不料爬山下来，钱丢光了。只好拿身上的褶、袜、裙三件东西，挂在寓所门口拍卖。等了好久，才有人拿二百多钱买了绸裙子去。霞客很高兴，立刻买酒买肉，吃饱了，又趁傍晚去探尖峰之胜了。

在云南鸡足山时，跟他多年的顾姓家人，突然把他的所有东西都卷逃了，有人劝派人去追，他说："不必，一来追不上，二来追上了也不能强迫使其回来，只好算了。只是离家三年了，两人形影相依，忽然把我丢在万里之外，也未免太狠心了。"据游记的题记说，游记有一段缺了十九天，这些天的情况，曾经问过霞客从游的人。由此看来，这个顾姓是逃回家去的，徐霞客回去以后，看来也没有对这件事加以追究。

徐霞客的一生精力，完全用于地理、地质科学的调查研究上，他细心，认真，实事求是，刻苦钻研，走遍万里路，扩大了眼界，提高了当时这门科学的水平，正如潘耒所称赞的："亘古以来，一人而已。"又说他在西南地区的考察，"实中土人创辟之事"。是前人所从来没有做过的事业。

今年是徐霞客逝世的三百二十周年，我们纪念这个著名的学者，就应该学习他的献身于学术研究，认真作调查研究工作，实事求是，努力提高科学水平的优良学风，和文字质直、生动流利的文风。

关于魏忠贤

一、生祠

替活人盖祠堂叫作生祠，大概是从那一个时代父母官"自动"请老百姓替他立长生禄位而扩大之的。单有牌位不过瘾，进一步而有画像，后来连画像也不够格了，进而为塑像。有了画像塑像自然得有宫殿，金碧辉煌，初一十五文武官员一齐来朝拜，文东武西，环珮铿锵，口中念念有词，好不风光，好不威武。

历史上生祠盖得最多的是魏忠贤，盖得最漂亮的是魏忠贤的生祠，盖得最起劲的是魏忠贤的干儿子干孙子干曾孙子重孙子灰孙子。

据《明史·魏忠贤传》说，天启六年（公元1626）魏忠贤大杀反对党，周起元、高攀龙、周宗建、缪昌期、周顺昌、黄尊素、李应昇一些东林党人一网打尽之后，修《三朝要典》（《东林罪状录》），立"东林党人碑"之后，浙江巡抚潘汝桢奏请为忠贤建祠。跟着是一大堆官歌颂功德。于是督抚大吏阎鸣泰、刘诏、李精白、姚宗文等抢先建立生祠。风气一成，连军人、作买卖的流氓棍徒都跟着来了，造成一阵建祠热，而且互相比赛，越富丽越好。地皮有的是，随便圈老百姓的，材料也不愁，砍老百姓的。接着道统论也被提起了，监生陆万龄建议以魏忠贤配享孔子，忠贤的父亲配享启圣公。有谁敢说个不字？

当潘汝桢请建生祠的奏本到达朝廷后，御史刘之待签名迟了一天，立刻革职。苏州道胡士容不识相，没有附和请求，遵化道耿如杞入生祠没有致最敬礼——下拜，都下狱判死刑。

据《明史·阎鸣泰传》，建生祠最多的是少师兼太子太师、兵部尚书阎鸣泰，在蓟辽一带建了七所。在颂文里有"民心归依，即天心向顺"的话。

潘汝桢所建忠贤生祠，在杭州西湖，朝廷赐名普德。

这年十月孝陵卫指挥李士才建忠贤生祠于南京。

次年正月宣大总督张朴、宣府巡抚秦士文、宣大巡按张素养建祠于宣府和大同。应天巡抚毛一鹭、巡按王拱建祠于虎丘。

二月阎鸣泰又和顺天巡抚刘诏、巡按倪文焕建祠于景忠山。宣大总督张朴又和大同巡抚王点、巡按张素养在大同建立第二个生祠。

三月阎鸣泰又和刘诏、倪文焕、巡按御史梁梦环建祠于西密云丫髻山，又建于昌平、于通州。太仆寺卿何宗圣建于房山。

四月阎鸣泰和巡抚袁崇焕建祠于宁前。张朴和山西巡抚曹尔祯、巡按刘弘光又建于五台山。庶吉士李若琳建于蕃育署，工部郎中曾国祯建于卢沟桥。

五月通政司经历孙如洌、顺天府尹李春茂建祠于宣武门外，巡抚朱童蒙建于延绥，巡视五城御史黄宪卿、王大年、汪若极、张枢智，建于顺天，户部主事张化愚建于崇文门外，武清侯李诚铭建于药王庙，保定侯梁世勋建于五军营、大教场，登莱巡抚李嵩、山东巡抚李精白建于蓬莱阁宣海院，督饷尚书黄运泰、保定巡抚张凤翼、提督学政李蕃、顺天巡按倪文焕建于河间、于天津，河南巡抚郭增光、巡按鲍奇谟建于开封，上林监丞张永祚建于良牧嘉蔬林衡三署，博平侯郭振明建于都督府、于锦衣卫。

六月总漕尚书郭尚友建祠于淮安，顺天巡按卢承钦、山东巡按黄宪卿、顺天巡按卓迈，也在六月分别在顺天、山东建祠。

七月长芦巡盐龚萃肃、淮扬巡盐许其孝、应天巡按宋祯汉、陕西巡按庄谦建祠于长芦、淮扬、应天、陕西等地。

八月总河李从心、总漕郭尚友、山东巡抚李精白、巡按黄宪卿、巡漕何可及建祠于济宁。湖广巡抚姚宗文、郧阳抚治梁应泽、湖广巡按温皋谟建祠于武昌，于承天，于均州。三边总督史永安、陕西巡按胡建晏、巡按庄谦、袁鲸建于固原大白山，楚王朱华奎建于高现山，山西巡抚牟志夔、巡按李灿然、刘弘光建于河东。

踊跃修建的官员，从朝官到外官，从文官到武官，从大官到小官，到亲王勋爵、治河官、卖盐官，没有一个不争先恐后，统一建生祠。

建立的地点从都城到省城，到名山，甚至都督府、锦衣卫、五军营等军事衙门，蕃育署、上林监等宫廷衙门，甚至建立到皇城东街。只要替魏忠贤建生祠，没有谁可以拦阻。

每一祠的建立费用，多的要数十万两银子，少的也要几万两，合起今天的纸币要以多少亿计。

开封建祠的时候，地方不够大，毁了民房二千多间，用渗金塑像。

都城几十里的地面，到处是生祠。上林苑一地就有四个。

延绥生祠用琉璃瓦，苏州生祠金像用冕旒。南昌建生祠，毁周程三贤祠，出卖澹台灭明祠作经费。

督饷尚书黄运泰迎像，用五拜三稽首礼，立像后又率文武将吏列阶下五拜三稽首。再到像前祝告，某事幸亏九千岁（这些魏忠贤的党羽子孙称皇帝为万岁，忠贤九千岁）扶持，行一套礼，又某事蒙九千岁提拔，又行一套礼。退还本位以后，再行大礼。又特派游击将军一人守祠，以后凡建祠的都依例派专官看守。

国子监生（大学生）陆万龄以孔子作春秋，忠贤作要典，孔子杀少正卯，忠贤杀东林党人，应在国学西建生祠和先圣并尊。这简直是孔子再世，道统重光了。国子司业（大学校长）朱之俊接受了这意见，正预备动工，不凑巧天启皇帝驾崩，政局一变，魏忠贤一下子从云端跌下来了。

崇祯帝即位，魏忠贤自杀。崇祯二年（1629年）三月定逆案，全国魏忠贤生祠都拆毁，建生祠的官员也列名逆案，依法处刑。

《三朝要典》的原刻本在北平很容易见到，印得非常考究，大有翻印影印流传的必要。

魏忠贤的办公处东厂，原来叫东厂胡同，从沙滩一转弯便是。中央研究院北平办事处在焉，近来改为东昌胡同了，不知是敌伪改的，还是最近改的。其实何必呢？魏忠贤之臭，六君子的血，留着这个名词让北平市民多想想也是好的。

二、义子干孙

魏忠贤不大识字，智力也极平常。他之所以能弄权，第一私通熹宗的奶妈客氏，宫中有内线。熹宗听客氏的话，忠贤就可以为所欲为。第二是熹宗庸骏，十足的阿斗，凡事听凭忠贤作主张。

光是这两点，也不过和前朝的刘瑾、冯保一样，还不至于起党狱、开黑名单，建生祠，称九千岁，闹得民穷财尽，天翻地覆。原因是其一，政府在他手上，首相次相不但和他合作，魏广微还和这位太监攀通家，送情报，居然题为内阁家报。其二是，他有政权，就能养活一批官，反正官爵都出于朝廷，俸禄都出于国库。凡要官者入我门来，于是政权军权合一，内廷外廷合一。魏忠贤的威权不但超过过去任何一个宦官，也超过任何一个权相，甚至皇帝。

《明史》说，内外大权，一归忠贤。内监（宦官）自王体乾等外，又有李朝钦、王朝辅、孙进、王国泰、梁栋等三十余人为"左右拥护"。外廷文臣则崔呈秀、田吉、吴淳夫、李夔龙、倪文焕主谋议，号"五虎"。武臣则田尔耕、许显纯、孙云鹤、杨寰、崔应元主杀戮，号"五彪"。又吏部尚书周应秋、太仆卿曹钦程等号"十狗"。又有"十孩儿"、"四十孙"之号。而为呈秀辈门下者又不可数计。

"虎"、"彪"、"狗"都是魏忠贤的义子。举例说，崔呈秀在天启初年巡按淮扬，贪污狡狯，不修士行，看见东林正红得发紫，想尽方法要挤进去，被拒不纳。四年还朝，都察院都御史高攀龙尽列他在淮扬的贪污条款，提出弹劾。吏部尚书赵南星批定充军处分。朝命革职查办。呈秀急了，半夜里到魏忠贤家叩头乞哀，求为养子。结果呈秀不但复职，而且升官，不但升官，而且成为忠贤的谋主，残杀东林的刽子手了。两年后做到兵部尚书兼都察院左都御史。儿子不会作文也中了举，兄弟做浙江总兵官；女婿呢，吏部主事，连姨太太的兄弟、唱小旦的也做了密云参将。

其他四"虎"，吴淳夫是工部尚书，田吉兵部尚书，倪文焕太常卿，李夔龙副都御史。都是呈秀拉纤拜在忠贤门下当义子的。

"十狗"中如曹钦程，《明史》本传说："由座主冯铨父事魏忠贤为十狗之一。于群小中尤无耻,日夜走忠贤门,卑谄无所不至,同类颇羞称之。"到后来,连魏忠贤也不喜欢他了,责以败群革职,可是此狗在被赶出门时,还向忠贤叩头说:"君臣之义已绝,父子之恩难忘。"大哭一场而去。忠贤死后,被处死刑,关在牢里等行刑。日子久了,家人也厌烦,不给送饭。他居然有本领抢别人的牢饭,成天醉饱。李自成陷北京,破狱出降。自成失败西走,此狗也跟着,不知所终。

"十孩儿"中有个石三畏,闹了个不大不小的笑话。有一天某贵戚请吃饭,在座的有魏忠贤的侄儿魏良卿。三畏喝醉,点戏点了《刘瑾醉酒》,犯了忌讳。忠贤大怒,立刻革职回籍。忠贤死后,他还借此复官,到头还是被弹劾免职。

这一群虎狗彪儿孙细按本传,有一个共通的特征,几乎没有一个不是贪官污吏。

例外的也有:如造《点将录》的王绍徽,早年"居官强执,颇以清操闻"。还有作《春灯谜》、《燕子笺》、文采风流、和左光斗诸人交游的阮大铖,和叶向高同年友好的刘志选,以及《玉芝堂谈荟》作者的周应秋,都肩着当时"社会贤达"的招牌,颇有名气的,只是利欲熏心,想作官,想作大官,要作官迷得发了疯,一百八十度一个大转弯,拜在魏忠贤膝下,终至身败名裂,在《明史》里列名阉党传。阮大铖在崇祯朝寂寞了十几年,还在南京冒充东林,附庸风雅,千方百计要证明他是东林,千方百计要洗去他当魏珰干儿的污渍,结果被一批年青气盛的东林子弟出了留都防乱揭,"鸣鼓而攻之",落得一场没趣。孔云亭的《桃花扇》真是妙笔奇文,到今天读了,还觉得这付嘴脸很熟,"如"闻其声,"如"见其人。

三、黑名单

黑名单也是古已有之的,著例还是魏忠贤时代。

《明史·魏忠贤传》说:"天启四年(公元1624)忠贤用崔呈秀为御史。呈秀造天监同志诸录,王绍徽亦造点将录,皆以邹元标、顾宪成、叶向高、刘一燝等为魁,尽罗入不附忠贤者,号曰东林党人,献于忠贤。忠贤喜。于是群小益求媚忠贤,攘臂攻东林矣。"

替魏忠贤造名单的，有魏广微、顾秉谦，都是大学士（宰相）。名单有黑红两种，《明史·顾秉谦传》说："广微和秉谦谋，尽逐诸正人，点缙绅便览一册，如叶向高、韩爌、何如宠、成基命、缪昌期、姚希孟、陈子壮、侯恪、赵南星、高攀龙、乔允昇、李邦华、郑三俊、杨涟、左光斗、魏大中、黄尊素、周宗廷、李应昇等百余人目为邪党，而以黄克缵、王永光、徐大化、贾继春、霍维华等六十余人为正人。由阉人王朝用进之，俾据是为黜陟。忠贤得内阁为羽翼，势益张。秉谦、广微亦曲奉忠贤，若奴役然。"

《缙绅便览》是当时坊间出版的朝官人名录。魏广微、顾秉谦根据这名单来点出正人邪人，必定是用两种颜色，以今例古，必定是红黑两种颜色，是可以断言的。

崔呈秀比这两位宰相更进一步，抄了两份。一份是《同志录》，专记东林党人，是该杀该关该革职该充军的。另一份是《天鉴录》，是东林的仇人，也就是反东林的健将，是自己人。据《明史·崔呈秀传》说："忠贤凭以黜陟，善类为一空。"

《明史·曹钦程传附卢承钦传》："承钦又向政府提出，东林自顾宪成、李三才、赵南星而外，如王图、高攀龙等谓之副帅，曹于汴、汤兆京、史记事、魏大中、袁化中谓之先锋，丁元荐、沈正宗、李朴、贺烺谓之敢死军人，孙丕扬、邹元标谓之土木魔神，请以党人姓名榜示海内。忠贤大喜，敕所司刊籍，凡党人已罪未罪者悉编名其中。"这又更进一步了，不但把东林人列在黑名单上，而且还每人都给一个绰号、匪号，其意义正如现在一些刊物上的闻一多夫、罗隆斯基同。

王绍徽，魏忠贤用为吏部尚书，仿民间《水浒传》，编东林一百零八人为《点将录》献上，令按名黜汰，以是越发为忠贤所喜。绍徽也名列《明史·阉党传》。

这几种黑名单十五六年前都曾读过，记得最后一种《点将录》，李三才是托塔天王，黄尊素是智多星，每人都配上《水浒传》里的绰号，而且分中军左军右军，天罡地煞，很整齐。似乎还是影印本。可惜记忆力差了，再也记不起在什么丛书中见到。可惜！可惜！

爱国学者顾炎武

今年是伟大的爱国学者顾炎武逝世二百八十周年。

关于顾炎武的历史评价，全祖望写的《顾先生炎武神道表》最后一段话很中肯。他说：离开顾炎武的时代逐渐远了，读他的书的人虽然很多，但是能够说出他的大节的人却很少。只有王高士不庵曾说：炎武抱着沉痛的心，想表白他母亲的志向，一生奔走流离，心里的话，几十年来也没有机会说出来。可是后起的年轻人，不懂得他的志趣，却只称赞他多闻博学，这对他来说，简直是耻辱，只好一辈子不回家，客死外地了。这段话很好，可以表他的墓。我读了也认为很好，可以使人们对顾炎武这个人有更好的了解。

顾炎武首先是有气节的有骨头的坚强的爱国主义者，其次才是有伟大成就的学者。

顾炎武（公元1613—1682），字宁人，原来名绛，明亡后改名，有时自称为蒋山佣，学者称为亭林先生，江苏昆山人。他家世代有人作官，藏书很多。祖父和母亲自对他的教育十分关心，六岁时母亲自教他《大学》，七岁跟老师读《四书》，九岁读《周易》，接着祖父就教他读古代军事家孙子、吴子的著作，和《左传》、《国语》、《战国策》、《史记》等书，十一岁读《资治通鉴》，到十三四岁才读完。十四岁进了县学以后，又读《尚书》、《诗经》、《春秋》等书，打下了很扎实的学术基础。母亲更时常以刘基、方孝孺、于谦等人的事迹教育他，要他做一个忠于国家、忠于民族的人。

炎武受教育的时代，也正是明王朝政治日益腐化，统治阶级内部分崩离析、互相倾轧，人民负担日益加重，民不聊生；东北建州（后称满族）崛起，明王朝接连打败仗，丧师失地，满汉民族上层统治集团矛盾最尖锐，汉族人民和统治集团矛盾最尖锐的时代。炎武的祖父教炎武读军事学书籍和史书，是有很深的用意的。

当时东南地区的知识分子组织了一个团体叫复社，吟诗作文，议论时事，名气很大，炎武和他的好友归庄也参加了。两人脾气都有些怪，就得了"归奇顾怪"的外号。

炎武的祖父很留心时事，那时候还没有报纸，有一种政府公报叫《邸报》，是靠抄写流传的，到崇祯十一年（1639年）才有活版印刷。炎武跟祖父读了泰昌元年（1620年）以来的《邸报》，对国家大事有了丰富的知识。二十七岁时考乡试没有录取，他"感四国之多虞，耻经生之寡术"，发愤读书，遍览二十一史和全国州县志书、当代名人文集、章奏文册等等，单志书就读了一千多部，抄录有关材料，以后还随时增补，著成两部书，一部叫《天下郡国利病书》，一部叫《肇域志》。《天下郡国利病书》着重记录各地疆域、形胜、水利、兵防、物产、赋税等资料。《肇域志》则记述地理形势和山川要塞。他晚年游历北方时，用两匹马、两匹骡装着书，到了关、河、塞、障，就访问老兵退卒，记录情况。说的有和过去知道不符合的，就立刻检书查对，力求记载的真实。他这种从实际出发，研究当前现实的学风，一反那个时代空谈性命、不务实际的学风。他这种治学精神、方法，为后来的学术界开辟了道路，指出了方向。

炎武从三十岁以后，读的经书、史书，都写有笔记，反复研究，经过长期的思索、改订，写成了著名的《日知录》。

顺治二年（1645年）五月，清兵渡长江，炎武到苏州参加了抗清斗争。清军围昆山，昆山人民合力拒守，城破，军民死了四万多人，炎武的好友吴其沆也牺牲了。炎武的母亲绝食自杀，临死时嘱咐炎武不要作异国臣子，不要忘了祖父的教训。炎武在军败、国亡、母死的惨痛、悲愤心情中，昂起头来，进行深入的隐蔽的反清斗争。这时期他写的诗如《秋山》："北去三百舸，舸舸好红颜。"记录了清军掳掠妇女的惨状。"勾践栖山中，国人能致死，叹息思古人，存亡自今始。"以勾践复国自勉，表明了他爱国抗清的坚决意志。在以后的许多诗篇中，也经常流露出这种壮烈情感，如《又酬傅处士（山）次韵》："时当汉腊遗臣祭，义激韩仇旧相家。""三户已亡熊绎国，一成犹启少康家。"如《五十初度时在昌平》："远路不须愁日暮，老年终自望河清。"又如："苍龙日暮还行雨，老树春深更着花。"都表明了他至老不衰的英雄气概。

明宗室福王由崧在南京称帝，改元弘光，任命炎武为兵部司务，炎武到过南京。福王被俘，唐王聿键在福建称监国，改元隆武。鲁王以海也在绍兴称监国。唐王遥授炎武为兵部职方司主事，炎武因母丧未葬不能去，不久，唐王也兵败被杀。鲁王流亡沿海一带。1647年秋天，炎武曾到沿海地方，和抗清力量联系。地方上有汉奸地主要陷害他，炎武不得已伪装成商人，奔走江、浙各地，前后五年。《流转》诗中说："稍稍去鬓毛，改容作商贾，却念五年来，守此良辛苦，畏途穷水陆，仇雠在门户，故乡不可宿，飘然去其宇。"便是这几年间的事。

1655年发生了陆恩之狱。

陆恩是炎武家的世仆。在炎武出游时，投奔到官僚地主叶方恒家。炎武家庭经历丧乱，缺钱使用，把田产八百亩卖给叶家，叶方恒存心想吞并顾家产业，揹勒只给牛价，这半价还不给钱，炎武讨了几年才给了一点。恰好陆恩得罪了主人，叶方恒便叫他出面告炎武通海，通海指的是和沿海抗清军事力量勾结，在当时是最大的罪名。炎武急了，便和家人设法擒住陆恩，扔进水里淹死了。陆恩的女婿又求叶方恒出面告状，用钱买通地方官，把炎武关在叶方恒家奴家里，情况十分危急。炎武的好友归庄只好求救于当时赫赫有名的汉奸官僚钱谦益，谦益说，这也不难，不过要他送一门生帖子才行。归庄知道炎武绝不肯这样做，便代写了一个送去。炎武知道了，立刻叫人去要回来，要不回来，便在大街上贴通告，说并无此事。谦益听了苦笑说，顾宁人真是倔强啊！后来炎武的另一朋友路泽溥认识兵备道，说明了情由，才把案子转到松江府，判处为主杀家奴，炎武才得脱祸。

叶方恒中过清朝进士，作过官，有钱有势，炎武和他结了仇，家乡再也住不下去了。1657年炎武四十五岁，决定到北方游历，一来避仇，二来也为了更广泛地结纳抗清志士，继续进行斗争。

从这一年起，炎武便仆仆风尘，奔走于山东、河北、山西、陕西等地。他的生活情况，在与潘次耕（耒）信中说："频年足迹所至，无三月之淹，

第六章 人物论说：他们定格在历史的框架里 \ 417

友人赠以二马二骡,装驮书卷,一年之中,半宿旅店。"旅途的艰苦,《旅中》一诗说:"久客仍流转,愁人独远征,釜遭行路夺,席与舍儿争,混迹同佣贩,甘心变姓名,寒依车下草,饥糁锜中羹……买臣降五十,何处谒承明?"他的心境,在《寄弟纾及友人江南》诗中说:"自昔遭难初,城邑遭屠割,几同赵卒坑,独此一人活,既偷须臾生,讵敢辞播越,十年四五迁,今复客天末,田园已侵并,书卷亦剽夺,尚虞陷微文,雉罗不自脱。"是十分沉重、紧张的。

在游历中,结识了孙奇逢、徐夜、王宏撰、傅山、李中孚等爱国学者,李因笃、朱彝尊、毛奇龄等文人,观察了中原地区和塞外的地理形势,并且在山东章丘买了田产,在雁门之北,五台之东,和李因笃等二十多人集资垦荒,建立庐舍,作为进行隐蔽活动的基地。

1663年,南浔庄氏史案发,炎武的好友吴炎、潘柽章牵连被杀,炎武所藏史录、奏状一二千本借给吴潘两人的,也随同散失。庄廷钺修史时,也曾托人邀请炎武参加,炎武看了情况,知道庄廷钺没有学问,不肯留下。书刻版时没有列上炎武姓名,这才幸免于死。

五年后,莱州黄培诗狱案发,炎武又被牵连,从北京赶到山东投案。案情是莱州人姜元衡告发他的主人黄培写逆诗(反对清朝的诗),又揭发吴人陈济生所编《忠节录》,说这书是顾宁人编的,书上有名的牵连到三百多人。李因笃听到消息,立刻赶到北京告急营救,炎武的许多朋友也到济南帮忙,这时朱彝尊正在山东巡抚处做幕僚,几方面想法子,炎武打了半年官司,居然免祸,可也够危险了。

炎武虽然饱经忧患,跋涉半生,却勤勉好学,没有一天不读书,没有一天不抄书,蝇头行楷,万字如一。朋友们有时终日宴饮,他总是皱眉头,客人走了,叹口气说:可惜又是一天白白度过了。读的书越多,游历的地方越多,写的书也越多,名气也就越大。1671年熊赐履要举荐炎武助修《明史》,他当面拒绝说:"果有此举,不为介推之逃,则为屈原之死矣。"1678年叶方霭、韩菼又打算举荐炎武应博学鸿儒科,炎武坚决辞谢,一连给叶方霭写了三封信,表明态度,叶方霭知道不能勉强,方才作罢。为了避免这类麻烦,炎武从此再也不到北京来了。

1677年，炎武已经六十五岁了。从山东到陕西华阴，住王宏撰家。王宏撰替他盖了几间房子，决定在此定居。两年后写信告诉他的侄子说：陕西人喜欢经学，看重处士，主持清议，和他省人不同。在此买水田四五十亩，可以维持生活。华阴这地方是交通枢纽，就是不出门，也可以看到各方面来的人，知道各地方的事情。一旦局势有变化，跑进山里去守险，也不过十来里路。要是志在四方呢，一出关门，就可以掌握形势。从这封信可以看出，炎武之定居华阴，是和他的一生志愿抗清斗争密切相关的。

这时候，炎武的三个外甥都已做了大官，徐元文是顺治十六年（公元1659）状元，康熙十八年（公元1679）任《明史》监修总裁官，第二年任都察院左都御史。徐乾学是康熙九年（1670年）探花，徐秉义是康熙十二年的探花。三兄弟在青年时都曾得到过炎武的资助和教育。他们看到舅父年老，流离外方，几次写信迎接炎武南归，答应给准备房子和田产，炎武回信坚决拒绝。他不但自己不肯受这几个清朝新贵的供养，连他的外甥要请他的得意门生潘耒去作门客，也去信劝止。义正词严地指出这些人官越大，门客越多，好巴结的人留下，刚正方直的人走开，他们不过要找一两个有学问的人在身边来遮丑而已。应该知道香的和臭的东西是不可以放在一个盒子里的，要记住白沙在泥，与之俱黑的话，不要和狎客豪奴混在一起才是。从这两件事，可以看出炎武的生性刚介和气节。

和他的为人一样，炎武做学问也是丝毫不苟的，总是拿最严格的要求来要求自己，从不自满。所著《音学五书》，前后历时三十多年，所过山川亭障，没有一天不带在身边。稿子改了五次，亲自抄写了三次，到刻版的时候，还改了许多地方。著名的《日知录》，1670年刻了八卷，过了六七年，他的学问进步了，检查旧作，深悔过去学问不博，见解不深，有很多缺点，又渐次增改，写成二十多卷。他很虚心，朋友中有指出书中错误的地方，便立刻改正。又十分郑重，有人问他近来《日知录》又写成几卷了，他说，别来一年，反复研究，只写得十几条。他认为知识是无穷无尽的，过去的成绩不可以骄傲，未来的成就更不可以限制自己。做学问不是一天天进步，便会一天天退步。个人独学，没有朋友帮助，就很难有成就，老是住在一个地方，见闻寡陋，也会习染而不自觉。对于自己在学术上的错误，从不宽恕，在给潘耒信上说：读书不多的人，轻易写书，一定会害了读者，像我《跋广韵》那篇文章便是例子。现在把它作废，重写一篇，送给你看，也记住我的过失。我生平所写的书，类此的也还很多，凡是存在徐家的旧作，可以一字不存。自己思量精力还不很衰，不一定就会死，再过些年，总可以搞出一个定本来。

对搜辑资料，也付出极大的努力。例如他在《金石文字记序》所说：我从年轻时就喜欢访求古人金石文字，那时还不很懂。后来读了欧阳修的《集古录》，才知道可以和史书相证明，阐幽表微，补阙正误，不止是文字之好而已。这二十年来，周游各地，所到名山、大镇、祠庙、伽蓝，无不寻求，登危峰，探窈壑，扪落石，履荒榛，伐颓垣，畚朽壤，只要发现可读的碑文，就亲手抄录，要是得到一篇为前人所没有看到的，往往喜欢得睡不着觉。对写作文字，态度也极为谨严，他立定宗旨，凡是文章不关联到学术的，和当代实际没有关系的，一概不写。并且慨叹像韩愈那样的人，假如只写《原道》、《原毁》、《争臣论》、《平淮西碑》、《张中丞传后叙》这几篇，其他捧死人骨头的铭状一概不写，那就真是近代的泰山北斗了！可惜他没有这样做。

他主张为人要"行己有耻"。有耻就是有气节，有骨头，做学问要"好古敏求"，要继承过去的遗产，努力钻研。对明代末期和当时的学风，他是很不以为然的，在《与友人论学书》里说："呜呼！士而不先言耻，则为无本之人，非好古而多闻，则为空虚之学。以无本之人而讲空虚之学，吾见其日从事于圣人而去之弥远也。"也正因为他这样主张，这样做，所以有些人叫他为怪，和他合不来。

炎武于康熙二十一年（公元1682）正月，因上马失足坠地，病死于山西曲沃，年七十岁。

第七章
艺文品评：字里行间闪烁出智慧的光芒

《明史》小评

在官修之正史中，自来学者多推崇《明史》，以为"近代诸史自欧阳公《五代史》外，《辽史》简略，《宋史》繁芜，《元史》草率，惟《金史》行文雅洁，叙事简括，稍为可观；然未有如《明史》之完善者"[1]。理由是（一）修史时间极长，从康熙十八年至乾隆四年，历时凡六十年[2]；（二）纂修者多系一时专门学者，如朱彝尊、毛奇龄、汤斌、吴志伊、汪琬、万斯同、姜宸英、刘献廷、李清等——遗老如黄宗羲，顾炎武虽被罗致而不就，但亦与有相当关系[3]；（三）立传存大体[4]；（四）去前朝未远，故事原委，多得其真[5]；（五）事详文简。

反面的批评以为《明史》不能算尽善尽美，因为（一）清帝钳禁太甚，致事多失实；（二）因学派门户之偏见，致颠倒失实；（三）搜访之漏落；（四）明清关系多失真相[6]；（五）弘光迄永历之终，事多失实。[7]

其他褒扬的和贬责的批评，百数十年来聚讼纷纭，而大要不过如上二说。关于《明史》本身的评价和缺失，在这篇短文中我们不能一一详论。我在此所要指出的是《明史》不是一部完好可读的史籍。我们纵不能把它重新

---

[1] 赵翼：《廿二史劄记》卷三一，《明史》。
[2] 《廿二史劄记》卷三一，《明史》。清修《明史》起顺治二年，未几罢。至康熙十八年始开馆重修，规模极大。
[3] 《鲒埼亭集》卷一一，《梨洲先生神道碑文》；卷一二，《亭林先生神道表》。
[4] 《廿二史劄记》卷三一，《明史》立传多存大体。
[5] 《廿二史劄记》卷三一，《明史》条。
[6] 参见孟森：《清朝前纪》及故宫博物院《明清史料》。
[7] 《国学论丛》一卷；陈守实：《明史考证抉微》。

改造，至少也应该用清儒治学的精神，替它再逐一校勘一遍，补缺正误，方不致贻误学者。

《明史》因修纂时间过长，从顺治二年数起有九十五年，如从康熙再开史局数起也有六十几年。中间不知道更换了多少总裁，多少批纂修。不由一手始终其事，所以纪传志表，往往抵牾。并且卷帙过多，替它逐一审校一过也不是一件容易的事。我们如将一切明代史籍，清人传述，和汤斌、尤侗、汪琬、朱彝尊、杨椿、毛奇龄一班人所撰的史稿，黄宗羲、全祖望、王夫之一般人所撰的诗文集，和《明史》一一互校，便可发现《明史》有若干部分有脱文断句，有若干部分有讹字误文，有若干部分重复，有若干部分漏落。这些小问题向来不被人注意，粗心一下读过去也就算了。可是我们如要可信的史实，要利用这些史料时，便非先费一番功夫，作几次辛苦的校读工作不可。

为要引起一般学者对这一小问题的兴趣，以下试约略举出几条《明史》中较为显著的错误，作为例证。

（一）脱文　卷二八五《赵埙传》附《乌斯道传》："傅恕字如心，鄞人，与同郡乌斯道郑真皆有文名……斯道字继善，慈溪人……子缉亦善诗文，洪武四年举乡试第一，授临淮教谕，人见赐之宴，赋诗称旨，除广信教授，自号荥阳外史。"这一段小传，我们如不参校旁书，便一辈子也不会明白它的错误，以为荥阳外史即是乌缉的别号，"子缉"下一段都是乌缉的传文了。但试一检王鸿绪《明史稿》[①]的传文，乌缉又作乌熙，"子缉亦善诗文"下"洪武四年举乡试第一"上有"真字千之"四字。这样一来，"洪武四年"以下一段便都成为郑真的小传，和乌氏父子毫不相干了。按张时彻《宁波府志·文学传·乌斯道传》："子熙光，字缉之，为国子监丞，亦以诗文擅名。"《慈溪县志·文苑传》所载完全相同。由此可知斯道子名熙光，字缉之，《明史》作名缉固然错了，《明史稿》作名熙也不能算不错。《明史稿》"真字千之"四字是承上文"与同郡乌斯道郑真皆有文名"说的。《明

[①]　《明史稿》五百卷原出万斯同手，殁后为王鸿绪所盗，攘为己撰。见全祖望《鲒崎亭集》、钱大昕《潜研堂集》、魏源《古微堂集》诸书。

史》疏忽，落此四字，便张冠李戴①，闹了笑话。

（二）错误 卷三《太祖本纪》三："十五年十一月戊午置殿阁大学士，以邵质、吴伯宗、宋纳、吴沉为之。"故宫出版乾隆四十二年重纂《明史本纪》文同。按宋纳即宋讷，纳为讷之讹文。卷一三七有《吴讷传》。吴伯宗吴沉传同见卷一三七。王鸿绪《明史稿·本纪》三只说："十一月戊午仿宋制置殿阁学士。"邵质不见《明史》及其他诸书，竟不知他到底是什么人。考王氏《明史稿·太祖本纪》的撰人是汤斌。检《拟明史稿》卷三："戊午初置殿阁学士，以礼部尚书刘仲质为华盖殿大学士，翰林学士宋讷为文渊阁大学士，检讨吴伯宗为武英殿大学士，典籍吴沉为东阁大学士。"据此，邵质原作刘仲质。证以《明史》卷一百十一《七卿年表》，"洪武十五年二月壬戌刘仲质任礼部尚书，十一月改大学士"，再考北平图书馆所藏《太祖高皇帝实录》，"洪武十五年十一月始仿宋殿阁之制，置大学士官，同拜命者宋讷、吴伯宗、吴沉、刘仲质四人"，都足证明《明史本纪》所说的邵质实即刘仲质。《仲质传》附见《明史》卷一三六《崔亮传》：

> 刘仲质字文质，分宜人。洪武初以宜春训导荐入京，擢翰林典籍，奉命校正《春秋本末》。十五年拜礼部尚书……是年冬改华盖殿大学士，帝为亲制诰文。

刘、仲、邵三字毫无瓜葛，这断不能委为当时手民之误。并且有《七卿年表》的本证在，我们实在想不出错误的由来。

（三）事误 卷一三六《陶安传》："安坐事谪知桐城，移知饶州。陈友定兵攻城，安召吏民谕以顺逆，婴城固守。援兵至，败去。"按安传出汪琬手，陈友定兵攻城一事，《汪氏传家集钝翁续稿》卷三八《陶安传》作"信州盗萧明攻饶安"。汤斌《拟明史稿》卷一，《太祖本纪》一："至正二十五年冬十月癸丑，信州贼萧明犯饶州，知府陶安败之。"这一件事，《明史本纪》削去不书。考当时情势，陈友定据有八闽后，只有一次派兵攻明方的处

---

① 郑真字千之号荥阳外史的证据，是《四库总目》：《荥阳外史集》七十卷（两淮盐政采进本）——明郑真撰。真字千之，鄞县人，成化《四明郡志》称其研究六经，尤长于《春秋》。吴澄尝策以治道十二事，皆经史之隽永，真答之无凝滞。洪武四年乡试第一，授临淮教谕，升广信府教授。

州，被胡深打败，从此就关门自守，自顾还来不及，哪儿还有能力来向外发展，并且是越浙攻饶！朱国祯《开国臣传》亦作"信州贼萧明攻饶安"，就是汪琬撰史稿的根据。《明史》改作陈友定，显然是一个严重的错误。

（四）重出　郑定事迹见卷二八六《林鸿传》："郑定字孟宣，尝为陈友定记室。友定败，浮海亡交广间，久之还居长乐，洪武中征授延平府训导，历国子助教。"卷一二四《陈友定传》又说："郑定字孟宣，好击剑，为友定记室。及败，浮海入交广间，久之还居长乐。洪武末累官至国子助教。"这两篇传文相差不过几个字，并出朱彝尊《曝书亭集》卷六三《林鸿传》，不过省去历延平府训导下"历齐府纪善"五字而已。

（五）矛盾　胡惟庸得罪被杀，党案牵连十几年，被杀的武官文臣知识分子富豪平民有好几万人，是明初一件大事。不过他的获罪之由，却传闻异辞，莫衷一是。[①]《明史》卷三二四《外国·占城传》以为"洪武十二年贡使至都，中书不以时奏。帝切责丞相胡惟庸汪广洋，二人遂获罪"。卷三二二《日本传》又以为"先是胡惟庸谋逆，欲借日本为助，乃厚结宁波卫指挥林贤，佯奏贤罪，谪居日本，令交通其君臣，寻奏复贤职，遣使召之。密致书其王借兵助已。贤还，其王遣僧如瑶率兵卒四百余人诈称入贡，且献巨烛，藏火药刀剑其中，既至而惟庸败，计不行，帝亦未知其狡谋也。越数年，其事始露，乃族贤而怒日本特甚，决意绝之，专意以防海为务"。这就是说，胡惟庸的罪状是谋反。其实，细按当时记载，便可知这一段史迹出于太祖亲定的《大诰》，一面之辞，不可信。况且遍查日本史乘和僧徒传纪，就根本没有如瑶这个人。胡惟庸在十二年九月下狱，次年正月处刑。在这短时期中也不能做出这些布置。日本来华商舶，据日方记载和《名山藏》、《吾学编》、《皇明驭倭录》诸书，他们大抵多是海贼，好就做买卖，不好就沿海抢掠，带军器以防海贼为名，不算是一件违禁的事，用不着把它藏在大烛中。并且南京是当时首都，大都督府所在，四百多日本人也不济事！胡惟庸即使太笨，也不致笨到这个地步。卷三〇八《胡惟庸传》又说："惟庸既死，其反状犹未尽露，至十八年李存义为人首告，免死安置崇明。十九年十

[①]　作者另撰有《胡惟庸党案考》一文，可参看。

月林贤狱成,惟庸通倭事始著。二十一年蓝玉征沙漠,获封绩……讯得其状,逆谋益大著。"据此则通倭通虏谋反三事都发见在惟庸死后的几年中。那么,所谓胡党的罪案,到底是一些什么呢?又如封绩,《明史》说他是"故元遗臣",其实,据当时的口供《昭示奸党录》所载,他不过是一个不识字的奴才,连北方都从来没有去过。一生没做过官,硬安排他是遗老,明史馆的纂修官未免太"神经过敏"了吧!

(六)简失　卷二八六《林鸿传》:"王偁字孟敭。父翰,仕元抗节死,偁方九岁,父友吴海抚教之。洪武中领乡荐,入国学,陈情养母。母殁,庐墓六年。永乐初用荐授翰林检讨,与修大典,学博才雄,最为解缙所重。后坐累谪交阯,复以缙事连及,系死狱中"——详说王偁的事迹,于他父亲的事只以一语了之。在卷一二四《陈友定传》又附有王翰的小传:"王翰字用文,仕元为潮州路总管。友定败,为黄冠,栖永泰山中者十载。太祖闻其贤,强起之,自刭死。有子偁知名"——述王翰事详悉,于他的儿子王偁,也只带及一语。按这两传都出朱彝尊手。见《曝书亭集》卷六三《王偁传》,翰传附及。《明史》把它分开来,以翰为元臣仕闽,故附《陈友定传》。以偁有文名,故附入《文苑·林鸿传》中。互为详略,煞费苦心。可是我们如细读朱氏原传,则似《明史》务为简略,颇失史意。如原传"偁中洪武二十三年乡试",《明史》简作"洪武中领乡荐",把一肯定的史实简成模糊,简得没有道理。原传"留永福山中为道士者十年",《明史》作"为黄冠,栖永泰山中者十载",把道士译成黄冠,把年译成载,雅是雅了,可是有什么大道理呢!并且《明史》还把这一句改错了。《林鸿传》中明说"永福王偁",参以原传,我们知道王偁以其父入闽故,所以占籍永福,则永泰山中为永福山中之讹明甚。

(七)互异　关于海盗刘香的下落,《明史》卷二六五《施邦曜传》和卷二六〇《熊文灿传》不同。《施传》说:"刘香李魁奇横海上,邦曜絷香母诱之,香就禽。"《文灿传》则以为"郑芝龙合广东兵击香于田尾远洋,香胁(洪)云蒸止兵,云蒸大呼曰:'我矢死报国,急击勿失!'遂遇害。香势蹙,自焚溺死"。

(八)缺漏　关于两次纂修《元史》的纂修官,《明史》卷二八五《赵埧传》说："三年重开史局，仍以宋濂、王棉为总裁，征四方文学士朱右、贝琼、朱廉、王彝、张孟兼、高逊志、李懋、李汶、张宣、张简、杜寅、殷弼、俞寅及埧为纂修官。先后纂修三十人，两局并与者一人而已。"按二年修《元史》之纂修官，据同传为汪克宽、胡翰、宋僖、陶凯、陈基、曾鲁、高启、赵汸、张文海、徐尊生、黄篪、王锜、傅著、谢徽、傅恕、赵埧十六人。合三年之纂修官十四人为三十人。可是赵埧以一人而参与前后两次史局，实际上只能算是一人。所以两次的纂修官的总数，据《明史》只有二十九人，和三十人之数不合。

按所缺一人为王廉，朱彝尊《曝书亭集》卷六二有传。"王廉字希阳，青田人，侨居上虞，洪武二年用学士危素荐授翰林编修，明年与修《元史》。又明年偕典籍牛谅使安南还，改工部员外郎。固辞，出为渑池县丞。十四年擢陕右左布政使。无子，卒葬杭州之西山。"大约是当时馆臣不留心，偶然忘了王廉的名字，又无法凑成三十人，便把赵埧算成两人，抵三十人的数额了。

（九）偏据 卷二八五《戴良传》："太祖初定金华，命（良）与胡翰等十二人会食省中，日二人更番讲经史，陈治道。明年用良为学正，与宋濂叶仪辈训诸生。太祖既旋师，良忽弃官逸去。元顺帝用荐者言，授良江北行省儒学提举。良见时事不可为，避地吴中，依张士诚。久之，见士诚将败，挈家泛海抵登莱，欲间行归扩廓军。道梗，寓昌乐数年，洪武六年始南还，变姓名隐四明山，太祖物色得之。十五年召至京师，试以文，命居会同馆，日给大官膳，欲官之，以老疾固辞，忤旨。明年四月暴卒，盖自裁也。"此出黄存吾《闲中录》。《曝书亭集》卷六三《良传》与之多异。"元末以荐授淮南江北等处行中书省儒学提举。时太祖兵已定浙东，良乃避地吴中。久之挈家浮海至胶州，欲投扩廓军前，不得达，侨居昌乐。洪武六年变姓名隐四明山。十五年征入京……"这样说是戴良在洪武十五年前不但没有做过明朝的官，并且也没有见过太祖，始终是元遗臣。十五年后被征，强迫他投降做官，所以自杀明志。全祖望《九灵先生山房记》也力辩其仕明之诬，说良在十五年前和明绝无关系。竹垞谢山谙熟明代掌故，所说都有根据。《明史》却偏信一家之说，引为信史，这种不阙疑不求真的态度，实不足取。

(十）字讹　卷二八三《湛若水传》："湛氏门人最著者永丰李怀，德安何迁……怀字汝德，南京太仆少卿。"按李怀，黄宗羲《明儒学案》卷三八作吕怀，"号巾石，嘉靖壬辰进士，著有《律吕古义》《历考》《庙议》诸书"。《明史》卷二八二《唐伯元传》："伯元受业于永丰吕怀。"卷二〇八《洪垣传》又附有吕怀小传："吕怀，广信永丰人，亦若水高弟子，由庶吉士授兵科给事中，改春坊左司直郎，历右中允，掌南京翰林院事，每言王氏之良知与湛氏之礼认天理同旨，其要在变化气质，作《心统图说》以明之，终南京太仆少卿。"这样，《湛若水传》中之"李怀"可信为即《洪垣传》中之"吕怀"，李为吕之讹。揆以《明史》传中涉及另外一人，如这人有专传时，即以"自有传"了之，不更述其字号籍贯行历之例，这也不能不说是重传了。

读史杂记
——《明史》

所谓官修之正史中，自来学者多推崇《明史》。阳湖赵氏曾谓："近代诸史，自欧阳公《五代史》外，《辽史》简略，《宋史》繁芜，《元史》草率，惟《金史》行文雅洁，叙事简括，稍为可观。然未有如《明史》之完善者。"推其理由为：

（一）修史时间极长，屡经更定，无简略草率之弊。

（二）纂修者大都为一时硕学耆宿。（如李清、汤斌、姜宸英、郑江、刘献廷、毛奇龄、汪琬、万言、吴志伊等均被罗致。学贵专家，《明史·食货志》出于潘耒、《流贼》、《土司》、《外国传》出毛奇龄手，《艺文志》成于黄虞稷、尤侗，《礼志》成于金德嘉，《后妃》、《诸王》、《开国功臣》传出于汪琬，《地理志》出于徐乾学，《历志》出于吴志伊、汤斌，《隐逸传》出于严绳孙，《五行志》成于倪灿、吴志伊，汤斌撰《太祖本纪》，徐嘉炎撰《惠帝本纪》，朱彝尊撰《成祖本纪》，姜宸英撰《刑法志序》……其他撰人可考者亦不下数十家，虽不必成于一人手，要其集众腋，聚精华，且经黄宗羲、高弟、万斯同所订定裁量，虽经王鸿绪窜乱，大体仍自可观。）

（三）立传存大体。

（四）去前朝未远，见闻尚接，故事原委，多得其真。

（五）事详文简。

訾《明史》者亦以为：

（一）修史时间太长，时作时辍，主持者不一其人，无一贯宗旨，每多矛盾。

（二）适当逊国遗臣负蜗海角，王孙饮泣路蜗之际。清帝屡兴文字诏狱，钳禁过甚，忌讳过多。难成信史。

（三）清帝崇朱学，廷臣因学派门户之偏见，所撰志传，未免抑扬。

（四）搜访漏落，弘光迄永历终事多不备，即有记载，亦多失实。

（五）嘉靖后之明清关系多失真相。

两者相衡，各有所当。"甘井近竭，招木近伐，灵龟近灼，神蛇近暴"（《墨子·亲十第一》）。《明史》之所以被推崇，亦即其所以被谤詈，世无绝对的善，物固莫能两全也。

年来碌碌，穷日夜读史，尤致力于有明一代。有所得辄笔之书。诵读既深，间取并时同事诸载籍校读之，信手未黄，则又叹其难读，盖非惟讹字脱文，遍地都是，抑且纪一事而缺佚，述一事而两歧，或则重出，或则偏据，亥豕鲁鱼之失固可委之手民，而套句误记，则不能不归咎于当时主持者之疏陋。《明史》优劣短长，学者时有论及，校雠考证之学，惟长洲王颂蔚曾辑史馆订正《明史》之残册为《明史考证》一书，顾王书所辑，只以当时以新定译名诸施旧刊，于史实虽少有考订，大部仍属文字上之一二剪裁，于史实无裨。不贤识小，爰董理所记著于篇。录《明史杂记》第七：

一、缺佚

卷二百八十五《赵壎传》：

> （洪武）三年重开史局，仍以宋濂、王祎为总裁，征四方文学士朱右、贝琼、朱廉、王彝、张孟兼、高逊志、李懋、李汶、张宣、张简、杜寅、殷弼、俞寅及壎为纂修官，先后纂修三十人，两局并与者壎一人而已。

按洪武二年之元史纂修官为汪克宽、胡翰、宋僖、陶凯、陈基、曾鲁、高启、赵汸、张文海、徐尊生、黄篪、傅恕、王锜、傅著、谢徽、赵壎十六人（见同传），合三年之纂修官十四人为三十人。

但赵壎以一人而预二次史局，前后二次纂修官之总数固为三十人，如以《元史》之纂修者总数而论，则实为二十九人，《明史》所记人名总数似有脱误。

考所遗一人为王廉，朱彝尊《曝书亭集》卷六十二有传：

> 王廉宇希阳，青田人，侨居上虞，洪武二年用学士危素荐授翰林编修，明年与修元史，又明年偕典簿牛谅使安南还，改工部员外郎，固辞，出为渑池县丞，十四年擢陕西左布政使，无子，卒葬杭州之西山。

二、误文

卷三《太祖本纪》三：

> （洪武）十五年十一月戊午置殿阁大学士，以邵质、吴伯宗、宋纳、吴沉为之。

故宫出版乾隆四十二年重纂本纪文同，按宋纳即宋讷，纳为讷之讹文。卷一三七有传。吴伯宗吴沉传亦见《明史》卷一三七。惟邵质无考。

按王鸿绪《明史稿·本纪》三仅云：

> 十一月戊午仿宋制置殿阁学士。

不著四人姓氏。考王槁《太祖纪》原出汤潜庵手，检拟《明史稿》卷三：

> 戊午初置殿阁学士，以礼部尚书刘仲质为华盖殿大学士，翰林学士宋讷为文渊阁大学士，检讨吴伯宗为武英殿大学士，典籍吴沉为东阁大学士。

则邵质原作刘仲质。《明史》卷一一一《七卿年表》：

> 洪武十五年壬戌二月刘仲质任礼部尚书，十一月改大学士。

北平图书馆藏《太祖高皇帝实录》亦作刘仲质。《仲质传》附见《明史》卷一百三十六《崔亮传》：

> 刘仲质字文质，分宜人。洪武初以宜春训导荐入京，擢翰林典籍。奉命校正春秋本末。十五年拜礼部尚书……是年冬改华盖殿大学士，帝为亲制诰文。

诸书所言，一一俱合。是则汤稿原不误，且备详历官，足资考订。王鸿绪妄为删节，冀自附于"文省事增"之义。史馆诸臣据一别本又增详四人名氏，而误"刘仲"为"邵"。《七卿年表》与《刘仲质传》撰人非一，以卷帙多，总裁不能遍校，故有此失耳。

三、套句

卷二百八十五《赵埙传》附《乌斯道传》：

> 傅恕字如心，鄞人。与同郡乌斯道郑真皆有文名……斯道字继善，

> 慈溪人……子缉亦善诗文。洪武四年举乡试第一，授临淮教谕。入见赐之宴，赋诗称旨。除广信教授。自号荥阳外史。

校《明史稿》原传，"缉"作"熙"，"子缉亦善诗文"下，"洪武四年"上有"真字千之"四字。与《明史》不同。

按《明史》与《明史稿》俱误。张时彻《宁波府志·文学传·乌斯道传》：

> 子熙光，字缉之，为国子监丞，亦以诗文擅名。

《慈溪县志·文苑传》文同。据是则《明史》作缉固误，《明史稿》作熙亦误。

《四库全书总目》卷一百六十九《别集类》二十二：

> 《荥阳外史集》七十卷，两淮盐政采进本。明郑真撰。真字千之，鄞县人。成化四明郡志称其研究六经，尤长于春秋，吴澄尝策以治道十二事，皆经史之隽永，真答之无凝滞。洪武四年乡试第一，授临淮县教谕，升广信府教授。

则《明史稿》"真字千之"四字，乃承上文郑真而言。"洪武四年"以下所述俱郑真事。乌熙光事迹仅"子熙光亦善诗文"一句。《明史》落此四字，张冠李戴，"洪武四年"下一段便都成乌熙光事迹矣。

四、重出

郑定事见卷二百八十六《林鸿传》：

> 郑定字孟宣，尝为陈友定记室。友定败，浮海亡交广间。久之还居长乐，洪武中征授延平府训导。历国子助教。

卷一百二十四《陈友定传》又载：

> 郑定字孟宣，好击剑，为友定记室。及败，浮海入交广间，久之还居长乐，洪武末累官至国子助教。

二传所差仅一二字，其文并出朱彝尊《曝书亭集》卷六十三《林鸿传》。惟省去"授延平府训导"下"历齐府记善"五字而已。

五、互异

刘香事迹卷二百六十五《施邦曜传》与二百六十《熊文灿传》互异。《施传》云：

刘香李魁奇横海上，邦曜絷香母诱之，香就禽。

《文灿传》则云：

郑芝龙合广东兵击香于田尾远洋。香胁（洪）云蒸止兵，云蒸大呼曰："我矢死报国，急击勿失！"遂遇害。香势蹙自焚溺死。

六、矫诬

胡惟庸之获罪，传闻异辞。《明史》卷三二四《占城传》：

洪武十二年贡使至都，中书不以时奏。帝切责丞相胡惟庸汪广洋，二人遂获罪。

以惟庸之获罪为不纳贡使。卷三二二《日本传》：

先是胡惟庸谋逆，欲藉日本为助，乃厚结宁波卫指挥林贤，佯奏贤罪，谪居日本。令交通其君臣。寻奏复贤职，遣使召之。密致书其王借兵助己。贤还，其王遣僧如瑶率四百余人，诈称入贡，且献巨烛，藏火药刀剑其中。既至而惟庸已败，计不行。帝亦未知其狡谋也。越数年其事始露，乃族贤而怒日本特甚，决意绝之，专意以防海为务。

则又以为私通日本谋逆。卷三〇八《胡惟庸传》：

惟庸既死，其反状犹未尽露，至十八年李存义为人首告，免死安置崇明。十九年林贤狱成，惟庸通倭事始著。

二十一年蓝玉征沙漠，获封绩……讯得其状，逆谋益大著。

则其罪状又有"通虏"一条，且与"通倭"、"谋逆"二事之发觉俱在惟庸死后。此三事俱莫须有。余曾撰《胡惟庸事件》一文力辟其诬。《明史》惟据官书——大诰——之属，笔为定论，实为矫诬。

七、事伪

卷一百三十六《陶安传》：

安坐事谪知桐城，移知饶州。陈友定兵攻城，安召吏民谕以顺逆，婴城固守，援兵至，败去。

攻饶者据朱国祯《开国臣传·陶安传》："信州贼萧明攻饶安"，作萧明。汤斌《拟明史稿》卷一《太祖本纪》一：

至正二十五年冬十月癸丑信州贼萧明犯饶州。

此事《明史·本纪》削去不书。按《陶安传》出汪琬手，《汪氏传家集钝翁续稿》卷三十八正作："信州盗萧明攻饶安。"与朱汤二书合。考史是时友定据有八闽，仅一遣兵攻明处州，为胡深所败，即闭境自守，岂能越浙攻饶？《明史》之误明甚。

八、简略

卷二百八十六《林鸿传》：

> 王偁字孟敭，父翰仕元抗节死，偁方九岁。父友吴海抚教之。洪武中领乡荐，入国学。陈情养母。母殁，庐墓六年。永乐初用荐授翰林检讨，与修大典。学博才雄，最为解缙所重。后坐累谪交阯，复以缙事连及，系死狱中。

详述偁行历。卷一百二十四《陈友定传》：

> 王翰字用文，仕元为潮州路总管。友定败，为黄冠，栖永泰山中者十载。太祖闻其贤，强起之，自刎死。有子偁知名。

详述翰事迹。二传互为详略。

按二传俱出朱彝尊手。见《曝书亭集》卷六十三《王偁传》，翰传附。《明史》析之为二，以翰始终为元臣，附《陈友定传》。以偁为文士，附《林鸿传》。

考原传：

> 偁中洪武二十三乡试。

《明史》作：

> 洪武中领乡试。

以一"中"字易去肯定之年月，颇嫌简而无当。原传：

> 留永福山中为道士者十年。

《明史》易为：

> 为黄冠，栖永泰山中者十载。

据《明史·林鸿传》"永福王偁"之文，参以原传知偁以父入闽故占籍永福，则"永泰山中"为"永福山中"之讹明甚。

九、偏据

卷二百八十五《戴良传》：

> 太祖初定金华，命与胡翰等十二人会食省中，日二人更番讲经史陈

治道，明年用良为学正，与宋濂叶仪辈训诸生。太祖既旋师，良忽弃官逸去。

元顺帝用荐者言授良江北行省儒学提举。良见时事不可为，避地吴中依张士诚。久之，见士诚将败，絜家泛海抵登莱，欲间行归扩廓军，道梗，寓昌乐数年。洪武六年始南还。变姓名隐四明山。

太祖物色得之，十五年召至京师，试以文，命居会同馆，日给大官膳，欲官之，以老疾固辞。忤旨。明年四月暴卒，盖自裁也。

此出黄存吾《闲中今古录》。《曝书亭集》卷六十三《良传》与之多异，仅言：

元末以荐授淮南江北等处行中书省儒学提举，时太祖兵已定浙东。良乃避地吴中。久之絜家浮海至胶州，欲投扩廓（王保保）军前，不得达。侨居昌乐。

洪武六年变姓名隐四明山，十五年征入京。

是良在洪武十五年前未尝见明太祖，始终为元遗臣。全祖望《鲒埼亭集》外编卷十八，九灵先生《山房记》力辩其十五年前曾仕明之诬，《明史》偏信野乘，引为信史。实不足取。且即如《明史》所言，是戴良在明祖初定金华时已侍讲幄，应深知其才否，何以十五年召见时又试以文？且良如前已受官学正，何以后又不肯屈节？即其所述，已数矛盾，何明史馆臣之轻信也！

十、舛夺

卷二百八十三《湛若水传》：

湛氏门人最著者永丰李怀，德安何迁……怀字汝德，南京太仆少卿。

按李怀，黄宗羲《明儒学案》卷三十八作吕怀：

号巾石，嘉靖壬辰进士。著有律吕古义历考庙议诸书。

《明史》卷二百八十二《唐伯元传》：

伯元受业于永丰吕怀。

卷二百八《洪垣传》又附有《吕怀小传》：

吕怀，广信永丰人。亦若水高弟子，由庶吉士授兵科给事中，改春坊左司直郎，历右中允。掌南京翰林院事。每言王氏之良与湛氏体认天理同旨。其要在变化气质。作心统图说以明之。终南京太仆少卿。

是则《湛若水传》之李怀即吕怀，"李"为"吕"之误字。

湛洪二传详简虽不同，如律以《明史》传中涉另一人而有传者即以"另有传"三字了之，不复赘其仕履之例，则此亦属重传。

一九三三，三，一四，晚十二时旧稿重写

《清华周刊》编者按

辰伯先生治明史有年，此文虽仅涉及校勘学一方面，数量上仅寥寥十条，然颇多创获。用力之勤，令人拜服。惟篇中将《明史》之误，分为十项，各立名目，并系以例证；分合编次，似尚可斟酌。鄙意以为本篇既将《明史》之误，依其性质而分类，则性质相似者，应并入一类，性质大同小异者，可并入一纲，而分为二子目，然后各系以例证，以示各种"典型的错误"（Typical Errors）。如是则本篇后段，可分为四纲，九子目。兹列表以明之：

（甲）脱落字句：

(1) 脱落单辞如原文"一、缺佚"所举之误脱一人名。

(2) 脱落句语如"三、夺句"所举之脱落"真字千之"一语。

（乙）疏忽致误：

(3) 文字错误加"二、误文"所举之误以刘仲质为邵质，又"十、舛夺"所举之误以吕怀为李怀。

(4) 事实错误如"七、事伪"所举之误以萧明之事为陈友定事。

（丙）考据不精，仍前之人误而未改。

(5) 误据前人诬造之语如"六、矫诬"之胡惟庸事。

(6) 误据野史传闻失实之语如"八、偏据"之戴良事。

（丁）体例未善：

(7) 重出如"四、重出"及"十、舛夺"后段所举之例。

(8) 互异如"五、互异"所举之例。

(9) 简略如"八、简略"所举之例。

依上表所列以批评《明史》，则丁项为史例未善，以证其识之陋；丙项为考据未精，以证其学之疏；甲乙两项，由于手民之误，或由于撰者之忽，其失较轻。私意以为如此分类，较原来十项并列，不相统属，似为稍胜。不知辰伯先生亦以为然否？

《金瓶梅》的著作时代及其社会背景

要知道《金瓶梅》这部书的社会背景,我们不能不先考定它的产生时代。同时,要考定它的产生时代,我们不能不把一切关于《金瓶梅》的附会传说肃清,还它一个本来面目。

《金瓶梅》是一部现实主义作品,所集中描写的是作者所处时代的市井社会的侈靡淫荡的生活。它的细致生动的白描技术和汪洋恣肆的气势,在未有刻本以前,即已为当时的文人学士所叹赏惊诧。但因为作者敢对于性生活作无忌惮的大胆的叙述,便使社会上一般假道学先生感觉到逼胁而予以摈斥,甚至怕把它刻版行世会有堕落地狱的危险,但终之不能不佩服它的艺术的成就。另一方面,一般神经过敏的人又自作聪明地替它解脱,以为这书是"别有寄托",替它捏造成一串可歌可泣悲壮凄烈的故事。

无论批评者的观点怎样,《金瓶梅》的作者,三百年来却都一致公认为王世贞而无异辞。他们的根据是:

(1) 沈德符的话:说这书是嘉靖中某大名士做的。这一位某先生,经过几度的附会,就被指实为王世贞。

(2) 因为书中所写的蔡京父子,相当于当时的严嵩父子。王家和严家有仇,所以王世贞写这部书的目的是:(甲)报仇;(乙)讽刺。

(3) 是据本书的艺术和才气立论的。他们先有了一个"苦孝说"的主观之见,以为像这样的作品非王世贞不能写。

现在我们不管这些理由是否合理,且把他们所乐道的故事审查一下,看是王世贞作的不是。

一、《金瓶梅》的故事

《金瓶梅》的作者虽然已被一般道学家肯定为王世贞（他们以为这样一来，会使读者饶恕它的"猥亵"描写），但是他为什么要写这书？书中的对象是谁？却众说纷纭，把它归纳起来不外是：

　　　　甲、复仇说　对象（1）严世蕃
　　　　　　　　　　　　（2）唐顺之
　　　　乙、讽刺说　对象——严氏父子

为什么《金瓶梅》会和唐顺之发生关系呢？这里面又包含着另外一个故事——《清明上河图》的故事。

（一）《清明上河图》和唐荆川

《寒花盦随笔》：

"世传《金瓶梅》一书为王弇州（世贞）先生手笔，用以讥严世蕃者。书中西门庆即世蕃之化身，世蕃亦名庆，西门亦名庆，世蕃号东楼，此书即以西门对之。""或谓此书为一孝子所作，所以复其父仇者。盖孝子所识一巨公实杀孝子父，图报累累皆不济。后忽侦知巨公观书时必以指染沫，翻其书页。孝子乃以三年之力，经营此书。书成黏毒药于纸角，觇巨公外出时，使人持书叫卖于市，曰天下第一奇书，巨公于车中闻之，即索观，车行及其第，书已观讫，啧啧叹赏，呼卖者问其值，卖者竟不见，巨公顿悟为所算，急自营救已不及，毒发遂死。"今按二说皆是，孝子即凤洲（世贞号）也，巨公为唐荆川（顺之），凤洲之父忬死于严氏，实荆川赞之也。姚平仲《纲鉴絜要》载杀巡抚王忬事，注谓"忬有古画，严嵩索之，忬不与，易以摹本。有识画者为辨其赝。嵩怒，诬以失误军机杀之"。但未记识画人姓名，有知其事者谓识画人即荆川，古画者《清明上河图》也。

凤洲既抱终天之恨，誓有以报荆川，数遣人往刺之，荆川防护甚备。一夜，读书静室，有客自后握其发将加刃，荆川曰："余不逃死，然须留遗书嘱家人。"其人立以俟，荆川书数行，笔头脱落，以管就烛，佯为治笔，管即毒弩，火热机发，镞贯刺客喉而毙。凤洲大失望！

后遇于朝房，荆川曰："不见凤洲久，必有所著。"答以《金瓶梅》，实凤洲无所撰，姑以诳语应耳。荆川索之急，凤洲归，广召梓工，旋撰旋刊，以毒水濡墨刷印，奉之荆川。荆川阅书甚急，墨浓纸黏，卒不可揭，乃屡以纸润口津揭书，书尽毒发而死。

或传此书为毒死东楼者。不知东楼自正法，毒死者实荆川也。彼谓以三年之力成书，及巨公索观于车中云云，又传闻异词耳。

这是说王忬进赝画于严嵩，为唐顺之识破，致陷忬于法。世贞图报仇，进《金瓶梅》毒死顺之。刘廷玑的《在园杂志》也提到此事，不过把《清明上河图》换成《辋川真迹》，把识画人换成汤裱褙，并且说明顺之先和王忬有宿怨。他说：

明太仓王思质（忬）家藏右丞所写《辋川真迹》，严世蕃闻而索之。思质爱惜世宝，予以抚本。世蕃之裱工汤姓者，向在思质门下，曾识此图，因于世蕃前陈其真赝，世蕃衔之而未发也。会思质总督蓟辽军务，武进唐应德、顺之以兵部郎官奉命巡边，严嵩龅之内阁，微有不满思质之言，应德领之。至思质军，欲行军中驰道，思质以已兼兵部堂衔难之，应德怫然，遂参思质军政废弛，虚糜国帑，累累数千言。先以稿呈世蕃，世蕃从中主持之，逮思质至京弃市。

到了清人的《缺名笔记》，又把这故事变动一下：

《金瓶梅》为旧说部中四大奇书之一，相传出王世贞手，为报复严氏之《督亢图》。或谓系唐荆川事。荆川任江右巡抚时有所周纳，狱成，罹大辟以死。其子百计求报，而不得间。会荆川解职归，遍阅奇书，辄叹观止。乃急草此书，渍砒于纸以进，盖审知荆川读书时必逐页用纸黏舌，以次披览也。荆川得书后，览一夜而毕，蓦觉舌木强涩，镜之黑矣。心知被毒，呼其子曰："人将谋我，我死，非至亲不得入吾室。"逾时遂卒。

旋有白衣冠者呼天抢地以至，蒲伏于其子之前，谓曾受大恩于荆川，愿及未盖棺前一亲其颜色。鉴其诚许之入，伏尸而器，哭已再拜而出。及殓则一臂不知所往，始悟来者即著书之人，因其父受缧首之辱，进鸩不足,更残其支体以为报也。

(二) 汤裱褙

识画人在另一传说中,又变成非大儒名臣的当时著名装潢家汤裱褙。这一说最早的要算沈德符的《野获编》,他和世贞同一时代,他的祖、父又都和王家世交,所以后人都偏重这一说。《野获编补遗》卷二《伪画致祸》:

> 严分宜(嵩)势炽时,以诸珍宝盈溢,遂及书画骨董雅事。时鄢懋卿以总醝使江淮,胡宗宪、赵文华以督兵使吴越,各承奉意旨,搜取古玩,不遗余力。时传闻有《清明上河图》手卷,宋张择端画,在故相王文恪(鏊)胄君家,其家钜万,难以阿堵动。乃托苏人汤臣者往图之,汤以善装潢知名,客严门下,亦与娄江王思质中丞往还,乃说王购之。王时镇蓟门,即命汤善价求市,既不可得,遂嘱苏人黄彪摹真本应命,黄亦画家高手也。
>
> 严氏既得此卷,珍为异宝,用以为诸画压卷,置酒会诸贵人赏玩之。有妒王中丞者知其事,直发为赝本。严世蕃大惭怒,顿恨中丞,谓有意绐之,祸本自此成。或云即汤姓怨弇州伯仲自露始末,不知然否?

这一说是《清明上河图》本非王忬家物,由汤裱褙托王忬想法不成功,才用摹本代替,末了还是汤裱褙自发其覆。顾公燮《消夏闲记摘抄》作《金瓶梅缘起王凤洲报父仇》一则,即根据此说加详,不过又把王鏊家藏一节改成王忬家藏,把严氏致败之由,附会为世蕃病足,把《金瓶梅》的著作目的改为讥刺严氏了:

> 太仓王忬家藏《清明上河图》,化工之笔也。严世蕃强索之,忬不忍舍,乃觅名手摹赝者以献。先是忬巡抚两浙,遇裱工汤姓流落不偶,携之归,装潢书画,旋荐之世蕃。当献画时,汤在侧谓世蕃曰:"此图某所目视,是卷非真者,试观麻雀小脚而踏二瓦角,即此便知其伪矣。"世蕃恚甚,而亦鄙汤之为人,不复重用。
>
> 会俺答入寇大同,忬方总督蓟、辽,鄢懋卿嗾御史方辂劾忬御边无术,遂见杀。后范长白公允临作《一捧雪》传奇,改名为《莫怀古》,盖戒人勿怀古董也。

弇子凤洲（世贞）痛父冤死，图报无由。一日偶谒世蕃，世蕃问坊间有好看小说否？答曰有，又问何名，仓卒之间，凤洲见金瓶中供梅，遂以《金瓶梅》答之，但字迹漫灭，容钞正送览。退而构思数日，借《水浒传》西门庆故事为蓝本，缘世蕃居西门，乳名庆，暗讥其闺门淫放，而世蕃不知，观之大悦。把玩不置。

相传世蕃最喜修脚，凤洲重赂修工，乘世蕃专心阅书，故意微伤脚迹，阴擦烂药，后渐溃腐，不能入直，独其父嵩在阁，年衰迟钝，票本批拟，不称上旨，宠日以衰。御史邹应龙等乘机劾奏，以至于败。

徐树丕的《识小录》又以为汤裱褙之证画为伪，系受贿不及之故，把张择端的时代由宋升至唐代，画的内容也改为汴人掷骰：

汤裱褙善鉴古，人以古玩赂严世蕃必先贿之，世蕃令辨其真伪，其得贿者必曰真也。吴中一都御史偶得唐张择端《清明上河图》临本馈世蕃而贿不及汤。汤直言其伪，世蕃大怒，后御史竟陷大辟。而汤则先以诖谪遗戍矣。

余闻之先人曰《清明上河图》皆寸马豆人，中有四人樗蒲，五子皆六而一犹旋转，其人张口呼六，汤裱褙曰："汴人呼六当撮口，而今张口是采闽音也。"以是识其伪。此与东坡所说略同，疑好事者伪为之。近有《一捧雪》传奇亦此类也，特甚世蕃之恶耳。

（三）况叔祺及其他

梁章钜《浪迹丛谈》记此事引王襄《广汇》之说，即本《识小录》所载，所异的是不把识画人的名字标出，他又以为王忬之致祸是由于一诗一画：

王襄《广汇》："严世蕃常索古画于王忬，云值千金，忬有临幅绝类真者以献。乃有精于识画者往来忬家有所求，世贞斥之。其人知忬所献画非真迹也，密以语世蕃。会大同有虏警，巡按方辂劾忬失机，世蕃遂告嵩票本论死。"

又孙之騄《二申野录注》："后世蕃受刑，弇州兄弟赎得其一体，熟而荐之父灵，大恸，两人对食，毕而后已。诗画贻祸，一至于此，又有小人交构其间，酿成尤烈也。"

按所云诗者谓杨椒山（继盛）死，弇州以诗吊之，刑部员外郎况叔祺录以示嵩，所云画者即《清明上河图》也。

综合以上诸说，归纳起来是：

（1）《金瓶梅》为王世贞作，用意：（甲）讥刺严氏；（乙）作对严氏复仇的《督亢图》；（丙）对荆川复仇。

（2）唐荆川谮杀王忬，忬子世贞作《金瓶梅》，荆川于车中阅之中毒卒。

（3）世贞先行刺荆川不遂，后荆川向其索书，遂撰《金瓶梅》以毒之。

（4）唐、王结怨之由是荆川识《清明上河图》为伪，以致王忬被刑。

（5）《金瓶梅》为某孝子报父仇作，荆川因以被毒。

（6）汤裱褙识王忬所献辋川真迹为伪，唐顺之行边与王忬忤，两事交攻，王忬以死。

（7）《清明上河图》为王鏊家物，世蕃门客汤臣求之不遂，托王忬想法也不成功，王忬只得拿摹本应命，汤裱褙又自发其覆，遂肇大祸。

（8）严世蕃强索《清明上河图》于王忬，忬以赝本献，为旧所提携汤姓者识破。

（9）世蕃向世贞索小说，世贞撰《金瓶梅》以讥其闺门淫放，而世蕃不知。

（10）世贞赂修工烂世蕃脚，不能入直，严氏因败。

（11）王忬献画于世蕃，而贿不及汤裱褙，因被指为伪，致陷大辟。

（12）王忬致祸之由为《清明上河图》及世贞吊杨继盛诗触怒严氏。

以上一些五花八门的故事，看起来似乎很多，其实包含着两个有联系的故事——《清明上河图》和《金瓶梅》。

二、王忬的被杀与《清明上河图》

按《明史》卷二〇四《王忬传》："嘉靖三十六年（公元1557）部臣言蓟镇额兵多缺，宜察补。乃遣郎中唐顺之往核。还奏额兵九万有奇，今惟五万七千，又皆羸老，忬与……等俱宜按治。……三十八年二月把都儿辛爱数部屯会州挟朵颜为乡导……由潘家口入渡滦河，……京师大震。御史王渐、方辂遂劾忬及……罪，帝大怒……切责忬令停俸自效。至五月辂复劾忬失策者三，可罪者四，遂命逮忬及……下诏狱……明年冬竟死西市。忬才本通敏，其骤拜都御史及屡更督抚也，皆帝特简，所建请无不从。为总督，数以败闻，由是渐失宠。既有言不练主兵者，帝益大恚，谓忬怠事负我。嵩雅不悦忬，而忬子世贞复用口语积失欢于嵩子世蕃，严氏客又数以世贞家琐事构于嵩父子，杨继盛之死，世贞又经纪其丧，嵩父子大恨，滦河变闻，遂得行其计。"

当事急时，世贞"与弟世懋日蒲伏嵩门涕泣求贷，嵩阴持忬狱，而时为谩语以宽之。两人又日囚服跽道旁遮诸贵人舆搏颡请救，诸贵人畏嵩，不敢言。"（《明史》卷二八七《王世贞传》）

王忬死后，一般人有说他"死非其罪"的，也有人说他是"于法应诛"的，他的功罪我们姑且不管，要之，他之死于严氏父子之手，却是一件不可否认的事实。

我们要判断以上所记述的故事是否可靠，第一我们先要研求王忬和严氏父子结仇的因素，关于这一点最好拿王世贞自己的话来说明。

《弇州山人四部稿》卷一二三《上太傅李公书》：

　　……至于严氏所以切齿于先人者有三：其一乙卯冬仲芳兄（杨继盛）且论报，世贞不自揣，托所知向严氏解救不遂，已见其嫂代死疏辞慧，少为笔削。就义之后，躬视含殓，经纪其丧。为奸人某某（按即指况叔祺）文饰以媚严氏。先人闻报，弹指唾骂，亦为所诇。其二杨某为严氏报仇曲杀沈炼，奸罪万状，先人以比壤之故，心不能平，间有指斥。渠误谓青琐之抨，先人预力，必欲报之而后已。其三严氏与今元老相公（徐阶）方水火，时先人偶辱见收葭莩之末。渠复大疑有所弃就，奸人从中构牢不可解。以故练兵一事，于拟票内一则曰大不如前，一则曰一卒不练，所以阴夺先帝（嘉靖帝）之心而中伤先人者深矣。预报贼耗，则曰王某恐吓朝廷，多费军饷。虏贼既退，则曰将士欲战，王某不肯。兹谤既腾，虽使曾参为子，慈母有不投杼者哉！

以上三个原因：（1）关于杨继盛；（2）关于沈炼；（3）关于徐阶。都

看不出有什么书画肇祸之说。试再到旁的地方找去,《明史》卷二八七《王世贞传》说:

> 奸人阎姓者犯法,匿锦衣都督陆炳家,世贞搜得之。炳介严嵩以请,不许。杨继盛下吏,时进汤药。其妻讼夫冤,为代草。既死,复棺殓之。嵩大恨。吏部两拟提学,皆不用。用为青州兵备副使。父忬以滦河失事,嵩构之论死。

沈德符《野获编》卷八《严相处王弇州》:

> 王弇州为曹郎,故与分宜父子善。然第因乃翁思质(忬)方总督蓟、辽,姑示密以防其忮,而心甚薄之。每与严世蕃宴饮,辄出恶谑侮之,已不能堪。会王弟敬美继登第,分宜呼诸孙切责以"不克负荷"诃诮之,世蕃益恨望,日谮于父前,分宜遂欲以长史处之,赖徐华亭(阶)力救得免,弇州德之入骨。后分宜因唐荆川阅边之疏讥切思质,再入鄢剑泉(懋卿)之赞决,遂置思质重辟。

这是说王忬之得祸,是由于世贞之不肯趋奉严氏,和谑毒世蕃,可用以和《明史》相印证。所谓恶谑,丁元荐《西山日记》曾载有一则:

> 王元美先生善谑,一日与分宜胄子饮,客不任酒,胄子即举杯虐之,至淋漓巾帻。先生以巨觥代客报世蕃,世蕃辞以伤风不胜杯杓,先生杂以诙谐曰:"爹居相位,怎说出伤风?"旁观者快之。

也和《清明上河图》之说渺不相涉。

现在我们来推究《清明上河图》的内容和它的流传经过,考察它为什么会和王家发生关系,衍成如此一连串故事的由来。

《清明上河图》到底是一幅怎样的画呢?李东阳《怀麓堂集》卷九题《清明上河图》一诗描写得很清楚详细:

> 宋家汴都全盛时,四方玉帛梯航随,清明上河俗所尚,倾城士女携童儿。城中万屋翠甍起,百货千商集成蚁,花棚柳市围春风,雾阁云窗粲朝绮。芳原细草飞轻尘,驰者若飚行若云,红桥影落浪花里,捩舵撇篷俱有神。笙声在楼游在野,亦有驱牛种田者,眼中苦乐各有情,纵使丹青未堪写!翰林画史张择端,研朱吮墨镂心肝,细穷毫发夥千万,直与造化争雕镌。图成进入缉熙殿,御笔题签标卷面,天津一夜杜鹃啼,

倏忽春光几回变。朔风卷地天雨沙，此图此景复谁家？家藏私印屡易主，赢得风流后代夸。姓名不入《宣和谱》，翰墨流传藉吾祖，独从忧乐感兴衰，空吊环州一抔土！丰亨豫大纷彼徒，当时谁进流民图？乾坤频仰意不极，世事荣枯无代无！

钱谦益《牧斋初学集》卷八五《记清明上河图卷》：

> 嘉禾谭梁生携《清明上河图》过长安邸中，云此张择端真本也。……此卷向在李长沙家，流传吴中，卒为袁州所钩致，袁州籍没后已归御府，今何自复流传人间？书之以求正于博雅君子。天启二年壬戌五月晦日。

按长沙即李东阳，袁州即严嵩。据此可知这图的收藏经过是：

（1）李东阳家藏；

（2）流传吴中；

（3）归严氏；

（4）籍没入御府。

一百年中流离南北，换了四个主人，可惜不知道在吴中的收藏家是谁。推测当分宜籍没时，宫中必有簿录，因此翻出《胜朝遗事》所收的文嘉《钤山堂书画记》，果然有详细的记载，在《名画部》宋有：张择端《清明上河图》。

> 图藏宜兴徐文靖（徐溥）家，后归西涯李氏（东阳），李归陈湖陆氏，陆氏子负官缗，质于昆山顾氏，有人以一千二百金得之。然所画皆舟车城郭桥梁市廛之景，亦宋之寻常画耳，无高古气也。

按田艺蘅《留青日札》严嵩条记嘉靖四十四年（公元1565）八月抄没清单有：

> 石刻法帖三百五十八册轴，古今名画刻丝纳纱纸金绣手卷册共三千二百零一轴。内有……宋张择端《清明上河图》……乃苏州陆氏物，以千二百金购之，才得其赝本，卒破数十家。其祸皆成于王彪、汤九、张四辈，可谓尤物害民。

这一条记载极关重要，它所告诉我们的是：

（1）《清明上河图》乃苏州陆氏物。

(2）其人以千二百金问购，才得赝本，卒破数十家。

（3）诸家记载中之汤裱褙或汤生行九，其同恶为严氏鹰犬者有王彪、张四诸人。

考陈湖距吴县三十里，属苏州。田氏所记的苏州陆氏当即为文氏所记之陈湖陆氏无疑。第二点所指明的也和文氏所记吻合。由苏州陆氏的渊源，据《钤山堂书画记》："陆氏子负官缗，质于昆山顾氏。"两书所说相同，当属可信。所谓昆山顾氏，考《昆新两县合志》卷二〇《顾梦圭传》：

> 顾懋宏字靖甫，初名寿，一字茂俭，潜孙，梦圭子。十三补诸生，才高气豪，以口过被祸下狱，事白而家壁立。依从父梦羽蕲州官舍，用蕲籍再为诸生。寻东还，游太学，举万历戊子乡荐。授休宁教谕，迁南国子学录，终莒州知州。自劾免。筑室东郊外，植梅数十株吟啸以老。

按梦圭为嘉靖癸未（公元1523）进士，官至江西布政使。他家世代做官，为昆山大族。其子懋宏十三补诸生。嘉靖四十一年（公元1562）五月严嵩事败下狱，四十四年三月严世蕃伏诛，严氏当国时代恰和懋宏世代相当，由此可知传中所谓"以口过被祸下狱，事白而家壁立"一段隐约的记载，即指《清明上河图》事，和文田两家所记相合。

这样，这图的沿革可列成下表：

（一）宜兴徐氏；

（二）西涯李氏；

（三）陈湖陆氏；

（四）昆山顾氏；

（五）袁州严氏；

（六）内府。

在上引的史料中，最可注意的是《钤山堂书画记》。因为文嘉家和王世贞家是世交，他本人也是世贞好友之一。他在嘉靖四十四年（公元1565）应何宾涯之召检阅籍没入官的严氏书画，到隆庆二年（公元1568）整理所记录成功这一卷书。时世贞适新起用由河南按察副使擢浙江布政使司左参政分守湖州。假如王氏果和此图有关系，并有如此悲惨的故事包含在内，他决不应故没不言！

在以上所引证的《清明上河图》的经历过程中，很显明安插不下王忬或王世贞的一个位置。那么，这图到底是怎样才和王家在传说中发生关系的呢？按《弇州山人四部稿续稿》卷一六八《清明上河图》别本跋：

> 张择端《清明上河图》有真赝本，余均获寓目。真本人物舟车桥道宫室皆细于发，而绝老劲有力，初落墨相家，寻籍入天府为穆庙所爱，饰以丹青。

> 赝本乃吴人黄彪造，或云得择端稿本加删润，然与真本殊不相类，而亦自工致可念，所乏腕指间力耳，今在家弟（世懋）所。此卷以为择端稿本，似未见择端本者。其所云于禁烟光景亦不似，第笔势遒逸惊人，虽小麓率，要非近代人所能办，盖与择端同时画院祗候，各图汴河之胜，而有甲乙者也。吾乡好事人遂定为真稿本，而谒彭孔嘉小楷，李文正公记，文徵仲苏书，吴文定公跋，其张著、杨准二跋，则寿承、休承以小行代之，岂惟出蓝！而最后王禄之、陆子傅题字尤精楚。陆于逗漏处，毫发贬驳殆尽，然不能断其非择端笔也。使画家有黄长睿那得尔？

其第二跋云：

> 按择端在宣政间不甚著，陶九畴纂《图绘宝鉴》，搜括殆尽，而亦不载其人。昔人谓逊功帝以丹青自负，诸祗候有所画，皆取上旨裁定。画成进御，或少增损。上时时草创下诸祗候补景设色，皆称御笔，以故不得自显见。然是时马贲、周曾、郭思、郭信之流，亦不致泯然如择端也。而《清明上河》一图，历四百年而大显，至劳权相出死构，再损千金之值而后得，嘻！亦已甚矣。择端他图余见之殊不称，附笔于此。

可知此图确有真赝本，其赝本之一确曾为世贞爱弟世懋所藏，这图确曾有一段悲惨的故事；"至劳权相出死构，再损千金之值而后得"。这两跋都成于万历三年（公元1575）以后，所记的是上文所举的昆山顾氏的事，和王家毫不相干。这一悲剧的主人公是顾懋宏，构祸的是汤九或汤裱褙，权相是严氏父子。

由以上的论证，我们知道一切关于王家和《清明上河图》的记载，都是任意捏造，牵强附会。无论他所说的是辋川真迹，是《清明上河图》，是黄彪的临本，是王鏊家藏本，或是王忬所藏的，都是无中生有。事实的根据一去，当然唐顺之或汤裱褙甚至第三人的行谱或指证的传说，都一起跟着不存在了。

但是，像沈德符、顾公燮、刘廷玑、梁章钜等人，在当时都是很有名望的学者，沈德符和王世贞是同一时代的人，为什么他们都会得捕风捉影，因讹承讹呢？

这原因据我的推测，以为是：

(1) 是看不清《四部稿》两跋的原意，误会所谓"权相出死力构"是指他的家事，因此而附会成一串故事。

(2) 是信任《野获编》作者的时代和他与王家的世交关系，以为他所说的话一定可靠，而靡然风从，群相应和。

(3) 是故事本身的悲壮动人，同情被害人的遭遇，辗转传述，甚或替它装头补尾，虽悖"求真之谛"亦所不惜。

次之因为照例每个不幸的故事中，都有一位丑角在场，汤裱褙是当时的名装潢家，和王、严两家都有来往，所以顺手把他拉入作一点缀。

识画人的另一传说是唐顺之，因为他曾有疏参王忬的事迹，王忬之死多少他应负一点责任。到了范允临的时候，似乎又因为唐顺之到底是一代大儒，不好任意得罪，所以在他的剧本——《一捧雪》传奇中仍旧替回了汤裱褙。几百年来，这剧本到处上演，剧情的凄烈悲壮，深深地感动了千万的人，于是汤裱褙便永远留在这剧本中做一位挨骂的该死丑角。

三、《金瓶梅》非王世贞所作

最早提到《金瓶梅》的，是袁宏道的《觞政》：

> 凡《六经》、《语孟》所言饮式，皆酒经也。其下则汝阳王《甘露经酒谱》……为内典。……传奇则《水浒传》、《金瓶梅》为逸典。（《袁中郎全集》卷一四，十之《掌故》）

袁宏道写此文时《金瓶梅》尚未有刻本，已极见重于文人，拿它和《水浒》并列了。可惜袁宏道只给了我们一个艺术价值的暗示，而没提出它的著者和其他事情。稍后沈德符的《野获编》卷二五《金瓶梅》所说的就详细多了，沈德符说：

> 袁中郎《觞政》以《金瓶梅》配《水浒传》为外典，予恨未得见。丙午（公元1606）遇中郎京邸，问曾有全帙否？曰第睹数卷甚奇快，今惟麻城刘延白承禧家有全本，盖从其妻家徐文贞录得者。又三年小修（袁中道，宏道弟）上公车，已携有其书，因与借抄挈归。吴友冯犹龙见之惊喜，怂恿书坊以重价购刻。马仲良时榷吴关，亦劝予应梓人之求，可以疗饥。予曰："此等书必遂有人板行，但一刻则家传户到，坏人心术，他日阎罗究诘始祸，何辞置对？吾岂以刀锥博泥犁哉！"仲良大以为然，遂固箧之。未几时而吴中悬之国门矣。然原本实少五十三回至五十七回。遍觅不得。有陋儒补以入刻，无论肤浅鄙俚，时作吴语，即前后血脉，亦绝不贯串，一见知其赝作矣。
>
> 闻此为嘉靖间大名士手笔，指斥时事，如蔡京父子则指分宜，林灵素则指陶仲文，朱勔则指陆炳，其他各有所属云。

关于有刻本前后的情形，和书中所影射的人物，他都讲到了，单单我们所认为最重要的著者，他却只含糊地说了"嘉靖间大名士"了事，这六个字的含义是：

（1）作者是嘉靖时人；

（2）作者是大名士；

（3）《金瓶梅》是嘉靖时的作品。

几条嘉靖时代若干大名士都可适用的规限，更不妙的是他指这书是"指斥时事"的，平常无缘无故的人要指斥时事干什么呢？所以顾公燮等人便因这一线索推断是王世贞的作品，牵连滋蔓，造成上述一些故事。康熙乙亥（公元1696）刻的《金瓶梅》谢颐作的序便说：

> 《金瓶梅》一书传为凤洲门人之作也。或云即出凤洲手。然洋洋洒洒一百回内，其细针密线，每令观者望洋而叹。

到了《寒花盦随笔》、《缺名笔记》一些人的时代，便索性把或字去掉。一直到近人蒋瑞藻《小说考证》还认定是弇州之作而不疑：

> 《金瓶梅》之出于王世贞手不疑也。景情距弇州时代不远，当知其详。乃断名士二字了之，岂以其诲淫故为贤者讳欤！（《小说考证》二，

96页）

其实，一切关于《金瓶梅》的故事，都只是故事而已，都不可信。应该根据真实史料，把一切荒谬无理的传说，一起踢开，还给《金瓶梅》以一个原来的面目。

第一，我们要解决一个问题，要先抓住它的要害点，关于《清明上河图》，在上文已经证明和王家无关。次之就是这一切故事的焦点——作《金瓶梅》的缘起和《金瓶梅》的对象严世蕃或唐荆川之被毒或被刺。因为这书据说是作者来毒严氏或唐氏的，如两人并未被毒或无被毒之可能时，这一说当然不攻自破。

甲、严世蕃是正法死的，并未被毒，这一点《寒花盦随笔》的作者倒能辨别清楚。顾公燮便不高明了，他以为王忬死后世贞还去谒见世蕃，世蕃索阅小说，因作《金瓶梅》以讥刺之。其实，王忬被刑在嘉靖三十九年（公元1560）十月初一日，殁后世贞兄弟即扶柩返里，十一月二十七日到家，自后世贞即屏居里门，到隆庆二年（公元1568）始起为河南按察副使。另一方面严嵩于四十一年五月罢相，世蕃也随即被刑。王忬死后世贞方痛恨严氏父子之不暇，何能觍颜往谒贼父之仇？而且世贞于父死后即返里屏居，中间无一日停滞，南北相隔，又何能与世蕃相见？即使可能，世蕃已被放逐，不久即死，亦何能见？如说此书之目的专在讽刺，则严氏既倒，公论已明，亦何所用其讽刺？且《四部稿》中不乏抨责严氏之作，亦何庸写此洋洋百万言之大作以事此无谓之讽刺？

再次，顾氏说严氏之败是由世贞贿修工烂世蕃脚使不能入直致然的，此说亦属无稽，据《明史》卷三〇八《严嵩传》所言：

嵩虽警敏，能先意揣帝指，然帝所下手诏语多不可晓，惟世蕃一览了然。答语无不中。及嵩妻欧阳氏死，世蕃当护丧归，嵩请留侍京邸，帝许之，然自是不得入直所代嵩票拟，而日纵淫乐于家。嵩受诏多不能答，遣使持问世蕃，值其方耽女乐，不以时答，中使相继促嵩，嵩不得已自为之，往往失旨。所进青词又多假手他人不能工，以是积失帝欢。

则世蕃之不能入直是因母丧，嵩之败是因世蕃之不代票拟，也和王世贞根本无关。

乙、关于唐顺之，按《明史》："顺之出为淮扬巡抚，兵败力疾过焦山，三十九年春卒。"王忬死在是年十月，顺之比王忬早死半年。世贞何能预写《金瓶梅》报仇？世贞以先一年冬从山东弃官省父于京狱，时顺之已出官淮扬，二人何能相见于朝房？顺之比王忬早死半年，世贞又安能遣人行刺于顺之死后？

第二，"嘉靖中大名士"是一句空洞的话，假使可以把它迁就为王世贞，那么，又为什么不能把它归到曾著有杂剧四种的天都外臣汪道昆？为什么不是以杂剧和文采著名的屠赤水、王百谷或张凤翼？那时的名士很多，又为什么不是所谓前七子广五子后五子续五子以及其他的山人墨客？我们有什么反证说他们不是"嘉靖间的大名士"？

第三，再退一步承认王世贞有作《金瓶梅》的可能（自然，他不是不能做）：但是问题是他是江苏太仓人，并且是土著，有什么保证可以断定他不"时作吴语"？《金瓶梅》用的是山东的方言，王世贞虽曾在山东做过三年官（公元1557—1559），但是能有证据说他在这三年中，曾学会了甚至和土著一样地使用当地的方言吗？假使不能，又有什么根据使他变成《金瓶梅》的作者呢？

前人中也曾有人断定王世贞绝不是《金瓶梅》的作者，清礼亲王昭梿就是其中的一个，他说：

> 《金瓶梅》其淫亵不待言。至叙宋代事，除《水浒》所有外，俱不能得其要领。以宋、明二代官名羼杂其间，最属可笑。是人尚未见商辂《宋元通鉴》者，无论宋元正史！弇州山人何至谫陋若是，必为赝作无疑也。（《啸亭续录》卷二）

作小说虽不一定要事事根据史实，不过假如是一个史学名家作的小说，纵使下笔十分不经意，也不至于荒谬到如昭梿所讥。王世贞在当时学者中堪称博雅，时人多以有史识史才许之，他自身亦以此自负。且毕生从事著述，卷帙甚富，多为后来修史及研究明代掌故者所取材。假使是他作的，真的如昭梿所说："何至谫陋若是！"不过昭梿以为《金瓶梅》是赝作，这却错了。因为以《金瓶梅》为王世贞作的都是后来一般的传说，在《金瓶梅》的本文中除掉应用历史上的背景来描写当时的市井社会奢侈放纵的生活以外，也丝毫找不出有作者的什么本身的暗示存在着。作者既未冒王世贞的名字，来增高他著述的声价，说他是赝作，岂非无的放矢。

四、《金瓶梅》是万历中期的作品

小说在过去时代是不登大雅之堂的，尤其是"猥亵"的作品。因此小说的作者姓名往往因不敢署名，而致埋没不彰。更有若干小说家不但不敢署名，并且还故意淆乱书中史实，极力避免含有时代性的叙述，使人不能捉摸这一作品的著作时代。《金瓶梅》就是这样的一个作品。

但是，一个作家要故意避免含有时代性的记述，虽不是不可能，却也不是一件容易的事。因为他不能离开他的时代，不能离开他的现实生活，他是那时候的现代人，无论他如何避免，在对话中，在一件平凡事情的叙述中，多少总不能不带有那时代的意识。即使他所叙述的是假托古代的题材，无意中也不能不流露出那时代的现实生活。我们要从这些作者所不经意的疏略处，找出他原来所处的时代，把作品和时代关联起来。

常常又有原作者的疏忽为一个同情他的后代人所删削遮掩，这位同情者的用意自然是匡正作者，这举动同样不为我们所欢迎。这一事实可以拿《金瓶梅》来做一例证。

假如我们不能得到一个比改订本更早的本子的时候，也许我们要被作者和删节者瞒过，永远不能知道他们所不愿意告诉我们的事情。

幸而，最近我们得到一个较早的《金瓶梅词话》刻本，在这本子中我们知道许多从前人所不知道的事。这些事都明显地刻有时代的痕迹。因此，我们不但可以断定这部书的著作时代，并且可以明白这部书产生的时代背景，和为什么这样一部名著却包含有那样多的描写性生活部分的原因。

（一）太仆寺马价银

《金瓶梅词话》本第七回页九至十有这样一段对话：

张四道："我见此人有些行止欠端，在外眠花宿柳，又里虚外实，少人家债负，只怕坑陷了你！"

妇人道："四舅，你老人家，又差矣！他就外边胡行乱走，奴妇人家只管得三层门内，管不得那许多三层门外的事，莫不成日跟着他走不成！常言道：世上钱财傥来物，那是长贫久富家。紧着起来，朝廷爷一时没有钱使，还问太仆寺支马价银子来使。休说买卖人家，谁肯把钱放在家里！各人裙带上衣食，老人家倒不消这样费心。"

在崇祯本《金瓶梅》（第七回第十页）和康熙乙亥本第一奇书（第七回第九页）中，孟三儿的答话便删节成：

> 妇人道："四舅，你老人家又差矣！他少年人就外边做些风流勾当，也是常事。奴妇人家，那里管得许多。若说虚实，常言道，世上钱财傥来物，那是长贫久富家。况姻缘事皆前生分定，你老人家倒不消这样费心。"

天衣无缝，使人看不出有删节的痕迹。

朝廷向太仆寺借银子用，这是明代中叶以后的事，《明史》卷九二《兵志·马政》：

> 成化二年以南土不产马，改征银。四年始建太仆寺常盈库，贮备用马价。……隆庆二年，提督四夷馆太常少卿武金言，种马之设，专为孳生备用，备用马既别买，则种马可遽省。今备用马已足三万，宜令每马折银三十两解太仆，种马尽卖输兵部，一马十两，则直隶山东河南十二万匹，可得银百二十万，且收草豆银二十四万。御史谢廷杰谓："祖制所定，关军机，不可废。"兵部是廷杰言。而是时内帑乏，方分使括天下逋赋，穆宗可金奏，下部议。部请养、卖各半，从之。太仆之有银也自成化时始，然止三万余两。及种马卖，银日增。是时通贡互市，所贮亦无几。及张居正作辅，力主尽卖之议。……又国家有兴作赏赉，往往借支太仆银，太仆帑益耗。十五年，寺卿罗应鹤请禁支借。二十四年，诏太仆给陕西赏功银，寺臣言先年库积四百余万，自东西二役兴，仅余四之一。朝鲜用兵，百万之积俱空。今所存者止十余万。况本寺寄养马岁额二万匹，今岁取折色，则马之派征甚少，而东征调兑尤多，卒然有警，马与银俱竭，何以应之！章下部，未能有所厘革也。崇祯初，核户、兵、工三部借支太仆马价至一千三百余万。

由此可知太仆寺之贮马价银是从成化四年起，但为数极微。到隆庆二年（公元 1568）百年后定例卖种马之牛，藏银始多。到万历元年（公元 1573）张居正作首相尽卖种马，藏银始达四百余万两。又据《明史》卷七九《食货志》三《仓库》：

> 太仆，则马价银归之。……隆庆中……数取光禄太仆银，工部尚书朱衡极谏不听。……至神宗万历六年……久之，太仓、光禄、太仆银括取几尽，边赏首功向发内库者亦取之太仆矣。

则隆庆时虽曾借支太仆银，尚以非例为朝臣所谏诤。到了张居正死后（公元 1582），神宗始无忌惮地向太仆支借，其内库所蓄，则靳不肯出。《明史》卷二一三《张居正传》载居正当国时：

> 太仓粟充盈可支十年。互市饶马，乃减太仆种马，而令民以价纳，太仆金亦积四百余万。

在居正当国时，综核名实，令出法行，所以国富民安，号称小康，即内廷有需索，亦往往为言官所谏止，如《明史》卷二二九《王用汲传》说：

> 万历六年……上言……陛下……欲取太仓光禄，则台臣科臣又言之，陛下悉见嘉纳，或遂停止，或不为例。

其用途专充互市抚赏，《明史》卷二二二《方逢时传》说：

> 万历五年召理戎政。……言……财货之费，有市本有抚赏，计三镇岁费二十七万，较之乡时户部客饷七十余万，太仆马价十数万，十才二三耳。

到了居正死后，朝政大变，太仆马价内廷日夜借支，宫监佞幸，为所欲为，专以货利导帝，《明史》卷二三五《孟一脉传》说：

> 居正死，起故宫。疏陈五事：言……数年以来，御用不给，今日取之光禄，明日取之太仆，浮梁之磁，南海之珠，玩好之奇，器用之巧，日新月异。……锱铢取之，泥沙用之。

不到十年工夫，太仆积银已空；《明史》卷二三二《何选传》：

> 光禄太仆之帑，括取几空。

但还搜括不已，恣意赏赐，如《明史》卷二三三《张贞观传》所记：

> 三王并封制下，……采办珠玉珍宝费至三十六万有奇，又取太仆银十万充赏。

中年内外库藏俱竭，力靳内库银不发，且视太仆为内廷正供，廷臣请发款充军费，反被谯责。万历三十年时：

> 国用不支，边储告匮，……乞发内库银百万及太仆马价五十万以济边储，复忤旨切责。(《明史》卷二二〇《赵世卿传》)

万历时代借支太仆寺马价银的情形，朱国祯《涌幢小品》卷二说得很具体：

> 太仆寺马价隆庆年间积一千余万，万历年间节次兵饷借去九百五十三万。又大礼大婚光禄寺借去三十八万两。零星宴赏之借不与焉。至四十二年老库仅存八万两。每年岁入九十八万余两，随收随放支，各边年例之用尚不足，且有边功不时之赏，其空虚乃尔，真可寒心。

明神宗贪财好货，至为御史所讥笑，如《明史》卷二三四《雒于仁传》所载四箴，其一即为戒贪财：

> 十七年……献四箴。……传索帑金，括取币帛，甚且掠问宦官，有献则已，无则谴怒，李沂之疮痍未平，而张鲸之赀贿复入，此其病在贪财也。

再就嘉靖、隆庆两朝内廷向外库借支情况作一比较，《明史》卷二〇六《郑一鹏传》：

> 嘉靖初……宫中用度日侈，数倍天顺时，一鹏言：今岁灾用诎，往往借支太仓。

《明史》卷二一四《刘体乾传》：

> 嘉靖二十三年……上奏曰：又闻光禄库金自嘉靖改元至十五年，积至八十万，自二十一年以后，供亿日增，余藏顿尽。……隆庆初进南京户部尚书，……召改北部，诏取太仓银三十万两，……是时内供已多，数下部取太仓银。

据此可知嘉、隆时代的借支处只是光禄和太仓，因为那时太仆寺尚未存有大宗马价银，所以无借支的可能。到隆庆中叶虽曾借支数次，却不如万历十年以后的频数。穆宗享国不到六年（公元1567—1572），朱衡以隆庆二年九月任工部尚书，刘体乾以隆庆三年二月任户部尚书，刘氏任北尚书后才疏谏取太仓银而不及太仆，则朱衡之谏借支太仆银白必更在三年二月以后。由此可知在短短的两三年内，即使借支太仆，其次数决不甚多，且新例行未久，其借支数目亦不能过大。到了张居正当国，厉行节俭，足国富民，在这十年中帑藏充盈，无借支之必要，且神宗慑于张氏之威棱，亦无借支之可能。由此可知《词话》中所指"朝廷爷还问太仆寺借马价银子来使"必为万历十年以后的事。

《金瓶梅词话》的本文包含有万历十年以后的史实，则其著作的最早时期必在万历十年以后。

（二）佛教的盛衰和小令

《金瓶梅》中关于佛教流行的叙述极多，全书充满因果报应的气味。如丧事则延僧作醮追荐（第八回，第六十二回），平时则许愿听经宣卷（第三十九回，第五十一回，第七十四回，第一百回），布施修寺（第五十七回，第八十八回），胡僧游方（第四十九回），而归结于地狱天堂，西门庆遗孤且入佛门清修。这不是一件偶然的事实，假如作者所处的时代佛教并不流行，或遭压迫，在他的著作中决不能无中生有捏造出这一个佛教流行的社会。

明代自开国以来，对佛道二教，初无歧视，后来因为政治关系，对喇嘛教僧稍予优待，天顺、成化间喇嘛教颇占优势，佛教徒假借余光，其地位在道教之上。到了嘉靖时代，陶仲文、邵元节、王金等得势，世宗天天在西苑玄修作醮，求延年永命，一般方士偶献一二秘方，便承宠遇。诸宫僚翰林九卿长贰入直者往往以青词称意，不次大拜。天下靡然风从，献灵芝、白鹿、白鹊、丹砂，无虚日。朝臣亦天天在讲符瑞，报祥异，甚至征伐大政，必以告玄。在皇帝修养或作法事时，非时上奏的且得殊罚。道士遍都下，其领袖贵者封侯伯，位上卿，次亦绾牙牌，跻朝列，再次亦凌视士人，作威福。一面则焚佛牙，毁佛骨，逐僧侣，没庙产，熔佛像，佛教在世宗朝算是销声匿迹，倒尽了霉。

到隆、万时，道教失势了，道士们或贬或逐，佛教徒又承渥宠，到处造庙塑佛，皇帝且有替身出家的和尚，其煊赫比拟王公（明列帝俱有替身僧，不过到万历时代替身僧的声势，则为前所未有）。《野获编》卷二七《释教盛衰》条：

> 武宗极喜佛教，自列西番僧，呗唱无异。至托名大庆法王，铸印赐诰命。世宗留心斋醮，置竺乾氏不谈。初年用工部侍郎赵璜言，刮正德所铸佛镀金一千三百两。晚年用真人陶仲文等议，至焚佛骨万二千斤。逮至今上，与两宫圣母首建慈寿、万寿诸寺，俱在京师，穹丽冠海内。至度僧为替身出家，大开经厂，颁赐天下名刹殆遍。去焚佛骨时未二十年也。

由此可知武宗时为佛教得势时代，嘉靖时则完全为道教化的时代，到了万历时代佛教又得势了。《金瓶梅》书中虽然也有关于道教的记载，如六十二回的潘道士解禳，六十五回的吴道士迎殡，六十七回的黄真人荐亡，但以全书论，仍是以佛教因果轮回天堂地狱的思想作骨干。假如这书著成于嘉靖时代，决不会偏重佛教到这个地步！

再从时代的习尚去观察，《野获编》卷二五《时尚小令》：

> 元人小令行于燕、赵，后浸淫日盛。自宣、正至成、宏后，中原又行《锁南枝》、《傍妆台》、《山坡羊》之属，李崆峒先生初自庆阳徙居汴梁，闻之以为可继国风之后。何大复继至，亦酷爱之。今所传《泥捏人》及《鞋打卦》、《熬髽》三阕为三牌名之冠，故不虚也。自兹以后，又有《耍孩儿》、《驻云飞》、《醉太平》诸曲，然不如三曲之盛。嘉、隆间乃兴《闹五更》、《寄生草》、《罗江怨》、《哭皇天》、《乾荷叶》、《粉红莲》、《桐城歌》、《银纽丝》之属，自两淮以至江南，渐与词曲相远，不过写淫媟情态，略具抑扬而已。比年以来又有《打枣竿》、《挂枝儿》二曲。其腔调约略相似，则不问南北，不问男女，不问老幼良贱，人人习之，亦人人喜听之，以至刊布成帙，举世传诵，沁人心腑。其谱不知从何来，真可骇叹！又《山坡羊》者，李、何二公所喜，今南北词俱有此名，但北方惟盛爱数落《山坡羊》，其曲自宣、大、辽东三镇传来。今京师妓女惯以此充弦索北调，其语秽亵鄙浅，并桑濮之音亦离去已远，而羁人游婿嗜之独深，丙夜开樽，争先招致。

《金瓶梅词话》中所载小令极多，约计不下六十种。内中最流行的是《山坡羊》，综计书中所载在二十次以上（见第一、八、三十三、四十五、五十、五十九、六十一、七十四、八十九、九十一诸回）；次为《寄生草》（见第

第七章　艺文品评：字里行间闪烁出智慧的光芒　\　457

八、八十二、八十三诸回);《驻云飞》(见第十一、四十四诸回);《锁南枝》(见第四十四、第六十一诸回);《耍孩儿》(见第三十九、第四十四诸回);《醉太平》(见第五十二回);《傍妆台》(见第四十四回);《闹五更》(见第七十三回);《罗江怨》(见第六十一回),其他如《绵搭絮》、《落梅风》、《朝天子》、《折桂令》、《梁州序》、《画眉序》、《锦堂月》、《新水令》、《桂枝香》、《柳摇金》、《一江风》、《三台令》、《货郎儿》、《水仙子》、《茶蘼香》、《集贤宾》、《一见娇羞》、《端正好》、《宜春令》、《六娘子》……散列书中,和沈氏所记恰合。另外一方面,沈氏所记万历中年最流行的《打枣竿》、《挂枝儿》二曲,却又不见于《词话》。《野获编》书成于万历三十四年(丙午,公元1606),由此可见《词话》是万历三十四年以前的作品,《词话》作者比《野获编》的作者时代略早,所以他不能记载到沈德符时代所流行的小曲。

(三) 太监、皇庄、皇木及其他

太监的得势用事,和明代相终始。其中只有一朝是例外,这一朝代便是嘉靖朝。从正德宠任刘瑾、谷大用等八虎,坏乱朝政以后,世宗即位,力惩其敝,严抑宦侍,不使干政作恶。嘉靖九年(公元1530)革镇守内臣。十七年(公元1538)从武定侯郭勋请复设,在云贵、两广、四川、福建、湖广、江西、浙江、大同等处各派内臣一人镇守,到十八年四月以彗星示变撤回。在内廷更防微极严,不使和朝士交通,内官因之奉法安分,不敢恣肆。根基不厚的大挡,有的为了轮值到请皇帝吃一顿饭而倾家荡产,无法诉苦。在有明一代中嘉靖朝算是宦官最倒霉失意的时期。反之在万历朝则从初年冯保、张宏、张鲸等柄用起,一贯地柄国作威,政府所有设施,须先请命于大挡,初年高拱任首相,且因不附冯保而被逐。张居正在万历初期的新设施,新改革,所以能贯彻实行,是因为在内廷有冯保和他合作。到张居正死后,宦官无所顾惮,权势更盛,派镇守,采皇木,领皇庄,榷商税,采矿税。地方官吏降为为宦寺的属下,承其色笑,一拂其意,缇骑立至。内臣得参奏当地督抚,在事实上几成地方最高长官。在天启以前,万历朝可说是宦官最得势的时代。

《词话》中有许多关于宦官的记载，如清河一地就有看皇庄的薛太监，管砖厂的刘太监，花子虚的家庭出于内臣，王招宣家与太监缔姻。其中最可看出当时情形的是第三十一回西门庆宴客一段：

> 说话中间，忽报刘公公、薛公公来了。慌的西门庆穿上衣，仪门迎接。二位内相坐四人轿，穿过肩蟒，缨枪队喝道而至。西门庆先让至大厅上，拜见叙礼，接茶。落后周守备、荆都监、夏提刑等武官，都是锦绣服，藤棍大扇，军牢喝道，僚掾跟随，须臾都到了门口，黑压压的许多伺候，里面鼓乐喧天，笙箫迭奏。上坐递酒之时，刘、薛二内相相见。厅正面设十二张卓席，都是帏挂锦带，花插金瓶，卓上摆着簇盘定胜，地下铺着锦茵绣毯。
>
> 西门庆先把盏让坐次，刘、薛二内相再三让逊："还有列位大人！"周守备道："二位老太监齿德俱尊。常言三岁内宦，居于王公之上，这个自然首坐，何消泛讲。"彼此逊让了一回。薛内相道："刘哥，既是列位不首，难为东家，咱坐了罢。"
>
> 于是罗圈唱了个喏，打了恭，刘内相居左，薛内相居右，每人膝下放一条手巾，两个小厮在傍打扇，就坐下了。其次者才是周守备，荆都监众人。

一个管造砖和一个看皇庄的内使，声势便煊赫到如此，在宴会时座次在地方军政长官之上，这正是宦官极得势时代的情景，也正是万历时代的情景。

皇庄之设立，前在天顺、景泰时代已见其端，正德时代达极盛期。世宗即位，裁抑恩幸，以戚里佞幸得侯者著令不许继世。中惟景王就国，拨赐庄田极多。《明史》卷七七《食货志》一说：

> 世宗初命给事中夏言等清核皇庄田，言极言皇庄为厉于民。自是正德以来投献侵牟之地，颇有给还民者。而宦戚辈复中挠之。户部尚书孙交造皇庄新册，额减于旧，帝命核先年顷亩数以闻，改称官地，不复名皇庄。诏所司征银解部。

由此可知嘉靖时代无皇庄之名，只称官地。《食货志》一又记：

> 神宗赉予过侈，求无不获。潞王、寿阳公主恩最渥，而福王分封，括河南山东湖广田为王庄，至四万顷，群臣力争，乃减其半。王府官及

诸阉丈地征税，旁午于道，厮养厮役，廪食以万计，渔敛惨毒不忍闻，驾帖捕民，格杀庄佃，所在骚然。

由此可知《词话》中的管皇庄太监，必然指的是万历时代的事情。因为假如把《词话》的时代放在嘉靖时的话，那就不应称为管皇庄，应该称为管官地的才对。

所谓皇木，也是明代一桩特别的恶政，《词话》第三十四回有刘百户盗皇木的记载：

> 西门庆告诉："刘太监的兄弟刘百户因在河下管芦苇场，撰了几两银子。新买了一所庄子。在五里店拿皇木盖房。……"

明代内廷兴大工，派官往各处采大木，这木就叫皇木。这事在嘉靖万历两朝特别多，为民害极酷。《明史》卷八二《食货志》六说：

> 嘉靖元年革神木千户所及卫卒。二十年宗庙灾，遣工部侍郎潘鉴、副都御史戴金于湖广四川采办大木。
>
> 二十六年复遣工部侍郎刘伯跃采于川、湖、贵州。湖广一省费至三百三十九万余两。又遣官核诸处遗留大木，郡县有司以迟误大工，逮治褫黜非一，并河州县尤苦之。
>
> 万历中三殿工兴，采楠杉诸木于湖广、四川、贵州，费银九百三十余万两，征诸民间，较嘉靖年费更倍。而采鹰平条桥诸木于南直浙江者，商人逋直至二十五万。科臣劾督运官迟延侵冒，不报。虚縻乾没，公私交困焉。

按万历十一年慈宁宫灾，二十四年乾清、坤宁二宫灾，《词话》中所记皇木，当即指此而言。

《词话》第二十八回有女番子这样一个特别名词。

> 经济道："你老人家是个女番子，且是倒会的放刁……"

所谓番子，《明史·刑法志》三说：

> 东厂之属无专官，掌刑千户一，理刑百户一，亦谓之贴刑，皆卫官。其隶役悉取给于卫。最轻黠狷巧者乃拔充之。役长曰档头，帽上锐，衣青素褶裙，系小绦，白皮靴，专主伺察。其下番子数人为干事，京师亡命诓财挟仇视干事者为窟穴，得一阴事，由之以密白于档头，档

头视其事大小，先予之金。事日起数，金日买起数。既得事，帅番子至所犯家左右坐曰打桩，番子即突入执讯之，无有左证符牒，贿如数，径去。少不如意，榜治之名曰干榨酒，亦曰搬罾儿，痛楚十倍官刑。且授意使牵有力者，有力者予多金，即无事，或靳不予，予不足，立闻上，下镇抚司狱，立死矣。

番子之刺探官民阴事为非作恶如此，所以在当时口语中就称平常人的放刁挟诈者为番子，并以施之女性。据《明史》在万历初年冯保以司礼监兼厂事，建厂东上北门之北曰内厂，而以初建者为外厂，声势煊赫一时，至兴王大臣狱，欲族高拱。但在嘉靖时代，则以世宗驭中官严，不敢恣，厂权且不及锦衣卫，番子之不敢放肆自属必然。由这一个特别名词的被广义地应用的情况说，《词话》的著作时代亦不能在万历以前。

（四）古刻本的发现

两年以前《金瓶梅》的最早刻本，我们所能见到的是康熙三十四年（乙亥，公元1695年）皋鹤草堂刻本张竹坡批点《第一奇书金瓶梅》，和崇祯本《新刻绣像金瓶梅》。在这两个本子中没有什么材料可以使我们知道这书最早刊行的年代。

最近北平图书馆得到了一部刊有万历丁巳序文的《金瓶梅词话》，这本子不但在内容方面和后来的本子有若干处不同，并且在东吴弄珠客的序上也明显地载明是万历四十五年（丁巳，公元1617年）冬季所刻。在欣欣子的序中并具有作者的笔名兰陵笑笑生（也许便是作序的欣欣子罢）。这本子可以说是现存的《金瓶梅》最早的刊本。其内容最和原本相近，从它和后来的本子不相同处及被删改处比较的结果，使我们能得到这样的结论，断定它的最早开始写作的时代不能在万历十年以前，退一步说，也不能过隆庆二年。

但万历丁巳本并不是《金瓶梅》第一次的刻本，在这刻本以前，已经有过几个苏州或杭州的刻本行世，在刻本以前并且已有抄本行世。因为在袁宏道的《觞政》中，他已把《金瓶梅》列为逸典，在沈德符的《野获编》中他已告诉我们在万历三十四年（丙午，公元1606年）袁宏道已见过几卷，麻城刘氏且藏有全本。到万历三十七年袁中道从北京得到一个抄本，沈德符又向他借抄一本。不久苏州就有刻本，这刻本才是《金瓶梅》的第一个本子。

袁宏道的《觞政》在万历三十四年以前已写成，由此可以断定《金瓶梅》最晚的著作时代当在万历三十年以前。退一步说，也决不能后于万历三十四年。

综结上文所说，《金瓶梅》的成书时代大约是在万历十年到三十年这二十年（公元1582—1602）中。退一步说，最早也不能过隆庆二年，最晚也不能后于万历三十四年（公元1568—1606）。

五、《金瓶梅》的社会背景

《金瓶梅》是一部现实主义小说，它所写的是万历中年的社会情形。它抓住社会的一角，以批判的笔法，暴露当时新兴的结合官僚势力的商人阶级的丑恶生活。透过西门庆的个人生活，由一个破落户而土豪、乡绅而官僚的逐步发展，通过西门庆的社会联系，告诉了我们当时封建统治阶级的丑恶面貌，和这个阶级的必然没落。在《金瓶梅》书中没有说到那时代的农民生活，但在它的描写市民生活时，却已充分地告诉我们那时农村经济的衰颓和崩溃的必然前景。当时土地集中的情形，万历初年有的大地主拥田到七万顷，粮至二万石。（张居正《张文忠公集书牍》六《答应天巡抚宋阳山论均粮足民》）据万历六年全国田数七百一万三千九百七十六顷计算，这一个大地主的田数就占全国田数的百分之一。又如皇庄，嘉靖初年达数十所，占地至三万七千多顷。夏言描写皇庄破坏农业生产的情形说：

> 皇庄既立，则有管理之太监，有奏带之旗校，有跟随之名目，每处动至三四十人。……擅作威福，肆行武断。……起盖房屋，架搭桥梁，擅立关隘，出给票帖，私刻关防。凡民间撑架舟车，牧放牛马，采捕鱼虾螺蚌荇蒲之属，靡不括取。而邻近土地，则展转移筑封堆，包打界至，见亩征银。本土豪猾之民，投为庄头，拨置生事，帮助为恶，多方掊克，获利不赀。输之宫闱者曾无十之一二，而私入囊橐者盖不啻十八九矣。是以小民脂膏，吮剥无余，由是人民逃窜而户口消耗，里分减并而粮差愈难。辛致辇毂之上，生理寡遂，闾阎之间，贫苦刺骨，道路嗟

怨，邑里萧条。

> 公私庄田，跨庄逾邑，小民恒产，岁朘月削，产业既失，税粮犹存，徭役苦于并充，粮草苦于重出，饥寒愁苦，日益无聊，辗转流亡，靡所底止。以致强梁者起而为盗贼，柔善者转死于沟壑。其巧黠者或投存势家庄头家人名目，恣其势以转为善良之害，或匿入海户陵户勇士校尉等籍，脱免徭役，以重困敦本之人。凡所以蠹民命脉，竭民膏血者，百孔千疮，不能枚举。（《桂洲文集》卷十三《奉勅勘报皇庄及功臣国戚田土疏》）

虽然说的是嘉靖前期的情况，但是也完全适用于万历时代，而且应该肯定，万历时代的破坏情形只有比嘉靖时代更严重。据《明史》《景王潞王福王等传》：景恭王于"嘉靖四十年（公元1562）之国，……多请庄田，……其他土田湖陂侵入者数万顷"。潞王"居京邸，王店王庄遍畿内，……居藩多请赡田食盐无不应，……田多至四万顷"。福王之国时，"诏赐庄田四万顷，……中州腴土不足，取山东、湖广田益之"，尺寸皆夺之民间，"伴读承奉诸官假履亩为名，乘传出入，河南北、齐、楚间所至骚动"。潞王是明穆宗第四子，万历十七年之藩；福王是明神宗爱子，万历四十二年就藩。三王的王庄多至十数万顷，加上宫廷直属的皇庄和外戚功臣的庄田，超经济的剥削，造成人民逃窜，户口消耗，道路嗟怨，邑里萧条，强梁者起而为"盗贼"，柔善者转死于沟壑的崩溃局面。

除皇庄以外，当时农民还得摊派商税，如毕自严所说山西情形：

> 榷税一节，病民滋甚。山右僻在西隅，行商廖廖。所有额派税银四万二千五百两，铺垫等银五千七百余两，皆分派于各州府。于是斗粟半菽有税，沽酒市脂有税，尺布寸丝有税，赢特骞卫有税，既非天降而地出，真是头会而箕敛。（《石隐园藏稿》卷五《嵩祝陛辞》疏）

明末侯朝宗描写明代后期农民的被剥削情况说：

> 明之百姓，税加之，兵加之，刑加之，役加之，水旱灾祲加之，官吏之渔食加之，豪强之吞并加之，是百姓一而所以加之者七也。于是百姓之富者争出金钱而入学校，百姓之黠者争营巢窟而充吏胥，是加者七而因而诡之者二也。即以赋役之一端言之，百姓方苦其穷极而无告而学

第七章 艺文品评：字里行间闪烁出智慧的光芒 \ 463

> 校则除矣，吏胥则除矣，……天下之学校吏胥渐多而百姓渐少，……彼百姓之无可奈何者，不死于沟壑即相率而为盗贼耳，安得而不乱哉。
>
> （《壮悔堂文集·正百姓》）

农民的生活如此。另一面，由于倭寇的肃清，商业和手工业的发达，海外贸易的扩展，国内市场的扩大，计亩征银的一条鞭赋税制度的实行，货币地租逐渐发展，高利贷和商业资本更加活跃，农产品商品化的过程加快了。商人阶级兴起了。从亲王勋爵官僚士大夫都经营商业，如："楚王宗室错处市廛，经纪贸易与市民无异。通衢诸绸帛店俱系宗室。间有三吴人携贝至彼开铺者，亦必借王府名色。"（包汝楫《南中纪闻》）如翊国公郭勋京师店舍多至千余区。（《明史》卷一三〇《郭英传》）如庆云伯、周瑛于河西务设肆邀商贾，虐市民，亏国课。周寿奉使多挟商艘。（《明史》卷三〇〇《周能传》）如吴中官僚集团的开设囤房债典百货之肆，黄省曾《吴风录》说：

> 自刘氏、毛氏创起利端，为鼓铸囤房，王氏债典，而大村名镇必张开百货之肆，以榷管其利，而村镇之负担者俱困。由是累金百万。至今吴中搢绅仕夫，多以货殖为急，若京师官店六郭开行债典兴贩屠酤，其术倍克于齐民。

嘉靖初年夏言疏中所提到的"见亩征银"，和顾炎武所亲见的西北农民被高利贷剥削的情况：

> 日见凤翔之民，举债于权要，每银一两，偿米四石，此尚能支持岁月乎！（《亭林文集》卷三《病起与蓟门当事书》）

商人阶级因为海外和内地贸易的关系，他们手中存有巨额的银货，他们一方面利用农民要求银货纳税的需要，高价将其售出，一方面又和政府官吏勾结，把商品卖给政府，收回大宗的银货。如此循环剥削，资本积累的过程，商人阶级壮大了，他们日渐成为社会上的新兴力量，成为农民阶级新的吸血虫。

西门庆所处的就是这样一个时代，他代表他所属的那个新兴阶级，利用政治的和经济的势力，加紧地剥削着无告的农民。

在生活方面，因此就表现出两个绝对悬殊的阶级，一个是荒淫无耻的专务享乐的上层阶级，上自皇帝，下至市侩，莫不穷奢极欲，荒淫无度。就过去的历史事实说："皇帝家天下"，天下的财富即是皇帝私人的财富，所以皇帝私人不应再有财富。可是在这个时代，连皇帝也殖私产了，金花银所人全充内帑，不足则更肆搜括。太仓太仆寺所藏本供国用，到这时也拼命借支，藏于内府，拥宝货作富翁。日夜希冀求长生，得以永保富贵。和他的大臣官吏上下一致地讲秘法，肆昏淫，明穆宗、谭纶、张居正这一些享乐主义者的死在醇酒妇人手中，和明神宗的几十年不接见朝臣，深居宫中的腐烂生活正足以象征这个时代。社会上的有闲阶级，更承风导流，夜以继日，妓女、小唱、优伶、赌博、酗酒，成为日常生活，笙歌软舞，穷极奢华。在这集团下面的农民，却在另一尖端，过着饥饿困穷的生活。他们受着十几重的剥削，不能不在水平线下生活着，流离转徙，一遭意外，便只能卖儿鬻女。在他们面前只有两条道路：一条是转死沟壑，一条是揭竿起义。

西门庆的时代，西门庆这一阶级人的生活，我们可以拿两种地方记载来说明。《博平县志》卷四《人道》六《民风解》：

……至正德、嘉靖间而古风渐渺，而犹存什一于千百焉。……乡社村保中无酒肆，亦无游民。……畏刑罚，怯官府，窃铁攘鸡之讼，不见于公庭。……由嘉靖中叶以抵于今，流风愈趋愈下，惯习骄吝，互尚荒佚，以欢宴放饮为豁达，以珍味艳色为盛礼。其流至于市井贩鬻厮隶走卒，亦多缨帽绸鞋，纱裙细袴，酒庐茶肆，异调新声，泊泊漫淫，靡焉勿振。甚至娇声充溢于乡曲，别号下延于乞丐。……逐末游食，相率成风。

截然地把嘉靖中叶前后分成两个时代。崇祯七年刻《郓城县志》卷七《风俗》：

郓地……称易治。迩来竞尚奢靡，齐民而士人之服，士人而大夫之官，饮食器用及婚丧游宴，尽改旧意。贫者亦槌牛击鲜，合飨群祀，与富者斗豪华，至倒囊不计焉。若赋役施济，则毫厘动心。里中无老少，辄习浮薄，见敦厚俭朴者窘且笑之。逐末营利，填衢溢巷，货杂水陆，淫巧恣异，而重侠少年复聚党招呼，动以百数，椎击健讼，武断雄行。胥隶之徒亦华侈相高，日用服食，拟于市宦。

所描写的"市井贩鬻""逐末营利"商业发展情形和社会风气的变化，及其生活，不恰就是《金瓶梅》时代的社会背景吗？

我们且看西门庆和税关官吏勾结的情形：

> 西门庆叫陈经济后边讨五十两银子来，令书童写了一封书，使了印色，差一名节级，明日早起身，一同去下与你钞关上钱老爹，叫他过税之时，青目一二。（第五十八回）

> 西门庆听见家中卸货，吃了几钟酒，约掌灯以后就来家。韩伙计等着见了，在厅上坐的，悉把前后往回事，说了一遍。西门庆因问钱老爹书下了，也见些分上不曾？韩道国道："全是钱老爹这封书，十车货少使了许多税钱，小人把缎箱两箱并一箱，三停只报两停，都当茶叶马牙香，柜上税过来了。通共十大车，只纳了三十两五钱钞银子，老爹接了报单，也没差巡捕拦下来查点，就把车喝过来了。"

> 西门庆听言，满口欢喜，因说："到明日少不得重重买一分礼，谢那钱老爹。"（第五十九回）

和地方官吏勾结，把持内廷进奉的情形：

> 应伯爵领了李三来见西门庆。……李三道："今有朝廷东京行下文书，天下十三省，每省要万两银子的古器，咱这东平府，坐派著二万两，批文在巡按处，还未下来。如今大街上张二官府破二百两银子，干这宗批要做，都看有一万两银子寻。……"西门庆听了说道："批文在那里？"李三道："还在巡按上边，没发下来呢。"西门庆道："不打紧，我这差人写封书，封些礼，问宋松原讨将来就是了。"李三道："老爹若讨去，不可迟滞，自古兵贵神速，先下米的先吃饭，诚恐迟了，行到府里，乞别人家干的去了。"西门庆笑道："不怕他，设使就行到府里，我也还教宋松原拿回去就是，胡府尹我也认的。"（第七十八回）

当时商人进纳内廷钱粮的内幕：

> 李三黄四商量向西门庆再借银子，应伯爵道："你如今还得多少才勾？"黄四道："李三哥他不知道，只要靠着问那内臣借一般，也是五分行利。不如这里借着，衙门中势力儿，就是上下使用也省些。如今找着，再得出五十个银子来，把一千两合用，就是每月也好认利钱。"

> 应伯爵听了，低了低头儿，说道："不打紧……管情就替你说成了。

找出了五百两银子来，共揽一千两文书，一个月满破认他五十两银子，那里不去了，只当你包了一个月老婆了。常言道秀才取添无真，进钱粮之时，香里头多上些木头，蜡里头多搀些柏油，那里查账去！不图打点，只图混水，借着他这名声儿，才好行事。"（第四十五回）

西门庆不但勾结官吏，偷税漏税，营私舞弊，并且一般商人还借他作护符，赚内廷的钱！

在另一方面，另一阶级的人，却不能不卖儿鬻女。《词话》第三十七回：

冯妈妈道："爹既是许了，你拜谢拜谢儿。南首赵嫂儿家有个十三岁的孩子，我明日领来与你看，也是一个小人家的亲养孩儿来，他老子是个巡捕的军，因倒死了马，少桩头银子，怕守备那里打，把孩子卖了，只要四两银子，教爹替你买下吧！"

这样的一个时代，这样的一个社会，农民的忍耐终有不能抑止的一天。不到三十年，火山口便爆发了！张献忠、李自成的大起义，正是这个时代这个社会的必然发展。

这样的一个时代，这样的一个社会，才会产生《金瓶梅》这样的一部作品。

一九三三年十月十日，于北平

《朝鲜李朝实录》中之李满住

明陈继儒序、董复表编王世贞《弇州史料》文中开头一段说：

> 唐郑惟忠尝云："自古文人多，史才少。"予谓史非乏才也，史之难，难于料耳。史才无料，如良贾不操金，大匠不储材，虽郑卓、公输立窘矣。

史料和史的关系虽然已有若干人郑重地指出，但仍有若干可贵的史料被故意埋没，使后人困于钩稽，明清之际关于建州的史实就是一个好例。

过去研究建州史的学者所能得到的史料只是几部禁毁幸免的明人著作和朝鲜方面的记载，其中最主要的是《明实录》。最近北平图书馆得到一部影印本《朝鲜李朝实录》，记建州初期史实极详尽，从此我们可以拿中国、朝鲜两方实录来对勘会证，重新来写明清史中关于建州的一部分的记载了。过去我曾把这书中涉及中国、朝鲜和朝鲜与建州、建州与明的史料辑录为《朝鲜李朝实录中之中国史料》一书，体例一仍原书。今更从史料中录出李满住事迹为此文，中国方面材料大体上在稻叶君山《清朝全史》和孟心史先生的《清朝前纪》中均已引用，而此等材料所记载李满住之事迹，亦已大致见于《李朝实录》中。此不再引。

一、李满住之家世

李满住在建州史中是一个著名的领袖，假如把建州史分成两期，以努尔哈赤代表后期，无疑地李满住是前期的代表人物。

满住祖父阿哈出，明赐姓名李思诚，父释家奴，明赐姓名李显忠，在朝鲜李太祖朝服属于朝鲜。《李朝太祖实录》卷八四年（公元1395）十二月癸卯条纪事：

>　　自上即位，野人酋长远至，移阑、豆漫，皆来服事，常佩弓剑入卫从征伐。如女真则斡朵里豆漫夹温猛哥帖木儿，火儿阿豆漫古论阿哈出……等是也。上即位量授万户千户之职，使李豆兰招安女真，纳赋服役，无异于编户。

但未久复生反测，故太宗壬午二年（公元1402）十二月复有遣使招安之举：

>　　己巳遣判军资监事辛龙凤招安吾都里、兀良哈等以其不附也。（《太宗实录》卷四）

同时明廷亦遣使招抚：

>　　三年五月辛未三府会议女真事，皇帝敕谕女真，吾都里、兀良哈、兀狄哈等招抚之使献贡。女真本属于我，故三府会议。其敕谕用女真书字不可解，使女真说其意译之而议。（同上书卷五）

太宗四年三月甲戌辽东千户王可仁（修）奉敕招谕女真至朝鲜，为设建州卫之计。时阿哈出入朝，为明帝言猛哥帖木儿，明廷即遣使王教化的经朝鲜赍敕招谕（同上书卷七）。

阿哈出一名於虚乙主，即於虚出。① 其女为明成祖妃：

>　　太宗四年（公元1404）十二月庚午辽东总旗张孛罗小旗王罗哈时等至，上就见于太平馆。孛罗等奉帝敕谕授参政於虚出于建州卫者也。初帝为燕王时纳於虚出女，及即位后除建州卫参政，欲使招谕野人，赐书慰之。（《太宗实录》卷八）

同书六年（公元1406）二月己卯条记：

---

① 於虚乙主和於虚山为同一名之异译。即阿哈出。据1462年满住上朝鲜书契"永乐二十年太宗皇帝谕父于虚乙主曰"语，似於虚乙主为满住之父，然阿哈出子释家驭，於虚出子亦名时家奴，释家奴即时家奴，阿哈出当即为於虚出，则书契所言当为祖父之略词，或为译文之误也。据《实录》满住原住奉吉古城，於虚出则住凤州。考凤州为元开元路。开元在元魏称勿吉，轶吉，即奉吉之转音。《世宗实录》二十一年九月节日使李思俭《闻见事目》记明廷斥满住等有"今尔等又要般回凤州牧猪地面居住"之语，则凤州亦即勿吉，即奉吉古城，亦即元开元路。原为阿哈出释家奴父子所住地，至满住始被逼徙地也。至於虚出、时家奴二名上冠以金之称号，则建州自称为金之遗民，冠以金者表其为金后裔或即以金为姓，用于部落中以明共其于贵族，其对明廷则固仍用赐姓也。《实录》记阿哈出事与李满住恰相衔接，无一事及于释家奴，似是释家奴早死，满住即相继祖领部，或释家奴无能，部人不附而以其子统部也。

第七章　艺文品评：字里行间闪烁出智慧的光芒 \ 469

> 大明立建州卫，以於虚出为指挥，招谕野人。（同上书卷一一）

三月丙申条记：

> 通事曹显启曰："帝授於虚出参政子金时家奴为建州卫指挥使，阿古车为毛怜等处指挥使，阿难把儿逊为毛怜等处指挥佥事。"（同上）

金时家奴即释家奴。妻康氏，曾于明宣德六年正月入朝明廷贡马（《明宣宗实录》卷七五）。於虚出住凤州，同书十一年（公元1411）四月丙辰条：

> 凤州即开元，金於虚出所居，於虚出即帝三后之父也。（同上书卷二一）

显忠弟莽哥不花即阿古车，亦内附于明，官建州卫指挥。（《明宣宗实录》卷一三）妻金阿纳失里曾于明宣德九年四月入朝明廷贡马（同上书卷一一〇）。子撒满答失里继之领毛怜卫官都督（《世宗实录》卷六四、六六）。明正统十年三月奏愿居京自效，从之，赐名曰忠（《明英宗实录》卷一二七）。

满住之初露头角在明永乐末年，时已为中卫酋长，计其年当在二十以上（《世宗实录》卷二四）。至明成化三年被诛，大概这老酋长死时的年龄当在六十岁左右。满住有弟名阿古乙，《世祖实录》己卯四年（公元1459）五月辛丑条：

> 武忠等将率满住、古罗哈等四人赴中朝，满住病以其弟阿古乙代遣。（《世祖实录》卷二〇）

有三妻，一出斡朵里（吾都里），一出兀良哈，一出火剌温（扈伦）（《成宗实录》卷六四）。有八子：

> 十一年十月丙戌，礼曹条录野人卖土所言以启：李满住住平原无草木之地，子八人曰古纳哈、豆里、阿具、罗歹、毛屎那、多非那、刘时哈，一人名不记，凡子孙二十余人。（《世祖实录》卷四〇）

这是满住死前一年的事。其诸子可考者长子有李古纳哈，即果剌哈：

> 满住管下王田保，今年七月随同满住长子果剌哈及管下人八名前来婆猪江旧居地面打围。（《世宗实录》卷一二三）

官兀良哈（建州中卫）都督（《世宗实录》卷三〇）。据野人卖土的报告，在公元1429年时满住管下不过三百人，马四十余匹，归古纳哈管领。（同上

书卷四六)

有季子甫乙加大（甫古大），满住妾所出，满住死后，屡谋兴兵报复：

睿宗元年五月乙巳召廷臣议野人事，上问曰："满住之子，今存者有几？"韩明浍等对曰："但有妾子甫古大。"上曰："其能招来乎？"明浍对曰："今必不肯来。然甫古大未能收集部落，安能为患。"（《睿宗实录》卷三）

以部落残破，不能为朝鲜患。后乃勾引火刺温诸部野人屡犯朝鲜边境。

成宗乙未六年（公元1475）六月丁未金硕启曰："李满住季子因其母娶妻火刺温，欲报父仇积有年纪。"（《成宗实录》卷一二九）

自明成化十年十二月至十一年正月突至理山等镇昌洲等口子侵掠失利。《成宗实录》记：

建州贼寇边屡矣，而兵至二千未有如今日者。李满住子酋长甫加大者火刺温娶女所出也。建州卫虽卷地而来不可得二千余人，其请火刺温兵明矣。（同上书卷一三〇）

次序不明者有亦当哈，《世宗实录》卷一二三记己巳三十一年（公元1449）二月壬申正朝使李光齐赍回明廷敕谕内有"顷者建州卫都督李满住男亦当哈来朝"之文。

有打肥剌（多非那），明成化三年与其父同被朝鲜所杀。（《世祖实录》卷四四）

有古郎巨，《文宗实录》卷九：

元年（公元1451）八月甲戌下谕书于平安道都节制使曰：满住欲于九十月间遣其子古郎巨来献土物。

有伊澄巨，《世祖实录》卷一六：

四年（公元1458）五月庚戌平安道观察使元孝然驰启野人李满住子伊澄巨等十二人到满浦欲上来。

有阿具，《世祖实录》卷一七：

七月辛亥建州卫野人都督李满住子都万户阿具等来献土物。

有毛只乃（毛屎那），《世祖实录》卷四四：

丙戌十二年（公元1467）十一月辛巳平安道观察使吴伯昌驰启：

"李满住子毛只乃来告曰：兀良哈阿邑可末乙彦率军四百名继多浪哈而去。"

有李豆里（李豆伊）即都兮（《端宗实录》卷二），《明实录》作都喜。李豆里与朝鲜关系最深，满住诸子中豆里与古纳哈常奉命向朝鲜报告寇变声息，颇得朝鲜信任。《明实录》记："正统九年十二月癸酉授建州卫都督佥事李满住子都喜为副千户，从满住奏请也。"豆里为兀良哈童速鲁帖木儿婿，明景泰六年（公元1455）五月由童速鲁帖木儿之介求上京朝见修好，闰六月入见：

> 己酉世祖见豆里于议政府，豆里曰："速鲁帖木儿使人言朝鲜异于昔日，故我父遣我朝见。"世祖曰："汝父得罪先王，然今革面归顺，何不容受。"自后豆里及古纳哈、阿具、伊澄哥等连续来朝，皆满住子也。（《鲁山君日记》卷一四）

世祖十三年（公元1468）四月与其子雪胡赤追获逃奴斜住（汪仲武）于高沙里堡，返家中途为斜住所击杀（《世祖实录》卷四六）。豆里子弓之加茂于明成化五年（公元1469）六月入朝于明，受命继父为建州都督并赐印。道使朝鲜通好（《成宗实录》卷五）。其弟达罕都督继之①复遣使与朝鲜通好。达罕明人记载称完者秃，《成宗实录》卷一四二：

> 十三年（公元1482）六月癸亥平安道观察使驰启："建州卫都督李完者头即达罕遣指挥李买驴持印信呈文到满浦镇，请平安道入朝，且请边邑互市。"

同书卷一五八：

> 十四年九月戊戌礼曹启："本曹饷建州卫野人李达罕子李多之哈等。仍问曰：乃祖豆伊（里）向我国倾心效顺，特著诚款，汝知之乎？"答曰："何不知之，目今之来欲追祖父之迹耳。"又语曰："乃翁都督未尝通款，前送嗣子，克修前好，良用嘉悦。"答曰："我父岂不欲来朝纳

---

① 弓之加茂，事迹但一见，达罕则《实录》记其事迹极多。弓之加茂于1469年左右袭职，正在明成化三年役后。达罕则至1482年始见于《实录》，同为李豆里子，李满住孙，名字无相同处，当未必是同一人。且弓之加茂曾遣使朝鲜修好，1483年达罕子入朝，朝鲜人谓"乃翁都督未尝通款"，则弓之加茂与达罕为兄弟相承甚明。

款，今送我辈，其意可知。"

明成化三年之役满住子漏网者，据《成宗实录》除甫乙加大外有孛儿哈歹（卜儿阿歹），孛儿哈歹或即甫乙加大，甫乙加大为朝鲜所称之名，在奏报明廷文件中则称孛儿哈歹，或原为二人，亦未可定。《成宗实录》卷九：

> 二年三月丙申移咨辽东云："建州卫野人李满住子孛儿哈歹说称，囊在丁亥年朝廷征讨建州卫时分，朝廷将俺父亲与兄杀害，已于辽东总兵官根前告说欲要报复间，适因中朝敕招同类三百余人入去，待本人等回还，四五月间草长马肥，前去朝鲜江边口子抢掳设法等因。……"

同书卷一七：

> 三年（公元1472）四月乙酉建州卫野人左卫酋长卜哈秃右卫酋长李忘哈大语进贺使成任曰："李满住小子卜儿哈歹今离旧居西就卜哈秃所居近地，与旧居相距一日程。"

九年作贼辽东失利，自蒲州移住东良北无乙界等处（《成宗实录》卷九二）。后为家人所杀，同书卷一一○：

> 十年（公元1479）闰十月己未承文院参校郑孝终上疏请罢兵曰："夫建州首长李满住等诚心投化，素无仇怨，今以丁亥之战，嗛嗜至今，累次来犯，岂非为害之甚也。甲怒乙移而代人受敌，臣未知其可也。况今满住之子孛儿哥反为家人所杀，则是为百年之运而我民去一仇家矣。"

有柳时哈即刘时哈，成宗十六年（公元1485）十一月曾充都督达罕使节到朝鲜交聘（同上书卷一八五）。满住诸子多受朝鲜官，如《鲁山君日记》一四：

> （明）景泰六年（公元1455）闰六月甲寅以指挥金事豆里为都万户。

《世祖实录》卷一七：

> 四年（公元1459）八月壬戌以野人都督李古纳哈知中枢院事，李阿具同知中枢院事，依例给禄。

满住诸孙有：甫当可，古纳哈之子（《世宗实录》卷三○）；时应巨（《世祖实录》卷四六）；甫罗充，豆里之子（同上书卷四四）；时波右，甫乙加大之子（《成宗实录》卷一一○）诸人。侄行有歹因哈，当是阿古乙之子（同上书卷七五）。

满住之戚属有凡察，凡察为童猛哥帖木儿之弟，猛哥帖木儿及其子权豆并为七姓野人杨木答兀所杀，满住即娶权豆之寡妇。《世宗实录》卷八九：

> 二十二年（公元1440）六月丁亥满住欲娶权豆之妻已定媒妁。

跋扈一时之建州左卫酋长童猛哥帖木儿之子童仓为满住婿，右卫酋长班车为满住妻弟。满住死后，其孙弓之加茂、达罕相继领中卫，左卫酋长为童仓之子吐老，右卫则班车之子甫花土、罗下二人分领之（《成宗实录》卷一五八）。

二、李满住的住地及建州左卫之西徙

建州介于三大国之间，西有新兴的明，北有蒙古，南有朝鲜。建州在势力强盛时，乘虚入寇，或助明攻蒙古，或联蒙古寇明边，或乘明之敝，抄掠边境，或南下向朝鲜攻击；在势衰时，便卑辞求内服，同时受三国的官职，乞取赏赐粮食。

满住部落原住奉吉古城，因迭被蒙古军队入侵，明永乐癸卯（公元1423）得明廷许可移住婆猪江，世宗六年（公元1424）满住率管下指挥沈时里哈、沈者罗老、咸舍歹、童所老、盛者罗大等一千余户南徙定居（《世宗实录》卷二四）。婆猪江亦作拨猪江，蒲州江，亦作蒲州，这四个名称在李朝各朝《实录》中到处互用。

满住势力的壮大和建州左卫之移住婆猪江是有相当的关系的。明宣德八年（公元1433）原住斡木河之建州左卫童猛哥帖木儿父子为七姓野人所杀，部落残破，朝鲜乘机拓境，加以压迫。李满住就利用这机会招引左卫西徙，因为他屡被朝鲜征讨，兵力不能抵抗，想移居草河地面又不能得明廷允许，只能远徙浑河，流离失所，犹恐朝鲜相逼，窜居山谷，不能安业。婆猪江土地肥沃，如能吸引左卫来住，兵力一充，便可合而抵抗。所以他就极力拉拢左卫领袖，和童猛哥帖木儿遗族联姻：

> 世宗二十年九月庚午以童仓将求婚于满住，传旨令边将责问之。

（同上书卷八二）

又娶权豆（阿谷）的寡妇：

二十二年六月丁亥马边者、卞孝文奉书承政院曰："千户马波罗来言：凡察、童仓等皆无叛离之心，但童权豆收养子指挥老古赤父母皆在李满住部落，满住欲娶权豆之妻，已定媒妁，指挥大也吾乃权豆妻之同产也，故此三人与前日资产被夺斡朵里三十余人同谋，数请凡察等徙居李满住部落。"（《世宗实录》卷八九）

凡察自其兄死后，即入明朝见，受继兄统部之命，惧忽剌温侵掠求徙朝鲜境内被拒，朝鲜又移宁北镇于斡木河，益反侧不安（同上书卷六五）。乘入朝时到婆猪江李满住家留连累日，密相计议，为移居之备（同上书卷六四）。一面奏请明廷求允移住，世宗十七年二月明廷许之，其敕书曰：

敕谕建州卫都指挥李满住等，今建州左卫都督凡察等欲率领部下大小官民人等及百户枣火等五十家俱来尔处居住，已敕其同毛怜卫都指挥郎不儿罕等一同前来居住，特谕尔等知之，故谕。（同上书卷六七）

又怕朝鲜阻留不放，奏请明廷敕谕朝鲜勿阻（同上书卷八〇）。朝鲜方面闻讯极惶急，即奏请明廷勿许移住，理由是：

比来童仓、凡察等所居地方切近本国后门，其被虏人口容易逃来，益生恨心，欲要搬移。见今李满住等仇嫌本国，往来作耗，两相结构，曾未解怼。倘若本人等与李满住一处聚居，同心作贼，本国边患益滋不绝。（同上书卷八〇）

同年五月明廷许朝鲜所请（同上书卷八一）。朝鲜大喜，极力招抚左卫，诱引来朝，授童仓等高爵。满住见事不成，立奏明廷揭破朝鲜用意，明廷得息降敕朝鲜仍令左卫西徙浑河：

敕曰："今得建州等卫都指挥李满住奏：都督凡察指挥童山自永乐年间归顺朝廷，开设衙门，降给印信，屡蒙恩赏，升授重职，听令管领部属在边自在居住，已有年矣。今凡察等不思出力报效，背国负恩，听朝鲜国王招引去见，受其鞍马衣服等物，就于本国邻近地方相参住坐。又令毛怜卫都指挥郎不儿罕及凡察男阿哈答等来诱引李满住等前去朝鲜国一同居住，并本国收留逃叛杨木答兀下人口。然此事未知虚实，俱置不问。已遣人赍敕往谕凡察等即将带原管人民及挟同都指挥李将家指挥佟火儞赤等家属并各人部下大小人口与收逃叛杨木答兀下人口，俱来辽

东附近浑河头与李满住一处完聚。"(《世宗实录》卷八四)

朝鲜遣使陈奏,斥李满住所言为"虚捏",并说童仓等已安生乐业,请勿搬移。明廷又听其请,但令朝鲜敕戒童仓等安分守法,勿作非为(同上书卷八五)。但是凡察已决心和满住合伙,再具奏请求移居,明廷先入朝鲜之诉,不许其请。朝鲜节日使李恩俭《闻见事目》记其经过说:

> 凡察遣指挥童答察儿奏云:"皇帝再敕朝鲜使我与李满住一处居住,今朝鲜尚不解送,且禁打围不得自由,请遣使于朝鲜,使我如敕解送与李满住一处居住。"皇帝不允其奏,敕凡察曰:"往者建州卫指挥李满住等屡奏搬取尔等移来辽东浑河头一同居住,已遣敕谕朝鲜国王禁约彼处军民不许阻当,仍差人护送出境,听尔等搬移前来。既而得朝鲜国王奏李满住等虚捏奏请,妄称尔等欲移来同住。朕惟四海一家,彼此皆朕人民,况朝鲜国王世守礼法,必不敢擅自拘占,已谕其若果凡察、童山等在镜城地面安生乐业,仍听尔等在彼居住,不必搬移。今尔等又奏要搬回凤州放猪地面居住,缘在此在彼均是朝廷官属,兹特遣敕往谕尔等遵奉朝命仍在彼居住,朝鲜国王必能抚恤尔等不致失所。今尔等须守本分以安生理,朝廷或有敕召尔等来朝,或有征伐调遣,尔等须即听命前来效力不违,庶见尔等敬天事大之诚。"(同上书卷八六)

明廷既不许移住,朝鲜又专事侵逼,童仓、凡察等只能举族逃去。次年(公元1440)四月咸吉道都节制使金宗瑞报告童仓、凡察等率麾下举家逃去,被朝鲜军队追截,弃其资产马畜,只着破衣逃脱,麾下四十余人被获(《世宗实录》卷八九)。六月间率管下三百余户逃至婆猪江,住白头山西南亏多干之地(同上书卷九〇)。

世宗二十三年(公元1441)正月明廷敕许同住。朝鲜自此多树一敌。李满住则自此一跃而综三卫,发纵指示,为明和朝鲜的大患。

公元1424年满住从回波江、方州(元开元路)一带避鞑靼和兀狄哈的侵耗移住婆猪江多回坪一带(同上书卷二五)。世宗十五年(公元1433)四月朝鲜分兵七道来伐(同上书卷六〇)满住被箭,妻小被杀(同上)。被掳六十四口(同上书卷三一)。部族流离四散,惧逼复移居开原辽东近地之虎狼卫(同上书卷六七)。十年后似又移住于秋子河城,《世宗实录》卷一一二，二十八年（公元1446）五月己丑条：

> 平安道监司启：百户张乙敬追茂昌入寇野人至罗里乃洞，得野人柏皮书，使人译之，其文曰："重治海子领兵将军卫斯何处重治上文书，前者随皇帝归顺效力，二家为一家，忽剌温亏知介毛同古等掳掠之，故吾百姓尽了，是以报复而来。"译者曰："重治李满住领兵中轴也，卫斯何处乃满住时居秋子河城也。海子未详。"

明景泰元年（公元1450）十二月蒙古脱脱不花王侵海西，海西、建州等处逃避一空，《文宗实录》卷六：

> 脱脱兵三万于腊月二十三、四日间到海西，执不剌吹杀之，其部落降者不杀，不顺者皆杀之。指挥剌塔以下一二百人逃奔黑龙江松林等处。建州卫李满住闻脱脱王杀掠海西人，奔窜山林。脱脱不穷进，还于海西，海西、建州等处一空。

满住逃回婆猪江，童仓、凡察逃于东分水领八渡河极南（《文宗实录》卷七）。满住使人示意于朝鲜，谋人居白头山北南罗尔夫尼卫或庆源地训春（同上书卷八）。据被掳逃来唐人唐贵、张顺等之报告，满住所逃之地距婆猪江二日半程，距前居浑河十日程：

> 满住曾居浑河，今年三月畏达达及辽东军马，率部下移居浑河迤南十日程枉天地面。自枉天以南二日程地名五未何吾，五未以南半日程地名婆猪江。自婆猪江至枉天道路不险，其间虽有川河，人马皆可通行。五未西边有兀剌山城，满住管下人等常言山城险阻，西不畏辽东，北不畏达达，唯南边朝鲜军马甚可畏，然避乱之地莫如此处，今年秋后当来居于此。（《文宗实录》卷九）

这是文宗元年（公元1451）八月辛未的报告，两天后朝鲜政府又得报告，确实知道满住的新住址：

> 甲戌下谕书于平安右道都节制使曰："今来左道都节制使启本节该：李满住管下金纳鲁等六名到江界地面满浦，问其来由，则曰脱脱兵马击海西卫杀虏人物，因此满住不得宁居，今年三月还居兀剌山城瓮村。"凡察子甫下土则移居瓮村迤北十五里吾毛水之地。充尚则移居瓮村。上项满住管下一千七百余户，充尚、甫下土管下共六百余户。……

第七章　艺文品评：字里行间闪烁出智慧的光芒 \ 477

(同上书卷九)

满住所居地据另一报告为凡儿弥河,其迁徙原因为惧明征伐:

> 满住及童卜化秃(凡察之第三子)等尝假称达子,屡寇辽东,俘虏边氓。畏其来讨,自原居苏子河移住凡儿弥河阿坡里等处。(同上书卷一二)

苏子河为浑河支流,凡儿弥河阿坡里当是兀剌山城附近地名。和朝鲜的江界渭原相距才二、三日程。瓮村亦名雍村。十年后又移居距雍村一日程地(《世祖实录》卷二九),距满浦百余里。北距火剌温地面三、四日程,南距兀剌山城二日程(同上书卷三九),距里山八日程,所住地名所老非罗多(同上书卷四〇)。

明成化三年(公元1467年)明和朝鲜合兵攻建州,朝鲜大将康纯、鱼有沼、南怡于九月二十五日度鸭绿江分道进,二十九日攻建州东北婆猪江李满住等所居诸寨,三十日攻吾弥府诸寨,斩李满住及其子古纳哈、打肥刺等二百八十六级,生擒满住、古纳哈之妻等男妇共二十三名口(同上书卷四四)。

婆猪江即今佟佳江,兀剌山城在婆猪江左岸怀仁附近,吾弥府当即上述之五未何吾,与朝鲜之满浦相对。

三、明与朝鲜两属下之李满住

满住部族介于三大国之间,在四十年酋长生活中,管领着不满两千户的部落,朝鲜和辽东的边民不断地被他的部族所袭击,使两国政府不能不设法羁縻,减轻边患。他的办法是:寇明则亲蒙古,寇朝鲜则又亲明;在另一方面他又自居后台的策士,指使其他部族向明和朝鲜侵略,功成则坐地分赃,失败则脱身事外;又时时向被侵掠者献殷勤,博取赏赐,有时且举发他自身所指使的寇变,先期告密。他的失败是同时得罪了两个大国,又不能得第三者的障庇,在明和朝鲜双方夹击下,无地退避,终于束手被灭,建州为之骤衰。

满住招引左卫同住,这件事在朝鲜固是失策,极力挽回终于失败。在明廷一方面,从得到朝鲜恳切的请求后,在同样的情况下也认识到让三卫合住厚集敌力之非计，下敕禁止（《世宗实录》卷八六）。

  二十一年（公元1439）九月壬申吾都里毛多赤来告曰："闻忽剌温野人赴京师者言，凡察等奏请移居婆猪江，帝览奏大怒，令考其前此开阳城等处虏掠事迹比之，遂不准所请。"

在这样的情形下，满住能勾结凡察和素来亲朝鲜的童仓举族逃来同住，这真是一件不容易的事情。

李满住在明人和朝鲜人的心目中都认为是一个可怕的邻居，公元1459年朝鲜王曾和明使陈嘉猷有过这样的谈话：

  （明责朝鲜交通野人，擅授官职）上令金何答曰："古纳哈、童仓曾受本国之职，李满住子四五人频频来往，其子一人前月来还。此辈人面兽心，若不许来，即生边衅，不得已而待之，有自来矣。"嘉猷曰："朝廷亦知此辈易生衅端，此辈与畜生一般，今年受职，明年又欲受职，欲心无穷，朝廷所知。"（《世祖实录》卷一六）

明之不敢痛绝，也是怕引起边衅。世宗二十三年（公元1441）四月明廷谕朝鲜敕书中有这样的话：

  彼凡察、李满住辈朝廷不过异类畜之，饥穷来归则矜闵而刍豢之，所不绝之者亦意彼得所止，则或者不肆窜窃于王之境，非有厚彼之施也。（《世宗实录》卷九二）

这不过是一种外交辞令，口说是为朝鲜其实还是为自己边境的安全。

满住对明比较肯低首下心，除例贡外有时会自告奋勇地卖力气，听指使。例如捕土豹：

  世宗十四年（公元1432）十二月满住承圣旨入深远处，捕土豹。（同上书卷五八）

出兵扈从：

  二十九年（公元1447）六月通事金辛回自辽东启："达达也先太师屯兵黄河，冬月欲攻海西野人，辽东阅军陛备。建州李满住曾往北京，自请扈从，闻四月挈家赴京。"（同上书卷一一六）

擒送边寇：

  文宗二年（公元1452）三月戊午明使金宝告都承旨姜孟卿曰："皇

帝招致李满住、童仓而不招卜哈秃，卜哈秃慊之，抢夺辽东牧马十七匹而去。皇帝敕满住等拿卜哈秃以来，否则当擒杀汝辈。满住督卜哈秃赴京，卜哈秃不去。满住曰见咎于尔犹可也。若得罪皇帝，则我辈无所逃矣。遂拿卜哈秃而归。"（《文宗实录》卷一二）

同时又出兵掠扰，有时听蒙古人指使，有时则假装蒙古军入寇。有明确记载可考的如下列几次：

（明）景泰元年（公元1450）四月壬辰，时鞑靼脱脱王屯兵广宁、辽东近地，也先屯大同城外，李满住诸种野人皆投于彼，声言将击辽东以及朝鲜。（《文宗实录》卷一）

这次寇边当时即被明廷发觉，降敕朝鲜谨备：

八月甲戌敕曰："近得镇守辽东总兵等官奏报，四月二十六日以来开原、沈阳等处各报达贼入境抢掠人畜，及攻围抚顺千户所城池。审得各贼系是建州、海西、野人女真头目李满住、凡察、董山、剌塔为北虏迫胁，领一万五千余人马前来为寇，当被守备官军追击出境。又称再添人马前来攻击……云云。"（同上书卷二）

被利用的结果是脱脱攻海西，满住惧不敌奔窜山林（同上书卷六）。

同书又记：

满住及童卜花秃等尝假称达子，屡寇辽东，俘掳边氓。（同上书卷一二）

明欲调兵征剿，始各畏惧，将其所抢人口送回赴京服罪（同上）。《世祖实录》卷二乙亥（公元1455）八月辛亥条：

七月二十二日总兵官曹义与通事朴枝言曰："野人李满住要结三卫达子假称也先兵马，横行作贼。"

世祖七年（公元1462）八月复联蒙古入寇，《实录》卷二九：

壬午谢恩使金系熙、姜希颜先遣通事张有诚启闻见事目："五月二十九日还到宁远卫，指挥盛光云：达贼与建州、毛怜等卫野人连结，今在沙河北长城外二十里之地。"

次年复入寇，报杀海西人之仇，《世祖实录》卷三一：

癸未（公元1463）十月乙巳咸吉道都节制使康纯驰启："建州李满

住、童山等送箭于毛怜卫，约合兵欲寇中国或寇朝鲜。"又千秋使宣炯等闻见事件云："去年马鉴奉敕将往海西到开原卫，海西人拒而不纳。适海西人猎开原长城外，开原人杀之，因是海西人连结建州卫横逆不入贡。今武忠奉敕往海西招抚，又往建州卫招抚。"

十一月戊午康纯驰启："蒲州人与火剌温相应发兵，谋寇辽东及甲山、义州等处。"

世祖十二年（公元1467）十月蒙古军逼广宁，野人等围开原（《世祖实录》卷四四）。据唐人终信的报告满住部落曾被明兵攻杀：

十月二十五日野人入通远堡杀掳人畜，指挥刘英出战死之。贼分屯夫乙原里、深浦、双岭，往来剽掠，邓御史领千余兵战琥珀洞不胜而还。胡参将王指挥亦到开州追战。又宋参将、朱参将领兵直到李满住所居，执满住问其子等所在，仍攻杀所管三屯，缚致满住及家属于胡参将、王指挥在处。（同上）

自后入寇不绝，明廷下令禁止贸易：

十三年（公元1468）正月戊寅野人李豆里来信，建州卫居人等剽掠中原，故不得贸易于辽东地面。（同上书卷四五）

但建州部族仍出没辽阳，三月间海西卫千余兵屯于白塔，毛怜卫千余兵屯于连山，建州卫五百余兵屯于通远堡（同上）。明廷不堪其扰，遂定与朝鲜夹攻之计。

建州在明廷的眼光中是桀骜不驯的属夷，在朝鲜人看来也是如此。明廷用赏赐爵禄羁縻，朝鲜人也用同样的手段去对付。但是在事实上，朝鲜又是明的属国，在两属的情势下，不可避免地引起明廷的猜嫌。朝鲜世祖即位后极力招徕建州，建州野人相率来朝。明景泰七年（公元1456）二月李满住、充尚（童仓童山）均请由平安道入朝，当时朝鲜君臣曾有如下的讨论：

丁巳上谓大臣曰："李满住请由平安道之路来朝，许之否？"韩确启曰："中朝禁我国不与此辈交通，向者野人之来中朝必闻，况满住有名，不可招来。且开平安道之路使彼知夷险适直亦不可。"上曰："中朝之与我国，虽敕之如此，野人入朝则馈遗甚厚，此中国之深谋也。古人云以蛮夷攻蛮夷，中国之势，此即今日中国之谋也。在我国固当待之以厚，

岂可陷于中国之术乎？"（《世祖实录》卷三）

建州先处朝鲜东北，例由咸镜道入朝，后西徙婆猪江，朝鲜为国防的关系，仍要他们绕一个大圈子由咸镜道出入。韩确和明帝室缔姻，是一个亲明派，世祖则颇有野心，主极力招抚之说，形迹既露，建州部人遂向明告密：

> 己卯（公元1459）二月己巳奏闻使金有礼驰启："广宁百户黄英密与臣言：建州都指挥李兀哈、童火俪赤（佟火尔赤）等诉于总兵官曰：都督童仓今秋到朝鲜，朝鲜国王每日赐宴，又赐鞍马衣服弓剑，度其势必有招抚之意。总兵官曰：汝等闻诸何处？李兀哈等曰：我辈眼所共见。仍告赏赐物件。总兵官即与太监奏达，秘不宣。遣经历童成前去童仓处所窥觇情伪。"（同上书卷一五）

满住和童仓同请入朝，而此告密不及满住，其为满住所指使无疑。至少告密的是满住部下，不能说满住和这次告密无关。同年四月明使陈嘉猷、王轼赍敕来责问，禁止交通。据明使口头之言：

> 朝廷意以为此二人（古纳哈、童仓）曾受朝廷都督职事，殿下又加授职，于理未安。（同上书卷一六）

则实为宗主权之争执。同年七月复降敕严责，敕云：

> 王以为钦遵敕谕事理，许其往来。但（明）宣德、正统年间以王国与彼互相侵扰所降敕谕，故欲令释怨息兵，各保境土，未尝许其往来交通，除授官职。且彼既受朝廷官职，王又加之，是与朝廷抗衡矣。（同上书卷一七）

朝鲜自此不敢公然招纳，敕边将不许交通：

> 八月乙卯谕平安道观察使都节制使曰："若李满住、童仓等使送到满浦等处，当谕以上国语敕交通之意，以杜频频往来。"（同上书卷一七）

满住对朝鲜的态度也和对明同样的狡诈，在遭天灾或歉收时则卑辞叩边乞粮：

> 世宗七年（公元1425）正月辛卯平安道监司驰报："野人李满住等百七十三名到江界，童修甫答等二百六名到闾延俱以请粮为辞，留连不还。"令小给回程粮，如不还归，则严兵设备，临机应变。（《世祖实

录》卷二七）

朝鲜为之疲弊：

> 十七年（公元1435）十二月庚子兵曹启："婆猪江野人托以乞粮而来，若许留则相续不绝，供亿之弊不少。且谲计难测，阳为归附，阴縻粮饷。乞令给粮遣还，后有出来者并不许留。"从之。（同上书卷七〇）

有警则遣使预报，如：

> 十七年正月丁亥建州卫都指挥李满住遣使来报："忽剌温千余骑欲侵犯朝鲜，已启行矣。"（同上书卷六七）

果然两天后闾延即被围攻。如：

> 世祖庚辰（公元1460）十一月甲辰建州卫李满住遣人驰报：浪孛儿罕亲党火剌温可昌哈率千余兵欲犯边。（同上书卷二二）

不到几十天，闾延果然被寇。其子古纳哈、豆里尤为朝鲜所信任。世祖七年（公元1461）自八月十日至九月四日凡五次报变，至以贼虏发兵时日来告（同上书卷二六）。丙戌（公元1466）二月世祖谕边臣有"豆里告变，未尝不实"之语（同上书卷三八）。时时遣使朝贡输诚。壬午（公元1462）十二月满住以他部赵三波等屡犯朝鲜，惧并被攻剿，上书乞自效，其书契曰：

> （明）永乐二十年太宗皇帝谕父於许乙主曰："达达侵扰，汝是皇亲，若被掳则名誉不美，汝可移居蒲州地，朕当谕朝鲜国王。"（明）永乐二十二年移住。（明）宣德七年火剌温兀狄哈毛都古入寇大国。宣德八年四月十九日大国发兵七道入攻，尽杀父子兄弟妻子，掳六十四口，后乃遣还。满住犹不敢报，移居开原、辽东近地。达达之兵侵中国，又侵我等，我还蒲州江。（明）天顺五年赵三波奏于皇帝曰叔父浪孛儿罕无罪被杀于朝鲜，欲要报复，帝为止之。又曰今上抚恤小人之子，特受高职，赐之鞍马，报恩无路，只欲直心效力。（《世祖实录》卷二九）

同时却又乘机不断入寇，世宗十五年（公元1433）四月朝鲜向明廷奏请讨伐，奏曰：

> 窃详婆猪江、斡木河等处地面散处野人等类与叛人杨木答兀结为群党，掳掠辽东、开元等处人民，买妇及本国边民为奴使唤。前头被掳人

口等不胜艰苦，自永乐二十一年以后连续逃来本国，共计五百八十名口，审问根脚，委系上国军民，节次差官解送五百六十六名口，内有本国人口仍令安业。因此野人等积年含愤，侵扰本国边境，为害不少。今来婆猪江住野人等稔恶不悛，纠合同类野人四百余骑，于各人面上刺做忽刺温野人貌样，突入边郡江界、闾延等处杀害军民男妇，劫掠人口牛马财产，孤人主子，寡人之妻，其为酷害尤甚。不但轻蔑本国，乃敢为欺罔朝廷，诈称忽刺温地面野人等抢去人口头匹，李下拘留在卫。臣窃谓忽刺温地面与本国相去童远，本无仇嫌，乃缘婆猪江等处野人等诱引前来，托为贼首，本非忽刺温野人造意作耗。即日本人等又欲作耗窥伺边郡，事若仓卒，难以应变。著令边将部领军兵前去，从宜设策及机处置。（《世宗实录》卷六〇）

奏章未发时朝鲜已敕平安道都节制使崔闰德率军进攻，三月二十七日命三军节制使李顺蒙等分兵七道，四月十九日昧爽行师，射伤李满住，杀死其妻小，俘虏其部下一百七十五名而还（同上）。十七年（公元1435）正月七月九月建州复连续入寇（同上书卷六七）。十二月癸卯满住又遣使来献土宜，并辨寇盗为忽刺温野人所为，与本人无涉（同上书卷七〇）。十八年二月癸丑明敕备兵剿灭，敕曰：

> 所奏建州卫都指挥李满住稔恶不悛，屡请忽刺温野人前来本国边境劫杀等事具悉。盖此寇禽兽之性，非可以德化者，须震之以威。敕至王可严敕兵备。如其再犯，即剿灭之，庶几边民获安。（《世宗实录》卷七一）

十九年（公元1437）七月丙午条：

> 传旨平安道监司，俟机潜灭婆猪江李满住。（同上书卷七八）

以都节制使李葳为大将，九月初七日分兵三道：上护军李桦领一千八百十八人向兀剌山南红拖里；大护军郑德成领一千二百三人向兀剌山南阿闲皆自理山越江；李葳与闾延节制使洪师锡、江界节制使李震领四千七百七十二人向瓮村、吾自帖、吾弥府等处，自江界越江。三路军皆获捷，焚搜古音闲、兀剌山城及阿闲地面、吾弥府，凡杀获贼六十名（同上）。满住被剿，使部下扬言恐吓报复，将害朝鲜入朝使臣于东八站路（同上书卷七五）。一面远遁浑河，窜居山谷，不能安业，粮饷匮乏，其管下人或持土物往来开原买卖觅粮，或往辽东觅保寄住（同上书卷八二）。时左卫童仓、凡察等受朝鲜旨来招抚，满住即具奏明廷诘斥其背国负恩，请依前敕勒令移来同住（同上书卷八四）。

三卫合住后，满住势力复振，时邻时寇，二十三年（公元1441）闰十一月满住、凡察使人来朝（同上书卷九四）。又入贡明廷，自陈敬遵朝命，安分守法（同上书卷九六）。明景泰五年（公元1454）十一月遣使乞赐鞍马（《端宗实录》卷一二）。世祖二年（公元1457）二月遣使请由平安遣入朝（《世祖实录》卷六）。朝鲜亦曲意抚纳，令边将加意接待（同上书卷一六）。但令避明使耳目。己卯（公元1459）三月丁未：

> 谕平安道观察使元孝然都节制使具致宽曰："野人来服，我国之上策，卿等独知，然上国所恶。故使臣回还间，建州卫野人来朝者勿许上送。给行粮盐酱送还。"（同上书卷一五）

此后三卫小酋时时入侵，满住一面使人告密，一面又阴为谋主。壬午（公元1462）三月癸丑条：

> 咸吉道都观察使康孝文据钟城节制使申兴智呈驰启："阿赤郎耳住兀良哈吾同古到钟城告曰：女真毛尼可到吾家言曰吾等及同里住火刺温兀狄哈都督尼应可大、汝罗豆等率兵五十将入寇平安道，去二月到李满住家议之。满住曰：江水解冰，且前年秋入寇，以此平安人皆入保城内，势难攻城。又汝等马瘦，待草长农民布野入寇为可。遂还养马练兵。"（《世祖实录》卷二八）

时野人赵三波阿乙豆等声言报仇，掠扰不已。朝鲜不能忍受，决心一网剿灭（同上书卷三二）。李满住等得息大惧，数遣使请入朝被拒，不得已将家财妻孥并移山幕，每日出后下本家，申时还山幕，远处土田不得耕获（同上）。满住子豆里得朝鲜许可移居皇城平，以朝鲜待遇甚薄，复归旧居（同上书卷三四）。乙酉（公元1465）二月豆里入朝于明，请敕朝鲜勿攻。明为降敕令朝鲜勿妄兴兵。（同上书卷三五）

朝鲜政府早定征伐之计，边将积极备战，建州人来往边境者见满浦屯集大军船艘，知迟早不免被攻，欲先事图之，通部厉兵秣马，克日入寇（同上）。丙戌（公元1466）秋冬之间，建州毛怜诸部连寇明境，次年明使来约夹攻，遂一举而灭建州。

四、李满住之灭亡

世祖十二年（明成化三年，公元1467）五月兀良哈大举寇义州，朝鲜君臣大愤：

> 戊辰上召宗宰及诸将谓曰："野人千余兵杀掠我人畜以去，将坐受其辱乎？声罪致讨乎？"群臣相顾莫敢言。上曰："卿等难其事不言耶？"都总康纯对曰："固当大举讨之，但时方盛夏，弓力解弛，雨水涨溢，恐不得利而还。当俟秋高马肥，分道而入，火其委积，使其无所资，则虏可歼矣。"众议纷纭，御札示之曰："今野人既凌中国，又侮我国，是非宏图远略，专以好乱无知，见利则贪耳。无体统故无纪纲，小败则逃散，小胜则分赃，此敌情也。近野人趋附于我，故中朝忌之，我国事事从救，故信之。到今如此，故欲攻之。攻之利：则效力中国也；边警永息也；备御益固也；使不得农作也。害：则未知雨水也；虚备粮饷也；代人受敌也；疲于奔命也。"申叔舟、韩明浍曰："虏今得利于我，颇有骄心，无所备戒，乘其不意击之为便。"上颇然之。（《世祖实录》卷四二）

遂定策以绫城君具致宽为都体察使，康纯、吴子庆、鱼有沼、崔适、李克均等为裨将，领精兵一万五千人，分五道进攻。（同上）

八月庚戌得辽东左都御史李秉、总兵武靖伯赵辅移咨云：

> 建州三卫世蒙国恩，授与官职以荣其身，拨与土地以安其居。迩者悖逆天道，累犯辽东边境，致廑圣虑，特命当爵等统调大势官军，将以搞扫其巢穴，绝其种类，以谢天神之怒，以雪生灵之忿。但缘建州后路与朝鲜国地方相连，虑有残贼败走，遁入彼国边方逃命投生。已经议奏敕朝鲜国王随机设备，截其后路，倘遇建州穷寇，奔遁到彼，就便截杀。（同上书卷四三）

朝鲜即更命右参赞尹弼商为平安道宣慰使，令节制诸军进攻。

九月丙子明廷复敕朝鲜遣偏师相应剿灭建州。辽东遣百户白颙来告师期。世祖预敕诸将缓几，勿与明将争功。康纯、南怡等所领军于二十四日渡江，二十五日与鱼有沼军会于皇城平，约勒兵二十七日行军，分二道入攻。（同上）

明军方面：总兵官韩赞参将周浚等领一万三千兵，九月二十日先发向通远堡草河口；总兵裴显都指挥夏霖等领一万三千兵，二十二日发向咸场；都御史李秉太监黄顺大总兵官赵辅为中营，倾二万六千兵，二十四日发向牙笏关；总兵官王英参将黄端等领一万三千兵发向抚顺所；参将孙璟副总兵武忠少监魏良等领一万三千兵发向铁岭卫（《世祖实录》卷四四）。

明和朝鲜用十万以上的兵力夹击建州，明军后期未至，朝鲜军则直抵窟穴，一举成功。十月壬寅朝鲜政府得到捷报：

> 主将康纯奉书于承政院以启曰："臣领兵九月二十六日与右厢大将南怡自满浦入攻婆猪江。斩李满住及古纳哈、豆里之子甫罗充等二十四名；擒满住、古纳哈等妻子及妇女二十四口；射杀未斩头一百七十五名；获汉人男一名女五口，并兵械器仗牛马；焚家舍积谷。退阵以待辽东兵，累日无声息，故本月初二日还师，初三日渡江。又左厢大将鱼有沼自高沙里入攻阿弥府。斩二十一级；射杀未斩头五十；获汉女一口，并兵仗器械牛马；焚家舍九十七区。亦与辽东兵不遇。"（同上）

满住被杀，建州余部逃散，世祖复谕诸将：

> 凯旋之后，伺贼复穴，即更整军士，须期殄灭建州，然后乃已。

终以饷刍不继，不能复举，罢兵而还。凯旋后世祖和康纯有过一次这样的谈话：

> 十一月辛巳上谓右议政康纯曰："即征建州，砍白木而书之，然乎？"纯对曰："然。"上曰："书云何？"对曰："朝鲜大将康纯领兵一万攻建州。"上曰："攻字未快，灭字最好。"（同上）

事实上满住被杀时部属不过五六十家。《成宗实录》卷八五：

> 八年（公元1477）十月庚申武灵君柳子光上割子曰："丁亥年臣亦从征建州，满住部落五、六十家，人丁稀少，生理可惜。"

被剿后遗民不过数百人：

> 六年（公元1475）二月壬午谕鱼有沼曰："建州之贼于前年十二月

二十二日寇理山，今正月二十三日寇昌州，二十五日寇碧团，退屯于距碧团十五里之地。或曰三千余骑，或曰四千余骑，或曰八千余骑，以此观之，虽不至八千，亦不下三、四千，实非小贼。李满住种落才数百耳，必是并左右卫、普花秃、童仓种落而又请兵于诸种也。"（《成宗实录》卷五二）

又七年二月乙未条：

建州贼寇边屡矣。而兵至二千未有如今日者。建州卫虽卷地而来不可得三千余人。（同上书卷六四）

由此可知，满住父子虽被朝鲜所杀，其本部实力仍然存在。事后遗部纷纷寇边，仍为明和朝鲜的威胁。明成化四年（公元1468）冬野人复犯辽东，边将集兵谋讨伐，使海西野人及蒙古人往谕降，建州三卫野人头目七人闻命即来投顺，明廷即命罢兵（《睿宗实录》）。五年四月筑长墙，自抚顺千户所至朝鲜碧潼江边，设堡置墩戍守（同上）。朝鲜方面亦惧野人遗种报复，事后即派重臣巡边（《世祖实录》卷四四）。成宗七年（公元1476）八月复立仇宁万户（《成宗实录》卷七〇），备建州入侵。建州自后数衰数盛，一百二十年后而有努尔哈赤崛起。

一九三四年九月二十日于清华大学

谈迁和《国榷》

一、《国榷》这部书

二十五年前，我在北平图书馆读《明实录》，抄《朝鲜李朝实录》，想从这两部大部头书里，找出一些有关建州的史料，写一本建州史。因为清修《明史》，把它自己祖先这三百年间的历史都隐没了，窜改了，歪曲了，为的是好证明清朝的祖先从来没有臣属于明朝，没有受过明朝的封号，进一步强调建州地区从来不属于明朝的版图等等政治企图。为了达到这个目的，在修《四库全书》的时候，把明人有关建州的真实史料都做了一番安排，办法多种多样，一种是毁版，禁止流通；一种是把书中有关地方抽掉，弄成残废；一种是把有关文字删去或改写。推而广之，连明朝以前有关女真历史的著作也连带遭殃，不是被删节便是被窜改了。这样做的结果，从十四世纪到十七世纪中期这一段期间的建州史实，在整个历史上几乎成为空白点，我们对建州族的社会发展、生产情况、生产工具、社会组织、风俗习惯、文化生活、部落分布等不是一无所知，便是知道的很少。这是个历史问题，应该解决。解决的办法是努力搜集可能得到的史料，加以组织整理，填补这个人为的空白点，从而充实丰富祖国各族大家庭的可爱的历史。

当时，我从《朝鲜李朝实录》中抄出有关建州和中朝关系的史料八十本，这些史料大部分是朝鲜使臣到明朝和建州地区的工作报告，很具体，很可靠，对研究明朝历史，特别是研究建州历史有极大帮助。这部书定名为《朝鲜李朝实录中之中国史料》。隔了二十多年，最近才抽工夫校补，交给中华书局，正在排印中。

另一个主要史料《明实录》，读来读去，读出了许多困难。第一是这书没有印本，只有万历以后的各种传抄本。私人传录，当时抄书的人，怕这书部头大，有时任意偷懒，少抄或漏抄以至错抄的地方很多。错字脱简，到处都是。更糟的是这书原来就不全，因为崇祯这一朝根本没有实录。天启呢，在清初修《明史》的时候，因为《天启实录》里如实记载了当时宰相冯铨的丑事，冯铨降清以后，凭借职权方便，把记有他丑史的这一部分原本偷走毁灭了，以此，《明实录》的传抄本也缺了这部分。补救的办法是多找一些《明实录》的传抄本，用多种本子互相校补，但是，这个办法在二三十年前的私人研究工作得不到任何方面支持的情况下，是办不到的。另一个是找一部明末清初人的有关明史的较好的著作，这部书就是谈迁的《国榷》。

《国榷》这部书，知道的人很少，因为没有印本流通，只有传抄本，有机会看到的人不多。二十五年前的北平，只有前中央研究院历史语言研究所藏有一部晒印本，很珍贵，不能出借。记得在1932或1933年为了查对一条材料，曾经翻阅过一次，以后便再也没有机会见面了。

想望了二三十年，如今头发都白了，在解放了的祖国，在党的整理文化遗产的正确方针下，中华书局排印了这部六大厚册五百万字的大书，怎能叫人不高兴，不感激，不欢欣鼓舞！这部书就我个人的治学经历来说，也是一个鲜明的今昔对比。

《国榷》一百零四卷，卷首四卷，共一百零八卷。据谈迁《国榷》义例，原稿原来分作百卷，现在的本子是海宁张宗祥先生根据蒋氏衍芬草堂抄本和四明卢氏抱经楼藏抄本互相校补后重分的。这书是明朝的编年史，按年按月按日记载著者认为重大的史事，起元天历元年到明弘光元年（1328—1645）。卷首四卷分作大统、天俪、元潢、各藩、舆属、勋封、恤爵、戚畹、直阁、部院、甲科、朝贡等门，是综合性的叙述，便于读者参考的。

原书有崇祯庚午（1630）新建喻应益序，说："三代而后……野史之繁，亦未有多于今日者，然见闻或失之疏，体裁或失之偏，纪载或失之略。……盐官谈孺木，乃集海盐、武进、丰城、太仓、临朐诸家之书凡百余种，苟有足述，靡不兼收，勒为一编，名曰《国榷》。"天启丙寅（1626）谈迁自序批评了在他以前的几个明代编年史的作者以后，说："故予窃感明史而痛之，屡欲振笔，辄自惭怒臂，不敢称述。间窥诸家编年，于讹陋肤冗者妄有所损益，阅数岁，衰然成帙。"序后又有跋："此丙寅旧稿，嗣更增定，触事凄咽，续以崇祯、弘光两朝，而序仍之，终当复瓿，聊识于后。"由此可见《国榷》初稿完稿于公元1626年，以后陆续改订，过了二十年，1645年以后，又续加了崇祯、弘光两朝。据义例所说《国榷》创稿于公元1621年，1647年被小偷偷走原稿，又发愤重新编写，1653年带稿子到北京又加修订，那么，这部书的编纂时间前后已经超过三十年了。

二、谈迁写《国榷》

《国榷》的主要根据除明列朝实录和崇祯邸抄以外，1630年喻应益《国榷》的序文，说他采诸家著述凡百余种，这话是有事实可查的。试以卷一到三十二的引书为例，谈迁参考过明代人著作有叶子奇、宋濂、王袆、解缙、苏伯衡、方孝孺、金幼孜、杨士奇、吴宽、李贤、李梦阳、丘濬、叶盛、姚福、郑晓、雷礼、王世贞、王世懋、王鏊、王琼、杨守陈、何乔新、薛应旂、陆深、冯时可、袁袠、何乔远、邓元锡、姜南、郭正域、吴朴、周晖、敖英、晏璧、钟士懋、林之盛、陈于陛、马晋允、陶望龄、杨廉、崔铣、罗鹤、袁又新、许重熙、张适、刘凤、顾清、严从简、郭子章、赵汝濂、高岱、廖道南、刘文征、徐学谟、陈仁锡、顾起元、霍韬、黄佐、陈懿典、朱国祯、谢铎、朱鹭、黄瑜、陈建、黄金、李维桢、尹直、杨慎、顾璘、焦竑、田汝成、茅瑞征、杨寅秋、劳堪、郭棐、罗玘、唐枢、王锜、王廷相、张志淳、陈士元、屠隆、黄志清、程敏政、储瓘、于慎行、赵时春、徐日久、陈敬宗、陈涟、冒起宗、包汝楫、周圣楷、陈善、吴中行、罗洪先、李濂、叶向高、胡松、陈廷谔、钱士升、黄省曾、袁懋谦、史继阶、许相卿、叶灿、史桂芳、何景明、陈鎏、张鼎、凌翰、朱睦樫、尹耕、谢彬、姚涞、陈德文、徐必达、陈继儒、张溥、陈子龙、沈德符、屠叔方、姚士粦等一百二十多家。其中引用最多的是海盐郑晓的《吾学编》、《今言》，丰城雷礼的《大政记》、《列卿记》，太仓王世贞的《弇山堂别集》，武进薛应旂《宪章录》，屠叔方的《建文朝野汇编》，朱鹭的《建文书法拟》，焦竑的《献征录》，徐学谟的《世庙识余录》，邓元锡的《明书》，高岱的《鸿猷录》

等等。

黄宗羲撰《谈君墓表》，说他："好观古今之治乱。其尤所注心者在明朝之典故，以为史之所凭者实录耳。实录见其表，其在里者已不可见，况革除之事，杨文贞（士奇）未免失实，泰陵之盛，焦泌阳（芳）又多丑正，神熹之载笔者皆宦逆奄之舍人，至于思陵十七年之忧勤惕厉，而太史遁荒，皇戚烈焰，国灭而史亦随灭，普天心痛。于是汰十五朝之实录，正其是非，访崇祯十五年之邸报，补其阙文，成书名曰《国榷》。"朱彝尊《静志居诗话》说他："留心国史，考证皇朝实录宝训，博稽诸家撰述，于万历后尤详，号为《国榷》。"由此可见谈迁原来编撰《国榷》的用意，是因为明列朝实录中有几朝实录有失实、丑正、歪曲的缺点，是因为诸家编年有讹陋肤冗的毛病，才发愤编纂的。到国亡以后，不忍国灭史亦随灭，又访求邸报（政府公报），补述崇祯、弘光两朝史事，寄亡国的悲愤于先朝史书之编修，自署江左遗民，则是以爱国遗民的心情重写国史，和原来的以留心国史、典故的历史家心情编撰国史的时候有所不同了。其次，谈迁编撰《国榷》，主要的根据是列朝实录和邸报，参以诸家编年，但又不偏信实录，也不侧重私家著述；他对史事的记述是十分慎重的，取材很广泛，但选择很谨严，择善而从，不凭个人好恶。其三，建州史料万历以后最关紧要，《国榷》于万历后尤详，特别是崇祯朝没有实录，谈迁根据邸报编述了这十七年间的事迹。由于当时这书并未刊行，因之也没有经过四库馆臣的胡乱删改，我们可以根据《国榷》的记载和清修《明史》核对，就这一点而说，《国榷》这书对研究建州史和明朝后期历史是有积极贡献的。第四，1647年全稿被窃，他并不丧气，为了保存前朝史事，又发愤重新编写，这种忠于学术研究，忠于国家民族的坚贞不拔、不为困难所吓倒的精神气节，是非常值得后人崇敬和学习的。当然，谈迁也有他的时代局限性，如他对农民起义军的仇视，对国内少数民族和邻邦的态度和侈谈灾异迷信，以及文字叙述的过分简约等等，都是显著的缺点，也是封建时代史家的一般缺点，我们要取其精华，去其糟粕，用这部书作研究资料时，是要注意到这些缺点的。

还有一点很有意思的，是关于建文帝的记载。《太祖实录》的第三次修改本根本不承认建文帝这一朝代的存在，把建文年号取消，用洪武纪年。

《国榷》不但恢复了建文年号，而且纪事也站在建文的立场上，在永乐起兵以前，称永乐为燕王，到起兵以后，建文帝削除燕王位号，便直称永乐为燕庶人了。我们要注意从明仁宗一直到崇祯帝都是永乐的子孙，谈迁是亡国遗民，晚年还到过北京，跑到十三陵去哭过崇祯的坟，但是在历史叙述上，他却站在为永乐所推翻的建文帝一方面。拿这件事和明代后期许多支持建文帝的野史的出版来看，说明了那时期的士大夫，对现实政治的不满和失望；他们不敢公开指斥现实的统治者，只好把同情寄托在以失败而告终的建文帝身上了。他们逃避现实斗争，同情改革失败的统治者，这也是封建时代，有正义感而又骨头软弱的读书人的悲哀吧。

谈迁对史事的真实性态度很严肃，为了求真，不惜一改再改。例如记明末张春被建州俘虏事就改了多次。第一次记录在他所写的《枣林杂俎》智集：

> 庚午三月（1630年，这是谈迁记错了，应为辛未（1631）八月）。永平道参政同州张春出关陷穹庐中，误闻殉难，赠都察院右副都御史。居无何，春从塞外求款，始追削，春妾□氏，年二十一，自经客舍。春愧其妾多矣，盖洪承畴之前茅也。

到1655年，他在北京，和吴伟业谈旧事，才弄清楚张春并未降敌。他又把这一事实写在所著《北游录》上：

> 丁未八月丁卯，过吴太史所，语移时。崇祯初蓟州道张春陷于建州，抗节不屈，以羁死，清史甚称之。余因曰，往时谓张春降敌，追削其秩，夺赠荫，流闻之误如此。

最后在《国榷》卷九十一记：

> 崇祯四年（1631）八月戊辰，是日遇敌于长山，我师败绩，监军太仆寺少卿兼参政张春被执……春被执不屈，愿求一死……因幽之某寺中……后数年，以疾卒。

谈迁加的案语是："夫春实未尝诎膝，流离异域，其志有足悲者。宋王继忠陷契丹，上书言款，即张春之前茅也。继忠见原，春见疑，势有固然，无俟言之毕矣。"便完全改正过来了。张春事迹见《明史》卷二百九十一《忠义传》。

全书叙述是以明列朝实录为基础的，但又不全据实录，如记永乐几次和蒙古的战争，来往行程都用金幼孜的《北征录》《后北征录》和杨荣的《后北征记》，在永乐八年六月庚子次澄清河条，小注，"实录云青杨戍"，可以清楚看出。永乐十年九月记杀大理寺卿耿通。谈迁说此事"实录不载，岂有所讳耶。事具南院故牍，不可不存"。说明这一条实录里原来没有，是他用档案补上的。同样的十四年七月乙巳杀署锦衣卫都指挥佥事纪纲，谈迁也说："读其爰书，未尝不三为之太息也。"可见谈迁是读过处纪纲死刑的判决书的。十九年十二月底有一条"始立东厂，专内臣剌事"，小注："事不见正史。而会典据成化十八年大学士万安奏罢东厂云。文皇帝建立北京，防微杜渐，初行锦衣卫官校，暗行缉访谋逆妖言大奸大恶等事，恐外官徇情，随立东厂，命内臣提督控制之，彼此并行，内外相制云云。不知实录遗此，何也？"可见这一条也是实录原来没有，是谈迁根据会典补上去的。又如《明实录》和《明史》都说明成祖是马皇后生的，谈迁却根据《太常寺志》说明成祖是碽妃所生等等。不止如此，他对实录所记某些史实，还明白指出是说谎，叫人好笑。例如宣德三年（1428）三月癸未，废皇后胡氏，立贵妃孙氏为皇后条，他就说："吾于册储而甚疑当日之事也……（中间指出疑问，从略）乃实录载胡后再请就闲，贵妃再辞坤极，谓其皆诚心，大非人情。后史氏饰美，不为有识者所葫芦乎！"

拿《国榷》和《明实录》对比，《明太祖实录》经过三次修改以后，许多事实都被删改掉了，例如明太祖晚年杀诸将，实录只写某年某月某日某人死，不说是怎样死的。《国榷》却并不隐讳，老老实实把事实如实写上。以《国榷》所记和钱谦益的《太祖实录辨证》对读，完全符合。以《国榷》和清修《明史》对比，《明史》隐去建州史迹，从猛哥帖木儿、阿哈出、释家奴到李满住、凡察、李豆罕一直到努尔哈赤这一段，几乎是空白，《国榷》却从头据实记录，不但建州诸卫和奴儿干都司的设置年月分别记载，连以后各卫首领的承袭也都一一记上了。和《明实录》、朝鲜《李朝实录》对比，也可以互相印证。

三、辛勤的劳动

谈迁一生从事学问,手不释卷,国亡后更一意修史,《北游录·纪咏》下《梦中作》:

> 往业倾颓尽,艰难涕泪余,残编催白发,犹事数行书。

是他一生的写实。

公元1644年高宏图替他写的《枣林杂俎序》说:

> 谈子孺木有书癖,其在记室,见载籍相饷,即色然喜。或书至猥诞,亦过目始释,故多所采摭。时于坐眄涂听,稍可涉笔者,无一轻寘也。铢而寸,积而累,故称杂焉。

他喜欢读书,连坏书也要读一遍。喜欢做笔记,人们谈的,路上听的,只要有点意思,就记录下来。到处借书抄书,甚至跑到百里以外去借去抄。《北游录·纪文·上吴骏公太史书》说:

> 自恨绳枢瓮牖,志浮于量,肠肥脑满,妄博流览,尤于本朝,欲海盐(郑晓)、丰城(雷礼)、武进(薛应旂)之后,尝啮血指。而家本担石,饥梨渴枣,遂市阋户录,尝重趼百里之外,苦不堪述。条积匦藏,稍次年月,矻矻成编。

从天启辛酉(1621)开始,这一年他母亲死了,在家读陈建所著《通纪》,嫌它不好,便着手搜集整理材料,一条条地积累,分别年月放在匦里,愈积愈多,编次条贯改了六次,编成一百卷。不料到丁亥(1647)八月,一股脑儿被小偷偷光了。黄宗羲《谈君墓表》说:

> 当是时,人士身经丧乱,多欲追叙缘因,以显来世,而见闻窄狭,无所凭藉。闻君之有是书也,思欲窃之以为已有。君家徒四壁立,不见可欲者。夜有盗入其家,尽发藏稿以去。君喟然日,吾手尚在,宁遂已乎!从嘉善钱相国借书,复成之。

他自己也说:

> 丁亥八月,盗胠其箧。扪膺流涕日,噫,吾力殚矣。居恒借人书缀缉,又二十余年,虽尽失之,未敢废也。遂走百里之外,遍考群籍,归本于实录。其实录归安唐氏为善本,携李沈氏武塘钱氏稍略焉,冰毫汗

玺，又若干岁，始竟前志。田夫守株，愚人刻剑，予病类之矣。①

偷光了，再干，重头做起。以实录为本，而且还参考几种不同的本子。从 1647 年起第二次编撰《国榷》。为了搜访史料，他多年前就想去北京，1644 年高宏图的《枣林杂俎序》提到：

> 惜天限孺木，朝不谋夕，足迹未及燕。而今已矣，三辅黄图之盛，东京梦华之思，孺木即有意乎，亦安所措翰也。悲夫！

北京已经为清人所占领了，怎么能去呢？就是想去，有了材料，也怎么下得笔呢？十年后，公元 1653 年，义乌朱之锡官弘文院编修，服满进京供职，聘他做书记，在这年闰六月同路从运河坐船到北京。丙申（1656 年）二月又从运河回到海宁。在北京住了两年半多，搜集了不少史料。

朱之锡序《北游录》说他辛勤访集资料：

> 盐官谈孺木，年始杖矣，同诣长安（指北京）。每登涉蹑屧，访遗迹，重跰累玺，时迷径，取道于牧竖村佣，乐此不疲，旁睨者窃哂之不顾也。及坐穹村，日对一编，掌大薄踽，手尝不辍，或复故纸背，涂鸦萦蚓，至不可辨。或涂听壁窥，轶事绪闻，残堵圮碣，就耳目所及无遗者，其勤至矣。

《北游录・纪闻》自序记访问遗事，随听随记：

> 自北上，以褐贱，所闻廖廖也。而不敢自废，辄耳属一二。辇上贵人，其说翔蕤尘壒之外，迁朽毋得望。至渊儒魁士，未始多值，间值之，而余颡蒙自怯，嗫嚅久之，冒昧就质，仅在跬倾，惧其厌苦，手别心怅。余则垣壁裎机之是徇，余之愤愤，不其甚乎。然幸于燕而闻其略也，若锢我荒篱之下，禽籁虫吟，聊足入耳，能倾喻糜之残沉乎！

因为身份地位关系，他只是一个老秀才，帮人作幕友，接触的人不多。就是碰到了，也很难谈得起来，又怕人厌烦，不免很紧张。即使这样，也还是有些收获，如不到北京，这些材料的搜集是不可能的。《北游录・纪邮》是他在京时的日记，从日记可以看出他到北京的目的是为了订正《国榷》，访问、借书、抄书的目的也是为了补充《国榷》。来往最多的几个人是太仓

---

① 《国榷・义例》。

吴伟业骏公、同乡秀水曹溶秋岳、武功霍达鲁斋,这三人都是崇祯进士,都是藏书家,熟识明朝掌故。他到京后就写信给吴伟业请求指出《国榷》缺点和借阅有关史籍:

> 昨蒙延诲,略示讹谬,深感指南。(中述编撰《国榷》经过)而事之先后不悉,人之本末未详,闻见邸抄,要归断烂;凡在机要,非草野所能窥一二也。如天之幸,门下不峻其龙门,辄垂引拔,谓菲可采,株朽亦薪。……史事更贵搜订……门下以金匮石室之领袖,闻见广洽,倘不遽弃,祈于讹谬,橡笔拈出,或少札原委。盖性好涉猎,过目易忘,至于任耳,经宿之间,往往遗矢,故于今日,薄有私恩。非谓足辱大君子之纠正,而曲学暗昧,陨蛰赴谷,亦门下所矜悯而手援之者也,密迹坛坫,凡有秘帙,藜隙分青,弥切仰企。记室所抄《春明梦余录》、《宫殿》及《流寇缘起》,乞先假。①

《上太仆曹秋岳书》也提出同样要求:

> 蒙示史例,矜其愚瞽,许为搜示。迁本寒素,不支伏腊,购书则夺于饘粥,贷书则轻于韦布。又下邑褊陋,薄视缃芸,问其邺架,率资帖括。于是问一遗编,卑词仰恳,或更鼎致,靳允不一;尝形梦寐,即携李鼎阀间,亦匍匐以前矣。……幸大君子曲闵其志,托在后乘,假以程限,广赐携阅,旁征侧汇。……先朝召对事述云在朱都谏子美处,及秘录、公卿年表等万乞留意。祠曹或素所厚善者,于宗室薨赗,大臣赍恤,月日可详,特难于萃辑耳。希望万一,企踵跂之。

由曹秋岳介绍,又和霍鲁斋往来,写信说:

> 凡奥帙微言,悉得颁示。又所呈残稿,荜门圭窦之人,安知掌故,性好采摭,草次就录,浃岁以来,句闻字拾,繁如乱丝,卒未易理,幸逢鸿匠,大加绳削。尊谕云,史非一手一足之力,允佩良规。

从此,谈迁就和这三个学者经常往来,讨论史事了。《纪邮》记:

> 甲午(1654)正月……庚申,曹太仆见枉,语先胡事二则。
> 二月……乙丑,晚,共雷常侍语,常侍号飞鸣,尝预司礼监南书

---

① 《上吴骏公太史书》。

房，今贩钱，相邻。访以旧事，不觉泣下，拭袂而别。

甲申，仍访吴太史，语移时，晚招饮，以《国榷》近本就正，多所裁订，各有闻相证也。

丁亥，阴，过曹太仆借书，出刘若愚《酌中志》三帙，孙侍郎北海承泽《崇祯事迹》一帙。《酌中志》旧尝手录，今本加详，盖此阉继编者。……侍郎辑崇祯事若干卷，不轻示人。又著《春明梦余录》若干卷，并秘之。吴太史觏及近事，随答之。

三月……辛丑，吴太史示《流寇辑略》。

乙巳，阴，早至宣武门直舍，盖溧阳之杜邮也。失导而返。

戊申，过吴太史，值金坛王有三选部，重追语江左旧事，不胜遗恨。

四月……丁卯，……过吴太史，剧论二十刻。

丁丑……吴太史借旧邸抄若干，邀阅，悉携以归。

戊寅，展抄邸报，棼如乱丝，略次第之。

乙酉……过吴骏公太史，极论旧事。

戊子，早，过吴太史，多异闻，别有纪。

七月……丙辰，……过吴太史所，语二十刻，别有纪。

九月……乙巳，晡刻，闻霍大理见枉，遽先之，语李自成陷西安事甚悉，别有纪。

丙午……霍大理征余近录。手致之。又语遗事一二则。

丁未，阴，霍大理示黄石斋先生秘录二帙。

丙辰，录黄石斋秘稿竣，以归霍大理，语久之。

十月……戊辰，霍大理招饮，……大理莅仕曹县，语刘泽清事为详。

丙戌，冲寒过（金华）叶山公，未离枕也，亟披衣起。其邻周德润（泽）故嘉定侯之孙，官锦衣，娶驸马都尉王昺孙女，年十七，遭乱，贫甚，僦一室。余欲问遗事，故屡过山公，值之，绨袍不备，有寒色。其人拙讷，语少顷遽去。

十一月……庚戌，前借霍大理《闽书》（晋江何乔远著）阅还。客严氏故游诸彻侯，云：襄城伯李国桢任京营，甲申三月都城陷，刘友□之日，君侯散重兵以归，此元功也，行冠诸臣之右矣。因留其营，尝同食寝。一日纵归，令检橐，因尽录其家。国桢败时，跨马，面如死灰。其舅金华潘某，退日吾甥事至此，不即死，尚何待乎！此严氏目睹者。今刻本称国桢求葬先帝，刘诚意孔昭上章以明之，其说不知何所始也。

辛亥，……午，过霍大理，示所纂《西事》及王渼波《九思集》。

癸丑，阴，往崇文门访严氏，问以遗事，不值。

十二月……辛未，借曹通政（秋壑）《续文献通考》，不值。

乙未（1655）正月……癸亥，风，过霍大理，借《康对山先生集》。

三月……乙未，……过霍大理，问先朝实录，未至也。

五月……丙午早，过少司马霍鲁斋所，问先朝实录，在南道未至也。

六月……丙子，钱瞻伯借我夏彝仲《幸存录》。

八月……甲寅，过吴太史所，值其乡人马又如（允昌），本世弁，崇祯末任四川副总兵，遭乱，开闻全州。己丑（1649）变出部校，举家遇害，因北降，隶镶红旗下，食四品禄，贫甚。言遗事一二则。

戊午……晡刻，过霍彦华，值咸宁王文宣（弘度），俱目击李自成僭位事。

壬戌……晚，过王文宣、霍彦华，语旧事，知甲申大事记殆唫吽也。

九月壬午，……饭于吴太史所。太史同年侍郎孙北海（承泽）撰《四朝人物传》，其帙繁，秘甚。太史恳年余，始借若干首，戒勿泄。特示余曰，君第录之，愿勿著其姓氏于人也。

甲辰，吴太史又示我孙氏人物传若干。

十一月……癸卯，阴，先是霍鲁斋购《明实录》而缺熹庙，以问余，所录尚未全，无以应也。

十二月……辛未，……借霍鲁斋《万历实录》，向在嘉善钱相国所抄实录，为主书删其半，至是鲁斋以二百金全购。

> 壬申，朱生生（国寿）来，前兵部郎中，仕清陕西参政。
>
> 癸酉，答朱生生，生生留饮。……生生语明季事甚悉。
>
> 丙申（1656）正月……癸巳，大风，寒。过周子俶，值山阳咸大咸（默），弘光初明经，从左萝石北使，言北使事颇异。
>
> 戊申，阅《神宗实录》竟，归之。
>
> 癸丑，晚，于周子俶所复值咸大咸，语良久（关于弘光元年高杰被害事，及甲申之变太子走外家周氏被出首事）。

此外，《北游录·记闻》上《赵朴》条：

> 广宁门外……天宁寺，……内侍赵朴连城逃禅于此，尝值之，问以（懿安皇后及太子）遗事云。
>
> 记王绍徽、薛国观条，俱霍鲁斋先生说。

从以上所摘录的材料看，谈迁对明季史事的搜集，是尽了极大努力的。除了曹溶、吴伟业、霍达以外，他访问了故公侯的门客、降臣、宦官、皇亲等等，把所听到的都记录下来，和文献一一核对。他还到过十三陵的思陵，明代丛葬妃嫔王子的金山，和景帝陵、西山和香山的寺庙等，也都写了材料。他把这些目击的史料应用到《国榷》这部书上，以此，《国榷》的史料价值是很高的，特别是万历以后，崇祯、弘光间的记录。崇祯朝的史事根据邸报和访问，弘光朝则他自己在当时的宰相高宏图幕府，并和张慎言等大臣往来，许多事情都得于亲身闻见，因此，是比较可信的。

谈迁在北京两年多的收获很大，但是，也有许多困难。借书访人，都不是容易事。北京尘土飞扬，也不习惯：《北游录·纪文·寄李楚柔书》诉苦说：

> 口既拙讷，年又迟暮，都门游人如蚁，日伺贵人门，对其牛马走，屏气候命，辰趋午俟，旦启昏通，作极欲死，非拘人所堪。于是杜门永昼，而借人书重于卞氏璧，不可复得。主人邺架，颇同故纸，目瞀不开，五步之外，飞埃袭人，时塞口鼻。惟报国寺双松，近在二里，佝偻卷曲，逾旬辄坐其下，似吾尘中一密友也。……顷者，益究先朝史，凡片言只行，犁然有当于心，录之无遗。拟南还后作记传表志，三年为期，不敢辄语人，私为足下道也。

他生性耿介，受不了这样生活，想回南了。《北游录·后纪程序》：

> 余欲归屡矣。乙未春三月欲附朱方庵，秋八月欲附徐道力，而居停见挽，遂不自决。虽蜗沫足濡，而心终不怿。盖追访旧事，稍非其人，则不敢置喙。至于贷书则余交寡，市书则余橐耻，日攒眉故纸，非其好也。迨萌归计，而居停适有纂修之命，意效一二，佐其下风，则天禄石渠之藏，残缺失次，既无可资订，遂束身而南。

原来还想趁朱之锡修书之便，抄一点东西的。到了知道内阁图书已经残缺失次，无可资订，便下了决心，离京回家了。

四、谈迁生平

谈迁的生平，见于《海宁县志·隐逸传》、黄宗羲《谈君墓表》，都很简略。现在根据他所著的《北游录》和《枣林杂俎》，综合叙述如下：

谈迁原名以训，字观若，明亡后改名迁，字孺木，海宁县枣林人，明诸生。他自己题《枣林杂俎》：

> 吾上世……德祐末避兵徙盐官之枣林，今未四百祀，又并于德祐！吾旦暮之人也，安所避哉！求桃源而无从，庶以枣林老耳，书从地，不忘本也。

四百年前宋亡，他的祖先搬到海宁，如今，明朝又亡了，没有地方可搬了。这段话是很哀感的。

据《北游录·纪文·六十自寿序》："癸巳十月癸亥朔，抵长安，明日为揽揆之辰，周一甲子矣。"癸巳为公元1653年，往上推六十年，他生于1593年，明神宗万历二十一年癸巳。公元1621年，二十九岁，开始编撰《国榷》。1644年，他五十二岁，清军入关，北京沦陷。1645年，五十三岁，弘光被俘，南京沦陷。1647年，五十五岁，《国榷》全部手稿被窃，发愤重新撰写。1653年，六十岁了，受聘义乌朱之锡作幕友，到北京搜集明代史事，订正《国榷》，1656年，年六十三岁，离京回海宁老家。

他的卒年，据黄宗羲《谈君墓表》："走昌平，哭思陵，西走阳城，欲哭（张慎言）太宰，未至而卒，丙申岁冬十一月也。"按谈迁自撰《北游录》，丙申（1656）五月辛丑，从北京回家。在五月以前，也没有记到阳城的事实。《海宁县志·隐逸传》则说："丁酉夏，以事至平阳，去平阳城数百里远，处士徒步往哭张冢宰之墓。……卒年六十有四。"则谈迁死于丁酉年，年六十四岁。黄宗羲《墓表》所说丙申，应是丁酉之误。

他家很贫困，《县志》说他："处士操行廉，虽游大人先生之门，不妄取一介，至今家徒四壁立。"《北游录·纪邮》记他好几次拒绝人送礼物，拒绝人拿钱买他的文章。1656年南归时也不肯求人写介绍信给以方便，《纪程》下小序说："谈迁曰：余北游倦矣，得返为幸。……在燕时，或修贽广谒，而余不能也。别居停，竟长揖出门，不更求他胾。道中蹶一敝屣，殆于决踵。余岂不忧日后耶，忧日后又不如忍目前。余归计决矣，担簦而往，亦担簦而回，箧中录本殆数千纸，余之北游幸哉！余之北游幸哉！"从这段自述，可以看出他性格的耿介，是一个有骨头的老穷汉。

谈迁五十二岁以前的生活情形，不大清楚。从他后半生的生活看来，大概也是靠替人当幕友，办些文墨事务，代写些应酬文字，赚些月俸过日子的。《北游录》里《纪文》一共有十六篇序，除《六十自寿序》以外，其他各篇题目下面都注有代字，是代他的东家朱之锡写的。六十四岁这一年《县志》说他以事至平阳，大概也是替人作幕友，不然，他这样穷，为了私事是出不了这样远门的。《县志》载他的著作有《西游录》两卷，应该就是这次旅行的纪游文字。

黄宗羲《墓表》说："阳城张太宰、胶州高相国皆以君为奇士，颇折节下之。其在南都，欲以史馆处君，不果。无何，太宰、相国相继野死。"《县志》说："崇祯壬（1642）午间，受知阳城张公慎言、胶州高公宏图，二公者天下之望，相与为布衣交。甲申（1644）高入相，张为冢宰，凡新政得失，皆就谘于处士，多所裨益。相国以处士谙掌故，荐入史馆，泣辞曰，迁老布衣耳，忍以国之不幸，博一官。高乃止。勋寺交扇，时事日非，处士私语二公曰，公等不去，将任误国之咎。二公用其言，先后乞骸骨。乙酉张客死宣城，高致命会稽，处士归于麻泾之庐。"《北游录·纪文·六十自寿序》说："记甲申正月既望，御史大夫阳城张藐山（慎言）初度，遍集齐、梁、吴、晋之士，余首坐，剧饮。先生顾诸客曰，冠进贤而来者，趾高气扬，仆视其中无所有也。虽一穷褐，胸中有书若干卷。深相礼重。"由此可见从公元1642年起，谈迁就入高宏图幕，并和张慎言往来，被两人所契重，参预谋划。他对国事所提的意见，散见《枣林杂俎》仁集《定策本末》、《劝进》、《监国仪注》、《王肇基》、《黄澍》、《高杰》等条。

谈迁对明代史事虽然十分重视，用一辈子功夫钻研搜集，但对小说戏曲却非常轻视。如《北游录·纪邮》载：

> 观西河堰书肆，值杭人周清源，云虞德园先生门人也，尝撰西湖小说。噫，施耐庵岂足法哉！

又《纪闻》上《续文献通考》条：

> 华亭王圻《续文献通考》，其艺文类载《琵琶记》、《乐府》、《水浒传》，谬甚。

他的著作除《国榷》、《枣林杂俎》、《北游录》以外，有《枣林集》十二卷，《枣林诗集》三卷，《史论》二卷，《西游录》二卷，《枣林外索》六卷，《海昌外志》八卷。

1959年7月10日